DE TEOTIHUACAN A LOS AZTECAS

ANTOLOGIA DE FUENTES
E INTERPRETACIONES HISTORICAS

COORDINACION DE HUMANIDADES
DIRECCION GENERAL DE PUBLICACIONES

11

LECTURAS UNIVERSITARIAS

MIGUEL LEÓN-PORTILLA

De Teotihuacán a los Aztecas

ANTOLOGÍA DE FUENTES
E INTERPRETACIONES HISTÓRICAS

UNIVERSIDAD NACIONAL AUTÓNOMA DE MEXICO
1983

Primera edición: 1971
Segunda edición: 1983

DR © 1983, Universidad Nacional Autónoma de México
Ciudad Universitaria. 04510 México, D. F.

DIRECCION GENERAL DE PUBLICACIONES

Impreso y hecho en México

ISBN - 968 - 58 - 0593 - 8

SUMARIO

ADVERTENCIA 9
INTRODUCCIÓN

    Método y estructura de la antología 11
    Las culturas del Altiplano. Un marco de referencia 17
    Los textos que integran esta antología . . . 29

Capítulo I
I. TEOTIHUACANOS Y TOLTECAS 53

FUENTES PRIMARIAS

1) *Origen del nuevo sol en Teotihuacán. (Códice Matritense del Real Palacio)* 57
2) *Orígenes de los monumentos religiosos de Teotihuacán. (Códice Matritense de la Real Academia de la Historia)* 62
3) *Los toltecas de Tula Xicocotitlan.* (Bernardino de Sahagún, *Historia General de las Cosas de Nueva España.*) 64
4) *Tula según los Anales de Cuauhtitlán* . . . 70
5) *Un testimonio de la Historia Tolteca-Chichimeca* 72
6) *Extensión y población de Teotihuacán en sus varios períodos.* (Información arqueológica por René Millon.) 74
7) *Datos arqueológicos de la zona de Tula* . . 86

INTERPRETACIONES DE DISTINTOS HISTORIADORES

1) *Los toltecas,* por fray Juan de Torquemada . 109
2) *Los toltecas,* por Francisco Javier Clavijero . 113
3) *Los antiguos monumentos de Teotihuacán,* por Alejandro de Humboldt 120
4) *Teotihuacán y los toltecas,* por Manuel Orozco y Berra 123
5) *Reconocimiento del problema de Teotihuacán y Tula,* por Manuel Gamio 127
6) *Tula y los toltecas según las fuentes históricas,* por Wigberto Jiménez Moreno 130
7) *Tollan la antigua,* por Laurette Séjourné . . 135
8) *Tula y la Toltecáyotl,* por Miguel León-Portilla 141
9) *Un posible imperio teotihuacano,* por Ignacio Bernal 145

Capítulo II

II. SIGNIFICACIÓN DE LOS AZTECAS EN EL MÉXICO ANTIGUO 155

FUENTES PRIMARIAS

1) *Algunos textos indígenas sobre el pasado azteca* . . . 157
2) *Monumentos arqueológicos del periodo azteca* . . . 163
3) *Hallazgos de adoratorios aztecas en Tenochtitlan* 168
4) *Testimonios de conquistadores* 171

INTERPRETACIONES DE DISTINTOS HISTORIADORES

1) *De los sacrificios de hombres y Del cuidado que tenían los mexicanos en criar la juventud*, por Joseph de Acosta 189
2) *Sobre las artes de los mexicanos*, por Francisco Xavier Clavijero 194
3) *Los aztecas en tiempos de Motecuhzoma Xocoyotzin*, por Mariano Veytia 202
4) *Significación cultural de los pueblos de idioma náhuatl*, por Alfredo Chavero 206
5) *La cultura azteca y los sacrificios humanos*, por Miguel Othón de Mendizábal 208
6) *Del mito a la verdadera historia*, por Walter Krickeber 215
7) *El periodo azteca*, por George C. Vaillant . . 222
8) *Barbarie y civilización*, por Jacques Soustelle . . 230
9) *El águila y el nopal*, por Alfonso Caso . . . 233
10) *La traición a Quetzalcóatl*, por Laurette Séjourné 236
11) *Interpretación de la fundación de Tenochtitlan*, por Ignacio Bernal 243
12) *La cultura de los mexicas durante la migración*, por Carlos Martínez Marín 247
13) *Los rostros de una cultura*, por Miguel León-Portilla 256

Capítulo III

III. ORGANIZACIÓN SOCIAL Y POLÍTICA DE LOS AZTECAS 263

FUENTES PRIMARIAS

1) *Algunos textos indígenas acerca de la organización política y social de los aztecas* 267
2) *Elección de Acamapichtli* 273
3) *El testimonio del oidor Alonso de Zurita* . . 277
4) *Pareceres de Durán y de Sahagún* 284

INTERPRETACIONES DE DISTINTOS HISTORIADORES

1) *Elección, entronización y sucesión de los reyes*, por fray Bartolomé de Las Casas 287
2) *La gobernación y monarquía de México*, por fray Juan de Torquemada 292
3) *La nobleza entre los antiguos mexicanos*, por Francisco Javier Clavijero 296
4) *Organización social y política de los antiguos mexicanos*, por Manuel Orozco y Berra . . . 299
5) *Organización social y forma de gobierno de los antiguos mexicanos*, por Adolph F. Bandelier . 309
6) *Las clases fundamentales de la sociedad mexica*, por Manuel M. Moreno 318
7) *La organización social de los aztecas*, por Salvador Toscano 326
8) *El Calpulli*, por Arturo Monzón 334
9) *Evolución política y social de los aztecas*, por Alfonso Caso 341
10) *Estadios en la evolución de la sociedad azteca*, por Friedrich Katz 351

Capítulo IV

IV. LA ECONOMÍA DE LOS AZTECAS 361

FUENTES PRIMARIAS

1) *Algunos textos indígenas sobre la Pochtecáyotl o arte de traficar* 363
2) *El Códice Mendocino y la economía de Tenochtitlan* 372
3) *Descripción del mercado de Tlatelolco: Bernal Díaz del Castillo* 391
4) *Otra descripción del mercado: Toribio de Benavente Motolinía* 394
5) *Tributos y riquezas que entraban en Tenochtitlan: fray Diego de Durán* 397

INTERPRETACIONES DE DISTINTOS HISTORIADORES

1) *El comercio en el México antiguo*, por Francisco Javier Clavijero 405
2) *Comercio y formas de producción*, por Manuel Orozco y Berra 411
3) *El régimen de propiedad de los antiguos mexicanos*, por Manuel M. Moreno 418
4) *La economía de los aztecas*, por George C. Vaillant 427
5) *Los comerciantes en la organización de los tenochcas*, por Miguel Acosta Saignes . . 436
6) *Riqueza y pobreza: los niveles de vida*, por Jacques Soustelle 449

7) *Las Pillalli o tierras de los nobles*, por Alfredo López Austin 456
8) *Bases económicas*, por Friedrich Katz . . . 459

Capítulo V

V. RELIGIÓN Y PENSAMIENTO 467

FUENTES PRIMARIAS

1) *Textos míticos* 471
2) *El pensamiento religioso (textos indígenas)* . 485
3) *Textos sobre el ritual durante el período azteca* 490
4) *El sacerdocio entre los aztecas* 495
5) *El pensamiento de los sabios* 498
6) *El culto a Quetzalcóatl: fray Diego de Durán* 502

INTERPRETACIONES DE DISTINTOS HISTORIADORES

1) *Los sacrificios y fiestas religiosas*, por fray Bartolomé de Las Casas 509
2) *De la fiesta del jubileo que usaron los mexicanos*, por Joseph de Acosta 513
3) *Donde se trata del dios Huitzilupuchtli*, por fray Juan de Torquemada 518
4) *Creencias de los pueblos nahuas durante la primera de las tres edades*, por Lorenzo Boturini . 521
5) *De la religión de los mexicanos*, por Francisco Javier Clavijero 526
6) *Interpretación materialista del pensamiento náhuatl*, por Alfredo Chavero 533
7) *Quetzalcóatl*, por Eduard Seler 537
8) *Unidad o pluralidad de dioses*, por Hermann Beyer 546
9) *El mundo actual y los cuatro soles o edades*, por Jacques Soustelle 550
10) *El pueblo del Sol*, por Alfonso Caso 557
11) *Poesía religiosa*, por Angel Mª Garibay K. . 563
12) *Coatlicue*, por Justino Fernández 570
13) *Interpretación del pensamiento de Nezahualcóyotl*, por Miguel León-Portilla 580
14) *Sentido mágico o religioso de los sacrificios en el México antiguo*, por Alfredo López Austin . 587

APÉNDICE

Guía auxiliar para la investigación de la historia antigua de México 593

1. Principales archivos y bibliotecas 593
2. Series de documentos 597
3. Bibliografía de bibliografías 600
4. Bibliografía sobre los temas de los capítulos de esta antología 602

ADVERTENCIA

Importa desde un principio percatarse de las características, bastante peculiares, de esta antología. En ella se quiere ofrecer, sobre todo a los estudiantes, una forma de acercamiento a la dinámica de la investigación y de la creación históricas. Los ejemplos que aquí se aducen están tomados, por una parte, de las fuentes, principalmente las más antiguas, y, por otra, de los trabajos resultado de investigaciones posteriores acerca de las culturas prehispánicas de la altiplanicie central de México.

Sin una explicación preliminar, esta antología se tornaría probablemente incomprensible. La Introducción, *incluida en las siguientes páginas, trata precisamente acerca del método y la estructura aquí adoptados. Su lectura, y aun su análisis, son necesarios antes de pasar a los varios capítulos de la antología.*

La intención es que este libro ayude a mostrar —con el ejemplo del mundo indígena— algunos de los problemas y también la riqueza de lo que puede ser una auténtica investigación en el campo de la historia.

Miguel León-Portilla

Año nuevo de 1971.
Instituto de Investigaciones Históricas.
Universidad Nacional Autónoma de México.

INTRODUCCIÓN

1) MÉTODO Y ESTRUCTURA DE LA ANTOLOGÍA

Ayudar a comprender en qué consiste el proceso de la investigación histórica, tal es, escuetamente enunciado, el propósito principal de este trabajo. Para realizarlo podría haberse seguido el camino de una exposición teórica. Se ha preferido, en cambio, un acercamiento en el cual, a través de los ejemplos, puedan percibirse la metodología, los distintos criterios y enfoques adoptados por algunos de los que, en nuestro contexto cultural, han hecho profesión de historiadores.

Al igual que en varias obras ya existentes, se incluyen aquí una selección de fuentes documentales y asimismo páginas representativas de determinados autores. Ello podría hacer pensar que éste es un nuevo intento de volver asequible una serie de lecturas históricas sobre un tema en particular, en este caso, el pasado prehispánico. Pero tal cosa sería lo mismo que hacer una antología al modo tradicional y no es esto lo que ahora pretendemos. Importa, en consecuencia, decir ya cómo, por la vía de los ejemplos, queremos acercarnos a los procesos, en ocasiones muy distintos, que en fin de cuentas cristalizaron en la elaboración de imágenes, críticamente significativas, de un acontecer pretérito.

Recordemos algo de lo que es el modo de proceder de un historiador digno de tal nombre. Con su propio bagaje de cultura, a la vez riqueza e inevitable limitación de perspectiva, situado por necesidad vital en su propio tiempo y circunstancias, tiene él como oficio buscar la comprensión del pasado. Sus estudios le habrán hecho descubrir los métodos y criterios de objetividad que guiarán su trabajo. Al interesarse por un tema en especial, tratará de conocer y valorar, antes que nada, lo que acerca del mismo hayan dejado escrito otros investigadores. Y si concluye que quedan aún aspectos por elucidar, o que tal vez las interpretaciones dadas carecen en ocasiones de fundamento, en una palabra, si cree que el tema lo amerita, iniciará entonces su propia búsqueda. Ello significa que habrá de inquirir en los distintos archivos, colecciones o repositorios, donde supone que existen las fuentes indispensables para ahondar en el asunto de su interés. La documentación histórica podrá ser abundante o escasa; quizás estará dispersa en múltiples archivos, nacionales y del extranjero. Y como sería ingenuo pensar que necesariamente habrá concordancia entre los distintos testimonios que aparezcan, en cada caso aplicará su ojo crítico con miras a valorar y situar en su correspondiente contexto las varias fuentes.

Cuando el historiador tiene al fin la convicción de que ha hurgado en las fuentes hasta donde le ha sido posible, está todavía muy lejos de haber alcanzado su propósito. Le aguarda entonces la parte más difícil de su trabajo. Tendrá que alcanzar a formarse una imagen significativa de lo que, con base en sus testimonios, le parece haber sido el acontecer pretérito. El auténtico historiador sobrepasará entonces el papel de mero compilador o editor de documentos para dar lugar a lo que con razón debe llamarse el proceso de creación.

Aun con la más rica documentación imaginable, nadie puede en realidad pretender lograr una especie de fotografía del pasado. La complejidad de los procesos culturales y de la vida humana, individual o social, escapará siempre a cualquier intento de comprensión exhaustiva o, lo que sería lo mismo, perfecta. En compensación, el historiador podrá ufanarse en algunos casos de haber descubierto más hilos en la trama de un acontecer que aquellos mismos que, inmersos en los hechos, sólo pudieron percibir algunos aspectos sin alcanzar visión alguna de conjunto. En este sentido, la imagen significativa, que quizás pueda forjarse el estudioso de la historia, adquirirá el carácter de integración viviente de los hechos antes aislados y será en consecuencia descubrimiento, por lo menos parcial, de algo que permanecía oculto en espera de comprensión. Quien, con su propio bagaje cultural, llega, de un modo o de otro, a este punto y pone por escrito su propia visión de lo que fue, se situará con razón entre aquellos investigadores, tal vez no muy numerosos, que han realizado la que en rigor debe llamarse creación en el campo de la historia.

Esta somera descripción de los afanes de un historiador es señalamiento de lo que se pretende mostrar aquí por medio de ejemplos. Nos interesa acercarnos a casos concretos en que, a través de parecidos procesos, se llegó de hecho a la creación histórica. Veamos, por consiguiente, cuáles son las características de la presente antología que, en función del propósito enunciado, difiere de cualquier otra concebida al modo tradicional. Este volumen, que es parte de una serie, trata de la historia prehispánica. Los testimonios que en él se ofrecen se refieren todos a las culturas del altiplano central de México, particularmente a los grupos de idioma náhuatl. Hemos escogido cinco focos o puntos de atención, y en torno a ellos queremos mostrar la dinámica y la complejidad de la investigación sobre el pasado.

Los temas seleccionados se relacionan específicamente con la evolución de estas culturas y con la peculiaridad de algunas de las instituciones a que dieron lugar, sobre todo en los tiempos inmediatamente anteriores a la conquista. En lo que toca a la secuencia histórica, los temas son: "Teotihuacanos y toltecas" y "Significación de los aztecas en el México antiguo". Respecto de las instituciones, nos ocupamos de "La organización social y política", "La vida económica" y "Religión y pensamiento".

A propósito de cada tema la antología se integra con doble serie de transcripciones. Primeramente se incluyen ejemplos de algunos testimonios o fuentes originales que son la materia prima de la historia. En segundo lugar, se ofrecen páginas o capítulos de distintos investigadores con las imágenes significativas, todas sobre el mismo asunto, alcanzadas por ellos a partir de las fuentes o testimonios de primera mano.

En el caso del pasado indígena que aquí nos ocupa, el elenco de los testimonios primarios comprende el contenido de los códices, así como los textos, principalmente en idioma nahuatl, tradiciones y crónicas que se redujeron al alfabeto latino a raíz de la conquista. También son fuente de conocimiento algunos de los escritos dejados por autores del siglo XVI, frailes como Toribio de Benavente Motolinía y Bernardino de Sahagún y cronistas indígenas y mestizos como Alva Ixtlilxóchitl, Alvarado Tezozómoc y Muñoz Camargo. Y desde luego han de tomarse en cuenta asimismo, de modo muy especial, los datos que aportan la arqueología y aun en ocasiones la etnología al investigar algunas formas de supervivencia cultural. La transcripción de ejemplos de estos testimonios originales que, como ya se apuntó, son en este caso la materia prima de la elaboración histórica, se dirige a mostrar algunos de los principales puntos de apoyo que pudieron o debieron de tomar en cuenta los estudiosos que, en momentos posteriores y distintos, han querido esclarecer los correspondientes periodos o instituciones prehispánicas.

Al aducir luego las páginas o porciones de las obras de esos estudiosos de la historia, la intención es reunir algunas de las diferentes interpretaciones que nos han dejado sobre el mismo tema respecto del cual encontramos información, en sí misma no interpretada, en las fuentes indígenas primarias. La confrontación de las varias interpretaciones con el elenco y las muestras de los testimonios originales ayudará a percibir, al menos en parte, cuáles fueron los distintos enfoques propios de cada uno de los historiadores citados.

De algún modo se abre así la posibilidad de acercarse a las formas de investigación que permitieron, en cada caso, la elaboración de las distintas visiones históricas. Entre otras cosas, podrá valorarse algunas veces qué clase de testimonios tomó en cuenta un determinado historiador, si acudió o no a las fuentes primarias, si encontró en ellas fundamento para su trabajo o si tuvo razones válidas para prescindir de ellas. Mucho importa, y esto debe llevar a otra suerte de indagaciones, conocer en qué consistió, en cada caso, la crítica de las fuentes y, tratándose de documentos en otras lenguas, como las indígenas, poder decir si hay fidelidad en lo que toca a su traducción.

En un estudio como éste, que se refiere específicamente al pasado prehispánico, será igualmente interesante ponderar lo que significó para historiadores de épocas más antiguas no haber podido disponer de información como la que ha proporcionado, en tiempos más recientes, la arqueología. Y lo mismo podría decirse respecto de otras fuentes de carácter documental, por ejemplo, algunos códices o textos indígenas que tampoco habían sido descubiertos cuando se elaboró una obra histórica, la cual, por consiguiente, tuvo que verse afectada por lo que hoy se muestra como otra carencia de información. De cualquier modo que se mire, la confrontación de las distintas imágenes que se reúnen en una antología como ésta, a propósito de un mismo acontecer, tanto comparadas unas con otras, como en relación con las fuentes primarias que proporcionan los hilos de la trama original, se dirige a ensayar la comprensión de los procesos de investigación y creación históricas.

Si este volumen se considera no sólo como objeto de lectura, sino también de análisis y reflexión, podrán sacarse todavía otra suerte de consecuencias derivadas asimismo de los intentos de confrontación que aquí se han sugerido. Podrá reconocerse así que, implícitamente, cualquier obra histórica es resultado de una especie de diálogo entre la conciencia del historiador y las voces del pasado —mejor o peor percibidas—, a través de los testimonios originales. Y en función de esto podrá entenderse por qué, irremediablemente, las interpretaciones históricas que se van elaborando sobre un mismo acontecer no son jamás idénticas. La explicación la darán no sólo los distintos métodos seguidos y el mejor o peor aprovechamiento de las fuentes, sino las diferencias de cultura, las ideas y motivaciones no iguales de cada historiador que, investigando, intenta su peculiar manera de diálogo con el pasado. Pero, a la vez, por esto mismo se comprenderá la necesidad permanente que tiene cada época de buscar su propia visión de la historia. Diferentes actitudes y diversos bagajes de cultura permitieron a hombres de épocas distintas percibir y destacar aspectos del pasado que antes quizás no fueron ni siquiera sospechados.[1]

[1] Estas consideraciones son desde luego también aplicables a trabajos de carácter antológico como el que aquí se ofrece. Hemos tenido que hacer selección al transcribir los ejemplos, tanto de las fuentes y testimo-

Obvio es afirmar que cualquier intento de comprender un acontecer pretérito ha de llevarse a cabo desde un presente, o, lo que es lo mismo, desde un aquí y un ahora. Sólo hay historia porque el pasado interesa de algún modo en función del presente. Cualquier acercamiento —si se lleva a cabo con la crítica y la ética que son profesión del historiador— será hallazgo de significación y por tanto riqueza para comprender lo humano a través de la que con razón se llamó una vez sabiduría antigua y "maestra de la vida".

Por esto, el propósito de la doble forma de antología —testimonios primarios y elaboraciones posteriores—, se religa más que nada con el interés por comprender y en ello se incluyen conjuntamente la investigación y la creación históricas. Y digamos expresamente que, al hablar de posibles formas de valorar, no ha sido nuestra intención pretender dar aquí una especie de norma para aprobar o condenar determinados trabajos de investigación histórica. En ningún caso nos ha interesado, a lo largo de este libro, exaltar o aminorar el posible valor de los ejemplos tomados de las páginas de cualquier historiador. Algunos de estos ejemplos, como es natural, son muestra de la aplicación de una metodología más adecuada, en tanto que otros pueden tener visibles deficiencias. Corresponderá al lector, si en esto se ocupa, sacar sus conclusiones. La finalidad principal de este trabajo ha sido enunciada desde un principio y aun repetitivamente hemos tratado de explicarla.

Con criterio abierto nos hemos fijado en algo de lo que son los procesos de investigación y creación histórica y hemos insistido asimismo en la complejidad de sus problemas y en la inescapable limitación de todas las reconstrucciones que pueden concebirse. Analizando los ejemplos que aquí se ofrecen, el lector alcanzará tal vez una perspectiva más amplia, comprenderá por qué sobre un mismo tema existen, de hecho, visiones diferentes y, en vez de asumir respecto de ellas la postura del juez que absuelve o condena, verá que más importa tratar de enten-

nios originales, como de lo que escribieron sobre el mismo tema algunos historiadores de periodos más cercanos. Y aunque afirmáramos, como lo hacemos, que procuramos obrar con criterio objetivo, resultaría ingenuo suponer que hemos escapado a las limitaciones que imponen las propias inclinaciones y los puntos de vista personales.

Otras muy distintas antologías podrán lograrse, bien sea al modo tradicional, o con el método que aquí hemos propuesto o quizás con otro que haya de considerarse más atinado. El camino que aquí seguimos no por ello dejará de ser, sin embargo, un intento de mostrar la complejidad y la dinámica de los procesos, en fin de cuentas jamás perfectos, de lo que es investigar para forjarse, en un presente, una imagen de algo que ocurrió en el pasado.

der, desde dentro, las formas de significación que, en ocasiones, lograron descubrir los distintos historiadores. En el quehacer de éstos, si hubo autenticidad, debió de repetirse el diálogo: las preguntas, desde el propio presente, con la percepción, tan difícilmente lograda, de lo que puede escucharse del pasado.

Tal vez en esta doble forma de peculiar antología hallarán otros un camino para ensayar nuevas y mejores formas de diálogo. Sin límites es el afán de comprensión. El tema es lo humano, la vida a través de milenios que, en cada instante que transcurre, no deja de existir porque, una y otra vez, se convierte en historia.

2) LAS CULTURAS DEL ALTIPLANO

Un marco de referencia

Los temas escogidos en la presente antología tratan, como ya lo dijimos, acerca de la evolución y las instituciones de las culturas prehispánicas del altiplano central de México. Tal selección en modo alguno significa desinterés respecto de otros periodos o formas de cultura a través del pasado prehispánico. Igual atención merecen, para mencionar sólo unos ejemplos, los grupos zapotecas y mixtecas de la zona de Oaxaca o la admirable cultura maya que floreció en los que hoy son los estados de Chiapas, Tabasco, Campeche, Yucatán, el territorio de Quintana Roo y las repúblicas de Guatemala y Honduras. Al circunscribirnos aquí a las gentes del altiplano, y de modo especial a las de idioma náhuatl, lo hacemos por razones metodológicas esperando que puedan prepararse más tarde parecidas antologías con testimonios y textos de las otras principales culturas indígenas.

Importa, sin embargo, situar los capítulos que integran esta primera forma de antología dentro de una visión histórica de conjunto. Con este propósito, y al modo de un marco de referencia, señalaremos algunos antecedentes de los pueblos nahuas del altiplano, así como las relaciones más obvias que tuvieron éstos a lo largo de su evolución con los otros grupos de *Mesoamérica*.

Precisamente la adopción del término *Mesoamérica* supone ya implícitamente que las distintas culturas que aquí florecieron, no obstante sus diferencias, constituyeron una realidad unitaria, con muchos rasgos e instituciones características. Y dado que en este libro se empleará con frecuencia el término *Mesoamérica* parece conveniente recordar desde luego cuál es su contenido de carácter geográfico y cultural. Se refiere éste a una vasta zona dentro de lo que hoy es la República Mexicana y el área de Centroamérica donde, desde los tiempos anteriores a la era cristiana y hasta el presente, han existido grupos indígenas en que son perceptibles esas importantes afinidades culturales. Primeramente pueden aducirse las múltiples comunidades sedentarias, muy semejantes entre sí, que practicaban ya la agricultura y producían diversas clases de cerámica. Más tarde, en sitios determinados dentro de esta misma zona, comenzaron a surgir diversas creaciones propias de una cultura superior. El influjo de esos más antiguos centros favoreció luego el nacimiento de culturas distintas, pero siempre afines, con centros religiosos y urbanos, con una compleja organización social, económica, política y religiosa, con extraordinarias producciones en el arte y en posesión de sistemas calendáricos y de escritura.

Éste fue el caso de algunas de las culturas que ya mencionamos: la de la altiplanicie central, las del área de Oaxaca, las de las costas del Golfo y la del mundo maya. Como obviamente la difusión de estos rasgos culturales no fue siempre la misma, a lo largo de los distintos periodos del pasado prehispánico, debe señalarse que la realidad geográfica de Mesoamérica tampoco se mantuvo idéntica. En líneas generales puede decirse al menos que, desde algunos milenios antes de la era cristiana, abarcó la región central y todo el sur de la actual República Mexicana con algunas extensiones en lo que hoy son los estados de Nayarit y Sinaloa, así como del sur de Tamaulipas. Fuera de lo que es México, se incluyen también en Mesoamérica los territorios de las actuales repúblicas de Guatemala, El Salvador, Honduras y parte de Nicaragua y lo que se conoce como Belice.

En el presente marco de referencia nos interesa justamente situar lo que fue la evolución de los pueblos nahuas de la altiplanicie dentro del gran contexto de Mesoamérica. Dejando a los prehistoriadores la serie de problemas que plantea la llegada del hombre al continente americano, hace probablemente cerca de treinta mil años, y también lo concerniente a los primeros vestigios de su presencia en la región central de México, dirigimos la atención a los tiempos en que aparecen ya formas más desarrolladas de cultura en esta porción del Nuevo Mundo. Los hallazgos de la arqueología muestran que, por lo menos desde el segundo milenio antes de Cristo, en el centro de México, en las costas del Golfo y en las del Pacífico, en el área oaxaqueña y en lo que habría de ser la zona maya, vivían numerosas comunidades de pueblos sedentarios que practicaban la agricultura y trabajaban el barro como verdaderos artífices. Los especialistas han logrado establecer una cronología más o menos definida respecto de este periodo designado por ellos como horizonte o etapa preclásica y que abarca hasta los primeros años de lo que en Europa se nombró la era cristiana.

Y es necesario destacar que, en medio de la aparente homogeneidad cultural de las comunidades mesoamericanas durante este largo periodo preclásico, comienzan a ocurrir cambios, en lugares determinados, que marcan los principios de nuevas etapas y aun de lo que llegará a ser una auténtica civilización. A lo largo de las costas del Golfo de México, en los límites de los actuales estados de Veracruz y Tabasco, por lo menos desde los comienzos del primer milenio antes de Cristo, se erigen centros ceremoniales y con ellos surgen las más antiguas producciones de un arte que nadie puede llamar primitivo. Grandes esculturas en basalto, refinados trabajos en jade y preciosismo en la cerámica, juntamente con los recintos ceremoniales, son los testimonios, descubiertos por los arqueólogos, que dejan entrever las transformaciones que entonces tuvieron lugar. A los olmecas se atribuye la célebre escultura conocida como "el luchador", así como numerosas figurillas humanas de rostros inconfundibles, unas con fisonomía de niños, otras con ojos oblicuos, nariz ancha y boca que recuerda las fauces del tigre. En sitios como San Lorenzo, La Venta y Tres Zapotes y otros más en esa área del Golfo, comenzó a haber diversas formas de especialización en el trabajo. Algunas representaciones plásticas confirman que hubo agricultores, guerreros, comerciantes, artífices, sacerdotes y sabios. En esa misma región, la de los hombres del país del *hule,* la de los *hul*mecas (los olmecas), ocurrió también un descubrimiento que llegó a tener trascendental importancia en la trayectoria de Mesoamérica. En el país olmeca, verosímilmente en el primer milenio antes de Cristo, se inventaron las primeras formas del calendario mesoamericano e igualmente la más antigua escritura en el Nuevo Mundo.

Los núcleos originales de esta cultura, quizás a través del comercio, de conquistas o de otra clase de contactos, fueron difundiendo sus creaciones por otros muchos lugares del México antiguo. Su influencia se dejó sentir en la región del altiplano, en el área del Pacífico, en Guerrero y Oaxaca, e igualmente en lo que más tarde fue el mundo maya. De ello dan prueba múltiples hallazgos que muestran cómo determinados elementos culturales se sobrepusieron en múltiples sitios a modo de fermento, origen de futuros cambios. La presencia de los olmecas, que coexistieron en el tiempo con los otros grupos mesoamericanos de menor desarrollo cultural, confiere así nuevo sentido al que los arqueólogos han designado como periodo preclásico. De hecho fue entonces cuando se inició aquí definitivamente el proceso que culminó en el nacimiento de una civilización.

Siglos después, hacia los comienzos de la era cristiana, el surgimiento de Teotihuacán en el altiplano, de Monte Albán y de otros sitios en Oaxaca y también la proliferación de centros en el área maya son visible consecuencia de que en Mesoamérica había comenzado a implantarse una cultura superior. Las creaciones de los teotihuacanos, los zapotecas y los mayas, para sólo mencionar a los grupos más conocidos, revelan la personalidad propia de cada uno, pero a su vez dejan entrever la influencia de la que ha sido llamada cultura madre, la de los olmecas.

Por lo que toca a Teotihuacán, recientes investigaciones confirman que el gran centro ceremonial llegó a convertirse en una enorme metrópoli. Al lado de las pirámides y adoratorios se edificaron también, siguiendo admirable organización urbanística, un gran número de palacios y residencias, escuelas para sacerdotes y sabios, almacenes y mercados. La grandiosidad de la traza teotihuacana, con multitud de espacios abiertos, calzadas y plazas, se vuelve hoy patente, mirando los planos de Teotihuacan que, gracias a la arqueología, han podido elaborarse. Esa ciudad, donde, según los mitos, había ocurrido la transformación de los dioses, fue paradigma no superado en el que habrían de inspirarse los demás futuros pobladores de la altiplanicie. Y lo mismo puede afirmarse respecto de su arte: pinturas murales, esculturas, bajorrelieves y cerámica de formas muy distintas pero siempre refinadas. La antigua visión teotihuacana del mundo y sus creencias y prácticas religiosas también ejercieron su influjo en otros grupos de la región central y aun de fuera de ella.

En Oaxaca, por el mismo tiempo, hubo parecido florecimiento cultural. Éste se hizo patente sobre todo en Monte Albán donde, desde su más temprana época, se conoció asimismo el arte de las inscripciones y de las medidas calendáricas. Pueden recordarse las varias estelas que se conocen con el nombre de "los danzantes" que muestran que quienes allí vivieron empleaban ya un calendario semejante al de la región del Golfo. La secuencia cultural de Oaxaca, sobre todo la de los zapotecas y mixtecas, constituye otra variante en la asimilación de la antigua herencia olmeca.

Finalmente, los mayas, mejor tal vez que cualquier otro pueblo en Mesoamérica, aparecen como testimonio viviente de refinamiento cultural. En sus más antiguas ciudades, Tikal, Copán, Yaxchilán, Piedras Negras, Uaxactún, Palenque, y en otras como Chichén Itzá, Kabah, Sayil, Labná y Uxmal, crean un arte extraordinario y asimismo sistemas para medir el tiempo con precisión que casi parece inverosímil. Con base en recientes estudios puede afirmarse que, ya desde la época olmeca, se asignaba un valor a los números en función de su posición. Esto llevó a concebir un concepto y un símbolo de completamiento muy semejante a lo que entendemos por cero. Las cuentas de los días, de los años y de otros grandes periodos que, por obra de los sabios mayas, se perfeccionaron cada vez más, dejan ver cómo el cero y el valor de los números por su colocación fueron elementos de constante uso en los cómputos. Los resultados de las observaciones de los astros, las complejas anotaciones calendáricas y mucho más que no ha podido descifrarse, quedó en las inscripciones, sobre todo en las estelas de piedra. Precisamente la lectura de algunas de éstas ha permitido afirmar que los mayas lograron un acercamiento al año astronómico superior incluso al que tiene el año gregoriano.

La civilización mesoamericana se extendió durante este periodo llamado clásico (siglos I-IX d. C.), hasta apartadas regiones habitadas antes tan sólo por comunidades de incipientes agricultores y alfareros. Un universo de símbolos, en el que quedaron reflejados los mitos y las creencias religiosas, denota profunda afinidad cultural, a pesar de todas las variantes, entre los distintos pueblos que habitaron un área tan vasta.

La decadencia que sobrevino entre los siglos VII y IX de la era cristiana, con abandono de muchos de los centros y ciudades, no ha podido aún ser explicada en forma enteramente satisfactoria. Tal vez la presencia de otros grupos nómadas venidos del norte, así como cambios climáticos e incluso algunas transformaciones sociales o religiosas, puedan contarse entre las causas más probables, capaces de explicar este fenómeno cultural que puso fin al que hoy se conoce como periodo clásico en la evolución prehispánica de México.

Sabemos al menos que la decadencia del antiguo florecimiento no significó la muerte de la civilización en Mesoamérica. El reacomodo de pueblos y la penetración por el norte de otros grupos permiten entrever un dinamismo que sólo en parte ha comenzado a valorarse. Lugares como el Tajín en Veracruz, Cholula, en Puebla, Xochicalco en Morelos y después Tula en Hidalgo, la metrópoli de Quetzalcóatl, confirman que sobrevivió mucho del antiguo legado. Y otro tanto puede decirse de lo que ocurrió por el rumbo de Oaxaca e igualmente en el área maya, donde perduraron centros importantes como los muy célebres de Yucatán. En esta época comienzan a trabajarse el oro, la plata y, en reducida escala, el cobre. Estas técnicas se adquieren como resultado de una lenta difusión originada, al parecer, en el ámbito andino y de las costas de América del Sur.

Fijándonos de modo especial en la región del altiplano central, podemos afirmar que en Tula parecen haberse fundido diversas instituciones e ideas religiosas teotihuacanas con el espíritu guerrero de los grupos nómadas procedentes del norte. Recordemos a este propósito las colosales figuras de piedra, representaciones de guerreros, que se conservan actualmente sobre la pirámide principal de Tula. Influidos por la cultura teotihuacana, al igual que otros pueblos, como lo habían sido ya los habitantes de la ciudad-fortaleza de Xochicalco o las gentes de Cholula, también los toltecas alcanzaron significativas formas de desarrollo. Mucho más abundantes son ya los testimonios que permiten conocer algo de la historia, la religión y el pensamiento de esta nueva etapa en Mesoamérica. Gracias a los hallazgos arqueológicos y también a los códices y textos en lenguas indígenas, de épocas posteriores, pero que hacen referencias a lo que antes había ocurrido, es posible hablar de las formas de gobierno y de organización social y religiosa que existieron en sitios como Tula. Recordemos, por ejemplo, la información que proporcionan crónicas en náhuatl como la *Historia Tolteca-chichimeca* y los *Anales de Cuauhtitlán*. Igualmente pueden citarse los relatos de documentos en varios idiomas de la familia maya. Y en el caso de los mixtecas de Oaxaca, como lo comprobó Alfonso Caso en una reciente investigación todavía inédita, a través de los códices es posible conocer las genealogías y biografías de varios centenares de señores, a partir del siglo VII de nuestra era.

Los toltecas, que hablaban la lengua náhuatl, mantuvieron y difundieron el culto a la divinidad suprema, Quetzalcóatl. Hubo también entre ellos un célebre sacerdote, verdadero héroe cultural, de nombre asimismo Quetzalcóatl. Los textos indígenas describen sus palacios, sus creaciones, su forma de vida, consagrado a la meditación y al culto. Atribuyen también al sacerdote Quetzalcóatl la concepción de una doctrina teológica acerca del dios supremo, concebido como un principio dual, masculino y femenino a la vez, capaz de engendrar y concebir todo cuanto existe.

Pero, al igual que en el caso de las ciudades del esplendor clásico, Tula tuvo también un fin misterioso. Los textos indígenas hablan de la presencia de hechiceros que habían llegado con el propósito de introducir los sacrificios humanos. El sacerdote Quetzalcóatl nunca quiso aceptarlos, porque, como dice un texto indígena, "amaba mucho a sus vasallos que eran los toltecas". Debido a esto el sabio Quetzalcóatl y muchos de sus seguidores toltecas tuvieron al fin que marcharse. Algunos se dispersaron por las orillas de los lagos en el valle de México. Otros llegaron al gran centro ritual de Cholula en el que, como ya se dijo, también había habido influencias culturales de los olmecas y los teotihuacanos. Y quienes más lejos llegaron, entraron en contacto con los pueblos mayas, particularmente con los que por ese tiempo daban nuevo esplendor a la ciudad sagrada de Chichén Itzá. Testimonio de la presencia tolteca en ese centro ritual lo ofrece, entre otras cosas, la pirámide conocida como templo de los guerreros que tanto se asemeja a la de Quetzalcóatl en Tula.

El abandono de la metrópoli tolteca hacia fines del siglo XI d.C. abrió las puertas a otro extraordinario proceso, plenamente documentable, de asimilación cultural de otros grupos procedentes del norte. Entre éstos ocuparon lugar especial los chichimecas, acaudillados por el gran jefe Xólotl. Ocurren entonces nuevas mezclas de gentes y fusiones de cultura entre los recién venidos y algunos pueblos establecidos en la región central desde tiempos antiguos. Sabemos que hubo grupos de idioma otomí, otros de lengua chichimeca y también no pocos que hablaban náhuatl. Nueva fuerza adquirieron por ese tiempo (siglos XII-

XIII d.C), algunos centros, habitados por lo menos desde el periodo clásico, como Azcapotzalco, Culhuacán y otros. Y a la vez nacieron varias ciudades-estados como Coatlichan, Huexotla, Tetzcoco y, más allá de los volcanes, las cabeceras de los señoríos tlaxcaltecas.

La larga serie de contactos, que entonces tuvieron lugar, hizo que los antiguos nómadas comenzaran a practicar la agricultura, transformaran poco a poco su organización social, económica y política y aceptaran vivir en pueblos y ciudades. En dichos centros proliferaron distintas formas de sincretismo religioso a la par que nuevas creaciones en el campo de las artes. Los tecpanecas de Azcapotzalco, que habían pasado por un proceso semejante, alcanzaron desde mediados del siglo XIII la hegemonía en el valle de México y en otras regiones. Un famoso soberano tecpaneca, Tezozómoc de Azcapotzalco, llegó a dominar los antiguos señoríos de Tenayuca, de Xaltocan, de Chalco y Amecameca e incluso pudo conquistar lugares más apartados como Ocuila y Malinalco, al sur y Cuauhnáhuac en Morelos y hasta algunas zonas del actual estado de Guerrero. El antiguo centro de Culhuacán, que había sido refugio de muchos toltecas, hubo de pagar entonces tributos a los dominadores de Azcapotzalco.

Éste era el escenario político del valle de México en el cual había penetrado, desde mediados del siglo XIII, el último de los grupos procedentes del norte: los aztecas o mexicanos, gente de lengua náhuatl, dotada de voluntad indomable que en poco tiempo habrían de convertirse en los amos y señores del México antiguo. Son muchas las fuentes indígenas que hablan de la peregrinación y padecimientos de los aztecas antes de llegar al valle de México. En una de ellas se dice que "nadie conocía su rostro". Por todas partes los pueblos ya establecidos preguntaban a los mexicas: "¿quiénes sois vosotros? ¿de dónde venís?" Los aztecas se establecieron por breve lapso en Chapultepec, pero tuvieron que salir de allí hostilizados por los de Azcapotzalco. El señor de Culhuacán, al sur de los lagos, les concedió un sitio agreste, donde abundaban las víboras, para que en él se asentaran. Pero aun de allí tuvieron que huir los aztecas, perseguidos de nuevo. Fue entonces cuando, en 1325, llegaron al fin al islote de México-Tenochtitlan, en medio del lago de Tetzcoco. En ese lugar encontraron el signo que les había dado su gran numen tutelar, el dios guerrero Huitzilopochtli. Como lo refiere la *Crónica Mexicáyotl*, "llegaron allá donde se yergue el nopal, entre las piedras vieron con alegría cómo se erguía el águila sobre el nopal; allí estaba comiendo algo, lo desgarraba al comer..."

Establecidos los aztecas en México-Tenochtitlan tuvieron que pagar tributo a la gente de Azcapotzalco que era dueña de la isla. Pero simultáneamente continuaron asimilando los elementos culturales que parecían convenir a su propio desarrollo. De hecho ya desde antes habían estado en contacto con formas de vida y pensamiento de origen tolteca, como fue el caso durante su estancia en las cercanías de Culhuacán. Los jefes y sacerdotes aztecas, cuando creyeron llegado el momento de tener un *tlatoani* o gobernante supremo al modo tolteca, eligieron precisamente a Acamipichtli, emparentado con la antigua nobleza de los culhuacanos. Se implantó entonces en Tenochtitlan una clase social superior, la de los *pipiltin,* distinta de la de los *macehuales,* o gente del pueblo. Con sus propios caudillos participaron por esos años los aztecas, forzados por Azcapotzalco, en las campañas de conquista que emprendía el estado tecpaneca. Quedó entonces manifiesta la energía y capacidad guerrera de los seguidores de Huitzilopochtli.

Por su misma pujanza los aztecas necesariamente llegaron al fin a un enfrentamiento con Azcapotzalco. Ello coincidió con algo que les fue favorable: la determinación de no pocos señores del antiguo reino de Tetzcoco que había sido sojuzgado por las armas tecpanecas. Nezahualcóyotl, el más extraordinario entre los nobles de Tetzcoco, fue el sabio aliado de los aztecas que también contaban con hombres inteligentes y esforzados como Itzcóatl, Tlacaélel y Motecuhzoma Ilhuicamina. La guerra contra Azcapotzalco terminó con la victoria de aztecas y tetzcocanos.

Restablecida la paz hacia 1428, dueña ya Tenochtitlan de su independencia, se iniciaron reformas que trajeron consigo la proclamación abierta de un pensamiento místico-guerrero. El Pueblo del Sol se aprestaba así a cumplir con su destino de dominador supremo en el México antiguo. En alianza permanente con Tetzcoco y con Tlacopan o Tacuba, que sustituyó a Azcapotzalco como cabecera de la región tecpaneca, los aztecas tuvieron gobernantes capaces de consolidar la hegemonía de Tenochtitlan. Itzcóatl, Motecuhzoma Ilhuicamina y Axayácatl, asesorados todos por el célebre consejero Tlacaélel, desempeñaron en ello papel extraordinario. Modificando la visión de su propia historia, se pensaron a sí mismos como los herederos genuinos de la grandeza tolteca. Colocaron en lo alto de su panteón religioso a su antiguo numen Huitzilopochtli. En honor de él y de Tláloc, el dios de la lluvia, edificaron el suntuoso recinto del templo mayor. Distribuyeron tierras y títulos de nobleza, dieron nueva organización al ejército, consolidaron sus alianzas con otros Estados y comenzaron a enviar a sus comerciantes hasta regiones muy apartadas.

Con la idea de que eran los escogidos para preservar la vida del sol, que únicamente mantendría su vida si se le ofrecía la sangre como alimento, iniciaron los aztecas una serie de conquistas. La guerra proporcionaba cautivos para el sacrificio y, a la vez, permitía ensanchar las propias fronteras. Primero sometieron así a los pueblos más cercanos del valle de México. Avanzaron después hacia el rumbo de Veracruz y penetraron más tarde entre los señoríos zapotecas y mixtecas de Oaxaca. En honor de Huitzilopochtli y de otros dioses se celebraron entonces con mayor frecuencia las ofrendas de corazones. Su sentido guerrero, henchido de misticismo, transformó a los aztecas en señores de buena parte de lo que hoy es el centro y sur de la República Mexicana.

Hubo, sin embargo, algunos pueblos como los tarascos, y otros de lengua y cultura náhuatl que de un modo o de otro alcanzaron a preservar su independencia. Deben recordarse aquí las cuatro cabeceras de Tlaxcala que se mantuvieron siempre como entidades no sólo distintas sino también en actitud de oposición al poderío azteca. Pueden mencionarse asimismo los señoríos de Cholula y Huexotzinco con los que unas veces tuvieron los aztecas relaciones de amistad y otras de pugna. Muy distinto fue el caso de Tetzcoco, la metrópoli aliada. Allí vivieron gobernantes tan sabios como Nezahualcóyotl y su hijo Nezahualpilli que hicieron resurgir no poco de la antigua visión espiritualista, herencia de las doctrinas del sacerdote Quetzalcóatl. Para los aztecas los señores de Tetzcoco fueron, además de aliados, consejeros siempre oídos al tratar de resolver problemas o situaciones particularmente difíciles.

Tenochtitlan, durante el último tercio del siglo XV, comenzó a alcanzar su mayor esplendor. A ella afluían tributos procedentes de las regiones conquistadas: grandes cantidades de oro en polvo o transformado en joyas, piedras preciosas, cargas de papel de amate, cacao, mantas de algodón, mantas labradas con diferentes labores, plumas finas, toda suerte de armas, diversas especies de animales, conchas de mar, caracoles, plantas medicinales, múltiples formas de cerámica, camisas, enaguas, esteras y sillas, algodón, maíz, frijol, calabazas, chía, madera, carbón y otras muchas cosas más. Sus últimos gobernantes o *tlatoque*, Tízoc, Ahuítzotl y Motecuhzoma Xocoyotzin, prosiguieron en diversos grados y formas por los mismos caminos, consolidando la que bien puede describirse como prepotencia universal en Mesoamérica del Pueblo del Sol. El idioma náhuatl llegó a ser entonces *lingua franca*.

Los aztecas, herederos de más de dos milenios de creación cultural, destacaron asimismo como creadores en el campo del arte. En particular es esto verdad respecto de sus esculturas que cuentan entre las mejores en todo el ámbito del mundo prehispánico. Su pensamiento y su literatura escaparon al olvido y pueden estudiarse en los códices y en los textos que hoy se conservan en bibliotecas de América y de Europa. En ellos hay anales históricos, ordenamientos rituales y tradiciones religiosas, pláticas de los ancianos, enseñanzas en los centros de educación y, como muestra de su refinamiento espiritual, una rica poesía en la que se hace presente cuanto puede preocupar al hombre en la tierra. A través de estas fuentes y de los descubrimientos de la arqueología, es posible comprender el sentido que dieron a su vida, y aun prácticas y ritos como los sacrificios humanos que hoy nos resultan tan sombríos. En el mundo azteca volvieron a hacerse patentes el dinamismo y las tensiones que caracterizaron a la trayectoria cultural mesoamericana. En él vivieron los *tlamatinime,* los sabios, que cultivaban la poesía y se planteaban problemas sobre la divinidad y el hombre, y también los guerreros que, para mantener la vida del sol, hacían conquistas y ofrecían la sangre y el corazón de las víctimas.

Precisamente durante el reinado del último de los Motecuhzomas la actitud místico-guerrera, por una parte, y la espiritualista por otra, imprimían un sentido de profundo dramatismo en la cultura del Pueblo del Sol. Entonces aparecieron por las costas del Golfo grandes barcos que semejaban montañas, con hombres blancos y barbados, a los que se confundió en un principio con Quetzalcóatl y los dioses que regresaban. La muerte de Motecuhzoma Xocoyotzin y la defensa final del joven Cuauhtémoc simbolizan la derrota de un pueblo que, cautivado por el hechizo de su religión y de sus mitos, no pudo luchar con armas iguales a las de quienes lo atacaban, y, en plena grandeza, tuvo que sucumbir. Los mismos conquistadores, que contemplaron de cerca lo que era México-Tenochtitlan, nos dejaron también un testimonio acerca del mundo prehispánico precisamente en vísperas de su final destrucción.

Hemos recordado en este marco de referencia algunos de los momentos principales en la trayectoria cultural del México antiguo. El hombre indígena, a través de su aislamiento de milenios, desarrolló formas propias de alta cultura y de auténtica civilización. Si algún contacto tuvo con el exterior fue transitorio y accidental, ya que no dejó vestigios de importancia que hayan podido comprobarse. Por esto una comparación, aunque sea rápida, de los procesos que aquí ocurrieron con lo que sucedió en el caso del Viejo Mundo, deja ver una serie de peculiaridades a veces paradójicas que son prueba de las radicales diferencias.

Desde el primer milenio antes de Cristo, cuando nació entre los olmecas la alta cultura, sus creaciones en el campo del arte y del pensamiento, como las inscripciones y los cómputos calendáricos, se lograron sin que hubieran desaparecido impresionantes limitaciones materiales y técnicas. A diferencia de lo que sucedió en Mesopotamia y en Egipto, aquí nunca pudo disponerse de bestias domesticables porque sencillamente no existían, tampoco se empleó utilitariamente la rueda ni se pasó a la llamada edad de los metales, es decir al trabajo del bronce y del hierro, ni se llegó a tener en consecuencia mejor instrumental que el hecho de piedra, pedernal o madera. Y, sin embargo, proliferaron en Mesoamérica los centros ceremoniales y se tornó compleja la organización social, política y religiosa. Lo que hoy llamamos el arte prehispánico adquirió grandes proporciones en la arquitectura, en los murales y esculturas. También se registraron las medidas del tiempo, apareció la escritura en las inscripciones y códices y se hizo posible la preservación definitiva del testimonio histórico.

La individualidad esencial de este mundo de cultura parece derivarse así del hecho de que aquí, a diferencia de lo que ocurrió en el Viejo Mundo, dinámicamente se integraron instituciones y creaciones, que son atributo de una alta cultura ya urbana, con un instrumental y con recursos técnicos que nunca dejaron de ser precarios. En cambio, en Egipto y Mesopotamia, en el Valle del Indus y en las márgenes del río Amarillo en China, el desarrollo cultural supuso siempre una radical transformación en las técnicas, la domesticación de animales, el empleo constante de la rueda, la elaboración de instrumentos de bronce y hierro; en una palabra, nuevos medios para aprovechar cada vez mejor las potencialidades naturales.

Mesoamérica tipifica cómo se hizo realidad una muy diferente hipótesis: lo que ocurrió a los humanos cuando, en un medio distinto y básicamente aislado, superaron por su cuenta y en forma distinta el primitivismo y la barbarie. Por eso el pasado precolombino de México surge como experiencia de atractivo excepcional para el filósofo de la historia y para cuantos se interesan por conocer la realidad del hombre como creador de instituciones y de diversas formas de arte y pensamiento. La civilización mesoamericana, aunque alejada en tiempo y espacio de las altas culturas del Viejo Mundo, se sitúa por propio derecho al lado de ellas como algo distinto y a la vez paralelamente interesante. Es éste el otro único caso de pueblos que, a pesar de múltiples limitaciones, tuvieron ciudades y metrópolis, crearon un arte suntuario y descubrieron sistemas para preservar en inscripciones y códices el testimonio de su pasado también de milenios.

Esta visión de conjunto y las consideraciones que hemos hecho para destacar lo que fue peculiar en las culturas del México antiguo se dirigen, como ya se dijo, a facilitar la comprensión de los textos que integran la presente antología. La lectura de las fuentes y testimonios primarios es acercamiento, el más directo, a lo que fue la realidad de Mesoamérica. La ulterior valoración de las páginas que se transcriben de distintos historiadores, ayudará a ver cómo, en épocas diferentes, surgieron variadas visiones e interpretaciones de lo que pueden significar los procesos que aquí ocurrieron. Se trata de diversos intentos de comprensión que han buscado esclarecer y enriquecer la imagen de lo que fue este mundo de cultura. Reflexionar sobre esto será acercarse a lo que ha sido investigar, y también crear, en el campo de la historia.

3) LOS TEXTOS QUE INTEGRAN ESTA ANTOLOGÍA

Al hablar del método y la estructura de este libro señalamos que en él se atiende a cinco temas directamente relacionados con la evolución y las instituciones de los pueblos nahuas de la altiplanicie central. Indicamos asimismo que, en cada caso, se ofrecen primero algunas muestras de testimonios indígenas originales y a continuación las páginas o capítulos de varios investigadores, todas sobre el correspondiente asunto, con las interpretaciones o imágenes históricas logradas por ellos sobre la base de las fuentes de primera mano. El propósito de esta doble serie de transcripciones ha sido asimismo suficientemente explicado. Lo que ahora nos interesa precisar es el origen o procedencia de esas distintas clases de textos que aquí se aducen.

Fuentes escritas y hallazgos de la arqueología

Trataremos primeramente de las que deben describirse como fuentes originales. Éstas se distribuyen en las siguientes categorías:

a) Códices o libros de pinturas de origen prehispánico o elaborados con igual método en los años inmediatamente posteriores a la conquista.
b) Textos en lengua náhuatl escritos ya con el alfabeto latino sobre todo en el siglo XVI.
c) Testimonios en idioma castellano de cronistas, de frailes misioneros, conquistadores y de algunos escritores indígenas y mestizos del siglo XVI.
d) Documentos e informes sobre los resultados obtenidos en las excavaciones arqueológicas.

A continuación nos ocupamos de cada una de estas categorías que, como ya se dijo, integran las fuentes o testimonios de primera mano. Posteriormente nos referiremos a algunas de las principales obras de los historiadores a quienes se deben las interpretaciones o imágenes históricas que se aducen asimismo en este libro.

a) *Códices o libros de pinturas de origen prehispánico o elaborados con igual método en los años inmediatamente posteriores a la conquista*

29

Comencemos por decir que en todo el ámbito de Mesoamérica, a partir por lo menos del periodo clásico, se conocieron diversas formas de escritura. De esto dan testimonio las múltiples inscripciones que se conservan e igualmente algunos códices que han llegado hasta nosotros. Por lo que toca específicamente a la cultura náhuatl, tres eran las formas de escritura empleadas por sus *tlacuilohque,* los pintores o escribanos.

La más antigua era probablemente la que hoy nombramos pictográfica o sea meramente representativa de cosas. Por medio de ella se pintaban de manera estilizada diversos objetos: las *calli* o casas, los *tlachtli* o juegos de pelota, los *cómitl* o jarros, los señores sentados en sus *icpalli* o sillas reales y sobre un *pétlatl* o estera; los objetos que constituían los tributos, los bultos de maíz, mantas, plumas, cacao, etc.

Una segunda forma la constituían los glifos llamados ideográficos que representaban simbólicamente ideas. Entre ellos estaban todos los de carácter numeral, los calendáricos, los que expresaban conceptos, como el de "pueblo o ciudad" *(altépetl),* el de jade o piedra preciosa *(chalchíhuitl),* los de la noche *(yohualli)* y el día *(ílhuitl)* e incluso ideas abstractas y aun metafísicas como movimiento *(ollin),* vida *(yoliliztli,)* divinidad *(teóyotl).*

Finalmente hizo también su aparición entre los nahuas una tercera forma de escritura, la fonética o sea la que representa sonidos. Estos glifos fueron en su mayoría silábicos y sólo se conocieron tres como símbolos de vocales. De modo parecido a lo que ocurrió en otras culturas, los glifos fonéticos se derivaron de la figura estilizada de objetos cuyo nombre comenzaba por la sílaba o por la letra que se quería representar. Ejemplos bien conocidos son los glifos para expresar las sílabas *-tlan,* "lugar de", *-pan,* "encima de", al igual que otros que podrían aducirse. Respecto de las vocales, la *a* se consignaba por medio de la estilización de *a-tl* (agua), la *e,* del glifo de *e-tl* (frijol) y la *o* de *ohtli* (camino).[2]

Los escribanos indígenas, sirviéndose de estas tres formas de representación —pictográfica, ideográfica y fonética—, pudieron registrar en sus antiguos códices e inscripciones las fechas calendáricas y los cómputos numéricos, los rasgos y atributos de sus dioses, los principales acontecimientos en sus peregrinaciones, en su vida social, económica, política y religiosa, la sucesión de los gobernantes, las noticias de las guerras, sus triunfos y derrotas.

Aunque la mayor parte de los antiguos códices fueron destruidos como una consecuencia de la conquista, hay sin embargo al-

---

[2] Véase sobre esta materia: Charles E. Dibble, "El antiguo sistema de escritura en México", *Revista Mexicana de Estudios Antropológicos,* T. IV, pp. 105 y siguientes.

Códice Borgia, náhuatl, de la región de Puebla-Tlaxcala. Conservado en el Museo Vaticano, fol. 45.

gunos que, en diversas formas, se han conservado hasta el presente. Pintados sobre papel hecho de la corteza del *amate,* o también de la fibra de maguey y otras veces sobre pieles principalmente de venado, esos libros de pinturas son de fundamental importancia para el estudio del pasado indígena. En el caso de la cultura náhuatl pueden mencionarse como de origen prehispánico los códices *Borgia, Cospi, Fejervary Mayer, Laud* y *Vaticano B.*[3] Las designaciones que actualmente llevan estos manuscritos se relacionan con los nombres de sus antiguos poseedores o con los sitios a que fueron llevados en distintos países del extranjero. El contenido de estos códices de modo general puede describirse como de carácter religioso, mitológico y calendárico.

Otros manuscritos de procedencia netamente azteca son el *Códice Borbónico,* la *Matrícula de Tributos* y la *Tira de la Peregrinación.* Los dos últimos se conservan en el Museo Nacional de Antropología de México, en tanto que el primero se halla en el palacio Bourbon, en la ciudad de París.[4]

Además de estos libros indígenas, tenidos como de origen prehispánico, existen otros que fueron pintados en los años que siguieron a la conquista. Algunos son copias de códices más antiguos hechas por sabios nativos sobrevivientes. Otros se elaboraron asimismo en el siglo XVI como diversas formas de testimonio a solicitud de las autoridades reales o fueron resultado de investigaciones llevadas a cabo, en colaboración con indígenas, por estudiosos como el célebre fray Bernardino de Sahagún. Entre los más conocidos códices, que provienen ya del siglo XVI y son de origen asimismo náhuatl, mencionamos al menos los siguientes: el *Azcatitlan,* el *Cozcatzin,* el *Mendocino,* el *Mexicanus,* el *Telleriano Remensis,* el *Magliabecchi,* el *Códice Ríos,* todos procedentes de la región azteca. Del antiguo señorío tetzcocano se conservan, entre otros: el *Códice en Cruz,* el *Xólotl,* los códices *Tlotzin* y *Quinatzin,* el *Mapa de Tepechpan.*

Para el estudio de la historia prehispánica, de las creencias religiosas, o aun de aspectos de carácter económico como los antiguos sistemas de tributación, son de suma importancia los citados documentos, así como otros varios que se conservan en diversas bibliotecas y archivos. Si recordamos ahora el modo en que los sabios nativos se valían de los libros de pinturas en los centros prehispánicos de educación, comprenderemos la forma

---

[3] A modo de ejemplo, citamos la edición del *Códice Borgia,* con comentarios de Eduard Seler, traducidos al castellano, publicada por el Fondo de Cultura Económica, México, 3 vols., 1963.

[4] Para una descripción de estos y los otros códices véase: Salvador Mateos Higuera y Miguel León-Portilla, *Catálogo de los códices indígenas del México antiguo,* México, Secretaría de Hacienda, 1957.

Códice Borbónico, manuscrito azteca conservado en la Biblioteca del Palacio Bourbon, París, Francia, fol. 10.

como, paralelamente, se preservó también otra suerte de textos por medio de una tradición sistemática. Tratar de esto equivale a ocuparnos de la segunda especie o categoría de fuentes indígenas.

b) *Textos en lengua náhuatl escritos ya con el alfabeto latino sobre todo en el siglo XVI*

Se sabe por el testimonio directo de conquistadores y cronistas misioneros que en las escuelas indígenas, en los *calmécac* y *telpuchcalli*, los maestros explicaban el contenido de los códices haciendo que los estudiantes fijaran literalmente en su memoria, a modo de comentarios, distintos textos. Esta tradición sistemática, sobre la base de lo que se consignaba en los códices, se comunicaba fielmente de generación en generación. Entre los muchos textos que así se retenían en la memoria, junto con los comentarios de los sacerdotes y sabios, había relatos míticos, composiciones poéticas, *huehuetlatolli* o discursos de los ancianos e igualmente narraciones de contenido histórico.

Al sobrevenir la conquista, se inició, respecto de esos textos memorizados, un doble proceso. Por una parte, emprendieron su rescate algunos indígenas que habían estudiado en los centros prehispánicos de educación y que posteriormente, con ayuda de los frailes, habían aprendido el alfabeto latino. Los sobrevivientes de la antigua cultura pudieron poner por escrito —con el alfabeto recién aprendido, pero en su propia lengua— muchas de las tradiciones e historias memorizadas en sus días de estudiantes. Por otra parte, el empeño de humanistas como fray Andrés de Olmos y fray Bernardino de Sahagún, significó asimismo allegar materiales para el conocimiento del pasado prehispánico.

El primer intento por salvar del olvido textos históricos y literarios en lengua náhuatl, y de transcribirlos con el alfabeto latino, data de los años comprendidos entre 1524 y 1530. Esto lo hicieron algunos sabios nahuas respecto del contenido de varios códices y de las tradiciones relacionadas con ellos. Estos textos, escritos en papel indígena, se conservan hoy en la Biblioteca Nacional de París bajo el título de *Unos Anales Históricos de la Nación Mexicana*. En ellos se contienen las genealogías de los gobernantes de Tlatelolco, México-Tenochtitlan y Azcapotzalco, así como la más antigua visión indígena de la conquista.

Atención particular merecen las investigaciones de fray Bernardino de Sahagún. Había llegado éste a México en 1529 y aquí dedicó muchos años de su larga vida (1499-1590), a recoger testimonios de contenido cultural e histórico en diversos lugares de la región central. Auxiliado por sus discípulos indígenas del Colegio de Santa Cruz de Tlatelolco, Sahagún comenzó a recoger multitud de textos de labios de ancianos que habían

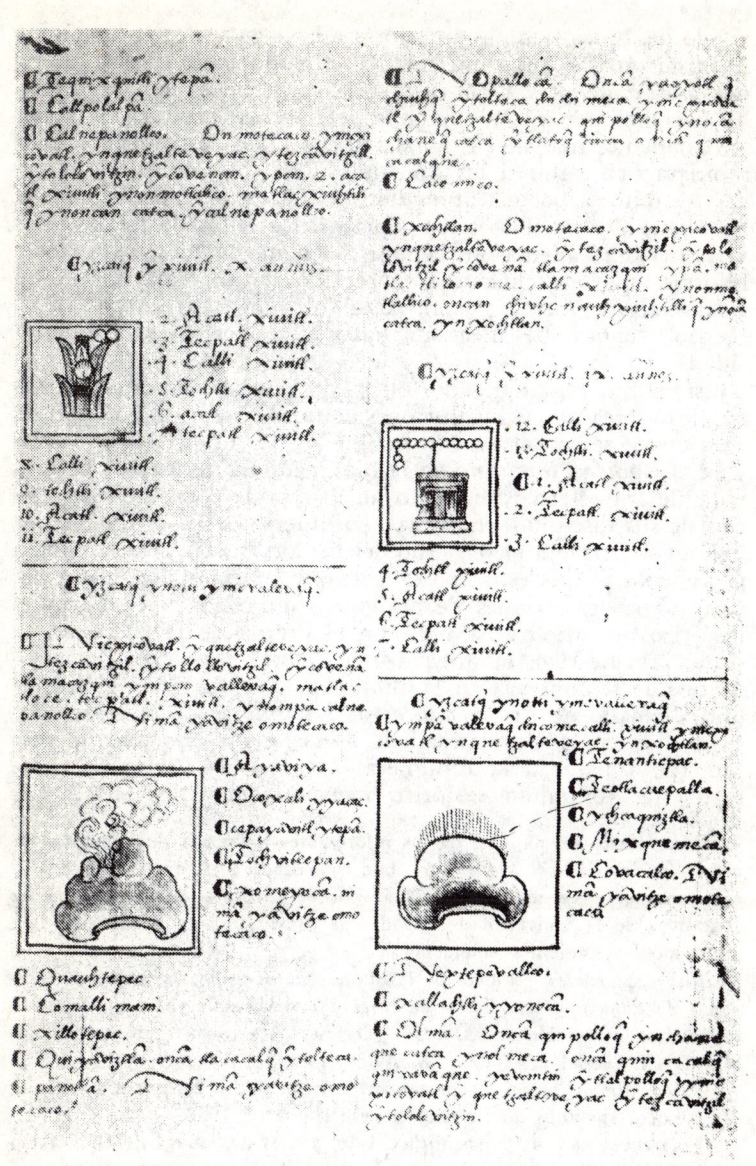

Una página de la *Historia tolteca-chichimeca*, fol. 14.

vivido desde los tiempos anteriores a la llegada de los españoles. El mismo fray Bernardino describe el modo como fueron recogidos esos materiales: "las cosas que conferimos, me las dieron los ancianos por pinturas, que aquella era la escritura que ellos antiguamente usaban". E igualmente pedía a sus informantes le repitieran en náhuatl los comentarios de los códices, las crónicas, los mitos y poemas aprendidos en las escuelas prehispánicas. Sus discípulos de Tlatelolco copiaban los glifos de las pinturas y transcribían además en la misma lengua náhuatl los textos e informes que escuchaban. Con sentido crítico Sahagún repitió varias veces su investigación, pasando como él dijo, "por triple cedazo" cuanto iba allegando hasta estar cierto de su autenticidad.

Así reunió centenares de folios con poemas, cantares y testimonios acerca de las instituciones culturales del mundo náhuatl. Esos textos se conservan hoy día en los dos *Códices Matritenses* y en el *Códice Florentino* de la biblioteca Laurentiana.[5] Pero la obra de fray Bernardino tuvo además otras consecuencias. Varios de sus discípulos indígenas, en quienes avivó el interés por que no se perdiera el recuerdo del pasado, continuaron también por cuenta propia este tipo de trabajos. Algunos pudieron compilar varias colecciones de antiguos cantares y diversos anales históricos en idioma náhuatl. En el campo de la literatura se sitúan tres de estos manuscritos, la *Colección de cantares mexicanos* que se conserva en la Biblioteca Nacional de México; el libro llamado de *Los romances de los señores de la Nueva España,* hoy en la Universidad de Texas, y otro documento más que fue a parar a la Biblioteca Nacional de París. Entre los textos de contenido histórico mencionaremos los *Anales de*

[5] Los textos en náhuatl de los informantes indígenas de Sahagún, incluidos en los *Códices Matritenses,* han comenzado a ser publicados con su correspondiente versión al castellano por el Instituto de Investigaciones Históricas de la Universidad Nacional de México. Hasta el presente han aparecido los siguientes volúmenes:

Ritos, sacerdotes y atavíos de los dioses, textos de los Informantes Indígenas de Sahagún, I, Edición de Miguel León-Portilla, México, Instituto de Investigaciones Históricas, 1958, (De esta obra existe reproducción publicada en Guadalajara, 1969, E. Aviña, Editor).

Veinte himnos sacros de los nahuas. Informantes Indígenas de Sahagún, II, México, Instituto de Investigaciones Históricas, 1958.

Vida económica de Tenochtitlan. Informantes de Sahagún, III, Edición de Angel Ma. Garibay K., México, Instituto de Investigaciones Históricas, 1961.

Augurios y abusiones. Informantes Indígenas de Sahagún, IV, Edición de Alfredo López Austin, México, Instituto de Investigaciones Históricas, 1969.

HISTORIA DE LAS COSAS DE NUEVA ESPAÑA

(Códice matritense de la Academia de la Historia, fol. 65 v.)

Una página del *Códice matritense del real palacio*. Textos de los informantes de Sahagún, fol. 65.

Cuauhtitlán, los de otros varios lugares de la altiplanicie y algunos escritos más, de distinta procedencia como la *Historia Tolteca-chichimeca.*

En la presente antología incluimos la versión al castellano de algunas páginas de estos documentos. Así, en los capítulos que se refieren a "Teotihuacanos y toltecas" y a la "Significación de los aztecas en el Mexico antiguo", se aducen, como ejemplo de fuentes, varias porciones tomadas de los *Códices Matritenses,* de los *Anales de Cuauhtitlán* y de la *Historia Tolteca-chichimeca.* También se citan algunos de estos manuscritos en náhuatl a propósito de los temas "La organización social y política", "La vida económica" y "Religión y pensamiento". Conviene añadir que, en relación con estos puntos, son asimismo fuente de suma importancia varios códices o libros de pinturas. Por ejemplo, para estudiar la vida económica durante el periodo azteca, son imprescindibles la *Matrícula de tributos* y el *Códice Mendoza.*

c) *Testimonios en idioma castellano de cronistas, de frailes misioneros, conquistadores y de algunos escritores indígenas y mestizos del siglo XVI*

Las obras incluidas bajo este rubro no pueden considerarse obviamente como fuentes indígenas de origen prehispánico. Hay en algunas de ellas, sin embargo, testimonios que deben tomarse en cuenta en cualquier estudio sobre las antiguas culturas. Mencionaremos, por ejemplo, las Cartas de relación, las crónicas o historias de los conquistadores Hernán Cortés, Bernal Díaz del Castillo, Andrés de Tapia, Bernardino Vázquez de Tapia y Francisco de Aguilar. Si bien cabe suponer que existió en sus escritos el propósito de justificar y exaltar sus acciones, encontramos asimismo en ellos la expresión de recuerdos sobre los últimos tiempos en que mantuvo plena vigencia la cultura indígena. Distinto es el caso de las relaciones e historias debidas a la pluma de los frailes misioneros. Algunos de ellos como Motolinía, llegado a México en 1524, o fray Diego de Durán que pasó también a estas tierras poco después de la conquista, tuvieron oportunidad de conocer de cerca lo que quedaba de las antiguas instituciones y de conversar con sabios nahuas de avanzada edad. Al escribir sus historias estos frailes tomaron en cuenta mucho de lo que vieron y de lo que personalmente alcanzaron en sus pesquisas. Sus testimonios, claro está, deberán ser sometidos a una crítica adecuada. Así podrá verse hasta qué grado son reflejo de la realidad y también a veces interpretaciones debidas a formas de pensar alejadas del fenómeno cultural prehispánico.

No es nuestra intención dar aquí la lista, bastante larga por cierto, de los trabajos que escribieron frailes misioneros como los ya mencionados e igualmente varios oficiales y funcionarios de la Corona. Sobre todo nos interesa señalar que en la copiosa historiografía de la Nueva España durante los siglos XVI y principios del XVII hay obras que deben considerarse, con las cautelas y el sentido crítico correspondientes, como fuente para el conocimiento de las antiguas culturas.[6]

Especial atención merecen los trabajos históricos de personajes indígenas y mestizos de las primeras décadas del periodo colonial que escribieron en náhuatl o en castellano. Acudiendo con frecuencia a documentación de procedencia prehispánica, se propusieron algunos de estos autores rescatar del olvido sus tradiciones. No es raro percibir también a veces otras formas de interés en esos trabajos. Algunos se elaboraron para justificar pretensiones personales de nobleza y obtener así determinados beneficios.

Entre las obras de indígenas y mestizos del XVI y principios del XVII están las de Juan Bautista Pomar, Diego Muñoz Camargo, Fernando de Alva Ixtlilxóchitl, Hernando Alvarado Tezozómoc, y Francisco de S. Antón Chimalpahin Cuauhtlehuanitzin. Y conviene insistir en que, al acudir a sus trabajos como a posibles fuentes de información, corresponderá al moderno historiador aplicar su ojo crítico para valorar el sentido y el propósito de lo que en ellos se consigna.[7] Ello no debe hacernos olvidar que es frecuente encontrar en las obras de estos cronistas transcripciones de documentos más antiguos a los que puede adjudicarse el carácter de fuentes indígenas prehispánicas.

d) *Documentos e informes sobre los resultados obtenidos en las excavaciones arqueológicas*

Los descubrimientos hechos por los arqueólogos revelan primeramente multitud de vestigios materiales de las antiguas culturas. Sus hallazgos comprenden desde trozos de vasijas y otras producciones en cerámica hasta la impresionante realidad de los templos, monumentos, pinturas y esculturas en los centros ceremoniales y urbanos. Y como la moderna arqueología dispone de

[6] Para quienes se interesan en un estudio de carácter historiográfico y bibliográfico en relación con estos autores españoles de los siglos XVI y principios del XVII, se mencionan aquí las siguientes obras de consulta:

Francisco Esteve Barba, *Historiografía Indiana*, Madrid, Editorial Gredos, 1964, pp. 137-268.

Miguel León-Portilla, "Introducción" a la obra *Monarquía Indiana* de fray Juan de Torquemada, (Selección), México, Biblioteca del Estudiante Universitario, vol. 84, 1964. pp. XVII-XXXIII.

[7] Pueden consultarse asimismo los trabajos citados en la nota anterior para obtener referencias más precisas sobre estos cronistas indígenas y mestizos.

diversos sistemas para precisar la antigüedad de lo que se descubre, de ello se sigue que, con base en este tipo de investigaciones, es posible establecer la secuencia de las culturas, sus distintos periodos y mutuas relaciones. En el caso de la altiplanicie central en Mesoamérica, debemos a este tipo de trabajos el poder hablar de una época preclásica, anterior a la era cristiana, así como de las etapas teotihuacana o del esplendor clásico y más tarde del llamado horizonte tolteca, al que siguieron las invasiones chichimecas y la constitución de nuevos señoríos y, finalmente, el establecimiento y la gran expansión de los aztecas.

Pero si la arqueología revela vestigios materiales y es camino para fijar fechas y periodos, no debe perderse de vista que también a través de sus hallazgos cabe percibir elementos de cultura espiritual en sentido estricto. Bastará con mencionar, haciendo referencia al México antiguo, las inscripciones de algunos monumentos, la simbología y las representaciones de carácter religioso en las pinturas murales, en las esculturas y en otras producciones. Gracias asimismo a los hallazgos arqueológicos puede conocerse algo de las formas de vida de los antiguos pobladores y sobre todo el gran conjunto de obras que integran lo que hoy llamamos el mundo de su arte.

No es necesario insistir en la importancia que tiene para el historiador de las culturas prehispánicas conocer, tan amplia y profundamente como le sea posible, los resultados de la investigación arqueológica. Los estudios acerca de las otras fuentes primarias, los códices, los textos indígenas y de los cronistas españoles, adquieren nuevo sentido y pueden situarse mejor en su correspondiente momento, al ser relacionados con los descubrimientos arqueológicos. Para lograr esto el historiador tiene que analizar los distintos informes y documentos preparados por los arqueólogos acerca de los resultados de sus investigaciones. Tan sólo así, considerando a las fuentes escritas y a la arqueología como dos formas de conocimiento que deben convergir sobre un mismo punto, será posible penetrar cada vez más en un mundo de cultura sobre el que tanto queda por esclarecer.

En esta antología, al transcribir los textos que se relacionan con el tema de teotihuacanos y toltecas, e igualmente a propósito de la significación de los aztecas en el México antiguo, incluimos algunas páginas de los informes de arqueólogos que han trabajado en distintos lugares de la altiplanicie: en Teotihuacán, en Tula (estado de Hidalgo) o en otros sitios que más tarde dependieron de Tenochtitlan. El caso particular de los teotihuacanos y toltecas ilustrará, tal vez mejor que otros, la importancia que ha tenido correlacionar las fuentes escritas con las investigaciones arqueológicas.

Hasta aquí hemos tratado de las principales categorías en que pueden distribuirse las fuentes originales para el conocimiento del pasado prehispánico. De estos distintos testimonios se incluyen algunas muestras en los varios capítulos de la antología. Pero en ella se atiende además, de modo directo, a las interpretaciones o imágenes históricas logradas por distintos investigadores sobre la base de las fuentes. Conviene, por tanto, que nos ocupemos también brevemente de los principales autores de cuyas obras proceden las páginas que se aducen en este libro.

Historiadores cuyas obras se citan como muestra de interpretaciones o imágenes distintas del pasado

Imposible resulta, dentro de los límites de esta Introducción, pretender dar un elenco con apreciaciones críticas acerca de las múltiples obras que integran la rica historiografía sobre las culturas prehispánicas de México. Nos restringimos, por consiguiente, a señalar por qué hemos incluido en la antología páginas o capítulos de determinados historiadores. Fundamentalmente nos ha interesado que esta selección fuese en verdad representativa de lo que se ha escrito acerca de los temas que aquí se proponen. Con este fin se incluyen interpretaciones o imágenes históricas, a veces muy distintas entre sí.

En consecuencia, con criterio abierto, hemos acudido a las obras publicadas por numerosos autores desde la segunda mitad del siglo XVI hasta casi el momento actual. Recordaremos, por ejemplo, a algunos de los que se fijaron en el mundo prehispánico desde puntos de vista de un pensamiento todavía con raíces medievales. Otros, en cambio, se presentan con sus ideas características de la modernidad del siglo XVIII. Los hay que son muestra del enfoque positivista y de una actitud que se preciaba de científica en las investigaciones históricas durante la pasada centuria. Entre ellos, y también entre los que después vinieron, hay historiadores mexicanos y extranjeros. Ya de nuestro propio siglo, se aducen también páginas de no pocos estudiosos que, en diversos grados, han podido disponer de los resultados de la moderna arqueología y de más abundantes trabajos sobre las fuentes escritas.

Aunque no es raro encontrar en los cronistas del siglo XVI distintas maneras de interpretación a propósito de la realidad cultural indígena, hemos preferido situar a la mayor parte de sus obras en el campo de las fuentes debido a la abundancia de materiales de primera mano que muchas veces proporcionan. En realidad sería en extremo difícil pretender trazar una línea divisoria entre los trabajos, fundamentalmente informativos, de los cronistas españoles y mestizos, y los estudios de síntesis, interpretación y creación históricas, debidos a autores que escribieron durante casi los mismos años. Como ejemplo de estos últimos hemos optado por fijarnos aquí en algo de lo que escribieron el dominico fray Bartolomé de Las Casas, el jesuita José de Acosta y el franciscano fray Juan de Torquemada.

De las numerosas obras de fray Bartolomé de Las Casas (1474-1566) sobresalen por su extensión y la importancia de su contenido la *Historia de las Indias* y la *Apologética historia sumaria*. Particularmente en esta última fray Bartolomé ofrece cuantos testimonios pudo reunir sobre las creaciones culturales de los indígenas americanos. Su propósito fue mostrar no ya sólo la evidente racionalidad de los indios, sino su plenitud de entendimiento y facultades, tal como se manifestaron en sus diversas instituciones, formas de pensamiento y de vida. Como el mismo título de la *Apologética historia* lo indica, fray Bartolomé quiso hacer así la mejor defensa posible de los derechos de los indígenas que habían sido víctimas de tantos agravios. En la presente antología se aducirán algunos capítulos en los que el dominico trata de las formas de culto religioso de los antiguos mexicanos e igualmente de los sistemas de elección y sucesión de sus gobernantes.

Con un enfoque distinto, el jesuita José de Acosta (1540-1600) publicó, entre otras cosas, su *Historia natural y moral de las Indias*, aparecida en 1590. Paralelamente a la *Apologética historia* del padre Las Casas, también esta obra de Acosta estuvo referida de manera general al ámbito americano, aunque en ella se concedió atención muy especial a las dos regiones más importantes, la Nueva España y el virreinato del Perú. Acosta, a diferencia de Las Casas, no tuvo, sin embargo, propósitos apologéticos. Su intención fue lograr un cuadro o visión de conjunto en la que se diera a conocer lo más importante de las antiguas realidades naturales y humanas del Nuevo Mundo. Si bien subsisten en el pensamiento de Acosta criterios y enfoques de raíz medieval, su trabajo histórico deja traslucir asimismo una actitud considerablemente abierta a la modernidad. En lo que toca a la exposición que hace de las instituciones culturales del México antiguo es cierto que no le fue posible realizar por sí mismo, de manera directa, una investigación en las fuentes primarias. Acudió, sin embargo, a los testimonios que otros habían recogido y sobre ellos elaboró la síntesis que presentó en su libro. De él se citan aquí algunos capítulos en relación con las creencias religiosas y otros aspectos de la cultura del México antiguo.

A fray Juan de Torquemada (1557-1624) se debe otra obra, también de síntesis, aunque referida de manera exclusiva a las antigüedades prehispánicas de México y al primer siglo de vida de la Nueva España. Su trabajo, los *Veintiún libros rituales y Monarquía indiana*, escrito en México, apareció por vez primera en Sevilla, en 1615.[8] Como podrá verse, a través de las páginas que aquí se citarán de Torquemada, fundamentalmente sus criterios históricos se derivaron de formas de pensamiento y de creencias medievales. Mas no por ello, en las interpretaciones que ofrece de la realidad cultural indígena, deja de haber atisbos dignos de ser valorados. Por otra parte, gracias a Torquemada, que realizó por sí mismo investigación directa, se salvaron del olvido numerosos testimonios nativos que incorporó con acierto al conjunto de su obra.

Más entrado ya el siglo XVII hubo otros investigadores que, en diversas formas, se ocuparon también de las culturas prehispánicas de la región central. Mencionaremos a don Carlos de Sigüenza y Góngora (1645-1700), que llegó a escribir sobre la historia del imperio de los chichimecas, la genealogía de los reyes mexicanos, así como en relación con el calendario indígena. Desgraciadamente estas obras suyas, que nunca llegaron a publicarse, se perdieron al parecer para siempre. Se conserva al menos su *Teatro de virtudes políticas,* publicado en 1680, en el que presenta como dechados a algunos de los gobernantes de los tiempos indígenas. Se debe también a Sigüenza y Góngora haber reunido considerable número de códices y documentos, fuentes para la historia antigua de México, muchos de los cuales pudieron ser después consultados por otros investigadores.

Habrá que aguardar, sin embargo, hasta el siglo XVIII para encontrar más amplios trabajos de síntesis acerca del mundo prehispánico de la región central de México. Muy peculiar forma de trabajo es el que llevó a cabo, entre los años de 1736 y 1746, un célebre personaje de origen italiano, Lorenzo Boturini Benaduci. Venido a estas tierras en 1736, desarrolló aquí infatigable actividad dirigida primeramente a buscar testimonios en apoyo de las apariciones de la virgen de Guadalupe y después también, de manera más amplia, para conocer todo lo referente a la cultura de los pobladores nativos. Pudo allegar así un conjunto de códices y testimonios en idioma náhuatl que se proponía aprovechar en los estudios que tenía en preparación. Expulsado por disposición de las autoridades virreinales, tan sólo alcanzó a completar Boturini un trabajo que tituló *Idea de una nueva historia general de la América Septentrional.*[9] El interés de esta obra radica más que nada en su acercamiento filosófico a estas antiguas cul-

---

[8] Esta obra en tres volúmenes volvió a ser editada en Madrid, 1723. De esta última edición existen dos reproducciones facsimilares, la última de éstas con estudio introductorio de Miguel León-Portilla, publicada por la Editorial Porrúa, México, 1969.

[9] Lorenzo Boturini Benaduci, *Idea de una nueva historia general de la América Septentrional,* Madrid, 1746.

turas, aplicando las categorías de la *Ciencia Nueva* del sabio napolitano Juan Bautista Vico. Boturini, que se vio desposeído de los documentos que había alcanzado a reunir, no pudo servirse de ellos en su trabajo. Sin embargo, y a pesar de las fantasías en que varias veces incurrió, su libro quedó como un primer intento de concebir al mundo indígena americano a la luz del sistema elaborado por su contemporáneo Vico, iniciador de la filosofía de la historia en la época moderna. Del trabajo de Boturini se incluyen aquí algunas muestras, particularmente de su interpretación de la religión de los antiguos mexicanos.

A no dudarlo, de cuanto se publicó en el siglo XVIII sobre las culturas prehispánicas es la *Historia antigua de México*, de Francisco Javier Clavijero, el trabajo más importante y el que mayor resonancia logró. Con el sentido que puede tener de la historia un hombre de vasta y honda formación, Clavijero recreó en esta obra una imagen de las antiguas culturas que, rebosando mexicanismo, fue a la vez ejemplo de elaboración acuciosa, con criterio abierto y en busca también de significación universal. La *Historia antigua de México* fue escrita en italiano durante los años de exilio de Clavijero, que había salido de su patria como consecuencia de la real orden que expulsó a los jesuitas de los dominios españoles. Su libro, que apareció en la ciudad de Cesena en 1780, fue recibido con grande interés y pronto fue traducido a varias lenguas extranjeras. A casi dos siglos de distancia, podemos afirmar que la *Historia* de Clavijero mantiene en muchos aspectos su vigencia, y es obra de requerida y grata lectura para quienes se interesan por el tema del pasado indígena. En ella no sólo tenemos una visión de conjunto de la evolución cultural de los pueblos de Anáhuac sino también exposiciones y análisis pormenorizados acerca de sus principales instituciones. En la antología veremos algo de lo que escribió Clavijero en relación con la vida económica, la organización social y política y el pensamiento religioso de los mexicanos anteriores a la conquista.

Contemporáneo de Clavijero fue don Mariano Fernández de Echeverría y Veytia (1718-1779), al que se debe también otra *Historia antigua de México* que no llegó a imprimirse sino hasta 1836. Carente del enfoque universalista y del criterio de modernidad que tiene el trabajo de Clavijero, el esfuerzo de Veytia en modo alguno merece quedar en el olvido. Como auténtico historiador, consultó también importantes fuentes tanto para el conocimiento de la secuencia cultural prehispánica como también para penetrar en la estructura de los antiguos sistemas calendáricos. De su obra se incluirán aquí algunas páginas.

Investigación de índole muy distinta fue la que sacó a luz en 1792 don Antonio León y Gama (1735-1802). Bajo el título de

Descripción histórica y cronológica de las dos piedras que, con ocasión del nuevo empedrado que se está formando en la plaza principal de México, se hallaron en ella en el año de 1790..., ofreció una de las primeras elaboraciones de carácter arqueológico. Las dos piedras a que se refiere el trabajo de León y Gama fueron nada menos que la colosal escultura de la diosa Coatlicue y la llamada Piedra del Sol o Calendario azteca. Y juntamente con su "Descripción" publicó un estudio sobre el calendario, la mitología, los ritos y ceremonias "que acostumbraban los mexicanos en tiempo de su gentilidad".

Más numerosas son las obras que en el siglo XIX se escribieron, bien sea a modo de síntesis o sobre un aspecto determinado de la historia del México antiguo. Alejandro de Humboldt (1769-1859), que tan hondamente se interesó por las antigüedades americanas, se ocupó de ellas en varios trabajos suyos, y de modo especial en sus *Sitios de las cordilleras y monumentos de los pueblos indígenas de América,* publicada en París en 1813. Sus descripciones de monumentos y vestigios arqueológicos del México antiguo son, desde todos los puntos de vista, muy dignas de tomarse en cuenta. Particularmente debe hacerse referencia a sus estudios sobre los que él llamó manuscritos jeroglíficos de los aztecas. De éstos examinó algunos durante su estancia en México y también en museos y bibliotecas como las de Bolonia, el Escorial, Roma, Viena y Berlín. La gran difusión que tuvieron las obras de Humboldt fue además poderosa llamada de atención sobre la importancia del pasado indígena de México.

La primera mitad del siglo XIX, a partir sobre todo de la revolución de independencia, trajo consigo posturas muy distintas respecto del mundo prehispánico. A modo de ejemplo pueden recordarse las ideas que en este punto se forjaron hombres como fray Servando Teresa de Mier (1765-1827) y don Carlos María de Bustamante (1774-1848). Ni uno ni otro hicieron en rigor investigación sobre esa etapa de nuestra historia. Sin embargo, el mundo indígena fue concebido por ellos como la raíz más honda del ser histórico del país que comenzaba a ser independiente. El legado prehispánico podía y debía contraponerse a la realidad cultural española. El sistema político de la colonia había sido suprimido, pero era menester liberarse asimismo de su influencia ideológica. De aquí el interés por propiciar, en todas las formas posibles, el conocimiento de las antiguas culturas. Ello explica, en buena parte, el interés de fray Servando por las tradiciones nativas, y los empeños de Bustamante en editar, por vez primera, obras como la *Historia general de las cosas de Nueva España* de fray Bernardino de Sahagún.

De un modo o de otro tal actitud y diversas publicaciones como las que sacó a luz Bustamante acrecentaron el interés por adentrarse seriamente en la investigación de las antiguas culturas. Esto ocurrió sobre todo a partir de la segunda mitad del siglo XIX. Estudiosos como don José Fernando Ramírez (1804-1871) y don Joaquín García Icazbalceta (1825-1894) se cuentan entre los primeros que se dedicaron a editar no pocos documentos inéditos, que habrían de ser de enorme importancia en las ulteriores investigaciones.

Don Manuel Orozco y Berra (1816-1881), que tanto hizo en el campo de la indagación histórica, comenzó a preparar, probablemente a partir de 1870, la que llegaría a ser su magna *Historia antigua y de la conquista de México*. Quiso Orozco apartarse en ella de posiciones extremistas para buscar con criterio objetivo una idea más cabal de lo que había sido el mundo prehispánico. Los trabajos realizados por investigadores extranjeros sobre las mitologías del mundo clásico, le permitieron, por ejemplo, relacionar los mitos y leyendas indígenas con los "principios universales" de lo que pudiera llamarse la facultad humana creadora del mito. Más que un intento de carácter humanístico, su actitud reflejó sobre todo el "cientificismo" de su tiempo. Su *Historia* la distribuyó en cuatro grandes partes: "La civilización prehispánica", en que estudió las instituciones principales de los pueblos aborígenes; "El hombre prehistórico de México", donde acumuló cuantos materiales pudo reunir acerca de los más remotos antecedentes y la evolución de los distintos grupos que poblaron lo que más tarde fue territorio de la República Mexicana; "La historia antigua", en la que trata acerca de los señoríos de la región central, aquellos que, como lo muestra en la última parte de su obra, "La conquista de México", habrían de sufrir más que nadie las consecuencias de la penetración hispánica. La *Historia antigua y de la conquista de México* que, en cuatro volúmenes, comenzó a publicarse en 1880, continúa siendo trabajo digno de ser consultado. Las páginas que aquí citaremos de este libro permitirán apreciar el sentido crítico con que fue escrito hace ya casi un siglo.

Poco tiempo después de publicada la *Historia* de Orozco y Berra apareció otra obra, de igual título, preparada por don Alfredo Chavero (1841-1906). La *Historia antigua y de la conquista* que éste elaboró vino a constituir el tomo I, publicado en 1887, de la magna visión de conjunto, *México a través de los siglos*. Chavero había publicado ya diversos documentos y otras obras en relación con el pasado precolombino. En su *Historia antigua* pretendió reunir cuanto se sabía en su tiempo acerca del México prehispánico. Debemos decir, sin embargo, que ni por su método ni por sus fuentes de información llegó a superar lo que había ofrecido Orozco y Berra. Mérito de Chavero fue al menos haber acrecentado el interés por estos estudios, a los que se dio cabida con justa razón en una obra de síntesis tan importante como *México a través de los siglos*. En esta antología se incluyen muestras de sus escritos.

Como ya lo hemos dicho, nuestra intención no es hacer aquí un elenco completo de las múltiples obras que se han publicado sobre el tema que nos ocupa. Por ello, llegados a este punto, optamos por mencionar, tan sólo de manera escueta, a los principales autores de tiempos más recientes, algunos de ellos contemporáneos, cuyos trabajos habrán de citarse en el presente libro. Mencionaremos así al distinguido investigador alemán Eduard Seler (1849-1922), moderno fundador de la que puede describirse como "escuela germánica" de estudios sobre las antiguas culturas mexicanas. Como arqueólogo, etnógrafo y filólogo, Seler dejó numerosos trabajos que posteriormente han sido reunidos en cinco gruesos volúmenes titulados *Gesammelte Abhandlungen zur Amerikanischen Sprach und Altertumskunde* (Colección de tratados sobre las lenguas y antigüedades americanas), Berlín, 1902-1923 y reeditado por Akademische Druck und Verlagsanstalt, Graz, Austria, en 1960. En esta antología se cita su *Comentario al Códice Borgia* en la sección en que trata acerca de la figura del dios y héroe cultural de los toltecas, Ce Acatl Topiltzin Quetzalcóatl.

Contemporáneo de Seler fue don Francisco del Paso y Troncoso (1842-1916), infatigable investigador que pudo reunir varias de las más importantes fuentes para el estudio del México antiguo. Como un ejemplo mencionamos sus trabajos en relación con los *Códices Matritenses* y *Florentino*, en los que se conservan los textos recogidos en náhuatl por fray Bernardino de Sahagún de labios de sus informantes indígenas. Puede decirse que las aportaciones de Seler y Del Paso y Troncoso dejaron establecida para siempre la necesidad de tomar en cuenta los testimonios escritos en permanente relación con los hallazgos arqueológicos.

De los distintos investigadores, mexicanos y extranjeros, de épocas más recientes, y cuyos trabajos citaremos, damos a continuación únicamente la lista de sus nombres, destacando a la vez el campo en que se sitúan sus principales aportaciones.

Adolfo F. Bandelier (1840-1914). Investigador suizo-norteamericano que realizó trabajos de arqueología en los Estados Unidos. Con base en las teorías de Lewis H. Morgan sobre la sociedad primitiva, Bandelier se dedicó asimismo al estudio de la organización social y política en el México antiguo. En esta antología se incluye una parte de su trabajo sobre "La organización social y forma de gobierno de los antiguos mexicanos".

Manuel Gamio (1883-1960). A él se debieron las primeras excavaciones estratigráficas en el Valle de México y el primer trabajo de carácter integral en el área teotihuacana. De la obra, dirigida por él, *La población del Valle de Teotihuacan,* 3 vols., México, 1922, se citarán aquí algunas páginas.

Hermann Beyer (1880-1942). Discípulo de Seler y más tarde colaborador de Gamio. Trabajó como arqueólogo, estudioso del calendario prehispánico y de textos en lenguas indígenas. Buena parte de la obra escrita de Beyer ha sido reunida y publicada en castellano bajo el título de *Mito y simbología del México antiguo,* Revista *El México Antiguo,* T. X, 1965.

Walter Krickeberg (1890-1962). Investigador alemán que se ocupó del estudio de varias instituciones prehispánicas. Se cita aquí su libro *Las antiguas culturas mexicanas,* Fondo de Cultura Económica, México, 1961.

Angel Ma. Garibay K. (1892-1967). Humanista, investigador de la literatura en lengua náhuatl y editor de diversos textos de contenido histórico, etnográfico y poético de la antigüedad mexicana. A él se deben asimismo ediciones de obras como la de fray Bernardino de Sahagún y de fray Diego Durán. De él se citan la *Historia de la literatura náhuatl,* 2 vols., Editorial Porrúa, México, 1953-1954, y los textos que tradujo sobre la *Vida económica de Tenochtitlan,* Instituto de Investigaciones Históricas, Universidad Nacional, México 1961.

George C. Vaillant (1901-1945). Arqueólogo norteamericano que realizó diversos trabajos en la región central de México. Se cita su conocido libro *La civilización azteca,* Fondo de Cultura Económica, México, 1944.

Salvador Toscano (1912-1949). Investigador mexicano que se ocupó del derecho y la organización social prehispánicos. A él se debe asimismo la importante obra *Arte precolombino y de la América Central,* 3ª edición, México, Instituto de Investigaciones Estéticas, 1970. De él se aducen aquí algunas páginas en relación con el tema de la organización social de los aztecas.

Alfonso Caso (1896-1970). Arqueólogo que realizó muy importantes trabajos en el área de Oaxaca, asimismo estudioso de los sistemas calendáricos y de los códices mixtecas. Las obras suyas que aquí se citan son: "El paraíso terrenal en Teotihuacán", *Cuadernos Americanos,* vol. VI, Nº 6. México, 1942; "El águila y el nopal", *Memorias de la Academia Mexicana de la Historia,* Tomo V, Nº 2, México, 1946 y *El Pueblo del Sol,* Fondo de Cultura Económica, 1953.

Justino Fernández (n. 1904). Historiador del arte en México. Ha realizado diversos estudios sobre las producciones artísticas, principalmente esculturas del periodo azteca, en estrecha relación con la visión del mundo y el pensamiento religioso de ese periodo. Se cita: *Coatlicue: estética del arte indígena antiguo,* 2ª edición, Instituto de Investigaciones Estéticas, México, 1959.

Jacques Soustelle (n. 1912). Etnólogo e historiador francés. Se cita su obra *La vida cotidiana de los aztecas,* México, Fondo de Cultura Económica, 1956.

Manuel M. Moreno. Etnohistoriador que se ha ocupado del estudio de las instituciones prehispánicas: *La organización política y social de los aztecas,* 2ª edición, Instituto Nacional de Antropología e Historia, México, 1962.

Wigberto Jiménez Moreno (n. 1912). Estudioso de la historia antigua de México y de la documentación en lengua náhuatl. A él se debe la correlación de los textos y los hallazgos arqueológicos a propósito de los toltecas de Tula. De él se cita: "Tula y los toltecas según las fuentes históricas", *Revista Mexicana de Estudios Antropológicos,* tomo V, Núms. 2-3, México, 1941.

Ignacio Bernal (n. 1913). Arqueólogo que ha trabajado en el área de Oaxaca y asimismo en Teotihuacan. De él se citan *Tenochtitlan en una isla,* Instituto Nacional de Antropología e Historia, México 1959 y "Notas preliminares sobre el posible imperio teotihuacano", *Estudios de Cultura Náhuatl,* Instituto de Investigaciones Históricas, vol. V, México, 1965.

Jorge R. Acosta (n. 1915). Arqueólogo que ha realizado diversos trabajos en las zonas de Tula y de Teotihuacán. Se cita su "Interpretación de algunos de los datos obtenidos en Tula, relativos a la época tolteca", *Revista Mexicana de Estudios Antropológicos,* tomo XIX, 2ª parte, 14, México, 1956-1957.

Arturo Monzón (n. 1918). Etnohistoriador mexicano. De él se cita *El calpulli en la organización social de los tenochcas,* México, Instituto de Investigaciones Históricas, 1949.

Charles E. Dibble y Arthur J. Anderson. Investigadores norteamericanos que han publicado la paleografía y la versión completa al inglés del *Códice Florentino:* Florentine Codex, libros 1-12, Santa Fe, Nuevo México, 1950-1969.

Laurette Séjourné, arqueóloga francesa que ha realizado investigaciones arqueológicas principalmente en Teotihuacán. De ella se cita: *Pensamiento y religión en el México antiguo,* Fondo de Cultura Económica, México, 1957.

Friedrich Katz (n. 1922). Historiador austriaco. Entre sus obras destaca: *Situación social y económica de los aztecas en los siglos XV y XVI,* Instituto de Investigaciones Históricas, México. 1966.

Carlos Martínez Marín (n. 1924), etnohistoriador de las culturas indígenas del centro de México. Se cita aquí su trabajo: "La cultura de los mexicas durante la migración", *Actas y Memorias del XXXV Congreso Internacional de Americanistas,* 3 vols., México, 1964. T. II, pp. 113-123.

Miguel León-Portilla (n. 1926). Historiador y editor de textos en idioma náhuatl. Se citan: *Ritos, sacerdotes y atavíos de los dioses*, Instituto de Investigaciones Históricas, México, 1958; *Filosofía náhuatl estudiada en sus fuentes*, 3ª edición, Instituto de Investigaciones Históricas, México, 1966, y *Los antiguos mexicanos a través de sus crónicas y cantares*, Fondo de Cultura Económica, México, 1961 y 1968.

René Millon, arqueólogo franco-norteamericano que ha trabajado en la zona de Teotihuacán. Se cita: "Extensión y población de la ciudad de Teotihuacán en sus diferentes periodos", *Onceava Mesa Redonda: Teotihuacan,* Sociedad Mexicana de Antropología, México, 1966.

Alfredo López Austin (n. 1936). Historiador y editor de textos en idioma náhuatl. Se cita: *La constitución real de México-Tenochtitlan*, Instituto de Investigaciones Históricas, México, 1961, y "Religión y magia en el ciclo de las fiestas aztecas", *Religión, mitología y magia,* vol. II, México, Museo Nacional de Antropología, 1970.

Las obras de los autores que se han mencionado, a partir de los trabajos de fray Bartolomé de las Casas, José de Acosta y fray Juan de Torquemada, dan muestra de diversos intentos de interpretación a propósito de uno o varios de los temas que integran esta antología. Como es obvio, en cada caso se aducirán algunas páginas de los investigadores que específicamente se han ocupado del tema en cuestión. Por otra parte, antes de presentar en cada capítulo estas interpretaciones o imágenes históricas, ofreceremos las correspondientes transcripciones de las fuentes indígenas y de los informes sobre los hallazgos de la arqueología. Al insistir así nuevamente acerca del método que hemos adoptado, pretendemos que no se pierda de vista la peculiar estructura de la antología.

CAPÍTULO I

I. TEOTIHUACANOS Y TOLTECAS

El primer capítulo de esta antología, como su título lo indica, incluye textos sobre el periodo clásico en la altiplanicie central (etapa teotihuacana: siglos I-VIII d. C.), y asimismo acerca de la época tolteca (siglos IX-XI d. C.). Sabido es, y hemos procurado destacarlo en el marco de referencia, que ambos periodos, teotihuacano y tolteca, fueron extremadamente ricos y complejos. De hecho respecto de uno y otro existen multitud de problemas hasta ahora no resueltos. Siendo esto así, con razón podrá preguntarse el lector ¿por qué, en vez de tratar acerca de ellos en dos capítulos distintos, pretendemos atender conjuntamente a ambos periodos?

A modo de respuesta recordaremos algo de lo que ha sido la trayectoria de las investigaciones en relación con los teotihuacanos y los toltecas. Durante el siglo pasado, antes de que se iniciaran sistemáticamente los trabajos arqueológicos, con base sobre todo en la estratigrafía,[1] prevalecía considerable oscuridad respecto de la secuencia de las culturas en todo el ámbito de Mesoamérica. Lo que acerca de ellas podía inferirse tenía como base principal los testimonios de los cronistas del siglo XVI al igual que la existencia de vestigios materiales, no estudiados sistemáticamente, como las pirámides y diversos monumentos y los hallazgos casuales de otras creaciones prehispánicas, entre ellas pinturas, esculturas y piezas de cerámica. Había en

---

[1] La estratigrafía, empleada originalmente por los geólogos, se adaptó más tarde a las investigaciones arqueológicas. "La estratigrafía se basa en dos principios o leyes: 1) La ley de la superposición, según la cual en cualquier acumulación de material, el orden de superposición y de sucesión es de abajo y hacia arriba; lo depositado en el nivel inferior es más antiguo, y en el superior es más reciente. Estos depósitos pueden ser simples desechos de tiestos, implementos de piedra, hogares, entierros o bien edificios. 2) La ley de los estratos o capas que son identificables por sus contenidos o fósiles..." Entre otras cosas puede haber en los distintos estratos o niveles objetos que presentan diferencias y tienen rasgos característicos. (Véase: Eduardo Noguera, *La historia, la arqueología y los métodos para computar el tiempo*, México, Instituto de Investigaciones Históricas, Universidad Nacional, 1963, pp. 13-15).

consecuencia grandes limitaciones en el conocimiento de la antigua evolución cultural. Y, junto con la ausencia de investigaciones arqueológicas en sentido estricto, era también notoria la escasez de estudios críticos sobre las principales fuentes indígenas, los códices y textos redactados en lenguas nativas. Nada tiene de extraño, por consiguiente, que prevalecieran considerable oscuridad y confusión a propósito de los que hoy llamamos periodos teotihuacano y tolteca.

De hecho, hasta antes de la década 1940, se pensaba que los toltecas eran quienes habían edificado el gran centro de Teotihuacan. Este podía ser considerado como la "Tula" más importante del México antiguo. Y en apoyo de tal aseveración se recordaba que precisamente la voz náhuatl Tollan (Tula) significó "ciudad, metrópoli", en el mundo prehispánico. Así, para la gran mayoría de los estudiosos, las dos designaciones, "teotihuacano y tolteca" significaban realmente lo mismo. No fue sino hasta la década ya mencionada cuando, al emprenderse excavaciones arqueológicas en la zona de Tula, Estado de Hidalgo, y al correlacionarse esos hallazgos con las fuentes históricas indígenas, comenzó a modificarse radicalmente la imagen del pasado prehispánico de la altiplanicie. Se dieron a conocer entonces los primeros resultados alcanzados por los arqueólogos y asimismo aparecieron algunos estudios en los que, con base en la documentación indígena, se formulaban puntos de vista muy diferentes.

La nueva tesis que comenzó a perfilarse afirmaba que los toltecas habían habitado en la región de Tula (Hidalgo) en tiempos muy posteriores a los del más antiguo esplendor teotihuacano. Como puede suponerse, esta tesis tardó en ser aceptada universalmente. Con objeto de discutir las distintas formas de evidencia que se fueron presentando, se celebró una Mesa Redonda convocada por la Sociedad Mexicana de Antropología. Reunidos en ella arqueólogos e historiadores mexicanos y extranjeros, y tras examinar lo que hasta entonces habían aportado las nuevas excavaciones y los más recientes trabajos acerca de las fuentes, pudo alcanzarse al fin una conclusión. Fue ésta la de reconocer en definitiva como dos realidades diferentes las que, en adelante, se llamaron cultura teotihuacana o del periodo clásico y la tolteca de Tula, situada ésta en una época posterior.[2] Mutación tan radical en lo que se conocía acerca de la trayectoria cultural del México antiguo tuvo por consecuencia una larga serie de nuevas investigaciones, que hasta hoy se prosiguen, en relación con los periodos teotihuacano y tolteca.

Estos cambios de perspectiva explican igualmente la existencia

---

[2] Puede consultarse la obra: *Tula y los toltecas*, Primera Mesa Redonda, mayo de 1941, Sociedad Mexicana de Antropología, 1941.

de muy distintas imágenes históricas que, en el caso de la presente antología, ofrecen interesantes posibilidades de estudio. Siguiendo el plan que nos hemos propuesto, queremos reflejar en este primer capítulo los varios puntos de vista de algunos historiadores que, en diversos tiempos, han tratado sobre el tema de teotihuacanos y toltecas. Primeramente ofrecemos la transcripción de varios testimonios indígenas e igualmente algunas páginas en las que se consignan los resultados de las principales investigaciones arqueológicas. En seguida se incluyen muestras de las distintas interpretaciones o visiones históricas. Como es natural, los historiadores que escribieron sobre esta materia antes de la década de 1940 nos dicen casi siempre que los toltecas fueron los creadores de Teotihuacán.[3] Y aunque hoy conocemos el por qué de tal forma de pensar, no deja de ser interesante analizar cómo llegaron a formular sus correspondientes síntesis sobre lo que consideraron que había sido uno e idéntico período. Respecto ya de quienes pudieron tomar en cuenta los descubrimientos más recientes, interesa asimismo valorar los criterios que guiaron sus respectivas interpretaciones.

Y conviene notar aquí que —no obstante los mencionados trabajos arqueológicos y los estudios recientes sobre la documentación indígena—, sería ingenuo esperar uniformidad plena en las obras que en los últimos años han tratado acerca de Teotihuacán y Tula. También en ellas podrán encontrarse variantes de apreciación dignas de tomarse en cuenta. A modo de ejemplo recordaremos las diferencias de opinión en lo que se ha escrito sobre la posibilidad de conocer algo de las ideas religiosas del período teotihuacano, o acerca de la relación que quizás tuvieron con ellas las posteriores formas de pensamiento propias de los toltecas y aun de los aztecas. Otro punto de sumo interés es el que concierne al culto de Quetzalcóatl desde los tiempos de Teotihuacán. Finalmente está la cuestión acerca del origen de los ideales de cultura expresados por la voz náhuatl toltecáyotl, *"la toltequidad", raíz de las más elevadas formas de creación de los antiguos pobladores de la región central. O lo que viene a ser lo mismo: en el legado de alta cultura ¿cuál fue la aportación de los teotihuacanos y cuál la de los toltecas? La lectura de los textos que a continuación se transcriben, al acercarnos a estos temas, nos mostrará a la vez los puntos de vista diferen-*

---

[3] Notable excepción la ofrece en este punto don Manuel Orozco y Berra que, en su *Historia antigua y de la conquista de México*, escrita entre los años de 1870 y 1879, llega a la conclusión de que Teotihuacán había existido desde varios siglos antes de la llegada de los toltecas al altiplano central. Las páginas en que se ocupa de esto (libro I, capítulo IV), aparecen incluidas en la presente antología.

tes y con ellos algunos rasgos de las imágenes históricas que continúan elaborándose. Los métodos y criterios no son siempre los mismos. Parece claro que hay obras que son resultado de un mayor rigor en la investigación y también de un más auténtico esfuerzo de creación histórica.

FUENTES PRIMARIAS

1) ORIGEN DEL NUEVO SOL EN TEOTIHUACÁN

(Informantes de Sahagún: *Códice Matritense del Real Palacio*)

El primer testimonio que aquí se ofrece es un antiguo mito traducido del náhuatl. En él se recuerda cómo, después de que el mundo había sido destruido cuatro veces consecutivas, los dioses se reunieron en Teotihuacán para hacer posible la aparición de un nuevo sol. Gracias a su sacrificio volvió a brillar la luz sobre la tierra. La figura del dios Nanahuatzin, que con decisión se arrojó al fuego para transformarse en el sol, será un símbolo a lo largo de la evolución religiosa de los pueblos nahuas. Si por el sacrificio se restauraron el sol y la vida, tan sólo por medio de parecidos ofrecimientos de sangre podrá conservarse cuanto existe.

Teotihuacán, donde ocurrió el portento de los orígenes del nuevo sol, fue siempre lugar sagrado para el pensamiento de los antiguos mexicanos. Las palabras del mito, recogido por Sahagún gracias al testimonio de sus informantes, reflejan ciertamente algo de la significación que tuvo para la conciencia indígena la gran Ciudad de los Dioses.

Se dice que cuando aún era de noche, cuando aún no había luz, cuando aún no amanecía, dicen que se juntaron, se llamaron unos a otros los dioses, allá en Teotihuacán.
  Dijeron, se dijeron entre sí:
  —¡Venid, oh dioses! ¿Quién tomará sobre sí, quién llevará a cuestas, quién alumbrará, quién hará amanecer?
  Y en seguida allí habló aquél, allí presentó su rostro Tecuciztécatl. Dijo:
  —¡Oh dioses, en verdad yo seré!
  Otra vez dijeron los dioses:
  —¿Quién otro más?
  En seguida unos y otros se miran entre sí, unos a otros se hacen ver, se dicen:
  —¿Cómo será? ¿Cómo habremos de hacerlo?
  Nadie se atrevía, ningún otro presentó su rostro. Todos, grandes señores, manifestaban su temor, retrocedían. Nadie se hizo allí visible.

Nanahuatzin, uno de esos señores, allí estaba junto a ellos, permanecía escuchando cuanto se decía. Entonces los dioses se dirigieron a él y le dijeron

—¡Tú, tú serás, oh Nanahuatzin!

Él entonces se apresuró a recoger la palabra, la tomó de buena gana. Dijo:

—Está bien, oh dioses, me habéis hecho un bien.

En seguida empezaron, ya hacen penitencia. Cuatro días ayunaron los dos, Nanahuatzin y Tecuciztécatl. Entonces fue cuando también se encendió el fuego. Ya arde éste allá en el fogón. Nombraron al fogón roca divina.

Y todo aquello con que aquel Tecuciztécatl hacía penitencia era precioso: sus ramas de abeto eran plumas de quetzal, sus bolas de grama eran de oro, sus espinas de jade. Así las espinas ensangrentadas, sus sangramientos eran coral, y su incienso, muy buen copal.

Pero Nanahuatzin, sus ramas de abeto todas eran solamente cañas verdes, cañas nuevas en manojos de tres, todas atadas en conjunto eran nueve. Y sus bolas de grama sólo eran genuinas barbas de ocote; y sus espinas, también eran sólo verdaderas espinas de maguey. Y lo que con ellas se sangraba era realmente su sangre. Su copal era por cierto aquello que se raía de sus llagas.

A cada uno de éstos se le hizo su monte, donde quedaron haciendo penitencia cuatro noches. Se dice ahora que estos montes son las pirámides: la pirámide del sol y la pirámide de la luna.

Y cuando terminaron de hacer penitencia cuatro noches, entonces vinieron a arrojar, a echar por tierra, sus ramas de abeto y todo aquello con lo que habían hecho penitencia. Esto se hizo. Ya es el levantamiento, cuando aún es de noche, para que cumplan su oficio, se conviertan en dioses. Y cuando ya se acerca la medianoche, entonces les ponen a cuestas su carga, los atavían, los adornan. A Tecuciztécatl le dieron su tocado redondo de plumas de garza, también su chalequillo. Y a Nanahuatzin sólo papel, con él ciñeron su cabeza, con él ciñeron su cabellera; se nombra su tocado de papel, y sus atavíos también de papel, su braguero de papel.

Y hecho esto así, cuando se acercó la medianoche, todos los dioses vinieron a quedar alrededor del fogón, al que se nombra roca divina, donde por cuatro días había ardido el fuego. Por ambas partes se pusieron en fila los dioses. En el medio colocaron, dejaron de pie a los dos llamados Tecuciztécatl y Nanahuatzin. Los pusieron con el rostro vuelto, los dejaron con el rostro hacia donde estaba el fogón.

En seguida hablaron los dioses, dijeron a Tecuciztécatl:

—¡Ten valor, oh Tecuciztécatl, lánzate, arrójate, en el fuego!

Sin tardanza fue éste a arrojarse al fuego. Pero cuando le

alcanzó el ardor del fuego, no pudo resistirlo, no le fue soportable, no le fue tolerable. Excesivamente había estado ardiendo el fogón, se había hecho un fuego que abrasaba, bien había ardido y ardido el fuego. Por ello sólo vino a tener miedo, vino a quedarse parado, vino a volver hacia atrás, vino a retroceder. Una vez más fue a intentarlo, todas sus fuerzas tomó para arrojarse, para entregarse al fuego. Pero no pudo atreverse. Cuando ya se acercó al reverberante calor, sólo vino a salir de regreso, sólo vino a huir, no tuvo valor. Cuatro veces, cuatro veces de atrevimiento, así lo hizo, fue a intentarlo. Sólo que no pudo arrojarse en el fuego. El compromiso era sólo de intentarlo allí cuatro veces.

Y cuando hubo intentado cuatro veces, entonces ya así exclamaron, dijeron los dioses a Nanahuatzin:

—¡Ahora tú, ahora ya tú, Nanahuatzin, que sea ya!

Y Nanahuatzin de una vez vino a tener valor, vino a concluir la cosa, hizo fuerte su corazón, cerró sus ojos para no tener miedo. No se detuvo una y otra vez, no vaciló, no se regresó. Pronto se arrojó a sí mismo, se lanzó al fuego, se fue a él de una vez. En seguida allí ardió su cuerpo, hizo ruido, chisporroteó al quemarse.

Y cuando Tecuciztécatl vio que ya ardía, al momento se arrojó también en el fuego. Bien pronto él también ardió...

Y así sucedió; cuando los dos se arrojaron al fuego, se hubieron quemado, los dioses se sentaron para aguardar por dónde habría de salir Nanahuatzin, el primero que cayó en el fogón para que brillara la luz del sol, para que hiciera el amanecer.

Cuando ya pasó largo tiempo de que así estuvieron esperando los dioses, comenzó entonces a enrojecerse, a circundar por todas partes la aurora, la claridad de la luz. Y como se refiere, entonces los dioses se pusieron sobre sus rodillas para esperar por dónde habría de salir el sol. Sucedió que hacia todas partes miraron, sin rumbo fijo dirigían la vista, estuvieron dando vueltas. Sobre ningún lugar se puso de acuerdo su palabra, su conocimiento. Nada coherente pudieron decir. Algunos pensaron que habría de salir hacia el rumbo de los muertos, el norte, por eso hacia allá se quedaron mirando. Otros, del rumbo de las mujeres, el poniente. Otros más, de la región de las espinas, el sur, hacia allá se quedaron mirando. Por todas partes pensaron que saldría porque la claridad de la luz lo circundaba todo.

Pero algunos hacia allá se quedaron mirando, hacia el rumbo del color rojo, el oriente. Dijeron:

—En verdad de allá, de allá vendrá a salir el sol.

Fue verdadera la palabra de éstos que hacia allá miraron, que hacia allá señalaron con el dedo. Como se dice, aquellos que hacia allá estuvieron viendo fueron Quetzalcóatl, el segundo nombrado Ehécatl y Tótec o sea el señor de Anáhuatl y Tezcatlipoca rojo. También aquellos que se llaman Mimixcoa, y que no pueden contarse, y las cuatro mujeres llamadas Tiacapan, Teicu, Tlacoiehua, Xocóiotl. Y cuando el sol vino a salir, cuando vino a presentarse, apareció como si estuviera pintado de rojo. No podía ser contemplado su rostro, hería los ojos de la gente, brillaba mucho, lanzaba ardientes rayos de luz, sus rayos llegaban a todas partes, la irradiación de su calor por todas partes se metía.

Y después vino a salir Tecuciztécatl, que lo iba siguiendo; también de allá vino, del rumbo del color rojo, el oriente, junto al sol vino a presentarse. Del mismo modo como cayeron en el fuego, así vinieron a salir, uno siguiendo al otro. Y como se refiere, como se narra, como son las consejas, era igual la apariencia de ambos al iluminar a las cosas. Cuando los dioses los vieron, que era igual su apariencia, de nuevo, una vez más, se convocaron, dijeron:

—¿Cómo habrán de ser, oh dioses? ¿Acaso los dos juntos seguirán su camino? ¿Acaso los dos juntos así habrán de iluminar a las cosas?

Pero entonces todos los dioses tomaron una determinación, dijeron:

—Así habrá de ser, así habrá de hacerse.

Entonces uno de esos señores, de los dioses, salió corriendo. Con un conejo fue a herir el rostro de aquel, de Tecuciztécatl. Así oscureció su rostro, así le hirió el rostro, como hasta ahora se ve.

Ahora bien, mientras ambos se seguían presentando juntos, tampoco podían moverse, ni seguir su camino. Sólo allí permanecían, se quedaban quietos. Por esto, una vez más, dijeron los dioses:

—¿Cómo habremos de vivir? No se mueve el sol. ¿Acaso induciremos a una vida sin orden a los macehuales, a los seres humanos? ¡Que por nuestro medio se fortalezca el sol! ¡Muramos todos!

Luego fue oficio de Ehécatl dar muerte a los dioses. Y como se refiere, Xólotl no quería morir. Dijo a los dioses:

—¡Que no muera yo, oh dioses!

Así mucho lloró, se le hincharon los ojos, se le hincharon los párpados.

A él se acercaba ya la muerte, ante ella se levantó, huyó, se metió en la tierra del maíz verde, se le alargó el rostro, se transformó, se quedó en forma de doble caña de maíz, dividido, la que llaman los campesinos con el nombre de Xólotl. Pero allá en la sementera del maíz fue visto. Una vez más se levantó delante de ellos, se fue a meter a un campo de magueyes. También se convirtió en maguey, en maguey que dos veces permanece, el que se llama maguey de Xólotl. Pero una vez más también fue visto, y se metió en el agua, y vino a convertirse en ajolote, en axólotl. Pero allí vinieron a cogerlo, así le dieron muerte.

Y dicen que, aunque todos los dioses murieron, en verdad no con esto se movió, no con esto pudo seguir su camino el sol, el dios Tonatiuh. Entonces fue oficio de Ehécatl poner de pie al viento, con él empujar mucho, hacer andar al viento. Así él pudo mover al sol, luego éste siguió su camino. Y cuando éste ya anduvo, solamente allí quedó la luna. Cuando al fin vino a entrar el sol al lugar por donde se mete, entonces también la luna comenzó a moverse. Entonces se separaron, cada uno siguió su camino. Sale una vez el sol y cumple su oficio durante el día. Y la luna hace su oficio nocturno, pasa de noche, cumple su labor durante ella.

De aquí se ve, lo que se dice, que aquél pudo haber sido el sol, Tecuciztécatl-la luna, si primero se hubiera arrojado al fuego. Porque él primero se presentó para hacer penitencia con todas sus cosas preciosas.

Aquí acaba este relato, esta conseja; desde tiempos antiguos la referían una y otra vez los ancianos, los que tenían a su cargo conservarla.[4]

[4] *Códice Matritense del Real Palacio*, textos de los informantes de Sahagún, Fols. 161 v. y ss.

2) ORÍGENES DE LOS MONUMENTOS RELIGIOSOS DE TEOTIHUACÁN

(Informantes de Sahagún: *Códice Matritense de la Real Academia de la Historia*)

Forma parte este texto del conjunto de testimonios que recogió en náhuatl fray Bernardino de Sahagún acerca de las que él llamó "generaciones que a esta tierra han venido a poblar". Preguntados sus viejos informantes sobre los más antiguos pobladores, hablaron acerca de tiempos que, según ellos, "Ya nadie puede contar, de los que ya casi nadie puede acordarse". Se refirieron así a la aparición por las costas del golfo de México de un grupo portador de alta cultura, con sacerdotes y sabios que conocían la escritura de los códices y los cómputos calendáricos. Esas gentes, que habían llegado por el rumbo del Pánuco, pasaron luego a hacer población en un sitio que se llamó Tamoanchan, del que se habla en otras fuentes en relación con los mitos de los orígenes. Más tarde, según el mismo texto recogido por Sahagún, algunos de esos hombres de tiempos remotos se encaminaron hacia Teotihuacán que llegó a convertirse en gran centro de atracción religiosa. Se transcribe aquí la parte del texto en la que se habla acerca de Teotihuacán:

En seguida se pusieron en movimiento, todos se pusieron en movimiento: los niñitos, los viejos, las mujercitas, las ancianas. Muy lentamente, muy despacio se fueron, allí vinieron a reunirse en Teotihuacán. Allí se dieron las órdenes, allí se estableció el señorío. Los que se hicieron señores fueron los sabios, los conocedores de las cosas ocultas, los poseedores de la tradición. Luego se establecieron allí los principados...

Y toda la gente hizo allí adoratorios [pirámides], al Sol y a la Luna, después hicieron muchos adoratorios menores. Allí hacían su culto y allí se establecían los sumos sacerdotes de toda la gente. Así se decía Teotihuacán, porque cuando morían los señores, allí los enterraban. Luego encima de ellos construían pirámides, que aún ahora están. Una pirámide es como un pequeño cerro, sólo que hecho a mano. Por allí hay agujeros, de donde sacaron las piedras, con que hicieron las pirámides, y así las hicieron muy grandes, la del Sol y la de la Luna. Son como cerros y no es increíble que se diga que fueron hechas a mano, porque todavía entonces en muchos lugares había gigantes...

Y lo llamaron Teotihuacán, porque era el lugar donde se enterraban los señores. Pues según decían: "Cuando morimos, no en verdad morimos, porque seguimos viviendo, despertamos. Esto nos hace felices."

Así se dirigían al muerto, cuando moría. Si era hombre, le hablaban, lo invocaban como a ser divino, con el nombre de faisán, si era mujer con el nombre de lechuza, les decían:

> Despierta, ya el cielo se enrojece,
> ya se presentó la aurora,
> ya cantan los faisanes color de llama,
> las golondrinas color de fuego,
> ya vuelan las mariposas.

Por esto decían los viejos, quien ha muerto, se ha vuelto un dios. Decían: "se hizo allí dios, quiere decir que murió".[5]

---

[5] *Códice Matritense de la Real Academia de la Historia,* textos de los informantes de Sahagún, fol. 195 r.

3) LOS TOLTECAS DE TULA XICOCOTITLAN

(Bernardino de Sahagún: *Historia general de las cosas de Nueva España*)

Sobre la misma base de los testimonios de sus informantes indígenas, fray Bernardino de Sahagún redactó las páginas que a continuación se transcriben acerca del pueblo que tuvo por sacerdote y guía al sabio Quetzalcóatl. Innegablemente, al hablar de los toltecas, se aúnan aquí el mito y la historia. De cualquier modo que se valore este texto, es verdad que en él tenemos algo de lo que pensaron los pueblos nahuas posteriores acerca del antiguo esplendor de Tula.

Primeramente los *toltecas*, que en romance se pueden llamar oficiales primos, según se dice, fueron los primeros pobladores de esta tierra, y los primeros que vinieron a estas partes que llaman tierras de México, o tierras de *chichimecas;* y vivieron primero muchos años en el pueblo de *Tullantzinco*, en testimonio de lo cual dejaron muchas antiguallas allí, y un *cu* que llamaban en indio *Uapalcalli* el cual está hasta ahora, y por ser tajado en piedra y peña ha durado tanto tiempo.

Y de allí fueron a poblar la ribera de un río junto al pueblo de *Xicotitlan,* y el cual ahora tiene nombre de *Tulla,* y de haber morado y vivido allí juntos hay señales de las muchas obras que allí hicieron, entre las cuales dejaron una obra que está allí y hoy en día se ve, aunque no la acabaron, que llaman *coatlaquetzalli,* que son unos pilares de la hechura de culebra, que tienen la cabeza en el suelo, por pie, y la cola y los cascabeles de ella tienen arriba. Dejaron también una sierra o un cerro, que los dichos *toltecas* comenzaron a hacer y no lo acabaron, y los edificios viejos de sus casas, y el encalado parece hoy día: Hállanse también hoy en día cosas suyas primamente hechas, conviene a saber, pedazos de olla, o de barro, o vasos, o escudillas, y ollas: Sácanse también de debajo de tierra joyas y piedras preciosas, esmeraldas y turquesas finas.

Estos dichos *toltecas* todos se nombraban *chichimecas*, y no tenían otro nombre particular sino el que tomaron de la curiosidad y primor de las obras que hacían, que se llamaron *toltecas* que es tanto como si dijésemos oficiales pulidos y curiosos, como ahora los de Flandes, y con razón, porque eran sutiles y primos en cuanto ellos ponían la mano que todo era muy bueno, curioso y gracioso, como las casas que hacían muy curiosas, que estaban de dentro muy adornadas de cierto género de piedras preciosas, muy verdes, por encalado; y las otras que no estaban así adornadas tenían un encalado muy pulido que era de ver, y piedras de que estaban hechas, tan bien labradas y tan bien pegadas que parecía ser cosa de mosaico; y así con razón se llamaron cosas de primos y curiosos oficiales, por tener tanta lindeza de primor y labor.

Había también un templo que era de su sacerdote llamado *Quetzalcóatl*, mucho más pulido y precioso que las casas suyas el cual tenía cuatro aposentos: el uno estaba hacia el oriente, y era de oro, y llamábanle aposento o casa dorada, porque en lugar del encalado tenía oro en planchas y muy sutilmente enclavado; y el otro aposento estaba hacia el poniente, y a este le llamaban aposento de esmeraldas y de turquesas, porque por de dentro tenía pedrería fina de toda suerte de piedras, todo puesto y juntado en lugar de encalado, como obra de mosaico, que era de grande admiración; y el otro aposento estaba hacia el mediodía, que llaman sur, el cual era de diversas conchas mariscas, y en lugar del encalado tenía plata, y las conchas de que estaban hechas las paredes, estaban tan sutilmente puestas que no parecía la juntadura de ellas; y el cuarto aposento estaba hacia el norte, y este aposento era de piedra colorada y jaspes y conchas muy adornado.

También había otra casa de labor de pluma, que por de dentro estaba la pluma en lugar de encalado, y tenía otros cuatro aposentos; y el uno estaba hacia el oriente, y este era de pluma rica amarilla, que estaba en lugar de encalado, y era de todo género de pluma amarilla muy fina; y el otro aposento estaba hacia el poniente, se llamaba aposento de plumajes, el cual tenía en lugar de encalado toda pluma riquísima que llaman *xiuhtototl*, pluma de un ave que es azul fino, y estaba toda puesta y pegada en mantas y en redes muy sutilmente, por las paredes de dentro a manera de tapicería, por lo cual le llamaban *quetzalcalli*, que es aposento de plumas ricas; y al otro aposento que estaba hacia el sur llamábanle la casa de pluma blanca, porque toda era de pluma blanca por de dentro, a manera de penachos, y tenía todo género de rica pluma blanca; y el otro aposento que estaba hacia el norte le llamaban el aposento de pluma colorada, de todo género de aves preciosas por dentro entapizado. Fuera de estas dichas casas hicieron otras muchas, muy curiosas y de gran valor.

La casa u oratorio del dicho *Quetzalcóatl* estaba en medio de un río grande que pasa por allí, por el pueblo de *Tulla*, y allí tenía su lavatorio el dicho *Quetzalcóatl*, y le llamaban *Chalchiuhapan*.

Allí hay muchas casas edificadas debajo de tierra, donde dejaron muchas cosas enterradas los dichos *toltecas,* y no solamente en el pueblo de *Tullan,* y *Xicotitlan,* se han hallado las cosas tan curiosas y primas que dejaron hechas, así de edificios viejos, como de otras cosas, etc., pero en todas partes de la Nueva España donde se han hallado sus obras, así ollas, como pedazos de tejuelas de barro, de todo género de servicio, y muñecas de niños, y joyas y otras muchas cosas por ellos hechas; y la causa de esto es, porque casi por todas partes estuvieron derramados los dichos *toltecas.*

Los que eran *amantecas,* que son los que hacían obra de pluma, eran muy curiosos y primos en lo que hacían, y tanto que ellos fueron inventores del arte de hacer obra de pluma, porque hacían rodelas de pluma y otras insignias que se decían *apanecáyotl,* y así todas las demás que antiguamente se usaban fueron de su invención hechas a maravilla y con gran artificio de plumas ricas; y para hacerlas muy pulidas primero antes que saliesen a luz, trazaban y tanteábanlas, y al cabo hacíanlas con toda curiosidad y primor.

Tenían asimismo mucha experiencia y conocimiento los dichos *toltecas,* que sabían y conocían las calidades y virtudes de las hierbas, que sabían las que eran de provecho y las que eran dañosas y mortíferas, y las que eran simples; y por la gran experiencia que tenían de ellas dejaron señaladas y conocidas las que ahora se usan para curar, porque también eran médicos, y especialmente los primeros de este arte que llamaban *Oxomoco Cipactonal, Tlaltetecuin, Xochicauaca,* los cuales fueron tan hábiles en conocer las hierbas que ellos fueron los primeros inventores de Medicina, y aun los primeros médicos herbolarios. Ellos mismos por su gran conocimiento hallaron y descubrieron las piedras preciosas, y las usaron ellos primero, como son las esmeraldas y turquesa fina y piedra azul fina, y todo género de piedras preciosas.

Y fue tan grande el conocimiento que tuvieron de las piedras que aunque estuviesen dentro de alguna gran piedra, y debajo de la tierra, con su ingenio natural y filosofía las descubrían; sabían dónde las habían de hallar, en esta manera que, madrugaban muy de mañana y se subían a un alto, puesto el rostro hacia donde sale el sol, y en saliendo tenían gran cuidado en ver y mirar a unas y a otras partes, para ver dónde y en qué lugar y parte debajo de la tierra estaba o había alguna piedra preciosa, y buscábanla mayormente en parte donde estaba húmeda o mojada la tierra; y en acabando de salir el sol, y especialmente empezando a salir, hacíase un poco de humo sutil que se levantaba en alto, y allí hallaban la tal piedra preciosa debajo de la tierra, o dentro de alguna piedra, por ver qué salía aquel humo.

Ellos mismos hallaron y descubrieron la mina de las piedras preciosas que en México se dicen *xiuitl*, que son turquesas, la cual según los antiguos es un cerro grande que está hacia el pueblo de *Tepotzotlan*, que tiene por nombre *Xiuhtzone*, donde hallaban y sacaban las dichas piedras preciosas, y después de sacadas las llevaban a lavar a un arroyo que llaman *Atoyac;* y como allí las lavaban y limpiaban muy bien, por esta causa le llamaron *Xipacoyan*, y ahora se llama de este nombre el propio pueblo que allí está poblado junto al pueblo de Tulla.

Y tan curiosos eran los dichos *toltecas* que sabían casi todos los oficios mecánicos, y en todos ellos eran únicos y primos oficiales, porque eran pintores, lapidarios, carpinteros, albañiles, encaladores, oficiales de pluma, oficiales de loza, hilanderos y tejedores.

Ellos mismos también, como eran de buen conocimiento, con su ingenio descubrieron y alcanzaron a sacar y descubrir las dichas piedras preciosas, y sus calidades y virtudes, y lo mismo las minas de plata, y oro, y de metales de cobre y plomo, y oropel natural, y estaño, y otros metales, que todo lo sacaron y labraron, y dejaron señales y memoria de ello. Y lo mismo el ámbar y el cristal, y las piedras llamadas amatistas, y perlas, y todo género de ellas, y todas las demás que traían por joyas, que ahora se usan y traen así por cuentas como por joyas, y de algunas de ellas su beneficio y uso está olvidado y perdido.

Eran tan hábiles en la Astrología Natural los dichos *toltecas* que ellos fueron los primeros que tuvieron cuenta, y la compusieron, de los días que tiene el año, y las noches, y sus horas, y la diferencia de tiempos y que conocían y sabían muy bien los que eran sanos y los que eran dañosos, lo cual dejaron ellos compuesto por veinte figuras o caracteres. También ellos inventaron el arte de interpretar los sueños, y eran tan entendidos y sabios que conocían las estrellas de los cielos y las tenían puestos nombres, y sabían sus influencias y calidades, y sabían los movimientos de los cielos, y esto por las estrellas.

También conocían y sabían y decían que había doce cielos, donde en el más alto estaba el gran señor y su mujer; al gran señor le llamaban *Ometecutli* que quiere decir dos veces señor, y a su compañera le llamaban *Omecihuatl*, que quiere decir dos veces señora, los cuales dos así se llamaban para dar a entender que ellos dos señoreaban sobre los doce cielos y sobre la tierra; y decían que de aquel gran señor dependía el ser de todas las cosas, y que por su mandado de allá venía la influencia y calor con que se engendraban los niños o niñas en el vientre de sus madres.

Y estos dichos *toltecas* eran buenos hombres y allegados a la virtud, porque no decían mentiras; y su manera de hablar y saludarse unos a otros era: señor, y señor hermano mayor, y señor hermano menor; y su habla en lugar de juramento era, es verdad, es así, así es, está averiguado, y si por sí, y no por no.

Su comida de ellos era el mismo mantenimiento que ahora se usa, del maíz, y le sembraban y beneficiaban, así el blanco como el de los demás colores de maíz con que se sustentaban, y compraban y trataban con ello por moneda; y su vestir era ropa o manta, que tenía alacranes pintados de azul; su calzado eran cotaras, también pintadas de azul, y de lo mismo eran sus correas.

Y eran altos, de más cuerpo que los que ahora viven, y por ser tan altos corrían y atrancaban mucho, por lo cual les llamaban *tlanquacemilhuique* que quiere decir, que corrían un día entero sin descansar.

Eran buenos cantores, y mientras cantaban o danzaban, usaban atambores y sonajas de palo que llaman *ayacachtli*; tañían, y componían, y ordenaban de su cabeza cantares curiosos; eran muy devotos y grandes oradores.

Adoraban a un solo señor que tenían por dios, el cual le llamaban *Quetzalcóatl*, cuyo sacerdote tenía el mismo nombre que también le llamaban *Quetzalcóatl*, el cual era muy devoto y aficionado a las cosas de su señor y dios, y por esto tenido en mucho entre ellos y así lo que les mandaba lo hacían y cumplían y no excedían de ello; y les solía decir muchas veces que había un solo señor y dios que se decía *Quetzalcóatl*, y que no quería más que culebras y mariposas que le ofreciesen y diesen en sacrificio; y como los dichos *toltecas* en todo le creían y obedecían no eran menos aficionados a las cosas divinas que su sacerdote, y muy temerosos de su dios.

Finalmente fueron persuadidos y convencidos por el dicho *Quetzalcóatl* para que saliesen del pueblo de *Tulla,* y así salieron de allí por su mandado, aunque ya estaban allí mucho tiempo poblados y tenían hechas lindas y suntuosas casas, de su templo y de sus palacios, que habían sido edificados con harta curiosidad en el pueblo de *Tulla,* y en todas partes y lugares donde estaban derramados y poblados y muy arraigados allí, los dichos *toltecas,* con muchas riquezas que tenían; al fin se hubieron de ir de allí, dejando sus casas, sus tierras, su pueblo y sus riquezas, y como no las podían llevar todas consigo, muchas dejaron enterradas y aun ahora algunas de ellas se sacan debajo de tierra, y cierto no sin admiración de primor y labor. Y así, creyendo y obedeciendo a lo que el dicho *Quetzalcóatl* les mandaba, hubieron de llevar por delante aunque con trabajo (a) sus mujeres e hijos, y enfermos, y viejos y viejas, y no hubo ninguno que no le quisiese obedecer, porque todos se mudaron cual él salió del pueblo de *Tulla* para irse a la región que llaman *Tlapallan,* donde nunca más pareció el dicho *Quetzalcóatl*.

Y estos dichos *toltecas* eran ladinos en la lengua mexicana, que no eran 'rbaros, aunque no la hablaron tan perfectamente como ahora se usa. Eran ricos, y por ser vivos y hábiles, en breve tiempo con su diligencia tenían riquezas, que decían que les daba su dios y señor *Quetzalcóatl*, y así se decía entre ellos que el que en breve tiempo se enriquecía, que era hijo de *Quetzalcóatl*.

Y la manera de se cortar los cabellos era según su uso, pulido, que traían los cabellos desde la media cabeza atrás, y traían el celebro atusado, como a sobre peine; y estos también por su nombre se llamaban *chichimecas,* y no se dice aquí más, en suma de la manera y condición de los que primero vinieron a poblar esta tierra que llaman México.

Resta por decir otro poco de los dichos *toltecas,* y es que todos los que hablan claro la lengua mexicana, que les llaman *nahuas,* son descendientes de los dichos toltecas, que fueron de los que se quedaron y no pudieron ir y seguir a *Quetzalcóatl,* como eran los viejos y viejas, o enfermos, o paridas, o que de su voluntad se quedaron.[6]

---

[6] Fray Bernardino de Sahagún, *Historia General de las Cosas de Nueva España,* edición preparada por Angel Ma. Garibay K., 4 vols., México, Editorial Porrúa, 1956, Vol. III, pp. 184-189.

4) TULA SEGÚN LOS ANALES DE CUAUHTITLÁN

En una fuente distinta, los Anales de Cuauhtitlán, *hay asimismo numerosas referencias acerca de Tula, Quetzalcóatl y los toltecas. Aquí transcribimos una parte de lo que en este testimonio indígena se conserva.*

Año 2-Conejo, entonces llegó Quetzalcóatl allá a Tulancingo. Allí pasó cuatro años, hizo su casa de penitencia, su casa de travesaños verdes. Allí vino a salir por Cuextlan, por ese lugar atravesó un río, hizo para ello un puente. Se dice que éste todavía existe.
Año 5-Casa. Entonces fueron a buscar los toltecas a Quetzalcóatl para que los gobernara allá en Tula y fuera también su sacerdote...
En el año 2-Caña, Ce Acatl Quetzalcóatl edificó su casa de ayunos, su lugar de penitencia y de oración. Edificó cuatro palacios, el de travesaños, verdes, el de corales, el de caracoles, y el de plumas de quetzal, donde oraba, hacía penitencia, ayunaba. Quetzalcóatl a la mitad de la noche descendía adonde estaba el agua, al lugar llamado el palacio del musgo acuático. Hacía ofrendas de espinas ensangrentadas en lo alto del cerro Xicócotl, en Huítzcoc, en Tzíncoc y también en el cerro de los nonohualcas. Con piedras preciosas hacía sus espinas y con plumas de quetzal sus ramas de abeto... Sus ofrendas eran serpientes, pájaros y mariposas que él sacrificaba.
Y se refiere, se dice, que Quetzalcóatl invocaba hacía Dios para sí a alguien que está en el interior del cielo. Invocaba a la del faldellín de estrellas, al que hace lucir las cosas, Señora de nuestra carne, Señor de nuestra carne. Ella es la que da apoyo a la tierra y él la cubre de algodón. Además, hacia allá dirigía sus voces, así se sabía, hacia el lugar de la dualidad, el de los nueve travesaños en que consiste el cielo. Y como se sabe, invocaba a quien allí moraba y le hacía súplicas viviendo en meditación y en retiro. En su tiempo además descubrió grandes riquezas de jades, turquesas preciosas, oro, plata, corales, caracoles y las plumas finas del quetzal, del xiuhtótotl, del tlauhquéchol, del tzacuan, del tzinitzcan y del ayocuan. Descubrió también el cacao y el algodón de muchos colores. Era muy grande artista en todo lo que hacía... Cuando vivió Quetzal-

cóatl, empezó a edificar su templo. Le puso columnas en forma de serpientes pero no lo acabó, no lo terminó...

Se dice que, cuando allí vivió Quetzalcóatl, muchas veces los hechiceros intentaron engañarlo para que hiciera sacrificios humanos, para que sacrificara hombres. Pero él nunca quiso, porque amaba mucho a su pueblo que eran los toltecas... Y se refiere se dice, que esto enojó a los hechiceros. Así ellos empezaron a escarnecerlo a burlarse de él. Dicen que los hechiceros querían afligir a Quetzalcóatl para que éste al final se fuera, como en verdad sucedió.

En el año 1-Caña murió Quetzalcóatl. Se dice en verdad que se fue a morir allá a *Tlillan Tlapallan,* la tierra del color negro y rojo.[7]

[7] *Anales de Cuauhtitlán,* fols. 4-5.

5) UN TESTIMONIO DE LA HISTORIA TOLTECA-CHICHIMECA

El manuscrito conocido como Historia Tolteca-Chichimeca *o* Anales de Cuauhtinchan *trata fundamentalmente acerca de los grupos que vivían en Tula hacia el tiempo del abandono y ruina de esa ciudad. Se refiere igualmente a las distintas migraciones que después ocurrieron en la región de los valles de México y Puebla y describe las características culturales de los varios grupos que participaron en el ulterior reacomodo de pueblos. Tanto para el estudio de las tradiciones de origen tolteca como de las características de los llamados chichimecas, es ésta una fuente de primera importancia.*

Aquí se transcriben algunos párrafos en los que precisamente se habla del abandono de la antigua metrópoli de los toltecas.

Aquí están las poblaciones que pertenecían a los toltecas, aquellas de las que ellos se habían adueñado, en la gran Tollan. Veinte eran las poblaciones que constituían sus manos y sus pies. Del tolteca eran sus aguas y sus montes. Solamente cuando sucumbió Tollan, entonces obtuvieron de nuevo sus señoríos (los antiguos pobladores de ellas): Pantécatl, Itzcuitzóncatl, Tlematepehua, Tlecuaztepehua, Tezcatepehua, Tecolotépec, Tochpaneca, Cempohualteca, Cuatlachteca, Cozcateca, Nonohualca, Cuitlapiltzinca, Aztateca, Tzanatepehua, Tetetzíncatl, Teuhxílcatl, Tzacanca, Cuixcoca, Cuauhchichinolca, Chiuhnauhteca.

En el año 1-Pedernal [1116 d. C., según la correlación generalmente aceptada], vinieron a acercarse a Tollan, de allá salieron, de Colhuatépec, los tolteca-chichimecas Icxicóhuatl, Quetzaltehuéyac, Tezcahuitzil, Tololohuitzin y los nonohualcas-chichimecas, Xelhuan, Huehuetzin, Cuauhtzin, Citlalmacuetzin.

Todavía por un año estuvieron juntos en paz los toltecas-chichimecas y los nonohualcas-chichimecas.

En el año 2-Caña se disgustaron, se irritaron y fueron a enfrentarse al llamado Huémac.

Los toltecas lo habían encontrado siendo niño, lo habían tomado y lo habían criado y educado.

Seguramente era la ofrenda del dios Tezcatlipoca, su hechura y su vestigio, para que los toltecas-chichimecas y los nonohualcas-chichimecas se destruyeran y se enfrentaran.

Y cuando era ya un joven Huémac ordenó que su casa la

custodiaran los nonohualcas. Y luego los nonohualcas le dijeron: —Así será, oh mi príncipe, haremos lo que tú deseas. Así los nonohualcas custodiaron la casa de Huémac. En seguida Huémac pidió mujeres, dijo a los nonohualcas: —Dadme una mujer, yo ordeno que ella tenga las caderas gruesas de cuatro palmos.

Le respondieron los nonohaulcas: —Así se hará, iremos a buscar a una de caderas de cuatro palmos de ancho. Y luego le dan la mujer de caderas de cuatro palmos. Pero Huémac no se contentó. Dijo a los nonohualcas: —No son tan anchas como yo quiero. Sus caderas no tienen cuatro palmos.

Luego con esto se enojaron mucho los nonohualcas. Se marcharon irritados. Los nonohualcas luego fijan sus navajas de obsidiana en trozos de madera.

Así, llenos de disgusto, dijeron los nonohualcas: —¿Quién se está burlando de nosotros? ¿Acaso quiere hacernos sucumbir el tolteca? ¡En verdad nos aprestaremos para la guerra, iremos a adueñarnos del que nos da órdenes! Con presteza los nonohualcas dispusieron sus escudos, sus macanas, sus flechas. Ya luego se hace la guerra al tolteca. Unos y otros se matan.

Irritados, los nonohualcas, hacen sufrir al tolteca, a Huémac. Dicen entonces Icxicóhuatl y Quetzaltehuéyac, —¿Por qué con esto se alegran, por qué perecerá el tolteca? ¿Acaso fui yo quien comenzó, acaso fui yo quien pidió una mujer para que luego nos enfrentáramos, nos hiciéramos la guerra? ¡Muera Huémac por causa del cual nos hemos enfrentado...! Cuando Huémac oyó esto, que se ponían de acuerdo los toltecas y los nonohualcas, ya en seguida se va, ya huye. Pronto fueron a perseguirlo los nonohualcas, le dispararon flechas, gritaban detrás de él como si fueran coyotes. En su persecución hicieron que fuera a esconderse en la cueva de Cincalco. Después de que allí se metió, por arriba se apoderaron de él, lo hicieron salir, allí lo flecharon, allí sobre la cueva le dieron muerte.

Cuando murió Huémac, regresaron a Tollan los nonohualcas Xelhua y Huehuetzin y los toltecas Icxicóhuatl y Quetzaltehuéyac.

Y cuando hubieron llegado a Tollan, se convocaron, se reunieron los nonohualcas dijeron: —Venid y oíd qué clase de gente somos. Quizás hemos hecho una transgresión. Ojalá que por causa de ella no sean dañados nuestros hijos y nietos. ¡Vayámonos, dejemos esta tierra! ¿Cómo habremos de vivir? Ya que Huémac nos ha hecho enemigos, nos ha hecho enfrentarnos, abandonemos a los toltecas.

En seguida, en la noche ocultaron todas las pertenencias lo que corresponde a Quetzalcóatl, todo lo guardaron. Luego empezaron a salir de Tollan...[8]

[8] *Historia Tolteca-Chichimeca*, Manuscrito mexicano, 54-58, de la Biblioteca Nacional de París, fols. 4-7.

6) EXTENSIÓN Y POBLACIÓN DE TEOTIHUACÁN EN SUS VARIOS PERIODOS

René Millón [9]

La zona de Teotihuacán ha sido explorada en numerosas ocasiones. Entre las investigaciones más recientes están las llevadas a cabo por el arqueólogo René Millon dirigidas sobre todo a conocer la realidad urbanística de la Ciudad de los Dioses. Aquí se transcriben algunas páginas de tal investigador que muestran algo de lo que en este sentido ha podido precisar hasta ahora la arqueología, atendiendo a las varias fases o etapas culturales de Teotihuacán.

La antigua ciudad de Teotihuacán era una de las más grandes ciudades preindustriales del mundo entero. Por ejemplo, parece ser más extensa que la Roma imperial, aunque no tenía ni la quinta parte de los habitantes que tuvo la Roma de los Césares. El centro de la ciudad estaba muy apiñado, pero, con una posible excepción, todos sus edificios residenciales eran de un solo piso. Por lo tanto, hay que tener en cuenta que, cuando se habla de la enorme extensión de la ciudad antigua, esto no implica que podía tener una población equivalente a la de las más grandes ciudades preindustriales del Viejo Mundo, por ejemplo, las de la China antigua. O, por lo menos, nuestros datos no sugieren que éste fuera el caso. Al mismo tiempo, es importante señalar que los arquitectos teotihuacanos desarrollaron un tipo de vivienda muy bien adaptada a la vida urbana, un tipo parecido a la casa tipo atrio del Viejo Mundo. Me estoy refiriendo a la costumbre teotihuacana de construir cuartos alrededor de patios. Los departamentos en los edificios residenciales de Teotihuacán consisten de cuartos, pórticos y pasillos colocados alrededor de una serie de patios, los cuales estaban retirados de las calles. Los edificios residenciales teotihuacanos deben haber presentado un aspecto de lugares vedados con sus altos muros exteriores, siempre sin ventanas, en un marco de angostas calles. Edificios así construidos podrían haber hecho posible tener una vida más privada que en cualquier otro tipo de construcción en una ciudad apiñada. El

[9] René Millon, "Extensión y población de la ciudad de Teotihuacán en sus diferentes periodos: un cálculo provisional", *XI Mesa Redonda, Teotihuacán*, México, Sociedad Mexicana de Antropología, 1966, pp. 57-78.

La calle de los muertos y la pirámide del Sol contempladas desde la plaza de la Luna. Teotihuacán, México.

patio con su drenaje admite luz y sol y le permite a uno estar afuera al mismo tiempo que estar solo o con su familia. No podemos decir si este tipo de construcción, tan típico de los edificios teotihuacanos, fuera inventado por arquitectos teotihuacanos. Pero lo que sí podemos decir es que éste era el tipo de construcción regular de la antigua ciudad. En Teotihuacán se explotó más este tipo de construcción que en cualquier otro centro que conocemos de México, con la posible excepción de la capital de los aztecas. Posiblemente esta costumbre contribuyó al buen éxito que tuvieron los teotihuacanos con la vida urbana, una vida que duró más de quinientos años.

Antes de pasar a mi tema principal tengo que hablar un poco sobre nuestros trabajos de campo para que ustedes puedan entender algo del proceso que usamos para poder llegar a nuestras conclusiones... Hasta la fecha hemos recorrido cuidadosamente una extensión bastante grande, ya que no solamente noventa por ciento de la máxima extensión de la ciudad hemos recorrido, sino también una franja de 300 metros o más fuera de los límites de la ciudad. Ha sido de este modo como nosotros pudimos determinar los límites de la ciudad. Empezando con un límite situado en la parte noroeste, donde anteriormente ya habíamos trabajado, empezamos a pasar sobre los terrenos buscando límites donde no había huellas de construcción ni de cerámica de la época teotihuacana. Cuando vimos que estábamos entrando en la ciudad, salíamos para poder buscar una franja sin restos de ocupación teotihuacana suficientemente ancha que indicara que estábamos fuera de la ciudad. Así pasábamos también sobre una extensión de más de 25 kilómetros cuadrados, o sea localizando esta franja tuvimos que pasar sobre una extensión muy grande. La antigua ciudad quedó dentro de esta franja de circunvalación. Mientras que estuvimos determinando los límites máximos, los ingenieros de la Compañía Mexicana Aerofoto fueron dibujando el centro de la ciudad por medios fotogramétricos, a base de un vuelo aéreo especial y de datos sobre ubicaciones trianguladas y puntos de nivel hechos por topógrafos. Después de terminado nuestro reconocimiento de los límites, ellos terminaron el mapa...

Durante la fase llamada Patlachique, que creemos pertenecía al último siglo antes de Cristo, podemos distinguir dos pueblos de mayor extensión, abarcando un área cuya totalidad es de más de 4 kilómetros cuadrados, y por lo menos otros dos pueblos de menor extensión.

Los dos centros de población más grandes están ubicados en la parte norte de la región en donde posteriormente creció la ciudad. Uno estaba localizado en la parte oeste, ocupando regiones relativamente altas. El otro cruza los dos lados de lo que después fue la Calle de los Muertos. Aunque todavía no tenemos datos suficientes para decidir la forma que tuvo este pueblo,

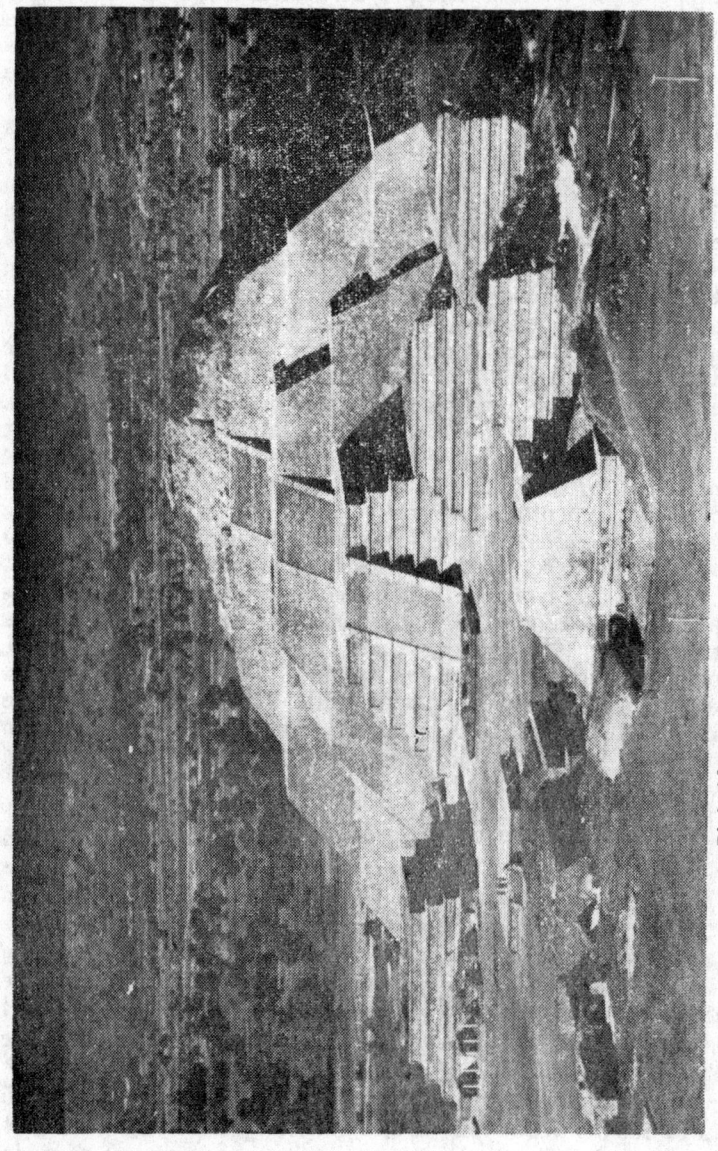

Pirámide y plaza de la Luna. Teotihuacán, México.

sugiero que es posible que se empezara a usar la orientación de tiempos posteriores para algunas de sus estructuras. Es posible que podamos localizar templos de esta fase. Existe la posibilidad que una estructura de tamaño bastante grande fue colocada a corta distancia del noroeste de la Pirámide del Sol y directamente al este de la Plazuela de las Columnas. Es aún posible que fuera parte de un complejo de tres templos, cosa que encontramos en muchas partes de la ciudad en la fase Tzacualli y que es una de las características de esta última.

Por lo tanto, tenemos datos apoyando la idea que existen templos de la fase Patlachique en el área que después fue el centro religioso de la ciudad. También hay sugerencias de que la costumbre de construir tres templos formando un complejo ya existía en la fase Patlachique.

Lo importante es que todo esto indica que Teotihuacán tenía una extensión bastante amplia en la fase Patlachique y que además lo que después fue parte del centro religioso de la ciudad parece tener ya en esta fase tan temprana una calidad sagrada. Como sabemos muy poco acerca de esta fase, sólo podemos sugerir que esta época tenía una población alrededor de 5,000 habitantes. Por lo tanto, ya tenemos en esta fase una base firme para el enorme crecimiento que vemos en la fase siguiente, Tzacualli, una base que parece estar formada por una población numerosa, quizá con la tradición religiosa teotihuacana empezando a desarrollarse.

Pasando a la fase Tzacualli o Teotihuacán I (100-150 después de Cristo), vemos que Teotihuacán en esta época tenía la enorme extensión de 17 kilómetros cuadrados, más un otro centro de población hacia el sur del Río San Lorenzo, teniendo una extensión de un kilómetro y medio cuadrado. Ya que no tenemos datos suficientes para indicar con claridad la densidad de población en esta fase, sugerimos que durante este periodo la población pudo haber sido alrededor de 30,000 habitantes.

Tenemos datos que sugieren que la Pirámide del Sol fue construida en su mayor parte durante esta época y posiblemente pasó lo mismo con los edificios interiores de la Pirámide de la Luna y el Templo de Quetzalcóatl en la Ciudadela. Además, el patrón de asentamiento en esta fase sugiere que no solamente existió la Calle de los Muertos, sino también la Avenida Este. La Avenida Este iba desde la Ciudadela hasta la Hacienda Metepec (más de tres kilómetros) en tiempos posteriores. Durante esta época está claro que Teotihuacán llegó a ser el centro más importante de todo el Valle de México, si no del Altiplano Central. O sea, durante el primer siglo después de Cristo Teotihuacán creció tan rápidamente que llegó a una posición predominante no solamente en el Valle de Teotihuacán sino por lo menos en todo el Valle de México.

La serpiente emplumada en la pirámide de Quetzalcóatl. Teotihuacán, México.

Durante la fase Miccaotli o Teotihuacán II (150-200 después de Cristo), Teotihuacán llegó a su extensión máxima, de acuerdo con nuestros datos. Parece ser que abarcaba una extensión de 22.5 kilómetros cuadrados. No creemos que la densidad de población fuera tan grande como en tiempos posteriores y por eso sugerimos que en esta fase llegó a tener la ciudad alrededor de 45,000 habitantes. Parece que fue en esta época cuando se empezó a construir la Avenida Oeste. Existe por lo tanto la posibilidad de que la división de Teotihuacán en enormes cuadrantes (parecidos a los cuadrantes de Tenochtitlan) puedan datar desde esta época, o sea alrededor de 200 D.C. Como parece ser que el Templo de Quetzalcóatl con sus soberbias esculturas fue construido en esta época, existe la posibilidad de que se construyera en el punto cero de los ejes de la nueva ciudad y que los teotihuacanos tuvieran la idea que pertenecía este templo a toda la ciudad y no solamente a uno de sus cuadrantes. Podemos suponer que las pirámides de la Luna y del Sol no fueron solamente lugares sagrados para los teotihuacanos, sino que lo fueron de una extensión mucho más grande. O sea que es posible decir que las pirámides sí pertenecieron al mundo civilizado del Altiplano Central, pero que el Templo de Quetzalcóatl pudo haber sido considerado como un símbolo de la unidad de los mismos teotihuacanos, a pesar de la división de la ciudad en cuatro partes. Claro que no sabemos mucho de la composición social y cultural de las cuatro partes o cuadrantes. Es posible que no tuvieran significado para los teotihuacanos. Y aún si lo tuvo, la sugerencia sobre el papel que pudo haber desempeñado el Templo de Quetzalcóatl es muy hipotética. La única razón para sugerir esto es que en épocas posteriores, cuando existieron la Ciudadela misma y el edificio todavía más extenso al lado opuesto de la Calle de los Muertos (lo que nosotros llamamos el Gran Conjunto), parece que esta parte de la ciudad no solamente era el centro en un sentido geográfico sino también en un sentido cultural, político y posiblemente económico.

Empezando con la fase Tlamimilolpa o Teotihuacán IIA y IIA-III (250-450 después de Cristo), vemos que la ciudad abarcaba una extensión cada vez más restringida, aunque parece que la población siguió aumentando hasta la mitad de la época de Xolalpan o Teotihuacán III (450-550 después de Cristo). La máxima extensión de la ciudad en esta fase parece haber sido de 22 kilómetros cuadrados, ligeramente menor que la de la fase Miccaotli. Una extensión que tenía la ciudad en el cuadrante suroeste durante la fase Miccaotli ya no siguió conectada con la zona urbana en la fase Tlamimilolpa. Existían otras pequeñas diferencias, incluyendo unas extensiones muy locales que marcan pequeños ensanches de la fase Tlamimilolpa que no existían en la fase Miccaotli. Los datos de que disponemos sugieren que

Columnas del palacio de Quetzalpapálotl, Teotihuacán, México.

durante esta fase el crecimiento de población fue rápido y por primera vez llegó la ciudad a una situación de apiñamiento. Algunos de los niveles de las excavaciones del señor Linné en el mismo Tlamimilolpa al límite este de la ciudad, y del señor Vidarte, del Proyecto Teotihuacán en La Ventilla B, pertenecen a esta fase y dan la impresión de una ciudad que crece a base de la cuadrícula de los arquitectos teotihuacanos, pero con callejones angostos con muchos recovecos (véase, por ejemplo, el famoso plano de la parte excavada de Tlamimilolpa hecho por el señor Linné). Para esta fase podemos sugerir una población de 65,000 habitantes.

Parece muy posible que la Ciudadela fue construida en su forma actual en la fase Tlamimilolpa, al mismo tiempo que se tapó la parte central del Templo de Quetzalcóatl con un edificio adosado. También parece probable que este lugar llegó a ser el centro administrativo de la ciudad, siendo muy posible que para los teotihuacanos no se diferenció el papel religioso del secular.

Ahora parece ser que este periodo abarcaba el periodo entre 250 D.C. y 450 D.C., y que las relaciones con regiones tan lejanas como el área maya empezaron en los últimos años de esta fase. Relaciones estrechas con el centro de Veracruz parecen empezar al mismo tiempo.

Es en la fase siguiente, la de Xolalpan o Teotihuacán III y IIIA (450-650 después de Cristo), que la ciudad llegó a su población más densa y grande y también a su influencia más extensa. Pero la extensión de la ciudad era un poco menor, abarcando una extensión de 20.5 kilómetros cuadrados. No sabemos las razones de este crecimiento de población al mismo tiempo que disminuye en extensión la ciudad. Posiblemente las evidencias que sugieren la institución de un proceso parecido a lo que nosotros llamamos "renovaciones urbanas" durante la primera parte de la fase Xolalpan (Teotihuacán III), indican al mismo tiempo una concentración de población debido quizá a razones políticas. No sabemos cómo la jerarquía teotihuacana llegó a convencer a la población que estas supuestas renovaciones eran necesarias. Si se pudiera averiguar la existencia de este supuesto proceso de renovación veríamos que seguramente se trataría de perjudicar a los derechos de grupos. Sabiendo qué tipo de conflictos son causados por las renovaciones urbanas actualmente, podemos inferir que un proceso semejante pudiera haber presentado serios problemas sociales para la jerarquía teotihuacana. Si verdaderamente llevaran a cabo tal proceso, esto por sí solo implicaría una enorme concentración de poder en sus manos. De hecho, las implicaciones de este supuesto proceso de renovación urbana son tan magnas que no les quisiéramos dar énfasis hasta que podamos saber con bastante seguridad que así ocurrió. Pero aceptando esta suposición por el momento, ¿por qué lo decidieron así ellos? ¿Para mejorar condiciones en zonas densas de población y a la misma vez tratar de consolidar su poder? Es casi seguro por lo tanto que si ellos intentaran tal proceso, cualquiera que fuera su poder, se invocarían la tradición en general y la religión en particular para dar más apoyo a sus planes, y sólo así podemos entender quizá cómo se han logrado estos supuestos cambios. Pero en relación a las razones para estas concentraciones, no podemos adivinar mucho. Posiblemente se puedan relacionar con problemas de defensa y a la misma vez con el aumento de tierras agrícolas.

Nuestros cálculos sobre la densidad de población durante la fase Xolalpan (ca. 450 D.C.-650 D.C.), fueron hechos a base de las zonas residenciales que existen en la parte occidental. Calculamos que la densidad máxima en esta zona era de 8,000 habitantes por kilómetro cuadrado. Llegamos a este cálculo contando los edificios en una extensión de 500 metros cuadrados y después calculando el número de personas que pensamos vivieron en estos edificios residenciales o semirresidenciales. Después, pasamos fuera del centro de la ciudad, donde la densidad no era tan grande, haciendo otros cálculos. A ésta añadimos un cálculo para el corazón de la ciudad. Así llegamos a un cálculo muy provisional de 85,000 habitantes para la ciudad en su apogeo.

Si no fue construido anteriormente, seguramente sí fue construido en esta época, el edificio que nosotros llamamos el Gran Conjunto, al otro lado de la Calle de los Muertos y opuesto a la Ciudadela. Se ve que la Ciudadela y el Gran Conjunto forman una especie de "mega-complejo" porque fueron circundados por calles anchas y plazas, y con espacios al aire libre más extensos que en cualquiera otra parte de la ciudad. La planeación de este "mega-complejo" en el centro de la ciudad parece haber sido una de las obras arquitectónicas más destacadas en la historia de los pueblos precolombinos del Nuevo Mundo.

Como voy a explicar más tarde, nosotros creemos que la plaza central del Gran Conjunto pudiera haber sido el lugar donde estaba el mercado principal de Teotihuacán. Los edificios del Gran Conjunto, con dos o tres excepciones, no parecen haber sido templos. Es posible por esta razón que la existencia del Gran Conjunto se escapó a investigadores anteriores. De todos modos, la diferencia que existe entre los edificios colocados sobre las dos plataformas del Gran Conjunto y los templos de la Ciudadela es bastante. La Ciudadela también tenía cuartos alrededor de patios, a los lados del Templo de Quetzalcóatl. Y posiblemente es aquí donde vivió el pontífice máximo, o los pontífices máximos. Pero no obstante esto, la impresión dada por la Ciudadela es de un lugar predominantemente sagrado. En cambio, la impresión dada por el Gran Conjunto, es de un lugar dedicado a cosas más seculares. Por eso pensamos que pudiera haber tenido una función administrativa la mayor parte de los edificios del Gran Conjunto.

Quisiera referirme a otra cosa, relacionada con los logros técnicos de los teotihuacanos. Sobre el piso, en uno de los edificios al lado este de la Calle de los Muertos, están marcados dos círculos concéntricos cruzados por dos líneas formando un ángulo recto y dividiendo los círculos en cuadrantes. Fue descubierto en las exploraciones del Proyecto Teotihuacán. A casi tres kilómetros al oeste, sobre la pendiente de una loma llamada Cerro Colorado, nosotros encontramos precisamente el mismo "diseño" marcado sobre una piedra grande que parece ser de roca firme. Los dos "diseños" o marcadores forman un ángulo recto con la Calle de los Muertos con un error menor a medio grado. La zona en que se encuentra esta piedra es una zona con muchos edificios chicos, todos, según parece, orientados a la Calle de los Muertos.

Durante la fase Metepec o Tectihuacán IV (650-750 después de Cristo), nuestros datos sugieren una disminución tanto en extensión como en población. La disminución que se ve en el lado sur fue compensada en parte por una extensión en la porción oriental. En total, la extensión durante esta época parece haber sido alrededor de 20 kilómetros cuadrados, ligeramente menor que la extensión durante la fase Xolalpan. Es posible que reduzcamos esta figura cuando terminemos. Deben ustedes de tener en cuenta que estos límites no son muy precisos y que se depende de varias suposiciones que no puedo delinear aquí. Además, tenemos la impresión que la densidad de población era mucho menor en la fase Metepec que en Xolalpan. Por eso nuestro cálculo para la fase Metepec nos da 70,000 habitantes. La fase Metepec abarcaba el periodo entre 650 D.C. y 750 D.C., según nuestro modo de ver. Entonces, podemos decir que nuestros datos sugieren una población de 70,000 habitantes en 700 D.C.

No sabemos las razones de esta disminución de población. Este no es el momento apropiado para entrar en problemas relacionados con la caída de Teotihuacán. Seguramente se debió a varias causas. Pero sin entrar en estos problemas, podemos decir que los datos sugieren que el poder del centro estaba disminuyendo durante esta época y posiblemente está relacionado con esto la disminución de población y también el movimiento de gente hacia una zona al oriente, casi abandonada durante la época de Xolalpan. Es difícil entender esto ante la evidencia de que la ciudad fue amenazada con su destrucción en sus últimos años y que fuera destruida al fin de la fase Metepec. ¿Por qué este movimiento a lugares difíciles de defender ante esta amenaza? Sólo podemos sugerir que posiblemente el prestigio del gran centro iba en declive durante sus últimos años de vida, sean las que fueren las causas de este declive.

Después de la caída de la ciudad hubo un corto periodo que nosotros llamamos la fase Oxtotícpac (Proto-Coyotlatelco). Parece tan corto el periodo que nosotros proponemos que duró 50 años, o sea alrededor de 750 D.C. a 800 D.C. Ya estamos hablando de una ciudad muerta, con pocos habitantes agrupados en pequeños centros. La extensión de estas agrupaciones no llega a un kilómetro cuadrado. Es muy difícil calcular el número de habitantes en este periodo. Claro que si todavía ocupaban edificios que existían en la ciudad, y si trataban de vivir en grupos densos, posiblemente la población pudiera haber llegado a un máximo de 5,000 habitantes. Pero parece más probable que el número de habitantes fuera alrededor de 2,000.

Lo que todavía no sabemos es si siguió en uso alguna parte del centro de la ciudad arruinada. Hay algunos datos que sugieren esto, pero no podemos decir más que eso. Siendo que las pirámides todavía eran consideradas como lugares sagrados en el tiempo de los aztecas, no resulta curioso si pasó lo mismo después de la caída de la ciudad. Pero faltan datos para resolver este problema por el momento.

Lo que sí parece quedar en claro es que la caída de la ciudad fue el resultado de una gran catástrofe. Basta nada más comparar la ciudad de la época de Metepec con los pueblos de la época Oxtoticpac. No creo que podamos interpretar los datos como evidencia de una caída lenta y gradual. O, más bien, que se trata de un proceso gradual de decaimiento de la sociedad teotihuacana y de la ciudad resplandeciente en que floreció, que culminó en una muerte violenta.

7) DATOS ARQUEOLÓGICOS DE LA ZONA DE TULA

Jorge R. Acosta [10]

Los hallazgos de la arqueología, como es obvio, son fuente de suma importancia para el conocimiento del pasado indígena. Aquí se transcribe la interpretación que el arqueólogo Jorge R. Acosta hizo de las excavaciones que llevó a cabo en la zona de Tula, estado de Hidalgo, desde 1940 hasta 1954.

En el presente trabajo, he tratado de interpretar algunos de los datos arqueológicos recabados durante diez temporadas de exploración en la zona de Tula, Hgo., que abarcan desde 1940 hasta 1954. También presentaré ciertas discrepancias que todavía no se han podido explicar satisfactoriamente.

Desde un principio, nos dimos cuenta de que se trataba de una ciudad que fue arrasada por un gran incendio y luego sufrió un saqueo desenfrenado. Por todas partes se encontraron restos de carbón, ceniza y madera a medio quemar.

También se veía que los adobes de los muros se convirtieron en ladrillos debido al intenso calor del fuego. Todo al parecer, revela que la destrucción de la capital de los toltecas fue intencional y consumada por gentes que fabricaban la cerámica llamada "Tenayuca" o sea la "Azteca II". Esto quedó confirmado al hallar grandes cantidades de tiestos, tanto sobre los pisos toltecas como encima del escombro de las estructuras.

Una vez conquistada la ciudad, los invasores nahuas siguieron su camino, quizá hacia el Valle de México, quedándose sólo pequeños núcleos en el lugar conquistado. Se advierte esto, porque no levantaron ninguna estructura de grandes proporciones, sino bajas plataformas para soportar sus templos, conformándose con ocupar y reformar algunos de los edificios toltecas.

Las investigaciones han sido difíciles y lentas, debido al estado en que se encontraban los monumentos, expuestos a un saqueo continuo desde la llegada de las hordas nahuas hasta el principio del presente siglo, cuando los habitantes del pueblo de Tula sacaban piedras labradas de las zonas arqueológicas para sus construcciones.

[10] Jorge R. Acosta, "Interpretación de algunos de los datos obtenidos en Tula relativos a la época tolteca", *Revista Mexicana de Estudios Antropológicos*, 1956-1957, vol. XIV, 2ª parte, pp. 75-87 y pp. 94-100.

Por fortuna la arqueología ya tiene métodos muy precisos para enfrentarse a casos como el presente y gracias a ellos, se han podido recoger e interpretar importantes datos que, a primera ojeada, eran casi imposibles de reconocer. Algunos de ellos serán tratados en el presente trabajo.

ARQUITECTURA

La arquitectura tolteca de Tula es de grandes contrastes. Es de una concepción majestuosa, pero de realización mediocre. Esto se debe, en parte, a la prisa con que fueron levantados los monumentos y en parte a la defectuosa técnica de construcción empleada.

Se utilizaban por lo general, núcleos de piedra sin tierra. Las piedras se colocaban por capas, una de tamaño grande y otra de piedras chicas y así sucesivamente hasta tener el volumen deseado. Solamente los muros exteriores de contención fueron construidos con barro. Con esta manera de edificar, forzosamente había asentamientos que ponían en peligro a las estructuras superiores. La superposición de estructuras no siempre es debida a impulsos religiosos o cívicos, es decir, de reedificar un templo cada 52 años, como sostienen algunos investigadores, sino en muchos casos es una necesidad urgente cuando un edificio ha perdido su estabilidad. Prueba de esto la tenemos en todas las zonas arqueológicas.

Cuando se trataba de palacios, vestíbulos y casas de habitación, las paredes fueron construidas de adobe y por lo tanto resultaban débiles para sostener los pesados techos de mampostería. Esto se hace más patente si se considera que tenían entre 4 y 5 metros de altura y, además, carecían de cimientos.

Sin duda los mismos constructores se dieron cuenta de la poca resistencia de los muros de adobe y, por esa razón, encontramos que las entradas estaban reforzadas con jambas de madera. Por la misma razón, las vigas maestras descansaban sobre pilastras de madera semiempotradas en las paredes.

Por lo general las columnas y pilares también estaban construidos de madera con un revestimiento de barro o de estuco. Por esta razón, ya no quedan sino sus huellas sobre el piso de estuco, pues fueron totalmente destruidos por el fuego.

Los edificios principales están distribuidos alrededor de una gran plaza y orientados con una desviación aproximada de 17° al este del norte astronómico. Esta manera de orientar a los edificios es también característica de Teotihuacán y Chichén Itzá.

Aunque el centro ceremonial es reducido, está rodeado por infinidad de grupos aislados de estructuras, que se extienden por varios kilómetros en su alrededor. Uno de éstos es "El Corral", lugar en donde existe una estructura de planta mixta, es

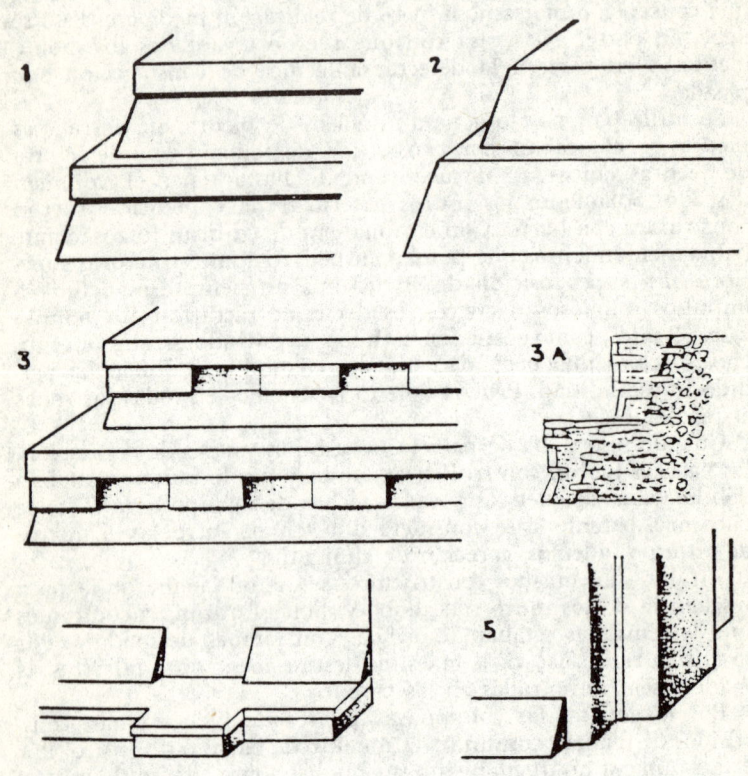

Algunos detalles de la arquitectura tolteca.

decir, un edificio circular combinado con dos secciones cuadrangulares, lo que hace que sea única hasta ahora en la región de Tula.

No explicaré detalladamente los diferentes tipos de edificios, porque no viene al caso, y además, están a la vista de todo el mundo, sino trataré de reconstruir una estructura que fue totalmente destruida, no quedando ni siquiera su planta sobre el piso. Se trata del templo superior del Edificio B, que quizá fue el monumento más importante y fastuoso del lugar.

Por fortuna la mayor parte de sus elementos arquitectónicos y decorativos fueron hallados esparcidos en la base de la pirámide y gracias al cuidado que tuvieron los arqueólogos en registrar cada hallazgo y anotar cada dato, se ha podido restaurar teóricamente el templo tal como estaba cuando ocurrió su destrucción.

La estructura se encontraba sobre la plataforma superior del basamento escalonado que hemos llamado Edificio B. La entrada que miraba al sur, era por un majestuoso pórtico dividido en tres claros por dos columnas de 80 cm. de diámetro, esculpidas en forma de serpientes emplumadas, cuyas cabezas apoyaban en el suelo y las colas en la parte superior formando los capiteles.

El interior estaba dividido en dos crujías por un muro intermedio.

El techo de la primera sala estaba sostenido por cuatro grandes apoyos de 4.60 m. de altura y alineados de este a oeste. Los hemos llamado "Cariátides" en vista de que están esculpidas en forma humana y sostienen con la cabeza las vigas maestras de la techumbre. Representan a "Tlahuizcalpantecuhtli" con decoración corporal de líneas rojas y empuñando las armas de un guerrero.

El techo de la segunda sala se apoyaba sobre cuatro esbeltos pilares de 61 cm. por lado, y de igual altura que las cariátides, distribuidos en la misma forma. Están magistralmente esculpidos en bajorrelieves y representan guerreros alternando con escudos de armas. Estos apoyos no iban policromados como los de la entrada, sino únicamente pintados de color rojo.

En alguna parte de la sala interior, tal vez al fondo de la cámara, se encontraba una especie de mesa o altar, sostenida por pequeñas esculturas humanas de 87 cm. de altura llamadas "atlantes", las que aun conservan su pintura de armoniosa policromía.

La fachada del edificio estaba también profusamente decorada. Desde la altura de la puerta hacia arriba, presentaba una serie de tableros alternado con cornisas hasta llegar a la parte alta del techo.

Ya es imposible saber cómo iban los tableros y la relación de los diferentes temas decorativos, pero sí conocemos los motivos que fueron utilizados. En primer término, iban dos grandes serpientes emplumadas esculpidas en bajorrelieve, cuyos cuerpos ondulantes ocupaban todo el largo de la fachada. Entre las ondulaciones, se veían pequeñas figuras humanas en actitudes bélicas. Los tableros estaban decorados con figuras humanas reclinadas, adornos en forma de ataduras y chalchihuites. Ya en la parte superior, iba el remate de almenas blancas representando la forma de corte transversal de caracol.

Sobre la plataforma superior de la pirámide, tanto en los ángulos como encima del remate de las escaleras, fueron instalados portaestandartes y *chac mooles* policromados que daban al conjunto un aspecto imponente y alegre.

El "Edificio B" es un ejemplo clásico de la arquitectura tolteca, en donde se puede apreciar el concepto majestuoso de la construcción, con un perfecto balance de policromía sobre la masa blanca de la pirámide.

Hay dos tipos de estructuras que son típicamente toltecas e inconfundibles para reconocer la influencia de Tula en otros lugares. Son los impresionantes vestíbulos con su laberinto de columnas y las amplias salas ceremoniales. Ambas presentan un elemento arquitectónico sumamente importante y característico, que consiste en una banqueta, de unos 50 cm. de altura que se encuentra adosada a la base de los muros y por lo general está profusamente decorada con figuras humanas y serpientes policromadas. Aunque no podemos precisar su función, se puede sugerir que fue utilizada como asiento por los grandes señores durante los consejos civiles o religiosos.

La existencia de estas enormes salas que a veces miden 24 m. por lado y cuyo techo está apoyado en más o menos 30 columnas y rodeadas con banquetas, nos está indicando claramente que no son habitaciones, sino lugares para celebrar ceremonias públicas. Esto nos recuerda ciertos pasajes de las crónicas en donde se dice claramente que en Tula se coronaba a los reyes, no solamente a los del Imperio Tolteca, sino a muchos de los estados circunvecinos y hasta lejanos.

Para las ceremonias en donde interviene mucha gente, se necesitaba forzosamente un tipo de estructura funcional cívico-religiosa que abarcara todas las necesidades impuestas por los ritos de la coronación. Las de Tula son ideales para esto; son amplias, fastuosas e imponentes, tres cualidades esenciales para la ceremonia pública.

No se ha podido reconocer una evolución de estilo en la arquitectura. Es posible que la tendencia de decorar excesivamente a los monumentos sea una característica tardía; pero mientras que no se termine con la exploración interior de los edificios, no lo podemos asegurar.

La arquitectura como dijimos anteriormente, es majestuosa y atrevida, pero por desgracia, poco queda de ella. La destrucción

"Edificio B", pirámide de Quetzalcóatl o Tlahuizcalpantecuhtli en Tula, Hgo.

ha sido lamentable y se han perdido para siempre la mayor parte de los edificios. Si hemos estado asombrados con las migajas que han quedado, cuál no sería la verdadera grandeza que impresionó tanto a los invasores nahuas pero que tuvieron que destruir por razones político-religiosas.

ESCULTURA

La escultura en piedra, tanto en bajorrelieve como en bulto, aunque sujetada a un módulo religioso, es más bien realista que simbólica. Queda confirmado esto por las representaciones, tanto de las esculturas humanas: atlantes, portaestandartes y chac mooles, como los jaguares y águilas del "Edificio B", así como también por las procesiones de guerreros que decoran las banquetas.

Se ve un dominio del material. Por lo general se utilizaba el basalto para las esculturas en bulto y la piedra caliza para bajorelieve. Algunas de las obras ya no tienen el primitivismo de las esculturas teotihuacanas, al contrario muestran movimiento y libertad. Sólo en las cariátides se nota una rigidez, debido a que son soportes de la techumbre y por lo tanto el escultor no tuvo libertad al ejecutar la figura humana.

Por fortuna los artistas toltecas no temían al espacio vacío y algunas de sus obras, por su sencillez, resultan un descanso para nuestros ojos acostumbrados a los módulos europeos. Esto es notorio cuando se valorizan las obras individualmente, pero cuando se trata de un conjunto, la cosa cambia. Existe una monotonía intencional para hacer resaltar con ciertos efectos rítmicos, el valor profundamente religioso de la decoración en los monumentos.

Las esculturas que no pasan de un metro de altura, se hacían en una sola piedra, pero no así las de mayores proporciones. Las cariátides y los pilares fueron hechos en varios segmentos que se ensamblaban por medio de espigas dando a las piezas así unidas, mayor unidad y firmeza. La mayoría de las representaciones humanas esculpidas en bajorrelieves se encuentran de perfil. Solamente tenemos hasta ahora tres ejemplos que están de frente.

Aunque por el momento no se ha establecido el canon utilizado por los toltecas para representar el cuerpo humano, se puede adelantar algo sobre el asunto. Las figuras de guerreros sobre los pilares tienen una proporción de $5\frac{1}{2}$ cabezas para el cuerpo, es decir, tienen una menos que las de Chichén Itzá. Esto hace que las figuras de Tula se vean con mayor corpulencia y por lo tanto más de acuerdo con la fisonomía indígena.

Existe cierto descuido en la realización de las obras y aunque copiaban los mismos modelos, fueron hechos por artesanos de

Estructura con la parte central circular. Templo en honor de Ehécatl, "El Corral", Tula, Hgo.

muy variada capacidad y se advierte una diferencia marcada en la calidad de las esculturas en un mismo monumento.

Este descuido se debe quizá, a la enorme cantidad de material escultórico que entraba en la decoración de los edificios, y a la prisa en que fueron hechos para cumplir con una necesidad religiosa. La sala número 2 del "Palacio Quemado" tuvo aproximadamente 102 metros de bajorrelieve en donde entraron 235 figuras humanas y 114 serpientes.

Aparecen muchos errores en el desarrollo de los motivos. Por ejemplo en el Coatepantli, existen dos franjas de grecas que están plagadas de fallas, el motivo se interrumpe repetidas veces por errores en su desarrollo.

En los tableros del Edificio B, la procesión de los jaguares y coyotes que van alternando, uno con la cola hacia arriba y otro hacia abajo, también se interrumpe para seguir otra vez correctamente.

A los artesanos toltecas no les interesaba en lo absoluto el detalle, sino el conjunto, concepto muy de nuestros días, al valorizar las obras artísticas. Desde luego, estos defectos no afectaban lo más mínimo el aspecto de los edificios.

Es interesante notar, que en Chichén Itzá ocurre la misma cosa. En los tableros del Templo de los Guerreros, además de algunos errores en el desarrollo del friso, existe una losa que está colocada de cabeza; una falta que hubiera sido imperdonable para un artista maya, pero sin la menor importancia para un tolteca.

PINTURA

Tula es el lugar en donde las pinturas sobre piedra han conservado mejor su colorido. Algunos de los bajorrelieves de las banquetas, muestran colores tan vivos como cuando estuvieron en uso, gracias a que fueron tapados por el derrumbe de los techos. También sobre las esculturas en bulto, como los atlantes y portaestandartes, hay abundancia de colores. Es casi seguro que todas las esculturas estaban policromadas.

Por desventura, la pintura mural no tuvo la misma suerte, y fue en gran parte destruida tanto por el fuego como por la pésima técnica de construcción. Fueron aplicadas directamente sobre un débil aplanado de cal o de barro que revestía los muros de adobe, el que se desprendía con mucha facilidad.

Nosotros, al explorar el pasillo entre el Palacio Quemado y el Edificio B, encontramos en varias secciones del aplanado franjas horizontales de diferentes colores. A los pocos días con tan poca fortuna se desprendió del muro y se destruyó por completo.

Seis son los colores utilizados tanto para las esculturas como para los murales:

Águilas, ocelotes y coyotes. Tablero de una de las caras de la pirámide de Quetzalcóatl, en Tula, Hgo.

1. El rojo-bermellón para todos los fondos y algunos adornos.
2. El azul-cerúleo para las plumas y adornos de jade y turquesa.
3. El amarillo-ocre para plumas, armas y joyas.
4. El ocre-rosado para la piel humana.
5. El blanco para los ojos, colmillos, huesos y prendas de algodón.
6. El negro se utilizó para contornear los motivos y hacerlos resaltar.

Charnay, al explorar en Tula, a fines del siglo pasado, también halló fragmentos de aplanado con restos de pintura. Todo esto viene a demostrar que los edificios, además de su ornamentación de esculturas policromadas, también estuvieron decorados con murales. Estos no solamente consistieron en franjas horizontales, sino también en complicadas escenas religiosas, relacionadas con la función de la estructura en donde se encontraban.

CERÁMICA

Ya con los primeros pozos estratigráficos hechos en 1940, se demostró que los fundadores de Tula utilizaban las cerámicas conocidas hasta entonces con nombres de "Mazapa" y "Coyotlatelco", y es muy difícil corregir ahora esta falla en la nomenclatura. Al principio hicimos un intento, llamando a la cerámica tolteca con el nombre de "Complejo-Tula-Mazapa-Coyotlatelco", es decir, respetando las mismas designaciones, pero posteriormente no tuvimos más remedio que descartarlo para adoptar el término más simple y correcto de "Complejo Tolteca", título que hemos utilizado hasta hoy en día.

Es pertinente citar que varios arqueólogos, sobre todo el extinto George Vaillant, ya había sospechado que la cerámica llamada "Mazapa" era de los toltecas; pero no tuvo los datos suficientes para comprobarlo.

Los pozos han demostrado que la cerámica es uniforme en todos los niveles y, además, que no existió una ocupación anterior a la tolteca.

Se ha clasificado el material en 24 tipos, basándose no tanto en el color del barro, sino en la forma de las vasijas y en la técnica de decoración. Esto se hizo en vista de que más del noventa por ciento de los objetos fueron fabricados con el mismo barro de color café claro.

Intentamos hacer una clasificación en donde los nombres, además de ser descriptivos, fueron fáciles de recordar. Se trató de eliminar la tendencia de manejar la cerámica como una rama de las matemáticas, en donde las vasijas pierden su personalidad y se vuelven unidades en una ecuación algebraica.

El águila que devora corazones, pirámide de Quetzalcóatl. Tula, Hgo.

Por lo general las formas no son muy variadas, pero sí presentan características muy definidas y es fácil reconocerlas en cualquier parte. Predomina la silueta simple con fondo plano que a veces tiene soportes.

Una revisión del material ha demostrado que la alfarería tolteca está compuesta de cinco formas fundamentales:

1. Ollas con cuello hacia fuera.
2. Platos de fondo plano y con paredes cóncavas.
3. Platos de fondo plano y con paredes convexas.
4. Cajetes trípodes con soportes huecos.
5. Cajetes de fondo plano y con soportes macizos.

A éstas, fabricadas siempre con el barro café claro, se les aplicaban diferentes técnicas de decoración: Cloisonné, al fresco, líneas rojas ondulantes, baño blanco, etc., lo que se ha tomado como criterio para nuestra clasificación.

Otras están basadas sobre la función del objeto, como por ejemplo: comales, braseros y pipas. A continuación daremos una lista completa de los 24 tipos en que se ha dividido la cerámica tolteca de Tula. Se hace la advertencia de que el orden en que están colocados es arbitrario, pero se ha tomado en cuenta para hacerlo, las conclusiones sacadas del resultado del estudio del material de los pozos estratigráficos, colocando arriba los tipos más comunes en los niveles inferiores y abajo, los de las capas superiores:

1. Decoración roja sobre café (Coyotlatelco).
2. Decoración esgrafiada (Coyotlatelco).
3. Ollas con o sin decoración.
4. Blanco levantado.
5. Café grueso.
6. Líneas rojas ondulantes.
7. Trípodes rojo sobre café.
8. Decoración negativa.
9. Café claro.
10. Café oscuro.
11. Naranja sobre blanco.
12. Naranja pulida.
13. Incensarios calados.
14. Sahumadores.
15. Decoración cloisonné.
16. Decoración de champlevé.
17. Decoración al fresco.
18. Braseros Tlaloc.
19. Ollitas Tlaloc.

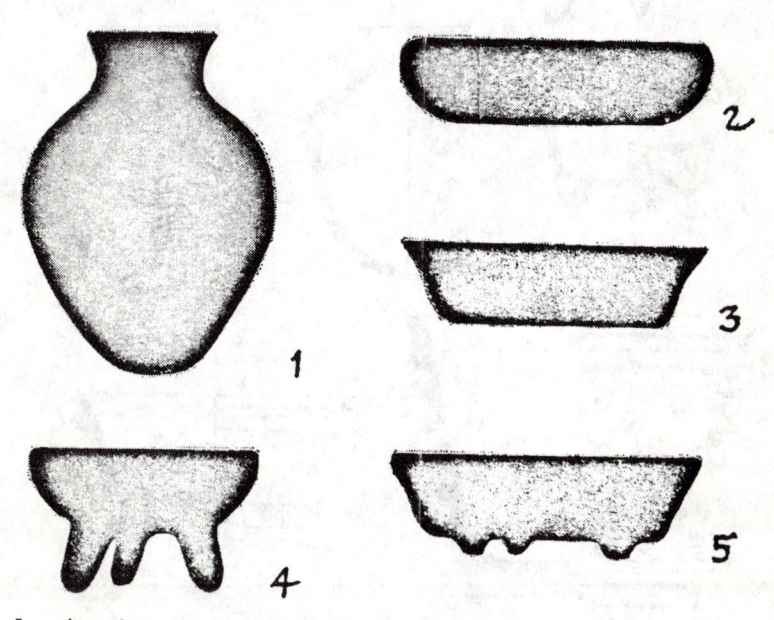

Las cinco formas básicas de la cerámica tolteca.

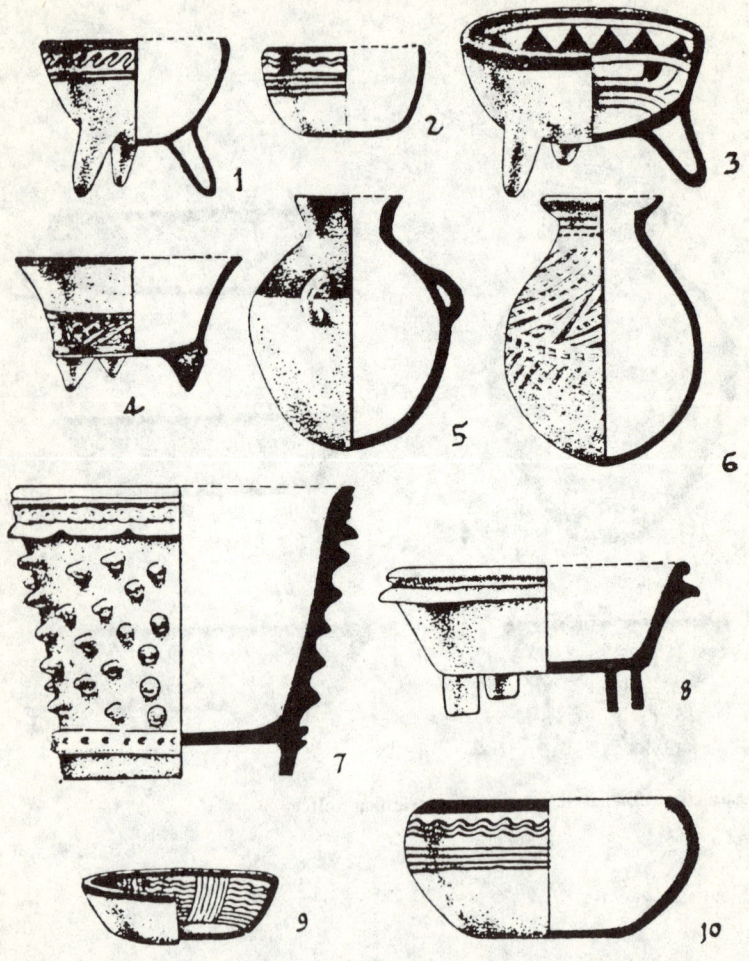

CERÁMICA TOLTECA. Núms. 1, 2 y 3, Dec. Rojo/café. Núm. 4, Esgrafiada. Núm. 5, Ollas. Núm. 6, Blanco levantado. Núms. 7 y 8, Café grueso. Núms. 9 y 10, Líneas rojas ondulantes.

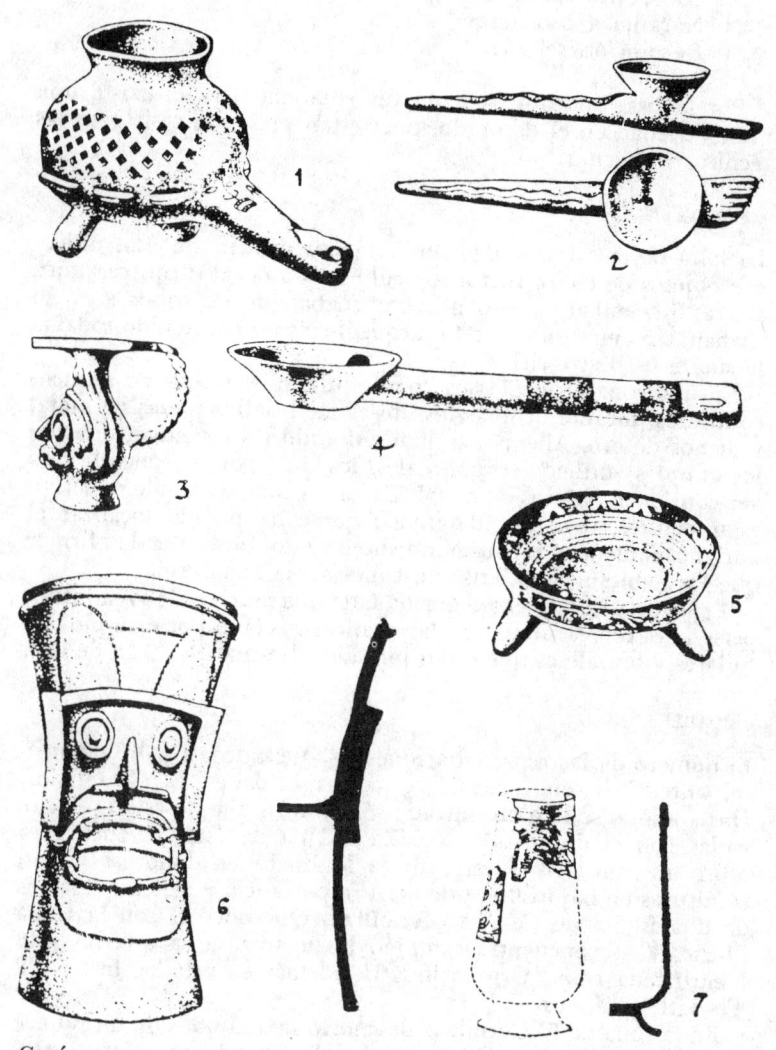

CERÁMICA TOLTECA. Núm. 1, Incensarios calados. Núm. 2, Pipas. Núm. 3, Ollitas Tlaloc. Núm. 4, Sahumadores. Núm. 5, Cloisonné. Núm. 6, Braseros Tlaloc. Núm. 7, Champlevé y fresco.

20. Pipas.
21. Comales.
22. Café-rojizo sobre naranja.
23. Naranja a brochazos.
24. Decoración sellada.

Por la lista anterior, se nota inmediatamente que existe una gran variedad en el decorado, pues están presentes casi todas las técnicas indígenas...

METALES

La falta de metales es algo que está por dilucidarse. Los únicos dos objetos de cobre fueron descubiertos asociados con cerámica azteca. Sin embargo, esto no comprueba que los toltecas no lo usaban, sino más bien que los arqueólogos no han tenido todavía la suerte de descubrirlos.

En una zona arqueológica como Tula, que ha sufrido saqueos continuos durante ocho siglos, no es fácil hallar piezas de metal y menos de oro. Además, se han enfocado las investigaciones en los grandes edificios ceremoniales, los que, por lo general, rara vez contienen objetos de metal. Es en las tumbas donde deberían estar ocultos, pero por desgracia, no se ha podido localizar el antiguo panteón y mientras no suceda esto, no se puede afirmar que los habitantes de Tula no conocían la metalurgia.

Tenemos casi la plena seguridad, de que muchos de los adornos personales representados en las esculturas, como por ejemplo, los collares y brazaletes que están pintados de amarillo, eran de oro.

DEIDADES

El número de las representaciones de Quetzalcóatl y de Tlahuizcalpantecuhtli, en relación con otras deidades, es abrumador. Hasta ahora, se han encontrado sólo cuatro que no están relacionadas con el dios titular de Tula. Una de éstas se encuentra sobre un cantil en el cerro de la Malinche en donde se hallan esculturas en bajorrelieve de gran importancia y belleza. Además de una figura de Ce Acatl Topiltzin Quetzalcóatl con la fecha "1 Acatl", se encuentra también la de una diosa que ha sido identificada como Centeocihuatl. Además se ven las fechas "8 Tecpatl" y "4 Acatl".

En la zona de El Corral, se descubrió una lápida con un relieve de la diosa Izpapalotl. Lleva la cara descarnada y muestra cuchillos de pedernal en las alas. No existe la menor duda de que se trata de la diosa mariposa.

Una de las losas del Coatepantli tiene esculpida en la parte posterior, la figura de una diosa que ha sido reconocida como Xochiquetzal por su tocado de omequetzal. Debido al estado de deterioro del relieve, hay que aceptar la identificación con cierta reserva.

La última de éstas es una escultura en bulto, que representa a un guerrero de alta jerarquía que lleva como tocado un Xihuitzolli. Ha sido identificada como Tláloc debido a que lleva anteojeras, uno de los rasgos propios de este dios. Pero, a la luz de nuevos conceptos, el simple hecho de llevar anteojeras, no justifica que sea una representación del dios de la Lluvia. Se necesita un mayor número de atributos para identificarlo con plena seguridad.

ESCRITURA

Han aparecido pocas fechas calendáricas. En la figura que incluimos, están presentes todos los ejemplares encontrados hasta ahora. Se nota que, mientras algunos de los jeroglíficos están enmarcados con un cuadrante, otros no lo están. Se ha dicho que los primeros corresponden a fechas del año solar y los otros al tonalpohualli o calendario de 260 días.

Los numerales en forma de barra son al estilo zapoteca; pero no así los de puntos, que más bien se asemejan a los de Xochicalco.

Es interesante hacer notar que una de las fechas esculpidas en el cerro de la Malinche, tiene el numeral 8 puesto con puntos a la manera mixteca. No sabemos si los toltecas utilizaban los dos sistemas simultáneamente como es el caso en Xochicalco, o si fue una innovación tardía.

Existen algunos signos que no van acompañados con numerales como es el caso de los del Planeta Venus utilizados en el decorado de los edificios dedicados a Tlahuizcalpantecuhtli.

El jeroglífico del año que aparece en el tocado de algunas esculturas es también a la manera de los mixtecos.

Todavía no se ha podido establecer si los rasgos llamados mixtecos son el resultado de una influencia de aquella lejana tierra o fue a la inversa. Todo se concreta en establecer la antigüedad en cada región.

También hay signos sobre los pilares que tampoco llevan numerales y por lo tanto, no pueden ser los nombres de los personajes como se suponía en un principio sino más bien, estamos en presencia de la jerarquía de ellos. Están presentes todos los animales totémicos de las castas militares: la serpiente emplumada, el jaguar, el coyote, la cabeza de una ave que parece ser de un águila y además, lo que es muy significativo, una figura humana que probablemente representa a un "tlatoani", jefe del ejército.

Resumiendo, podemos decir que la escritura en Tula es una mezcla de varios estilos pero en general, tiene mucho más en

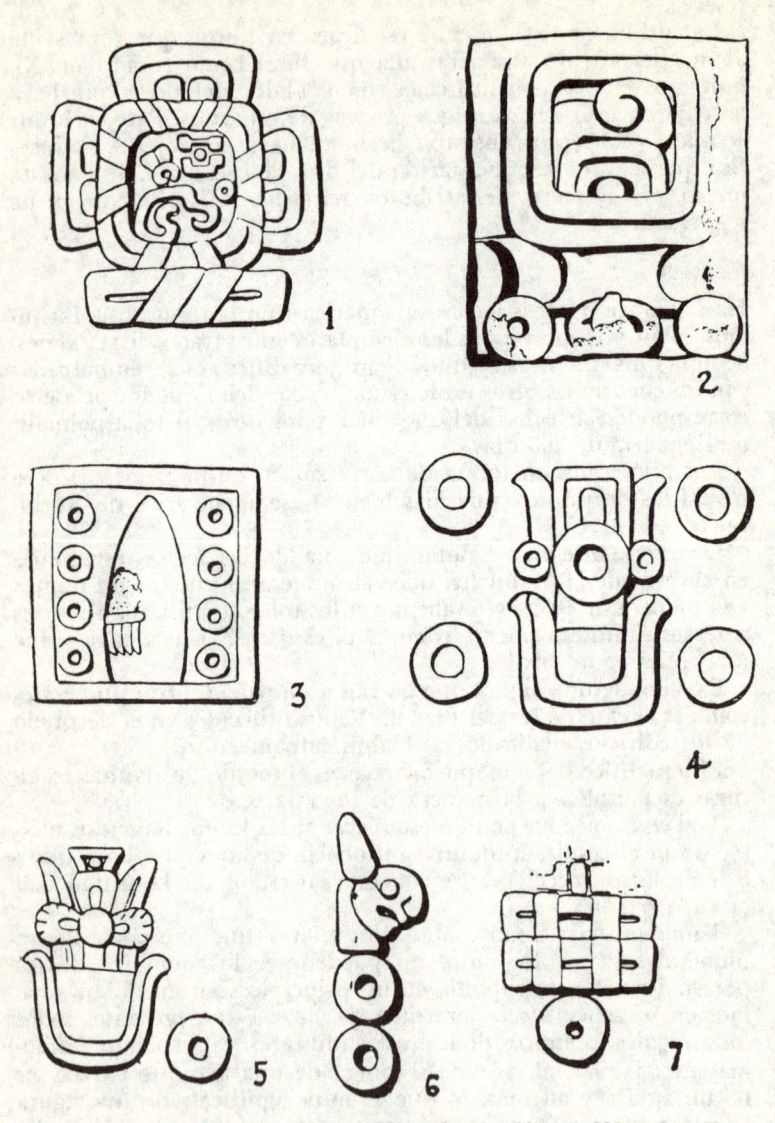

FECHAS TOLTECAS. Núm. 1, Cipactl. Núm. 2, (?) Cipactl. Núm. 3, 8 Tecpatl. Núm. 4, 4 Acatl. Núm. 5, 1 Acatl. Núm. 6, 2 Tochtli. Núm. 7, 11.

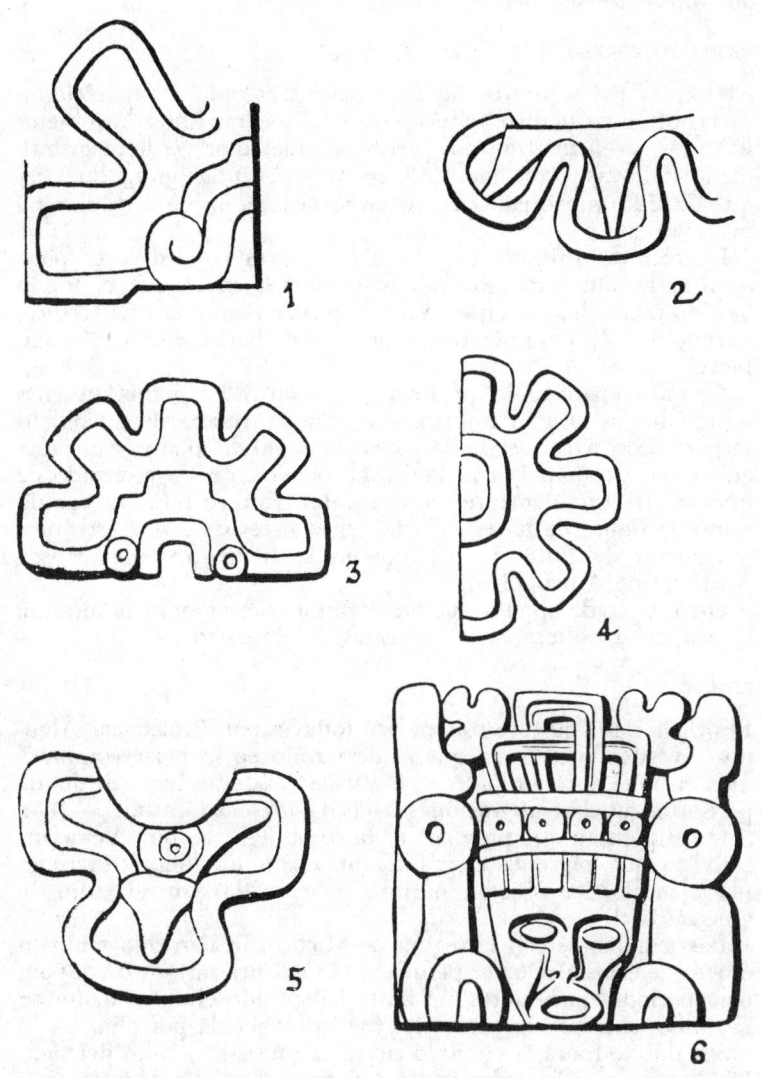

Núms. 1 a 5, representaciones del Planeta Venus. Núm. 6, signo del año al estilo mixteco en un bajorrelieve de Tula.

común con Xochicalco que otros lugares, tanto en la manera de representar los signos, como también en que ambos utilizaban dos diferentes sistemas numéricos.

ARTES MENORES

Al explorar los altares de las salas ceremoniales, aparecieron varias ofrendas dentro de recipientes de piedra. Entre los objetos hallados, se encuentran dos placas de jade color verde magistralmente talladas. Cada una de ellas, muestra una figura humana que ha sido interpretada como un sacerdote, en vista de que no porta armas.

La técnica utilizada en el tallado de estas piedras es poco común. Es una variación del bajorrelieve, en el que el fondo ha sido rebajado, para que la figura quede realzada. Esta técnica, cuando se aplica al tallado en madera o en barro se llama "champlevé".

Cuando apareció la primera placa en 1950, había quienes sostenían, sin ningún fundamento, que se trataba de un objeto importado. Ya con el hallazgo de la segunda placa, semejante en forma y trabajada con la misma técnica, queda mostrado de que son irrefutablemente piezas locales. Esto se refuerza debido a que la figura de la segunda placa, es parecida a una escultura procedente de Tula que actualmente se encuentra en el Museo Nacional de Antropología.

Otros tipos de objetos que también estuvieron en boga durante la ocupación tolteca, son las vasijas de alabastro...

RESUMEN

El origen de la cultura tolteca está todavía por dilucidarse. Algunos investigadores creen que se desarrolló en la parte comprendida entre el norte de Jalisco y el sur de Zacatecas, lugar de donde partieron muchas migraciones hacia la Meseta Central.

Otros piensan que proviene de la costa del Estado de Veracruz, en vista que presenta rasgos comunes con los huastecos, como por ejemplo, los objetos marinos relacionados con el culto de Quetzalcóatl.

Las semejanzas con la región de Michoacán han sido también objeto de especulaciones, pero como la cultura tarasca corresponde a periodos posteriores, no pudo haber sido el antecedente de la tolteca sino por lo contrario, fue influenciada por ella.

Sea donde fuera la cuna, lo cierto es que a mediados del siglo IX, llegó a su pleno desarrollo y durante su corta vida, de 312 años, la ciudad de Tula, casi no sufrió ningún cambio.

Durante este tiempo, bajo el dominio del Gran Sacerdote y Rey Ce Acatl Topiltzin Quetzalcóatl y sucesores, Tula llegó a ser la más alta exponente de la cultura en el Centro de México y se edificó una ciudad de una belleza incomparable, que fue el modelo para Chichén Itzá y la gran Tenochtitlan.

El dios principal fue Quetzalcóatl y su supremacía duró hasta la destrucción de la ciudad. Hubo un marcado predominio de las castas militares y los poderosos ejércitos toltecas conquistaron grandes extensiones territoriales para formar un imperio cuyas fronteras fueron superadas sólo por el de Moctezuma.

Ya a mediados del siglo XII, el dominio tolteca llegó a su fin. Las causas que lo ocasionaron fueron múltiples. Una de ellas, posiblemente fue la lejanía de sus fronteras, que eran difíciles de defender con los soldados mercenarios de que disponía el Imperio. Otra fue el debilitamiento general causado por las sequías, que produjeron el hambre y el descontento del pueblo. Además de lo anterior, se debe tomar en cuenta, que tuvo lugar una desastrosa lucha interna, producida por las exigencias, cada vez más tiránicas de Huemac, último rey de Tula.

Bajo estas situaciones difíciles, se comprenderá que era imposible que los toltecas pudieran enfrentarse con éxito a las defensas del Imperio. Llegó el momento en que se desmoronó la resistencia y Tula cayó en poder de los invasores.

Aunque Tula fue arrasada por el fuego y huyeron sus habitantes, no por eso murió su cultura. Esta siguió floreciendo en las ciudades periféricas, en las que se refugiaron algunos grupos de toltecas. Estos con el tiempo, se mezclaron con los recién llegados y formaron lo que se ha llamado la "Cultura Azteca", que no es más que la continuación de Tula a través de Tenochtitlan.

Las conclusiones anteriores están basadas tanto en los hechos relatados en las crónicas como en los hallazgos arqueológicos. Aunque quedan muchas lagunas, ya tenemos suficiente material para presentar una visión panorámica de lo que era la cultura tolteca. Con toda intención he reprimido algunos datos dudosos para no caer en falsas suposiciones que pueden causar una desorientación entre mis colegas. Estos serán dados a conocer sólo cuando no quede duda alguna de su veracidad.

INTERPRETACIONES DE DISTINTOS
HISTORIADORES

1) LOS TOLTECAS

fray Juan de Torquemada [11]

La Monarquía Indiana de Torquemada es, como ya se dijo, la primera gran síntesis que, acerca del pasado prehispánico, se escribió a los comienzos del siglo XVII. De ella se toma aquí la descripción que ofrece de la grandeza tolteca. Debe notarse que, mientras en un lugar de esta obra se atribuye a los toltecas el gran centro de Teotihuacán, así como los de Tula y Cholula, más abajo, en un capítulo distinto del mismo libro, se recuerda una tradición muy diferente. Según ésta, los totonacas, oriundos de la región veracruzana, afirmaban que ellos habían sido en realidad los que habían edificado los dos principales templos o pirámides teotihuacanas.

Sólo digo que Tulteca quiere decir hombre artífice; porque los de esta nación fueron grandes artífices, como hoy día se ve en muchas partes de esta Nueva España y las ruinas de sus principales edificios, como es en el pueblo de San Juan Teotihuacán, en el de Tula y Cholula, y otros muchos pueblos y ciudades. Estos tultecas dicen que vinieron de hacia la parte del poniente y que trajeron siete señores o capitanes llamados Tzácatl, Chalcatzin, Ehecatzin, Cohuatzon, Tzíhuac-Cóhuatl, Tlapalmetzotzin y el séptimo y último Metzotzin. Y trajeron consigo muchas gentes, así de mujeres como de hombres, y que fueron desterrados de su patria y nación. Y dicen de ellos que trajeron el maíz, algodón y las demás semillas y legumbres que hay en esta tierra; y que fueron grandes artífices de labrar oro y piedras preciosas y otras muchas curiosidades.

Salieron de su patria (que se llamaba Huehuetlapalan) el año que ellos llamaban Ce Tecpatl y anduvieron ciento cuatro años vagando por diversas partes de este Nuevo Mundo hasta llegar

[11] Fray Juan de Torquemada, *Monarquía Indiana*, reproducción de la edición de Madrid, 1723, Introducción por Miguel León-Portilla, 3 vols., México, Editorial Porrúa, 1969, vol. I, pp. 37-38 y 278.

109

a Tulancingo donde contaron una edad que contenía de tiempo desde que salieron de su tierra y patria. Y la primera ciudad que fundaron fue Tula, doce leguas de esta de México, a la parte del norte y más de otras catorce del sitio referido de Tulancingo, que por entonces no les debió de agradar aunque es bueno y lo dejaron al oriente y se metieron en este dicho de Tula al poniente.

De este lugar, el primer rey que tuvieron se llamó Chalchiuhtlanextzin y comenzó a gobernar el año Chicome Acatl, el cual murió a los cincuenta y dos años de su gobierno. Y luego sucedió Ixtlilcuecháhuac en el mismo año y gobernó otros tantos años porque tenían por ley estos tultecas que sus reyes no habían de gobernar más que cincuenta y dos años, ni tampoco menos si tenían vida y ellos quisiesen, porque este número era su Xiuhtlalpile (que llamaban una edad) y luego, entraba a gobernar el sucesor cumplidos los cincuenta y dos años, aunque estuviese vivo su padre; y si moría antes de cumplir este número, gobernaba la república hasta llegar al año dicho y luego metían en el gobierno al que legítimamente le venía. A Ixtlilcuecháhuac, le sucedió en el reinado Huetzin y a Huetzin, Totepeuh y a Totepeuh, Nacázxoc. A éste, otro llamado Mitl que edificó el templo de la Diosa Rana. A éste, sucedió la reina Xiuhtzaltzin, la cual gobernó cuatro años. A ella, sucedió Tecpancaltzin, por otro nombre Topiltzin, en cuyo tiempo se destruyeron los tultecas. Este rey, tuvo dos hijos varones que se llamaron Xilotzin y Póchotl de los cuales después procedieron los reyes de Culhuacán que escaparon con otros señores y otros plebeyos en diversas partes de esta Nueva España, especialmente en las riberas de la Laguna de Tetzcuco y en las costas del mar del sur y norte; porque como las cosas de la vida mortal, todas tienen fin por estar sujetas a corrupción (que es lo que dice San Pablo), permitió la Divina Majestad de Dios que estas naciones y gentes se acabasen y llegasen a tener fin y se introdujesen otras que les siguiesen y poblasen las provincias desamparadas y asoladas del tiempo que todo lo consume.

Fueron los tultecas gente crecida de cuerpo y dispuesta (como las historias de los aculhuas cuentan), andaban vestidos de unas túnicas largas y blancas. Eran poco guerreros y más dados al arte de labrar piedras (que esto quiere decir tulteca como ya hemos dicho), que a otro arte alguno. El modo de su destrucción, perdición y acabamiento (según que se lo oyeron a estos muy pocos que de ellos quedaron en la tierra), fue que, habiendo sido perseguidos y oprimidos de un cierto rey y reyes por tiempo de más de quinientos años, pareciéndoles que aquella persecución procedía de tener enojados a sus dioses (que eran grandísimos idólatras), se determinaron de hacer junta general de todos los sacerdotes, príncipes y señores de cuenta que había en el reino, en un lugar llamado Teotihuacan, que cae ahora seis leguas de la gran ciudad de México, a la parte del norte, para hacer fiestas a sus dioses con intento de agradarlos y desenojarlos del gran enojo (que a su parecer), contra ellos tenían. Estando ya juntos y comenzadas sus fiestas con grande concurso de gente que a la voz de ellos concurrió, en medio de la celebración de ellas, se les apareció un gran gigante y comenzó a bailar con ellos. Y aunque pudo ser que admitiesen la repentina visión en su compañía con algún temor, que por el que les pudo causar su presencia, por ser demasiado grande y disforme, los brazos largos y delgados, todavía le hicieron rostro por parecerles que aquello era inevitable por venir por ordenación de sus fingidos e indignadamente reverenciados dioses. El cuál, a las vueltas que con ellos iba dando, se iba abrazando con ellos y a cuantos cogía entre los brazos (como otro Hércules a Anteón), les quitaba la vida enviándolos de ellos seguramente a los de la muerte.

De esta manera y por este modo, hizo aquella visión gran matanza aquel día en los bailantes. Otro día, se les apareció el demonio en figura de otro gigante, con las manos y dedos de ellas muy largos y ahuesados, y bailando con ellos los fue ensartando en ellos, y de esta manera hizo el demonio aquel día gran matanza en ellos. Otra vez (continuando sus fiestas por ver el fin de ellas y oir el oráculo deseado por cuyo intento festejaban a sus falsos dioses), se les apareció el mismo demonio en un cerro alto, que está en la dicha parte que le corresponde al poniente, en figura y forma de un niño muy blanco y hermoso, sentado sobre una peña y con la cabeza toda podrida, y del hedor grande que de ella salió murieron muchísimos como heridos de mortal y venenosa ponzoña. Viendo los presentes el mal tan grande que su vista y presencia les había causado, se determinaron a cogerle, y arrastrándolo por el suelo, llevarle hasta una laguna grande y espaciosa que poco trecho de este lugar está (que es llamada ahora la de México), y aunque lo intentaron y procuraron con toda fuerza, no les fue posible porque era mayor la del demonio con que se defendía y resistía. En medio de estas bregas y fuerza con que procuraban los tultecas arrancar el muchacho de aquel lugar y llevarlo a la laguna, se les apareció el demonio y les dijo que en todo caso les convenía desamparar la tierra si querían salvar las vidas porque, en la que poseían, no les prometía el tiempo, sino muertes, ruinas y calamidades y que era imposible huir estos peligros si no era ausentando los cuerpos, y que les pedía que le siguiesen y se dejasen llevar de él, que él los pondría en salvo y llevaría a partes donde la pasasen con quietud y descanso.

Viendo los afligidos tultecas cómo sin remedio crecían sus calamidades y que el más cierto de su reparo era tomar su consejo, tuviéronlo por bueno y, desamparando la tierra, se fueron en su seguimiento, unos hacia la parte del norte y otros hacia la del oriente, conforme se habían repartido en la visión que a cada uno se les había mostrado y así, poblaron a Campeche y Guatemala, según se colige de las historias aculhuas que son caracteres y figuras con que estos naturales las escribían.

Teotihuacán y los Totonacas

Los totonacas (que es una gente diferente en la lengua que los mexicanos y fueron los que recibieron en Zempoala y Quimichtlan a Fernando Cortés), están extendidos y derramados por las sierras que le caen al norte a esta ciudad de México. De su origen dicen que salieron de aquel lugar que llamaron Chicomoztoc o Siete Cuevas, juntamente con los Xalpanecas y que fueron veinte parcialidades o familias, tantos de unos como de otros y, aunque estaban divisos en las parcialidades, eran todos de una lengua y de unas mismas costumbres. Dicen que salieron de aquel lugar dejando a los chichimecas allí encerrados y ordenaron su viaje hacia esta parte de México y, llegados a estas llanadas de la laguna, pararon en el puesto donde ahora es Teotihuacán y afirman haber hecho ellos aquellos dos templos que se dedicaron al Sol y a la Luna, que son de grandísima altura (como en otra parte decimos). Estuvieron allí por algún tiempo y después, o no contentos del lugar, o con ganas de pasarse a otros, se fueron a Atenamític, que es donde ahora es el pueblo de Zacatlán. De aquí se pasaron más abajo cuatro leguas, entre unas sierras muy ásperas y altas para mejor defenderse de sus enemigos y aquí comenzó su primera población y se fue extendiendo por toda aquella serranía por muchas leguas, volviendo al oriente y dando en las llanadas de Zempoala junto al Puerto de Veracruz, poblándose toda aquella tierra de muchísimo gentío.

2) LOS TOLTECAS

Francisco Javier Clavijero.[12]

Del libro II de la clásica obra de Clavijero acerca del México prehispánico, se incluyen a continuación tres breves capítulos con lo que escribió acerca de los toltecas. En ellos trata de su poblamiento, de su "policía", o sea de sus instituciones políticas y sociales, y finalmente de la ruina y dispersión de este pueblo.

La historia de la primitiva población de Anáhuac es tan obscura y está alterada con tantas fábulas (como la de los demás pueblos del mundo), que es imposible atinar con la verdad. Es cierto e indubitable, así por el venerable testimonio de los Libros Santos, como por la constante y universal tradición de aquellos pueblos, que los primeros pobladores de Anáhuac descendían de aquellos pocos hombres que salvó del Diluvio Universal la Providencia, para conservar la especie humana sobre la haz de la tierra. Tampoco puede dudarse que las naciones que antiguamente poblaron aquella tierra, pasaron a ella de otros países más septentrionales, en que muchos años o siglos antes se habían establecido sus mayores. En estos dos puntos están acordes los historiadores toltecas, chichimecas, acolhúas, mexicanos y tlaxcaltecas; pero ni sabemos quiénes fueron los primeros pobladores, ni el tiempo en que pasaron, ni los sucesos de su transmigración y de sus primeros establecimientos. Varios de nuestros historiadores que han querido penetrar este caos, guiados de la débil luz de las conjeturas, de fútiles combinaciones y de pinturas sospechosas, se han perdido entre las tinieblas de la antigüedad y se han visto precisados a adoptar narraciones pueriles e insubsistentes. Algunos autores fundados en la tradición de los pueblos americanos y en los huesos, cráneos y esqueletos enteros de extraordinaria magnitud que en varios tiempos y lugares de la Nueva España se han desenterrado,[13] han creído que los primeros pobladores de aque-

---

[12] Francisco Xavier Clavijero, *Historia antigua de México*, texto original en castellano, 4 vols., México, Editorial Porrúa, 1945, vol. I pp. 173-183.

[13] Los lugares en que se han hallado esqueletos gigantescos, son Atlancatepec, población de Tlaxcala, Tezcuco, Toluca, Jesús del Monte cerca de

lla tierra fueron gigantes. Yo no dudo, que los hubo en ésta y en otras partes de la América,[14] pero no creo que hubiera jamás nación entera de ellos, sino que fueran individuos extraordinarios de las naciones conocidas, o de otras anteriores que ignoramos, ni puede averiguarse el tiempo de su existencia.[15] La primera nación de que tenemos algunas, aunque escasas noticias, es la de los toltecas. Estos desterrados, según dicen, de su patria Huehuetlapallan, país según conjeturas, del reino de Tollan, de donde tomarían el nombre,[16] situado al norte o noroeste del Nuevo México, comenzaron su peregrinación en el año *1 técpatl*, que fue el 511 de la Era Vulgar. En cada lugar se detenían el tiempo que les sugería su antojo, o exigían las necesidades de la vida. En donde les parecía oportuno hacer más larga mansión, fabricaban casas, cultivaban la tierra y sembraban las semillas de maíz, de algodón y otras que consigo llevaban para proveerse de alimento y vestido. Así vagaron, dirigiéndose siempre hacia las partes meridionales, por espacio de una Edad, que son 104 años, hasta arribar al lugar que llamaron Tollantzinco, distante unas 18 leguas al norte del lugar donde algunos siglos después se fundó la ciudad de México. En toda su larga peregrinación

Quauhximalpan, y en nuestros días en la península de California en un monte cerca de la misión de Kada-kaaman.

[14] No dudo que muchos críticos de la Europa que burlan de cuantos promueven la existencia de los gigantes, se burlarán también de mí, o a lo menos se compadecerán de mi credulidad; pero no puedo hacer traición a la verdad por temor de su censura. Yo sé que en las naciones cultas de la América había tradición de la existencia de unos hombres de extraordinaria proceridad y corpulencia, y no sé que en algún pueblo de la América haya habido jamás memoria de los elefantes, de los hipopótamos ni de otros cuadrúpedos de primera magnitud. Yo sé que se han hallado cráneos y esqueletos humanos de prodigiosa grandeza, por la descripción de innumerables autores, y entre otros de dos testigos de mayor excepción, el Dr. Hernández y el P. Acosta, en quienes no puede sospecharse alucinación ni superchería; y no sé que hasta ahora, en tantas excavaciones como se han hecho en América, se haya descubierto algún esqueleto de hipopótamo, y lo que es más, ni un colmillo de elefante. Yo sé que algunas de esas osamentas se han hallado en sepulcros fabricados a propósito, y no sé que se fabriquen sepulcros para enterrar hipopótamos o elefantes.

[15] Acosta, Torquemada y otros, dicen que los gigantes fueron muertos a traición por los tlaxcaltecas; pero esta relación no tiene más apoyo que el testimonio de los mismos tlaxcaltecas; y me hace fuerza que en la historia de los chichimecas que llegaron antes de los tlaxcaltecas y se hicieron señores de toda la tierra, no se haga mención de tales hombres.

[16] *Toltécatl* en mexicano es el natural de Tollan, como *tlaxcaltécatl* el natural de Tlaxcallan, *chololtécatl* el natural de Cholollan, etc.

iban siempre regidos de cierto número de capitanes o señores, que eran siete cuando arribaron a Tollantzinco.[17] En este país, aunque de clima muy benigno y de tierras muy fértiles, no quisieron fijarse, sino apenas pasados 20 años se retiraron catorce leguas hacia el poniente a las riberas de un río en donde fundaron la ciudad de Tollan, del nombre de su patria, la más antigua de la tierra de Anáhuac, y una de las más célebres en la historia mexicana. Esta ciudad fue constituida metrópoli de la nación y corte de sus reyes. Comenzó la monarquía de los toltecas, según refieren sus historiadores, en el año *VII ácatl*, que fue el 667 de la Era Vulgar, y duró 384 años. Ved aquí la serie de sus reyes con la expresión del año de la Era Vulgar, en que comenzaron a reinar.[18]

Chalchiuhtlanetzin, en el	667
Ixtlicuechahuac, en el	719
Huetzin, en el	771
Totepeuh, en el	823
Nacáxoc, en el	875
Mitl, en el	927
Xiuhtzaltzin, en el	979
Topiltzin, en el	1031

No es de extrañar que sólo ocho monarcas reinasen en poco menos de cuatro siglos; porque tenía aquella nación la extravagante ley de que ninguno ocupase el trono más tiempo ni menos de un siglo tolteca, que constaba como el de los mexicanos y demás naciones cultas, de 52 años. Si el rey cumplía el siglo en el trono, dejaba luego el gobierno y entraba otro en su lugar; si moría antes como era regular, quedaba gobernando a nombre del difunto la nobleza, hasta completar los 52 años. Así se vio en la reina Xiuhtzaltzin, que habiendo muerto a los cuatro años de reinado, le substituyó la nobleza y gobernó los restantes 48 años.

Policía de los toltecas

Los toltecas fueron celebradísimos por su cultura y por su excelencia en las artes, de tal suerte que en los siglos posteriores se dio por honor el nombre de toltecas a los artífices más sobresalientes. Vivieron siempre en sociedad, congregados en poblacio-

---

[17] Los siete señores toltecas se nombraban Zacatl, Chalcatzin, Ehecatzin, Cohualtzin, Tzihuaccoatl, Metzotzin y Tlapalmetzotzin.

[18] Indicamos el año en que comenzó a reinar cada rey de los toltecas, supuesta la verdad de la época de su salida de Huehuetlapallan, la cual no es cierta, sino solamente verosímil.

nes bien arregladas bajo la dominación de sus soberanos y la dirección de sus reyes. Fueron poco guerreros y más adictos al cultivo de las artes que al ejercicio de las armas. A su agricultura se reconocieron deudoras las posteriores naciones, del maíz, del algodón, del chile y de otros utilísimos frutos. No solamente ejercieron las artes de primera necesidad, sino aun aquellas que sirven a la magnificencia y a la curiosidad. Sabían fundir en todo género de figuras el oro y la plata que sacaban de las entrañas de la tierra, y labraban primorosamente toda especie de piedras. Esta fue la arte que los hizo más célebres en aquel reino; pero para nosotros nada los hizo más recomendables que el haber sido inventores o a lo menos reformadores del método de contar los años, de que usaron los mexicanos y demás naciones cultas de Anáhuac; lo cual supone, como veremos, muchas observaciones prolijas y conocimientos precisos de la astronomía. El caballero Boturini, sobre la fe de las historias de los mismos toltecas, dice que, habiendo éstos reconocido en su antigua patria Huehuetlapallan el exceso de casi seis horas del año solar sobre el civil de que usaban, lo arreglaron por medio del día intercalado cada cuatro años; lo cual ejecutaron, dice, ciento y tantos años antes de la Era Cristiana. El mismo autor refiere que el año 660 de Cristo, reinando Ixtlicuecháhuac en Tollan, Huematzin célebre astrónomo, convocó, con acuerdo del rey, a los sabios de la nación y pintó con ellos aquel gran libro que llamaron *Teoamoxtli* (libro divino) en que con distintas figuras se daba razón del origen de los indios, de su dispersión después de la confusión de las lenguas en Babel, de sus peregrinaciones en la Asia, de las primeras poblaciones que tuvieron en el continente de la América, de la fundación del imperio de Tula y de sus progresos hasta aquel tiempo; de los cielos, signos y planetas; de su calendario, ciclos y caracteres; de las transformaciones mitológicas en que incluían su filosofía moral y por último de los arcanos de la sabiduría vulgar escondida entre los jeroglíficos de sus dioses, con todo lo pertinente a la religión, ritos y costumbres.

Añade el citado caballero que los toltecas tenían notado en sus pinturas el eclipse solar acaecido en la muerte de nuestro Redentor, en el año *VII tochtli*,[19] y que habiendo algunos españoles doctos e instruidos en las historias y pinturas de los toltecas,

[19] Todos cuantos tienen alguna instrucción en la historia de las naciones cultas de Anáhuac, saben que aquellas naciones acostumbraban notar en sus pinturas los eclipses, cometas y demás fenómenos del cielo. Yo, habiendo leído lo que dice el caballero Boturini, tuve la curiosidad de confrontar los años mexicanos con los nuestros, y hallé que el año 34 de Cristo o 30 de la Era Vulgar, fue VII, Tochtli. Quien quisiere certificarse sírvase de la tabla cronológica que presentamos al fin de nuestro segundo tomo, retrocediendo en el mismo método que allí se observa, hasta el tiempo de

confrontado su cronología con la nuestra, hallaron que aquella nación numeraba, desde la creación del mundo hasta el tiempo en que nació Jesucristo, 5,199 años; que es puntualmente la cronología de la Iglesia Romana, siguiendo el cómputo de los Setenta. Sea lo que fuere de estas anécdotas del caballero Boturini, que dejo al juicio libre de los lectores prudentes e instruidos, es cierto que los toltecas tenían noticia clara y nada equívoca del Diluvio Universal, de la confusión de las lenguas y de la dispersión de las gentes, y aun nombraban los primeros progenitores de su nación que se separaron de las demás familias en aquella dispersión. Es igualmente cierto, como haremos ver en otro lugar (aunque increíble a los críticos de la Europa, acostumbrados a medir por un rasero a todas las naciones americanas), que los mexicanos y demás naciones cultas tenían su año civil tan arreglado por medio de los días intercalares al solar, como los romanos desde la ordenación de Julio César, y que esta exactitud se debió a las luces de los toltecas.

Por lo que mira a su religión, eran idólatras e inventores, a lo que parece, de la mayor parte de la mitología mexicana; pero no hay vestigio de que usasen jamás de los bárbaros sacrificios que fueron tan frecuentes entre las últimas naciones que poblaron aquella tierra. Los historiadores texcucanos creen que los toltecas fueron los que colocaron en el monte Tláloc aquel ídolo célebre del dios del agua, de que hablaremos adelante. Ellos fueron ciertamente los que fabricaron en honor de su favorito dios Quetzalcoatl la altísima pirámide de Cholula, y verosímilmente las famosas de Teotihuacán, en honor del sol y de la luna, que hasta hoy subsisten.[20] El caballero Boturini creyó que los toltecas fabricaron la pirámide de Cholula por remedar la torre de Babel; pero la pintura moderna que alega en confirmación de ese error, que es común en el vulgo de la Nueva España, es obra de un cholulteca ignorante y contiene falsedades, anacronismos y despropósitos.[21]

Cristo. Esto ejecuté por mera curiosidad, y no con el fin de confirmar tales anécdotas.

[20] Betancourt atribuye a los mexicanos la fábrica de las pirámides de Teotihuacan; pero esto es evidentemente falso y contrario al sentir de todos los escritores, así americanos como españoles. El Dr. Sigüenza parece que las creyó construidas por los olmecas; pero no nos ha quedado vestigio alguno cierto de la arquitectura de esta nación, como nos ha quedado de los toltecas. El estar fabricadas estas pirámides sobre el mismo gusto de la de Cholula, nos inclina a pensar que los toltecas fueron los arquitectos de todas, como lo creyeron Torquemada y otros autores.

[21] En la pintura que alega Boturini se representa, según dice, la pirámide de Cholula con esta inscripción mexicana: *"Toltécatl Chalchihuatl onacía Ehecatepetl"*, que él traduce así: "Monumento o piedra preciosa

Ruina de los toltecas

En los cuatro siglos que duró la monarquía de los toltecas se multiplicaron considerablemente y fundaron grandes poblaciones por toda aquella tierra; pero las estupendas calamidades que les sobrevinieron en los primeros años del reinado de Topiltzin, acabaron con todo su poder y felicidad. El cielo les negó por algunos años el agua necesaria a sus sementeras, y la tierra los frutos de que se alimentaban; el aire inficionado de mortal corrupción llenaba cada día la tierra de cadáveres, y de terror y consternación los ánimos de los que sobrevivían a la ruina de sus nacionales. Pereció de hambre o de enfermedad mucha o la mayor parte de la nación; murió Topiltzin a los 20 años de su reinado, y con él feneció la monarquía el año *II técpatl* que fue el 1052 de la Era Vulgar. El resto de la nación, huyendo de la muerte y solicitando remedio a tantas desgracias en otros climas, abandonó aquella tierra y se esparció en diferentes países. Unos se dirigieron hacia Onohualco y Yucatán, y otros hacia Quauh-

de la nación Tolteca que anda buscando con su cerviz la región del aire." Pero disimulando la mala ortografía y el barbarismo Chalchihuatl de la inscripción, cualquiera medianamente instruido en la lengua mexicana, conocerá desde luego que no pudo hacerse interpretación más arbitraria ni más fantástica. Al pie de la pintura, dice el citado caballero, puso el autor una nota en que, hablando a sus compatriotas, les dice en mexicano lo siguiente: "Nobles y señores, aquí tenéis vuestros papeles, el espejo de vuestra antigüedad y la historia de vuestros antepasados que, movidos del temor del diluvio, fabricaron este asilo, por si fueseis otra vez acometidos de semejante calamidad." Sin duda hubieran sido los toltecas los mayores mentecatos del mundo si por temor del Diluvio hubieran emprendido con tantos costos y fatigas la fábrica de aquella pirámide, teniendo en los altísimos montes que hay cerca de Cholula más seguro asilo para libertarse de la inundación, y mucho menos peligro de perecer de hambre. En el mismo lienzo se representa, dice el citado autor, el bautismo de la reina de Cholula, Hamateuctli, hecho por el diácono Aguilar el 6 de agosto de 1521, y la aparición de la Madre de Dios a un religioso franciscano que estaba en Roma, ordenándole que se fuese a México, y en un monte hecho a mano (que es la pirámide de Cholula) colocase una imagen suya que sería el propietario de todos aquellos pueblos. Pero todo es una continuada patraña sin apariencia alguna de verdad; porque ni en Cholula había reyes, ni el bautismo de Hamateuctli, de que ningún historiador hace mención, pudo celebrarse el 6 de agosto de 1521; porque entonces se hallaban los españoles y entre ellos Aguilar, en el mayor calor del sitio de México que se tomó de allí a siete días. De la supuesta aparición de la Virgen no hacen mención los cronistas franciscanos que no omitieron cosa alguna de este género. Todo esto he advertido para que sean cautos en adoptar pinturas modernas los que en adelante emprendieren la Historia de México.

temallan; pero quedaron en el reino de Tula varias familias esparcidas en el valle de México, en Cholula, en Tlaximaloyan y en otros lugares, y entre ellas dos príncipes hijos del rey Topilzin, cuya posteridad emparentó con las casas reales de Tetzcuco, de Colhuacan y de México. Estas familias conservaron las memorias de la nación, su mitología, sus semillas y sus artes. Las pocas noticias que hemos dado de los toltecas son las únicas que nos han parecido dignas de algún crédito, desechando varias narraciones pueriles y fabulosas de que han hecho uso sin dificultad otros historiadores.[22] Apreciaríamos haber visto el *Libro Divino* de que hace mención el caballero Boturini, y que cita en sus apreciables manuscritos Dn. Fernando de Alva Ixtlilxóchitl, para poner en mayor luz los sucesos de aquella célebre nación.

[23] Torquemada dice que en un gran baile que celebraron los toltecas, se les apareció el diablo en figura de un gigante con unos brazos desmesurados, y que al tiempo de bailar con ellos los iba abrazando y sofocando, y después se les dejó ver en figura de un niño con cabeza podrida y los apestó; finalmente, que por consejo del mismo diablo desampararon la tierra. Pero aquel buen autor quizás entendió a la letra algunas pinturas alegóricas en que los toltecas representaban la hambre y la enfermedad que los acabó; ni es menester más diablos para exterminar una nación.

3) LOS ANTIGUOS MONUMENTOS DE TEOTIHUACÁN

Alejandro de Humboldt [23]

Durante su estancia en México, a principios del siglo XIX, Humboldt se interesó vivamente por cuanto se refería a la historia y a los vestigios materiales de las culturas prehispánicas. Así como hurgó en distintas bibliotecas en busca de códices o manuscritos indígenas, visitó también las ruinas de antiguas ciudades y centros religiosos y de modo muy especial quedó impresionado ante el gran recinto de Teotihuacán. En la obra que publicó bajo el título de Ensayo político sobre el reino de la Nueva España, *dedicó varias páginas para dar a conocer sus observaciones e inferencias acerca de ese tan importante centro indígena.*

Junto con la descripción que hizo de la zona de Teotihuacán, llegó a plantearse Humboldt la cuestión acerca de su origen. Por una parte aduce la opinión que atribuía esas edificaciones a los toltecas; por otra, cita el parecer de Sigüenza y Góngora, que las situó en un periodo aún más antiguo.

Lo que escribió Humboldt en su Ensayo político, *al igual que en la obra que tituló* Sitios de las cordilleras y monumentos de los pueblos indígenas de América, *constituye aportación valiosa en lo que podría llamarse el redescubrimiento de las antigüedades del mundo prehispánico.*

Los únicos monumentos antiguos que pueden llamar la atención en el valle mexicano por su grandeza y moles, son los restos de las dos pirámides de San Juan de Teotihuacán, situadas al N. E. del lago de Texcoco, consagradas al sol y a la luna y llamadas por los indígenas *Tonatiuh Itzacualli,* casa del sol y *Meztli Itzacualli,* casa de la luna. Según las medidas tomadas en 1803 por un joven sabio mexicano, el doctor Oteiza, la primera pirámide, que es la más austral, tiene en su estado actual una base de 208 metros de largo y 55 metros (o sean 66 varas mexicanas) [24] de altura perpendicular. La segunda, esto es, la pirámide

---

[23] Alejandro de Humboldt, *Ensayo político sobre el reino de la Nueva España,* estudio preliminar, notas y apéndices de Juan A. Ortega y Medina, México, Editorial Porrúa, 1966, pp. 124-126.

[24] Velázquez ha encontrado que la vara mexicana tiene exactamente 31 pulgadas del antiguo pie de rey (de París). La fachada de la casa de los Inválidos de París, sólo tiene 600 pies de largo.

de la luna, es 11 metros más baja y su base mucho menor. Estos monumentos, según la relación de los primeros viajeros y según la forma que presentan aún en el día, sirvieron de modelo a los teocallis aztecas. Los pueblos que los españoles encontraron establecidos en la Nueva España, atribuyeron las pirámides de Teotihuacán [25] a la nación tolteca; lo que siendo así, hace subir su construcción al siglo octavo o nono, porque el reino de Tollán duró desde 667 hasta 1031. Los frentes de estos edificios están con la diferencia de cerca de 52′, exactamente orientados de N. a S. y de E. a O. Su interior es de arcilla mezclada de piedrezuelas: está revestido de un grueso muro de amigdaloide porosa, encontrándose además vestigios de una capa de cal con que están embutidas las piedras por de fuera. Fundándose algunos autores del siglo XVI en una tradición india, pretenden que lo interior de estas pirámides está hueco. El caballero Boturini dice que el geómetra mexicano Sigüenza no había podido conseguir el horadar estos edificios por medio de una galería. Formaban cuatro hiladas o pisos, de las cuales hoy no se ven sino tres, porque la injuria de los tiempos y la vegetación de los nopales y de los magueyes han ejercido su influjo destructivo sobre la parte exterior de estos monumentos. En otro tiempo se subía a su cima por una escalera de grandes piedras de sillería; y allí, según cuentan los primeros viajeros, se hallaban estatuas cubiertas de hojuelas muy delgadas de oro. Cada una de las cuatro hiladas principales estaba subdividida en gradillas de un metro de alto, de las cuales aún se ven hoy las esquinas. Estas gradas están llenas de fragmentos de obsidiana, que sin duda eran los instrumentos cortantes con que los sacerdotes toltecas y aztecas *(Papahua Tlemacazque* o *Teopixque)* abrían el pecho de las víctimas humanas. Es sabido que para el laboreo de la obsidiana (itztli) se emprendían grandes obras, de las cuales aún se ven los vestigios en el inmenso número de pozos que se encuentran entre las minas de Morán y el pueblo de Atotonilco el Grande, en las montañas porfídicas de Oyamel y del Jacal, región que los españoles llaman el Cerro de las Navajas.[26]

[25] Sin embargo, Sigüenza, en sus notas manuscritas, las cree obra de la nación olmeca, que habitaba alrededor de la Sierra de Tlaxcala, llamada Matlalcueye. Si esta hipótesis, cuyos fundamentos históricos ignoramos, fuese verdadera, serían estos monumentos aún más antiguos; porque los olmecas pertenecen a los primeros pueblos de que la cronología azteca hace mención en Nueva España. También se pretende que es la única nación cuya emigración haya sido no desde el N. y el N. O. (la Asia Mongolesa), sino desde el Oriente (la Europa).

[26] Yo he hallado que la cima del Jacal está a la altura de 3,124 metros; y la Roca de las Ventanas, al pie del Cerro de las Navajas, a la de 2,950 metros sobre el nivel del mar.

Se desearía sin duda ver aquí resuelta la cuestión de si estos edificios que excitan la curiosidad y de los cuales el uno (el Tonatiuh Itzacualli) según las medidas exactas de mi amigo el señor Oteiza tiene una masa de 128,970 toesas cúbicas, fueron enteramente construidos por la mano del hombre, o si los toltecas se aprovecharon de alguna colina natural, y la revistieron de piedra y cal. Esta misma cuestión se ha promovido recientemente con respecto a varias pirámides de Gizéh y de Sajarah; y se ha hecho mucho más interesante por las hipótesis fantásticas que Wise ha aventurado acerca del origen de los monumentos de forma colosal del Egipto, de Persépolis y Palmira. Como ni las pirámides de Teotihuacán, ni la de Cholula, de que hablaremos después, no han sido horadadas por su diámetro, es imposible hablar con certidumbre de su estructura interior. Las tradiciones indias que las suponen huecas, son vagas y contradictorias; y atendida su situación en llanuras en que no se encuentra ninguna otra colina, parece también muy probable que el núcleo de estos monumentos no es ninguna roca natural. Lo que se hace también muy notable (especialmente teniendo presentes las aserciones de Pococke acerca de la posición simétrica de las pirámides pequeñas de Egipto) es, que alrededor de las casas del sol y de la luna de Teotihuacán se halla un grupo o por mejor decir un sistema de pirámides, que apenas tienen nueve o diez metros de alto. Estos monumentos de que hay centenares, están ordenados en calles muy anchas que siguen exactamente la dirección de los paralelos y meridianos, y que van a parar a los cuatro frentes de las dos pirámides grandes. Las pequeñas pirámides están más espesas hacia el lado austral del templo de la Luna, que hacia el templo del Sol; lo cual, según la tradición del país, consistía en que estaban dedicadas a las estrellas. Parece bastante cierto que servían de sepulturas a los jefes de las tribus. Toda esta llanura, a que los españoles dan el nombre (tomado de la lengua de la isla de Cuba) de *Llano de los Cues,* llevó en otro tiempo en las lenguas azteca y tolteca, el nombre de *Mictlaoctli* o Camino de los Muertos. ¡Cuántas analogías con los monumentos del Antiguo Continente! Y este pueblo tolteca que a su llegada al suelo mexicano en el siglo VII construyó, bajo un plan uniforme, muchos de estos monumentos de forma colosal, esas pirámides truncadas y divididas por hiladas como el templo de Belo en Babilonia, ¿de dónde había tomado el tipo de tales edificios? ¿Venía él de raza mongolesa? ¿Descendía de un tronco común con los chinos, los hioñux y los japoneses? [27]

[27] Véase la obra de Herder: *Idea de una historia filosófica de la especie humana;* t. III, p. 11; y el *Ensayo de una historia universal* de Gatterer, p. 489.

4) TEOTIHUACÁN Y LOS TOLTECAS

Manuel Orozco y Berra [28]

Las páginas que dedica Orozco y Berra al problema de Teotihuacán y los toltecas e igualmente a describir la antigua Ciudad de los Dioses, son muestra de la acuciosidad con que escribió su Historia. No debe olvidarse que en su tiempo no se habían llevado aún a cabo exploraciones arqueológicas, sobre la base de una metodología científica, en la zona teotihuacana.

Teotihuacan es nombre de la lengua mexicana, significando, según Vetancourt, *lugar donde se adoran los dioses;* Veytia traduce *habitación de los dioses;* nos atrevemos a decir que la palabra está formada de *teotl,* dios, la ligatura *ti, hua,* partícula denotativa de posesión, y del afijo *can,* lugar: *lugar de los poseedores de dioses, lugar de los que adoran dioses.* De todas maneras la etimología confirma el aserto de ser aquella ciudad un reverenciado santuario, condición que puede explicar su existencia antehistórica, y su conservación durante las vicisitudes subsecuentes.

Los monumentos principales allí existentes, se dividen en las pirámides, los túmulos, y la fortaleza. Las primeras llaman particularmente la atención. Consultando los autores de más nota, parecen convenir en que la fábrica de esos monumentos se debe a los toltecas; Torquemada se separa de la opinión común, y la atribuye a los totonacos. Los toltecas no levantaron obras de esta clase, y sabemos estar ya construidas cuando llegaron a Tollan. Dos pensamientos constantes hallamos en nuestros escritores de historia antigua: amoldar a fuerza de ingenio la cronología mexicana en la bíblica; desechar toda tribu anterior a las naciones históricas, atribuyendo, por consecuencia, todas las ruinas de origen dudoso a los toltecas. De aquí la mayor parte de esas conclusiones aventuradas, con que se extravían y deslucen las grandes prendas de hombres tan distinguidos como Torquemada, Veytia y Clavijero.

[28] Manuel Orozco y Berra, *Historia antigua y de la conquista de México,* edición preparada por Angel Mª Garibay K. y Miguel León-Portilla, 4 vols., México, Editorial Porrúa, 1960, vol. II, pp. 296-300.

Sirviendo de punto de partida la pirámide de la luna, *Meztli Itzácual,* 800 metros al Sur, se levanta la pirámide del sol, *Tonatiuh Itzácual,* y 1,150 metros a la parte austral de éste, se ven las ruinas denominadas *Ciudadela;* numerosos túmulos rodean la primera pirámide, formando una calle o avenida llamada *Micaohtli,* camino de los muertos; arranca en el frente boreal del Meztli, pasa por delante del Tonatiuh, y termina cerca de la pequeña corriente tras la cual se alza la Ciudadela.

El Meztli Itzácual es una pirámide cuadrangular, en la base 130 metros de N. a S., y 42 metros de altura. Con un pequeño error los lados están orientados siguiendo los verdaderos meridianos y paralelos. Estuvo formada de cuatro pisos, de los cuales se distinguen ahora tres, presentando el aspecto general de una colina, trabajada por los derrumbes producidos por la intemperie, y los cactus y magueyes crecidos allí desde mucho tiempo ha. La fábrica es en capas sobrepuestas de piedra y lodo, toba volcánica *(tepétatl),* mezclada con tierra, y de basalto escorioso *(tezontli),* revuelto igualmente con lodo; la cara exterior lleva un revocado de cal y arena fina, bruñido con esmero. Conviene lo acabado de leer al Tonatiuh Itzácual, pirámide igualmente cuadrangular, 232 metros de N. a S.; 224 metros de E. a O., y 62 metros de altura.[29]

"El grupo de las pirámides de Teotihuacán, dice Humboldt [30] está en el valle de México, ocho leguas al N. O. de la capital, en una llanura nombrada *Micoatl* o camino de los muertos. Obsérvanse allí dos grandes pirámides dedicadas al sol *(Tonatiuh)* y a la luna *(Meztli),* rodeadas de muchos centenares de pequeñas pirámides, formando calles dirigidas exactamente de N. a S. y de E. a O. De los dos grandes *teocalli,* mide el uno 55 y el otro 44 metros de elevación perpendicular; la base del primero tiene 208 metros de largo, de donde resulta que el Tonatiuh Itzácual, según las medidas practicadas por el Sr. Oteiza en 1803, es más alto que el Micerino o la tercera de las tres grandes pirámides de Diyzeh en Egipto, y la longitud de la base casi igual a la de Cephren. Las pirámides menores que rodean las casas del sol y de la luna, cuentan sólo de nueve a 10 metros de elevación, y según la tradición indígena, sirvieron de sepulcro a los jefes de las tribus. Alrededor de Chops y de Micerino en Egipto, se distinguen también ocho pequeñas pirámides colocadas simétricamente, paralelas a las faces de las mayores. Los dos *teocalli* de Teotihuacán tenían cuatro pisos principales, subdivididos cada uno en escalones cuyas aristas son todavía visibles: el núcleo es de

[29] Difieren estas medidas de las señaladas por Humboldt en su *Ensayo político de la Nueva España.*
[30] *Memorias de los trabajos ejecutados por la Comisión Científica de Pachuca,* México, 1865, p. 349.

barro revuelto con piedrecillas, y está revestido de una capa de *tezontli* o amigdaloidea porosa. Esta construcción recuerda una de las pirámides egipcias de Sakhara, de seis pisos, y según la relación de Pococke es un montón de cantos y de argamasa, revestido exteriormente de piedras brutas. En la cumbre de los grandes *teocalli* mexicanos había dos estatuas colosales del sol y de la luna, de piedra y con láminas de oro, quitadas por los soldados de Cortés. Cuando el obispo Zumárraga, religioso franciscano, emprendió destruir lo relativo al culto, a la historia y a las antigüedades de los pueblos indígenas de América, hizo romper los ídolos de la llanura de Micoatl. Se descubren aún los restos de la escalera construida de grandes piedras talladas, que antiguamente conducía a la plataforma del *teocalli*."

Es dudoso si las pirámides de Teotihuacán contienen alguna construcción central, pues aunque emprendidas en diversos tiempos algunas horadaciones, ninguna logró atravesar los monumentos de manera conveniente; hace pensar por la afirmativa el pozo vertical de Meztli Itzácual, cuadrado, de 1.6 metros por lado, revestidas las paredes de toba volcánica. Si de sepulcro no sirvieron, está probado que fueron templos, consagrados en lo antiguo a divinidades desconocidas, derribadas de sus altares por el sol y la luna, ya en los tiempos en que los toltecas establecieron su monarquía en Tollan. Consta de aquella época que los pueblos estaban muy adelantados en la astronomía, y como lugares eminentes, los templos servían de observatorios astronómicos. En el Códice Mendocino se consigna ser una de las ocupaciones de los sacerdotes observar los astros, ya para informarse de los fenómenos celestes, ya para señalar las horas del culto. Servían también de fortalezas en los tiempos modernos, y Cortés relata la heroica defensa hecha por los mexicanos de su gran teocalli...

El monumento conocido con el nombre de Ciudadela, es de una construcción particular. Cuatro muros que se cortan en ángulos rectos, cierran, por decirlo así, un cuadrado casi perfecto. El espesor de los muros es de 80 centímetros y la altura media de 10 metros, con excepción del occidental que tiene 5 metros; las caras son como en la trinchera de la pirámide anterior, con talud, dejando en la parte superior un plano horizontal. Sobre la muralla hay 14 tlalteles colocados simétricamente, conforme se ve en el plano; 4 en el lado Sur, 4 en el del N., 3 en el del E. y 3 en el del O. En el centro del monumento se encuentra una pequeña pirámide de base cuadrangular, dominando todo el edificio como lo haría actualmente en nuestras fortificaciones el caballero-alto; aunque deteriorada, parece tuvo un piso o escalón, conservando aún los vestigios de la rampa que conducía a la parte superior, por el lado oriental. Tiene adherido en la cara occidental un tlatel (montículo), y se encuentra otro algo más distante hacia el mismo rumbo.

Humboldt no menciona la Ciudadela. Sin duda alguna este es un nombre vulgar impropio para designar el objeto. Muros de 80^m de ancho y 10^m de altura constituyen una aberración en el arte militar de aquellos días, y fuera preciso suponer que el verdadero parapeto no existe, y se alzaba sobre la cara exterior de semejantes macizos. Supongo no haber examinado el monumento con la merecida atención; acaso esos sólidos de tierra contengan encerrados edificios como los del camino de los muertos; en todo caso no lo creemos una fortificación.*

El tipo principal de Teotihuacán son los túmulos asociados a las grandes pirámides. Ambas cosas se refieren a una época prehistórica remota. La primera manifestación en nuestro país se encuentra en Casas Grandes; allí están juntos el túmulo y la pequeña pirámide, montones de tierra alzados para distinguir los dos pensamientos predominantes en aquella sociedad, el altar y el sepulcro, la divinidad adorada, el rey o el jefe respetado. Se comprende que así debió ser al principio, porque altar y sepulcro de cortas dimensiones no exigían el concurso de gran número de personas, y acusan la civilización incipiente.

Predominó indisputablemente la idea religiosa, y siendo ejemplo el pequeño altar, llegó a tomar desmedidas proporciones en la gran pirámide, ya para satisfacer el orgullo de un monarca, o contentar el gusto de un pueblo poderoso. Esta transformación supone una nación grande, rica, agrícola, muy adelantada en civilización, constituida, mandada más o menos despóticamente, con una multitud resignada, trabajando en provecho de sus amos, lo cual nos induce a creer que aquellos hombres estaban divididos en castas. El túmulo se extendió a todas partes; la pirámide se halla en pocos lugares, porque sólo corresponde a cierto grado de civilización.

---

* Sagaz observación. Le dio la razón la preciosa exploración de Gamio en 1922.

5) RECONOCIMIENTO DEL PROBLEMA DE TEOTIHUACÁN Y TULA

Manuel Gamio [31]

Entre los años de 1918 y 1921 el doctor Manuel Gamio dirigió una significativa investigación interdisciplinaria en el Valle de Teotihuacán. Entre otras cosas, a él se deben importantes descubrimientos arqueológicos realizados allí con estricta metodología científica. De la Introducción *a su importante obra* La población del Valle de Teotihuacán *provienen las páginas que aquí se incluyen y en las que se plantea Gamio una serie de preguntas en torno a las posibles relaciones entre Teotihuacán y Tula.*

Con perspicacia llegó a la conclusión de que era necesario explorar también con riguroso método arqueológico la zona de Tula que, a su juicio, representaba una etapa posterior respecto de la civilización que había florecido en Teotihuacán.

¿Cuál debe ser, lógicamente, el plano de referencia para discutir sobre las manifestaciones de la cultura tolteca o teotihuacana, principalmente de la arquitectura y las artes menores e industriales? ¿La famosa Tula, sobre la que giran todas las cronologías prehispánicas y los comentarios de los cronistas, o bien Teotihuacán, ciudad mucho menos citada que Tula, y esto ocasional y secundariamente? En esto radica el *quid* de la cuestión. Conocemos la región de Tula en el Estado de Hidalgo, por haberla explorado, aun cuando no detenidamente, lo que pensamos hacer en lo futuro. Sin embargo, por la naturaleza del terreno y su topografía, podemos deducir que allí no existió una gran ciudad, como debió ser la famosa Tula de los cronistas, ya que por la cantidad y por la calidad de los vestigios arquitectónicos, industriales, etc., que presenta, puede conceptuársele como una ciudad prehispánica de poca significación. En cambio, a Teotihuacán se le concede escasa importancia en anales y crónicas, y nunca se le describe, no obstante que los vestigios de esta ciudad prehispánica constituyen el conjunto más extenso, importante e

---

[31] Manuel Gamio et alii, *La población del Valle de Teotihuacán*, 3 vols., México, Talleres Gráficos de la Nación, 1922, vol. I, pp. LXI-LXIII.

intenso de vestigios, tanto arquitectónicos como escultóricos, industriales, etc., del tipo tolteca o teotihuacano.[32]

Es, pues, indudable que respecto a Tula y Teotihuacán hay un grave error, ya sea de denominación, ya de concepto, que debe enmendarse, por lo que procuraremos contribuir a este respecto con nuestra modesta opinión. Por los anales y tradiciones que nos legaron las familias de filiación azteca que inmigraron al valle de México, parece que éstas encontraron la antigua Teotihuacán [33] en estado ruinoso y de absoluto abandono y probablemente cubiertos ya con vegetación algunos de sus edificios; por eso es que no sólo no describen dicha ciudad, sino que son contadas las alusiones que de ella hacen, las cuales creemos debidas a una vaga tradición. Remontándonos más, encontramos que aun en las tradiciones que se suponen contemporáneas al periodo en que floreció Tula, tampoco se hallan amplias descripciones y relatos referentes a una ciudad incomparablemente superior a Tula en cualquier aspecto, como debió haberlo sido la grandiosa ciudad de las pirámides. De haber sido contemporáneas ambas ciudades, Teotihuacán hubiera opacado a Tula indudablemente. ¿Cómo resolver este problema?

Hasta aquí hemos discutido con argumentos que consideramos lógicos. En cambio, confesamos que la siguiente conclusión es una hipótesis aventurada y sujeta a rectificaciones posteriores, si bien con fundamento en lo anteriormente expuesto: creemos que Teotihuacán es la primitiva, la grandiosa Tula que debe haber florecido cinco o más centurias antes de la era cristiana; esta metrópoli decayó quizá al principiar la era cristiana o poco después. Sus habitantes, movidos por causas que ignoramos, se expatriaron y ambularon por diversas regiones conservando los rasgos característicos de su civilización, hasta que, después de varios siglos, se establecieron en un lugar del actual Estado de Hidalgo, al que, en recuerdo de su antigua metrópoli, pusieron el nombre de Tula, la ciudad que citan los cronistas, los anales y las tradiciones. Sólo así se explica la contradicción y el desconcierto en que se recae al analizar los datos relativos a Tula y Teotihuacán. Respecto al término Teotihuacán, más parece que los inmigrantes de filiación azteca lo aplicaron a los vestigios gigantescos de la primitiva Tula, por la admiración que les pro-

[32] Esto nos ha movido desde hace tiempo a denominar a tan interesante civilización, *teotihuacana*, en vez de *tolteca*.

[33] Debemos advertir que, al hacerse esta obra, se prescindió de término *nahua*, pues creemos que estando satisfactoriamente delimitadas las civilizaciones que florecieron en el valle de México, merced a investigaciones de índole arqueológica, y habiéndoseles denominado *arcaica* o *sub-pedregalense*, *teotihuacana* o *tolteca* y *azteca*, era inútil seguir usando aquel ambiguo y poco significativo término.

dujeron su magnitud y majestad. La investigación que pretendemos hacer en Tula, Hidalgo, consiste en estudiar concienzudamente los vestigios allí existentes, para saber si, como previamente suponemos, representan etapas posteriores de la civilización iniciada y florecida con anterioridad en Teotihuacán.

Se intentó, por otra parte, en esta Dirección de Antropología, determinar la cronología de la arquitectura teotihuacana por medio del conocimiento estratigráfico de la zona arqueológica de Teotihuacán. En las dieciséis excavaciones practicadas se observó que, a dos diferentes profundidades, había grandes acumulaciones de cerámica fragmentada, implementos rituales e industriales y, en general, toda clase de vestigios de tipo teotihuacano, depositados por un proceso natural de sedimentación, lo que indicaba que había habido dos máximos de habitabilidad correspondientes a dos épocas de florecimiento de la civilización allí establecida. Posteriormente se confirmaron en lo absoluto tales deducciones, ya que el examen de los edificios demostró que en realidad existían vestigios arquitectónicos superpuestos, correspondientes a dos épocas en que fueron construidas dos ciudades.

El edificio impropiamente denominado *Los Subterráneos,* cuya exploración fue iniciada por Charnay, así como casi todos los de la zona, comprueban la existencia de aquella superposición. Esas investigaciones no permiten, por desgracia, establecer la antigüedad de los dos periodos teotihuacanos, por lo que posteriormente imaginamos un sistema de investigación que probablemente sí suministrará resultados positivos. Es indudable que la capa de tierra que se ha ido sedimentando en el valle desde el siglo XVI hasta la fecha, mide un trabajo de sedimentación de cuatro siglos. Ahora bien; para determinar el espesor de esa capa, bastará con excavar cerca de los muros de las iglesias construidas en el siglo XVI, hasta llegar al arranque o basamento que aquéllas tuvieron entonces; claro es que la distancia entre el nivel del terreno actual y el nivel que presentan esos arranques o basamentos mide el espesor de la sedimentación en cuatro siglos. Una vez conocido este espesor, se podrá calcular con relativa aproximación la antigüedad de los monumentos arqueológicos subterráneos del valle...

Anticipadamente reconocemos las dificultades de orden técnico que tal investigación trae consigo; pero creemos que todavía serán mayores las de índole económica, ya que un trabajo especulativo de esta clase no presenta lucimiento objetivo, como sucede en otros que seguramente son de menos significación, y, en cambio, requiere grandes gastos. Sin embargo, insistiremos en hacer semejante investigación, que suministrará, si alcanzamos éxito, una verdadera clave para conocer, no sólo la cronología de la civilización teotihuacana, sino la de otras civilizaciones y arquitecturas prehispánicas relacionadas con aquélla.

6) TULA Y LOS TOLTECAS SEGÚN LAS FUENTES HISTÓRICAS

Wigberto Jiménez Moreno [34]

Precisamente hacia 1940 comenzó a explorarse adecuadamente la zona de Tula, en el estado de Hidalgo. Puede verse a este respecto el informe que transcribimos ya acerca de las excavaciones arqueológicas llevadas a cabo en esa antigua ciudad bajo la dirección de Jorge R. Acosta.

Al iniciarse esos trabajos, otros investigadores y de modo especial Wigberto Jiménez Moreno, se plantearon el problema de relacionar los datos arqueológicos con las fuentes históricas indígenas. Con este fin se reunió una mesa redonda de la Sociedad Mexicana de Antropología y en ella se presentó el estudio de Jiménez Moreno que aquí se ofrece. A la luz del análisis de los testimonios escritos pudieron alcanzarse importantes conclusiones. De hecho este trabajo de Jiménez Moreno permitió encauzar las ulteriores investigaciones y la cronología acerca de Tula y los toltecas.

El problema que se ha discutido en esta Asamblea es el de la identificación de la Tula histórica y de los Toltecas históricos, es decir, a qué población, entre varias llamadas "Tula", se refieren los datos de las fuentes y hasta qué punto coinciden los datos arqueológicos, etnográficos y lingüísticos en corroborar o no esos datos de los documentos históricos.

Las fuentes indígenas más importantes son los *Anales de Cuauhtitlan* y la *Historia tolteca-chichimeca* redactadas, la primera en 1570 y la segunda en 1545. Otra importantísima fuente indígena es la obra de Sahagún en su texto náhuatl que le fue proporcionado al benemérito franciscano por los mismos indios. Complementan los datos de estas fuentes otras de menor importancia como la *Historia de los mexicanos por sus pinturas,* la *Relación genealógica,* la *Leyenda de los soles,* la *Histoyre du Méchique* y las obras posteriores de Torquemada, Ixtlilxóchitl

[34] Wigberto Jiménez Moreno, "Tula y los toltecas según las fuentes históricas", *Revista Mexicana de Estudios Antropológicos,* México, 1941, t. V, pp. 79-83.

y Chimalpain. De las relaciones de los toltecas con el área maya se habla en el *Popol Vuh,* los *Anales de los cakchiqueles,* el *Chilam Balam de Chumayel,* etcétera.

Las fuentes indígenas, al hablar de la Tula en que residió Ce Acatl Topiltzin Quetzalcóatl, lo hacen en forma que no deja lugar a duda de que se trata de la actual Tula del Estado de Hidalgo y no de otra alguna. Tula significaba "Metrópoli", como lo demuestran, por un lado, la *Relación de Cholula* y, por otro, el nombre otomí de la actual Tula del Estado de Hidalgo (Mamenhi).

Los *Anales de Cuauhtitlán* y la obra de Sahagún mencionan una serie de lugares en Tula, o en las inmediaciones de Tula, que permiten identificar el lugar de que se trata como la actual Tula del Estado de Hidalgo. Algunos de los lugares mencionados han perdido su nombre, pero ha sido posible conocerlo mediante un mapa del siglo XVIII que se conserva en el Archivo General de la Nación. Así Sahagún llama a la Tula donde residía Quetzalcóatl "Tollan Xicocotitlan", es decir, "Tula junto al Xicócoc" y existe, en efecto, el famoso cerro llamado Jicuco cerca de Tula. Sahagún menciona también a Xippacoyan (que es el actual San Lorenzo inmediato a Tula); da el nombre del río de Tula como Texcalapan (y este nombre se encuentra en el texto que acompaña al precitado mapa de Tula que data del siglo XVIII); menciona, asimismo, a Xochitla (que está hacia el poniente de Tula), etc., etc. Los *Anales de Cuauhtitlán* mencionan también el Xicócoc como lugar donde residía el sacerdote que substituyó a Huémac en el cargo de Quetzalcóatl y asimismo mencionan el cerro Cíncoc, al norte de Huehuetoca y visible desde Tula. Mencionan otros lugares que por el momento no creemos necesario anotar.

Las fuentes históricas al tratar de los orígenes de Tula, nos presentan a un personaje, Mixcóatl (que se convierte en dios), como caudillo de unos invasores que logran dominar a los otomíes y que conquistan una serie de pueblos en el norte del Valle de México como Hueipochtlan, Huehuetoca, Tecama, etc., y agregan que este conquistador fue después hacia el sur y en Culhuacan (el del Valle de México), según una fuente, o en Huitznáhuac, según otra, Mixcóatl encontró a una mujer de otra tribu, llamada Chimalma, y de la cual tuvo un hijo llamado Ce Acatl Topiltzin Quetzalcóatl. La *Histoyre du Méchique* agrega que la madre de Quetzalcóatl murió del parto y que éste fue educado por sus abuelos (maternos). El Folklore de Tepoztlán aparentemente suministra datos complementarios que parecen indicar que Topiltzin vivió en su niñez en el actual Estado de Morelos donde pudo entrar en contacto con una cultura superior a la que tenía la tribu de su padre. Los *Anales de Cuauhtitlán* fijan en el año 873 el establecimiento de Quetzalcóatl en Tula y la Relación Genealógica da la fecha 883 para el mismo acontecimiento. En 895, según ambas fuentes, Quetzalcóatl tuvo que abandonar Tula y emigró hacia el oriente para ir luego hasta Tlappallan (es decir, hacia el área maya). Los *Anales* dicen que en seguida gobernó en Tula, Matlacxóchitl, y esto lo confirman la *Histoyre du Méchique* y un Canto del Teponazcuícatl de la colección de *Cantares Mexicanos* que se conserva en la Biblioteca Nacional. Las fuentes mayas, en especial los *Anales de los Cakchiqueles*, registran la aparición de Nácxitl Topiltzin en la región meridional del área maya. Tanto los *Anales de Cuauhtitlan* como la *Relación genealógica* narran los sucesos posteriores hasta que Huémac ascendió al trono y, después de haber gobernado alrededor de 60 años, ocurrió la destrucción de Tula en 1064 y Huémac se ahorcó o fue muerto en 1070. Los *Anales de Cuauhtitlán* mencionan el hecho de que los Toltecas emigraron entonces y fueron a Cholula, Tehuacán, Cozcatlan, Nonohualco, Teotitlán, Coixtlahuaca, Tamazólac, Copilco, Topillan, Ayotlán, Mazatlan y que se establecieron por todas partes en los países de los habitantes de la costa "donde hoy todavía viven". La Historia Tolteca-Chichimeca empieza con el reinado de Huémac y distingue dos grupos étnicos diferentes en la población de Tula: los Tolteca-Chichimeca y los Nonoalca. Según ella, al ocurrir la destrucción de Tula, los Nonoalca atravesaron el Valle de México, penetraron en el de Morelos, llegaron a Guaquechula y otras poblaciones del Estado de Puebla y, mientras una rama fue a establecerse en la región de Zongolica en el Estado de Veracruz, la otra se radicó en la zona de Cozcatlán. La misma fuente registra una migración de los Tolteca-Chichimecas que recorren algunos lugares como Metztitlan y luego van a Cholula, poblada entonces por los Olmecas, a quienes desalojan de allí.

Varias fuentes yucatecas, principalmente el Chilam Balam de Chumayel, registran dos invasiones procedentes del centro de México: una bajo Topiltzin (= Kukulcan) en 987, y otra de los nahuas de Xicallanco que ayudaron a Hunac Ceel en 1194.

Desde el punto de vista arqueológico el criterio de lo tolteca lo dan los monumentos de Chichén Itzá porque allí es fácil distinguir los elementos toltecas extraños, adventicios, de la cultura Maya preexistente. Ahora bien, si uno compara esos elementos extraños que las fuentes mayas atribuyen a los Toltecas, con elementos similares en la región del centro de México, encuentra inmediatas semejanzas con Tula, Hidalgo. Podría darse una lista de los elementos comunes que demuestran claramente que la Tula de donde procedieron los invasores Toltecas de Chichén Itzá era la Tula del Estado de Hidalgo:

Personajes acompañados de una serpiente ondulante,
Columnas de serpientes con la cabeza para abajo y la cola hacia arriba,
Cariátides,
Frisos de Tigres caminando,
Tigres con collares,
Chacmool,
Adorno pectoral en forma de mariposa.

Los estudios de las cerámicas demuestran que la cerámica de Tula, antes de la aparición del Azteca II, es la "Mazapan". Esta cerámica es indudablemente posterior a la gran época Teotihuacana, y se la encuentra asociada en sus principios con el tipo Teotihuacán V, cuyo centro de manufactura no estaba ya en Teotihuacán sino en Azcapotzalco. La cerámica del primer periodo Cholulteca es contemporánea de Mazapan, según Noguera, y se ha podido fijar la contemporaneidad de este primer periodo Cholulteca con la cerámica fina anaranjada y "Plumbate" que se encuentran en Chichén Itzá. Por consiguiente, la cultura tolteca de Chichén Itzá deriva de Tula, Hidalgo, y no sería posible, en el estado actual de nuestros conocimientos estratigráficos, hacerla derivar directamente de la cultura teotihuacana porque esta cultura hacía mucho tiempo que había desaparecido del Valle de México cuando llegó la invasión Tolteca que registran las fuentes mayas.

Las conclusiones a las que puedo llegar son las mismas a las que llega el Dr. Walter Krickeberg en su obra "Los Totonacos", escrita en 1920 y publicada por el Museo Nacional en 1933, pues al referirse a la cultura de Tula, Hidalgo, dice:

"Según el estado actual de las exploraciones, se puede resumir diciendo que los toltecas históricos fueron los representantes de una antigua cultura nahua, limitada primitivamente a los Valles de México y Puebla, pero la cual se extendió después hacia el Sur y a lo largo de la antigua ruta comercial hacia la costa atlántica llegando hasta Tabasco, de donde otras bifurcaciones, muy llenas de vida, se extendieron hasta el norte de Yucatán, por un lado, y por el otro hasta Guatemala, Honduras, San Salvador y Nicaragua. En esta propagación asimiló muchos elementos de otras culturas, particularmente en la costa Atlántica y en el país de los mayas, pero en su totalidad conservó bien su carácter nahua. Por esto no es práctico ligar con ella culturas tan heterogéneas, como la de Teotihuacán como ha sucedido varias veces, Pero tenemos que considerar su relación con otras culturas nahuas prehistóricas de la Mesa Central."

Lamentamos profundamente que, por falta de tiempo, no nos haya sido posible publicar por ahora sino este brevísimo extracto que no presenta sino un limitado aspecto de nuestras investigaciones presentadas más ampliamente en la Sociedad Mexicana de Antropología (1938-1940), en el XXVII Congreso Internacional de Americanistas (1939), en el VIII Congreso Científico Americano (1940) y en la Primera Reunión de Mesa Redonda, donde se discutió el problema de "Tula y los Toltecas" (1941).

Desde 1934 propugnamos en el Museo Nacional por la identificación de Tula, Hgo., con la Tula de las tradiciones. Por el mismo tiempo, Mújica y Diez de Bonilla hacía un reconocimiento allá, trayendo al Museo algunos monolitos. En 1940 Acosta y Moedano iniciaron sus exploraciones y al escribir estas líneas la ciudad de Quetzalcóatl ha quedado rehabilitada. Pronto publicaremos un amplio estudio, ya que hasta ahora sólo se ha impreso un breve artículo. Mientras tanto, añadimos un cuadro cronológico.

CRONOLOGIA DE LA HISTORIA TOLTECA

PRINCIPALES ACONTECIMIENTOS	Fechas según las Fuentes	Ruina de Tula en 1116	Ruina de Tula en 1156	Ruina de Tula en 1168
Nacimiento de Topiltzin.......	1 ácatl 843	895	935	947
Su establecimiento en Tula. según "Anales de Cuauhtitlán"	5 calli 873	925	965	977
Idem. seg. "Relación de la Genealogía".................	2 ácatl 883	935	975	987
Abandono de Tula por Topiltzin	1 ácatl 895	947	987	999

Los "Anales" colocan el principio del reinado de Mixcoamazatzin (—Mixcoatl-Totepeuh) en 752. Pero la "Leyenda de los Soles" sitúa el nacimiento de su hijo Topiltzin a los 39 años de su vida o reinado, así es que parece ser 804 la fecha inicial de la historia tolteca, según las fuentes. Y ésta, según las tres hipótesis de corrección propuestas, correspondería a 856, 896 ó 908. Nuestra penúltima columna se basa en la conjetura de que los toltecas contaran sus años a la manera mixteca (ver "Códice de Yanhuitlán"); y nos inclinamos a ella. Ver la discusión de todo esto en nuestro libro "Tula y los Toltecas".

7) TOLLAN LA ANTIGUA

Laurette Séjourné [35]

Un punto de vista diferente es el que expresa la arqueóloga Laurette Séjourné en las páginas que aquí se incluyen. A su juicio, la verdadera metrópoli de los toltecas, los seguidores de Quetzalcóatl, fue Teotihuacán y no Tula Xicocotitlan en el actual Estado de Hidalgo. La autora insiste en que el término Tollan significó en náhuatl gran ciudad o metrópoli y afirma que todas las capitales del altiplano lo llevaron junto a su nombre propio.

A su parecer, los testimonios indígenas en los que se describe la grandeza de Tula deben considerarse fundamentalmente relacionados con Teotihuacán.

Al término del Arcaico, durante el periodo llamado *formativo* por estar situado en la víspera de la eclosión de las altas culturas, aparece el dios más antiguo de la religión nahuatl, el Dios del Fuego, tal como será venerado todavía por los aztecas: un hombre viejo, de rostro muy arrugado, llevando un brasero en la cabeza.

Las imágenes de esta divinidad han sido encontradas en el primer templo conocido de Mesoamérica —un edificio circular, a las puertas mismas de la ciudad de México— asociado a figurillas y a una cerámica típicamente arcaicas.

Estas primeras expresiones del espíritu religioso quedarán bastante tiempo aisladas, porque el templo y *Huehuetéotl* (*huehue:* viejo, y *teotl,* dios) constituyen en Cuicuilco los únicos elementos del culto divino. El material arqueológico de este lugar formado por representaciones mágicas de mujeres y de animales desprovistos de simbolismo, no se diferencia en nada del de las épocas anteriores, excepción hecha de los dos o tres ejemplares del Dios Viejo.

Se ignora la duración de este centro ceremonial, destruido por la erupción de un volcán. Con la ayuda de estudios comparativos ha sido posible establecer que su fin debe remontarse aproxima-

---

[35] Laurette Séjourné, *Pensamiento y religión en el México antiguo,* México, Fondo de Cultura Económica. 1957, pp. 91-96.

damente a los últimos siglos anteriores a nuestra era,[36] como todos sus rasgos culturales —cerámica y figurillas arcaicas, Dios del Fuego y sistema de construcción— no se encontraron más que en Teotihuacán (a 50 km. de la ciudad de México), se dedujo que esta última debió seguir directamente a la que fue sepultada bajo ocho metros de lava.

En sus principios, Teotihuacán descansa entonces sobre bases principalmente arcaicas. Muy pronto, sin embargo, la magra semilla religiosa venida de Cuicuilco produce sobre el suelo nuevo una floración prodigiosa: la religión nahuatl en toda su riqueza. Y al mismo tiempo que artistas pintan y esculpen en la inmensa metrópoli sagrada los signos de su lenguaje simbólico, todos los conocimientos que caracterizan las civilizaciones mesoamericanas alcanzan allí, en más o menos tres siglos, su forma definitiva.

Los orígenes de esta alta cultura constituyen el más hermético de los misterios. Basándose sobre la existencia de ciertos motivos tomados de los países tropicales —serpiente, quetzal, caracoles marinos o tortuga—, se ha hablado de un aporte cultural del Sur; pero, si bien procedentes de otras zonas, estos motivos están tan fuertemente integrados al conjunto espiritual teotihuacano, que es imposible suponer que hayan podido ser trasplantados ya convertidos en símbolos. Esto indica, naturalmente, el conocimiento de estas especies, lo que es muy natural puesto que la arqueología ha demostrado la facilidad con que viajaron siempre las poblaciones de estas comarcas, pero de ningún modo el trasplante de rasgos culturales elaborados. Además está comprobado que el simbolismo, tal como lo revivieron los aztecas siglos más tarde, no se encuentra, por esta época, en ninguna otra parte.

La más antigua metrópoli de Mesoamérica, Teotihuacán, es además, la única que posee una secuencia continua que, desde el Arcaico, llega progresivamente al más puro clasicismo. En las otras metrópolis, las excavaciones han determinado dos fases tan distintas —compuesta cada una de varios niveles—, que han sido atribuidas a pueblos sin relación entre sí. Unicamente en la segunda de esas fases es cuando surgen los elementos específicos de culturas diferenciadas; y de ahí se desprende que cuando las ciudades mayas [37] o zapotecas [38] comienzan a descubrir sus caracteres propios, Teotihuacán, poderosamente enraizada en su suelo de origen, ha desarrollado ya la religión, las

[36] Marquina, Ignacio, *Arquitectura prehispánica*, México, 1951.

[37] Morley, Silvanus G., *La civilización maya*, Fondo de Cultura Económica, México, 1956.

[38] Caso, Alfonso, *Calendario y escritura de las antiguas culturas de Monte Albán*, México, 1947.

artes y las ciencias que prevalecerán por más de quince siglos. A pesar de que no alcance a explicar el ascendiente de Teotihuacán sobre el México antiguo —ascendiente que proviene más que nada de su genio incomparable—, este simple dato cronológico ayudará, empero, a conducirnos en el dédalo de las sociedades mesoamericanas.

Es útil recordar que el término *Tollan* significa en nahuatl *gran ciudad* o *metrópoli* y que todas las capitales del Altiplano lo llevaron junto a su nombre propio. Por ser su arquetipo, Teotihuacán es, por lo general, designada simplemente *Tollan*, como se comprueba en ciertas cartas geográficas antiguas. En el estudio que el americanista francés Aubin consagra a la más importante de ellas, se dice que el lugar en que se encuentra Teotihuacán

> lleva el nombre de Tollan... y no aquel de Teotihuacán... Esta anomalía aparente, reproducida hasta cierto punto en el Códice Xólotl, puede venir de esto que, según un traductor de una historia de Teotihuacán que publicaré, esta ciudad habría sido nombrada tolteca por los fundadores los toltecas de quienes ella era la metrópoli, "como Roma, dice el traductor, es la de los Cristianos." [39]

Los sabios aztecas que trasmitieron su saber escribiendo o informando a los cronistas españoles, concuerdan con la arqueología a propósito de esta Tollan que consideran la fuente de sus conocimientos y de su historia. Es así como Sahagún, para calcular la antigüedad de los nahuas, en las primeras páginas de su obra, fija en el tiempo esta ciudad primordial:

> En lo que toca a la antigüedad de esta gente, tiénese por averiguado que ha más de dos mil años que habitan en esta tierra que ahora se llama la Nueva España, porque por sus pinturas antiguas hay noticia que aquella famosa ciudad que se llamó Tollan ha ya mil años o muy cerca de ellos que fue destruida... y en lo que tardaron en edificarla y en lo que duró en su prosperidad antes que fuese destruida es cónsono a verdad que pasaron más de mil años, de lo cual resulta que por lo menos quinientos años antes de la Encarnación de nuestro Redentor esta tierra está poblada. Esta célebre y esta gran ciudad de Tollan, muy rica y decente, muy sabia y muy esforzada, tuvo la adversa fortuna de Troya.[40]

[39] "Mapa Quinatzin", *Anales del Museo Nacional*, México, 1866, Epoca I, t. 3, pp. 345-368.

[40] Sahagún, Bernardino de, *Historia General de las cosas de Nueva España*, 3 vols., México, 1946, t. I, p. 12.

La cronología establecida por las excavaciones confirma estos cálculos.

Las informaciones coinciden, además, en lo que los cronistas especifican siempre: que el rey de Tollan no era otro que Quetzalcóatl, el creador de todo el saber humano. Ahora bien, la arqueología descubre que Teotihuacán es no solamente el lugar donde fueron creados los elementos culturales náhuatl, sino también la primera —y la única durante mucho tiempo— donde se encuentra expresado el culto de Quetzalcóatl *(quetzal:* pájaro, *coatl:* serpiente). En efecto, en el siglo IV, Teotihuacán posee ya edificios grandiosos ornados con profusión de serpientes emplumadas, imagen hasta entonces totalmente desconocida.

La prueba arqueológica de que la serpiente emplumada no existe antes de Teotihuacán y que aquellas que aparecen en otras zonas son posteriores no debe ser considerada como un simple detalle técnico: constituye el argumento que permite identificar, sobre una base científica, a Teotihuacán con la primera ciudad náhuatl.

Insistimos sobre este punto porque en 1941, los antropólogos mexicanos en Mesa Redonda votaron, después de sesiones tumultuosas, una resolución según la cual la capital de Quetzalcóatl en lugar de ser Teotihuacán, como lo habían creído investigadores de la categoría de Eduard Seler, sería una cierta Tollan-Xicotitlan (a 100 kilómetros de la actual ciudad de México) situada al fin del siglo X; es decir, en el momento en que Mesoamérica, bajo el choque brutal de la llegada en masa de cazadores nómadas, se había apartado ya del misticismo de las épocas precedentes.

No entraremos aquí en minuciosas especulaciones a este propósito. Hemos sostenido en otra parte nuestra certidumbre de que, revisada a la luz del material arqueológico de que se dispone hoy día, esta resolución sería insostenible.[41] Además de que los elementos técnicos sobre los cuales se apoyaba han resultado inoperantes, diez temporadas de exploraciones [42] han exhumado en Tula-Xicotitlan un centro civil de segundo orden que, exceptuando algunas notables esculturas, se limitó a copiar burdamente motivos importados y no puede, en manera alguna, representar la cuna de una cultura gloriosa.[43]

[41] Séjourné, Laurette. "Tula, la supuesta capital de los toltecas", *Cuadernos Americanos,* México, 1954, Año XII, Núm. 1, p. 153.

[42] Los informes de estas excavaciones rendidos por el arqueólogo Jorge Acosta, casi enteramente inéditos, se encuentran en la biblioteca del Instituto Nacional de Antropología e Historia de México.

[43] Es suficiente observar que, por la indigencia de lo exhumado en Tula —caso verdaderamente singular en Mesoamérica—, no existe un salón de la cultura tolteca en el Museo Nacional de México, en el que las **culturas**

Es desconcertante que la mayor parte de los estudiosos que quisieron ver en Tula-Xicotitlan la patria de Quetzalcóatl no se hayan preocupado por el hecho de que las imágenes de este dios existían ya en una ciudad cerca de mil años más antigua. Es como si se situara la vida de Cristo y el comienzo de nuestra Era en el siglo X sin tener en cuenta las referencias históricas y las representaciones de crucificados anteriores a esta fecha. A fin de salvar este obstáculo, se intentó sostener que la serpiente emplumada no es en Teotihuacán más que uno de los muchos signos para representar el agua. Pero esta tesis, que equivaldría a recordar la existencia de la cruz antes del Cristianismo, es inaceptable porque todo lleva a hacer pensar que se trata de un emblema cuyo contenido sobrepasa la figuración de un elemento natural.

Como Quetzalcóatl enseña que la grandeza humana reside en la conciencia de un orden superior, su efigie no puede ser otra que el símbolo de esta verdad y las plumas de la serpiente que lo representan deben hablarnos del espíritu que permite al hombre —al hombre cuyo cuerpo, como el del reptil, se arrastra en el polvo— conocer la alegría sobrehumana de la creación, constituyendo así un canto a la soberana libertad interior. Esta hipótesis se ve confirmada, además, por el simbolismo náhuatl, en el cual la serpiente figura la materia —su asociación con las divinidades terrestres es constante— y el pájaro, el cielo. El quetzalcóatl es entonces el signo que contiene la revelación del origen celeste del ser humano.

Teotihuacán, la Ciudad de los Dioses

Por su súbita emergencia y su vigor creador, Teotihuacán parece concebida en el deslumbramiento de esta revelación exaltante y, como en un vasto poema, cada uno de los elementos que la componen forma rigurosamente parte de un todo altamente inspirado.

Sorprende no encontrar antecedentes de los principales factores de una civilización cuyas normas en su esencia, quedarán intactas hasta la Conquista española. Pero si es difícil admitir que rasgos culturales —como algunas características arquitectónicas, la orientación de sus edificios o las particularidades de su escultura y su pintura— hayan podido desde su nacimiento asumir un carácter definitivo, más difícil aún es imaginar la aparición, en un estado de desarrollo perfecto, del sistema de

más periféricas poseen una sección especial. Esta misma indigencia hizo que en la Exposición de Arte Mexicano que maravilló a los europeos en 1952-53 tampoco figurara ningún material proveniente de esa supuesta capital de los toltecas.

pensamiento que está en su base. No se conoce ningún vestigio material de esta elaboración prodigiosa. ¿Se trata de una obra colectiva o fue la obra de un solo ser? La importancia inigualada que se atribuye a Quetzalcóatl haría inclinar hacia la segunda hipótesis. Sea lo que fuere, y a pesar de que Teotihuacán hunde sus raíces en el universo fragmentado de los tiempos arcaicos, únicamente la visión de la inmensidad del espíritu —de la chispa divina que liga y armoniza— pudo engendrar la potencia activa que presidió la fundación de la ciudad construida a la gloria de esa serpiente emplumada que es el hombre consciente.

Es significativo que el nombre de esta primera metrópoli sea precisamente *Ciudad de los Dioses* (significado de la palabra náhuatl *Teotihuacan*), a causa de que, nos explica Sahagún:

> los señores que allí se enterraban, después de muertos los canonizaban por dioses y decían que no se morían, sino que despertaban de un sueño que habían vivido; causa porque decían los antiguos que, cuando morían los hombres, no parecían sino que de nuevo comenzaban a vivir casi despertando de un sueño y se volvían en espíritus o dioses... y así les decían: "Señor o Señora, despierta que ya comienza a amanecer, ya es el alba, pues ya empiezan a cantar las aves de plumas amarillas, ya andan volando las mariposas de diversos colores"; y cuando alguno se moría, de él solían decir que ya era *teotl*, que quiere decir que ya era muerto para ser espíritu o dios.[44]

Así, lejos de implicar groseras creencias politeístas, el término *Teotihuacan* evoca el concepto de la divinidad humana y señala que la ciudad de los dioses no era otra que el sitio donde la serpiente aprendía milagrosamente a volar; es decir, donde el individuo alcanzaba la categoría de ser celeste por la elevación interior.

---

[44] Sahagún, *op. cit.*, t. II, p. 309.

8) TULA Y LA TOLTECÁYOTL

Miguel León-Portilla [45]

El término toltecáyotl significa en náhuatl la esencia y el conjunto de las creaciones culturales de los toltecas: la toltequidad. El autor se plantea en estas páginas el problema del origen último de ese gran conjunto de creaciones que los nahuas de tiempos posteriores llamaron la toltecáyotl. Para proponer una respuesta, correlaciona nuevamente datos de la arqueología con fuentes históricas indígenas.

En Teotihuacán, como lo muestran los incontables descubrimientos que han tenido lugar desde los célebres trabajos dirigidos por Manuel Gamio, hasta los más recientes de Laurette Séjourné, parecen hallarse las raíces y los moldes culturales básicos que después habrán de difundirse por toda la zona central de México. Así por ejemplo en la arquitectura, sus pirámides con su orientación específica, sus plazas y palacios, son como el paradigma implícito de ulteriores creaciones. Otro tanto puede decirse de sus pinturas murales, su escultura, su cerámica y sus trabajos en obsidiana.

Parece ser que también por este tiempo comenzó a generalizarse en la altiplanicie central el antiguo calendario indígena, así como las pinturas de los códices. Por lo menos así lo afirman los informantes indígenas, quienes refieren que dichos conocimientos habían sido introducidos por los sabios antiguos.

Confrontando los hallazgos arqueológicos, entre otros las pinturas de Teotihuacán, que pudieran describirse como antiguos códices incorporados a los muros, con los textos posteriores del mundo náhuatl, en los que se reflejan ideas semejantes, es posible llegar a vislumbrar algunos aspectos de la religión y el pensamiento en la Ciudad de los Dioses. Porque, por apartada que se considere en el tiempo, Teotihuacán, que dejó en millares de figurillas de barro la expresión profunda del rostro de muchos de sus sabios, de sus sacerdotes e hijos, sigue siendo —como lo muestra cada vez más la arqueología— lo que era ya para los

[45] Miguel León-Portilla, *Los antiguos mexicanos a través de sus crónicas y cantares*, 1ª edición, México, Fondo de Cultura Económica, 1961.

pueblos nahuas de tiempos posteriores: la raíz más antigua de su pensamiento religioso, de su arte, y en una palabra, de las principales instituciones de la ulterior cultura de Anáhuac.

Pero, a pesar de la extraordinaria organización social y política que supone el esplendor teotihuacano, a mediados del siglo IX d.C., sobrevino su misteriosa, y hasta ahora no explicada ruina. Esta no fue un hecho aislado y excepcional. En el mundo maya ocurrió por ese tiempo algo semejante. La ruina y el abandono de los grandes centros rituales de Uaxactún, Tikal, Yaxchilán, Bonampak y Palenque, tuvo lugar en una época muy cercana al colapso de Teotihuacán. Y hay que confesar que hasta la fecha no se ha podido explicar de modo convincente la causa de esto que pudiera llamarse muerte del esplendor clásico del México antiguo.

Coincidiendo con la ruina de Teotihuacán, o tal vez con sus últimos tiempos, fue surgiendo poco a poco un segundo brote cultural de considerable importancia en Tula, situada a unos 70 kilómetros al norte de la actual ciudad de México. Como se lee en el mismo texto nahuatl de los informantes de Sahagún citado arriba, algunos de los moradores de Teotihuacán, al sobrevenir la ruina del gran centro ritual, comenzaron a dispersarse:

> Primero vinieron allí,
> a donde se dice *Tollantzinco* [Tulancingo, Hidalgo].
> En seguida pasaron a *Xicocotitlan,*
> a donde se dice *Tollan* [Tula].[46]

Desde el punto de vista arqueológico, los hallazgos que han tenido lugar en el antiguo centro religioso de Huapalcalco, inmediato a Tulancingo, muestran vestigios de la presencia allí de los teotihuacanos. Posiblemente algunos de ellos, cuando ya era inminente la ruina de su ciudad, decidieron emigrar. Su estancia en Tulancingo fue más bien breve, ya que, como dice el texto, "de allí, en seguida pasaron a Xicocotitlan, donde se dice Tollan". En este lugar, y aun tal vez en el mismo Tulancingo, nuevos grupos nómadas, venidos del norte, muchos de ellos de filiación y lengua náhuatl, empezaron a recibir el influjo de la antigua cultura clásica.

Poco a poco surgió así el nuevo centro ceremonial de Tula, conservando instituciones e ideas religiosas, como el culto a Quetzalcóatl, derivados de Teotihuacán. Sólo que en Tula se dejaron sentir también otras influencias. El espíritu guerrero de los nómadas del norte empezó a manifestarse: basta con

[46] Textos de los informantes de Sahagún, *Códice Matritense de la Real Academia,* fol. 196 r.

recordar esas colosales figuras de piedra representando guerreros, algunas de las cuales aún se conservan hoy día en Tula. Cronistas y textos indígenas designan a los moradores de esta ciudad con el nombre de toltecas. En su gran mayoría habían llegado de las llanuras del norte, guiados por su jefe Mixcóatl:

> Los toltecas llevaron la ventaja
> en todo tiempo,
> hasta que vinieron a acercarse a la tierra chichimeca.
> Ya no se puede recordar
> cuánto tiempo anduvieron.
> Vinieron del interior de las llanuras,
> entre las rocas.
> Allí vieron siete cavernas,
> e hicieron esas cuevas sus templos,
> su lugar de súplicas.
> Y estos toltecas
> iban siempre muy por delante.[47]

Quienes habían venido del norte fueron recibiendo el influjo de la antigua cultura. Establecidos primero, según parece, en Culhuacan, al sur de los lagos, posteriormente algunos grupos se fijaron en Tula-Xicocotitlan. Una de las funciones primordiales de Tula iba a ser la de actuar como centro civilizador de los varios grupos de cazadores de filiación náhuatl.

Antes de las exploraciones arqueológicas de Tula, iniciadas en plan sistemático en 1940, se pensaba que en realidad la gran metrópoli de los toltecas había sido Teotihuacán. Descubierta ya la mayor parte de Tula, se modificó el panorama. Considerando a Tula como la capital tolteca, se atribuyó a ella el privilegio de haber sido el gran centro creador de todo el conjunto de artes y más elevados ideales que los nahuas posteriores afirmaban haber recibido de los toltecas. Aceptado esto, Teotihuacán, desde un punto de vista histórico, quedó en la obscuridad. Con toda su grandeza la Ciudad de los Dioses, privada de historia y de resonancia ulterior, quedaba convertida en una especie de "ciudad fantasma" del México antiguo.

Sin embargo, un examen más detenido de la documentación náhuatl proveniente de los siglos XV y XVI —en la que se describe con los más vivos colores el conjunto de creaciones de los toltecas y aun se acuña un sustantivo abstracto para designarlas, *Toltecáyotl* (toltequidad)—, mueve a pensar cómo es posible que toda esa grandeza haya tenido sus raíces en la más bien pequeña ciudad de Tula-Xicocotitlan.

Los toltecas, según el testimonio de los textos, eran grandes

[47] *Ibid.*, fol. 178 r.

artífices, constructores de palacios, pintores y escultores "que ponían su corazón endiosado en sus obras" *(tlayoltehuiani)*, alfareros extraordinarios que "enseñaban a mentir al barro", haciendo toda clase de figurillas, rostros y muñecas. Pero, especialmente se atribuye a ellos el culto del dios Quetzalcóatl, divinidad única, amante de la paz, que condenaba los sacrificios humanos y atraía a sus seguidores a una vida de perfección moral. Decir *tolteca* en el mundo náhuatl posterior (aztecas, tetzcocanos, tlaxcaltecas...), implicaba en resumen la atribución de toda clase de perfecciones intelectuales y materiales.

Ahora bien, aun cuando no poco de lo dicho pueda aplicarse a quienes edificaron la ciudad de Tula-Xicocotitlan, un elemental conocimiento de la arqueología teotihuacana permite afirmar que casi todo lo bueno y grande que hubo en Tula, existió antes en mayor proporción y con mayor refinamiento en la Ciudad de los Dioses. No significa esto que se pretenda identificar aquí a Teotihuacán con la Tula de los toltecas, de que hablan los textos indígenas y los cronistas. El punto que querríamos ver dilucidado es el referente a la más honda raíz de las creaciones culturales del mundo náhuatl significadas por la palabra *Toltecáyotl* (toltequidad).

Si dicho concepto implica grandes creaciones arquitectónicas, pirámides y numerosos palacios, pinturas, murales, esculturas extraordinarias, una rica y variada cerámica y, sobre todo, el culto antiguo y universal al dios Quetzalcóatl, razonablemente parece difícil dudar que la raíz de la *Toltecáyotl* se encuentra en la Ciudad de los Dioses: Teotihuacán. Si se desea, puede designarse a sus habitantes con el nombre de *teotihuacanos*, reservando el de *toltecas* para los fundadores de Tula. A no ser que se opte por establecer una cierta diferencia dentro del concepto mismo de *tolteca*. Podría llamarse así a los creadores de Teotihuacán, *toltecas antiguos*, y a los de Tula, *toltecas recientes*. Tal designación tendría la ventaja de recordar implícitamente que la relación en que se encuentran Tula y Teotihuacán parece ser la que existe entre una gran metrópoli, que es foco y raíz de una cultura, y otra ciudad menor, que pudiera describirse como resurgimiento posterior, y en menor escala, de la **grandeza antigua.**

9) UN POSIBLE IMPERIO TEOTIHUACANO

Ignacio Bernal [48]

En este trabajo se elabora un primer intento de más amplia comprensión de lo que fue la realidad teotihuacana. A juicio del arqueólogo, doctor Ignacio Bernal, el análisis de numerosos elementos puede llevar a afirmar que Teotihuacán fue metrópoli y centro de algo muy semejante a lo que se ha designado a través de la historia como un imperio.

En el caso concreto de Teotihuacan, donde no tenemos datos históricos, necesitamos recurrir exclusivamente a la arqueología para tratar de investigar hasta qué punto podemos hablar de un imperio teotihuacano.

No podemos pensar en un imperio cuya cabeza no sea una ciudad propiamente dicha. Tanto imperio como ciudad son términos que se refieren a un nivel superior al del mundo tribal. Entonces nuestro primer punto será proponer que Teotihuacan fue una ciudad y no un centro ceremonial. Este punto parece de fácil demostración si se tiene en cuenta en primer lugar el enorme tamaño construido y urbanizado (unos 32 km.²) y en segundo lugar las grandes diferencias que existen dentro de esa área. En efecto, independientemente de los monumentos de índole religiosa, existen habitaciones que podemos llamar palacios, otras de tamaño mediano y finalmente chozas de artesanos o de agricultores. Todo ello parece demostrar una estratificación muy clara, base necesaria para que exista una ciudad. Se trata además de un sitio particularmente rico no sólo en grandes monumentos públicos sino en la producción de toda clase de objetos menores. Tiene un gran estilo artístico. Podríamos considerar a Teotihuacan como el sitio más rico de Mesoamérica. Por tanto parece bien establecido que se trata de una *ciudad* con un patrón urbano plenamente caracterizado.

Una ciudad de esta importancia, que tiene además división de trabajo, estratificación social, y comercio con muchas áreas,

[48] Ignacio Bernal, "Notas preliminares sobre el posible imperio teotihuacano", *Estudios de cultura náhuatl*, México, Instituto de Investigaciones Históricas, 1965, vol. V, pp. 31-38.

no puede concebirse sino a base de un grupo organizado que rija sus destinos. Ya que se trata de una ciudad y no de una sociedad aldeana, tendremos que convenir en que en Teotihuacan sí hubo un gobierno estatal; en otras palabras, que Teotihuacan es la cabeza de un *Estado.*

Pero el que Teotihuacan sea la cabeza de un Estado no implica necesariamente que sea la cabeza de un imperio.

No es éste el momento de discutir las características de un imperio y las diferentes formas en que éstos han existido, pero sí debemos de indicar que imperio necesariamente significa que el poder se ejerce sobre varias regiones, antiguamente soberanas, aparte de la metropolitana. Estas regiones deben presentar una diversidad étnica y lingüística. ¿Es éste el caso de las regiones que posiblemente dominaba Teotihuacan?

Veamos primero cuál puede haber sido la zona metropolitana de Teotihuacan y cuáles las fases de su desarrollo. Es probable que cuando se construyen las primeras pirámides, particularmente la del Sol y de la Luna, es decir hacia el fin de Teotihuacan I, ya la creciente ciudad controlaba todo el valle de Teotihuacan.

Teotihuacan en la época III no pudo haber tenido menos de unos 120,000 habitantes ya que era más del doble del tamaño que el Tenochtitlan de Moctezuma. No contamos en este número otros pobladores que en más de 100 sitios pequeños vivían en el valle de Teotihuacan y pertenecían a la misma cultura. Para sustentar a esta enorme población era necesario controlar no sólo el valle Teotihuacano sino también el valle de México y muy probablemente regiones más extensas. La extraordinaria abundancia de restos teotihuacanos en el valle de Puebla sugiere la importancia allí de la cultura teotihuacana y la posibilidad de que la zona metropolitana de Teotihuacan se haya extendido sobre los dos valles de México y Puebla. Es interesante pensar que el patrón cultural tan característico de épocas posteriores con las dos capitales situadas respectivamente en cada uno de los valles pueda haber existido desde antes con la fórmula Teotihuacan-Cholula. Pienso que formaba parte también de la zona metropolitana la región hidalguense, alrededor de Tulancingo, ya que parece que allí encontramos la misma situación cultural.

Por lo que se refiere a otras áreas, distintas étnica y lingüísticamente, hacia donde tuvo lugar la expansión comercial de Teotihuacan, son particularmente importantes el valle de Oaxaca y la Mixteca, Veracruz, El Petén y los Altos de Guatemala, el Occidente y el centro norte de México, áreas todas donde hay indicios de la presencia teotihuacana. Pero esta influencia es de diferente grado y de diferente índole en los distintos sitios mencionados.

Veracruz y Oaxaca parecen las más íntimamente conectadas

y pienso que fueron las dos primeras áreas hacia las cuales se expandió Teotihuacan, probablemente durante la época II. El problema de las relaciones con Veracruz es sumamente complejo y se discutirá en otra ocasión. En cambio, en Oaxaca la situación parece un poco más clara aunque de ninguna manera está establecida y sólo presento lo que sigue (como todo lo demás) en calidad de hipótesis de trabajo.

Pienso que del valle de Puebla, por Tehuacán, tiene lugar la infiltración hacia el valle de Oaxaca y del mismo valle de Puebla, pero en este caso por Atlixco, hacia la Mixteca. Aquí hay pocos encuentros teotihuacanos; pero en cambio en el valle de Oaxaca son muy claros. En la época de Transición Monte Albán II-IIIA la característica es la aparición muy súbita de objetos traídos de Teotihuacan y de objetos de producción local que imitan el estilo teotihuacano. No me extrañaría que durante este periodo, que debió de ser breve, haya habido una conquista teotihuacana en el valle de Oaxaca, aun cuando ésta se haya reducido a grupos pequeños de soldados o de sacerdotes jefes y no haya cambiado para nada a la población en general. El fin de esta época de transición puede señalar la desaparición, tal vez paulatina, de los teotihuacanos del valle de Oaxaca. La época IIIA señala la formación definitiva de los zapotecos; pero éstos conservan todavía una serie de rasgos que imitan localmente a Teotihuacan y que poco a poco se van volviendo locales.

Las relaciones con el Petén y los Altos de Guatemala han sido, en el caso de Kaminaljuyú, estudiadas muy cuidadosamente por Kidder,[49] el cual sugiere incursiones militares más que una difusión de rasgos culturales. Descubrimientos más recientes en Tikal y varios otros sitios han confirmado la presencia de ellos de rasgos teotihuacanos.

Lo dicho anteriormente sugiere pues la presencia tal vez militar de teotihuacanos en la región de Veracruz, Oaxaca y Maya.

Mucho menos conocido es el Occidente de México. Sin embargo sitios como el Ixtepete, cerca de Guadalajara, parecen tener una época claramente teotihuacana y con rasgos tan marcados que no podrían ser el resultado de difusión, sino más bien de la presencia de Teotihuacan. En el caso del Centro Norte de México empiezan a aparecer abundancia de datos que sugieren lo mismo y que esperamos discutir en otra parte. Sin embargo, aquí no encontramos sitios característicos sino más bien una influencia general.

En resumen, la arqueología indica una área metropolitana alrededor de Teotihuacan en que sólo encontramos (en esa época) cultura teotihuacana, áreas en las que la presencia teoti-

---

[49] Kidder, Jennings y Shook. *Excavations at Kaminaljuyú, Guatemala.* Carnegie Institution of Washington, Pub. 561, 1946, p. 255.

huacana es bastante clara y otras en que sólo aparece en rasgos aislados.

Puede aducirse que todos estos objetos o monumentos teotihuacanos en diferentes sitios son más bien el resultado de contactos comerciales o aun de influencias religiosas, emanados de la gran Metrópoli, y que no necesariamente significan el dominio más o menos permanente de los teotihuacanos. Sin embargo hay que considerar las características tan particulares del comercio internacional en Mesoamérica. Por lo que sabemos de datos posteriores, los comerciantes realmente no comercian sino con áreas que están controladas o que van a ser controladas por la ciudad que los envió. No parecen haberse aventurado muy lejos de la frontera o haberse salido de los caminos trazados por sus propios ejércitos. De ser esto cierto en tiempos de Teotihuacan, ello aumentaría la probabilidad de que esta Metrópoli hubiera controlado, aunque fuese en forma muy superficial, las áreas a que nos hemos referido. Es probable que Teotihuacan sólo estableciera colonias en esas regiones donde la población local, siempre más numerosa, absorbió a la corta o a la larga los elementos de la cultura teotihuacana.

De ser aún parcialmente cierto este análisis, demostraría que Teotihuacan era la cabeza de un imperio que se hubiera extendido por regiones, muy similares por cierto, a las que más tarde habían de absorber toltecas y aztecas.

Ahora bien, la tesis que piensa en la posibilidad de un imperio teotihuacano está, cuando menos en parte, en contradicción con el punto de vista, hoy muy difundido, de que Teotihuacan —y en general toda la época clásica— representa las teocracias pacíficas en contraste al militarismo de épocas posteriores. En efecto, en Teotihuacan hay pocas indicaciones que permiten afirmar que se trata de un estado con tendencias militares. No tenemos esculturas o pinturas representando guerreros, no hay escenas de batallas ni hay fortificaciones; se han encontrado muchas puntas de proyectil, pero no es seguro que se usaran para la guerra.

En cambio, tenemos una abundancia manifiesta de templos y de representaciones de sacerdotes o escenas religiosas, dioses y objetos de culto.

Sin embargo, hay algunos elementos que nos permiten pensar que la posición anterior no es enteramente exacta y que en el caso de Teotihuacan también hay un militarismo, aunque esté en cierto modo oculto, ya que los mismos militares eran sacerdotes, y esta función, cuando menos desde el punto de vista de la representación artística, era la que predominaba.

En Teotihuacan desde la época II hay figuras claras de Xipe, de corazones humanos, de cuchillos de sacrificio y de la sangre como elemento precioso, evidencias de canibalismo, huesos humanos hechos trofeos y cabezas-trofeos. Hay también representaciones de caballeros águilas y tigres que, como sabemos por datos aztecas, estaban íntimamente unidos a la necesidad de hacer prisioneros para sostener la vida del Sol. Es posible que en Teotihuacan fuera lo mismo. Los sacrificios humanos en Mesoamérica se hacen generalmente con prisioneros de guerra, ya que éstos son los más valiosos y no es posible tener prisioneros de guerra si no ha habido expediciones militares, aun cuando sólo fueran del tipo de la guerra florida. Si ya existía el culto al Sol en la forma azteca y la necesidad de sostenerlo en vida mediante el derramamiento de sangre humana, como parecen indicarlo los hallazgos mencionados, todo ello está ligado muy íntimamente a guerras y a conquistas.

Por otro lado, Teotihuacan, más que ningún otro estado mesoamericano, tiene una permanencia, una seguridad y una fuerza que indican una situación perfectamente controlada en la que no es necesario hacer gala de un militarismo ruidoso. Basta que exista la fuerza para lograr la defensa y la seguridad sin que aparezca necesariamente representada sino que son más bien los jefes civiles, los sacerdotes, vestidos como los dioses, los que aparentemente rigen los destinos de la ciudad. Más tarde, cuando la situación se vuelve incierta y el imperio es inestable como en Tula o en Tenochtitlan, el guerrero es indispensable en primera línea, y en vez de estar a la sombra de la capa del sacerdote, se exterioriza y muestra los dientes.

Se han indicado además ciertas consideraciones de orden general que tienden a reforzar la idea de que Teotihuacan también tuvo su aspecto militar.

Hasta donde podemos juzgarlo por dos casos bastante bien conocidos, como son el de Egipto y Tibet, la teocracia representa el repliegue, el abandono de toda idea de expansión y, en cierto modo, es la fosilización de situaciones anteriores. El Dalai Lama y el Faraón (en las épocas de repliegue egipcio) representan al dios o son el dios mismo encarnado. Son inmensamente venerados pero no tienen fuerza expansiva y su país ni conquista a otros territorios ni tiene un desarrollo comercial al exterior.

Estos ejemplos, y otros que pudieran aducirse, indican que no conocemos una situación en la que una teocracia inerme pueda dominar a otros pueblos. Y sin embargo es obvio que Teotihuacan de alguna manera impuso no sólo su estilo sino su cultura misma a casi toda Mesoamérica. No podemos pensar que el estado teotihuacano fuera un fósil o que esa cultura tan expansiva y poderosa se conformara con sobrevivir sin más ambiciones.

Por otro lado, si Teotihuacan se hubiera mantenido cuando menos 800 años como ciudad predominante sin ningún poderío militar, esta Pax Augusta sería un caso de tal manera único en la historia, que es difícil creer que haya sucedido.

No conocemos en toda la historia universal un solo imperio que se haya podido formar sin recurrir, aunque sea indirectamente, a las armas, y en realidad en casi todos los casos se basa principalmente en ellas, aun cuando es evidente que por encima existe una ideología que las dirige.

Un imperio es incompatible con la ausencia de fuerza militar, y todo el ambiente teotihuacano es eminentemente uno de orden y de riguroso alineamiento no sólo en lo físico sino aparentemente en lo social. El militarismo en general no es una causa sino un efecto necesario que en diferentes grados existe en todas partes. Lo que cambia es su importancia y sobre todo su prestigio.

Todo parece indicar que en Teotihuacan fue escaso el prestigio del militar y de sus actividades. Es muy posible que ideas religiosas hayan dado a la guerra su "causa justa" y que el prestigio de las victorias fuera propiedad del sacerdote, ya que las ganaba el dios. En contra de lo dicho está el hecho palpable de que los militares no se dejan opacar por mucho tiempo y que el sacerdote, que se convierte en jefe de guerra, olvida fácilmente su misión divina. Es el caso de Julio II, que quiere ser representado por Miguel Ángel con la espada en la mano en vez de las llaves de San Pedro.

En Tula (Quetzalcóatl guerrero de joven) y, más claramente aún, en Tenochtitlan, hay una continua confusión e identificación entre jefe, sacerdote y guerrero. Moctezuma es el jefe político, tuvo una juventud militar y sobre todo es la representación misma de Huitzilopochtli. Así, en la piedra de Tizoc el emperador que conquista pueblos está vestido como el dios. Claro que aquí aparece representado en una actitud claramente de conquistador y lleva las armas en las manos; pero el simbolismo puede ser el mismo que el del sacerdote teotihuacano.

Esta situación de aparente falta de prestigio de la clase militar no es exclusiva de Teotihuacan. Tenemos lo mismo en Monte Albán y en la fase Tzakol del área maya, donde tampoco aparecen en el arte. ¿Quiere decir que ninguno guerreaba o más bien que el guerrero está representado con las vestiduras del sacerdote?

Ignoramos cuál fuera el tipo de gobierno teotihuacano. Puede haber sido personal o de grupo. Si se trataba de un rey es posible que alianzas dinásticas hayan favorecido a la expansión; es también posible la unión contractual con otros estados, unión que se disolvió con el tiempo. No debemos olvidar que las alianzas son bastante características en Mesoamérica. Pero de cualquier manera es probable, por comparación con otros casos similares, que haya habido necesidad de una fuerza, aun cuando no se usara con frecuencia.

Hay también la posibilidad de que la expansión se basara en una religión preponderante o más prestigiosa que las demás, y que por ello no necesitara recurrir a la fuerza. El cristianismo y el budismo, por ejemplo, se han extendido inmensamente sin que las armas hayan jugado un papel importante en esa difusión. Claro que estas religiones difundidas no constituyen un imperio; pero sus restos arqueologicos pueden confundir al investigador. Es imposible precisar hasta qué punto Teotihuacan exportó sus dioses, su sacerdocio o sus ceremonias, sin que esto significara dominación política. En todos lados encontramos dioses y objetos ceremoniales muy parecidos a los teotihuacanos. Pero más bien indican que la raíz de todas las religiones mesoamericanas es la misma, y no que Teotihuacan haya impuesto sus dioses sobre los dioses de las otras naciones. Es sin embargo curioso, por ejemplo, que con la influencia o la conquista teotihuacana al fin de Monte Albán II, aparezca en esa cultura una proliferación de dioses antes no conocidos y que en gran parte corresponden a los dioses teotihuacanos. Lo mismo parece suceder en Guerrero y posiblemente en Veracruz.

En resumen, aunque los datos arqueológicos no son claros, hay una serie de consideraciones demográficas, económicas, religiosas y aun militares que nos permiten suponer que Teotihuacan fue efectivamente un imperio.

Esto no quiere decir que haya necesariamente absorbido políticamente a toda Mesoamérica ni que su expansión haya sido del mismo tipo y de la misma duración en las diferentes áreas en donde hemos encontrado indicios de la cultura teotihuacana.

CAPÍTULO II

II. SIGNIFICACIÓN DE LOS AZTECAS EN EL MÉXICO ANTIGUO

El interés principal del capítulo anterior fue examinar las imágenes históricas propuestas por distintos investigadores que no pudieron disponer de iguales fuentes de información. Nuestro propósito es ahora atender de modo más directo —a través de los ejemplos que aquí se aducirán— a los que pueden describirse como problemas específicos de comprensión en el campo de la historia. No se trata ya, por consiguiente, de cuestiones relacionadas con las formas como se estableció una periodificación en el pasado o con el descubrimiento de las fuentes para precisar la identidad de grupos distintos. La intención es analizar aquí los criterios que llevaron a atribuir determinada significación a una realidad cultural previamente conocida hasta cierto punto.

A no dudarlo, quienes se han ocupado de la etapa azteca tuvieron a su alcance mayores posibilidades de información. La razón de esto parece clara: el estado azteca era una entidad con rica pujanza al tiempo de la conquista. De hecho algunos de los soldados españoles, convertidos en cronistas, consignaron en sus obras lo que vieron en México-Tenochtitlan y en otros lugares del mundo azteca. Los textos indígenas son también muy abundantes. Además, en la investigación arqueológica de la región central, los elementos de cultura azteca son frecuentes y aparecen como algo cuya existencia podía suponerse.

Estas innegables ventajas, por lo que toca a la riqueza de testimonios, explican por qué este periodo ha sido objeto, más que otros, de la atención de numerosos investigadores. Algunos de éstos han podido asimismo interesarse más hondamente, no ya sólo en consignar y precisar hechos del pasado azteca sino en buscar, en relación con él, auténticas formas de significación. Quienes se han ocupado de esto se han planteado cuestiones como las siguientes: ¿Eran realmente los aztecas, antes de penetrar en el valle de México, un grupo de nómadas desprovistos de elementos de alta cultura? ¿O más bien debe decirse que, por sus anteriores contactos con otros pueblos como los de origen tolteca, habían participado ya de algún modo en la civilización mesoamericana?

Hay igualmente posibles problemas de comprensión en el ciclo de testimonios sobre la peregrinación azteca desde Chicomóztoc y Aztlan y luego ya en el valle de México, sobre todo en Cha-

pultepec y *Culhuacán, hasta que ocurrió la realización del portento, proféticamente anunciado, del águila que apareció devorando la serpiente. Y pueden plantearse otras muchas cuestiones en torno al tema de la significación histórica de este pueblo: ¿Cómo se llevó a cabo la asimilación de otros elementos culturales a partir de su establecimiento en Tenochtitlan? ¿De qué modo cabe explicar la victoria que éstos alcanzaron, al lado de los tetzcocanos, sobre los antiguos señores de Azcapotzalco? ¿Cuál fue el nuevo sentido que dieron a no pocos de los antiguos mitos y conceptos religiosos que, al parecer, eran asimismo herencia de otros pueblos de la región central? ¿Cómo alcanzaron luego a convertirse en dominadores de una vasta porción de Mesoamérica?*

Y a propósito de la que a veces se ha llamado su actitud místico-guerrera, también es posible ahondar en la búsqueda de significación: ¿fueron los aztecas —entre quienes tanto proliferaron los ritos del sacrificio humano— una versión última y decadente de la antigua grandeza teotihuacana y tolteca? O, por el contrario, ¿deben considerarse como el pueblo que logró mayor desarrollo en Mesoamérica? Y a todo esto podrían añadirse los interrogantes acerca del porqué de su final derrota frente a los conquistadores españoles. Muchos son ciertamente los puntos de vista desde los cuales cabe interpretar la realidad cultural del que se ha llamado "Pueblo del sol".

De acuerdo con el método que nos hemos fijado, se transcriben también en este capítulo algunos testimonios dejados por los mismos aztecas y por otros cronistas para dar lugar después a la presentación de las páginas de varios historiadores que se han ocupado en esclarecer muy diversos aspectos de la significación de los mexicas en Mesoamérica. La valoración que, de sus diferentes opiniones, puede hacer el lector será acercamiento a problemas específicos de comprensión en el campo de los estudios históricos.

FUENTES PRIMARIAS

1) ALGUNOS TEXTOS INDÍGENAS
   SOBRE EL PASADO AZTECA

Más que nada son abundantes los textos indígenas acerca de la historia y las instituciones culturales del período azteca. La prepotencia que llegó a tener el Pueblo del sol en Mesoamérica da la mejor explicación de este hecho. Quien se interese por ahondar en la significación que tuvo la realidad cultural de los aztecas deberá acudir no sólo a los hallazgos de la arqueología sino a los códices indígenas y a los textos que en idioma náhuatl se conservan. Y a estas fuentes deben sumarse también en ocasiones las crónicas e historias de autores, principalmente españoles, del siglo XVI.

A modo de muestra de la rica documentación que existe en lengua náhuatl se transcriben aquí distintos textos vertidos de ese idioma, a través de los cuales parece posible encaminar un estudio de lo que significaron los aztecas en el contexto del mundo mesoamericano.

a) *Conciencia de la historia entre los aztecas*

(Tezozómoc: *Crónica Mexicáyotl*)

Así lo vinieron a decir,
así lo asentaron en su relato,
y para nosotros lo vinieron a dibujar en sus papeles
los ancianos, las ancianas.
Eran nuestros abuelos, nuestras abuelas,
nuestros bisabuelos, nuestras bisabuelas,
nuestros tatarabuelos, nuestros antepasados,
se repitió como un discurso su relato,
nos lo dejaron,
y vinieron a legarlo
a quienes ahora vivimos,
a quienes salimos de ellos.
Nunca se perderá, nunca se olvidará,
lo que vinieron a hacer,
lo que vinieron a asentar en las pinturas:
su renombre, su historia, su recuerdo.
Así en el porvenir

jamás perecerá, jamás se olvidará,
siempre lo guardaremos.
Nosotros, hijos de ellos, los nietos,
hermanos, bisnietos, tataranietos, descendientes,
quienes tenemos su sangre y su color,
lo vamos a decir, lo vamos a comunicar,
a quienes todavía vivirán, habrán de nacer,
los hijos de los mexicas, los hijos de los tenochcas.
Y esta relación la guardó Tenochtitlan,
cuando vinieron a reinar todos los grandes,
estimables ancianos, los señores y reyes tenochcas.
Pero, Tlatelolco
nunca nos la quitará,
porque en verdad no es legado suyo.
Esta antigua relación oral,
esta antigua relación pintada en los códices,
nos la dejaron en México
para ser aquí guardada...
Aquí, tenochcas, aprenderéis cómo empezó
la renombrada, la gran ciudad,
México-Tenochtitlan,
en medio del agua, en el tular,
en el cañaveral, donde vivimos,
donde nacimos,
nosotros los tenochcas.[1]

b) *La peregrinación azteca*

(Códice Matritense de la Real Academia de la Historia)

Pero los aztecas por allá anduvieron caminando,
iban a buscar tierras...
Cuánto tiempo en las llanuras anduvieron,
ya nadie lo sabe.
Y cuando se volvieron los mexicas,
su dios les habló, les dijo:
—"Id, volveos
al lugar de donde habéis venido."
En seguida, los aztecas comenzaron a venir hacia acá,
existen, están pintados,
se nombran en lengua azteca

[1] *Crónica Mexicáyotl*, texto náhuatl y traducción de A. León. Instituto de Historia, Imprenta Universitaria, México, 1949, pp. 4-6.

los lugares por donde vinieron pasando los mexicas.
Y cuando vinieron los mexicas,
ciertamente andaban sin rumbo,
vinieron a ser los últimos.
Al venir,
cuando fueron siguiendo su camino,
ya no fueron recibidos en ninguna parte.
Por todas partes eran reprendidos.
Nadie conocía su rostro.
Por todas partes les decían:
—"¿Quiénes sois vosotros?
¿De dónde venís?"
Así en ninguna parte pudieron establecerse,
sólo eran arrojados,
por todas partes eran perseguidos...
Y allí en Chapultepec,
allí comenzaron a ser combatidos los mexicas,
se les hizo la guerra.
Y por eso luego se pasaron los mexicas a Culhuacán...[2]

c) *Los aztecas en Chapultepec y profecía sobre México-Tenochtitlan*

(Chimalpahin Cuauhtlehuanitzin: *Segunda Relación*)

Año 10-Casa

Y también en el año que así se nombra, cuando ya tenían un año de estar en Chapultepec los mexicas, se vieron éstos en extremo afligidos. Diversos señores de los tecpanecas les hicieron entonces la guerra en el interior de la llanura. Y cuando se hizo la guerra, mal pudieron hacerla los mexicas.

Por esto, en seguida dijeron los texcaltepecas, los malinalcas y los de Toluca:

—¡De noche habremos de dar muerte a los mexicas, porque son gente muy esforzada!

Pero el ofrendador del fuego, Tenochtli, cuando supo esto, en seguida dijo al sacerdote, al cargador del dios, Cuauhtlequetzqui:

—¡En verdad, oh Cuauhtlequetzqui, dizque han dicho que habremos de morir ahora, nosotros los mexicas; dizque así lo dijo el hechicero Cópil, el que tiene su casa en Texcaltépec, el ma-

[2] *Códice Matritense de la Real Academia de la Historia,* fol. 196 v. y 197 r.

linalca, y dizque los de Toluca habrán de venir a caer sobre nosotros!

A esto, en seguida respondió Cuauhtlequetzqui, con voz fuerte dijo:

—¡Yo, yo también soy hechicero, así he de vigilar, en verdad aquí vigilo, nuestro monte, nuestro lugar de residencia, en Chapultepec!

Y en verdad pronto vino a salir durante la noche el hechicero Cópil; consigo traía a la doncella de nombre Xicomoyáhual. Allí se encontraron para hacerse la guerra, ocultos se persiguieron en Tepetzinco, en el lugar del montecillo. Entonces con su mano Cuauhchollohua, o sea Cuauhtlequetzqui, vino a caer sobre el hechicero Cópil, se adueñó de él, en seguida le dio muerte. Cuando Cuauhtlequetzqui dio muerte al nombrado hechicero Cópil, de sus entrañas, de donde aún había calor, con un pedernal le sacó su corazón. Y en seguida Cuauhtlequetzqui llamó al ofrendador del fuego, a Tenochtli, le dijo:

—¡Ven, oh Tenochtli, he aquí el corazón del hechicero Cópil; le he dado muerte, ve a sembrarlo entre los tulares, entre los cañaverales!

Luego cogió Tenochtli el corazón y se puso a correr, allá fue a sembrarlo entre los tulares, entre los cañaverales...

Y al lugar donde fue muerto Cópil, en Tepetzinco, ahora se le llama Acopilco: el sitio del agua de Cópil.

A la doncella que traía consigo Cópil, a la nombrada Xicomoyahualtzin, en seguida la tomó, la hizo su mujer Cuauhtlequetzqui. Ella fue la madre de Cohuatzontli. Y cuando hubo sembrado Tenochtli el corazón de Cópil, hizo luego ofrecimiento de fuego delante de Huitzilopochtli.

Luego, una vez más, habló Cuauhtlequetzqui, dijo a Tenochtli:

—Si ya por largo tiempo aquí hemos estado, ahora tú irás a ver allá, entre los tulares, entre los cañaverales, donde tú fuiste a sembrar el corazón del hechicero Cópil, como hubo de hacerse la ofrenda, según me ordenó nuestro dios Huitzilopochtli. Allá habrá germinación del corazón de Cópil. Y tú, tú irás, tú, Tenochtli, irás a ver allá cómo ha germinado el tunal, el *tenochtli*, del corazón de Cópil. Allí, encima de él, se ha erguido el águila, está destrozando, está desgarrando a la serpiente, la devora. Y el tunal, el *tenochtli*, serás tú, tú, Tenochtli. Y el águila que tú verás, seré yo. Esta será nuestra fama: en tanto que dure el mundo, así durará el renombre, la gloria, de México-Tenochtitlan.

Esto sucedió cuando era señor de los mexicas Huitzilíhuitl el viejo...[3]

Chimalpahin Cuauhtlehuanitzin, *Segunda Relación*, fol. 58 v.

d) *Quema de códices ordenada por los aztecas*
(Códice Matritense de la Real Academia)

Cuando los aztecas lograron ya su independencia, después de su victoria sobre los tecpanecas de Azcapotzalco, hacia 1428, empezaron a dar un nuevo sentido a su organización y a su historia. Entre otras cosas, se determinó entonces quemar antiguos libros de pinturas porque en ellos la figura del pueblo azteca no ostentaba la importancia que debía tener. Implícitamente se tomó a la historia como instrumento de dominación.

Se guardaba su historia.
Pero, entonces fue quemada:
cuando reinó Itzcóatl, en México.
Se tomó una resolución,
los señores mexicas dijeron:
no conviene que toda la gente
conozca las pinturas.
Los que están sujetos [el pueblo]
se echarán a perder
y andará torcida la tierra,
porque allí se guarda mucha mentira,
y muchos en ellas han sido tenidos por dioses.[4]

e) *Un himno en el que se exalta la grandeza del pueblo azteca*
(Cantares mexicanos)

Haciendo círculos de jade está tendida la ciudad,
irradiando rayos de luz, cual pluma de quetzal, está aquí **México**:
junto a ella son llevados en barcas los príncipes:
sobre ellos se extiende una florida niebla.
¡Es tu casa, Dador de la vida, reinas tú aquí:
en Anáhuac se oyen tus cantos,
sobre los hombres se extienden!
Aquí están en México los sauces blancos,

[4] Informantes indígenas de Sahagún, *Códice Matritense de la Real Academia*, vol. VIII, fol. 192 v.

aquí las blancas espadañas:
tú, cual garza azul, extiendes tus alas volando,
tú las abres y embelleces a tus siervos.
El revuelve la hoguera,
da su palabra de mando
hacia los cuatro rumbos del universo.
¡Hay aurora de guerra en la ciudad! [5]

f) *Otro cantar, afirmación de la gloria y del poderío de los aztecas*

Desde donde se posan las águilas,
desde donde se yerguen los tigres,
el Sol es invocado.
Como un escudo que baja,
así se va poniendo el Sol.
En México está cayendo la noche,
la guerra merodea por todas partes,
¡oh Dador de la vida!
se acerca la guerra.
Orgullosa de sí misma
se levanta la ciudad de México-Tenochtitlan.
Aquí nadie teme la muerte en la guerra.
Esta es nuestra gloria.
Este es tu mandato.
¡Oh, Dador de la Vida!
Tenedlo presente, oh príncipes,
no lo olvidéis.
¿Quién podrá sitiar a Tenochtitlan?
¿Quién podrá conmover los cimientos del cielo...?
Con nuestras flechas,
con nuestros escudos,
está existiendo la ciudad.
¡México-Tenochtitlan subsiste! [6]

---

[5] *Colección de cantares mexicanos*, Biblioteca Nacional de México, fol. 22 v.

[6] *Colección de cantares mexicanos*, Biblioteca Nacional de México, fol. 19 v. y 20 r.

2) MONUMENTOS ARQUEOLÓGICOS DEL PERIODO AZTECA

Las investigaciones que se han llevado a cabo en distintos lugares de la región central de México y en otros sitios más apartados dentro de Mesoamérica permiten conocer algo de lo que fueron las creaciones de los mexicas, principalmente su arquitectura religiosa y en general el rico conjunto de su arte. La difusión de elementos de procedencia azteca en zonas muy distantes ayuda además a inferir cuáles fueron las proporciones que alcanzó su comercio y los contactos culturales que llegaron a establecer con pueblos muy distintos.

En lo que hoy es el centro de la ciudad de México han tenido lugar descubrimientos arqueológicos que merecen especial consideración. Pueden recordarse los hallazgos, durante el último tercio del siglo XVIII, de la llamada Piedra del Sol o Calendario Azteca así como de la colosal escultura de Coatlicue. También deben mencionarse las excavaciones que, desde 1915, se llevaron a cabo en la zona donde estuvo edificado el templo mayor de Tenochtitlan. Finalmente parece pertinente recordar que, con motivo de los trabajos para la construcción del ferrocarril subterráneo de la moderna capital, fueron muchos los descubrimientos arqueológicos que se lograron.

Ante la imposibilidad de ofrecer un elenco de lo que ha sido la arqueología en relación con el periodo azteca, optamos por incluir aquí algunas páginas del trabajo del arquitecto Ignacio Marquina, El templo mayor de México.[7] En ellas se recuerda brevemente la serie de principales investigaciones que permiten valorar algunos de los vestigios de la arquitectura y del arte en general de los aztecas.

Importante fuente de información consiste en la exploración y el estudio de los monumentos arqueológicos que en este caso son los que quedaron de la misma ciudad de Tenochtitlan, los de Tlatelolco, que era parte de ella, y los directamente relacionados con ellos, por pertenecer a monumentos de sus antecesores directos, como los de Tula y Tenayuca, o que se construyeron en la

[7] Ignacio Marquina, *El templo mayor de México,* Instituto Nacional de Antropología e Historia, 1960, pp. 18-20.

misma época en lugares que dependían de México, como Calixtlahuaca, Malinalco y Huatusco.

Las exploraciones más importantes para conocer cómo fue el templo mayor son, sin duda, las que se han hecho en el mismo lugar en que se levantaba pues, por mucho que se destruyó la ciudad, siempre quedaron algunos restos de las estructuras interiores de los templos debido, en gran parte, a la práctica seguida por los indios, de reconstruir periódicamente los edificios sin destruir los anteriores que quedaban como núcleo de los nuevos.

Entre las exploraciones hechas en la ciudad, podemos citar las de Batres [8] en la calle de Guatemala (Escalerillas), cuando, con motivo de las obras de saneamiento de la ciudad, se hicieron en esta calle grandes excavaciones para colocar colectores. Los restos de edificios se encontraron a una profundidad de 2 a 4.50 metros, bajo el nivel de la calle; además de numerosos objetos aparecieron parte de basamentos, escaleras y otros restos, de los que nos ocuparemos en su oportunidad.

Después de algún tiempo, en 1915, se demolieron las casas que ocupaban la esquina de las calles de Guatemala (Santa Teresa) y Seminario y, aprovechando esta oportunidad, el Dr. Manuel Gamio [9] hizo una gran excavación en la que aparecieron los restos de varias estructuras sobrepuestas que, como veremos después, corresponden a periodos de reconstrucción de la pirámide principal y que vinieron a comprobar cuál era su verdadera situación.

Años después, el arquitecto Emilio Cuevas,[10] del Departamento de Monumentos, hizo una exploración enfrente de las anteriores, entre la calle del Seminario y el lado oriente de la Catedral, y encontró restos de una escalinata, piedras labradas y una gran escultura de piedra, semejante a la Coatlicue que, por llevar corazones en la falda, en lugar de serpientes, se ha llamado Yolotlicue. Han aparecido, además, restos de escalinatas en la parte posterior de la Catedral, en su atrio, en el patio de la actual Secretaría de Economía, esquina de Argentina (antes calle del Reloj) y Donceles; restos de un gran edificio en la esquina de las calles de San Ildefonso y Argentina, y en la de Guatemala (antes Escalerillas) varios atlantes de tipo tolteca, que seguramente sostuvieron un altar.

En Tlatelolco, en que según todas las noticias existía un Templo igual al de Tenochtitlan, también se han hecho importantes excavaciones por el Dr. Pablo Martínez del Río y los profesores Rafael García Granados y Antonieta Espejo,[11] en este

[8] *Exploraciones Arqueológicas en la Calle de las Escalerillas*, Leopoldo Batres, año 1900.
[9] *Ethnos*, Tomo I, Núms. 8 a 12, p. 205.
[10] *Anales del Museo Nacional de Historia y Etnografía*, Tomo I, 1934.
[11] *Tlatelolco a Través de los Tiempos*, 12 Tomos, México 1944-1956.

Lápida de la dedicación del templo mayor: año 8-Ácatl, 1487. Museo Nacional de Antropología.

caso, una gran parte del terreno frente a la iglesia de Santiago se encontraba libre de construcciones, por lo que la exploración fue más fácil y demostró que, como en Tenochtitlan, se conservaban restos de las diversas estructuras sobrepuestas, que se pudieron explorar en mayor extensión por no estar cubiertas por construcciones más recientes.

Se obtuvieron datos muy importantes para nuestro objeto, pues se conservan los cuerpos de las pirámides y las escalinatas en una gran extensión; además, quedó demostrado que estas estructuras son idénticas en forma, en medidas y en los materiales de construcción usados, a las de la pirámide de Tenayuca, lo que permite comprenderlas mejor, pues Tenayuca está más bien conservada.

Tenayuca fue estudiada y explorada con todo detalle por el Ing. José Reygadas Vértiz y por el Arq. Ignacio Marquina [12] y numerosos especialistas estudiaron el monumento en todos sus aspectos; pertenece a la época inmediata anterior a la fundación de Tenochtitlan y posterior a las construcciones de Tula, y su desarrollo coincidió en sus últimos tiempos, cuando dejó de ser la capital chichimeca, que se trasladó a Texcoco, con la época del desarrollo de Tenochtitlan, por lo que muchos de sus elementos mejor conservados y estudiados han sido utilizados en la reconstrucción.

Además de estas exploraciones, el Instituto Nacional de Antropología e Historia ha llevado a cabo algunas otras en lugares que estuvieron bajo el dominio mexicano, entre éstas se pueden citar: las del monumento de Teopanzolco,[13] cerca de la ciudad de Cuernavaca, que tiene las mismas características de los monumentos aztecas, las que realizó el Arqueólogo José García Payón en Calixtlahuaca [14] lugar cercano a Toluca, que fue conquistado por Axayácatl y quedó sujeto a los mexicanos; Malinalco, también explorado por García Payón, que fue conquistado también por Axayácatl y permaneció bajo el dominio de los mexicanos hasta la época de la conquista en que fue ocupado por Andrés de Tapia; Huatusco (Quauhtochco) conquistado por Moctezuma Ilhuicamina en 1450, según la piedra de Escamela, y sometido después de una rebelión en 1474 por Axayácatl...[15]

---

[12] *Tenayuca Estudio Arqueológico de la Pirámide*, Departamento de Monumentos, Secretaría de Educación Pública, 1935.

[13] *Arquitectura Prehispánica*, I. Marquina, Instituto Nacional de Antropología e Historia, México, 1951.

[14] *Tecaxix-Calixtlahuaca*, J. García Payón, Departamento de Monumentos S. E. P., México, 1936.

[15] *Exploraciones en Quauhtochco*, A. Medellín Zenil, Departamento de Antropología, Jalapa, Ver., 1945.

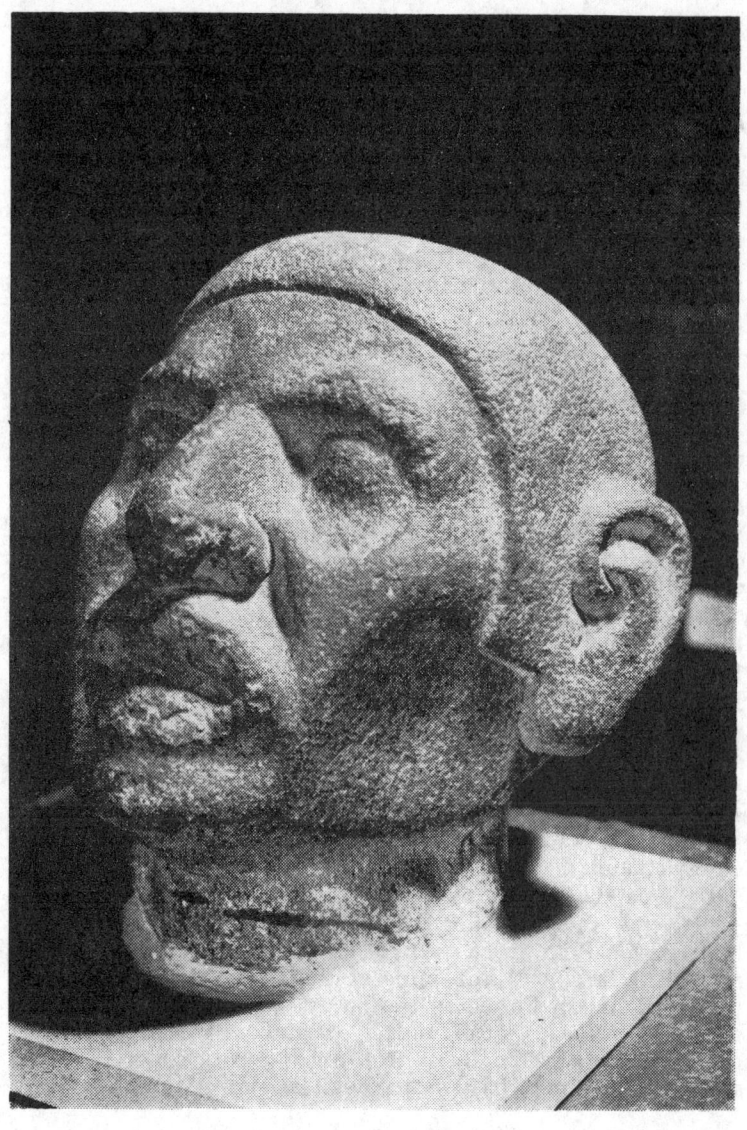

Cabeza de hombre muerto. Escultura azteca. Museo Nacional de Antropología.

3) HALLAZGOS DE ADORATORIOS AZTECAS EN TENOCHTITLÁN

J. Gussinyer [16]

De entre los múltiples descubrimientos hechos con motivo de la construcción del ferrocarril subterráneo o "Metro" de la ciudad de México, destaca un conjunto de pequeñas estructuras de carácter religioso, en particular un templo dedicado a Ehécatl Quetzalcóatl. Copiamos aquí el informe presentado a este respecto por el arqueólogo J. Gussinyer que tuvo a su cargo los trabajos relacionados con estos monumentos.

Conjunto de adoratorios superpuestos en Pino Suárez

Al efectuar cualquier estudio de arqueología sobre la antigua capital de los aztecas, llama la atención la abundancia de ciertos elementos culturales y la casi total ausencia de otros. Así, por ejemplo, la cerámica es muy abundante en cualquiera de sus manifestaciones; la escultura en piedra cuenta con bastantes piezas, muchas de ellas de gran calidad artística, y lo mismo podría decirse de alguna otra manifestación de la cultura de los antiguos mexicanos. Sin embargo, no ocurre lo mismo con la arquitectura, cuya ausencia se hace muy notoria, debido seguramente a la sistemática destrucción llevada al cabo por los conquistadores, quienes sólo dejaron las descripciones de la ciudad prehispánica por ellos contemplada, y de la cual casi nada subsiste en la actualidad.

Dada la escasez de restos arquitectónicos de la época azteca en general, y de la ciudad de Tenochtitlan en particular, los hallazgos de Pino Suárez, a poca distancia del gran centro ceremonial de la ciudad, son importantes, puesto que comienzan a llenar un hueco. Empiezan a aclararnos, junto con los de Tlatelolco, Tenayuca y otros lugares cercanos a la gran ciudad, las características exactas de su arquitectura; para conocer la cual sólo existían débiles bases arqueológicas.

[16] J. Gussinyer, "Hallazgos en el Metro, conjunto de adoratorios superpuestos en Pino Suárez", *Boletín del Instituto Nacional de Antropología e Historia*, Nº 36, México, Junio 1969, pp. 33-37.

Coatlicue. Descubierta al hacerse las excavaciones del "Metro". Escultura azteca. Museo Nacional de Antropología.

Desde que empezaron los trabajos de excavación en la zona de las calles de Pino Suárez y José María Izazaga, para construir la estación Pino Suárez del "Metro", aparecieron estructuras prehispánicas que, con el avance de las obras, se comprobó que pertenecían a un extenso centro ceremonial. De entre ellas cabe destacar, por su importancia arqueológica y arquitectónica, un conjunto de pequeños adoratorios superpuestos y perfectamente conservados, que afortunadamente permanecerán *in situ*, como un elemento decorativo y cultural en el vestíbulo general de dicha estación.

Desde el punto de vista arquitectónico, estas pequeñas estructuras formaban parte de un conjunto bien definido dentro de lo que fuera el centro ceremonial. Estaban colocadas casi al centro de un amplio patio hundido que corría en dirección este-oeste, y su situación no fue escogida al azar, puesto que formaban una verdadera unidad con el resto de los elementos arquitectónicos que componían el pequeño conjunto.

El patio, de buenas proporciones, tenía escalinatas en tres de sus lados (norte, este y oeste), y pequeñas celdas de habitación a todo su alrededor, las cuales se comunicaban entre sí por medio de un paso exterior. Por el lado norte se unía el pequeño conjunto a una gran plataforma que se extendía en dicha dirección. Debe hacerse notar que este esquema de distribución alrededor de los pequeños adoratorios, se repitió a través de todas las superposiciones que se pudieron comprobar, salvo pequeñas modificaciones que en ningún caso alteran el esquema general...

Junto con las estructuras, hay que hacer mención especial del conjunto de ofrendas que se hallaron relacionadas con ellas y que, en algunos casos, resultaron ser muy importantes. Muchas fueron las que se encontraron relacionadas con los adoratorios y colocadas al pie de las escalinatas que les daban acceso; de ellas la más importante es, sin lugar a dudas, la escultura del dios Ehécatl colocado debajo del arranque de la escalinata de la estructura circular, lo que demuestra que el adoratorio estaba dedicado a este dios. Se trata de una buena pieza en piedra —roca andesítica—, que representa a la deidad en la figura de un ozomatli [mono], con la máscara bucal del dios. Los restos de policromía (la máscara en color rojo y el resto del cuerpo negro, con zonas de rojo y verde), el movimiento que tiene toda ella y su perfecta ejecución, la convierten en una pieza muy importante de la escultura de su época. La escultura del dios Ehécatl, junto con el perfecto estado de conservación de la estructura a él dedicada, hacen de este conjunto uno de los hallazgos más afortunados llevados a cabo hasta la fecha en las obras del rescate arqueológico del "Metro".

4) TESTIMONIOS DE CONQUISTADORES QUE CONTEMPLARON ALGO DE LA REALIDAD DEL MUNDO AZTECA

Aunque en menor grado que las fuentes indígenas y los hallazgos de la arqueología, también los testimonios de algunos de los conquistadores hispanos, aportan elementos dignos de tomarse en cuenta en cualquier intento de evaluar la significación cultural de los fundadores de México-Tenochtitlan. Parece conveniente, por tanto, llamar la atención del lector sobre este punto. Con este fin incluimos aquí algunas páginas tomadas de las Cartas de Relación *de Hernán Cortés, de la* Historia verdadera de la conquista de la Nueva España *por Bernal Díaz del Castillo, de la* Relación *de Andrés de Tapia, de la* Crónica *que escribió Francisco de Aguilar, al igual que de las noticias que consignó el que se conoce como el Conquistador anónimo.*

a) *Un testimonio de Hernán Cortés* [17]

De la segunda carta de relación que dirigió Hernán Cortés a Carlos V, fechada el 30 de octubre de 1520, procede la descripción, que en seguida transcribimos, de "la gran cibdad de Temixtitán". Superfluo resulta ponderar la importancia que puede concederse a esta pintura que esbozó Cortés de la ciudad, antes de su asedio y final destrucción.

Porque para dar cuenta, muy poderoso señor, a vuestra real excelencia, de la grandeza, extrañas y maravillosas cosas de esta gran ciudad de Temixtitan, del señorío y servicio de este Mutezuma, señor de ella, y de los ritos y costumbres que esta gente tiene, y de la orden que en la gobernación, así de esta ciudad como de las otras que eran de este señor, hay, sería menester mucho tiempo y ser muchos relatores y muy expertos; no podré

[17] Hernán Cortés, *Cartas y documentos*, Introducción de Mario Hernández Sánchez-Barba, México, Editorial Porrúa, 1963, pp. 71-76.

yo decir de cien partes una, de las que de ellas se podrían decir, mas como pudiere diré algunas cosas de las que vi, que aunque mal dichas, bien sé que serán de tanta admiración que no se podrán creer, porque los que acá con nuestros propios ojos las vemos, no las podemos con el entendimiento comprender. Pero puede vuestra majestad ser cierto que si alguna falta en mi relación hubiere, que será antes por corto que por largo, así en esto como en todo lo demás de que diere cuenta a vuestra alteza, porque me parecía justo a mi príncipe y señor, decir muy claramente la verdad sin interponer cosas que la disminuyan y acrecienten.

Antes que comience a relatar las cosas de esta gran ciudad y las otras que en este capítulo dije, me parece, para que mejor se puedan entender, que débese decir la manera de México, que es donde esta ciudad y algunas de las otras que he hecho relación están fundadas, y donde está el principal señorío de este Mutezuma. La cual dicha provincia es redonda y está toda cercada de muy altas y ásperas sierras, y lo llano de ella tendrá en torno hasta setenta leguas, y en el dicho llano hay dos lagunas que casi lo ocupan todo, porque tienen canoas en torno más de cincuenta leguas. Y la una de estas dos lagunas es de agua dulce, y la otra, que es mayor, es de agua salada. Divídelas por una parte una cuadrillera pequeña de cerros muy altos que están en medio de esta llanura, y al cabo se van a juntar las dichas lagunas en un estrecho de llano que entre estos cerros y las sierras altas se hace. El cual estrecho tendrá un tiro de ballesta, y por entre una laguna y la otra, y las ciudades y otras poblaciones que están en las dichas lagunas, contratan las unas con las otras en sus canoas por el agua, sin haber necesidad de ir por la tierra. Y porque esta laguna salada grande crece y mengua por sus mareas según hace la mar todas las crecientes, corre el agua de ella a la otra dulce tan recio como si fuese caudaloso río, y por consiguiente a las menguantes va la dulce a la salada.

Esta gran ciudad de Temixtitan está fundada en esta laguna salada, y desde la tierra firme hasta el cuerpo de la dicha ciudad, por cualquiera parte que quisieren entrar a ella, hay dos leguas. Tiene cuatro entradas, todas de calzada hecha a mano, tan ancha como dos lanzas jinetas. Es tan grande la ciudad como Sevilla y Córdoba. Son las calles de ella, digo las principales, muy anchas y muy derechas, y algunas de éstas y todas las demás son la mitad de tierra y por la otra mitad es agua, por la cual andan en sus canoas, y todas las calles de trecho a trecho están abiertas por do atraviesa el agua de las unas a las otras, y en todas estas aberturas, que algunas son muy anchas, hay sus puentes de muy anchas y muy grandes vigas, juntas y recias y bien labradas, y tales, que por muchas de ellas pueden pasar diez de a caballo juntos a la par. Y viendo que si los naturales de esta ciudad quisiesen hacer alguna traición, tenían para ello mucho aparejo, por ser la dicha ciudad edificada de la manera que digo, y quitadas las puentes de las entradas y salidas, nos podrían dejar morir de hambre sin que pudiésemos salir a la tierra. Luego que entré en la dicha ciudad di mucha prisa en hacer cuatro bergantines, y los hice en muy breve tiempo, tales que podían echar trescientos hombres en la tierra y llevar los caballos cada vez que quisiésemos.

Tiene esta ciudad muchas plazas, donde hay continuo mercado y trato de comprar y vender. Tiene otra plaza tan grande como dos veces la ciudad de Salamanca, toda cercada de portales alrededor, donde hay cotidianamente arriba de sesenta mil ánimas comprando y vendiendo; donde hay todos los géneros de mercadurías que en todas las tierras se hallan, así de mantenimientos como de vituallas, joyas de oro y plata, de plomo, de latón, de cobre, de estaño, de piedras, de huesos, de conchas, de caracoles y de plumas. Véndese cal, piedra labrada y por labrar, adobes, ladrillos, madera labrada y por labrar de diversas maneras. Hay calle de caza donde venden todos los linajes de aves que hay en la tierra, así como gallinas, perdices, codornices, lavancos, dorales, zarcetas, tórtolas, palomas, pajaritos en cañuela, papagayos, búharos, águilas, halcones, gavilanes y cernícalos; y de algunas de estas aves de rapiña, venden los cueros con su pluma y cabezas y pico y uñas.

Venden conejos, liebres, venados y perros pequeños, que crían para comer, castrados. Hay calle de herbolarios, donde hay todas las raíces y hierbas medicinales que en la tierra se hallan. Hay casas como de boticarios donde se venden las medicinas hechas, así potables como ungüentos y emplastos. Hay casas como de barberos, donde lavan y rapan las cabezas. Hay casas donde dan de comer y beber por precio. Hay hombres como los que llaman en Castilla ganapanes, para traer cargas. Hay mucha leña, carbón, braseros de barro y esteras de muchas maneras para camas, y otras más delgadas para asiento y esterar salas y cámaras. Hay todas las maneras de verduras que se hallan, especialmente cebollas, puerros, ajos, mastuerzo, berros, borrajas, acederas y cardos y tagarninas. Hay frutas de muchas maneras, en que hay cerezas y ciruelas, que son semejables a las de España. Venden miel de abejas y cera y miel de cañas de maíz, que son tan melosas y dulces como las de azúcar, y miel de unas plantas que llaman en las otras islas maguey, que es muy mejor que arrope, y de estas plantas hacen azúcar y vino, que asimismo venden. Hay a vender muchas maneras de hilados de algodón de todos colores, en sus madejicas, que parece propiamente alcaicería de Granada en las sedas, aunque esto otro es en mucha más cantidad. Venden colores para pintores, cuantos se pueden hallar en España, y de tan excelentes matices cuanto pueden ser. Venden cueros de venado con pelo y sin él, teñidos blancos y de diversos colores. Venden mucha loza en gran manera muy buena, venden muchas vasijas de tinajas grandes y pequeñas, jarros, ollas, ladrillos y otras infinitas maneras de vasijas, todas de singular barro, todas o las más, vidriadas y pintadas.

Venden mucho maíz en grano y en pan, lo cual hace mucha ventaja, así en el grano como en el sabor, a todo lo de las otras islas y tierra firme. Venden pasteles de aves y empanadas de pescados. Venden mucho pescado fresco y salado, crudo y guisado. Venden huevos de gallinas y de ánsares, y de todas las otras aves que he dicho, en gran cantidad; venden tortillas de huevos hechas. Finalmente, que en los dichos mercados se venden todas cuantas cosas se hallan en toda la tierra, que demás de las que he dicho, son tantas y de tantas calidades, que por la prolijidad y por no me ocurrir tantas a la memoria, y aun por no saber poner los nombres, no las expreso. Cada género de mercaduría se vende en su calle, sin que entremetan otra mercaduría ninguna, y en esto tienen mucha orden. Todo se vende por cuenta y medida, excepto que hasta ahora no se ha visto vender cosa alguna por peso.

Hay en esta gran plaza una gran casa modo de audiencia, donde están siempre sentadas diez o doce personas que son jueces y libran todos los casos y cosas que en el dicho mercado acaecen, y mandan castigar los delincuentes. Hay en la dicha plaza otras personas que andan continuo entre la gente, mirando lo que se vende y las medidas con que miden lo que venden; y se ha visto quebrar alguna que estaba falsa.

Hay en esta gran ciudad muchas mezquitas o casas de sus ídolos de muy hermosos edificios, por las colaciones y barrios de ella, y en las principales de ella hay personas religiosas de su secta, que residen continuamente en ellas, para los cuales, demás de las casas donde tienen los ídolos, hay buenos aposentos. Todos estos religiosos visten de negro y nunca cortan el cabello, ni lo peinan desde que entran en la región hasta que salen, y todos los hijos de las personas principales, así señores como ciudadanos honrados, están en aquellas religiones y hábito desde edad de siete u ocho años hasta que los sacan para los casar, y esto más acaece en los primogénitos que han de heredar las casas, que en los otros. No tienen acceso a mujer ni entra ninguna en las dichas casas de religión. Tienen abstinencia en no comer ciertos manjares, y más en algunos tiempos del año que no en los otros; y entre estas mezquitas hay una que es la principal, que no hay lengua humana que sepa explicar la grandeza y particularidades de ella, porque es tan grande que dentro del circuito de ella, que es todo cercado de muro muy alto, se podía muy bien hacer una villa de quinientos vecinos; tiene dentro de este circuito, todo a la redonda, muy gentiles aposentos en que hay muy gran-

Mujer azteca de noble linaje. Museo Nacional de Antropología.

des salas y corredores donde se aposentan los religiosos que allí están. Hay bien cuarenta torres muy altas y bien obradas, que la mayor tiene cincuenta escalones para subir al cuerpo de la torre; la más principal es más alta que la torre de la iglesia mayor de Sevilla. Son tan bien labradas, así de cantería como de madera, que no pueden ser mejor hechas ni labradas en ninguna parte, porque toda la cantería de dentro de las capillas donde tienen los ídolos, es de imaginería y zaquizamíes, y el maderamiento es todo de masonería y muy pintado de cosas de monstruos y otras figuras y labores. Todas estas torres son enterramiento de señores, y las capillas que en ellas tienen son dedicadas cada una a su ídolo, a que tienen devoción.

Hay tres salas dentro de esta gran mezquita, donde están los principales ídolos, de maravillosa grandeza y altura, y de muchas labores y figuras esculpidas, así en la cantería como en el maderamiento, y dentro de estas salas están otras capillas que las puertas por do entran a ellas son muy pequeñas, y ellas asimismo no tienen claridad alguna, y allí no están sino aquellos religiosos, y no todos, y dentro de éstas están los bultos y figuras de los ídolos, aunque, como he dicho, de fuera hay también muchos. Los más principales de estos ídolos, y en quien ellos más fe y creencia tenían, derroqué de sus sillas y los hice hechar por las escaleras abajo e hice limpiar aquellas capillas donde los tenían, porque todas estaban llenas de sangre que sacrifican, y puse en ellas imágenes de Nuestra Señora y de otros santos, que no poco el dicho Mutezuma y los naturales sintieron; los cuales primero me dijeron que no lo hiciese, porque si se sabía por las comunidades se levantarían contra mí, porque tenían que aquellos ídolos les daban todos los bienes temporales, y que dejándolos maltratar, se enojarían y no les darían nada, y les sacarían los frutos de la tierra y moriría la gente de hambre. Yo les hice entender con las lenguas cuán engañados estaban en tener su esperanza en aquellos ídolos, que eran hechos por sus manos, de cosas no limpias, y que habían de saber que había un solo Dios, universal Señor de todos, el cual había criado el cielo y la tierra y todas las cosas, y que hizo a ellos y a nosotros, y que Este era sin principio e inmortal, y que a El habían de adorar y creer y a no a otra criatura ni cosa alguna, y les dije todo lo demás que yo en este caso supe, para los desviar de sus idolatrías y atraer al conocimiento de Dios Nuestro Señor; y todos, en especial el dicho Mutezuma, me respondieron que ya me habían dicho que ellos no eran naturales de esta tierra, y que había muchos tiempos que sus predecesores habían venido a ella, y que bien creían que podrían estar errados en algo de aquello que tenían, por haber tanto tiempo que salieron de su naturaleza, y que yo, como más nuevamente venido, sabría las cosas que debían tener y creer mejor que no ellos; que se las dijese e hiciese entender, que ellos harían lo que yo les dijese que era lo mejor. Y el dicho Mutezuma y muchos de los principales de la ciudad dicha, estuvieron conmigo hasta quitar los ídolos y limpiar las capillas y poner las imágenes, y todo con alegre semblante, y les defendí que no matasen criaturas a los ídolos, como acostumbraban, porque, demás de ser muy aborrecible a Dios, vuestra sacra majestad por sus leyes lo prohibe, y manda que el que matare lo maten. Y de ahí adelante se apartaron de ello, y en todo el tiempo que yo estuve en la dicha ciudad, nunca se vio matar ni sacrificar criatura alguna.

Los bultos y cuerpos de los ídolos en quien estas gentes creen, son de muy mayores estaturas que el cuerpo de un gran hombre. Son hechos de masa de todas las semillas y legumbres que ellos comen, molidas y mezcladas unas con otras, y amásanlas con sangre de corazones de cuerpos humanos, los cuales abren por los pechos, vivos, y les sacan el corazón, y de aquella sangre que sale de él, amasan aquella harina, y así hacen tanta cantidad cuanta basta para hacer aquellas estatuas grandes. Y también, después de hechas, les ofrecían más corazones, que asimismo les sacrificaban, y les untaban las caras con la sangre. Y a cada cosa tienen su ídolo dedicado, al uso de los gentiles, que antiguamente honraban a sus dioses. Por manera que para pedir favor para la guerra tienen un ídolo, y para sus labranzas otro, y así para cada cosa de las que ellos quieren o desean que se hagan bien, tienen sus ídolos a quien honran y sirven.

Hay en esta gran ciudad muchas casas muy buenas y muy grandes, y la causa de haber tantas casas principales es que todos los señores de la tierra, vasallos del dicho Mutezuma, tienen sus casas en la dicha ciudad y residen en ella cierto tiempo del año, y demás de esto hay en ella muchos ciudadanos ricos que tienen asimismo muy buenas casas. Todos ellos, demás de tener muy grandes y buenos aposentamientos, tienen muy gentiles vergeles de flores de diversas maneras, así en los aposentamientos altos como bajos. Por la una calzada que a esta gran ciudad entra vienen dos caños de argamasa, tan anchos como dos pasos cada uno, y tan altos como un estado, y por el uno de ellos viene un golpe de agua dulce muy buena, del gordor de un cuerpo de hombre, que va a dar al cuerpo de la ciudad, de que se sirven y beben todos. El otro, que va vacío, es para cuando quieren limpiar el otro caño, porque echan por allí el agua en tanto que se limpia; y el agua ha de pasar por los puentes a causa de las quebradas por do atraviesa el agua salada, echan la dulce por unas canales gruesas como un buey, que son de la longura de las dichas puentes, y así se sirve la ciudad.

Traen a vender el agua por canoas por todas las calles, y la manera de como la toman del caño es que llegan las canoas debajo de las puentes, por do están las canales, y de allí hay

177

hombres en lo alto que hinchen las canoas, y les pagan por ello su trabajo. En todas las entradas de la ciudad, y en las partes donde descargan las canoas, que es donde viene la más cantidad de los mantenimientos que entran en la ciudad, hay chozas hechas donde están personas por guardas y que reciben *certum quid* de cada cosa que entra. Esto no sé si lo lleva el señor o si es propio para la ciudad, porque hasta ahora no lo he alcanzado; pero creo que para el señor, porque en otros mercados de otras provincias se ha visto coger aquel derecho para el señor de ellas. Hay en todos los mercados y lugares públicos de la dicha ciudad, todos los días, muchas personas, trabajadores y maestros de todos oficios, esperando quien los alquile por sus jornales.

La gente de esta ciudad es de más manera y primor en su vestir y servicio que no la otra de estas otras provincias y ciudades, porque como allí estaba siempre este señor Mutezuma, y todos los señores sus vasallos ocurrían siempre a la ciudad, había en ellas más manera y policía en todas las cosas. Y por no ser más prolijo en la relación de las cosas de esta gran ciudad, aunque no acabaría tan aína, no quiero decir más sino que en su servicio y trato de la gente de ella hay la manera casi de vivir que en España, y con tanto concierto y orden como allá, y que considerando esta gente ser bárbara y tan apartada del conocimiento de Dios y de la comunicación de otras naciones de razón, es cosa admirable ver la que tienen en todas las cosas.

b) *Un testimonio de Bernal Díaz del Castillo* [18]

Al igual que las clásicas páginas que escribió Bernal Díaz del Castillo sobre el tianguis *o mercado de Tlatelolco, son de sumo interés las noticias que incluyó en su* Historia *acerca del que llamó "el gran cu de Uichilobos", en el recinto del templo mayor de México. Mezcla de admiración y de no velada repugnancia había en los recuerdos del que quiso poner por escrito aquello que con sus propios ojos había contemplado. Conviene destacar, como asunto de particular interés, la consideración que hace Bernal para explicar cómo supo que, en los cimientos del gran templo, había oro, plata y piedras preciosas. Destruida la ciudad, nos dice, tras la derrota final de los aztecas, al repartirse los solares para las nuevas edificaciones, se hicieron excavaciones y*

[18] Bernal Díaz del Castillo, *Historia verdadera de la conquista de la Nueva España*, introducción y notas de Joaquín Ramírez Cabañas, 2 vols., México, Editorial Porrúa, 1955, t. I, capítulo XCII, pp. 280-284.

*entonces salió a luz no poco de lo que ocultaban los templos
y monumentos indígenas.*

Y así como llegamos salió Montezuma de un adoratorio, adonde
estaban sus malditos ídolos, que era en lo alto del gran *cu*, y
vinieron con él dos *papas*, y con mucho acato que hicieron a Cortés y a todos nosotros, le dijo: "Cansado estaréis, señor Malinche,
de subir a este nuestro gran templo." Y Cortés le dijo con nuestras
lenguas, que iban con nosotros, que él ni nosotros no nos cansábamos en cosa ninguna. Y luego le tomó por la mano y le dijo
que mirase su gran ciudad y todas las más ciudades que había
dentro en el agua, y otros muchos pueblos alrededor de la misma
laguna, en tierra; y que si no había visto muy bien su gran
plaza, que desde allí la podría ver muy mejor, y así lo estuvimos
mirando, porque desde aquel grande y maldito templo estaba
tan alto que todo lo señoreaba muy bien; y de allí vimos las tres
calzadas que entran en México, que es la de Iztapalapa, que fue
por la que entramos cuatro días había, y la de Tacuba, que
fue por donde después salimos huyendo la noche de nuestro
gran desbarate, cuando Cuedlabaca, nuevo señor, nos echó de la
ciudad, como adelante diremos, y la de Tepeaquilla. Y veíamos
el agua dulce que venía de Chapultepec, de que se proveía la
ciudad, y en aquellas tres calzadas, las puentes que tenía hechas
de trecho a trecho, por donde entraba y salía el agua de la laguna de una parte a otra; y veíamos en aquella gran laguna tanta
multitud de canoas, unas que venían con bastimentos y otras
que volvían con cargas y mercaderías; y veíamos que cada casa
de aquella gran ciudad, y de todas las más ciudades que estaban
pobladas en el agua, de casa a casa no se pasaba sino por unas
puentes levadizas que tenían hechas de madera, o en canoas; y
veíamos en aquellas ciudades *cúes* y adoratorios a manera de
torres y fortalezas, y todas blanqueando, que era cosa de admiración, y las casas de azoteas, y en las calzadas otras torrecillas y
adoratorios que eran, como fortalezas. Y después de bien mirado
y considerado todo lo que habíamos visto, tornamos a ver la gran
plaza y la multitud de gente que en ella había, unos comprando
y otros vendiendo, que solamente el rumor y zumbido de las
voces y palabras que allí había sonaba más que de una legua, y
entre nosotros hubo soldados que habían estado en muchas
partes del mundo, y en Constantinopla, y en toda Italia y Roma,
y dijeron que plaza tan bien compasada y con tanto concierto y
tamaña y llena de tanta gente no la habían visto.

Dejemos esto y volvamos a nuestro capitán, que dijo a fray Bartolomé de Olmedo, ya otras veces por mí memorado, que allí se halló: "Paréceme, señor Padre, que será bien que demos un tiento a Montezuma sobre que nos deje hacer aquí nuestra iglesia." Y el Padre dijo que será bien, si aprovechase: mas que le parecía que no era cosa convenible hablar en tal tiempo; que no veía a Montezuma de arte que en tal cosa concediese. Y luego nuestro Cortés dijo a Montezuma, con doña Marina, la lengua: "Muy gran señor es vuestra merced, y de mucho más es merecedor; hemos holgado de ver vuestras ciudades; lo que os pido por merced, que pues que estamos aquí, en vuestro templo, que nos mostréis vuestros dioses y *teules.*" Y Montezuma dijo que primero hablaría con sus grandes *papas.* Y luego que con ellos hubo hablado dijo que entrásemos en una torrecilla y apartamiento a manera de sala, donde estaban dos como altares, con muy ricas tablazones encima del techo, y en cada altar estaban dos bultos, como de gigante, de muy altos cuerpos y muy gordos, y el primero, que estaba a mano derecha, decían que era el de Uichilobos, su dios de la guerra, y tenía la cara y rostro muy ancho y los ojos disformes y espantables; en todo el cuerpo tanta de la pedrería y oro y perlas y aljófar pegado con engrudo, que hacen en esta tierra de unas como raíces, que todo el cuerpo y cabeza estaba lleno de ello, y ceñido el cuerpo unas a manera de grandes culebras hechas de oro y pedrería, y en una mano tenía un arco y en otra unas flechas. Y otro ídolo pequeño que allí junto a él estaba, que decían que era su paje, le tenía una lanza no larga y una rodela muy rica de oro y pedrería; y tenía puesto al cuello el Uichilobos unas caras de indios y otros como corazones de los mismos indios, y éstos de oro y de ellos de plata, con mucha pedrería azules; y estaban allí unos braseros con incienso, que es su copal, y con tres corazones de indios que aquel día habían sacrificado y se quemaban, y con el humo y copal le habían hecho aquel sacrificio. Y estaban todas las paredes de aquel adoratorio tan bañado y negro de costras de sangre, y asimismo el suelo, que todo hedía muy malamente. Luego vimos a otra parte, de la mano izquierda, estar el otro gran bulto del altor de Uichilobos, y tenía un rostro como de oso, y unos ojos que le relumbraban, hechos de sus espejos, que se dice *tezcal,* y el cuerpo con ricas piedras pegadas según y de la manera del otro su Uichilobos, porque, según decían, entrambos eran hermanos, y este Tezcatepuca era el dios de los infiernos, y tenía cargo de las ánimas de los mexicanos, y tenía ceñido el cuerpo con unas figuras como diablillos chicos y las colas de ellos como sierpes, y tenía en las paredes tantas costras de sangre y el suelo todo bañado de ello, como en los mataderos de Castilla no había tanto hedor. Y allí le tenían presentado cinco corazones de aquel día sacrificados, y en lo alto de todo el *cu* estaba otra concavidad muy ricamente labrada la madera de ella, y estaba otro bulto como de medio hombre y medio lagarto, todo lleno de piedras ricas y la mitad de él enmantado. Este decían que el cuerpo de él estaba lleno de todas las semillas que había en toda la tierra, y decían que era el dios de las sementeras y frutas; no se me acuerda el nombre, y todo estaba lleno de sangre, así paredes como altar, y era tanto el hedor, que no veíamos la hora de salirnos afuera. Y allí tenían un atambor muy grande en demasía, que cuando le tañían el sonido de él era tan triste y de tal manera como dicen estrumento de los infiernos, y más de dos leguas de allí se oía; decían que los cueros de aquel atambor eran de sierpes muy grandes.

Y en aquella placeta tenían tantas cosas muy diabólicas de ver, de bocinas y trompetillas y navajones, y muchos corazones de indios que habían quemado, con que sahumaban a aquellos sus ídolos, y todo cuajado de sangre. Tenían tanto, que los doy a la maldición; y como todo hedía a carnicería, no veíamos la hora de quitarnos de tal mal hedor y peor vista. Y nuestro capitán dijo a Montezuma, con nuestra lengua, como medio riendo: "Señor Montezuma: no sé yo cómo un tan gran señor y sabio varón como vuestra merced es, no haya colegido en su pensamiento cómo no son estos vuestros ídolos dioses, sino cosas malas, que se llaman diablos, y para que vuestra merced lo conozca y todos sus *papas* lo vean claro, hacedme una merced: que hayáis por bien que en lo alto de esta torre pongamos una cruz, y en una parte de estos adoratorios, donde están vuestros Uichilobos y Tezcatepuca, haremos un aparato donde pongamos una imagen de Nuestra Señora (la cual imagen ya Montezuma la había visto), y veréis el temor que de ello tienen esos ídolos que os tienen engañados." Y Montezuma respondió medio enojado, y dos *papas* que con él estaban mostraron malas señales, y dijo: "Señor Malinche: si tal deshonor como has dicho creyera que habías de decir, no te mostrara mis dioses. Estos tenemos por muy buenos, y ellos nos dan salud y aguas y buenas sementeras y temporales y victorias cuantas queremos; y tenémoslos de adorar y sacrificar; lo que os ruego es que no se diga otras palabras en su deshonor." Y desde que aquello le oyó nuestro capitán y tan alterado, no le replicó más en ello, y con cara alegre le dijo: "Hora es que vuestra merced y nosotros nos vamos." Y Montezuma respondió que era bien; y que porque él tenía que rezar y hacer cierto sacrificio en recompensa del gran *tatacul*, que quiere decir pecado, que había hecho en dejarnos subir en su gran *cu*, y ser causa de que nos dejase ver a sus dioses, y del deshonor que les hicimos en decir mal de ellos, que antes que se fuese lo había de rezar y adorar. Y Cortés le dijo: "Pues que así es, perdone, señor."

Y luego nos bajamos las gradas abajo, y como eran ciento y catorce y algunos de nuestros soldados estaban malos de bubas o humores, les dolieron los muslos del bajar. Y dejaré de hablar de su adoratorio y diré lo que me parece del circuito y manera que tenía, y si no lo dijere tan al natural como era, no se maravillen, porque en aquel tiempo tenía otro pensamiento de entender en lo que traíamos entre manos, que es en lo militar y en lo que mi capitán me mandaba, y no en hacer relaciones. Volvamos a nuestra materia. Paréceme que el circuito del gran *cu* sería de seis muy grandes solares de los que dan en esta tierra, y desde abajo hasta arriba, adonde estaba una torrecilla, y allí estaban sus ídolos, va estrechando, y en medio del alto *cu*, hasta lo más alto de él, van cinco concavidades a manera de barbacanas y descubiertas, sin mamparos. Y porque hay muchos *cúes* pintados en reposteros de conquistadores, y en uno que yo tengo, que cualquiera de ellos a quien los han visto podría colegir la manera que tenían por de fuera; mas no lo que yo vi y entendí, y de ello hubo fama en aquellos tiempos que fundaron aquel gran *cu*, en el cimiento de él habían ofrecido de todos los vecinos de aquella gran ciudad oro y plata y aljófar y piedras ricas, y que le habían bañado con mucha sangre de indios que sacrificaron, que habían tomado en las guerras, y de toda manera de diversidad de semillas que había en toda la tierra, porque les diesen sus ídolos victorias y riquezas y muchos frutos.

Dirán ahora algunos lectores muy curiosos que cómo pudimos alcanzar a saber que en cimiento de aquel gran *cu* echaron oro y plata y piedras de *chalchiuis* ricas y semillas, y lo rociaban con sangre humana de indios que sacrificaban, habiendo sobre mil años que se fabricó y se hizo. A esto doy por respuesta que después que ganamos aquella fuerte y gran ciudad y se repartieron los solares, que luego propusimos que en aquel gran *cu* habíamos de hacer la iglesia de nuestro patrón y guiador Señor Santiago, y cupo mucha parte de la del solar del alto *cu* para el solar de la santa iglesia de aquel *cu* de Uichilobos, y cuando abrían los cimientos para hacerlos más fijos, hallaron mucho oro y plata y *chalchiuis* y perlas y aljófar y otras piedras; y asimismo a un vecino de México, que le cupo otra parte del mismo solar, halló lo mismo, y los oficiales de la Hacienda de Su Majestad lo demandaban por de Su Majestad, que les venía de derecho, y sobre ello hubo pleito, y no se me acuerda lo que pasó, mas que se informaron de los caciques y principales de México y [de] Guatemuz, que entonces era vivo, y dijeron que es verdad que todos los vecinos de México de aquel tiempo echaron en los cimientos aquellas joyas y todo lo demás, y que así lo tenían por memoria en sus libros y pinturas de cosas antiguas, y por esta causa aquella riqueza se quedó para la obra de la santa iglesia de Señor Santiago.

c) *Un testimonio de la Relación de Andrés de Tapia* [19]

A éste, que fue capitán en las huestes de Cortés, debemos una breve relación que comprende, desde la salida de la isla de Cuba hasta el momento de la llegada y prisión del enviado de Diego Velázquez, Pánfilo de Narváez. Las páginas que aquí se ofrecen tratan igualmente de lo que en el templo mayor contemplaron los que habían sido recibidos, en calidad de huéspedes, por Motecuhzoma. A Andrés de Tapia interesaron no sólo la grandeza de las edificaciones sino también las formas de culto que allí tenían lugar.

El patio de los ídolos era tan grande que bastaba para casas de cuatrocientos vecinos españoles. En medio dél había una torre que tinie ciento y trece gradas de a más de palmo cada una, e esto era macizo, e encima dos casas de más altor que pica y media, e aquí estaba el ídolo principal de toda la tierra, que era hecho de todo género de semillas, cuantas se pudien haber, e estas molidas e amasadas con sangre de niños e niñas vírgenes, a los cuales mataban abriéndolos por los pechos e sacándoles el corazón e por allí la sangre, e con ella e las semillas hacían cantidad de masa más gruesa que un hombre e tan alta e con sus cerimonias metían por la masa muchas joyas de oro de las que ellos en sus fiestas acostumbraban a traer cuando se ponían muy de fiesta; e ataban esta masa con mantas muy delgadas e hacien desta manera un bulto; e luego hacien cierta agua con cerimonias, la cual con esta masa la metien dentro en esta casa que sobre esta torre estaba, e dicen que desta agua daban a beber al que hacien capitán general cuando lo eligien para alguna guerra o cosa de mucha importancia. Esto metien entre la postrer pared de la torre e otra que estaba delante, e no dejaban entrada alguna, antes parecie no haber allí algo. De fuera de este hueco estaban dos ídolos sobre dos basas de piedra grande, de altor las basas de una vara de medir, e sobre estas dos ídolos de altor de casi tres varas de medir, cada uno; serían de gordor de un buey, cada uno: eran de piedra de grano bruñida, e sobre la piedra cubiertos de nácar, que es conchas en que las perlas se crían, e sobre este nácar pegado con betún, a manera de engrudo, muchas joyas de

[19] "Relación de Andrés de Tapia", *Crónicas de la conquista de México*, Introducción, selección y notas de Agustín Yáñez, México, Biblioteca del Estudiante Universitario, Universidad Nacional, 1950, pp. 69-71.

oro, e hombres e culebras e aves e historias hechas de turquesas pequeñas e grandes, e de esmeraldas, e de amatistas, por manera que todo el nácar estaba cubierto, excepto en algunas partes donde lo dejaban para que hiciese labor con las piedras. Tenían estos ídolos unas culebras gordas de oro ceñidas, e por collares cada diez o doce corazones de hombre, hechos de oro, e por rostro una máscara de oro, e ojos de espejo, e tinie otro rostro en el colodrillo, como cabeza de hombre sin carne. Habrie más de cinco mill hombres para el servicio deste ídolo: eran en ello unos más preeminentes que otros, así en oficio como en vestiduras; tenían su mayor a quien obedecían grandemente, e a este así Muteczuma como todos los demás señores lo tinien en gran veneración. Levantábanse al sacrificio a las doce de la noche en punto: el sacrificio era verter sangre de la lengua e de los brazos e de los muslos, unas veces de una parte y otras de otra, e mojar pajas en la sangre, e la sangre e las pajas ofrecien ante un muy grand fuego de leña de robre, e luego salían a echar enciensoa la torre del ídolo. Estaban frontero de esta torre sesenta o setenta vigas muy altas, hincadas, desviadas de la torre cuanto un tiro de ballesta, puestas sobre un teatro grande, hecho de cal e piedra, e por las gradas dél muchas cabezas de muertos pegadas con cal, e los dientes hacia afuera. Estaba de un cabo e de otro destas vigas dos torres hechas de cal e de cabezas de muertos, sin otra alguna piedra, e los dientes hacia fuera, en lo que se pudie parecer, e las vigas apartadas una de otra poco menos una vara de medir, e desde lo alto dellas fasta abajo puestos palos cuan espesos cabien e en cada palo cinco cabezas de muerto ensartadas por las sienes en el dicho palo: e quien esto escribe, y un Gonzalo de Umbría, contaron los palos que habie, e multiplicando a cinco cabezas cada palo de los que entre viga y viga estaban, como dicho he, hallamos haber ciento treinta y seis mill cabezas, sin las de las torres. Este patio tenía cuatro puertas; en cada puerta un aposento grande, alto, lleno de armas; las puertas estaban a Levante y a Poniente, y al Norte y al Sur.

d) *El testimonio de Francisco de Aguilar* [20]

Francisco de Aguilar, que luchó en la conquista al lado de Cortés, llegó a profesar, después de varios años, como fraile dominico. A él se debe una breve crónica que se conservó con el título de Historia de la Nueva España. *En su libro, dividido en ocho*

[20] Fray Francisco de Aguilar, *Historia de la Nueva España*, edición preparada por Alfonso Teja Zabre, México, ediciones Botas, 1938, pp. 98-100.

jornadas, trata desde la partida de la isla de Cuba hasta la toma de la ciudad de México. Tan sólo de manera escueta menciona algunos otros sucesos posteriores como la salida de Cortés a las Hibueras y la actuación de Nuño de Guzmán en la Nueva Galicia.

El conquistador, que se había convertido en fraile, dedicó también algunas páginas a describir los ritos y formas de adoración de los antiguos mexicanos. Aquí se transcriben los párrafos finales de su obra en los que trata de este tema.

Quiero contar y decir un poco de lo mucho que vi, de las maneras que aquesta gente tenía en adorar y reverenciar a sus dioses, y sus ritos.

Digo, pues, que yo desde muchacho y niño me ocupé en leer y pasar muchas historias y antigüedades persas, griegas, romanas. También he leído los ritos que había en la India de Portugal, y digo cierto que en ninguno de estos he leído ni visto tan abominable modo y manera de servicio y adoración como era las que aquestos hacían al demonio; y para mí tengo que no hubo reino en el mundo donde Dios Nro. Señor fuese tan deservido, y adonde mas se ofendiese que en aquesta tierra, y adonde el demonio fuese tan reverenciado y honrado. Tenían aquestos naturales templos muy grandes, todos cercados con grandes almenas, y en otros tenían aquesta cerca de leños, uno sobre otros, todo en circuito, y de allí ponían fuego y sacrificaban. Tenían grandes torres y encima una casa de oración, y a la entrada de la puerta, un poco antes, tenían puesta una piedra baja, hasta la rodilla, en donde a mujeres o a hombres que hacían sacrificios a sus dioses, les echaban de espaldas, y ellos mismos se estaban quedos, adonde salía un sacerdote con un navajón de piedra que casi no cortaba nada, hecho a manera de hierro de lanza, y luego con aquella navaja le abría por la parte del corazón y se lo sacaba, sin que la persona que era sacrificada dijese palabra; y luego al que o a la que era, así muertos los arrojaban por las escaleras abajo, y lo tomaban y hacían pedazos con gran crueldad, y lo asaban en hornillos y lo comían por manjar muy suave, y de esta manera hacían sacrificios a sus dioses. El dicho sacerdote tomaba el corazón en la mano y entraba en la casa de oración, donde estaban puestos ídolos así de piedra como de madera, con su altar; y de esta manera, con la mano ensangrentaba a sus ídolos y a las esquinas de la dicha casa de oración, y luego salía al oriente donde salía el sol, y hacía lo mismo: volvíase también al occidente, y septentrión y medio día, y hacía lo mismo. Aquestos sacerdotes hacían grandísima penitencia, porque se sangraban de la lengua, y de sus brazos y piernas, y de lo que Dios les dió, hasta desangrarse, y con esta sangre sacrificaban a sus dioses. Andaban muy sucios, tiznados, y muy marchitos y consumidos en los rostros. Traían unos cabellos muy largos hasta abajo, trenzados, que se cubrían con ellos, y así andaban cargados de piojos. No podían llegar a mujeres, porque luego eran muertos por ello. Andaban de noche como estantiguas, en romerías, en cerros, donde tenían sus cues y ídolos, y donde habían casas de su oración.

Toda la gente, así principal como plebeya que entraban a hacer oración a sus dioses, antes que entrasen, en los patios se descalzaban los cacles; y a la puerta de las iglesias todos ellos se sentaban de cloquillas, y con grandísima reverencia estaban sollozando, llorando y pidiendo perdón de sus pecados. Las mujeres traían pancajetes de carne de aves. Traían también frutas, papel de la tierra, y allí unas pinturas. Tengo para mi que pintaban allí sus pecados. Era tan grande el silencio, y el sollozar y llorar, que me ponían espanto y temor. Y ahora, por nuestros pecados, ya siendo cristianos vienen a las iglesias casi todos o muchos de ellos por fuerza, y con muy poca reverencia y temor, parlando y hablando, y al mejor tiempo de la misa saliéndose de ella y del sermón. Por manera que en sus tiempos había gran rigor sobre guardar la honra y ceremonias de sus dioses, y ahora no tienen miedo, ni temor, ni vergüenza. Pudiera decir muchas particularidades y cosas de aquestos; pero por no ser prolijo y porque basta lo dicho, dejo de decirlo.

e) *Un testimonio del Conquistador anónimo* [21]

Al parecer fue Clavijero el primero en llamar, "Conquistador anónimo" al autor de una breve relación que había sido publicada, traducida al italiano, en la obra Delle navigationi et viaggi, *por Juan Bautista Ramusio, en Venecia, 1565. Hasta el presente, no ha podido precisarse quién fue realmente el que escribió esta crónica. Se considera, sin embargo, que hay fundamento para atribuirla a un soldado, compañero de Cortés en la conquista de México.*

Más que recordación de acontecimientos el Conquistador anónimo ofrece en su trabajo una descripción de las muchas

---

[21] Conquistador anónimo, *Relación de las cosas de la Nueva España y de la gran ciudad de Temestitán, México,* escrita por un compañero de Hernán Cortés, México, Editorial América, 1941, pp. 28-30.

cosas que afirma haber visto en la que después se llamó "tierra de la Nueva España". Aquí se incluyen los párrafos en que trata de "las comidas que tenían y usaban" los antiguos mexicanos.

El grano con que hacen el pan es a modo de garbanzo, y lo hay blanco, encarnado, negro y bermejo. Sembrado produce una caña alta como media pica, que echa dos o tres mazorcas, donde está el grano como en el panizo. Para hacer el pan toman una olla grande en que caben cuatro o cinco cántaros de agua, y le ponen fuego debajo hasta que el agua hierve. Entonces retiran el fuego, echan dentro el grano que ellos llaman Tayul y encima añaden un poco de cal para que suelte el hollejo que lo cubre. A otro día, o bien a las tres o cuatro horas cuando ya se ha enfriado, lo lavan muy bien en el río o en las casas con muchas aguas, de manera que viene a quedar muy limpio de toda la cal, y luego lo machacan en unas piedras hechas a propósito. Conforme lo van machacando le echan agua y se va haciendo una pasta, y así moliéndolo y amasándolo a un tiempo, hacen el pan. Lo ponen a cocer en unas como cazuelas grandes, poco mayores que una criba, y según se cuece el pan lo van comiendo, porque es mucho mejor caliente que frío. Tienen también otro modo de prepararlo, y es que hacen unos bollos de aquella masa, los envuelven en hojas, y poniéndolos en una olla grande con alguna agua, los cubren muy bien, de suerte que con el calor y con tenerlos tapados se cuecen. También los guisan en sartenes, con otras cosas que acostumbran comer. Crían muchas gallinas grandes a modo de pavos, muy sabrosas; hay crecido número de codornices, de cuatro o cinco especies, y algunas de ellas son como perdices. También tienen ánades y patos de muchas clases, así domésticos como silvestres, de cuyas plumas hacen sus vestidos para las guerras y fiestas: usan estas plumas para muchas cosas, porque son de diversos colores, y todos los años las quitan a estas aves. Hay también papagayos grandes y pequeños, que los tienen en las casas, y de sus plumas asimismo se aprovechan. Matan para comer un crecido número de ciervos, corzos, liebres y conejos, de que hay gran cantidad en muchas partes. Cultivan diversidad de plantas y hortalizas, a que son muy aficionados, y las comen tanto crudas como en varios guisos. Tienen una como pimienta para condimentar, que llaman chile, y no comen cosa alguna sin ella. Es gente que con muy poco mantenimiento vive, y la que menos come de cuantas hay en el mundo. Sólo los señores se alimentan con gran variedad de viandas, salsas y menestras, tortas y pasteles de todos los animales que tienen, frutas, verduras y pescado, que hay en abundancia. Les disponen todas estas cosas, y se las sirven en platos y escudillas sobre unas esteras de palma muy lindamente labradas, que hay en todos los aposentos, así como sillas para sentarse hechas de diversas maneras, pero tan bajas que no levantan del suelo un palmo. Traen la comida a los señores, juntamente con una toalla de algodón para que se limpien las manos y la boca: los sirven dos o tres maestresalas, y los señores comen de lo que más les agrada, haciendo luego que el sobrante se reparta a los otros señores vasallos suyos que están allí para hacerles corte.

INTERPRETACIONES DE DISTINTOS HISTORIADORES

1) DE LOS SACRIFICIOS HORRIBLES DE HOMBRES QUE USARON LOS MEXICANOS Y, DEL CUIDADO QUE TENÍAN LOS MEXICANOS EN CRIAR LA JUVENTUD

Joseph de Acosta [22]

Los distintos historiadores que han emitido juicios valorativos acerca de lo que fueron los aztecas antes de la Conquista, han atendido a muy diferentes aspectos de su cultura. Así, por ejemplo, algunos investigadores se han fijado, sobre todo, en sus prácticas y creencias religiosas. Otros se han interesado en su prepotencia guerrera o en el análisis de determinadas instituciones como sus sistemas de educación, su organización social y política, sus creaciones artísticas o en la gran capacidad de este pueblo para asimilar diversas formas de herencia cultural. En este capítulo ofrecemos distintas muestras de esas valoraciones dirigidas a buscar la posible significación del período azteca.

Un caso particularmente interesante nos lo proporciona Joseph de Acosta, cuya obra, Historia natural y moral de las Indias *fue publicada en 1590. De ella citamos dos capítulos que conllevan apreciaciones, en un caso, de dura crítica y, en el otro, de admiración y alabanza.*

Del libro V de la Historia natural y moral de las Indias *procede el capítulo 20 en el que, ya desde el mismo título, se hace condenación de aquello a que va a referirse: "De los sacrificios horribles de hombres que usaron los mexicanos." Aquí, una vez más, la explicación que se hace de esta práctica se da acudiendo a la consabida idea del "demonio que tenía ciega a esta gente".*

En manifiesto contraste se halla en cambio lo que escribe Acosta en el capítulo 27 del libro VI a propósito de la educación en el mundo azteca. Apoyado en las noticias que pudo reunir, proporcionadas probablemente por el también jesuita Juan de Tovar, esboza una comprensiva imagen de esas antiguas formas de educación.

Significativo es lo que afirma en el sentido de que nada le ha parecido más digno de alabanza y memoria que el orden que en esto tenían los aztecas. Por eso, al final de este capítulo, se atreve a decir que mucho sería de desear que las autoridades

[22] Joseph de Acosta, *Historia natural y moral de las Indias,* Edición preparada por Edmundo O'Gorman, México, Fondo de Cultura Económica, 1962, pp. 249-252 y 315-316.

virreinales trataran de emular los tiempos antiguos y erigieran centros de educación de tanto provecho como los que antes habían tenido los indígenas.

De los sacrificios horribles de hombres que usaron los mexicanos

Aunque en el matar niños y sacrificar sus hijos, los del Pirú se aventajaron a los de México, porque no he leído ni entendido que usasen esto los mexicanos, pero en el número de los hombres que sacrificaban y en el modo horrible con que lo hacían, excedieron éstos a los del Pirú, y aun a cuantas naciones hay en el mundo. Y para que se vea la gran desventura, en que tenía ciega esta gente el demonio, referiré por extenso el uso inhumano que tenían en esta parte. Primeramente los hombres que se sacrificaban eran habidos en guerra, y si no era de cautivos, no hacían estos solemnes sacrificios, que parece siguieron en esto el estilo de los antiguos, que según quieren decir autores, por eso llamaban *víctima* al sacrificio, porque era de cosa vencida, como también la llamaba *hostia, quasi ab hoste,* porque era ofrenda hecha de sus enemigos, aunque el uso fue extendiendo el un vocablo y el otro a todo género de sacrificio. En efecto, los mexicanos no sacrificaban a sus ídolos, sino sus cautivos; y por tener cautivos para sus sacrificios, eran sus ordinarias guerras. Y así, cuando peleaban unos y otros, procuraban haber vivos a sus contrarios, y prenderlos y no matallos, por gozar de sus sacrificios, y esta razón dió Moctezuma al Marqués del Valle, cuando le preguntó cómo siendo tan poderoso y habiendo conquistado tantos reinos, no había sojuzgado la provincia de Tlascala, que tan cerca estaba. Respondió a esto Moctezuma que por dos causas no habían allanado aquella provincia, siéndoles cosa fácil de hacer, si lo quisieran. La una era por tener en qué ejercitar la juventud mexicana para que no se criase en ocio y regalo; la otra y principal, que había reservado aquella provincia para tener de donde sacar cautivos que sacrificar a sus dioses. El modo que tenían en estos sacrificios era que en aquella palizada de calaveras que se dijo arriba, juntaban los que habían de ser sacrificados, y hacíase al pie de esta palizada una ceremonia con ellos, y era que a todos los ponían en hilera, al pie de ella, con mucha gente de guardia que los cercaba. Salía luego un sacerdote vestido con una alba corta llena de flecos por la orla, y descendía de lo alto del templo con un ídolo hecho de masa de bledos y maíz, amasado con miel, que tenía los ojos de unas cuentas verdes y los dientes de granos de maíz, y venía con toda la priesa que podía por las gradas del templo abajo, y subía por encima de una gran piedra que estaba fijada en un muy alto humilladero, en medio del patio. Llamábase la piedra *quauhxicalli,* que quiere decir la piedra del águila. Subiendo el sacerdote por una escalerilla que estaba enfrente del humilladero, y bajando por otra que estaba de la otra parte, siempre abrazado con su ídolo, subía adonde estaban los que se habían de sacrificar, y desde un lado hasta otro iba mostrando aquel ídolo a cada uno en particular, y diciéndoles: "Este es vuestro dios." Y en acabando de mostrárselo, descendía por el otro lado de las gradas, y todos los que habían de morir se iban en procesión hasta el lugar donde habían de ser sacrificados, y allí hallaban aparejados los ministros que los habían de sacrificar. El modo ordinario del sacrificio era abrir el pecho al que sacrificaban, y sacándole el corazón medio vivo, al hombre lo echaban a rodar por las gradas del templo, las cuales se bañaban en sangre. Lo cual para que se entienda mejor, es de saber que al lugar del sacrificio salían seis sacrificadores constituídos en aquella dignidad; los cuatro para tener los pies y manos del que había de ser sacrificado, y otro para la garganta, y otro para cortar el pecho y sacar el corazón del sacrificado. Llamaban a éstos *chachalmua,* que en nuestra lengua es lo mismo que ministro de cosa sagrada; era esta una dignidad suprema, y entre ellos tenida en mucho, la cual se heredaba como cosa de mayorazgo. El ministro que tenía oficio de matar, que era el sexto de éstos, era tenido y reverenciado como supremo sacerdote o pontífice, el nombre del cual era diferente, según la diferencia de los tiempos y solemnidades en que sacrificaba; asimismo eran diferentes las vestiduras cuando salían a ejercitar su oficio en diferentes tiempos. El hombre de su dignidad era *papa* y *topilzin;* el traje y ropa era una cortina colorada a manera de dalmática, con unas flocaduras por orla; una corona de plumas ricas verdes y amarillas en la cabeza, y en las orejas unos como sarcillos de oro, engastadas en ellos unas piedras verdes, y debajo del labio, junto al medio de la barba, una pieza como cañutillo de una piedra azul. Venían estos seis sacrificadores, el rostro y las manos untados de negro muy atezado; los cinco traían unas cabelleras muy encrespadas y revueltas, con unas vendas de cuero ceñidas por medio de las cabezas, y en la frente traían unas rodelas de papel, pequeñas, pintadas de diversos colores, vestidos con unas dalmáticas blancas labradas de negro. Con este atavío se revestía en la misma figura del demonio, que verlos salir con tan mala catadura ponía grandísimo miedo a todo el pueblo. El supremo sacerdote traía en la mano un gran cuchillo de pedernal, muy agudo y ancho; otro sacerdote traía un collar de palo labrado a manera de una culebra. Puestos todos seis ante el ídolo, hacían su humillación, y poníanse en orden junto a la piedra piramidal que arriba se dijo que estaba frontero de la puerta de la cámara del ídolo. Era tan puntiaguda esta piedra, que echado de espaldas sobre ella el que había de ser sacrificado, se doblaba de tal suerte que dejando caer el cuchillo sobre el pecho, con mucha facilidad se abría un hombre por medio. Después de puestos en orden estos sacrificadores, sacaban todos los que habían preso en las guerras, que en esta fiesta habían de ser sacrificados, y muy acompañados de gente de guardia, subíanlos en aquellas largas escaleras, todos en renglera y desnudos en carnes, al lugar donde estaban apercebidos los ministros, y en llegando, cada uno por su orden los seis sacrificadores lo tomaban uno de un pie y otro del otro, uno de una mano y otro de otra, y lo echaban de espaldas encima de aquella piedra puntiaguda, donde el quinto de estos ministros le echaba el collar a la garganta y el sumo sacerdote le abría el pecho con aquel cuchillo, con una presteza extraña, arrancándole el corazón con las manos, y así vaheando se lo mostraba al sol, a quien ofrecía aquel calor y vaho del corazón, y luego volvía al ídolo y arrojábaselo al rostro; y luego el cuerpo del sacrificado le echaban rodando por las gradas del templo con mucha facilidad, porque estaba la piedra puesta tan junto a las gradas que no había dos pies de espacio entre la piedra y el primer escalón, y así con un puntapié, echaban los cuerpos por las gradas abajo. Y de esta suerte sacrificaban todos los que había, uno por uno, y después de muertos y echados abajo los cuerpos, los alzaban los dueños, por cuyas manos habían sido presos y se los llevaban, y repartíanlos entre sí, y se los comían, celebrando con ellos solemnidad, los cuales por pocos que fuesen siempre pasaban de cuarenta y cincuenta porque había hombres muy diestros en cautivar. Lo mismo hacían todas las demás naciones comarcanas, imitando a los mexicanos en sus ritos y ceremonias, en servicio de sus dioses.

Del cuidado grande y policía que tenían los mexicanos en criar la juventud

Ninguna cosa más me ha admirado ni parecido más digna de alabanza y memoria, que el cuidado y orden que en criar sus hijos tenían los mexicanos. Porque entendiendo bien que en la crianza e institución de la niñez y juventud consiste toda la buena esperanza de una república (lo cual trata Platón largamente en sus libros de *legibus*) dieron en apartar sus hijos de regalo y libertad, que son las dos pestes de aquella edad, y en ocupallos en ejercicios provechosos y honestos. Para este efecto había en los templos, casa particular de niños, como escuela o pupilaje, distinto de los mozos y mozas del templo, de que se trató largamente en su lugar.

Había en los dichos pupilajes o escuelas, gran número de muchachos, que sus padres voluntariamente llevaban allí, los cuales tenían ayos y maestros que les enseñaban e industriaban en loables ejercicios: a ser bien criados, a tener respeto a los mayores, a servir y obedecer, dándoles documentos para ello; para que fuesen agradables a los señores, enseñábanles a cantar y danzar, industriábanlos en ejercicios de guerra, como tirar una flecha, fisga o vara tostada, a puntería, a mandar bien una rodela y jugar la espada. Hacíanles dormir mal y comer peor, porque desde niños se hiciesen al trabajo y no fuese gente regalada. Fuera del común número de estos muchachos, había en los mismos recogimientos otros hijos de señores y gente noble, y éstos tenían más particular tratamiento: traíanles de sus casas la comida; estaban encomendados a viejos y ancianos que mirasen por ellos, de quien continuamente eran avisados y amonestados a ser virtuosos y vivir castamente, a ser templados en el comer, y a ayunar, a moderar el paso, y andar con reposo y mesura. Usaban probarlos en algunos trabajos y ejercicios pesados. Cuando estaban ya criados, consideraban mucho la inclinación que en ellos había: al que veían inclinado a la guerra, en teniendo edad le procuraban ocasión en que proballe: a los tales, so color de que llevasen comida y bastimentos a los soldados, los enviaban a la guerra, para que allá viesen lo que pasaba y el trabajo que se padecía, y para que así perdiesen el miedo; muchas veces les echaban unas cargas muy pesadas, para que mostrando ánimo en aquello, con más facilidad fuesen admitidos a la compañía de los soldados. Así acontecía ir con carga al campo, y volver capitán con insignia de honra; otros se querían señalar tanto, que quedaban presos o muertos, y por peor tenían quedar presos, y así se hacían pedazos por no ir cautivos en poder de sus enemigos. Así que los que a esto se aplicaban, que de ordinario eran los hijos de gente noble y valerosa, conseguían su deseo. Otros que se inclinaban a cosas del templo y por decirlo a nuestro modo a ser eclesiásticos, en siendo de edad los sacaban de la escuela, y los ponían en los aposentos del templo, que estaban para religiosos, poniéndoles también sus insignias de eclesiásticos, y allí tenían sus perlados y maestros que les enseñaban todo lo tocante a aquel ministerio, y en el ministerio que se dedicaban, en él habían de permanecer. Gran orden y concierto era este de los mexicanos, en criar sus hijos, y si agora se tuviese el mismo orden en hacer casas y seminarios donde se criasen estos muchachos, sin duda florecería mucho la cristiandad de los indios. Algunas personas celosas lo han comenzado, y el Rey y su Consejo han mostrado favorecerlo; pero como no es negocio de interés, va muy poco a poco y hácese fríamente. Dios nos encamine para que siquiera nos sea confusión lo que en su perdición hacían los hijos de tinieblas, y los hijos de luz no se queden tanto atrás en el bien.

2) SOBRE LAS ARTES DE LOS MEXICANOS

Francisco Xavier Clavijero [23]

Además de su Historia Antigua de México, *entre otras cosas escribió Clavijero una serie de* Disertaciones *en las que precisamente se ocupó en destacar algo de lo que fue la cultura en el mundo indígena prehispánico. Uno de los motivos principales que tuvo al preparar sus* Disertaciones *fue refutar los infundios que habían expresado sobre los pueblos nativos de América varios escritores europeos. De modo muy especial se propuso mostrar los errores en que habían incurrido historiadores y filósofos como el inglés Robertson y el prusiano Paw.*

En la Disertación V trata Clavijero de diversas formas de conocimiento y artes que fueron posesión de los antiguos mexicanos. Aquí transcribimos las páginas que dedica a lo que fue la arquitectura de los aztecas. En lo que Clavijero expone sobre esta materia hay implícitamente un juicio sobre la significación cultural del mundo azteca. De hecho, al comparar las creaciones de los antiguos mexicanos con las de pueblos del Viejo Mundo, Clavijero insiste en ponderar el refinamiento de los indígenas y sus logros dignos de admiración.

Después de haber hecho Paw una ignominiosa descripción del reino del Perú y de la barbarie de sus habitantes, habla del de México, *de cuyo estado, dice,*[24] *se han contado tantas falsedades y maravillas como del Perú; pero lo cierto es,* añade, *que estas dos naciones eran casi iguales, ya se coteje su policía, ya se consideren sus artes e instrumentos. La agricultura estaba entre ellos abandonada, y la arquitectura era también mezquina; sus pinturas eran groseras y sus artes muy imperfectas; sus fortificaciones, palacios y templos son meras ficciones de los españoles.* "Si los mexicanos, dice, hubieran tenido fortificaciones, se hubieran puesto a cubierto de los mosquetes, y aquellos seis mezquinos cañones de fierro que llevó consigo Cortés, no hubieran arruinado en un momento tantos baluartes y trincheras... Las paredes de

---

[23] Francisco Xavier Clavijero, *Historia Antigua de México*, 4 vols., México, Editorial Porrúa, 1945, vol. IV, pp. 305-316.

[24] Paw. C., *Recherch. philosoph.*, part 5, sect. 1.

sus edificios no eran otra cosa que piedras grandes puestas unas sobre otras. El ponderado palacio en donde vivían los reyes de México, era choza; por lo que Hernán Cortés, no encontrando habitación proporcionada en toda la capital de aquel Estado, que había conquistado recientemente, se vio precisado a fabricar de prisa un palacio, el cual subsiste hasta ahora." No es fácil numerar los despropósitos de Paw en esta materia; omitiendo pues, los que pertenecen al Perú, examinaremos cuanto escribe contra las artes de los mexicanos.

De su agricultura hemos hablado en otros lugares, cuando hicimos ver que los mexicanos no solamente cultivaban con suma diligencia todas las tierras de su imperio, sino que también se criaron con maravillosa industria nuevos terrenos para cultivar, formando en la agua aquellas huertas y campos flotantes que con tantos elogios han celebrado los españoles y los extranjeros, y que hasta ahora son admirados por cuantos navegan por aquellas lagunas. Hemos también demostrado, sobre la deposición de muchos testigos oculares, que no sólo las plantas útiles al sustento, al vestido y a la salud, sino también las flores y otros vegetales que sirven únicamente a las delicias de la vida, eran cultivadas por ellos con suma diligencia. Hernán Cortés en sus cartas a Carlos V, y Bernal Díaz en su *Historia*, hablan con admiración de las huertas de Iztapalapan y de Huaxtepec que vieron, y hace mención en su *Historia natural* el doctor Hernández, el cual vio aquellas huertas cuarenta años después. El mismo Cortés en una carta a Carlos V, de 30 de octubre de 1520, dice así: *Es tan grande la multitud de habitantes en estos países, que no hay ni un palmo de terreno que no esté cultivado.* Es necesario ser muy caprichudo para no dar crédito al testimonio unánime de los autores españoles.

Hemos igualmente expuesto, sobre la fe de éstos, la gran diligencia de los mexicanos en criar toda suerte de animales, en cuyo género de magnificencia excedió Moteuczoma, como hemos dicho en otra parte, a todos los reyes del mundo. Los mexicanos, por otra parte, no podían criar una tan estupenda variedad de cuadrúpedos, reptiles y aves, sin tener un gran conocimiento de su naturaleza, instinto, modo de vivir, etc.

Su arquitectura no era comparable con la de los europeos; pero era ciertamente muy superior a la de la mayor parte de los pueblos asiáticos y africanos. ¿Quién se atreverá a igualar a las casas, palacios, templos, baluartes, acueductos y calzadas de los antiguos mexicanos, no las miserables chozas de los tártaros, siberianos, árabes y de aquellas tristes naciones que viven entre el Cabo Verde y el Buena Esperanza; pero ni aun las fábricas de la Etiopía, de una gran parte de la India y de las islas de la Asia y de la Africa, entre las del Japón? Basta confrontar lo que han escrito de unas y otras los autores que las vieron, para desmentir a Paw, el cual ha tenido el atrevimiento de publicar que todas las naciones americanas eran inferiores en industria y sagacidad a los más groseros pueblos del antiguo continente. Dice él que el ponderado palacio de Moteuczoma no era más que una choza; pero Cortés, Bernal Díaz y el Conquistador anónimo, los cuales tantas veces lo vieron, afirman todo lo contrario. "Tenía, dice Cortés, hablando del rey Moteuczoma, en esta ciudad (de México) casas para su habitación, tales y tan maravillosas, que no creería poder jamás explicar la excelencia y grandeza, por lo que no diré más sino que no las hay iguales en España." Así escribe este conquistador a su rey sin temor de ser desmentido por sus capitanes y soldados, los cuales tenían a la vista los palacios mexicanos. El Conquistador anónimo en su curiosa y sincera relación, hablando de los edificios de México, dice así: "Había hermosas casas de señores tan grandes y con tantas habitaciones y jardines, altos y bajos, que nos dejaban atónitos por la admiración. Entré por curiosidad cuatro veces en un palacio de Motezuma, y habiendo andado por él hasta cansarme, jamás lo vi todo. Acostumbraban tener alrededor de un gran patio cámaras y salas grandísimas; pero sobre todo, había una tan grande, que dentro de ella podían estar sin incomodidad más de tres mil personas; era tal, que en el corredor que estaba encima se formaba una plazuela en la cual treinta hombres a caballo hubieran podido jugar a las cañas." Semejantes expresiones se leen en la *Historia* de Bernal Díaz. Consta por la deposición de todos los historiadores de México, que el ejército de Cortés, compuesto de seis mil y más de cuatrocientos entre españoles, tlaxcaltecas y cempoaltecas se alojó todo en el palacio que había sido del rey Axayácatl y sobró también para la habitación del rey Moteuczoma y de sus familiares, a más de los almacenes en que se guardaba el tesoro del rey Axayácatl. Consta por la deposición de los mismos historiadores la magnificencia y bellísima disposición del palacio, de las aves, y Cortés añade que en los departamentos que había podían alojarse cómodamente dos grandes príncipes con toda su corte, y describe menudamente sus pórticos, galerías, y jardines. El mismo Cortés dice a Carlos V, que en el palacio del rey Nezahualpilli en Tezcoco, se alojó con seiscientos españoles y cuarenta caballos, y que era tan grande, que podían estar cómodamente otros seiscientos. De un modo semejante habla del palacio del señor de Iztapalapan y de otras ciudades, alabando la estructura, belleza y magnificencia. Tales eran las chozas del rey y de los señores mexicanos.

Decir, como hace Paw, que Cortés mandó construir precipitadamente aquel palacio porque no encontraba habitación proporcionada en toda la capital, es un error, o por decirlo mejor y hablar con más propiedad, es una gran mentira. Es verdad que Cortés durante el asedio de México quemó y arruinó la mayor parte de aquella gran ciudad, como él mismo testifica, y con este designio pidió y consiguió de sus aliados algunos millares de operarios, que no tenían otro empleo que el de ir arruinando los edificios, según los españoles iban avanzando, para que no quedase a sus espaldas ninguna casa desde la cual pudieran dañarlos los mexicanos. No sería pues de admirar que Cortés no hubiese encontrado una habitación proporcionada en una ciudad que él mismo había destruido; pero no fue la ruina tan general que no quedase un número de buenas casas en el cuartel de Tlatelolco, en las cuales hubieran podido cómodamente alojarse todos los españoles con un buen número de aliados. *Después de que quiso nuestro Señor,* dice Cortés en su última carta a Carlos V, que esta gran ciudad de Temistitan fuera conquistada, no me pareció bien residir en ella por muchos inconvenientes, y así me fui con toda mi gente a residir en Coyoacán". Si fuera cierto lo que dice Paw, bastaba decir que no quedó en México porque no había casas en donde estar. El palacio de Cortés se fabricó en el mismo sitio en donde estaba antes el de Moteuczomo. Si Cortés no hubiera arruinado este palacio, hubiera podido habitar cómodamente en él, como habitaba aquel monarca con toda su corte. Es, pues, falso que subsista al presente el palacio fabricado por Cortés, pues éste se quemó el año de 1692 en una sedición popular. Pero sobre todo, es falsísimo que las paredes de los edificios mexicanos no fuesen más que piedras grandes puestas unas sobre las otras sin unión alguna, como se convence por el testimonio de todos los historiadores, y por los fragmentos de los edificios antiguos de que hablaremos en su lugar. Y así no hay en todo el lugar ya citado de Paw, ni una proposición que no sea un error.

No contento Paw con aniquilar las casas de los mexicanos, se pone también a combatir sus templos, e indignado contra Solís porque afirma que los de México no bajaban de dos mil, entre grandes y chicos, dice así: "No ha habido jamás un número tan grande de edificios públicos en ninguna ciudad desde Roma hasta Pekín; por lo que Gómara, menos temerario o más sabio que Solís, dice que contando siete capillas pequeñas, no se encontraron mas que ocho lugares destinados a guardar los ídolos de México." [25] Para que se vea cuánta es la infidelidad de Paw en citar los autores, quiero copiar aquí el lugar de Gómara, citado por él. "Había, dice aquel autor en el Cap. 80 de su Crónica de la Nueva España, *muchos templos en la ciudad de México* esparcidos por las parroquias o barrios con sus torres, en las cuales estaban las capillas y los altares para guardar los ídolos... Casi todos tenían una misma figura, y así lo que diremos del templo principal, bastará para dar a conocer todos los demás"; y después de haber hecho una menuda descripción de aquel gran templo,

[25] *Recherch. philosoph,* part. 5, sect. 1.

en la cual pondera su elevación, amplitud y belleza, añade: "A más de estas torres que se formaban con sus capillas sobre la pirámide, había otras cuarenta y más entre pequeñas y grandes en otros *teocalli* menores,[26] que ha dentro del recinto de aquel templo principal, todos los cuales eran de la misma figura de aquel... Otros *teocalli* o *cues* había en otros lugares de la ciudad... Todos estos templos tenían sus casas propias, sus sacerdotes y sus dioses, con todo lo necesario a su culto y servicio." Y así, aquel mismo Gómara, que al decir de Paw no numera en México más que ocho lugares destinados a guardar los ídolos, incluyendo en dicho número siete capillas pequeñas, numera claramente más de cuarenta templos dentro del recinto del principal, a más de otros muchos esparcidos por las parroquias o barrios. ¿Quién podrá fiarse jamás de Paw después de una falsificación tan manifiesta?

Es verdad que Solís se mostró poco advertido en poner como cierto aquel número de templos que los primeros historiadores expresaron solamente por conjeturas; pero Paw se da también a conocer poco avisado en comprender entre los edificios públicos aun aquellas capillas pequeñas que los españoles llamaron templos. De éstos había innumerables: todos los que vieron aquel país antes de la conquista, testifican concordes, que tanto en los lugares habitados como en los caminos y en los montes, se veían por todas partes semejantes edificios, los cuales aunque pequeños y enteramente diversos de nuestras iglesias, fueron llamados templos porque estaban consagrados a los ídolos. Así por las cartas de Cortés como por la *Historia* de Bernal Díaz, sabemos que apenas daban un paso los conquistadores sin encontrarse con algún templo o capilla. Cortés dice haber contado más de cuatrocientos templos en solo ciudad Chollan. Pero había una gran diferencia en cuanto a tamaño entre unos y otros templos. Algunos no eran más que pequeños terraplenes poco altos sobre los cuales había una capilla para el ídolo tutelar. Otros eran de una grandeza y amplitud estupenda. Cortés cuando habla del templo mayor de México, protesta a Carlos V, que no es fácil describir sus partes, su grandeza y las cosas que allí se contenían; que era tan grande, que dentro del recinto de aquella fuerte muralla que lo circundaba podía caber un pueblo de quinientas casas. No hablan de otro modo de este y otros templos de México, Tetzcoco, Chollan y otras ciudades, Bernal Díaz, el Conquistador anónimo,

---

[26] *Teocalli*, esto es, casa de Dios, era el nombre que daban los mexicanos a sus templos. Entre los españoles, algunos los llamaron templos, otros *adoratorios*, otros *mezquitas*, como que estaban acostumbrados al lenguaje de los sarracenos, y otros *cues*, palabra tomada de la lengua haitiana. A más de estos nombres daban también a los templos pequeños los de *sacrificadores y humilladores*, esto es, lugares de sacrificios y de adoración.

Sahagún y Tovar, que los vieron, y los historiadores mexicanos y españoles que escribieron después y se informaron bien, como son Acosta, Gómara, Herrera, Torquemada, Sigüenza, Betancourt, etc., etc. Hernández describe una a una las setenta y ocho partes de que se componía el templo mayor. Cortés añade que entre las altas torres de los templos que hermoseaban a aquella capital, había cuarenta tan elevadas, que la menor de ellas no era inferior en altitud a la famosa Giralda [27] de Sevilla. Don Fernando de Alva Ixtlilxóchitl hace mención en sus Manuscritos de aquella torre de nueve planos que su célebre tatarabuelo Nezahualcoyotl edificó al Criador del cielo, al cual parece haber sido aquel famoso templo de *Tezcutzinco* que con tantos elogios pondera el padre Valadés en su *Relación Cristiana*.

Toda esta nube de testigos depone contra Paw. Con todo esto, él no quiere creer aquella gran multitud de templos en México, porque *Motezuma I fue, dice, el que dio a aquel pueblo la forma de ciudad: del reino de este monarca hasta el arribo de los españoles, no habían corrido más que cuarenta y dos años, el cual espacio de tiempo no bastaba ciertamente para fabricar dos mil templos.* He aquí tres aserciones que son otros tantos errores: 1º Es falso que Moteuczoma I diese a México la forma de ciudad, pues sabemos por la historia que aquella corte la tenía desde el tiempo del primer rey Acamapitzin; 2º Es falso también que desde el reinado de Moteuczoma I hasta el arribo de los españoles no corrieron más que cuarenta y dos años. Moteuczoma I comenzó a reinar, según hemos hecho ver en la segunda disertación, el año de 1436 y murió el de 1564, y los españoles no llegaron a México antes del de 1519; luego desde el principio de aquel reinado hasta el arribo de los españoles, corrieron ochenta y tres años, y de la muerte de aquel rey cincuenta y cinco; 3º Paw se muestra enteramente ignorante de la estructura de los templos mexicanos, no sabe cuán grande fuese la multitud de operarios que corría en la fábrica de los edificios públicos, y cuánta la prontitud de ellos en fabricarlos. Se han visto algunas veces en la Nueva España fabricar en una sola noche un pueblo entero (aunque compuesto de chozas de madera cubiertas de paja) y conducir a él los nuevos colonos sus familias, animales y todas sus propiedades.[28]

Por lo que mira, pues, a las fortificaciones, es cierto e indubitable por la deposición de Cortés y de todos los que vieron las antiguas ciudades de aquel imperio,[29] que los mexicanos y todas

---

[27] Campanil altísimo y famoso de la catedral de Sevilla.

[28] Véase lo que cuenta Torquemada en el lib. 3, cap. 33 de la *Monarquía indiana*.

[29] De las antiguas fortificaciones, hacen frecuentísimamente mención Cortés en sus cartas a Carlos V, Pedro Alvarado y Diego Godoy en sus

las otras naciones que vivían en sociedad usaban murallas, baluartes, estacadas, fosos y trincheras. Pero aun cuando ninguno de estos testigos oculares hiciese fe, bastarían las fortificaciones antiguas que aun en el día existe en *Cuauhtochco* o Huatusco y junto a *Molcajac,* de que hemos hablado en otra parte, para demostrar el error de Paw. Es verdad que tales fortificaciones no eran comparables con las de la Europa, porque ni su arquitectura militar se había perfeccionado tanto, ni ellos necesitaban ponerse a cubierto de la artillería, de la cual no tenían noticia alguna; pero dieron a conocer bastantemente su industria en inventar tantas suertes de reparos para defenderse de sus enemigos ordinarios. Cualquiera, por otra parte, que lea la unánime deposición de los conquistadores, no dudará de sus grandes fatigas en expugnar los fosos y las trincheras de los mexicanos en el asedio de la capital, sin embargo de que tuvieron un tan excesivo número de tropas aliadas y las ventajas de las armas de fuego y los bergantines. La terrible derrota que padecieron los españoles cuando se quisieron retirar de México, no permitirá jamás que se dude de las fortificaciones de aquella capital. Ella no estaba circundada de murallas, porque su situación la hacía bastantemente segura a beneficio de los fosos que había en las tres calzadas por donde podían asaltarla los enemigos; pero otras ciudades que no estaban en una situación tan ventajosa, tenían murallas y otros reparos para su defensa. El mismo Cortés hace una exacta descripción de las murallas de Quauhquechollan.

Mas, ¿para qué perder el tiempo en acumular testimonios y otras pruebas de la arquitectura de los mexicanos, cuando éstos nos han dejado en las tres famosas calzadas que construyeron en la misma laguna y en el antiguo acueducto de Chapoltepec, un monumento inmortal de su industria?

Aquellos mismos autores que deponen de la arquitectura de los mexicanos, testifican también la excelencia de los plateros, tejedores, grabadores de piedras y trabajadores de obras de pluma. Muchos fueron los europeos que vieron semejantes obras y se admiraron de la habilidad de los artífices americanos. Sus obras vaciadas fueron admiradas por los plateros de Europa, según afirman algunos autores europeos que entonces vivían, y entre ellos el historiador Gómara, el cual tuvo algunas obras en sus manos y oyó el parecer de los plateros sevillanos, que no se creían capaces de imitarlos.[30] ¿Y en dónde se encontrará jamás quien sea capaz de hacer las obras maravillosas que hemos dicho en el libro VIII, párrafo 51 de nuestra *Historia,* y testificadas

cartas a Hernán Cortés, Bernal Díaz en su *Historia,* el Conquistador anónimo en su relación. Alfonso de Ojeda en sus *Memorias* y Sahagún en su *Historia,* todos testigos oculares.

[30] *Crónica de la Nueva España,* cap. 39 y 79.

uniformemente por muchísimos escritores, como aquella, por ejemplo, de haber vaciado un pescado que tenía las escamas alternativamente una de oro y otra de plata? Cortés dice en su segunda carta a Carlos V, que las imágenes de oro y pluma se trabajaban tan bien por los mexicanos, que ningún artífice de Europa podría hacerlas mejores; que en cuanto a las joyas, no se podría comprender con qué instrumentos se hicieron obras tan perfectas, y que las de plumas eran tales, que ni en seda se podían imitar. En su tercera carta al mismo Carlos V, cuando habla del botín de México, le dice que entre los despojos de los mexicanos encontró ciertas rodelas de oro y plumas y otras labores de la misma materia tan maravillosas, que no siéndole posible dar una justa idea por escrito, las manda a su majestad para que con sus propios ojos pueda asegurarse de su excelencia y perfección. Estoy cierto que Cortés no hubiera hablado así a su rey de aquellas labores que le mandaba para que las viese por sus ojos, si no hubiesen sido tales cuales él las representaba. Casi en los mismos términos que Cortés, hablan todos los autores que vieron semejantes obras, como Bernal Díaz, el Conquistador anónimo, Gómara, Hernández, Acosta y otros de los cuales hemos tomado lo que sobre esta materia hemos escrito en la *Historia*.

El doctor Robertson,[31] aunque reconoce la unánime deposición de los antiguos historiadores españoles y cree que éstos no tuvieron intención de engañarnos, pero afirma que todos fueron movidos a exagerar por la ilusión de su entendimiento, originada del calor de su imaginación. He aquí una bella solución de la cual podría cada uno valerse para no dar crédito a ninguna historia humana. ¿Todos pues nos engañamos, sin excepción ni aún el clarísimo Acosta, ni el docto Hernández, ni los plateros de Sevilla, ni el rey Felipe II, ni el sumo pontífice Sixto V, admiradores todos y panegiristas de aquellas obras mexicanas? [32] ¿Todos tuvieron la imaginación exaltada, aun aquellos que escribieron algunos años después del descubrimiento del reino de México? Sí, todos, solamente el escocés Robertson y el prusiano Paw han tenido en la fantasía, después de dos siglos y medio, aquel temperamento que se requiere para formar una idea justa de las cosas, acaso porque el frío de sus países habrá enfriado el calor de su imaginación.

---

[31] *Historia de la América*, lib. 7.
[32] Vuélvase a leer lo que hemos escrito en el lib. VII, párrafo 51 de nuestra *Historia*.

3) LOS AZTECAS EN TIEMPOS DE MOTECUHZOMA XOCOYOTZIN

Mariano Veytia [33]

En el apéndice al libro III de su Historia antigua de México, *se ocupa Mariano Veytia de los acontecimientos que tuvieron lugar durante el último siglo que antecedió a la conquista. Precisamente, al tratar de la elección del segundo Motecuhzoma, describe, junto con algunas de las primeras actuaciones del nuevo y supremo tlatoani, la magnificencia que había alcanzado la metrópoli de México-Tenochtitlan. A lo largo de su relato Veytia formula algunos juicios de valor, dignos de ser tomados en cuenta en un estudio sobre la significación que puede atribuirse al período azteca en el contexto de la evolución cultural del México antiguo.*

Acabada la audiencia seguía un rato de música, y Moteuhzoma se deleitaba mucho en que le cantasen las acciones gloriosas de sus antepasados. Otras veces se divertía con varios juegos, entre los cuales gustaba mucho de los de pies y manos, pero principalmente del llamado por los españoles *las fuerzas de Hércules,* que describe Clavijero de esta suerte: "Poníase un hombre a bailar; otro, en pie sobre sus hombros, lo acompañaba con algunos movimientos, y otro tercero, sobre la cabeza del segundo, bailaba también y daba muestras de su agilidad. Alzaban también una viga sobre los hombros de los bailarines, y otro se ponía en pie y bailaba sobre su extremidad." Los primeros españoles que vieron estos y otros juegos de los mexicanos se maravillaron tanto de su agilidad, que sospecharon, por confesión de ellos mismos, que intervenía en ellos el demonio, sin hacerse cargo de lo que puede el ingenio humano, ayudado de la constancia y la aplicación.

Cuando Moteuhzuma salía de su palacio lo llevaban en hombros los nobles en una litera descubierta, bajo un rico dosel, y lo acompañaba un numeroso séquito de cortesanos. Todos se detenían y cerraban los ojos por donde pasaba, como si temiesen que los deslumbrase el esplendor de la majestad. Cuando des-

[33] Mariano Veytia, *Historia antigua de México,* 2ª edición, 2 vols., México, Editorial Leyenda, 1944, t. II, pp. 260-263.

cendía de la litera para andar extendían tapetes, para que sus pies no tocasen la tierra.

Correspondía a tanta majestad la grandeza y magnificencia de sus palacios, casas de recreo, jardines y bosques. El palacio en que residía comúnmente era un vasto edificio de cal y canto, que tenía veinte puertas que daban a la plaza y calles, y tres grandes patios, en uno de los cuales había una hermosa fuente, muchos salones, y más de cien piezas pequeñas. Algunas de éstas tenían las paredes cubiertas de mármol y otras piedras raras. Los techos eran de cedro, de ciprés y otras buenas maderas, bien trabajadas y entalladas. Había una sala tan grande, que según el conquistador anónimo, testigo de vista y exacto en sus narraciones, cabían en ellas tres mil hombres. El mismo añade que habiendo estado cuatro veces en el palacio, y andando por él hasta cansarse, no pudo verlo todo. Además del serrallo para sus mujeres había en él habitaciones para sus consejeros y ministros, y para todos los empleados de su servidumbre y de la corte, y aun para alojar a los extranjeros de calidad, particularmente a los dos reyes aliados. Además de este palacio tenía otros dentro y fuera de la ciudad.

Tenía en México dos casas destinadas para conservar muchas especies de animales. Una para las aves que no eran de rapiña, y otra para las que lo eran y para los cuadrúpedos y reptiles. En la primera había muchas cámaras y corredores, que descansaban en columnas de mármol de una pieza. Estos corredores daban vista a un jardín, donde entre la frondosidad de una arboleda había diez estanques, unos de agua dulce para las aves acuáticas de río, y otros de agua salada para las de mar. En lo restante de la casa estaban las demás aves, creyeron que no faltaba ninguna de las especies que hay en la tierra. A cada una se ministraba el mismo alimento de que usaba en estado de libertad, ya fuese de granos, de frutas o de insectos. Sólo para las que vivían de peces se consumían diez canastas de ellos diariamente, y eran éstas tantas y tan diversas, que los españoles cuando las vieron como dice Cortés en sus cartas a Carlos V, y según él mismo, se empleaban trescientos hombres en cuidar de estas aves, sin contar con los médicos que observaban sus enfermedades, y les aplicaban los remedios oportunos. De esta gente una se empleaba en buscar lo que debía servirles de alimento, otra en cuidar de los huevos, y otra en desplumarlas en la estación conveniente, pues a más del placer que tenía el rey en ver allí reunidas tantas especies de pájaros, las plumas servían para los famosos mosaicos que con ellas hacían, y en otros diversos trabajos y adornos. Las salas y cuartos de estas casas eran tan grandes, que como dice el mismo conquistador, hubieran podido alojarse en ellas dos príncipes con sus comitivas. La casa de las aves ocupaba el mismo lugar en que hoy se haya el convento de San Francisco.

La otra casa destinada a las fieras tenía un grande y hermoso patio, y estaba dividida en varios departamentos. En uno de ellos estaban todas las aves de rapiña, desde el águila hasta el gavilán, y de cada especie había muchos individuos. Estaban divididos según sus clases en estancias subterráneas de más de siete pies de profundidad, y más de diez y siete de ancho y largo. La mitad de cada pieza estaba cubierta con petates, y tenía varias estacas clavadas en la pared, para que pudieran dormir y defenderse de la lluvia. La otra mitad estaba cubierta de una celosía, con otras estacas para que pudiesen gozar del sol. Para mantenerlas se mataban diariamente quinientos guajolotes.

Había en la misma casa muchas salas bajas con un gran número de jaulas fuertes de madera, donde estaban encerrados los leones, tigres, lobos, coyotes, gatos monteses y otras especies de fieras, las cuales se mantenían de ciervos, conejos, liebres, techichis y otros animales, y asimismo de los intestinos de los hombres que se sacrificaban en los templos. El techichi, que también se llama alco, era un cuadrúpedo que por tener la figura de perro fue llamado así por los españoles. Era de un aspecto triste y enteramente mudo, de donde tomó origen la fábula de que los perros dejaban de ladrar cuando eran transportados a América. Los mexicanos y también los españoles comían su carne, y según éstos era gustosa y nutritiva. No habiendo aquí rebaños recién hecha la conquista, se hacían las provisiones de los buques con la carne de techichi, y así es que se extinguió enteramente la raza, sin embargo de que era muy numerosa.

No sólo mantenía Moteuhzuma todas las especies de animales que reunen los príncipes por ostentación, sino aquellas que por su naturaleza parecen estar exentas de la esclavitud, como los cocodrilos y las culebras. Muchas especies de éstas se conservaban en grandes vasijas, y los cocodrilos en estanques circundados de paredes. Había también muchos estanques para los peces, de los cuales subsisten dos todavía en Chapultepec.

No contento con tener en sus palacios todos los animales de que se ha hablado, había reunido allí también a todos los hombres que, ya por el color de la piel, ya por el del cabello, o por cualquiera otra deformidad eran singulares en su especie. Vanidad, dice Clavijero, ciertamente provechosa, pues de esta manera aseguraba la subsistencia a todos aquellos miserables, y los ponía a cubierto de los crueles insultos de los demás hombres.

En todos sus palacios había hermosos jardines con las más exquisitas flores, yerbas aromáticas y plantas medicinales. Tenía también bosques cercados y provistos de caza abundante, donde solía divertirse. Uno de ellos estaba situado en una isleta de la laguna, conocida hoy con el nombre de el Peñón.

Así los palacios como los demás sitios de recreo se mantenían sumamente aseados, incluso aun aquellos a donde nunca iba el rey, pues no había cosa de que hiciese más vanidad que del aseo de su persona y demás cosas que le pertenecían. Mudaba todos los días cuatro vestidos, y no volvía a usar los que se quitaba, sino que se destinaban para los nobles y soldados que se distinguían en la guerra. Se bañaba todos los días, y por esto había tantos baños en sus palacios. Empleaba diariamente más de mil hombres en barrer y regar las calles de la ciudad.

En una de las casas reales había una grande armería, donde se hallaba toda especie de armas ofensivas y defensivas, insignias y adornos militares en cuya construcción empleaba un número increíble de artesanos, así como para otros trabajos tenía muchos plateros, trabajadores en mosaico, escultores y pintores. Había una comarca entera habitada por bailarines destinados a su diversión.

De todos estos palacios, jardines y bosques no ha quedado otra cosa que el bosque de Chapultepec, que conservaron los virreyes para su recreo. Todo lo demás fue destruido por los conquistadores, quienes arruinaron los edificios más suntuosos de la antigüedad mexicana, ya por un celo indiscreto de religión, ya por venganza, y ya para aprovecharse de los materiales. Abandonaron el cultivo de los jardines reales, talaron los bosques y redujeron al país de Anáhuac a tal estado, que no podría hoy creerse la opulencia de sus reyes, si no constase por el testimonio de los mismos que lo conquistaron.

4) SIGNIFICACIÓN CULTURAL DE LOS PUEBLOS DE IDIOMA NÁHUATL

Alfredo Chavero [34]

La Historia Antigua y de la Conquista *que publicó Alfredo Chavero en 1887 constituye el tomo I de la célebre obra* México a través de los siglos. *Ya en la Introducción General al presente libro nos hemos referido a los diversos trabajos de este investigador. Aquí transcribimos breves párrafos de su* Historia *en los que, de modo sumario, formula una apreciación acerca del origen y los logros de la cultura náhuatl. Aunque sin referirse exclusivamente al último de los pueblos nahuas, los aztecas, sus palabras en buena parte son aplicables a ellos.*

El abate Brasseur, escritor muy instruido pero que quiso alcanzar fama de innovador, inventó por propia autoridad que los nahoas eran originarios de la región meridional de nuestro país; trastornó los itinerarios y confundió las civilizaciones. Los amigos de novedades lo siguieron: se había repetido la verdad histórica durante tres siglos y era ya vieja y cansada, mientras que la ficción moderna tenía todo el atractivo de lo inesperado. Además, el abate sostenía que el origen del género humano estuvo en la parte Sur de nuestro territorio; de ahí habían partido los hombres a poblar toda la tierra, y esto por lo menos halagaba nuestro amor propio. Como por entonces comenzó el interés por nuestras antigüedades y las obras del abate estaban escritas en francés, idioma mucho más conocido en Europa que el español, su nuevo sistema hizo fortuna; y vimos con sorpresa que lo seguían, no solamente los escritores de Francia, sino algunos sabios de Alemania y aun de los Estados Unidos. El señor Orozco, como elocuente protesta contra ese error, escribió su *Historia* siguiendo las buenas tradiciones.

Demuestran lo absurdo del sistema los caracteres especiales de la civilización del Sur, de que ya vamos a ocuparnos, que son contrarios y por lo mismo no pueden confundirse con los de la civilización septentrional. Pero basta la tradición constante y no

---

[34] Alfredo Chavero, *Historia antigua y de la Conquista* (vol. 1 de *México a través de los siglos*), México y Barcelona (1887), p. 158.

contradicha por siglos, de que los nahoas vinieron del Norte; los cronistas que recibieron sus relatos de boca de los mismos indios, así lo aseguran; los itinerarios de sus peregrinaciones son conocidos y existen todavía en ese rumbo los mismos lugares a que se refieren; el hombre en sus dos manifestaciones de tipo y de lengua lo confirma claramente, y mientras el mexica o *náhuatl* es idioma extraño al maya, es pariente inmediato de todos los del Chicomoztoc; todavía al norte de éste encontramos lugares con nombre nahoa como la laguna de Copala, y en fin, todas las costumbres, todas las ideas del pueblo en que nos hemos ocupado, se nos presentan como principio y germen de las dos grandes civilizaciones históricas, la tolteca y la mexica...

Cuando en conjunto se contempla la civilización nahoa se observa cómo el esfuerzo de una raza primitiva pudo alcanzar el mayor grado de progreso compatible con el medio social en que vivía. En sus manifestaciones externas forma una lengua perfecta en su carácter y comienza una escritura propia, inventa una aritmética original y de sencillas y sorprendentes combinaciones; mientras que por la necesidad que siente el hombre de adorar algo superior crea una religión poética yendo a buscar sus dioses entre los astros del firmamento, en ese sublime templo de luz y de misterios, y en su contemplación funda su culto.

Pueblo agrícola por instinto, va luchando sin auxilio extraño y ganando siglo a siglo en su aislamiento, la casa en común, la casa grande y al fin la ciudad. Su vida es el comunismo y el trabajo, y de ahí nacen la fraternidad y la virtud. Alcanza la comodidad y un lujo relativo, y para defender los campos regados con su sudor se vuelve guerrero, y el desarrollo natural del culto en los grandes centros da origen al sacerdocio. Nacen las castas por la ley inflexible de la historia, y por ella si disminuyen las libertades aumenta el poder. Se revelan las artes y en ellas un exquisito gusto estético; brota la ciencia y nos sorprende su calendario. Y toda esta serie de progresos en un pueblo, compréndese bien que pertenece a la edad de la piedra sin pulir, pues casi no usaron de la pulida en sus construcciones y acaso hasta en los últimos tiempos, y sólo en una parte de la región la emplearon para utensilios toscos como morteros y hachas. Y, sin embargo, la agricultura progresa y al desbordamiento de los ríos se sustituyen canales de irrigación; la industria se desarrolla y se tejen vistosas telas; de la caza se pasa a la curtiduría y se adoban riquísimas pieles; a los primeros alimentos siguen grandes banquetes con sabrosas bebidas que sazona el placer del tabaco; se hace el comercio, se alcanza la navegación y al fin el poder guerrero, y son las ciudades fortalezas y los pueblos ejércitos. Así llegaron los nahoas a las dos expresiones de la grandeza humana: el poder por la fuerza y la riqueza, y la felicidad por el trabajo y la virtud.

5) LA CULTURA AZTECA Y LOS SACRIFICIOS HUMANOS

Miguel Othón de Mendizábal [35]

Sin duda uno de los temas que, con mayor frecuencia, entran en juego cuando se intenta valorar la significación de la cultura azteca es el de los sacrificios humanos. Para algunos investigadores la existencia de este rito entre los antiguos mexicanos obliga a pensar que su cultura se encontraba aún en niveles extremadamente bajos.

Las páginas que aquí se aducen de un trabajo de Miguel Othón de Mendizábal, constituyen un esfuerzo por comprender el sentido más profundo de esos ritos.

No intentaré aducir, por vía de disculpa a los pueblos aborígenes que practicaron los sacrificios humanos, la universalidad del inhumano rito, pues esto solamente implicaría análoga responsabilidad histórica, sin modificar la categoría moral del hecho; pero como quiera que ésta ha sido la tacha máxima de nuestras civilizaciones vernáculas, me concretaré a analizar, ya que hemos anotado sus posibles antecedentes, las circunstancias que normaron la realización del discutido acto ritual.

Aunque los sacrificios humanos no fueron costumbre de todas las épocas, ni de todos los pueblos aborígenes, sino de sólo aquellos que, por la naturaleza mítica de sus númenes, se vieron a ellos compelidos; pues sabemos positivamente que los toltecas no los practicaron mientras Quetzalcóatl, divinidad dulce y benéfica, preponderó en sus altares; y aun en la época de la conquista, los totonacos, devotos de Centéotl (Diosa del maíz), agricultores y laboriosos abominaron del inhumano rito, lo cierto es que los españoles los encontraron implantados, en mayor o menor grado, en casi todos los pueblos americanos, si bien fue en los aztecas entre quienes su uso excesivo, al decir de los cronistas, llegó al delirio trágico.

Difícil sería dilucidar a qué pueblo le corresponde la responsabilidad de haberlo introducido primeramente entre los ritos reli-

[35] Miguel Othón de Mendizábal, "Etica indígena", en *Obras Completas*, México, 1946, t. II, pp. 408-413.

giosos; lo probable es que fueron varios aisladamente acreedores a la triste primacía. Tenemos datos suficientes para suponer que el sacerdocio de Tezcatlipoca lo introdujo en el Anáhuac, cuando a raíz de su triunfo sobre los adoradores de Quetzalcóatl y la dispersión de los civilizados toltecas, quedó dueño del privilegiado territorio y señor de las masas destructoras de la excelsa nacionalidad. Por lo que atañe a los aztecas, consta históricamente que, cuando inmolaron las primeras víctimas en las aras, estableciendo ritualmente las sangrientas ofrendas, vivían una existencia misérrima, reducidos al exiguo término de sus yermos islotes, por la enemistad enconada y tiránica de los reyezuelos vecinos; obligados a nutrirse con los asquerosos detritus que flotaban en la laguna, carecían de los animales propiciatorios que demandaba el culto de su numen predilecto, grato a las sangrientas ofrendas; y ,en guerra continua contra la opresión extremada e insoportable, érales necesario propiciar a su dios de la guerra: se vieron compelidos, pues, por la naturaleza mítica de su divinidad principal y obligados por la necesidad a implantar en su ritual los sacrificios humanos. Establecida la terrible modificación en el ceremonial, las grandes solemnidades religiosas, la conmemoración de triunfos militares, los acontecimientos nacionales, prósperos o adversos, requirieron día a día mayor número de víctimas, ¿no es perfectamente natural que los aztecas hayan acrecentado el uso del bárbaro sacrificio, cuando coincidieron con su implantación las primeras victorias del pueblo oprimido? ¿No es absolutamente lógico, de parte del indígena, haber llegado hasta el delirio en el rito repugnante, cuando las circunstancias hicieron que al número creciente de víctimas vinieran aparejadas las más gloriosas victorias sobre enemigos poderosos, y el florecimiento inmenso de la miserable Tenochtitlan primitiva?

Los cronistas españoles, tal vez guiados por consejas populares, puesto que en su presencia no se celebraron ya los sacrificios, ni menos aún solemnidad alguna en la que perecieran miles de víctimas; quizás con ánimo deliberado de ennegrecer más las religiones vernáculas, para así disculpar el celo seudo-religioso de los conquistadores, frecuentemente criminal y algunas ocasiones monstruoso —aparte, naturalmente, los purísimos y edificantes misioneros, honra de México, de España y de la Humanidad— hacen ascender los sacrificios practicados anualmente a números fantásticos; pero de todas suertes, el cálculo más moderado no impide que el espíritu se llene de horror.

Tales son los hechos en sí; veamos ahora las circunstancias morales y comparemos su calidad ética con la de los actos sanguinarios cuya consumación fue en todas las épocas y es en la actualidad más frecuente entre los pueblos cultos, y que han sido tácitamente aceptados como legítimos en sus códigos morales.

Como acto religioso, el sacrificio humano era denotador por parte de los aborígenes de reverencia suma y no contravenía ninguna máxima explícita e implícita de los dogmas religiosos, puesto que la ofrenda sangrienta, propia o ajena, era agradable a los númenes. Los pueblos europeos en sus guerras, matanzas y suplicios de carácter religioso o político, que han privado de la existencia a número incomparablemente mayor de seres que las aras propiciatorias indígena, obraban y obran en contra del precepto capital de sus religiones, que prescribe el respeto a la vida humana. Además, y esto es factor capital para el juicio moral del asunto, en el concepto de la mayoría de los pueblos, pero particularmente de los cristianos de las diversas sectas, cuyas continuas luchas ensangrentaron Europa, Asia y Africa durante muchos siglos, las almas de los creyentes de la secta o religión enemiga, guerreros o víctimas, eran precipitados sin remisión a las gehenas infernales. El piadoso cruzado, al asestar el mandoble que partiría la celada del sarraceno, o el ferviente católico al atravesar de parte a parte con su estoque al hereje reformado, no solamente privaban al cuerpo de la vida terrestre, sino que, en su firmísimo concepto, condenaban el alma del contrario a las penas eternas. El conquistador español mismo ¿no tenía la convicción de que todos los indígenas a quienes privaba de la vida en nombre de su religión y de su rey, sufrirían el eterno castigo, por culpa de haber nacido, océano de por medio, a miles de leguas del sitio donde transcurrió la vida y la pasión de Cristo, y no haber podido enterarse de su predicación y convertirse a su doctrina? Por el contrario, el sacerdote indígena que ante la multitud silenciosa y reverente, no ebria de sangrienta voluptuosidad como los espectadores del circo romano, de los autos de fe inquisitoriales o de las guillotinas revolucionarias, cuando abría el pecho a las víctimas con su cuchillo de pedernal, abríale al mismo tiempo, cualquiera que hubiese sido su religión y su conducta individual, las puertas privilegiadas que el Mictlán reservaba a las almas de los sacrificados.

Los sacrificios humanos no iban envueltos, entre los aborígenes, de desprecio ni odio para la víctima, que de aborrecido guerrero enemigo o esclavo degradado pasaba a ser propiedad del dios en cuyo honor sería sacrificado y personificación del numen mismo; y mientras en las viejas civilizaciones europeas, africanas y asiáticas, la mente humana discernía todo aquello de más terrible para privar de la vida a sus semejantes, en medio de los más acerbos dolores materiales y espirituales, los aztecas, los más crueles de los americanos, hacían beber a los prisioneros, fuertes por el trato especialmente regalado, no debilitados ni macilentos por el "pan y agua" de las mazmorras, brebajes narcóticos que los librarían del natural dolor y que los harían caminar al holocausto con la placidez de la inconsciencia.

Para los aborígenes el peligro de morir en las aras de los dioses era una contingencia tan natural, honrosa y aun deseable, puesto que les abría las puertas del lugar más delicioso del Mictlán, como la muerte en el campo de batalla; en las raras ocasiones en que la paz dificultábales proveer de víctimas a las aras, recurrían a la guerra mensual llamada *Xochiyoauh* (guerra florida), concertada entre México, Tezcoco y Tlacopan por una parte y Tlaxcalla, Huexotcingo y Chololllan por la otra, a la que los guerreros concurrían gustosos, y en las que aprehendían o eran aprehendidos para el sacrificio; y aun hubo guerrero cautivo como *Tlalhuicole,* que se negara obstinadamente a renunciar al sacrificio gladiatorio, que le estaba destinado por haber caído prisionero en el combate, a pesar de las instancias con que los aztecas, apreciando su gran valor y extraordinaria fuerza, le brindaban sus más altas jerarquías en su ejército.

Siempre se ha considerado irresponsable, desde el punto de vista de nuestra ética utilitarista, al guerrero que mata en el combate, con la mente ofuscada por el deseo de exterminio, sea justo o injusto el motivo de la contienda y crea él o no en la justicia de su causa. El hecho ha servido directa o indirectamente a las pasiones y a los intereses de los sacerdotes, o gobiernos, naturales guardianes de la moral, encargados de justipreciar los actos de los hombres, y, naturalmente, ha sido sancionado, en tanto que la inmolación de una víctima, si no voluntaria, resignada, por un sacerdote que, sin odio ni ira, con el espíritu equivocado por la ofuscación religiosa, pero reverente y piadoso, obedece en tal acto a un ritual, a una costumbre y a una sincera fe, es anatematizado sin discusión. Este juicio de Europa contra América es injusto, y Motecuzoma, contestando a la recriminación de Cortés, dijo sobre el asunto algo para lo que —atentos el medio y la época— difícilmente se hallará réplica: "Nosotros tenemos derecho de quitar la vida de nuestros enemigos; podemos matarlos en el calor de la acción como vosotros a los vuestros, y ¿por qué no podremos reservarlos para honrar a nuestros dioses con su muerte?"

Respecto de la tacha de antropofagia lanzada por algunos cronistas españoles sobre los aborígenes americanos, y aceptada aun en la actualidad por sus deturpadores sistemáticos, interesados o gratuitos, basada en el hecho de que solieran comer ciertas partes de los cuerpos de los sacrificados, a manera de la comunión de otras religiones, por considerar su carne santificada por el espíritu del numen en cuyo honor se había verificado el holocausto, no podemos menos de conceptuarla malévola o torpe imputación por parte de quienes la propalaron, y necia credulidad o injusticia anticientífica de parte de quienes la propugnan todavía.

La antropofagia, como tal, es solamente propia de los hombres que habituados a comer carne como principal alimento, aprovechan la de sus semejantes, como acontece entre ciertas tribus primitivas africanas, por alimento y aun por placer, o como lo verificaron numerosos soldados españoles durante las hambres terribles de las expediciones de descubrimiento y de conquista, los náufragos de todos los países y los habitantes de las comarcas hambrientas: por necesidad imperiosa. Los maxilares de los cráneos prehispánicos, con el especial desgaste de sus molares y el exiguo desarrollo de sus caninos, nos atestiguan que los aborígenes hicieron poco uso de la carne como alimento; los cronistas de la Conquista lo corroboran al asentar que en el sitio de Tenochtitlán, los aztecas morían de hambre rodeados de cadáveres de amigos y enemigos: tenemos que absolverlos, en buena lógica, de la tacha de antropofagia, en la aceptación que podríamos llamar fisiológica, del término. Fundar la terrible acusación en el simple hecho de que hicieran uso ritual de la carne de los sacrificados, es injusticia tan monstruosa, como lo sería la de acusar de ebriedad al sacerdote cristiano por el simple hecho de beber el cáliz de vino, convertido, según su convicción profunda, en sangre de su Redentor.

Las conclusiones que de estos actos, reprobables en sí, han sacado ciertos historiadores y sociólogos, han sido que la crueldad, la venganza y la propensión a lo brutal y antinatural, constituyen las facetas salientes del carácter indígena; nada más lejos del verdadero espíritu aborigen (aunque parezca paradójico sin desmentir ni paliar los hechos que comentamos), las instituciones, la legislación, la moral indígenas, y particularmente la educación, encaminada sistemáticamente a producir individuos que viviesen normalmente dentro de sus austeras obligaciones religiosas, cívicas y militares, rechazan victoriosamente tales cargos.

Cuando a través de peligros y privaciones sin cuento, las tribus migratorias de la prehistoria americana verificaban sus dilatadas correrías por regiones hostiles, necesitaron imperativamente, deponiendo el egoísmo y la desorganización primitiva, adquirir la férrrea disciplina indispensable para salvar a la colectividad de las asechanzas de enemigos implacables, mediante la ciega obediencia, a sus sacerdotes caudillos, venerados después en los altares; obediencia, solidaridad y disciplina que llegaron a ser condiciones fundamentales en el carácter indígena, fuertemente notorias aún. Puede decirse que estas cualidades morales, provechosas por cuanto favorecieron la estabilidad de las instituciones, tornáronse inevitablemente en contra de los pueblos indígenas siempre que se vieron sometidos a la tiranía o a la dominación extranjera; pues los pueblos acostumbrados a obedecer ciegamente, con dificultad se saben librar de la opresión, y solamente cuando se ha colmado la medida de su sufrimiento, reaccionan en forma destructora y excesiva, volviendo después, fatigados, a caer en idéntica situación. Esta es una de las condiciones de la mentalidad indígena que más trascendencia ha tenido en nuestros acontecimientos sociales y políticos de todos los tiempos.

Al sedimentarse los grupos, una vez encontrada la comarca propicia, las nuevas condiciones de la vida impusieron la repartición de funciones: el sacerdote perdió, en parte, su investidura de caudillo militar, aplicando su sabiduría, inspirada por los dioses, a la organización religiosa ciudadana y nacional, consagrando su perseverante actividad a la educación de la juventud, clave de su influjo social; el guerrero distinguido por su pericia y valor reservó para sí exclusivamente el honroso privilegio de las armas, en tanto que los tímidos y los humildes eran obligados a desempeñar las diversas faenas materiales necesarias para el sostenimiento y progreso de la colectividad, verificándose poco a poco la selección de castas.

Los aztecas, última de las tribus náhoas llegadas a la Altiplanicie mexicana, ya ocupada en su casi totalidad por diversos pueblos de la misma o de diversa filiación étnica; y, por ende, la que tuvo que soportar mayores luchas y dificultades en su acomodamiento definitivo, habían conservado en sus instituciones, quizá debido a la necesidad de cohesión para afrontar la adversidad, cierto sabor democrático y patriarcal, puesto que, bajo la dirección de los ancianos y notables de la tribu, sus más altas dignidades sacerdotales, militares y administrativas eran discernidas en sufragio, en atención a la virtud, a la sabiduría y al valor. Bien pronto, a imitación de las naciones vecinas, constituidas en incipientes monarquías, adoptaron el sistema monárquico de gobierno, que si fue electivo por la forma, llegó a ser hereditario por la costumbre.

Las profesiones distinguidas, militar y sacerdotal, lícitas para todos en principio, por lo cual no llegaron a constituir castas propiamente dichas, se fueron aristocratizando en igual forma; sus altas jerarquías, tradicionalmente otorgadas en atención al mérito individual, eran conferidas exclusivamente a miembros de la familia real en las postrimerías del imperio azteca, aunque legalmente nunca llegaron a ser hereditarias. La creación de una nobleza guerrera y la incorporación de la nobleza feudataria acabó de ahondar defintivamente la separación de las distintas clases sociales. Empero, las diferencias entre la vida noble y la plebeya no fueron tan absolutas como en otras naciones aborígenes, debido seguramente a lo reciente de la aristocratización de las instituciones, y a que los triunfos militares de la pujante nacionalidad azteca, dándole dominio sobre numerosos pueblos, obligados por la dura ley de la guerra a subvenir a las necesidades materiales de su vencedor y a proporcionar contingente de trabajadores para los bajos servicios religiosos, militares y civiles,

213

permitieron al pueblo azteca desentenderse de los rudísimos y desagradables trabajos de los primeros años de su residencia en Tenochtitlan, para dedicarse a las labores más productivas y honrosas. Además, la ley y la costumbre dejaron al plebeyo franco el acceso a ciertas altas dignidades sacerdotales y militares, que no cedían en importancia a las reservadas para la nobleza.

6) DEL MITO A LA VERDADERA HISTORIA

Walter Krickeberg [36]

De la obra de Walter Krickeberg, Las antiguas culturas mexicanas, *ofrecemos el capítulo en el que se ocupa en esclarecer lo que hay de mito y de historia en muchos de los relatos del pueblo azteca acerca de sí mismo. Sin duda apreciaciones críticas como ésta ayudan considerablemente a una mejor valoración de los testimonios indígenas.*

Los aztecas llamaban *nahuas* a todas aquellas tribus que hablaban el "náhuatl", es decir, una lengua comprensible para ellos, y designaban a todos los demás con los nombres de *popolocas, nonohualcas* y *chontales.* La palabra "popoloca", "los tartamudos", corresponde casi exactamente a la palabra griega "barbaroi"; la palabra "nonohualca", "los mudos", se parece a "njemez", palabra usada por los rusos para designar a los pueblos de habla extranjera. La ambigüedad de estas palabras tuvo por resultado que en el mapa etnográfico de México aparecieran varias veces los popolocas y los chontales, y en las leyendas mexicanas varios nonohualcas, siendo que no tienen ninguna relación lingüística unos con otros. Los aztecas consideraron como nahuas, en un sentido más estrecho, a aquellas tribus emparentadas entre ellas y que llegaron antes que ellos mismos a la Meseta central: los *tepanecas* ("los que se encuentran sobre la piedra", es decir, los que habitan en el campo de lava del Pedregal) al suroeste, y los *acolhuas* con su ciudad de Texcoco al este del lago del mismo nombre; los *chinampanecas* ("habitantes de las chinampas") hacia el suroeste y los *chalcas* ("moradores de Chalco") al sureste del valle de México; los *tlatepotzcas* ("los que viven a espaldas de los montes") en la Sierra Nevada, con sus ciudades de Tlaxcala y de Huexotzingo, y los *tlalhuicas* ("gente de tierra") en los valles del sur, con las mencionadas ciudades de Cuernavaca, Huaxtepec y Tepoztlán.

La conciencia de la estrecha unión que ligaba a todas estas tribus se expresa en las leyendas sobre sus orígenes y su migra-

[36] Walter Krickeberg, *Las antiguas culturas mexicanas*, México, Fondo de Cultura Económica, 1961, pp. 41-46.

ción, según las cuales emergieron juntas a la luz del día desde *Chicomóztoc,* el "lugar de las siete cuevas". La leyenda sobre la aparición de los antepasados desde el interior de la tierra estaba muy extendida también en otras regiones de América y del Viejo Mundo. No siempre es siete el número de las cuevas; otras leyendas hablan de una sola "cueva de origen". Pero la cifra siete no se debe al azar, pues no sólo corresponde al número de tribus nahuas propiamente dichas, si añadimos a las mencionadas los *aztecas* o los *colhuas,* es decir, los habitantes de la ciudad de Colhuacan, estrechamente ligada a los aztecas (cerca del canal que unía los lagos de Xochimilco y de Texcoco), sino que era, además, uno de los números sagrados en México, y aparece también, por esta razón, en las leyendas sobre los orígenes que unen a los nahuas con pueblos de lenguas distintas; según esas leyendas, todos los pueblos surgieron juntos de la cueva de Chicomóztoc. Conforme a otra versión de la leyenda sobre los orígenes, relatada por Sahagún, provenían de un lejano *país más allá del mar,* el cual rodea la isla terráquea, al igual que el Okéanos en la cosmología griega. Este relato pertenece también a los arquetipos mitológicos, y se explica por la idea de que allende el mar que rodea la tierra se encontraba al Este el país del Sol, y al Oeste el país de los muertos. Un códice que trata de las migraciones de un grupo de toltecas que vivían entre los tarascos de Michoacán reúne ambos conceptos: muestra hacia el oriente, más allá del mar atravesado por los antepasados montados en perros y tortugas, el "lugar de la vasija de piedras preciosas", cueva de cuyas fauces emergieron (otra vez en número de siete). Según el relato azteca de la "Historia de los reinos", el dios creador Quetzalcóatl usó una vasija de piedras preciosas para crear a los primeros hombres amasados de harina "del hueso de piedras preciosas" y de su propia sangre.

Por la orgullosa conciencia de su señorío, los aztecas se excluían del número de tribus salidas de las Siete Cuevas o de más allá del mar y consideraban que tenían su propio lugar de origen, *Aztlán.* Este concepto ya no se deriva de su cosmología como el de las Siete Cuevas y el del País más allá del Mar, sino es simplemente una proyección del lugar de residencia histórico de los aztecas a una región lejana y a un pasado nebuloso. Pues lo que cuentan las leyendas sobre Aztlán corresponde exactamente a la situación en que se hallaban los aztecas cuando habitaban la ciudad de Tenochtitlan. Aztlán también es una isla en medio de un lago rodeado de carrizos y cubierto de chinampas, surcado por pescadores y cazadores de aves lacustres, y en cuya orilla se levanta el cerro de Colhuacan ("lugar de los nietos-sobrinos", es decir de los que tienen antepasados), del mismo modo como en tiempos aztecas *la ciudad de Colhuacan* era el primer sitio al que se llegaba cuando se atravesaba el lago en barca, hacia el sur.

Para relacionar su patria original particular con la de los demás, los aztecas situaban a veces el cerro de Colhuacan directamente en la isla de Aztlán, y lo proveían de siete cuevas; así podemos leerlo en el simpático cuento que relata el viaje de los delegados del primer Moctezuma a Aztlán. Pero Aztlán no es nunca un país cerca del mar o más allá del mar. Este dato echa por tierra las especulaciones de la literatura popular sobre una relación entre Aztlán y la Atlántida. El parecido entre las dos palabras es meramente casual, porque Aztlán es una auténtica palabra azteca, "el país del color blanco",[37] es decir, el país del amanecer o de los tiempos primeros, de la cual deriva el nombre de *"aztecas"*, o sea "la gente de Aztlán". Los mismos aztecas usaban esta designación sólo con este significado limitado, y no como nombre de tribu. Se llamaban a sí mismos los *mexica (mecitin, mexitin)*, según un héroe tribal llamado Mexitli o Mecitli, quizá idéntico a su dios tribal Huitzilopochtli, o también *tenochca*, según su caudillo más antiguo Ténoch. Pero como el nombre de "aztecas" ha adquirido carta de ciudadanía en toda la literatura, lo conservaremos aquí, ya que el de "mexicanos" designa hoy día a los habitantes del país entero, cuyo nombre deriva, al igual que el de la capital, de Mexitli.

En los relatos acerca de las grandes *migraciones* llevadas a cabo por las tribus desde sus moradas originales para llegar a sus regiones históricas, la primera parte es siempre puramente mítica, pues los nombres de las diversas paradas en la migración son simples circunscripciones de los cuatro puntos cardinales. Después de haberlos recorrido, las tribus (incluidos los aztecas) llegan siempre a Tollan, el centro del Universo, identificado con Tula, centro histórico del Imperio tolteca, y reciben allí, aunque no siempre se relate expresamente, todos los dones de la alta cultura; antes habían sido chichimecas, es decir, nómadas y cazadores vestidos de pieles que acechaban la presa con arcos y flechas; y apenas ahora se transforman en pueblos de agricultores, establecidos en ciudades y portadores de una cultura. Sólo a partir de la llegada a Tollan puede seguirse en el mapa la migración de los pueblos nahuas. Los aztecas, para no mencionar a otros, emprendieron el viaje desde Aztlán, según una de sus tradiciones, en el año 1168, y llegaron al valle de México desde el norte, estableciéndose en la ribera occidental del lago de Texcoco; según otro relato se asentaron en 1256 en la roca porfídica, regada por una fuente y rodeada de un bosque de ahuehuetes, llamada Chapultépec ("cerro del chapulín"), donde se quedaron por un largo periodo. Esta roca desempeñó también un papel importante en la historia más reciente de los aztecas, pues era

---

[37] La transcripción generalmente aceptada de "Aztlán" es "junto a las garzas" (del azteca *áztatl*, "garza"). [E.]

una fuente de agua potable, lugar sagrado, residencia veraniega de sus reyes y sitio consagrado al culto de los muertos; hoy pertenece a la zona residencial de la ciudad de México. Pero en la prehistoria azteca, Chapultépec fue el escenario de sangrientas luchas; las tribus nahuas que residían en el valle de México antes de la llegada de los aztecas sitiaron y desalojaron del cerro a los invasores que los incomodaban con sus incursiones. Los aztecas, entonces una tribu pequeña y débil, tuvieron que someterse al príncipe de Colhuacan, quien ordenó se matara a su caudillo; pero huyeron finalmente, hartos de esta opresión, en balsas rápidamente construidas con carrizos, parecidas a las que se encuentran aún esporádicamente en las costas americanas del Pacífico y en los lagos interiores de los Andes; los aztecas se refugiaron en algunas islas de la parte occidental del lago de Texcoco, "entre carrizos y cañas, sobre el agua murmurante de color turquesa", según dice un documento azteca. En estas islas se erigió en unos cuantos decenios, si podemos dar fe a la leyenda que obviamente concentra temporalmente los acontecimientos, la ciudad de *Tenochtitlan*, que fue residencia de los aztecas por largo tiempo. Según cálculos de Paul Kirchhoff, la fundación de la ciudad data más o menos del año 1370, y no 1325, como se ha creído.

Uno se pregunta cómo fue posible que una pobre aldea de pescadores en medio de un lago salado, fundada por unos pobres prófugos en algunos islotes llenos de carrizales; haya podido transformarse en el curso de unos 100 o 150 años en una metrópoli indígena, rebosante de altísimos templos, espléndidos palacios, gigantescos monumentos, y grandes mercados, admirada por los conquistadores españoles como una ciudad de cuento de hadas sólo comparable a Venecia, la reina de los mares. También Venecia había sido fundada por gente que huía de los godos y de los hunos, refugiándose en las islas laguneras del Adriático; sin embargo, transcurrieron cinco siglos para que empezara a desplegar su futura magnificencia. Nunca se solucionará el misterio de este ritmo verdaderamente "americano" del desarrollo de Tenochtitlan; pero hay que tener en consideración algunos hechos que pueden aclarar, al menos, una parte de las cuestiones relacionadas con este misterio.

En primer lugar, existía una colonia en una de las islas por lo menos desde siglo y medio antes de 1370, como lo prueban excavaciones recién hechas: *Tlatelolco*, flanqueada después por dos lados por las casas de Tenochtitlan. La ciudad deriva su nombre de los grandes amontonamientos de tierra *(tlatelli)* que la hicieron habitable; pues sufría constantes y peligrosas inundaciones antes de esta labor. Los príncipes de la ciudad se decían descendientes de la casa real de los tepanecas, así como los príncipes aztecas de Colhuacan, y parece que tuvieron el predominio político durante la coexistencia de Tlatelolco y Tenochtitlan, hasta que Tlatelolco perdió su independencia en 1473. Pero aún después fue hasta cierto punto independiente, en su calidad de barrio de los ricos mercaderes, y tuvo el mayor mercado y el templo más grandioso del valle de México, lo que nos hace pensar que originalmente superaba a Tenochtitlan también desde el punto de vista cultural.

En segundo lugar, los aztecas descubrieron, según cuenta la leyenda de la fundación, un abundante manantial de cristalinas aguas en la isla que se transformó después en centro de su ciudad; este manantial en medio de un lago salado tenía, naturalmente, una inmensa importancia y hubiera bastado por sí solo para animar a los aztecas a establecerse allí. Esta fuente existía todavía, en la época de florecimiento de los aztecas, dentro del recinto del templo principal, rodeada de un muro de piedra; fue cegada después de la conquista de Tenochtitlan, pero abierta nuevamente en 1528.

Para explicar la rapidez con que fueron transformándose unas pequeñas islas en una gran ciudad coherente atravesada de canales, hay que señalar en tercer lugar, como hecho importantísimo, las *chinampas* mencionadas en el primer capítulo. Sigvald Linné ha llamado la atención sobre el hecho de que las islas, que alcanzaban a dar albergue a muy poca gente en un principio, se habían ampliado, no sólo por las acumulaciones de tierra en los espacios que las separaban y por la construcción de palafitos, sino sobre todo por la construcción de las chinampas, que no tardaron en formar una unidad con las islas. Cuando los españoles penetraron en la ciudad el 8 de noviembre de 1519, tuvieron que pasar en efecto por un anillo exterior de chinampas, con simples chozas de madera y carrizos. La construcción de casas de piedra en el centro de la ciudad se inició apenas por 1400, durante el reinado del segundo monarca azteca. Otras ciudades de la región lacustre del valle de México se fundaron y desarrollaron de manera similar. Mízquic, la primera ciudad lacustre que hollaron los españoles después de descender al valle, estaba construida totalmente de palafitos en el agua, según cuenta Cortés, lo mismo que Cuitláhuac (hoy Tláhuac), que se encontraba a ambos lados del dique entre los lagos de Chalco y Xochimilco. Después de pasar estas dos pequeñas ciudades, los españoles penetraron en la de Ixtapalapa, ciudad lagunera bastante considerable, la mitad de cuyos edificios se encontraba aún en medio del lago de Texcoco, como puede verse por el mapa de Uppsala trazado 30 años después. Esta manera de construir se debió no sólo a la falta de terreno, sino a que brindaba mayor seguridad contra los ataques enemigos. Durante los combates en Tenochtitlan les fue difícil a los españoles acercarse a los indígenas, porque "de casa a casa tenían una puente de madera levadiza; alzábanla y no podíamos pasar sino por agua muy honda.

Pues desde las azoteas, los cantos y piedras y varas no lo podíamos sufrir; por manera que nos maltrataban y herían muchos de los nuestros",[38] (Bernal Díaz del Castillo habla de sus propias experiencias de combate); no es de extrañar, pues, que Tlatelolco, la parte de la ciudad que más canales tenía, haya resistido más tiempo, como ciudadela natural, al sitio de la ciudad emprendido por los españoles en 1521.

La fundación de Tenochtitlan es objeto de gran número de leyendas, una de las cuales pretende explicar el *nombre de la ciudad*. Este deriva indudablemente, al igual que el nombre de tribu "Tenochca", del caudillo Ténoch, que dirigió a los aztecas durante los primeros tiempos de la colonización de las islas, cuando éstas se encontraban aún bajo la dominación del príncipe de Tlatelolco; su significado es simplemente "lugar de Ténoch". Como en muchos casos parecidos, el nombre fue primero, y la leyenda se elaboró después. Como el nombre de Tenochtitlan puede traducirse también por "el lugar donde el nopal *(nochtli)* crece sobre la piedra *(tetl)*", la leyenda cuenta que dos sacerdotes llegaron a través de los carrizales de la isla hasta el manantial mencionado, junto al cual estaba posada una águila en una roca, devorando una serpiente. Esto era una señal de que el dios tribal Huitzilopochtli exigía en este lugar la construcción de un templo de culto como punto central de la futura ciudad; el signo se convirtió en símbolo de la ciudad de México y es hoy el escudo del país entero. Pero en realidad fue secundaria la relación entre el símbolo águila-serpiente-nopal y la leyenda de la fundación. Aquél expresaba originalmente la concepción cosmológica de que los sucesos del Universo se deben a la lucha de elementos opuestos, pues el águila simboliza el sol y el cielo diurno, mientras que la serpiente representa el zodiaco de los mexicanos y el cielo nocturno. Este concepto es aún habitual entre los coras modernos; en un mito ligado a este pensamiento, K. Th. Preuss encontró la idea de que el águila del día, al devorar la serpiente nocturna, se sienta sobre un nopal en el centro del cielo. Los mitos aztecas también describen a menudo el cielo como llano cubierto de zarzales. Después de la fundación de Tenochtitlan hubo una era, según relatos aztecas, durante la cual la tribu fue gobernada por caudillos, y sólo después de ésta comenzó la *era monárquica,* que se inició, según ciertas tradiciones, en 1376 con el primer rey Acamapich,[39] y terminó en 1521, por culpa de los españoles, con la captura de Cuauhtémoc, el décimoprimer monarca y segundo sucesor de

---

[38] Bernal Díaz del Castillo, *Historia verdadera de la conquista de la Nueva España*. Ed. Porrúa, México, 5ª ed., 1960, en dos tomos, t. I, p. 386. [E.]

[39] Generalmente conocido por Acamapichtli. [E.]

Moctezuma II. Al igual que otras tribus nahuas, los aztecas consideraban a sus reyes como herederos legales del legendario soberano tolteca Ce-ácatl, cuyo título había sido Quetzalcóatl; a esto se debe que la estatua de madera de un rey difunto se ataviara durante los ritos fúnebres con el traje de Quetzalcóatl, y que al nuevo rey electo se le advirtiera del modo siguiente durante su investidura: "Recuerda que éste no es tu trono, sino que sólo te ha sido prestado y que será devuelto después [a Quetzalcóatl] a quien en verdad pertenece." Pero los monarcas aztecas derivaban su dinastía sobre todo de la ciudad de Colhuacan, pues se creía que Acamapich era hijo de una princesa de la casa reinante de esta ciudad, de ascendencia tolteca. Esta es la razón por la que los reyes aztecas llevaban el título de "Príncipe de los colhuas". Cuando los españoles llegaron en 1518 y 1519 a las costas de Tabasco y de Veracruz y preguntaron por el nombre de los soberanos del país, se les respondió ya con la palabra *"colhua";* como no la entendieron bien, dieron el nombre de San Juan de *Ulúa* a la pequeña isla en que desembarcaron a la entrada del actual puerto de Veracruz, nombre que lleva hasta la fecha.

Los tres primeros reyes aztecas son figuras bastante indefinidas aún; eran menos importantes que los reyes de Tlatelolco, como ya se ha dicho, y se contaban, al igual que estos últimos, entre los vasallos del poderoso Imperio tepaneca. Por eso es verosímil que los triunfos que se atribuyen a los reyes aztecas en el Códice Mendoza hayan sido en realidad hazañas guerreras de los reyes de Tlatelolco, según informa una crónica escrita poco después de la Conquista en lengua azteca por los habitantes de esta ciudad; los reyes de Tlatelolco siguieron por mucho tiempo con sus guerras intestinas y su política independiente, hecho que los anales de Tenochtitlan callan concienzudamente. Fue con su cuarto rey *Itzcóatl* ("serpiente de obsidiana"), que reinó de 1428 hasta 1440 o de 1425 hasta 1437, cuando los aztecas de Tenochtitlan emergieron a la plena luz de la historia.

7) EL PERIODO AZTECA

George C. Vaillant [40]

A juicio del arqueólogo George C. Vaillant, la historia de los aztecas ofrece la posibilidad de estudiar cómo una comunidad tribal pasó a convertirse en un estado importante. De su obra La civilización azteca *se transcriben aquí algunas de las páginas en las que trata sobre este punto, tan estrechamente relacionado con la significación de la cultura azteca.*

Durante el periodo chichimeca [siglos XI-XIII d.C.], se produjo la invasión del Valle de México por varias tribus y la dominación gradual de éstas por una cultura y modo de vida procedentes, al parecer, de Puebla y del norte de Oaxaca. La unidad política básica era la tribu, que vivía en aldeas que se sustentaban con el producto de sus tierras, completándolo, cuando era posible, con los tributos que pagaban los vasallos. A la cabeza del Estado se hallaba un jefe dinástico, que también desempeñaba funciones religiosas. Las artesanías estaban muy desarrolladas y se ejercía el comercio con el fin de proporcionar materias primas a los artesanos. Esta producción, sin embargo, estaba dedicada más bien a la religión y al rito que a la creación de riqueza personal. La religión era un complicado politeísmo basado en el culto a la naturaleza, con algún dios o dioses señalados para un culto especial; pero el funcionamiento del *tonalpohualli*, o calendario sagrado, ayudó al hombre en su tránsito por la tierra con toda la fuerza de los poderes divinos.

La historia de los tenochcas, los aztecas de la ciudad de México, muestra cómo vivía una comunidad tribal y cómo logró la posición de Estado importante. De acuerdo con sus crónicas, los tenochcas comenzaron su peregrinación en 1168 de nuestra era, aunque esta fecha es arbitraria y posiblemente representa el momento de la invención del sistema calendárico en boga en el centro de México. Primero vivieron en una isla situada en un lago del occidente de México, que cruzaban en canoas hasta ganar la orilla. En una cueva de las laderas de una colina encon-

---

[40] George C. Vaillant, *La civilización azteca*, México, Fondo de Cultura Económica, 1955, pp. 79-92.

traron un ídolo de Huitzilopochtli (Colibrí Hechicero), que tenía la valiosa habilidad de hablar y de darles buenos consejos. Los relatos difieren, y según unos los tenochcas comenzaron su peregrinación en compañía de otras varias tribus, iniciándola en las cuevas, de donde éstas procedían. Raras veces coinciden los nombres con que las crónicas designan las tribus; pero siempre hacen referencia a importantes personalidades tribales, de la época en que se escribieron. Estos comienzos pueden considerarse en su origen como mitos, después formalizados, sin significación histórica.[41]

Los tenochcas llevaban consigo en su viaje la imagen del nuevo dios. En cada alto del camino le levantaban un altar para adorarlo y en recompensa él les aconsejaba. El método que seguían era permanecer un año o más en un lugar determinado, mientras que los exploradores buscaban tierras para otro asentamiento y sembraban una cosecha para levantarla cuando llegara toda la tribu. No hay seguridad respecto a los lugares en que se detuvieron, pues las diferentes tradiciones están en desacuerdo. Solamente cuando las tribus llegaron a los lagos de México se identifican fácilmente los lugares y concuerdan las crónicas.

Los tenochcas llegaron a los lagos por el noroeste, por Tula y Zumpango, de modo que hay razones para creer que su lugar de origen fue Michoacán. Parecen haber hecho toda clase de esfuerzos para evitar las guerras, conservándose a distancia de las tierras ocupadas. En determinado lugar se dividieron; en otro sacrificaron tres individuos de acuerdo con sus prácticas rituales, abriéndoles el pecho y arrancándoles el corazón, y en un tercer lugar aprendieron a elaborar pulque.

Las crónicas hacen pocas referencias a las tribus que ya existían en el valle, y su propia entrada fue casi inadvertida por las otras. Sin embargo, el jeroglífico de un manuscrito de Tezozómoc sugiere la conclusión obvia de que tuvieron que contar con el permiso de los tepanecas para pasar por Azcapotzalco y establecerse en Chapultepec, en el lugar en que ahora existe el hermoso parque. Allí vivieron felices por casi una generación; sus vecinos parecen haber sido comunidades pequeñas pero prósperas, de tal manera que el conflicto era inevitable. Los tenochcas comenzaron la lucha porque sus jóvenes remontaron el lago hasta Tenayuca, para raptar y robar mujeres, método frecuente entre los indios de la América del Norte para hacerse de prestigio. Sus vecinos más poderosos se irritaron y llevaron a cabo una expedición punitiva en la que tomaron parte tepanecas, culhuas y xochimilcas. El resultado fue horrible: el jefe tenochca Huitzilíhuitl y la mayor parte de la tribu tuvieron que ir a vivir a Culhuacán como siervos, en tanto que el resto escapó al lago, en donde

[41] Véase *Códice Boturini* o *Tira de la Peregrinación azteca*.

algunos islotes bajos ofrecían refugio. La gran mayoría permaneció en Tizapán, cerca del actual San Ángel, en donde estuvieron bajo la vigilancia de Cóxcox, cacique de Culhuacán. Los tenochcas odiaban el lugar, que era estéril y agreste en todo, menos en serpientes venenosas y en insectos. Aun adoraban a Huitzilopochtli; pero su prestigio había perdido tanto, que los culhuas llegaron a burlarse de él en su altar y a arrojar inmundicias en el templo.

A la postre, sin embargo, la marea cambió. Cóxcox se vio envuelto en una guerra con Xochimilco y llamó a los vasallos en su ayuda. Cuando los tenochcas llegaron al campo de batalla se precipitaron al ataque e hicieron no menos de treinta prisioneros, de cada uno de los cuales cortaron una oreja con sus cuchillos de obsidiana, antes de enviarlos a la retaguardia. Después de la lucha Cóxcox pronunció un discurso alabando el valor de sus fuerzas al tomar tantos prisioneros; pero echó en cara a los tenochcas el haber regresado con las manos vacías. Los vasallos esperaron hasta que su señor terminara de hablar y entonces le preguntaron por qué a cada prisionero le faltaba una oreja. Ante el asombro de los culhuas por esta circunstancia extraordinaria, los tenochcas abrieron sus bolsas y mostraron las orejas que faltaban, demostrando sin posibilidad de dudas la magnitud de su hazaña. Es evidente que en esta época el culto de los sacrificios guerreros había llegado al valle, pues el énfasis que se ponía en hacer prisioneros indica que éste era uno de los propósitos primordiales de la guerra. Además, un dibujo muestra el sacrificio ulterior de los prisioneros, práctica ritual cuya ejecución tenía por objeto despertar temor por los aztecas entre las otras tribus, en todo el territorio mexicano.

El prestigio de los tenochcas subió tanto, que se presentaron ante su señor, Cóxcox, y le pidieron a su hija para mujer de su jefe, a fin de que pudieran fundar una dinastía. Cóxcox accedió a su petición y los tenochcas quedaron tan agradecidos que sacrificaron a la infortunada joven y con su piel cubrieron a un sacerdote, para caracterizar a una diosa de la naturaleza, Toci. Después, con total carencia de tacto, invitaron al padre a la ceremonia. Éste, que esperaba una celebración matrimonial, quedó completamente horrorizado y llamó a sus guerreros para exterminar a los tenochcas, quienes inmediatamente huyeron al lago, uniéndose a sus hermanos de tribu que ya estaban establecidos allí.

A mediados del siglo XIV había dos comunidades en las islas: Tenochtitlan, que parece haberse fundado en 1325, y Tlatelolco, que se fundó hacia la misma época; ambas eran refugio de los descontentos de la tierra firme y hacia mediados del siglo habían crecido lo bastante para pedir un cacique a las tribus de la tierra firme con objeto de fundar una dinastía. Los de Tlatelolco recibieron un jefe de los tepanecas y los tenochcas indujeron nuevamente a Culhuacan a que les diera un cacique, Acamapichtli. Las crónicas difieren acerca de si éste llegó o no muy joven acompañado por su madre. Los *Anales de Cuauhtitlán* refieren que en esta época los tenochcas construían casas de piedra, lo que indica que una comunidad tenía que llegar a un determinado estado de desarrollo antes que disfrutar del prestigio de una dinastía importante.[42]

En los tiempos de Acamapichtli los tenochcas fueron tributarios y aliados de los tepanecas y lucharon con éxito en contra de Tenayuca y de Culhuacán. Sin embargo, su campo de operaciones fue pequeño y un paseo de una mañana en automóvil permitirá al curioso ver todo el escenario de la historia tenochca. Huitzilhuitl II sucedió a Acamapichtli a la muerte de éste, y aseguró prudentemente el futuro del estado naciente casándose con la hija de Tezozómoc. Fue jefe durante la última lucha entre los dos grandes poderes lacustres, los tepanecas y los texcocanos, guerra que terminó con la muerte del cacique de Texcoco, Ixtlilxóchitl y con la dispersión de sus feudos.

Chimalpopoca sucedió a su medio hermano Huitzilhuitl y su reinado estuvo lleno de desastres. Murió Tezozómoc y su hijo Maxtla le sucedió tras el asesinato de su hermano. Maxtla estaba decidido a alcanzar el poder y mantuvo a los pueblos del valle en un hervidero de intrigas y opresión. Finalmente, asesinó a Chimalpopoca y también al cacique de la ciudad vecina de Tlatelolco, agregando el insulto a la injuria, de acuerdo con la manera indígena de pensar, al aumentar los tributos.

Los pueblos de Tenochtitlan hervían de indignación y Tlacopan (Tacuba), la pequeña aldea de la tierra firme, simpatizaba con los oprimidos. Nezahualcóyotl, el sucesor legítimo al gobierno de Texcoco, huyó hacia las colinas después de la derrota de su pueblo y organizó la oposición al enemigo. Indujo a los tenochcas, al mando de su nuevo jefe Itzcóatl, a atacar Azcapotzalco por Tlacopan, en la retaguardia, a la vez que reanimó a los texcocanos y a sus tributarios para asaltar al enemigo con columnas que debían venir en canoas y por tierra por las riberas del lago. Después de una prolongada guerra de varias semanas los aliados resultaron vencedores.

Indudablemente Nezahualcóyotl intentó que su estado recobrara su posición como poder dominante en el territorio situado al norte del lago; pero no se dio cuenta de que, cuando formó la triple alianza para defensa mutua y para propósitos ofensivos, sentó los cimientos de un estado rival que sobrepasaría a Texcoco. Los tenochcas y los texcocanos deberían recibir, cada uno, dos partes de todo el botín, los tlacopanos una; pero, probable-

---

[42] *Anales de Cuauhtitlán*, edición de 1885, p. 49.

mente, el acuerdo de este reparto fue liberalmente interpretado por el que resultare en suerte más poderoso de los tres aliados. Los tenochcas adquirieron tierras en las riberas del lago, obteniendo una fuerte posición para nuevas conquistas. Desde el momento en que se dio este nuevo territorio a los jefes guerreros, se estableció una casta de poder y de riqueza. Así, pues, en lo exterior, la conquista llevó a los tenochcas de la condición de tributarios a la de un estado independiente. En lo interno hubo un cambio de actitud, pasando de un complejo de inferioridad a uno de superioridad. Itzcóatl, el cuarto jefe tenochca, expresó esta actitud al ordenar que se quemaran todos los manuscritos pictóricos históricos "por no estar al alcance de los plebeyos".[43]

Desde el reinado de Itzcóatl las crónicas de los reinos están en estrecho acuerdo. Aquellas escritas con anterioridad a su advenimiento al trono en 1428, muestran grandes contradicciones con diferencias frecuentes de un ciclo de cincuenta y dos años o más. Creo que este desacuerdo tiene su origen en la interrupción de la continuidad tribal en el momento de la derrota de Chapultepec, en 1300. Parte de la tribu se refugió en las islas del lago y fundó una ciudad en 1325, más o menos, gobernándola con un consejo y un jefe principal. El otro grupo fue trasladado a Tizapán y se civilizó de acuerdo con las normas culhuas. La fundación de Tenochtitlán, desde el punto de vista de ellos, no ocurrió hasta que se unieron con el grupo original del lago, en donde, tan pronto como fue posible, erigieron templos de piedra y trataron de fundar una dinastía.

Itzcóatl hizo posible a los tenochcas crear la civilización azteca. Sus reformas históricas coincidieron también, sin duda, con la reglamentación del culto, pues emprendió la construcción de templos y el ordenamiento de una jerarquía religiosa; instituyó rangos en el gobierno civil y vigiló la erección de la ciudad, construyendo terraplenes hasta la tierra firme a fin de asegurar su fácil acceso. Itzcóatl comenzó a dominar sistemáticamente a las tribus independientes del Valle no sujetas a Texcoco; también logró victorias y el reconocimiento de su supremacía sobre los poderosos chalcas y xochimilcas, tribus éstas que estaban más unidas desde un punto de vista cultural a los grupos de Puebla que a los del norte del valle. Para demostrar su independencia, Itzcóatl tuvo una escaramuza con los texcocanos de Nezahualcóyotl y, en consecuencia, la paz entre los antiguos aliados fue un tanto precaria.

Moctezuma I, conocido con el apodo de Ilhuicamina, el Iracundo, sucedió a Itzcóatl después de su muerte, en 1440. Este

[43] Sahagún, fray Bernardino de, *Historia general de las cosas de Nueva España*, libro X, capítulo XXIX.

cacique, que ya se había destacado como jefe en las guerras de Itzcóatl, extendió más aún los dominios de Tenochtitlán. Combatió y venció a los chalcas, quienes detestaban a las tribus del norte del valle, y cruzó las montañas para hacer incursiones hacia el oriente, en las regiones de Puebla y Veracruz, y hacia el sur para conquistar poblaciones en Morelos y Guerrero. Debe haber existido una cooperación militar bastante estrecha entre Texcoco y Tenochtitlán, pues las conquistas que los historiadores tenochcas atribuyen a Tenochtitlán, aparecen como victorias de Texcoco en las crónicas texcocanas. Los pobres tlacopanos desaparecieron de la escena, quizá independientes aún, pero seguramente sin participar en el reparto del botín, una situación que recuerda la de Italia en 1918.

Bajo el gobierno de Moctezuma I progresaron mucho los aspectos culturales de Tenochtitlán. Dictó medidas sanitarias en beneficio de su pueblo, construyendo un acueducto desde los manantiales de Chapultepec para traer agua potable en abundancia a la ciudad. Ordenó la construcción de un gran dique en el perímetro oriental de su capital, para represar el desbordamiento de los lagos en la época de las lluvias.

Las conquistas dentro del territorio de Puebla pusieron a los tenochcas en contacto con la religión altamente desarrollada de esa zona, de modo que se construyeron muchos nuevos templos en honor de dioses y diosas azorados por las tribus conquistadas. En las épocas de paz relativa revivió la Guerra Florida, competencia religiosa entre guerreros de dos tribus o grupos de tribu, a fin de obtener prisioneros para sacrificar, sin las dislocaciones económicas de una guerra formal. Esta práctica era conocida desde hacía mucho tiempo en el valle y los tenochcas tomaron parte en estas luchas con los chalcas entre los años de 1376 y 1384; pero los tenochcas habían estado en guerra tan continuamente que se acostumbraron a hacer prisioneros de la manera más difícil.[44]

Las cosechas fueron malas de 1451 a 1456, debido a fuertes tormentas y a las heladas; murió mucha gente y otras, incapacitadas para sostenerse, se sometieron voluntariamente a la esclavitud, a fin de participar de la munificencia de los más afortunados. Por lo general el hambre llevaba a un aumento en la actividad militar para llenar las despensas vacías con abastecimientos exigidos como tributo; pero esta vez la situación fue tan grave y los tenochcas estaban tan débiles, que hubieron de contentarse con una Guerra Florida.

Axayácatl sucedió a su padre Moctezuma I en 1469, amplió el dominio tenochca, llegando hacia el occidente al territorio matlatzinca y hacia el sur hasta Oaxaca y Tehuantepec. Llevó

[44] Bancroft, *Native races*, 1883, vol. V, pp. 414-415.

a cabo una campaña en el territorio tarasco y tuvo una espantosa derrota que aseguró la independencia de estas tribus de Michoacán hasta su conquista por los españoles. Éste fue el único desastre militar serio de los tenochcas, hasta los horrendos días de 1519.[45]

Ni Axayácatl ni sus sucesores fueron capaces de transformar el dominio de una región en señorío. Axayácatl logró, sin embargo, vencer al pueblo vecino de Tlatelolco, matando a su jefe y negando a su consejo el derecho de discutir con los tenochcas asuntos de importancia para la tribu. Hasta ese momento Tlatelolco había mantenido su independencia y había crecido tanto como Tenochtitlán, ayudando en muchas campañas. Fue famoso por sus comerciantes y su mercado fue el más grande de México, aun después de que quedó sometido a servidumbre. Las rivalidades locales no condujeron, sin embargo, a la guerra, hasta que ambas ciudades compitieron en la construcción de templos a Huitzilopochtli, el Dios de la Guerra. Al parecer, esta competencia por el favor divino los llevó a la guerra, cuando los conflictos económicos no lo habían hecho. Por más que parezca ridículo, se rompieron las hostilidades por la insultante conducta de las mujeres de Tlatelolco, que mostraban sus posaderas con gesto despreciativo, a los encolerizados visitantes tenochcas.

Las artes religiosas alcanzaron su completo desarrollo bajo Axayácatl. En esta época se labró la gran Piedra del Calendario, que pesa más de veinte toneladas y tiene un diámetro de cuatro metros. El bloque fue cortado en la tierra firme y los jefes aliados enviaron su ayuda para arrastrar por las calzadas esta masa gigantesca. Destinada a simbolizar el universo azteca, es un ejemplo magistral de una obra modelo, cuyos detalles amplían en vez de empequeñecer la visión del concepto.

En 1472, al comienzo del reinado de Axayácatl, llegó a su término la vida de una gran figura en la historia indígena americana, Nezahualcóyotl. Este jefe texcocano, al hacerse hombre, abandonó su país huyendo de las venganzas de los tepanecas; pero luchó e intrigó hasta regresar al poder y aun restauró la fortuna de su pueblo, que en el siglo anterior había rivalizado con los culhuacanos en los años formativos de la civilización azteca. Nezahualcóyotl tenía un amplio sentido jurídico que le permitió estructurar con buen éxito la organización administrativa de un reino muy extendido. Como los texcocanos tenían ya, antes de la dominación tepaneca de 1419 a 1428, una cadena de vasallos que les pagaban tributo, al reconquistar este dominio años después, no fue tanto una conquista como la imposición de derechos en mora.

[45] *Ibid.*, p. 434 y Durán, *Historia de las Indias*, I, capítulo XXXII.

Nezahualcóyotl se interesó vivamente en la construcción de templos y de edificios públicos, así es que, pese a su actual apariencia ruinosa, Texcoco fue una de las ciudades más imponentes de la altiplanicie central. Su palacio cercano y su baño, desbastado en la roca sólida de Texcotzingo, son pruebas ostensibles del lujo magnífico de su vida.

Nezahualcóyotl se interesó profundamente por la religión y las artes; transformó la especulación teológica en una filosofía de la religión y rindió culto a un dios único, a través de cuyo poder se manifiesta la naturaleza y del que los dioses menores derivan su fuerza y su existencia. Fomentó las artes y se conquistó, por su parte, un gran renombre como poeta y orador. El conocimiento de las estrellas le fascinaba y era muy entendido en la astronomía astrológica de su tiempo. En constraste con la ejecutoria fría y acerba de los grandes señores tenochcas, su carrera fue un modelo de sabia administración. Destácase entre las hazañas de Nezahualcóyotl la de haber mantenido la paz con su arrogante aliado insular, Tenochtitlán, siempre presto a aumentar su riqueza y su poderío mediante la intriga, el asesinato o la guerra declarada.

8) BARBARIE Y CIVILIZACIÓN

Jacques Soustelle [46]

Del libro que escribió este autor, La vida cotidiana de los aztecas, *proceden los párrafos que aquí se incluyen. En ellos se quiere mostrar cómo la realidad del mundo azteca se derivó de una doble herencia cultural: la de los antiguos bárbaros chichimecas y la de los civilizados toltecas. A juicio de Soustelle, los aztecas llegaron al fin a situarse plenamente en el contexto de una civilización.*

Los aztecas sabían muy bien que ellos mismos, cuatro o cinco siglos antes, habían vivido una vida semejante. En esta época lejana se llamaban "los bárbaros de Aztlán", *Chichimeca azteca*, y llevaron esta existencia primitiva hacia muy largo tiempo, "durante mil y catorce años", cuando comenzaron su peregrinación.[47] No es casualidad que su antiguo país, junto a Aztlán, se llamara Chicomóztoc, "las siete cuevas". ¿Y de qué vivían? "Comían conejo, venado, fieras, serpientes, pájaros; viajaron con sus sayas de cuero, y comían por alimento y sustento lo que se les presentaba." [48] Eran, pues, verdaderos nómadas cazadores y recolectores, como debieran seguir siéndolo, hasta una época muy posterior a la conquista española, los indios del norte de México.[49]

El proceso de transculturación por el cual los bárbaros que penetraron hasta el valle central llegaron muy rápidamente a adoptar los vestidos, la lengua, las leyes y las costumbres de los civilizados sedentarios nos es bien conocido gracias a las crónicas de la dinastía de Texcoco. Esta dinastía, en efecto, se preciaba de descender directamente del jefe chichimeca Xólotl, que condujo

[46] Jacques Soustelle, *La vida cotidiana de los aztecas*, México, Fondo de Cultura Económica, 1956, pp. 219-221.

[47] Hernando Alvarado Tezozómoc, *Crónica Mexicayotl*, p. 14.

[48] *Ibid.*, p. 18.

[49] Paul Kirchhoff, "Los recolectores-cazadores del Norte de México", *El Norte de México y el Sur de los Estados Unidos*, México, 1943, pp. 133-144.

las hordas salvajes cuando vinieron a instalarse después de la caída del imperio tolteca.

Xólotl y sus dos sucesores vivían todavía en las cuevas y en los bosques. El cuarto soberano, Quinatzin, adoptó la vida urbana en Texcoco y obligó a su tribu a cultivar la tierra: una parte de sus hombres se sublevó y huyó hacia las montañas. El quinto, Techotlalatzin, aprendió la lengua tolteca que le enseñó una mujer de Colhuacán y acogió en su capital de Texcoco a algunos civilizados que se incorporaron a su propia tribu. Finalmente Ixtlilxóchitl adoptó en todos sus aspectos las costumbres de los "toltecas" (es decir de los civilizados de lengua náhuatl cuya cultura había conocido su periodo más brillante antes de la irrupción de los nómadas) y su hijo Nezahualcóyotl aparece como el representante más típico y más refinado de la cultura mexicana clásica.[50] Todo este proceso de transformación había requerido apenas doscientos años.

Y es que cuando los bárbaros llegaron a la altiplanicie se pusieron en contacto no sólo con los vestigios de una gran civilización, la de los toltecas, sino también con las poblaciones que seguían asentadas en el lugar y permanecían fieles a esa civilización.[51] Tula ya había sido abandonada, el estado tolteca había desaparecido, pero en Colhuacán, Cholula, Xochimilco, Chalco y en muchos otros lugares subsistían la lengua, la religión y las costumbres de los toltecas. Otras aldeas como Xaltocan habían sido pobladas por los otomíes, campesinos sedentarios de costumbres rústicas, pero que habían vivido durante mucho tiempo dentro de la órbita tolteca.

Alrededor de estas ciudades-estados toltecas o toltequizadas, bajo su influencia y conforme a su modelo, se crearon las de los recién llegados, y después las de las tribus que continuaron llegando desde las estepas septentrionales, la más reciente de las cuales fue la de los aztecas. Todas estas tribus adoptaron las estructuras política y social, los dioses y las artes de sus predecesores: la ciudad-estado con su consejo y su dinastía, las dignidades y las órdenes caballerescas, los cultos campesinos, el calendario y los sistemas de escritura, la poligamia, el juego de pelota. Lo que Teodorico, Boecio y Casiodoro no pudieron hacer en Italia después de la caída del Imperio de Occidente, lo hicieron los aztecas que llegaron después de la desaparición de Tula, y hay que reconocer que ello constituye, en la historia de las civilizaciones humanas, un éxito notable.

Los aztecas y sus vecinos sabían, pues, que el desarrollo de los acontecimientos los había colocado en la intersección de dos linajes: por una parte el de los bárbaros, de lo cual no se aver-

[50] Véase Ixtlilxóchitl, *op. cit.*, pp. 57 ss. y 73 ss.
[51] Véase el *Mapa Tlotzin*.

gonzaban y cuyas virtudes guerreras cultivaban; por otra, el de los civilizados, de los toltecas, simbolizado por el dios-héroe Quetzalcóatl, inventor de las artes y de los conocimientos, protector de la sabiduría.

En cuanto herederos de los toltecas, se clasificaban a sí mismos junto a los pueblos que no eran bárbaros, "gentes del hule y del agua salada" (olmeca-uixtotin) "que están hacia el nacimiento del sol y no se dicen *chichimecas*".[52] Eran las tribus que vivían principalmente en la provincia de Xicalanco (al sur del actual Estado de Campeche) y que, haciendo de intermediarios entre el mundo mexicano y el mundo maya, conservaban relaciones amistosas con el imperio azteca sin estarle sometidas.

El México antiguo nos ofrece pues un caso muy claro de comunidad cultural superpuesta a la división política, comunidad sentida vigorosamente, que tomaba la forma tradicional del mito tolteca; este mito, por otra parte, tenía muchos elementos históricos mezclados con las representaciones simbólicas. El indio de Tenochtitlán o de Texcoco, de Huexotla o de Cuauhtitlán, no se defendía solamente como miembro de una tribu, como ciudadano de una ciudad, sino como un hombre civilizado que participaba en una cultura superior.

Por ello se oponía no solamente a los chichimecas que habían seguido en un estado de vida errante y salvaje, sino también a los rústicos otomíes, [53] a los popolocas, "que hablan un lenguaje bárbaro", a los tenime, "que quiere decir gente bárbara, y son muy inhábiles, incapaces y toscos".[54] Esta noción de una cultura superior conllevaba ciertos conocimientos y la práctica de algunas artes, un modo de vida determinado y un comportamiento acorde con ciertas reglas.

---

[52] Sahagún, edición de 1938, t. III, p. 144.
[53] *Ibid.*, t. III, p. 124.
[54] *Ibid.*, t. III, p. 133.

9) EL ÁGUILA Y EL NOPAL

Alfonso Caso [55]

Sobre la base del análisis de un monumento de procedencia azteca, "el teocalli de la guerra sagrada", elaboró Alfonso Caso una interpretación de lo que fue, a su juicio, uno de los mitos fundamentales del llamado por él "Pueblo del Sol". En la imagen del águila o sea del sol, al que se ofrecen las tunas rojas que son los corazones humanos, encuentra el autor la clave del simbolismo que iluminó la mística guerrera de los aztecas. De ese misticismo se derivaron no pocos elementos que dieron sentido y cohesión a su cultura. Las páginas que se transcriben constituyen la parte final de este estudio de Alfonso Caso.

En un magnífico monumento, descubierto hace años en los cimientos del Palacio Nacional, aparece en la parte posterior el nopal y encima el águila; pero el nopal tiene sus tunas transformadas en corazones humanos, lo que demuestra que no se trata de la representación realista de la planta, sino del simbólico nopal que produce los corazones humanos, los *cuauhnochtlis* o tunas de águila.[56]

El águila posada en el nopal, en la representación a que me estoy refiriendo, agarra dos tunas en forma de corazones, como tomando posesión de ellas, y es que el Sol, según la mitología azteca, se alimenta con la sangre y con los corazones humanos.

El águila sobre el nopal significa entonces que el Sol está posado en el lugar en que recibirá su alimento. El nopal, el árbol espinoso que produce la tuna roja, es el árbol del sacrificio; y según la mitología, sólo el sacrificio de los hombres podrá alimentar al Sol; sólo ofreciéndole la tuna colorada, podrá el ave solar continuar su vuelo.

Y es que el sol es concebido por los aztecas como un guerrero; como el guerrero por excelencia, que tiene que luchar todos los días con sus hermanos, los poderes de la noche, representados por las estrellas, los *centzon mimixcoa* y *centzon huitznahuac*,

---

[55] Alfonso Caso, "El águila y el nopal", *Memorias de la Academia Mexicana de la Historia*, t. V, Núm. 2, abril-junio, 1964, pp. 102-104.

[56] A. Caso, *El teocalli de la Guerra Sagrada*.

"los innumerables del norte y del sur", y por los *tzitzimime*, los planetas, capitaneados todos ellos por la Luna, la *Coyolxauhqui* o *Malinalxóchitl*.

Si el Sol no venciera en esta lucha diaria, si alguna vez fuera débil y no pudiera resistir la acometida de sus innumerables enemigos, los poderes nocturnos se apoderarían del mundo; estrellas y planetas bajarían a la tierra y, como en la trágica noche del fin del siglo, cuando el sol desaparecería, los astros nocturnos se convertirían en fieras espantables que devorarían a los hombres, y así se acabaría el mundo cuando fuera derrotado el sol.

Por eso el águila, representante del Sol, se opone al tigre, representante de la noche, y por eso la lucha que en el cielo libra el Sol contra los poderes nocturnos, debe tener su imitación en la tierra, en la lucha entre los guerreros águilas y tigres.

Los prisioneros que van a ser sacrificados al Sol llevan todos la pintura de tiza blanca con rayas rojas verticales, como aparecen pintados los dioses estelares: *Mixcóatl*, que representa la vía láctea, *Tlahuizcalpantecuhtli*, que representa al planeta Venus, etc., y llevan sobre los ojos, a manera de antifaz, la pintura negra, bordeada de puntos blancos, que los caracteriza como dioses del cielo estrellado.

Cada prisionero que el azteca toma y sacrifica al Sol, es una estrella que ha sido capturada. Su corazón debe ser ofrecido al águila divina, para alimentarlo y ayudarlo a seguir en el combate.

Pero esta lucha eterna entre el Sol y los poderes nocturnos, no es sólo una lucha cósmica entre dos fuerzas que se disputan el dominio del mundo; es también, y sobre todo, una lucha ética; un combate entre las fuerzas oscuras del mal, y las luminosas fuerzas del bien, representadas por el Sol.

El azteca es entonces un pueblo con una misión. Un pueblo elegido. El cree que su misión es estar al lado del Sol en la lucha cósmica, estar al lado del bien, hacer que el bien triunfe sobre el mal, proporcionar a toda la humanidad los beneficios del triunfo de los poderes luminosos sobre los poderes tenebrosos de la noche.

Es claro que el azteca, como todo pueblo que se cree con una misión, está mejor dispuesto a cumplirla si de su cumplimiento se deriva el dominio sobre los otros pueblos. Ya desde el siglo XVI la vocación apostólica y civilizadora de los pueblos europeos, se encuentra particularmente inflamada cuando aquellos que van a civilizar, son poseedores de riquezas que no pueden obtenerse en los países civilizados: oro, especias y perlas en el siglo XVI; petróleo, hule, henequén, quina en el siglo XX.

El pueblo azteca, como todo pueblo imperialista, tuvo siempre una excusa para justificar sus conquistas, para extender el dominio de la ciudad-estado de Tenochtitlán, y convertir al rey de México en el rey del mundo *"Cem-Anahuac tlatoani,* y a México-Tenochtitlan, en la capital del imperio que titulaban *Cem anahuac tenuchca tlalpan,* es decir "el mundo, tierra tenochca".[57]

La idea de que el azteca era un colaborador de los dioses; la concepción de que cumplían con un deber trascendental y que en su acción radicaba la posibilidad de que el mundo continuara viviendo, permitió al pueblo azteca sufrir las penalidades de su peregrinación, radicarse en un sitio que los pueblos más ricos y más cultos no habían aceptado, e imponerse a sus vecinos ensanchando constantemente su dominio, hasta que las huestes aztecas, llevaron el poder de Tenochtitlán a las costas del Atlántico y del Pacífico y sometieron a pueblos más adelantados culturalmente y más antiguos en la posesión de las tierras de la altiplanicie y de las costas.

El símbolo, constante de esta fuerza expansiva, de esta explosión religiosa y económica; lo que sintetizaba el ideal azteca en su lucha por el poder y por el bien, era el águila sobre el nopal. El sol, dador de toda vida, podía seguir seguro su camino en el cielo; el águila divina, volaría todos los días de oriente a occidente, pues aquí en la tierra, alrededor del *tenochtli,* el árbol del sacrificio, el pueblo azteca se encargaría de luchar por él y proporcionarle su alimento mágico, la vida del enemigo, del hombre-estrella, que representaba a los poderes nocturnos que conspiraban contra la vida del Sol.

La cultura azteca, su organización social, su dominio sobre los otros pueblos, desaparecieron absorbidos dentro de la cultura europea. Pero sin su acción imperial, la estructura de la Nueva España habría sido imposible. El *Cem anahuac tenochca* fue la base sobre la que se construyó la unidad de la Nueva España y ahora, la unidad de México. Alcanzada esta unidad, México no es ni será un país imperialista; nuestra misión no es, como la del romano o el azteca, regir a los pueblos, sino vivir en paz con ellos.

Pero el águila y el nopal, sigue en nuestro escudo como una inspiración; seguimos creyendo como el azteca, que es fundamental un ideal que inspire nuestra vida y ese ideal no puede ser otro que el de poner nuestras fuerzas en conjunción, para conseguir el triunfo del bien. Así, el viejo símbolo que movió a los aztecas a través de los desiertos y las planicies del norte, hasta fundar la Ciudad del Sol en medio del lago de la Luna, sigue siendo actual; sigue inspirando nuestro deseo de crear una gran patria que tenga su centro, allí donde por primera vez se posó el águila sobre el nopal.

[57] Tezozómoc, *Crónica Mexicana,* p. 253.

10) LA TRAICIÓN A QUETZALCÓATL

Laurette Séjourné [58]

En función asimismo del tema de los sacrificios humanos la arqueóloga francesa Laurette Séjourné expresa en este capítulo su interpretación acerca de aspectos muy significativos de la cultura azteca. A su juicio, el sesgo que dieron los aztecas a su pensamiento y a sus formas de actuar, constituye la que describe como "traición a Quetzalcóatl", o sea a los ideales espiritualistas de los antiguos toltecas. Como podrá verse, entre esta interpretación, y otras que ya se han aducido, existen muy grandes diferencias.

Como si fuera una norma para todos los despotismos, el de los aztecas no pudo implantarse más que apoderándose de una herencia espiritual que transformó, traicionándola, en arma de dominación. Si se tiene en cuenta que el nivel intelectual prevaleciente entre estas poblaciones de cazadores nómadas debía ser de lo más primitivo —recuérdese que poco antes de su llegada al Altiplano los aztecas estaban gobernados todavía por una hechicera—, resulta natural la metamorfosis de un alto pensamiento místico en magia.

Lo cierto es que, fuera de la parte fácilmente discernible que toman de la doctrina de Quetzalcóatl, los aztecas no poseían ninguna creencia que pueda calificarse de religiosa, ya que todo concepto filosófico o moral expresado en sus textos se relaciona con la unidad espiritual tolteca. La única divinidad que se considera de origen azteca es Huitzilopochtli, el dios de la guerra; pero, como para todo lo demás, es imposible definir sus propiedades sin recurrir a la enseñanza de Quetzalcóatl. De hecho, con Huitzilopochtli se limitan a ilustrar el principio de reintegración en el gran Todo, por una entidad solar que se alimenta de la sangre de los mortales; es decir, no hubo cambio más que en el culto.

Se puede afirmar entonces que la tradición antigua constituía el único cuadro espiritual de la sociedad azteca. Es sorprendente

---

[58] Laurette Séjourné, *Pensamiento y religión en el México antiguo*, Fondo de Cultura Económica, México, 1957, pp. 35-43.

ver con qué fidelidad fue mantenida viva —por medio de oraciones, sermones, poemas, relatos míticos— una tradición que la realidad desmentía. Se continuaba, por ejemplo, invocando un "señor nuestro, humanísimo, amparador y favorecedor de todos", mientras que para celebrar cualquiera de estos dioses "humanísimos" se cometían indescriptibles atrocidades, de las que los textos que siguen darán una noción:

> Hacían una muy solemne fiesta del dios llamado Xipe Tótec, y también a honra de Huitzilopochtli. En esta fiesta mataban todos los cautivos, hombres, mujeres y niños... Los dueños de los cautivos los entregan a los sacerdotes al pie del *Cu* y ellos los llevaban por los cabellos cada uno el suyo por las gradas arriba, y si alguno no quería ir de su grado, llevábanle arrastrando hasta donde estaba el tajón de piedra donde le habían de matar, y en sacando a cada uno de ellos el corazón... luego lo echaban por las gradas abajo, donde estaban otros sacerdotes que los desollaban... Después de desollados, los viejos... llevaban los cuerpos al *calpuco* donde el dueño del cautivo había hecho su voto... ahí lo dividían y le enviaban a Moctezuma un muslo para que comiese, y lo demás lo repartían por los otros principales y parientes...[59]
>
> Cada uno de los señores tomaba por los cabellos a su cautivo, y llevábalo a un lugar que se llama Apetlac, y allí los dejaban todos; luego descendían los que los habían de echar en el fuego, y espolvorizábanlos con incienso las caras... Luego los tomaban y atábanlos las manos atrás, y también los pies; después los echaban sobre los hombres a cuestas y subíanlos arriba a lo alto del *Cu*, donde estaba un gran fuego y un gran montón de brasa, y llegados arriba, luego daban con ellos en el fuego... y allí en el fuego comenzaba a dar vuelcos, y hacer bascas el triste cautivo... y estando en esta agonía sacábanle con unos garabatos... y poníanle encima del tajón... y luego le abrían los pechos... le sacaban el corazón y le arrojaban a los pies de la estatua de Xiuhtecutli, dios del fuego.[60]

No es inútil recordar aquí que el jefe supremo de los sacerdotes que cumplían semejantes tareas, debía ser, según las declaraciones oficiales, "virtuoso, humilde y pacífico, y considerado, y cuerdo, y amoroso, y misericordioso, y compasivo, y amigo de todos, y devoto"...[61]

---

[59] Fray Bernardino de Sahagún, *Historia General de las Cosas de Nueva España*, 3 vols., México 1964, t. I, pp. 136-137.
[60] *Ibid.*, t. I, pp. 192-193.
[61] *Ibid.*, t. I, pp. 330-331.

Como, por otra parte, a ese pontífice se le consideraba como una reencarnación de Quetzalcóatl —guía luminoso del perfeccionamiento interior—, se convendrá que no es exagerado hablar de traición a propósito de la pretendida religión de los aztecas.

La existencia de Tenochtitlan reposaba sobre los tributos de los países conquistados, y es fácil comprender la necesidad imperiosa que tenían los aztecas de un sistema de pensamiento que sostuviese su imperialismo. Es indiscutible que *la necesidad cósmica del sacrificio humano* constituyó un *slogan* ideal, porque en su nombre se realizaron las infinitamente numerosas hazañas guerreras que forman su historia y se consolidó su régimen de terror.

Con un método y una disciplina rigurosas, extraían de cada comarca las materias más preciosas, y riquezas inauditas afluían así a la capital del Imperio.

Después de viajes que podían durar meses, largas caravanas de tributarios llegaban diariamente a la ciudad con sus cargamentos de oro, de jade y de turquesas finamente trabajadas; de plumas deslumbrantes; de pieles de tigres, de leones o de leopardos, de conchas marinas; de sal, de cacao, de tabaco...

Traían también copal para los rituales de los dioses; águilas, plumas y serpientes para el jardín zoológico del rey; enanos, jorobados, albinos para el servicio de palacio; vírgenes destinadas a la "casa de la alegría", institución protegida por Huitzilopochtli y destinada a "atraer nuevas almas"...

Pero nada da una idea más exacta de la naturaleza implacable del poder que ejercían los aztecas, como el tributo de sangre que impusieron a Tlaxcala, una ciudad vecina.

Las victorias obtenidas por el pueblo de Tenochtitlan, se convirtieron en obstáculo para nuevas guerras, porque las provincias por conquistar habían quedado separadas de la metrópoli por los extensos territorios dominados. Es verdad que contaban con las expediciones punitivas contra los países que tenían la audacia de intentar liberarse de la protección del pueblo elegido, pero no eran más que casos aislados, insuficientes para mantener la destreza de la turbulenta juventud azteca.

Huitzilopochtli había declarado además que no apreciaba demasiado los sacrificios de los bárbaros de tierras lejanas, y los altos dignatarios de Tenochtitlan tuvieron la idea ingeniosa de instituir en Tlaxcala esas "ferias militares" que permitirían ofrecerle víctimas tan apetitosas como "panecillos saliendo del horno".

Esto ocurrió en el momento en que Tlaxcala, después de un sitio extenuante sostenido contra los aztecas, se vio obligada a rendirse. ¿Qué tributo podía exigir Tenochtitlan de una ciudad tan pobre? Fue entonces cuando se decretó que se convertiría en un campo de batalla permanente para capturar hombres destinados a alimentar al Sol, y como Huitzilopochtli exige que los prisioneros que le son ofrecidos hayan luchado valerosamente, se continuará atizando el odio de los dos pueblos después que un pacto de sumisión había sido probablemente ya firmado.

A causa de estas guerras que se mantendrán hasta la llegada de los españoles, existe la tendencia a creer que Tlaxcala había quedado independiente respecto de Tenochtitlan, hipótesis difícilmente sostenible si se analizan atentamente las crónicas. Dada la importancia de este punto para comprender el mecanismo de la sociedad azteca, citaremos íntegramente un pasaje que le consagra el historiador indígena Ixtlilxóchitl.

> Viendo que no cesaban las calamidades, se juntaron todos con la Señoría de Tlaxcalan a tratar el modo más conveniente para este efecto: los sacerdotes y sátrapas de los templos de México dijeron que los dioses estaban indignados contra el imperio, y que para aplacarlos, convenía sacrificar muchos hombres... Nezahualcoyotzin... dijo que bastaba que les sacrificasen los cautivos de guerra, que así como así habían de morir en batalla, se perdía poco, demás de que sería muy grande hazaña de los soldados haber vivos a sus enemigos, con lo cual, a más de que serían premiados, harían este sacrificio a los dioses: replicaron los sacerdotes, que las guerras que se hacían eran muy remotas y no ordinarias, que vendrían muy a espacio y debilitados los cautivos que se habían de sacrificar a los dioses... Xicoténcatl uno de los señores de Tlaxcalan fue de opinión, que desde aquel tiempo en adelante se estableciese que hubiesen guerras entre la señoría de Tlaxcalan y la de Tetzcuco con sus acompañados, y que se señalase un campo donde de ordinario se hiciesen estas batallas, y que los que fuesen presos y cautivos en ellas se sacrificasen a sus dioses, que sería muy acepto a ellos pues como manjar suyo sería caliente y reciente, sacándoles de este campo; demás de que sería lugar donde se ejercitasen los hijos de los señores, que saldrían de allí famosos capitanes, y que esto se había de entender sin exceder los límites del campo que para el efecto se señalase, ni pretender ganarse las tierras y señoríos, y asimismo había de ser con calidad que cuando tuviesen algún trabajo o calamidad en la una u la otra parte habían de cesar las dichas guerras y favorecerse unos a otros... A todos pareció muy bien lo que había dicho Xicoténcatl, y como interesados y muy religiosos... apretaron en el negocio para que se efectuase...[62]

[62] Fernando de Alva Ixtlilxóchitl, *Obras Históricas*, 2 vols., México, 1892, t. II, p. 206-207.

Como se ve no se trata, de ningún modo, de guerras por la independencia, sino de luchas concertadas según un pacto bien en regla. Si, por otra parte, se tiene en cuenta que los razonamientos que Ixtlilxóchitl hace pronunciar al tlaxcalteca vencido debieron ser verosímilmente sostenidos por los todopoderosos mexicanos, resulta claro que este pacto, lejos de ser un acuerdo entre iguales, debió representar una monstruosa imposición.

Las pruebas que confirman este juicio son múltiples, como por ejemplo, cuando vemos a un rey de Tenochtitlan o de Texcoco * dar órdenes a los jefes de Tlaxcala, como surge con nitidez de los pasajes siguientes, que nos dan, además, una fuerte imagen de las costumbres que reinaban entonces en el Altiplano.

> El rey (Nezahualcóyotl) cuando vio aquella señora... tan hermosa y dotada de gracias y bienes de naturaleza... le robó el corazón y disimulando lo mejor que pudo su pasión, se despidió de este señor (el marido de la dama) y se fue, a su corte, en donde dio orden con todo el secreto del mundo... de mandar quitar la vida a Quaquauhtzin... y fue de esta manera: despachó a la señoría de Tlaxcala un mensajero... a decir que a su reino convenía que fuese muerto Quaquauhtzin... y para darle muerte honrosa pedía a la señoría mandase a sus capitanes lo matasen en la batalla, que para tal día le enviaría al efecto, de manera que no lo dejasen volver con vida...[63]

Varias decenas de años después de este episodio, vemos que Moctezuma II, con el fin de debilitar el poder de su aliado, el rey de Texcoco, se dirige a Tlaxcala para ejecutar una de las traiciones en las cuales el emperador de los aztecas era maestro:

> Moctezuma... envió secretamente sus embajadores a la Señoría de Tlaxcalan, avisándole de cómo el rey de Texcoco tenía convocado todo lo más y lo mejor de sus ejércitos no para el ejercicio militar y sacrificio de sus dioses conforme la ley y costumbre que entre ellos estaba establecida y guardada por ellos y por sus mayores, sino con intento de destruir y asolar la provincia y señorío... Esta embajada causó grande alteración y pena a la Señoría...[64]

Y es el mismo Moctezuma quien ordena que en el curso de una de esas batallas entre "enemigos de casa" (como designa-

* Además de Tenochtitlan, existían en el Altiplano varias ciudades entre las cuales Texcoco figuraba en primer lugar.
[63] *Ibid.*, t. II, pp. 214-215.
[64] *Ibid.*, t. II, pp. 322-323.

ban a los tlaxcaltecas) se mate a su hermano, el príncipe heredero de México:

> Según común opinión, por concierto y pacto secreto que el rey Moctezuma tuvo con los de Atlixco, por excusar alteraciones y persona que se le anteponía, hizo que su hermano fuese muerto y vencido en esta batalla en donde murió con él otro de los señores mexicanos llamado Tzicquaquatzin y dos mil ochocientos soldados que iban en su defensa.[65]

No debió de ser siempre fácil guardar el equilibrio en una convención tan delicada, porque es probable que, de haber sido conocida por los tlaxcaltecas, la vida de sus jefes hubiera peligrado. Por eso, cuando los mensajeros aztecas llegaban a Tlaxcala a invitar a los gobernantes de esta ciudad "enemiga" a una fiesta, cumplían esta difícil misión disfrazados y manteniendo el más grande secreto. Únicamente las mujeres de los señores de alto rango podían aproximarse a los emisarios y eran estas nobles damas las que les servían la comida y preparaban el lecho. Toda indiscreción a propósito de estas visitas era castigada con la pena de muerte. Muñoz Camargo, el cronista de Tlaxcala, nos dice que "los señores mexicanos enviaban a los de Tlaxcala grandes presentes y dádivas de oro, de cacao, de vestidos, de sal y de todas las cosas de que carecían sin que la gente plebeya lo entendiese, y se saludaban secretamente".

Y vemos que, en cierta ceremonia, los señores de Tlaxcala fueron tratados por el rey de Tenochtitlan con más consideración que cualquier otro jefe de los países del Imperio. La conmovedora historia de Tlalhuicole, héroe de Tlaxcala, nos permite imaginar los innumerables aspectos que relaciones tan inhumanas debían implicar.

General invencible del ejército tlaxcalteca, Tlalhuicole fue capturado un día por los mexicanos. El respeto y la admiración que rodeaban a este hombre de guerra eran tales, que Moctezuma quiso tomarlo a su servicio. Como el tlaxcalteca se negara a servir a los enemigos de su patria, el rey le ofreció entonces la posibilidad de regresar entre los suyos. Tlalhuicole rechaza la libertad y reclama el sacrificio sobre la piedra de los gladiadores reservado a los más valientes. Se nos cuenta que antes de morir, atado a la piedra y sólo con un bastón emplumado, puso fuera de combate a ocho guerreros debidamente armados. ¿Sabía este hombre intrépido que los reyes de su patria asistían a su último combate disfrazados de mexicanos y ocultos en un palco disimulado por flores? ¿Sabía que después de las ceremonias excepcionalmente solemnes que tuvieron lugar en su honor, comerían

[65] *Ibid.*, t. II, p. 207.

cordialmente con el emperador de Tenochtitlan y retornarían a Tlaxcala cubiertos de presentes? ¿Hubiera podido desplegar tanto heroísmo, de haberlo sabido? ¿O sería, más bien, precisamente para poner fin a un estado de cosas que juzgaba infamante por lo que se rebeló contra la autoridad de sus jefes y se lanzó a una lucha encarnizada contra los aztecas? Esta hipótesis, más verosímil que la precedente, explicaría a la vez la actitud de Moctezuma invitándolo a entrar a su servicio y la negativa de Tlalhuicole de retornar a su patria donde hubiera sido condenado por insurrección.

Parece evidente que los aztecas no actuaban más que con un fin político. Tomar en serio sus explicaciones religiosas de la guerra es caer en la trampa de una grosera propaganda de Estado. La mentira de sus fórmulas se hace además visible con la ayuda de una observación de simple buen sentido: no se ve jamás a los señores aztecas impacientarse por alcanzar la gloria solar en nombre de la cual mataban a la humanidad pues su encarnizamiento por vivir no era menor que su afán de poder. Si hubieran creído auténticamente que la única finalidad de la existencia era hacer don de su vida, el sacrificio no hubiera quedado limitado a seres juzgados inferiores —esclavos y prisioneros— sino que hubiera sido exclusivo de la *élite*. En realidad, todo lleva a hacer creer que los señores aztecas, criados en la doctrina de Quetzalcoatl que indicaba al hombre el perfeccionamiento interior como meta suprema, no podían considerar el asesinato ritual más que como una necesidad política.

Esto hace que dos corrientes de pensamiento contrarias coexistan en el seno de esta sociedad: de un lado, un misticismo degradado para sostener un ambicioso plan de conquista; del otro, la doctrina de Quetzalcóatl como única base moral. Una contradicción tan profunda debía necesariamente producir graves conflictos, y veremos que su papel fue, en efecto, decisivo. Una de sus primeras manifestaciones se produce hacia la mitad del siglo XV, en la persona de Nezahualcóyotl, rey de Texcoco, que en nombre de un dios creador invisible comienza súbitamente a dudar de la eficacia de los sacrificios humanos.

11) INTERPRETACIÓN DE LA FUNDACIÓN DE TENOCHTITLAN

Ignacio Bernal [66]

En su libro Tenochtitlan en una isla *estudia Ignacio Bernal la fundación de la que llegaría a ser gran metrópoli de los aztecas. En ese hecho encuentra uno de los momentos centrales que ayudan a comprender el modo de ser de este pueblo. Los mitos y la historia, tan difícilmente separables en los relatos indígenas sobre el establecimiento de Tenochtitlan, pueden ser precisamente una clave para ahondar en la significación que los seguidores de Huitzilopochtli habrían de atribuirse a sí mismos.*

La vida casi acuática de esta gente en estos momentos permite a los sacerdotes del dios dar su dictado supremo, el más hábil de cuantos habían pronunciado: la fundación de Tenochtitlan sobre una isla. Insignificante al principio, este acontecimiento debía tener las más grandes repercusiones sobre el futuro de México.

La crónica Mexicáyotl en forma poética narra este episodio. Nos cuenta que estando desterrados y sin sitio en el que colocar el templo de su dios, Huitzilopochtli se les aparece de nuevo y les ordena que sigan buscando hasta encontrar el lugar preciso que, desde el principio de los tiempos, él tiene señalado para la fundación de la capital mexicana. Dentro del carrizal, se erguiría y lo guardaría él, Huitzilopochtli, y ordenó a los mexicanos. Inmediatamente vieron el ahuehuete, el sauce blanco que se alza allí y la caña y el junco blanco y la rana y el pez blanco y la culebra blanca del agua, y luego vieron había una cueva. En cuanto vieron esto lloraron los ancianos y dijeron: "de manera que aquí es donde será, puesto que vimos lo que nos dijo y ordenó Huitzilopochtli, el sacerdote." "Luego volvió a decir Huitzilopochtli: oid que hay algo más que no habéis visto todavía y idos incontinenti a ver el Tenoch en el que veréis se posa alegremente el águila, la cual pone y se asolea allí por lo cual os satisfaréis, ya que es donde germinó el corazón de Copil. Con

---

[66] Ignacio Bernal, *Tenochtitlan en una isla*, México, Instituto Nacional de Antropología e Historia, 1959, pp. 108-112.

nuestra flecha y escudo nos veremos, con quienes nos rodean a todos los que conquistaremos, apresaremos, pues ahí estará nuestro poblado México el lugar en que grita el águila, se despliega y come, el lugar en que nada el pez, el lugar en que es desgarrada la serpiente y acaecerán muchas cosas. Y llegados al sitio vieron cuando erguida el águila sobre el nopal come alegremente desgarrando las cosas al comer y así que el águila les vio agachó muy mucho la cabeza, aunque tan solo de lejos la vieron y su nido todo él de muy variadas plumas preciosas, y vieron, así mismo, esparcidas allí las cabezas de muy variados pájaros. E inmediatamente lloraron por esto los habitantes y dijeron: Merecimos, alcanzamos nuestro deseo, puesto que hemos visto y nos hemos maravillado de donde estará nuestra población. Vámonos y reposemos." "Asentaron luego el Tlachzuitetelli y su Tlalmomoztli. Así pues, paupérrima y misérrimamente hicieron la casa de Huitzilopochtli; cuando erigieron el llamado oratorio era todavía pequeño, pues estando en tierra ajena cuando se vinieron a establecer entre los tulares y los carrizales de donde habían de tomar piedra o madera, puesto que eran tierras de los tepanecas así como de los tezcocanos encontrándose en el lindero de los Culhuacanos por todo lo cual sufrían muchísimo. Todo esto en el año «dos-casa» (1325) de que naciera Jesucristo, nuestro Salvador, fue cuando entraron, llegaron y se asentaron dentro del tular y el carrizal, dentro del agua en Tenochtitlan los ancianos mexicanos aztecas."

La fundación de Tenochtitlan resulta no sólo el episodio más característico de toda la historia azteca sino el que mejor nos revela su modo de ser, esa combinación de inteligencia práctica y habilidad política mezclada al fanatismo y al desdén del sufrimiento.

Así es interesante hacer notar, en primer lugar, la selección aparentemente absurda, en realidad extraordinaria, que los sacerdotes hicieron del sitio en que habían de fundar su ciudad. Un pequeño islote, casi un pantano del que sólo sobresalían unas rocas, rodeado de cañaverales, en el lago de Texcoco. Sitio tan poco atractivo, que ninguno de los innumerables habitantes anteriores lo habían ocupado. Los brillantes directores aztecas deben de haber comprendido el valor estratégico y político que representaba este sitio. Tratándose de una isla la defensa era muy fácil, ya que sólo podía atacársele por agua; pero además estaba colocada en los confines de tres reinos por lo que en realidad, siendo de los tres, no era de ninguno. Daba a los nuevos pobladores una posición de relativa independencia y les permitía apoyarse en cualquiera de sus vecinos, en contra de los otros.

En el transcurso del siglo siguiente habían de aprovechar a fondo esta ventajosa posición y los vamos a ver, como mercenarios de Azcapotzalco atacar a los demás, luego aliarse con Texcoco para vencer a los tepanecas y así sucesivamente, hasta colocarse por encima de todos, conservando siempre su ciudad libre de ataques enemigos. Desgraciadamente no nos es posible saber hasta qué punto los jefes-sacerdotes que hablan a través de la boca del dios, se dan cuenta de todas estas ventajas; pero es evidente, a través de toda la historia de la peregrinación que, aunque sea confusamente, buscaban un sitio similar, una "tierra prometida" y que estaban decididos, por todos los medios, a llevar a su pueblo a la hegemonía de los valles.

Con el tiempo, la isla había de presentar otra gran ventaja; ésta de tipo comercial. El sistema de transporte que prevalecía en el México antiguo era tan primitivo que solamente el *hombre* podía utilizarse como animal de carga. Como la rueda no pasó de ser un juguete, no había vehículo alguno de tracción. En estas condiciones, el transporte de mercancías, sobre todo cuando se trata de alimentar una ciudad grande, se convertía en un problema prácticamente insoluble. En cambio una sola canoa, con poco esfuerzo, podía hacer el trabajo de muchos hombres durante varios días. Este factor constituye seguramente una de las causas del desarrollo extraordinario que pronto había de alcanzar Tenochtitlan. Otra vez el lago parece dictar los destinos mexicanos.

La otra de sus armas era la austeridad y el fanatismo. No permitiendo durante siglos que la población se quedara nunca permanentemente en parte alguna, obligándola continuamente a moverse, impedían así la acumulación de riquezas, el aprovechamiento de tierras cultivadas, o la formación de costumbres de ocio y de lujo. Los hombres aztecas estaban eternamente preparados para la guerra o para el sacrificio, justamente porque tenían tan poco que perder, porque su vida estaba lejos de ser agradable. La pobreza misma del sitio escogido los obligaba a tratar continuamente de arrebatar a sus vecinos más ricos todas las cosas que ellos no tenían y —si no podían hacerlo por la fuerza— a trabajar sin descanso para obtenerlas por comercio; así vemos, por ejemplo, que a poco de fundada su ciudad se dedican a reunir una gran cantidad de peces, camarones, anfibios y otros productos de la laguna para permutarlos por madera o piedra para construir el templo de su dios, aun antes que sus propias casas. Trabajo, austeridad, fanatismo.

Ya es tiempo de preguntarnos ¿quién es ese Huitzilopochtli que a través de siglos guía a su pueblo convirtiéndolo en un "pueblo elegido"? En las crónicas siempre aparece como el dios supremo cuya voz es escuchada con temor y reverencia por los sacerdotes. Evidentemente se trata de un pequeño, muy pequeño grupo —tal vez no más de cuatro personas— de sacerdotes-directores que usando del artificio de la voz divina guían a su pueblo y forman el destino de los mexicas. Lo interesante del caso es que desde el principio de su historia se obtiene la impresión muy clara de un verdadero programa preestablecido, programa que se desarrollará a través de siglos; de una concepción de gobierno brutal pero genial que, seguida al pie de la letra por esta pequeña, indomable élite, llevará a su pueblo a través de miles de peligros, privaciones y sacrificios, hasta obtener el triunfo final, el imperio. El pueblo es empujado sin consideración a su cansancio o a su hambre, con todo y las mujeres y los hijos que se mueren, contra todo, hacia el destino que esta élite le ha prometido. Claro que es imposible pensar en que los mismos dirigentes pudieran haber establecido y seguido este plan, casi diabólico, a través de tanto tiempo. Pero los primeros formaron el "tipo" que fue seguido por sus descendientes hasta el fin. Huitzilopochtli habla sin descanso, en todas las ocasiones importantes, como el más cruel pero también como el más hábil de los políticos. Nunca se cansa, nunca se detiene, nada le basta. Durante quince generaciones su voz temible abruma al pueblo de trágicos consejos de violencia sin un minuto de reposo.

12) LA CULTURA DE LOS MEXICAS DURANTE LA MIGRACIÓN

Carlos Martínez Marín [67]

El problema de precisar cuáles eran los rasgos e instituciones culturales de los aztecas a lo largo de su peregrinación, tiene sin duda fundamental importancia en cualquier intento por comprender la significación histórica que llegó a alcanzar este grupo en Mesoamérica. ¿Eran las formas de vida de los seguidores de Huitzilopochtli, antes de que llegaran a la región de Tula, esencialmente parecidas a las de las hordas de nómadas, conocidas como chichimecas? ¿O por el contrario, ya desde tiempos considerablemente antiguos, participaban de algún modo los aztecas en las formas de cultura propias de los pueblos sedentarios mesoamericanos?

El autor del presente trabajo, al plantearse este problema, atiende, con base en el testimonio de las fuentes indígenas, a una serie de elementos culturales que, a su juicio, son atribuibles al grupo mexica durante las distintas etapas de su migración hasta establecerse en el Valle de México. En conclusión sostiene Martínez Marín que los mexicas eran un grupo con cultura mesoamericana desde el momento en que iniciaron su peregrinación.

Son los mexicas —o aztecas— uno de los grupos más conocidos históricamente de Mesoamérica por razones que sobra mencionar. Sin embargo, quedan todavía muchos pasajes de su vida oscuros y mal estudiados. De su historia desde la fundación de Tenochtitlan hasta la conquista española se sabe bastante, pero no así respecto de la época en la que eran un grupo migratorio, casi desconocido. Y de esta época, desde su salida de Aztlán hasta la fundación de su capital, hay momentos en que aquella oscuridad se acentúa.

Casi nada se sabe del tiempo que transcurrió durante el trayecto de Aztlán a Tula; bastante bien se conoce lo que sucedió entre este lugar y Chapultepec y la confusión se presenta nuevamente entre Chapultepec y la fundación de Tenochtitlan.

[67] Carlos Martínez Marín, "La cultura de los mexicas durante la migración. Nuevas Ideas", *Actas y Memorias del XXXV Congreso Internacional de Americanistas*, 3 vols., México, 1964, t. II, pp. 113-120.

Implícito en el mayor o menor conocimiento de estas épocas está el estatuto cultural que tenían entonces y sobre el crédito que nos merecen las noticias respectivas inscritas en las fuentes históricas, que son abundantes y coincidentes en la mayoría de los casos y que por razones que aquí vamos a revisar han sido puestas en duda hasta fechas recientes, teniéndose como resultado inmediato la identificación cultural que a este grupo se ha dado y que no corresponde a lo que afirman los registros históricos. En este trabajo nos proponemos, después de una breve revisión de las opiniones y argumentos que han informado a los autores para la identificación aludida, revisar brevemente la información cultural que nos ofrecen las fuentes, para reorientar los conceptos, apoyándonos en nuestros argumentos y en los que Paul Kirchhoff ofrece en sus recientes trabajos, con objeto de proponer la modificación de los conceptos hasta ahora vigentes.

Pasemos primeramente a la exposición de las tesis que hasta ahora se han asentado respecto de este problema.

Originalmente, tanto en la época inmediata a la Conquista, como en el resto del siglo XVI y durante el XVII, todas las informaciones respecto de la migración mexica fueron tomadas por historiadores y cronistas como totalmente verdaderas; el único problema consistía en la dificultad para identificar Aztlán y para comprender bien las informaciones. Los intentos por interpretarlas correctamente contribuyeron en no poca medida a crear mayores problemas y confusiones. En el siglo XVIII, historiadores como Veytia y Clavijero seguían tomando como verdaderas todas las informaciones, sólo que reconocían la necesidad de enjuiciarlas críticamente para eliminar lo que de fantástico o fabuloso encontraban en ellas. Durante el siglo XIX, con J. F. Ramírez, Manuel Orozco y Berra y Alfredo Chavero, quienes se ocuparon ampliamente de este asunto, se estableció una orientación científica saludable. Dando crédito amplio a lo que las fuentes decían, sólo se proponían conciliar la diversidad de las informaciones y sus discrepancias, y, como lo afirma Orozco y Berra, el problema consistía no tanto en "la dificultad (de) reunir los materiales, cuanto en entenderlos y coordinarlos" y así produjeron magníficos trabajos en los que trataron de reconstruir el pasado mexica anterior a la fundación de Tenochtitlan.

En el siglo presente, cambió totalmente esa orientación, iniciándose con Seler las tesis de que de todo lo que de esa época se sabía, desde tiempos prehispánicos, mucho era mitología. Así, todavía en épocas recientes, se ha sostenido que la información respectiva "es simplemente una proyección del lugar de residencia histórico... a una región lejana y a un pasado nebuloso...", establecida por necesidades de prestigio y que "lo que cuentan las leyendas sobre Aztlán corresponde exactamente a la situación en que se hallaban (los mexicas)... cuando habitaban... Tenochtitlan" (Krickeberg); que los datos sobre su origen "son semihistóricos y semilegendarios" (Bernal) y que en el origen de los mexicas los "conocimientos pueden considerarse como mitos, después formalizados, sin significación histórica" (Vaillant).

Por otra parte, por lo que respecta al estatuto cultural que tenían los mexicas antes de la Fundación, se ha sostenido que siendo "los bárbaros de Aztlán" habían compartido hasta antes de su instalación en el Valle de México "el género de vida de los bárbaros" y que hasta entonces eran "verdaderos nómadas cazadores y recolectores como... los indios del Norte de México" (Soustelle). Se ha dicho también que "cuando ya florecía en el Valle... la gran cultura náhuatl... todavía los aztecas... continuaban su vida de nómadas en las llanuras del Norte" y que las pinturas y crónicas nos proporcionan "un cuadro en el que aparecen... como gente desprovista de cultura y despreciada por todos" (M. León-Portilla). Además, que "la descripción en este nivel cultural nos recuerda a los nómadas del Norte de Mesoamérica" (Bernal).

Esta forma de interpretar los materiales, llegando a conclusiones como las apuntadas, es producto de múltiples problemas que en la investigación de este tema se han confrontado y entre algunos tenemos las ideas que tradicionalmente se han aceptado acerca de la identificación geográfica de Aztlán, pues siempre se había tenido por cierto, excepto para el señor Orozco y Berra, que era un lugar fuera de Mesoamérica, al Norte, algunas veces situado tan lejos como Nuevo México, Casas Grandes o Zacatecas por lo que así, la conclusión sobre la cultura de los mexicas saltaba de inmediato, pues obviamente éstos debían ser como el resto de los indígenas de aquellas áreas, nómadas, aunque al concluir así, se suprimiera automáticamente el resto de las informaciones sobre las que no se puede sostener esa afirmación.

No solamente este problema hacía posible que la información cultural fuera deshechada por incongruente y no tomada en cuenta, cuando menos para las primeras fases de la migración, sino que más argumentos se encuentran en las fuentes sobre acontecimientos acaecidos durante los tiempos prehispánicos que ponen en tela de duda las demás noticias.

Primeramente, los varios nombres que a sí mismos se daban los mexicas de chichimecas, es decir, nómadas, no sin orgullo. En segundo lugar, un pasaje que relata los acontecimientos que sucedieron durante el gobierno de Moctezuma el Viejo, cuando al querer hacer partícipes de su prosperidad a los descendientes de sus antepasados que habían quedado en la patria original, mandó que los *tlamatinime* reconstruyeran la ruta para dar con el lugar de partida, y enviar allá presentes. Los sabios sólo pudieron reconstruir la ruta hasta las inmediaciones de Tula y el resto del itinerario hacia atrás lo localizaron por medio de artes mágicas. Es por esto, más que por otra cosa, por lo que se ha calificado la información sobre la migración de mítica e irreal.

Pero todavía hay otro argumento de peso en contra. Es aquel que tuvo lugar al triunfo de los mexicas sobre los tepanecas, cuando Itzcóatl mandó quemar los libros xiuhámatl o de historia para que se hicieran otros, libres de datos en los que el grupo aparecía como desconocido, como vasallo y sin fama, para que no fueran perjudiciales a la gente que se enterara de ese pasado sin gloria. Entonces, si el pasado fue modificado, hay razón para poner en duda toda la información de la historia mexica anterior a la fundación de la Triple Alianza.

Vistos los problemas que han originado la tesis de lo mítico y del estatuto cultural de chichimecas del Norte de México, pasemos a revisar, sucintamente, la información cultural sobre aquella época, acerca de los mexicas.

Ciclo económico

La producción de alimentos dependía de cuatro formas de obtenerlos: la pesca, la caza, la recolección y el cultivo.

En Aztlán pescaban, cazaban y recolectaban especies lacustres. Desde su salida tuvieron que depender más de la cacería de conejos, liebres, venados, pájaros, culebras y otros animales. Entonces también recolectaron plantas silvestres, principalmente una especie de berro al que eran muy afectos.

Cuando arribaban a lugares fértiles en donde paraban algún tiempo, sembraban, de riego y de temporal, principalmente maíz y además frijol, chile, jitomate, miltomate y calabaza; y también bledos y chía.

Tecnología

Técnicamente es en lo que más sorprendentes datos encontramos: desde Aztlán construían "camellones", es decir terraplenes para el cultivo. Empleaban sistemas de riego. En las zonas lacustres construyeron chinampas. Supieron hacer obras hidráulicas como la presa construida en Coatepec y allí, una vez logrado el embalse, aclimataron plantas y animales lacustres para poder vivir; y tan buenos resultados lograron, que hasta hubo intentos de no seguir adelante, de acuerdo con las órdenes de los sacerdotes conductores de la migración.

Construyeron templos en todos los sitios a que llegaron y aun desde Aztlán, con anexos como el *tzompantli* y el sacrificadero. Construyeron juegos de pelota y albarradas para la defensa, con murallas concéntricas "hasta de un estado de alto", con patios interiores. Muchas de sus construcciones eran de piedra labrada. Y también construyeron temazcales.

Cultura material

Como armas usaban originalmente el *átlatl*, que después sustituyeron por el arco y las flechas cuando se internaron en territorios de cacería. Usaban además, para la defensa, la rodela o *chimalli*.

Para el transporte en los sitios lacustres empleaban la canoa y las andas para conducir los arreos y a su dios.

Vestían braguero, sayas de fibras tejidas y de cuero y sandalias de los mismos materiales. Usaban orejeras, brea y pintura facial, insignias, banderas y adornos de papel.

Organización social

Migraban conducidos por cuatro *teomama* —sacerdotes que cargaban al dios—, que eran quienes ordenaban lo que se tenía que hacer. Aparecen como un grupo organizado en *calpulis;* de éstos eran en número de siete cuando salieron de Aztlán, cada uno con su dios particular predominando como el principal Huitzilopochtli, el dios del *calpulli* de los *huitznahuaque*. Los nombres de los *calpulis* son reveladores: *huitznahuaque* quiere decir surianos; el de Yopico era el de los yopis, que andando el tiempo los conocemos como pobladores de la costa de Guerrero, adoradores de Xippe; *tlacochcalca, tlacatecpaneca, izquiteca* y *cihuatepaneca*, todos son nombres de grupos conocidos en la historia mesoamericana que jugaron en ella papeles más o menos importantes. El de los *chalmeca* es un grupo cuyo nombre fue el de un grupo olmeca y se menciona como dios de uno de los *calpulis* a Cintéotl, una de las deidades del maíz.

Los *calpulis* aumentaron en número a medida que transcurrió el tiempo y cuando se asentaron en Coatepec habían llegado a quince.

Tenían división social del trabajo: los hombres adultos y los jóvenes cazaban, pescaban, cultivaban y cosechaban, mientras que las mujeres hacían labores complementarias y cargaban la impedimenta. Se menciona a una mujer como uno de los cuatro conductores del grupo. Finalmente, a los viejos y a los enfermos los dejaban en el camino provistos y protegidos cuando ya no podían caminar.

Religión

El dios principal, numen titular era Huitzilopochtli, en su nombre se hacía y ordenaba todo lo conducente. Lo representaban formalmente por medio de esculturas de piedra o de caña de maíz. Era el dios de los *huitznahuaque*, los surianos, y se le denominaba también Huitzilopochtli-Quetzalcóatl-Tlaloteuctli. Llevaba un nombre calendárico de Ome Ácatl, como Ce Ácatl el identificado con Quetzalcóatl, y en su indumentaria portaba moños de papel azul goteados de hule derretido, lo que lo puede identificar como un *tlaloque*.

Se mencionan además otros dioses tutelares del resto de los *calpulis* tales como Xochiquétzal, Tezcatlipoca y Mictlantecuhtli y aunque no se menciona a Xippe, hacían el sacrificio típico de su ritual, el *tlacaxipehualiztli* y, como ya vimos, el *calpulli* Yopico debió ser de la gente tutelada por ese dios. En Coatepec aparecen Coatlicue y la Coyolxauhqui y ya antes la Malinalxóchitl. Indudablemente el culto solar, enlazado al conocimiento del calendario, no les era extraño.

Adoraban los ídolos de sus dioses, les erigían templos, hacían ofrendas y sacrificios en su honor y regía la vida de los migrantes la voluntad divina a través de los sacerdotes que interpretaban los designios divinos, que conocían por las teofanías de Huitzilopochtli. Incineraban a sus muertos.

Otros rasgos culturales

Computaban el tiempo y lo dividían ya en ciclo de 52 años; es decir, poseían el calendario mesoamericano. Al finalizar cada ciclo celebraban la atadura de años —*xiuhmolpilli*— con la fiesta del Fuego Nuevo y habían celebrado cinco antes de la fundación de Tenochtitlan.

Conservaban leyendas y tradiciones y preservaron muchos datos de su historia de esta época.

Las festividades las acompañaban de cantos y danzas y celebraban el evento ritual del juego de pelota.

Hablaban el náhuatl desde siempre e impusieron toponímicos en esta lengua a los sitios en los que estuvieron.

Aunque dentro de este cuadro de descripción cultural encontramos algunos rasgos no mesoamericanos, éstos son unos cuantos y destacan solamente: que se llamaran a sí mismos chichimecas auténticos —*teochichimecas*— disputando este título a otros que en verdad lo fueron, que hayan conocido, según una tradición, la manera de producir el fuego ya durante la migración, y que procuraran que los varones solteros se casaran con mujeres toltecas —puntualmente colhuas— para hacerse de un linaje prestigioso.

La cultura anteriormente descrita es la que proporcionan las fuentes, expuesta en forma objetiva. Para valorar debe compararse en cada uno de los rasgos, con los descritos para la cultura mesoamericana, pero además, como los mexicas han sido identificados culturalmente con los chichimecas nómadas, es conveniente desde el punto de vista metodológico comparar su cultura descrita con la de otros grupos de cultura no mesoamericana. Nada mejor para esto que tomar a un grupo que en la misma época que los mexicas irrumpió dentro de los valles centrales del Altiplano: los chichimecas de Xólotl. De este grupo, aparte la contemporaneidad, tenemos abundantes informaciones sobre su cultura cuando llegaron al Valle de México, con prolijidad de detalles y con un orden cronológico admirable, sin confusiones y que además nos muestra el largo periodo de su aculturación mesoamericana.

De este grupo podemos decir, en términos generales, que erraban tras los alimentos que la naturaleza les proporcionaba, sólo cazando y recolectando, sin haber llegado al cultivo sino mucho tiempo después de establecidos en Mesoamérica. No construían edificios, sino que vivían en cuevas, vestían las pieles de las presas de caza. Tenían una organización social poco coherente, de bandas dispersas, propia para el traslado y cacería; la familia monógama era su unidad nuclear, sin que se mencionen ni *calpulis* ni otras unidades organizativas. Tenían una religión muy simple, de dos deidades representativas del sol y de la tierra, sin representación formal, sin sacerdocio, sin ofrendas, ni ritual formalizado, sin tradiciones cosmogónicas o teogónicas, sin cómputo del tiempo y sin historia propia.

La sola comparación entre las dos culturas descritas, a más de la propuesta con los rasgos mesoamericanos, aunque sea sólo a grandes trazos, sin menoscabo de la posibilidad de más comparaciones con otros grupos migrantes de aquellas épocas, bastaría para modificar los conceptos ya revisados y concluir, llana y sencillamente, que la cultura de los mexicas durante la migración ya era mesoamericana, si no fuera por los argumentos ya expuestos que contradicen eso o cuando menos que lo hacen inverosímil.

Necesitamos entonces, para realmente modificar el criterio generalizado, explicar debidamente las dudas historiográficas que ya mencionamos: el que a sí mismos se llamaran chichimecas, que hayan inventado la ruta entre Colhuacán y Tula, que hayan modificado la historia de acuerdo con sus conveniencias; además, la existencia de dos versiones distintas de la migración y la identificación geográfica de Aztlán. Intentémoslo.

Uno de los nombres que se dieron siempre los mexicas, chichimecas, aludía indudablemente no a su cultura, sino a la extensión que este nombre tuvo en la misma época prehispánica, de guerreros y de emigrantes, de acuerdo con la situación que adquirieron al iniciar la migración.

No pudieron reconstruir en sentido inverso la ruta de la migración más allá de Tula, porque para los sacerdotes comisionados era ya imposible localizar los sitios por donde habían pasado, debido a que para la época de Moctezuma, cuando intentaron la búsqueda de ese lugar de origen, la zona que habían atravesado había ya caído en poder de los nómadas del Norte, después de la destrucción del llamado Imperio tolteca. Es probable que por razones de prestigio la hayan inventado, pero esto no quiere decir que entonces hayan inventado también las informaciones acerca del nivel cultural que tenían durante la migración.

La duda historiográfica mayor que confrontamos es la consecuente del hecho de que hayan destruido su historia anterior a la formación de la Triple Alianza y que la hayan sustituido por otra más conveniente a sus intereses de entonces. Al respecto sólo podemos inferir la eliminación de algunas informaciones sobre acontecimientos históricos concretos, pero nunca una sustitución total que los hubiera colocado ante la necesidad de inventar nuevamente todo su pasado, pues de haber sido así, lo más probable es que se hubieran presentado en los nuevos libros como un grupo ya completamente civilizado o cuando menos totalmente aculturado, cosa que no sucede, ya que después de esa reelaboración histórica todavía aparecen como un grupo pobre, desconocido y sojuzgado, sin organización estatal y con un nivel inferior al que adquirieron andando el tiempo.

Punto principal del problema es la localización de su lugar de partida. Hemos mencionado la idea que se tenía de que eran un grupo nómada de más allá de Mesoamérica y esto se ha debido a que siempre se tuvo por casi seguro que Aztlán era un sitio en tierras lejanas fuera de Mesoamérica.

Recientemente Paul Kirchhoff ha propuesto para la localización de Aztlán la orilla de una laguna, la de Yuriria en el sur del estado de Guanajuato, considerando que Aztlán era uno de los lugares de Chicomóztoc, cuyo principal centro, Culhuacán —el antiguo—, estaría identificado con el sitio ya propuesto por Orozco y Berra, el cerro de Culiacán, en las inmediaciones. Paul Kirchhoff, en su trabajo, de reciente publicación, ha reconstruido la extensión del Imperio tolteca y una de las cinco provincias que lo componían era Chicomóztoc, la más alejada hacia el occidente en donde se encontraba Aztlán, de donde el lugar resulta tolteca, dentro de Mesoamérica.

Además, para explicar la incongruencia que representa la existencia de dos versiones indígenas de la migración, distintas en la primera parte del recorrido y que ya Orozco y Berra había tratado de conciliar sin éxito, Kirchhoff nos dice en ese mismo trabajo, que fueron dos grupos principales los que formaron la migración, correspondiendo a cada uno de ellos una de las versiones y que eran el de los *mexitin-mexica* procedentes de Tonallan y Pátzcuaro y que al pasar por Aztlán arrastró al segundo grupo, el de los *atlacachichimeca*, liberándolos de los aztecas chicomoztoques que los tenían sojuzgados, para de allí en adelante migrar juntos por la ruta conocida.

Si Aztlán estaba comprendido dentro del Imperio de Tula y por tanto dentro de Mesoamérica, como resulta del trabajo de

Kirchhoff, y si las dos versiones distintas de la migración ahora se pueden conjuntar y explicar. Si, además, como afirmamos en este trabajo, sabemos que los mexicas se llamaban chichimecas por ser emigrantes, guerreros y cazadores de la laguna, y si aceptamos que la información cultural de las fuentes no es un invento y además que Mesoamérica, para la época de la migración, comprendía también el Bajío como ahora parecen demostrarlo multitud de nuevas evidencias, entonces resulta asequible pensar que los mexicas era un grupo mesoamericano desde que inició su recorrido y tenemos que abandonar la idea de que era un grupo de cultura idéntica a la de los nómadas del Norte de México o a la de los chichimecas de Xólotl.

Si lo que parecía mítico y fabuloso ahora parece cobrar realidad y vemos que las fuentes dicen la verdad en todos sus informes y la única dificultad consiste en entenderlos debidamente como afirmaba Orozco y Berra, podemos sacar algunas conclusiones pertinentes acerca de la cultura de los mexicas durante la migración.

1) Los mexicas eran un grupo con cultura mesoamericana desde el tiempo en que iniciaron la migración.

2) Por su corto número, por su pobreza y por constituir un grupo marginal de la provincia tolteca más alejada de la metrópoli, en vecindad con los chichimecas del Norte de Mesoamérica, se encontraban en un estado menos evolucionado que los grupos que vivían entonces en el área nuclear mesoamericana.

3) Es indudable que a través del relato de la migración, se aprecian los rasgos culturales descritos funcionando, y se puede apreciar en esta función la continuidad del cambio cultural, a medida que los mexicas penetraron hacia el centro de México y que iban tomando contacto con grupos más cercanos a la metrópoli del Imperio a que pertenecían.

4) Solamente pensando que en el siglo XIII eran ya un grupo mesoamericano, podemos entender la capacidad que tuvieron los mexicas, para colocarse en un siglo más, como uno de los grupos más importantes del Altiplano de Mesoamérica.

5) Que teniendo por cierto lo que dicen las fuentes de su cultura, es ya posible pensar sin extrañeza por qué fue el grupo mexica el heredero cultural de los toltecas, el más importante en los últimos cien años de la historia prehispánica y el más trascendental en la historia posterior de México.

13) LOS ROSTROS DE UNA CULTURA

Miguel León-Portilla [68]

La idea de que durante el periodo azteca subsistieron actitudes y formas de pensamiento distintas es el tema de este capítulo del libro Los antiguos mexicanos a través de sus crónicas y cantares *de Miguel León-Portilla. A su juicio, paralelamente con el pensamiento místico guerrero del Pueblo del sol, se manifestó también la actitud de los* tlamatinime *o sabios, herederos de las doctrinas atribuidas a Quetzalcóatl, que, por cuenta propia, se plantearon diversas cuestiones de profundo contenido espiritual.*

La coexistencia de éstas, que parecen haber sido dos posturas distintas, deja entrever, en opinión del autor, algo de lo que probablemente fue el hondo sentido dinámico de la cultura durante el periodo azteca.

Valiéndonos de la expresión náhuatl que designa al hombre como "dueño de un rostro y de un corazón", podría decirse que la suprema creación de los seres humanos, su cultura, posee asimismo rostro y corazón propios. A través de los milenios del México antiguo, es como se fue formando el rostro y el corazón de la cultura que floreció en Anáhuac, caracterizados por el mundo de sus mitos y cosmogonías, por su pensamiento religioso, su arte y educación, su concepción de la historia y por todas sus formas de organización social y política.

Transformándose con el paso del tiempo, el rostro y corazón del México antiguo, hubo un momento de su evolución en el que sin perder nunca su fisonomía propia, surgen matices y rasgos diversos. Se perfila entonces dentro de la misma cultura una cierta diversidad de rostros y corazones, o sea de tendencias y actitudes. En el mundo náhuatl aconteció esto al menos desde la segunda mitad del siglo XV. Como se ha visto a lo largo de este libro, fueron Tlacaélel, el gran reformador azteca, y Nezahualcóyotl, el sabio rey texcocano, quienes pueden simbolizar la aparición de los rostros distintos dentro de la misma cultura.

[68] Miguel León-Portilla, *Los antiguos mexicanos a través de sus crónicas y cantares,* México, Fondo de Cultura Económica. 1961, pp. 179-184.

Dos figuras extraordinarias, Tlacaélel y Nezahualcóyotl, aliados para vencer a sus antiguos dominadores los tepanecas de Azcapotzalco, al obtener la victoria, dieron principio a dos formas de vida distintas. Ambos conocían el antiguo legado cultural. Pero mientras Nezahualcóyotl simboliza la actitud de quienes desean continuar, o tal vez hacer resurgir, la tradición espiritualista de los toltecas, Tlacaélel inicia una reforma de resonancias exteriores mucho más amplias y trascendentales. La prueba tangible de su éxito la ofrecen, por una parte, la grandeza de México-Tenochtitlan y de sus incontables victorias y, por otra, el juicio y descripción que acerca de los aztecas han consignado la mayoría de los historiadores, no ya sólo indígenas y coloniales, sino también modernos. Al referirse al México antiguo, son los aztecas, el Pueblo del Sol, con sus guerras floridas, sus sacrificios humanos, su grandeza militar y política, la figura central, casi pudiera decirse lo único que en realidad cuenta. Y sin embargo, como lo afirman numerosos testimonios, al lado de esa actitud azteca, existió también la otra posición fundamentalmente espiritualista representada por figuras como Nezahualcóyotl y Nezahualpilli, Tecayehuatzin, de Huexotzinco, Ayocuan, de Tecamachalco, y otros muchos señores y sabios, los célebres *tlamatinime*.

Por encontrar en el rostro y corazón de los partidarios de esta segunda actitud una mayor resonancia con nuestro pensamiento, hemos subrayado tal vez con demasiada insistencia y siguiendo un impulso más o menos consciente, el valor y la importancia de los "pensadores de la flor y el canto". Tanto que a más de uno podrá parecer que este estudio resta importancia al impulso y la obra de las *águilas y tigres* del Pueblo del Sol, omnipresentes en el México antiguo. Aceptando la posibilidad de una sobrevaloración histórica respecto de la importancia que pudieron haber tenido en el mundo nahuatl los sabios representados por Nezahualcóyotl, es posible formularse esta pregunta: ¿hasta qué punto estas ideas de la "flor y el canto" llegaron a influir en la vida del pueblo? ¿Se trata quizás tan sólo de elucubraciones de pensadores profundos, especie de *élite*, refugiada en sus propias ideas?

Para responder, habrá que recordar algunos hechos ciertos que permitan ahondar más en este problema. Estudiando los discursos y exhortaciones que daban los mismos padres aztecas a sus hijos e hijas, las enseñanzas que se transmitían en los centros superiores de educación de la misma ciudad de México-Tenochtitlan, no puede uno menos de sorprenderse al encontrar que los principios e ideas inculcadas en los niños y jóvenes —no ya sólo nahuas en general, sino también específicamente en los aztecas— y el canto, que de las ideas místico-guerreras de Tlacaélel. Otro tanto puede decirse de las invocaciones y discursos pronunciados en ocasiones

257

como el nacimiento y la muerte, el matrimonio y la elección del rey o *tlatoani*.

En todos esos casos se nombra al único dios *Tloque-Nahuaque*, dueño del cerca y del junto, invisible como la noche e impalpable como el viento; *Moyocoyatzin*, autoritario, que se está siempre inventando a sí mismo. Se repite también, para que todo el pueblo lo oiga, que esta vida es como un sueño, que es difícil encontrar en ella raíz y verdad... Todo esto, imposible de ser pasado por alto, parece apuntar a la idea de que la antigua herencia cultural seguía trasmitiéndose y no era patrimonio exclusivo de unos cuantos sabios aislados. El pueblo en general tenía al menos noticia del pensamiento y las dudas de los seguidores de la flor y el canto.

Mas hay que reconocer que el culto de los dioses innumerables y la concepción guerrera prevaleció en la vida práctica. Quienes habían recibido en los centros de educación las ideas acerca de *Tloque Nahuaque*, marchaban también a la guerra para hacer cautivos que habían de ofrecerse al Sol-Huitzilopochtli, divinidad que había hecho de los aztecas su pueblo elegido. Investidos con las insignias de águilas y tigres, "operarios de la muerte", como los designa un poema, los aztecas luchaban por la suprema misión de someter a todos los hombres al yugo del Sol. Huitzilopochtli. Pero simultáneamente en el interior de esos guerreros resonaban las ideas aprendidas en los *Calmécac* acerca del dios invisible, Señor de la cercanía y la proximidad, que según decían los toltecas, no pedía sacrificios humanos.

Así, paradójicamente, los dos rostros de una misma cultura parecen haber existido en no pocos de sus miembros, en una especie de drama personal e íntimo. El orbe náhuatl se muestra por esto como un mundo en tensión. La realidad vivida por los antiguos mexicanos aparece entonces mucho más honda y compleja. Sería falso tratar de disminuir la grandeza guerrera de los aztecas. Pero también implicaría amnesia histórica olvidar sus preocupaciones y angustia por decir palabras verdaderas en la tierra. Y si no parece posible afirmar que esta ambivalencia cultural existía en todos los integrantes del mundo náhuatl, puede sospecharse su presencia, no ya sólo en los sabios como Netzahualcóyotl y Tecayehuatzin, sino también en quienes, aztecas, texcocanos, o de cualquier otro señorío náhuatl, habían asistido a sus centros de educación superior, a los *Calmécac*, erigidos bajo la protección de Quetzalcóatl, símbolo de la sabiduría de Anáhuac.

Pudiera añadirse, para hacer más comprensible la doble actitud que existía entre no pocos nahuas del siglo XV y principios del XVI, que diversas formas, ambivalencia de ideales y tendencias las ha habido también en otros tiempos y culturas. Piénsese, por ejemplo, en la misma actitud de los conquistadores que, por una parte sojuzgaron violentamente a los pueblos indígenas, arrebatándoles sus riquezas y su libertad, y por otra, en cuanto creyentes, pretendían asimismo difundir las ideas religiosas del cristianismo, en el que encontraban su más honda raíz.

Si de alguna manera, más o menos simplista, pudiera caracterizarse la actitud azteca del Pueblo del Sol como un anhelo de lograr la más completa posesión del poder, cabría también describir la tendencia de los seguidores de la flor y el canto como un hondo impulso que busca en el simbolismo de la religión y el arte una forma de autoafirmación existencial. Y como ya lo han hecho ver grandes maestros de la psicología contemporánea, la voluntad de poder y la realización del propio yo constituyen quizás dos de las manifestaciones más hondas del dinamismo vital de todo ser humano.

Por esto, esa tensión interior que, como hemos visto, existía en el mundo náhuatl prehispánico, evidencia en realidad su profundo dinamismo, muy alejado de cualquier decadencia. Si la vida, como dijo un poeta náhuatl, es como el antiguo juego del *patolli*, en el que los participantes, al arrojar sus datos hechos de colorines, invocaban a sus dioses con la esperanza de triunfar, hay que reconocer que la presencia de rostros de hombres y dioses, con rasgos marcadamente distintos daba mayor interés al certamen. Porque en el juego participan por igual los guerreros águilas y tigres y los sabios que dudan:

¡Oh vosotros amigos!
Vosotros, águilas y tigres,
¡En verdad es aquí
como un juego de *patolli*!
¿Cómo podremos
lograr algo en él?
¡Oh amigos...!
Todos hemos de jugar *patolli*:
tenemos que ir al lugar del misterio.
En verdad frente a su rostro
sólo soy vano,
indigente ante el Dador de la vida...[69]

Aceptando participar en el juego que es la vida, los ideales del Pueblo del Sol, implantados casi universalmente por obra de las flechas y los escudos, habían forjado "corazones firmes como la piedra". El mensaje espiritualista de la flor y el canto formaba, a su vez, "rostros sabios". Quienes se consagraban a la guerra para preservar con la sangre de los cautivos la vida del Sol, encontraban su raíz en el propósito de convertirse un día en los

---

[69] *Ms. Romances de los Señores de Nueva España*, Biblioteca de la Universidad de Texas, fol. 13 v.

compañeros inseparables del Sol-Huitzilopochtli. Quienes en medio de sus dudas buscaban la forma de decir palabras verdaderas en la tierra, llegaron a crear el mundo mágico de sus símbolos, flores y cantos, quizás lo único verdadero en la tierra. Ambos rostros de una misma cultura en tensión, permiten descubrir un mensaje, pleno de significado para el hombre moderno: el México Antiguo aprendió a compaginar los ideales de un pueblo fuertemente socializado con las aspiraciones y actitudes del individuo, "dueño de un rostro y de un corazón". El misticismo guerrero del Pueblo del Sol, con toda su fuerza, no suprimió la posibilidad de marchar en la vida por sendas estrictamente personales. Entre otras cosas, dan testimonio de esto las varias actitudes de sus sabios y artistas —ligados con las instituciones culturales del pueblo—, pero al mismo tiempo creadores libres de sus propias flores y cantos.

Quien haya leído los consejos de los padres a sus hijos y recuerde los ideales de la educación prehispánica, conoce ya el valor dado por los antiguos mexicanos a la persona humana. Quien piense en la estructura del Pueblo del Sol, reconocerá al mismo tiempo su profundo sentido social. En la tensión de los polos extremos, individuo y sociedad, la cultura de Anáhuac halló un justo equilibrio. Por eso hubo en ella rostros distintos, fisonomías definidas. Conscientes de ello, sus poetas afirmaron el valor supremo de la persona y de la amistad que acerca a los rostros distintos y los une en lo que ellos llamaron *cohuáyotl*, comunidad:

He llegado, oh amigos nuestros,
con collares os ciño,
con plumas de guacamaya os adorno...
Con oro yo pinto,
rodeo a la hermandad...
Con círculo de cantos
a la comunidad yo me entrego...[70]

---

[70] *Ibid.*, fol. 2 r.

CAPÍTULO III

III. ORGANIZACIÓN SOCIAL Y POLÍTICA DE LOS AZTECAS

El periodo azteca, más que ningún otro en la evolución del México antiguo, ofrece una relativa abundancia de testimonios para el estudio de las distintas instituciones culturales, entre ellas las formas de organización social y política. Sin embargo, debe reconocerse que en esta materia subsisten hasta el presente puntos de vista e interpretaciones que difieren considerablemente entre sí. Aun cuando en las fuentes en idioma náhuatl, acerca del mundo azteca hay múltiples alusiones respecto de sus formas de gobierno y de lo que hoy llamamos su organización social, resultaría ingenuo querer encontrar en ellas algo así como un tratado político-social. Por otra parte, en los casos en que los cronistas de tiempos posteriores se ocupan de este tema es innegable que se valen muchas veces de conceptos de manifiesto origen europeo. Encontramos en sus obras que hablan, por ejemplo, de un imperio o un reino, de monarcas, príncipes y nobles, ministros, magistrados, sumos sacerdotes, generales y capitanes, mercaderes, plebeyos, siervos y esclavos. La relativa abundancia de testimonios, tanto indígenas como de autores españoles, supone así, ella misma, una serie de problemas que sólo el análisis y la crítica históricas pueden intentar resolver.

De hecho, no pocos investigadores han penetrado en distintos grados en las varias fuentes para elaborar sus interpretaciones e imágenes históricas sobre el tema que aquí nos ocupa. Podría decirse que, para todos ellos, la cuestión principal ha sido determinar si durante el periodo azteca existió realmente alguna forma de organización política a la que deba aplicarse el calificativo de Estado con todo lo que ello supone, o si, por el contrario, se mantenía aún este grupo dentro de una estructura esencialmente tribal.

Durante el último tercio del siglo XIX el investigador suizo-norteamericano Adolph F. Bandelier, se planteó con un enfoque crítico estas cuestiones. A modo de premisa, aceptó él, en la elaboración de sus interpretaciones, el esquema propuesto por Lewis H. Morgan en sus trabajos sobre la "sociedad primitiva". Bandelier llegó a contradecir en sus conclusiones mucho de lo que otros autores habían sostenido. Según él, el elemento esencial en la organización social de los aztecas se hallaba en las relaciones gentilicias, es decir, de parentesco, dentro de un conjunto de clanes. Expresando los propósitos de su investigación, escribió que "la sociedad tribal, basada según Lewis H. Morgan, en el parentesco, y no una sociedad política, que descansa según el mismo autor, en el territorio y en la propiedad, es la que debe buscarse entre los antiguos mexicanos". Eliminó Bandelier consiguientemente en sus estudios la idea de un estado, reino o imperio azteca en el que existieran clases sociales diferenciadas, al igual que cualquier otro aspecto de organización propiamente estatal, aun cuando fuera ésta de tipo feudal.

Los trabajos de Bandelier, de cualquier modo que se valoren, marcan un momento de suma importancia en estas investigaciones. Antes de él había prevalecido generalmente en este punto una actitud que puede describirse como pre-crítica. Sin embargo, la tesis que él formuló llevó a su vez al planteamiento de nuevos problemas e igualmente a ulteriores formas de investigación. En tanto que unos pocos estudiosos de la historia antigua de México continuaron aceptando algunas de las conclusiones de Bandelier, otros, sobre la base de más amplias fuentes de información, llegaron a puntos de vista diferentes. Para ello fue necesario obviamente liberarse de esquemas conceptuales como el de Lewis H. Morgan que pretendía una aplicabilidad universal de sus propias teorías. Atendiendo, en cambio, a lo que revela el análisis crítico de las fuentes, fue posible arrojar nueva luz sobre esta materia.

Se ha alcanzado, por ejemplo, una mejor comprensión de instituciones prehispánicas como la del calpulli, *que tanta importancia tuvo en la antigua organización social. Los* calpulli, *que suponen una doble realidad, la del linaje y la del lugar de asentamiento (la congregación de familias con vínculos de parentesco en las* calli *o casas con un territorio en común), han sido a su vez estudiados no como entidades aisladas o meramente confederadas, sino en función de la realidad total de la estructura política que llegaron a tener los aztecas. Esto mismo ha permitido comprender mejor cuál fue el* status, *sumamente distinto, de grupos que convivían, plenamente integrados en la sociedad azteca, como en el caso de los* pipiltin *o* nobles, *los* pochtecas, mercaderes, *y los* macehualtin *o* gente del pueblo.

Entre las investigaciones más importantes que se han realizado para esclarecer críticamente estas cuestiones, deben mencionarse las de Alfonso Caso, Manuel M. Moreno, Salvador Toscano, Arturo Monzón, Alfredo López Austin y Friedrich Katz. Con apoyo en testimonios como los que dejaron el oidor Alonso de Zurita y varios cronistas españoles, y penetrando sobre todo en los textos indígenas, el propósito ha sido reconstruir, sin atenerse a esquemas preconcebidos y con un enfoque eminentemente crítico, algo de lo que fue la organización social y política de quienes alcanzaron la hegemonía en Mesoamérica desde la metrópoli de México-Tenochtitlan. Las páginas que a continuación se transcriben, tanto de las fuentes como de los estudios que se han mencionado, muestran, por una parte, las diferencias de opiniones y, por otra, algunas de las principales conclusiones logradas en este campo.

FUENTES PRIMARIAS

1) ALGUNOS TEXTOS INDÍGENAS ACERCA DE LA ORGANIZACIÓN POLÍTICA Y SOCIAL DE LOS AZTECAS

Fuente importante para el estudio de este tema la constituyen los Códices Matritenses *y* Florentino, *integrados por los textos que recogió fray Bernardino de Sahagún de sus informantes indígenas. Varios de estos testimonios han sido vertidos al castellano y analizados por Alfredo López Austin en su libro* La constitución real de México-Tenochtitlan.[1]

a) *Descripción del modo como se elegía al* Tlatoani *o gobernante*

Así ponían al frente de su cargo al *Tlatoani*. Así lo escogían. Se congregaban, se concertaban los jueces, para poner en su oficio, para elegir a quien sería *Tlatoani*.

Se congregaban también los *achcacauhtin* y los *tequihuaque*, los *tiacahuan*, los *oquichtin*, y los jueces principales, los guardianes de Dios, los ofrendadores del fuego, los guedejudos; todos se concertaban en el gran palacio, en la corte; se congregaban para elegir al que los gobernaría.

Daban su voto de elección a los *pipiltin* o nobles respetados, a los hijos de los *tlatoque* o señores, a los maduros, que no amaban en exceso sus cabezas, sus pechos, que no conocieran el pulque, que no fueran borrachos, que no fueran aceptadores de personas (venales), que fueran restauradores, cuerdos, bien entendidos, sabios, de buena y recta educación y formación, de buen hablar, de buen oír, que estimaran a la gente, que poseyeran rostro y corazón.[2]

---

[1] Alfredo López Austin, *La constitución real de México-Tenochtitlan*, México, Instituto de Investigaciones Históricas, 1961.
[2] *Códice Florentino*, libro VIII, capítulo XVIII.

b) *La figura ideal del* Tlatoani

Como se vio en el texto anterior, el voto de elección había de recaer en uno de los pipiltin *o nobles. Aquel que resultaba escogido era hombre de cualidades muy grandes que lo harían digno del respeto del pueblo. El siguiente texto, con metáforas características de la lengua náhuatl, describe el concepto ideal del tlatoani.*

El *Tlatoani* cubre con su sombra; hace sombra; es un frondoso pochote, es un ahuehuete. Está lleno de valentía, lleno de autoridad, afamado, lleno de honor, renombrado, lleno de fama.

El buen *Tlatoani* lleva la carga en su espalda, en el regazo; es portador de la gente en su regazo; es congregador de la gente; reúne a la gente. Obra como señor; lleva el caudal a cuestas; carga a la gente; lleva a la gente en el regazo; gobierna; es obedecido. Bajo su sombra, bajo su protección, se resguarda la gente; preside a la gente; sostiene a la gente.[3]

c) *Elección de otros funcionarios*

Una vez escogido aquel que iba a ser el Tlatoani, *se hacía también la elección de cuatro grandes dignatarios que debían de desempeñar funciones muy importantes. Uno de éstos era el* Tlacochcálcatl *o señor de la casa de los dardos, que, junto con el* Tlacatéccatl, *tenía la suprema jerarquía militar. Otro era el* Huitznahuatlailótlac *que, con el* Ticociahuácatl, *habrían de desempeñar cargos propios de jueces principales. Finalmente se elegía entonces también al* Pochtecatlailótlac *que era uno de los que presidían la organización de los mercaderes.*

Y cuando se aparejaban el acuerdo, la elección, cuando todos estaban unánimes, cuando habían tomado al respetable *pilli*,

[3] *Códice Matritense de la Real Academia*, fol. 111 r.

cuando habían elegido al que sería *Tlatoani*, entonces era cuando también elegían, escogían a los que le ayudarían, a los respetados *pipiltin* que junto a él estarían, que serían sus jueces. Se les hacía señores, se les daba por nombres *Tlacochcálcatl, Huitznahuatlailótlac, Pochtecatlailótlac, Ticociahuácatl*.[4]

d) *Algunos de los atributos y funciones del* Tlatoani

Correspondía al Tlatoani *actuar como ordenador en todos los campos. Como representante de la divinidad, era el máximo juez e igualmente sobre él recaía la suprema responsabilidad de las cosas divinas y humanas. De él dependía la iniciación de una guerra, la promulgación de las leyes y el comienzo de cualquier clase de empresas. Asistido por el gran consejero o* Cihuacóatl, *también prestaba oídos, cuando era necesario, a otros dignatarios que tenían a su cargo diversos aspectos de la administración. Transcribimos dos textos en los que se describen sus funciones de juez y de ejecutor de las guerras.*

Se habla de la Casa del Señor, de la Casa del Gobierno.
De cómo se regía la Casa del Gobierno, el gran lugar del Señor; allí, donde estaba el *Tlatoani*, se gobernaba a todos los hombres, se juzgaba, se resolvía lo relativo al tributo o a la guerra.
Allí se sustentaba a los consejeros; allí escogía a la gente el *Tlatoani*.[5]
El *Tlatoani* era llamado también Señor de los Hombres, su oficio era la guerra. Así él juzgaba, concertaba, aparejaba la forma en que se haría la guerra.
Primero convocaba a los hombres prominentes, a los *tequihuaque*, para que espiasen al enemigo, para que lo viesen, el número de caminos, los pasos difíciles, los lugares por los que entrarían.
Entonces llamaba al *Tlacochcálcatl*, al *Tlacatécatl*, a los hombres valientes; les mandaba que señalaran el camino a la gente; indicaba por cuáles caminos entrarían los soldados, cuántos días andarían, de qué modo se ordenarían los escuadrones; y ordenaba quiénes serían los dirigentes en la guerra, los que manda-

[4] *Códice Florentino*, Libro VIII, Capítulo XV.
[5] *Códice Florentino*, Libro VIII, Capítulo XIV.

rían todo el conjunto de águilas y ocelotes, cómo se aderezarían, cómo se apercibirían con el *itacate* de guerra, con las insignias.[6]

e) *Pipiltin, nobles, y macehualtin, gente del pueblo*

Muy abundantes son los textos en los que claramente se perciben las grandes diferencias que había entre los pipiltin o nobles y los macehualtin o gente del pueblo. Así, por ejemplo, la mayor parte de los huehuetlatolli, discursos de los ancianos, aparecen como expresión que corresponde pronunciar, en las más diversas ocasiones, a personajes que formaban parte del conjunto de los nobles. Expresamente se nota también, a lo largo de los relatos históricos, cuál era la condición de las personas que en ellos se mencionan. Cuando se trata de miembros del estrato superior se indica que eran pipiltin. Si, en cambio, los aludidos eran gente del pueblo, no deja de advertirse que eran macehualtin. Aquí transcribimos dos breves párrafos en los que, a propósito del ingreso de los niños en los centros de educación, se señala la condición social de éstos. Primeramente, al hablar del Telpuchcalli, *casa de jóvenes, se dice:*

Se refiere cómo los *macehualtin* dejan a sus hijos allá en el *Telpuchcalli* y cuáles eran las ordenanzas que allí había para que fueran educados, instruidos.[7]

Al hablarse luego en el mismo Códice Florentino *de aquellos que podían ingresar en los* Calmécac, *o centros de educación superior, expresamente se afirma que de ordinario ingresaban allí los hijos de los nobles o pipiltin. Y destacando que había una distinción básica, se añade luego que, si la gente del pueblo, los* macehualtin, *lo deseaban, podían también, en determinadas circunstancias, enviar allí a sus hijos.*

[6] *Códice Florentino*, Libro VIII, Capítulo XVII.
[7] *Códice Florentino*, Libro III, Capítulo IV.

Se refiere cómo los jefes, los *pipiltin* o nobles dejaban allí a sus hijos en el *Calmécac* y cuáles eran las disposiciones que regían allí en el que se dice *Calmécac*. Los jefes, los *pipiltin* o nobles y también otros padres y madres podían llevar allí a sus hijos, prometerlos en el *Calmécac*. Y asimismo algunos otros que también lo querían... Un jefe, un *pilli* o noble, un señor o alguno que era rico, cuando prometía llevar a sus hijos al *Calmécac*, preparaba bebida y comida, invitaba, reunía a los sacerdotes...[8]

f) *Los* pochtecas *o mercaderes*

El desarrollo de la sociedad azteca dio lugar a la aparición de diversas formas de actividad como la de los grupos dedicados al comercio, que iban muchas veces a regiones lejanas para vender o intercambiar productos de la tierra y asimismo objetos manufacturados. Los pochtecas *o mercaderes llegaron a alcanzar así muy considerable importancia en el mundo azteca. De los varios textos que describen sus atributos y actividades, transcribimos dos fragmentos, incluidos en el* Códice Matritense de la Real Academia de la Historia.

El *pochteca:* traficante, vendedor,
hace préstamos, hace contratos,
acumula riquezas, las multiplica.
El buen comerciante:
es viajero, caminante,
obtiene ganancias,
encuentra lo que busca,
es honrado.[9]

Esto es nuestra inquisición,
lo que hemos logrado,
lo que fue el precio de nuestros pechos,
de nuestras cabezas.
Con esto hacemos ver,
con esto daremos a México:

[8] *Códice Florentino*, Libro III, Capítulo VII.
[9] *Códice Matritense de la Real Academia de la Historia*, fol. 124.

bezotes de ámbar,
orejeras de pluma de quetzal
bastones con incrustaciones de color,
abanicos hechos de plumas de faisán.
Nuestras capas,
mantas de nudo torcido,
pañetes de nudo torcido.
Todo esto será nuestra propiedad
nuestra adquisición,
nuestra fama de hombres...
Por esto nosotros nos fatigamos,
será cosa exclusiva nuestra...[10]

[10] *Códice Matritense de la Real Academia de la Historia*, fol. 26 r.

2) ELECCIÓN DE *ACAMAPICHTLI*, PRIMER *TLATOANI* DE LOS AZTECAS

(Crónica mexicáyotl)

Fernando Alvarado Tezozómoc.

Durante los años de su peregrinación, e incluso hasta algunas décadas después de su establecimiento en México-Tenochtitlan, los aztecas habían mantenido su antigua organización social y política. En ella el mando estaba encomendado fundamentalmente a una serie de caudillos o jefes de las tribus originales. Papel fundamental desempeñaban los teomamaque o cargadores del dios, uno de los cuales, al parecer, actuaba como sacerdote supremo. Pero desde que los aztecas tuvieron un contacto más estrecho con los tecpanecas de Azcapotzalco y con los culhuacanos, nació en ellos el deseo de poder alcanzar una forma de organización parecida a la de esos señoríos. Para ello era necesario elegir un Tlatoani. *Ya en la segunda mitad del siglo XIV su propósito iba a convertirse en realidad. Para ligarse con la estirpe noble de los toltecas se buscó que el primero de sus* Tlatoque *fuera algún miembro de la familia que gobernaba en Culhuacán. La* Crónica mexicáyotl *de Fernando Alvarado Tezozómoc relata en náhuatl lo que entonces sucedió. Aquí se transcribe dicho testimonio.*

Año 1-Caña, 1363, cuando comenzó a humear el Popocatépetl, fue cuando murió Tenochtzin, quien acaudillara a Tenochtitlan durante 39 años; y desde que se establecieran los mexicanos en Culhuacán se cuentan entonces por todo 65 años de que acaudillara.

Asimismo murió en este año que se ha mencionado Huehue Teuctli, Chichimecateuctli que era rey de Iztlacozauhcan Amaquemecan, hijo de Atonaltzin, Chichimecateuctli; reinó 55 años y dejó cinco hijos: el 1º llamado Temitzin, Teohuateuctli, el 2º llamado Ipantlacualoctzin, el 3º llamado Huehue Cacámatl, señor, el 4º llamado Tochiyacatzin Huehue, nietos éstos de Atonaltzin.

No se sabe con certeza cuántos años viviera Huehue Cacamatzin; según figurará más tarde, fue a vivir con su padre por espacio de cinco años, y luego murieron. E Ipantlacualoctzin asimismo en el año 1-Caña mencionado, se asentó como señor Chichimecateuctli, se hizo rey de Amaquemecan Chalco, también al tiempo en que reinaron Ixtlotzin, Tlailotlacteuctli, rey de Tzacuatitlan Tenanco Amaquemecan, y Tlotlitlátquic, Atlauhtécatl teuctli, y Mayauhtzin teuctli, rey de Tecuanipan: todos estos reyes de Chalco vivían cuando murió Tenochtzin quien fuera caudillo de los mexicanos.

Y cuando ya había transcurrido mucho tiempo de que los mexicanos tenochcas, después de que muriera Tenochtzin, y de que ellos y los tlailolcas hacía mucho que se habían establecido en lugar aparte, se concertaron luego los ancianos de los mexicanos tenochcas, haciéndose estas reflexiones: ¡Venid todos!; aquellos, los bellacos que nos abandonaron y se fueron a establecer a Xaltilolco tal vez en algún tiempo vayan y revelen algo, puesto que Atlancuáhuitl, Huicton, Opochtli y Atlázol son bellacos y malvados, o tal vez vayan y nos imputen algo; además, acordad adónde hemos de ir, ya que nos encontramos en terrenos, límites y cercados ajenos: conozcamos el aire de las tierras del tepaneca, del azcapotzalca, del aculhuaca y de la gente de Culhuacán, puesto que nos encontramos en ellos; y si hemos de poner rey, ¿dónde está aquel con quien habremos de ir? Hablad, pues, ¡oh mexicanos, oh tenochcas!

Inmediatamente dijeron aquellos cuyos nombres van aquí: Acacitli, señor tepaneca chichimeca, Tenzacátetl, Ahuéxotl, Ahuatl, Xomímitl, Ocelopan; estos dos, que aquí van, contaron allá en Tlatilolco; dijeron: ¡Oh mexicanos! si vamos a Azcapotzalco no será para bien, pues tampoco lo será si vamos a Aculhuacán, a Coatlinchan, dijeron los demás mexicanos.

¿Dónde se halla quien decís? ¿Dónde habremos de ir?; empero tal vez allá éste: vayamos a Culhuacán, donde dejáramos convenientemente a Opochtli, a Itztahuatzin, así como a nuestros jóvenes hijos e hijas; ¿cómo estarán? ¿cómo vivirán en casa de los culhuacanos? Tal vez los hayan maltratado; ya que sabemos que por nuestra causa estuvieron por cuatro años en Cocontitlan, cuando sus suegros los culhuacanos les colocaron, establecieron y ocultaron; tal vez quede todavía alguien, pues sabemos que Opochtli Iztahuatzin murió; habremos de ir a ver a quien proviniera del valeroso guerrero Opochtli, que es hijo de nosotros, los mexicanos chichimecas; y es él quien queremos que cuide lo mexicano, lo tenochca, ya que nació del linaje y abolengo de los culhuacanos, y es nieto de los señores, y de los reyes y de nosotros los mexicanos, los chichimecas; ¡vamos pues, oh mexicanos!

Al punto fueron a Culhuacán los mexicanos; en cuanto llegaron inmediatamente le rogaron al llamado Naúhyotl, Teuctlamacazqui, rey de Culhuacán, diciéndole: ¡Oh señor, oh nieto mío, oh rey! Hemos venido a hacer que olvides tu pena, que te confortes, nosotros los mexicanos chichimecas, que somos tus padres y abuelos, ya que venimos humildemente a solicitar para tu poblado de Tenochtitlan, y a llevarnos a tu siervo, recuerdo, hijo y vástago suyo, collar y pluma preciosa nuestros, el llamado, el tercer Itzpapálotl (Acamapichtli); lo concederás ya que es verdaderamente hijo nuestro, y sabemos asimismo que es nieto de los culhuacanos, de la prosapia de los señores, de los reyes de los culhuacanos; además, irá a hacerse cargo de tu poblado de Toltzallan, de Acatzallan, de México, de Tenochtitlan; aparte, la princesa Illancueitl llegará a ser hija nuestra.

Inmediatamente les dijo el rey y supremo sacerdote Naúhyotl: Está bien, hágase así: esperad todavía, oh tenochcas, a que tenga lugar un parlamento, y en cuanto hubieron celebrado parlamento los culhuacanos, dijo luego Naúhyotl, el supremo sacerdote: Está bien, oh mexicanos; ¿a qué hablar todavía más del asunto aquí en Culhuacán?, siendo así que es en verdad hijo y nieto vuestro; lleváosle, que vaya allá, puesto que es varón, que de ser mujer no convendría que os la llevarais. Que gobierne además a los siervos y vasallos de Tloque Nahuaque, de Yoalli, Ehécatl, Yaotzin, Tezcatlipoca, y guarde al sacerdote, a Huitzilopochtli; mas, como quizás todavía visita a mi doncellita, a la princesa Atotoztli, quién sabe si pueda ser que quiera ésta dejarle de su vista, ya que ciertamente es su hijo; id a llevárosle, que en verdad es Tenochtitlan su morada.

Inmediatamente dijeron los mexicanos: Está bien; llevémosle, ya que concediste el beneficio al pobladito tuyo. Contestáronles al punto los culhuacanos: Aquí no vive; íos a Coatlinchan por el llamado Acamapichtli. Se fueron por esto inmediatamente los mexicanos a Coatlinchan.

En cuanto llegaron, hablaron con Acolmiztli, diciéndole: Venimos a llevarnos a Acamapichtli, contestándoles él inmediatamente: ¿Y quiénes sois y de dónde habéis venido?; respondiéndole ellos: de allá de Tenochtitlan. Dijo él, está bien. Dije primero que su madre fue Illancueitl, pero ella tan sólo le adoptó por hijo y le crió, pues era su tía, muy querida, de Acamapichtli. Nuevamente dijo Acolmiztli; Lleváosle pues, y que lleve él a su madrecita Illancueitl, por lo cual inmediatamente trajeron los mexicanos a Acamapichtli, e Illancueitl se convirtió en mujer suya.

Inmediatamente le trajeron a México, a Tenochtitlan, por lo cual se asentó sobre la estera y el sitial, junto con su mujer, la llamada Illancueitl, en el año 5-Caña, 1367 años. Y en cuanto trajeron los mexicanos a Tenochtitlan al rey que tomaran, inmediatamente vinieron a hablarles los demás mexicanos tenochcas, diciéndoles: Oh hermanos, le hemos traído para que sea el rey, y les respondieron diciéndoles: Está bien, pasó trabajos; ¿y cómo

275

se le llama?. Contestaron ellos: Dicen que Acamapichtli. A lo que dijeron: Está bien, y le asentaron por rey.

Ruéganle inmediatamente los mexicanos al señor, diciéndole: ¡Oh nieto mío, oh rey, has pasado penas y fatigas, has sido traído a tu casa, a Toltzallan, a Acatzallan; tus tíos y abuelos, los mexicanos chichimecas, son muy pobres; guardarás al sacerdote, al Tetzáhuitl Huitzilopochtli; y comprendes que nos hallamos en linderos y países ajenos, no en tierras nuestras; pasarás penas, trabajos y fatigas, y te esclavizarás, ya que nos hallamos en tres de las islas de Azcapotzalco...

He aquí los nombres de todos aquellos a los que se denominan los ancianos nobles, nietos de quien fuera rey, de Acamapichtli el Viejo; a todos se les nombró por hijos suyos, que de él provinieran y a quienes él procreara. Y aun cuando no se sepa quiénes fueran sus progenitores y padres directos, ni los nombres de quienes les engendraran, no obstante se indica que, con toda certeza, fueron nietos de la persona de Acamapichtli y que de cierto a él convergían, por lo cual se les llama ancianos nobles.

El 1º se llamó Ixehuatzin.

El 2º se llamó Ometochtzin, y de Tullan lo solicitaron para que fuera a reinar allí, mas tan sólo fue a morir a Tullan.

El 3º se llamó Cuitlachtzin, y también a él le solicitaron de Tullan, y fue a reinar como representación de Ometochtzin, quien se muriera simplemente. Cuitlachtzin tomó por mujer a la llamada Xiloxochtzin, princesa de Tullan, hija ésta del llamado Cuitlaxíhuitl, quien era rey de Tullan. Del mencionado noble mexicano, llamado Cuitlachtzin, provienen, y son de su linaje, como hijos y nietos suyos, todos aquellos que fueron nobles y señores y reinaron allá en Tullan.

El 4º nieto de Acamapichtli se llamó Macuextzin.

El 5º se llamó Yaotlantzin.

El 6º se llamó Ixcuetlántoc.

El 7º se llamó Chahuacuetzin, y posteriormente murió en la guerra, en que se conquistó a los chalcas.

El 8º se llamó Matlancuatzin.

El 9º se llamó Mimichtzin.

El 10 se llamó Chalchiuhxóchitl.

El 11 se llamó Mocalpolitoa.

El 12 se llamó Topantlacaquitli.

El 13 se llamó Huanitzin el Viejo.[11]

---

[11] Fernando Alvarado Tezozómoc, *Crónica Mexicáyotl*, traducción de Adrián León, México, Instituto de Investigaciones Históricas, 1949, pp. 78-88.

3) EL TESTIMONIO DEL OIDOR ALONSO DE ZURITA

Hacia 1554 vino a México como oidor el licenciado Alonso de Zurita. Entre los encargos que tuvo durante su estancia en la capital de la Nueva España fueron de grande importancia las investigaciones que realizó sobre la organización política, social y económica de los antiguos mexicanos. Resultado de sus pesquisas fue la Breve y sumaria relación de los señores de la Nueva España. *De este trabajo, que no fue el único que llegó a preparar, proceden las páginas que aquí se transcriben. Los testimonios de Zurita, ricos en información, han sido confrontados por diversos historiadores, tanto con datos procedentes de estudios etnológicos, como con fuentes indígenas, de algunas de las cuales hemos citado anteriormente varias muestras.*

A los señores supremos llamaban y llaman tlatoques, de un verbo que dice tlatoa, que quiere decir hablar, porque éstos, como supremos y meros Señores, tenían la jurisdicción civil y criminal, y toda la gobernación y mando de todas sus provincias y pueblos de donde eran Señores; y a éstos eran sujetos las otras dos maneras de Señores que se dirán adelante.

Si cuando moría el Señor quedaba mozo el hijo o nieto o el que había de suceder, era costumbre que gobernara un viejo pariente, el que más suficiente era para ello, por la orden que está dicho, que es que gobernaba el más cercano pariente; y si no era para ello, otro de los demás; y si no había pariente suficiente, otro principal, y era electo y nombrado para este efecto y confirmado por el supremo; y para Tetzcuco o Tlacuba, lo confirmaba el de México, y si era para México, los de Tetzcuco y Tlacuba, y era como ayo o curador del nuevo y mozo Señor; y muerto este curador (porque en su vida no le quitaban el mando) tomaba el señorío el sucesor que había quedado del Señor. Y esto era así cuanto al Señor supremo y universal, como cuanto a los otros inferiores de otras provincias, que en ellas eran supremos. Algunos dicen que si el curador o coadjutor era pariente, que no le quitaban en su vida, aunque siendo de edad el nuevo Señor, se hacía y gobernaba todo con su parecer, y si no era pariente, que en siendo el Señor de edad, expiraba el mando del curador; y yo lo vi ansí en un pueblo principal junto a Guatimala: y la edad que tenían por bastante era treinta años y más.

De lo dicho se entenderá cómo, fuera de las ceremonias, casi todo lo que se hacía y guardaba en la sucesión y elección de estos Señores era conforme a Derecho natural, y en algo conforme a Derecho divino, y aun conforme a Derecho civil y canónico, aunque les era incónito: y se pudiera, como está dicho, decir otras cosas por donde se entendiera que no son aquellas gentes tan faltas de razón como algunos los hacen; y lo mismo se podrá colegir de muchas cosas que se dirán en esta Suma y en la de los tributos, y cuando se ofrezca ocasión se apuntará e advertirá de ello.

La segunda manera de Señores se llama *tectecutzin* o *teules*: éstos son de muchas maneras, y se denominaban de sus dignidades y preeminencias que, por ser muy largo y no hacer al propósito, no se declara. Estos eran como los comendadores en España que tienen encomienda, y entre ellas hay unas mejores y de más calidad y renta que otras.

Y pues viene a propósito, es de notar una cosa de los nombres, y es que en las dignidades y oficios, y en los nombres de los pueblos, sierras, montes, etc., los ponían conforme a la calidad o propiedad o fertilidad o esterilidad de lo que abundaba y había en cada una parte. E así a Michuacán lo llamaban deste nombre por tierra de mucho pescado, y a Tehuantepec por sierra de víboras. E así de los más nombres.

Estos Señores que se ha dicho que se llamaban *tectecutzin*, o *teules* en plural, no eran más que de por vida, porque los Señores supremos los promovían a estas tales dignidades por hazañas hechas en la guerra o en servicio de la república o de los Señores; y en pago e remuneración de ello les daban estas dignidades, como da V. M. por vida una encomienda. E había en estas sus dignidades, principales y otras inferiores.

Las casas de estos Señores se llamaban *teccalli*, que quiere decir casa de palacio de estos Señores: de *teccutli*, que es este Señor, y *calli*, que es *casa*; y este *teccutli* o Señor tenía dominio y mando sobre cierta gente anexa a aquel *teccalli*, y unos eran de más gente y otros de menos.

El provecho que estos Señores tenían era que les daban servicio para su casa y leña y agua, repartido por su orden y le labraban unas sementeras según era la gente, y por esto eran relevados del servicio del Señor supremo e de ir a sus labranzas, y no tenían más obligación que acudir a le servir en las guerras, porque entonces ninguno había excusado. Demás de este provecho, el Señor supremo les daba sueldo y ración, y asistían como continuos en su casa.

Estos Señores tenían a su cargo mandar labrar las sementeras para ellos y para los mismos particulares, e tenían para ello sus ministros, e tenían ansimismo cuidado de mirar y volver y hablar por la gente que era a su cargo, e defenderlos e ampararlos;

de manera que estos Señores eran y se proveían también para pro del común, como del Señor a quien se daba este señorío.

Muerto alguno de estos Señores, los supremos hacían merced de aquella dignidad a quien lo merecía por servicios, como está dicho, y no sucedía hijo a padre, si de nuevo no lo promovían a ello; y siempre los supremos tenían cuenta con ellos para los promover antes que a otros, si lo merecían; y si no, quedaban *pilles,* que son principales o hidalgos a su modo.

La tercera manera de Señores se llamaban y llaman *calpulleque* o *chinancalleque* en plural, y quiere decir, cabezas o parientes mayores que vienen de muy antiguo; por *calpulli* o *chinancalli,* que es todo uno, quiere decir barrio de gente conocida o linaje antiguo, que tiene de muy antiguo sus tierras y términos conocidos, que son de aquella cepa, barrio o linaje, y las tales tierras llaman *calpulli,* que quiere decir tierras de aquel barrio o linaje.

Estos *calpulleque* o linajes o barrios son muchos en cada provincia, y también tenían estas cabezas o *calpulli* los que se daban a los segundos Señores, como se ha dicho, de por vida. Las tierras que poseen fueron repartimientos de cuando vinieron a la tierra y tomó cada linaje o cuadrilla sus pedazos o suertes y términos señalados para ellos y para sus descendientes, e ansí hasta hoy los han poseído, e tienen nombre de *calpulleque;* y estas tierras no son en particular de cada uno del barrio, sino en común del *calpulli,* y el que las posee no las puede enajenar, sino que goce de ellas por su vida, y las puede dejar a sus hijos y herederos.

Calpulli es singular e *calpulleque* es plural. De estos *calpulleque* o barrios o linajes, unos son mayores que otros, y unos tienen más tierras que otros, según los antiguos conquistadores y pobladores las repartieron entre sí a cada linaje, y son para sí y para sus descendientes; y si alguna casa se acaba, o acaba muriendo todos quedan las tierras al común del *calpulli,* y aquel Señor o pariente mayor las da a quien las ha menester del mismo barrio, como se dirá adelante.

Por manera que nunca jamás se daban ni dan las tierras a quien no sea natural del *calpulli* o barrio, que es como los israelitas que no podían ni era lícito enajenar las tierras o posesiones de una tribu en otra; y ésta, entre otras, es una de las causas y razones por que algunos se mueven a creer que los naturales de aquellas partes descienden de los del pueblo de Israel, porque muchas de sus ceremonias, usos e costumbres conforman con las de aquellas gentes, y la lengua de Mechuacán, que era un gran reino, dicen que tiene muchos vocablos hebreos; y esta lengua y casi todas las demás son semejantes en la pronunciación a la hebrea. Lo mismo afirman los que han estado en las provincias del Perú, y en las demás partes de Indias, de sus ritos y cirimonias: y lo que en la Nueva España llaman *calpulleque* es lo mesmo que entre los israelitas llaman tribus.

Podíanse dar estas tierras a los de otro barrio o *calpulli* a renta, y era para las necesidades públicas y comunes del *calpulli*. A esta causa se permitían arrendarlas, y no en otra manera; porque si es posible, por una vía ni por otra, no se permitía ni permite que los de un *calpulli* labren las tierras de otro *calpulli*, por no dar lugar a que se mezclen unos con otros ni salgan del linaje.

La causa por que querían estas tierras a renta, y no tomarlas en su *calpulli* de gracia, era porque se las daban labradas, y la renta era poca, o parte de la cosecha, según se concertaban; o porque acontecía que eran mejores que las que tenían o les daban en su *calpulli*, o por no haberlas para dárselas, o porque querían y podían labrar las unas y las otras.

Si acaso algún vecino de un *calpulli* o barrio se iba a vivir a otro, perdía las tierras que le estaban señaladas para que las labrase; porque ésta era y es costumbre antiquísima entre ellos, y jamás se quebrantaba ni había en ello contradicción alguna, y quedaban e quedan al común del *calpulli* cuyas son; y el pariente mayor las reparte entre las demás del barrio que no tienen tierras.

Si algunas hay vacas o por labrar en el calpulli tenían y tienen gran cuenta con ellas, para que de otro *calpulli* no se les entren en ellas. Y sobre esto tenían y tienen grandes pendencias, por defender cada uno las tierras de su *calpulli*.

Si alguno había o hay sin tierras, el pariente mayor, con parecer de otros viejos, les daba y da las que han menester, conforme a su calidad y posibilidad para las labrar: y pasaban y pasan a sus herederos en la forma que se ha dicho; y ninguna cosa hace este principal, que no sea con parecer de otros viejos del *calpulli* o barrio.

Si uno tenía unas tierras y las labraba, no se le podía otro entrar en ellas, ni el principal se las podía quitar ni dar a otro; y si no eran buenas, las podía dejar y buscar otras mejores, y pedirlas a su principal; y si estaban vacas y sin perjuicio, se las daba en la forma que se ha dicho.

El que tenía algunas tierras de su *calpulli*, si no las labraba dos años por culpa y negligencia suya, y no habiendo causa justa como por ser menor, huérfano o muy viejo o enfermo, que no podía trabajar, le apercibían que las labrase a otro año, y si no, que se darían a otro, e así se hacía.

Por ser estas tierras del común de los *calpulleque* o barrios, ha habido e hay desorden en las que se han dado y dan a españoles; porque en viendo o teniendo noticia de algunas que no están labradas, las piden al que gobierna, y el que se nombra para que las vaya a ver hace pocas diligencias en pro de los indios; y si se acierta a nombrar para ello algún buen cristiano, tiene el que pide las tierras formas para lo impedir e para que se nombre otro a su contento, en especial si hay algún respeto de por medio, que nunca falta o interés; e así siempre dan parecer que se pueden dar al que las pide, porque están sin perjuicio e no labradas. E aunque hay en ellas muestras de haber sido labradas, y lo contradicen los del barrio o *calpulli*, y aunque aleguen que las tienen para dar a los que se casaren o a los que no tienen tierras, no les vale, y dicen que lo hacen de malicia; e así informaron a V. M. mal algunas personas que debían pretender en ello algún interés, como parece por un capítulo de una carta de V. M. que mandó escribir a la Audiencia de México por septiembre de cincuenta y seis; y no hay estancia ni tierras que se hayan dado a españoles, que no estén muy en perjuicio de los indios, así por los daños que reciben como por haberles quitado sus tierras y estrechádoles sus términos, e puéstolos en un continuo trabajo de guardar sus sementeras, y aun con todo esto se las comen y destruyen los ganados. E aun algunas veces, aunque tengan poseedor y estén labradas o sembradas, no les aprovecha para dejar de darlas, porque les arguyen que maliciosamente las labraron, porque no se diesen a españoles: y ha sido esto causa de que estén ya en algunos pueblos tan estrechos e cercados de labranzas de españoles, que no les queda a los naturales donde poder sembrar; y en otras partes están tan cercados de estancias de ganado mayor, y son tantos los daños que de ellos reciben, que lo poco que siembran se lo comen e destruyen, porque anda el ganado sin guarda, y no les vale a los naturales estar ocupados y perdidos de noche e de día guardando sus sementeras; a cuya causa padecen gran necesidad y hambre todo el año, demás de otros estorbos que hay para no poder sembrar ni beneficiar lo poco que siembran, como adelante se dirá.

Así que por tener los *calpulleque* o barrios las tierras de común e no entenderlo, ha sido causa de haberlos dejado en términos que no tienen donde poder sembrar, en especial en los pueblos que están cerca de los de españoles, o donde hay buenas tierras; y en esto hay gran exceso y desorden, e también en el daño que reciben de los ganados de sus encomenderos, que siempre los tienen en sus pueblos.

Los comunes de estos barrios o *calpulleque* siempre tienen una cabeza, e nunca quieren estar sin ella, e ha de ser de ellos mesmos e no de otro *calpulli*, ni forastero, porque no lo sufren, e ha de ser principal y hábil para los amparar y defender; y lo elegían y eligen entre sí, y a éste tenían como por Señor, y es como en Vizcaya o en las montañas el pariente mayor; y no por sucesión, sino muerto uno, eligen a otro, el más honrado, sabio y hábil a su modo, y viejo, el que mejor les parece para ello. Si queda algún hijo del difunto, suficiente, lo eligen, y siempre eligen pariente del difunto, como lo haya y sea para ello.

Este principal tiene cuidado de mirar por las tierras del *calpulli* y defenderlas, y tiene pintadas las suertes que son, y las lindes, e adónde e con quién parten términos, y quién las labra, e las que tiene cada uno, y cuáles están vacas, y cuáles se han dado a españoles, y quién e cuándo e a quién las dieron; y van renovando siempre sus pinturas, según los sucesos, y se entienden muy bien por ellas; y es a su cargo, como está dicho, dar tierras a los que no las tienen para sus sementeras, o si tienen pocas, según su familia, les dan más; y tienen cuidado de amparar la gente del *calpulli* y de hablar por ellos ante la justicia e ante los gobernadores; y en casa de éste se juntan los del *calpulli* a hacer y tratar lo que conviene a su *calpulli* y a sus tributos e a sus fiestas; y en esto gasta mucho, porque siempre en estas juntas, que son muchas por año, les da de comer e beber, y es necesario para los tener contentos e quietos.

El provecho que tenían y tienen estos Señores, y de qué y cómo pueden sufrir los gastos que hacen con el común, se dirá adelante, en la respuesta del cuarto capítulo.

En enteder en armonía de estos *calpulleque* o barrios va mucho para los sustentar en justicia y para no los confundir, como lo están casi todos, e tan divisos, que nunca tornarán a la buena orden que en esto tenían: e por no los querer entender ni hacer caso de ello, se han adjudicado a muchos las tierras que tenían de su *calpulli* para las labrar en la manera que se ha dicho, por probar que las han poseído y labrado ellos y sus pasados, impuestos para ello por españoles e mestizos y mulatos que se aprovechan y viven de esto, como adelante se dirá; y no les vale a los principales contradecirlo y decir que son del *calpulli*, y clamar sobre ello, porque no son entendidos, y es gran perjuicio de los demás que se queden sin aquel aprovechamiento que pretenden, y porque aquellos a quienes se adjudican las venden y enajenan en perjuicio del *calpulli*.

Hay otra cuarta manera de Señores, no porque tengan señorío ni mando, sino por linaje, a los cuales llaman *pipiltzin,* que es vocablo general que quiere decir principales, como decimos en Castilla caballeros, y eran y son todos los hijos de los Señores supremos a quien llaman *tlacopipiltzin,* como quien dice hijos de Señores, y otros *pipiltzintl,* que son nietos y biznietos; e más adelante de los tales Señores hay otros que llaman *tecquihuac* que es que son hidalgos, hijos de los que tenían aquellos cargos que se ha dicho; y todos los susodichos y sus sucesores eran libres de tributos, porque eran hidalgos e gente de guerra, y siempre estaba en casa del Señor supremo cierta cantidad de ellos para embajadores para unas y otras partes, y se mudaban por su orden, y para ministros y ejecutores de la justicia: y demás de no pagar tributo, tenían otras muchas preeminencias, y el Señor les daba ración y acostamiento; pero ahora están muy abatidos y hechos tributarios, y muy miserables y paupérrimos.[12]

---

[12] Alonso de Zurita, *Breve relación de los señores de la Nueva España. Varias relaciones antiguas*, Editorial Chávez Hayhoe, s.f., pp. 85-70.

4) PARECERES DE FRAY DIEGO DE DURÁN Y FRAY BERNARDINO DE SAHAGÚN

Bien conocido es que tanto Durán como Sahagún penetraron hondamente en el conocimiento de las antigüedades indígenas y de modo especial en las del periodo azteca. Pero juntamente con la copiosa información que proporcionan, consignan también en sus obras sus propios puntos de vista en los que valoran la realidad cultural del México antiguo. De la Historia de las Indias de Nueva España, *por fray Diego de Durán, y de la* Historia general de las cosas de Nueva España, *por fray Bernardino de Sahagún, transcribimos algunos párrafos en los que, con criterio abierto, formulan algunas importantes apreciaciones.*

Testimonio de Diego de Durán

Muchas veces me he puesto a porfiar con algunos de nuestra nación española que han querido poner a esta nación indiana en tan bajo e ínfimo lugar que no falta sino afirmar que eran irracionales, porque ya por bestiales y brutos han sido tenidos y nombrados y como a tales tratados. Y no solamente los han tenido en esta opinión falsa, pero aun han querido insistir que no tenían policía, sino que vivían como gente bestial, sin ningún género de concierto ni orden, y que en esto se hayan engañado es cosa notoria, y por más bruto y sin capacidad tenían al que de hoy más lo osase imaginar, pues podemos afirmar que, para gente tan apartada y extraña de la conversación de naciones españolas y políticas, no ha habido gente en el mundo, ni nación que con tanto concierto y orden y policía viviese en su infidelidad, como esta nación.

Trato de la gente ilustre y granada, porque la baja soez también confieso que había gente serrana y sucia y bestial, como la hay en España, tan bruta y más que estos indios, y veo que, por muy bestial que fuese, guardaban su religión y sus leyes, ya que no con la policía que los caballeros e hijosdalgo las guardaban.

¿En qué tierra del mundo hubo tantas ordenanzas de república, ni leyes tan justas ni tan bien ordenadas, como los indios tuvieron en esta tierra; ni dónde fueron los reyes tan temidos, ni tan obedecidos, ni sus leyes y mandatos tan guardados como en esta tierra? ¿Dónde fueron los grandes y los caballeros y señores tan respetados, ni tan temidos, ni tan bien galardonados sus hechos y proezas, como en esta tierra? ¿En qué tierra del mundo ha habido tanto número de caballeros e hijosdalgos, ni tantos soldados valerosos que, con tanta codicia y deseo, procurasen señalar sus personas en servicio de su rey y para ensalzar sus nombres en las guerras, por solo interés de que el rey los honrase, como en esta tierra?

¿En qué tierra del mundo ha habido ni hay que con tanta reverencia y acatamiento y temor tratasen a los sacerdotes y ministros de sus dioses, y no sólo de los medianos, pero de los reyes y príncipes y grandes señores se postraban y humillaban a sus pies y los obedecían y reverenciaban como a ministros de sus falsos dioses, que no faltaba sino adorarlos? Pues, si descendemos a lo que toca a su religión falsa que tenían, ¿qué gente ha habido en el mundo que así guardase su ley y preceptos de ella y sus ritos y ceremonias, como ésta?

Cierto, no sé si la habrá habido en el mundo, y que todo lo dicho sea verdad, no quiero más probabilidad de ello de que los que lo tratan son gentes que ignoran los principios en lo que toca a la mucha orden en que éstos vivieron en su antigua ley, como lo saben bien los que los tratan y entienden, que, aun con estar ya todo muy trocado y perdido en lo que tocaba a sus leyes y modo antiguo, hales quedado solamente una sombra de aquel buen orden que pone admiración; qué contado y qué empadronado y qué a punto tengan sus gentes y vecinos de los pueblos, para acudir a cualquier género de cosas y negocios que les sean mandados, teniendo para todas (estas cosas), sus propósitos y guías y mandoncillos. Unos, para los viejos; otros, para los casados; otros, para los mancebos por casar, con tanta cuenta y orden que, ni aun los niños recién nacidos, no se les escapan. Ver con qué orden acuden a las obras públicas y con qué cuenta, para que el que fue esta semana no vaya la otra, sino que ande la rueda con tal concierto y orden que ninguno se sienta agraviado.

Pues, ¿qué podría yo agora encarecer de lo que los viejos cuentan sobre la crianza de los hijos? Cierto que me faltarían razones para encarecer[1] el sentimiento que muestran los que algo de aquello gozaron, de ver agora los mozos de a diez y ocho y de a veinte años tan perdidos y tan desvergonzados, tan borrachos, tan ladrones, cargados de mancebas, matadores, fascinerosos, desobedientes, malcriados, atrevidos, glotones, afirmando que en su antigua ley no había tanta disolución ni atrevimiento, como agora ven en los mozos y descomedimiento, ni que ninguno osaba beber vino ni emborracharse, si no fuese ya viejo, para ayuda de su vejez y poco calor. Lo cual también corría por los señores, como por los demás.

Y es así que me han afirmado que, si al señor hallaban fuera

285

de su juicio —fuera de los tiempos en que ellos usaban beber, que era en algunas fiestas señaladas—, dicen le privaban del oficio y aun le mataban, si era en esto demasiado. Lo cual se guardaba con extraño rigor, y la mesma ley corría para los amancebados y para los adúlteros, como queda dicho. Y no he traído esto tan fuera de propósito que no venga muy a propósito para tratar de una curiosidad de gente muy cortesana y política, que demás de ser curiosidad, era ordenanza de república, no de gente tan bárbara, como nosotros la queremos hacer.

Y es, que en todas las ciudades había junto a los templos, unas casas grandes, donde residían maestros que enseñaban a bailar y cantar. A las cuales casas llamaban *cuicacalli,* que quiere decir "casa de canto". Donde no había otro ejercicio sino enseñar a cantar y a bailar y a tañer a mozos y mozas, y era tan cierto el acudir ellos y ellas a estas escuelas y guardábanlo tan estrechamente que tenían el hacer falla como cosa de crimen *lessae maiestatis...*[13]

Testimonio de Bernardino de Sahagún

Aprovechará mucho toda esta obra para conocer el quilate de esta gente mexicana, el cual aún no se ha conocido, porque vino sobre ellos aquella maldición que Jeremías de parte de Dios fulminó contra Judea y Jerusalem, diciendo, en el Cap. 5º: yo haré que venga sobre vosotros, yo traeré contra vosotros una gente muy de lejos, gente muy robusta y esforzada, gente muy antigua y diestra en el pelear, gente cuyo lenguaje no entenderéis ni jamás oísteis su manera de hablar; toda gente fuerte y animosa, codiciosísima de matar. Esta gente os destruirá a vosotros y a vuestras mujeres e hijos, y todo cuanto poseéis, y destruirá todos vuestros pueblos y edificios. Esto a la letra ha acontecido a estos indios con los españoles: fueron tan atropellados y destruidos ellos y todas sus cosas, que ninguna apariencia les quedó de lo que eran antes. Así están tenidos por bárbaros y por gente de bajísimo quilate —como según verdad, en las cosas de policía echan el pie delante a muchas otras naciones que tienen gran presunción de políticos, sacando fuera algunas tiranías que su manera de regir contenía—. En esto poco que con gran trabajo se ha rebuscado parece mucho la ventaja que hicieran si todo se pudiera haber.[14]

---

[13] Fray Diego de Durán, *Historia de las Indias de Nueva España e Islas de tierra firme,* 2 vols., Editorial Nacional, S. A., vol. II. México, 1951. p. 225.

[14] Fray Bernardino de Sahagún, *Historia general de las cosas de Nueva España,* 4 vols., edición preparada por Angel Mª Garibay K., Editorial Porrúa, México, 1956, vol. I, p. 29.

INTERPRETACIONES DE DISTINTOS HISTORIADORES

1) ELECCIÓN, ENTRONIZACIÓN Y SUCESIÓN DE LOS REYES

Fray Bartolomé de las Casas [15]

De acuerdo con su propósito de mostrar las excelencias alcanzadas por los antiguos mexicanos en sus instituciones culturales, estudia fray Bartolomé en el capítulo CCXVII de su Apologética historia sumaria lo referente a la elección, entronización y sucesión de los gobernantes de México, Tetzcoco y Tacuba.

Para la elaboración de éste y otros capítulos se sirvió principalmente el padre Las Casas de los escritos de Motolinía y de fray Andrés de Olmos. La síntesis que, por su parte, logró él hacer sobre esta materia, es ejemplo del cuidado que puso fray Bartolomé en fundamentar su tesis de la plenitud de facultades y grandes logros alcanzados en su antigüedad por las gentes nativas de la Nueva España.

Normas y ceremonias para la elección, entronización y sucesión de los reyes de México, Texcoco y Tacuba

Después de contado lo tocante a la prudencia de los reyes cuanto a su buena gobernación, y a las leyes justas y razonables que para ella constituyeron, que es lo principal que en esta sexta y última parte de buena policía mostrar pretendemos, antes que a otras costumbres de aquellas gentes de Anáhuac, que es la Nueva España, descindamos, será bien dar noticia del modo que usaban y costumbre y ley que tenían introducida en elegir e jurar y poner o entronizar en la silla y estado real a los reyes, lo cual no es el menor argumento y señal de su prudencia. Este modo que aquí se dirá comprehende principalmente los reinos de México y Tezcuco y Tlacopan, porque poco más o poco menos, diversas cerimonias usaban cerca desto en algunas provincias, y basta para nuestro propósito referir lo que tocare a éstas.

---

[15] Fray Bartolomé de las Casas, *Apologética historia sumaria*, edición preparada por Edmundo O'Gorman, 2 vols., Instituto de Investigaciones Históricas. México, 1967, t. II, pp. 406-410.

Sepultado el rey precedente, y hechas las cerimonias y obsequias que se dirán si place a Dios, si era el rey de México, hacíase luego saber por los que tenían cargo desto a los reyes de Tezcuco y de Tlacopan, primero, y luego a los señores de toda la tierra subjecta al reino de México, cada uno de los cuales venía con sus presentes para los ofrecer al rey que había de suceder. Comúnmente la manera y costumbre de suceder en los reinos y señoríos de aquella tierra era esta: que muerto el rey sucedíanle los hermanos, si los tenía, y a los hermanos el hijo del mayor hermano, y así de los demás. En algunas partes heredaba el reino el hijo al padre; en otras, el padre señalaba en su vida el que había de reinar, pero la costumbre de suceder los hermanos era la más usada y general. Juntos, pues, todos los señores y personas a quien hallarse presentes competía por sus leyes y costumbres, como entre nosotros se ayuntan los tres estados, perlados y grandes y procuradores de las ciudades, a las cortes, y determinado cuál era el subcesor que había de reinar, era luego llevado desnudo, en cueros, salvo que llevaba paños menores, al templo principal, que se llamaba Vizilopuchtli, con mucho silencio callando y sin instrumento alguno. Llegado al patio y puesto ante las gradas del templo, subíanle del brazo dos caballeros más principales de la ciudad; delante dél iban los dos reyes y grandes señores de Tezcuco y Tlacopan. El summo pontífice con otros sacerdotes y ministros estábanle esperando en lo alto junto a los altares, donde le tenían aparejadas las insignias reales que le habían de poner como a rey, y de nuevos vestidos muy ricos y arreados. Todos los que iban delante llevaban cada uno las insignias y armas de sus títulos y pertenecientes a su estado. Llegados arriba, todos hacían cierto acatamiento poniendo el dedo en la tierra y después llegándolo a la boca con gran reverencia al ídolo grande.

La primera cerimonia que el summo pontífice hacía era teñir de negro todo el cuerpo del rey con tinta muy negra. Tenía hecho un hisopo de ramas de cedro y de sauce y de hojas de caña. Puesto el señor de rodillas, mojaba el hisopo en un vaso de agua, que debía estar bendita según sus cerimonias y supersticiones, y rociaban cuatro veces al rey nuevo, diciendo ciertas y breves palabras. Luego vestíanle una manta pintada de cabezas de muertos y de huesos; poníanle sobre la cabeza dos mantas otras con las mismas pinturas: la una dellas era negra y la otra azul. Después desto colgábanle del pescuezo unas correas coloradas, largas, de los cabos de las cuales caían ciertas insignias, y a las espaldas colgábanle una calabacita llena de unos polvos que decían tener virtud para que no le empeciese alguna enfermedad, y para que ningún demonio lo engañase. Tenían por demonios a ciertas personas que eran entre aquellas gentes como encantadores y hechiceros o brujos que debían tener hecho pacto con el diablo. Poníanle también aquellos polvos para que no enfermase, en la fiesta que llamaban *Temoua*, que quiere decir descendimiento de los dioses, en la cual tenían por opinión creída por sus agüeros, que el que enfermaba no había de escapar. En el brazo le ponía el summo sacerdote una taleguilla de manera de manípulo, con inciencio, el cual con summa reverencia iba a incensar al ídolo ante quien estaban, para lo cual le tenían aparejado un braserito lleno de brasas, y él ponía en él inciencio con que lo perfumaba.

Todas estas cerimonias acabadas, asentábase el papa y hacíale un razonamiento por estas dulces palabras:

> Señor mío, mirad cómo os han honrado vuestros caballeros y vasallos; pues ya sois señor y rey confirmado, habéis de tener dellos muncho cuidado y como a hijos amarlos. Habéis de mirar muncho que no sean agraviados, ni los menores de los mayores maltratados. Ya veis cómo los señores de toda vuestra tierra están aquí con sus caballeros y gentes, vuestros vasallos, cuyo padre y madre sois ya vos, y como tal los habéis de defender y amparar y tener en justicia, porque todos sus ojos tienen puestos en vos, y vos sois el que los habéis de regir y gobernar. Habéis también de dar orden en las cosas de las guerras; por eso, mirad que tengáis muncho cuidado. Habéis de velar muncho en hacer andar al sol y a la tierra.

Querían dar a entender por esta metáfora que tuviese gran diligencia en que no faltase sacrificio de sangre y comida al dios sol, porque tenga por bien de hacer bien su curso y alumbrarnos, y a la tierra diosa también, porque nos dé sus fructos en abundancia. "Y mirad que veléis muncho en castigar y multar a los malos, así señores como regidores, a los desobedientes e a todos los delincuentes, etcétera."

Acabado el sermón del summo sacerdote, otorgaba el rey con meneos humildes y blandas palabras todo aquello que el sacerdote summo le había exhortado y amonestado, y dábale gracias. Bajábanle luego adonde todos los otros señores le estaban esperando para le dar la obediencia, y en señal della, después de le haber hecho grande acatamiento, presentábale cada uno algunas joyas de oro y plata; otros, mantas muy ricas como las que arriba le pusieron muy pintadas. Desde las gradas bajas del templo acompañábanle todos hasta una casa y aposento que estaba dentro del patio, y allí tenía su asiento real como septial, que llamaban *Tlacatecco*.

No salía del patio por cuatro días, todos los cuales gastaba en hacer gracias a los dioses por le haber puesto en aquel estado, y hacía penitencia ayunando, y aunque no comía más de una vez al día, pero comía carne y todos los otros manjares que como a rey le aparejaban. En aquellos cuatro días, una vez al día y otra de noche, se bañaba en una alberca que para esto a las espaldas del templo estaba deputada. Sacrificábase de las orejas, derramando de su propria sangre; ponía inciencio en los braserico ante los ídolos y ponía otras ofrendas reales.

Acabados los cuatro días, venían todos los señores al templo muy acompañados, y hecho su acatamiento a los dioses, llevaban al rey con grande fiesta, regocijo y aparato a su casa real, y desde aquel día comenzaba a mandar y señorear, y era tan reverenciado y obedecido cual nunca fue rey ni señor jamás. Ya queda dicho que ninguno le osaba mirar a la cara si no era cuando él con algunos señores privados suyos se holgaba y regocijaba. Los señores de las provincias o pueblos que inmediatamente eran subjetas a México venían allí a ser confirmados en sus señoríos, oficios y estados después que los principales y que tenían en las elecciones voto los elegían, y con algunos señores dellos hacían las mismas cerimonias ya dichas para entronizallos.

En los pueblos y provincias subjectas a la ciudad y reino de Tezcuco y a Tlacopan, tenían recurso por la confirmación, los señores, a los reyes de aquestos dos reinos, porque en esto y en otras cosas estos dos no recognoscían superior alguno. Pero cuando alguno destos dos señores fallecía, luego lo notificaban al rey de México, dándole noticia de la elección del nuevo rey que había de suceder, cuya confirmación era suya. Donde los señoríos venían por línea recta de padre a hijo, no luego lo daban al hijo legítimo o mayor, antes primero tenían ciertas consideraciones: lo primero se miraba si el señor que moría dejaba hijos de mujer señora de la casa de México, o hija del señor y rey de aquella ciudad, o de la de Tezcuco, en las provincias a Tezcuco subjectas, y a aquél hacían señor, aunque hobiese otros primeros y legítimos hijos de otras señoras, y así fue allí en Tezcuco, donde aquesto que aquí se dice, por un religioso de Sant Francisco, diligente en averiguarlo, se escribió: que muerto el señor, llamado Nezavalcuyozin, no lo heredó hermano alguno, ni el hijo primero, aunque lo tenía, sino Nezavalpilcintli, porque era hijo de la mujer señora mexicana, y lo mismo fue cuando murió Nezavalpilcintli, al cual ni le heredó hermano de munchos que tenía, ni los primeros hijos, aunque eran hijos de señoras y mujeres legítimas habidas con afecto matrimonial, pero heredólo el hijo de la señora mexicana; y si esto en Tezcuco había lugar, muncho más en los otros señoríos que recognoscían mayor obediencia y vasallaje.

Tenían también otra consideración entre los hijos, porque si el primero cognoscían no ser tan idóneo y capaz para gobernar, elegían de los demás el que en las guerras se había mostrado más esforzado y valeroso; y aunque el señor fuese electo y confirmado, si en las guerras no hobiese hecho por su persona alguna obra en que ser varón se mostrase, carecía en sus vestidos y trajes de muchas joyas y ropas señaladas. Acaecía eso mismo aceptar por señor al hijo que el señor viejo más en su vida amaba, y él mismo en su vida lo nombraba y denunciaba a los caballeros y hombres principales, que tal hijo de los suyos había de alzar y tener después de su vida por rey y señor. Así acaeció en el pueblo de Israel, que David señaló en su vida y mandó que Salomón en el reino le sucediese. Por manera que la elección había de ser de los hijos y de los hermanos del señor difuncto, y aunque para la dicha elección se ayuntaban muchos señores y principales, y otros no tan principales no tenían iguales las voces o votos, ni se hacía la elección por escrutinio, sino que ya tenían todos mirado y determinado el que había de suceder en el señorío, y a quien según sus leyes pertenecía, no habiendo falta en él por la cual lo desmereciese. Y si acaecía ocurrir diversos pareceres, dependía la elección del señor cuya era la confirmación; y éste ya estaba bien resoluto, porque había puesto diligencia en ser bien informado del derecho y de las costumbres de aquel que había de reinar o señorear, y sin contradicción alguna era por todos aquél aceptado.

Tenían otra consideración cerca destos estados: que si algún hijo del señor, aunque fuese el mayor y el más principal, si antes de tiempo mostraba ser ambicioso por el señorío y procuraba sobornar los principales y que tenían voto en las elecciones, para que a él y no a otro eligiesen, como se lee que hacía Absalón, hijo del rey David; *item,* si antes de tiempo se ataviaba vanamente y vían en él falta de humildad, por estas señales juzgaban dél que no merecía señorear, y por consiguiente, le privaban del derecho que parecía tener al señorío, porque el señor que lo había de confirmar tenía mucha vigilancia en tener relación entera de sus costumbres y vida, y así lo excluía del señorío.

Tenían, asimismo, ley y costumbre que si algún señor cometía algún gran delicto, como traición, moría por ello y su estado no heredaban sus hijos, sino algún hermano, como que menos vecindad tenía con el delincuente, y al hijo que le había de heredar si él no delinquiera, hacían gobernador de alguna parte, o dábanle algún oficio principal dentro del señorío.

El señor, finalmente, después de confirmado volvíase a su pueblo, donde convidaba a los señores y principales de los pueblos y provincias comarcanas, y a los parientes y amigos que le habían acompañado y honrado, a los cuales hacía gran fiesta de banquetes y bailes y les daba presentes, y ellos a él lo mismo, y así se celebraba aquella su nueva entrada en su principado, con gran aparato y regocijo.

2) LA GOBERNACIÓN Y MONARQUÍA DE MÉXICO

Fray Juan de Torquemada [16]

Con su característico estilo y formas de decir que hoy nos suenan arcaicas, Torquemada ofrece en este capítulo una visión de conjunto de lo que era la forma de gobierno entre los antiguos mexicanos. Es curioso que, al valerse de la palabra "república" para designar con ella la res pública, *o sea el conjunto de cosas referentes a los ordenamientos sociales y políticos, acuñe la expresión que hoy nos parece tan moderna de "República mexicana".*

A pesar de que, desde el punto de vista de autores como Adolph F. Bandelier, la exposición de Torquemada debería situarse entre los estudios históricos de la etapa pre-crítica, encontramos en este capítulo información valiosa, derivada en buena parte de auténticos testimonios indígenas.

Por seguir el orden ordinario de las cosas, que es comenzar de lo menos, y subir, o proseguir a lo más, he guardado para este capítulo la *República Mexicana,* después de haber tratado de todas las demás, que nos han podido ocurrir de este Nuevo Mundo, para decir en él su modo de gobierno, en el cual fue tan aventajado, como en todas las demás cosas de policía y religión. Fue su regimiento de un rey y monarca; y el primero que comenzó con este nombre en esta dicha *República,* se llamó Acamapich (como en el Libro de los reyes mexicanos decimos), y dado caso que en su tiempo no hubiese tenido todo el género de gobierno, que después gozaron sus sucesores, usando de autoridad y majestad, en tener acompañados, puestos por ellos, y pendientes de sus mandamientos, sabemos haber tenido este modo de regir y gobernar, por su palabra y persona, a la cual todos reconocieron con obediencia y sumisión.

Después del rey había un presidente y juez mayor, cuyo nombre, por razón de el oficio, era Cihuacóhuatl. Este oficio se proveía por el mismo rey, y en su reino ninguno tenía autoridad

[16] Fray Juan de Torquemada, *Monarquía Indiana,* reproducción de la edición de Madrid, 1723, introducción por Miguel León-Portilla, 3 vols., Editorial Porrúa. México, 1969, vol. II, pp. 351-353.

de proveerle en otro, ni recibirle en sí, si no era por la autoridad real, y en la persona que por el dicho rey era nombrada. Y era tan autorizado este oficio, que el que lo usurpaba para sí, o lo comunicaba a otro en alguna parte del reino, muriera por ello, y sus hijos y mujer fueran vendidos por perpetuos esclavos, y confiscados sus bienes por ley que para esto había. Este supremo juez no se proveía para todos los pueblos indiferentemente, sino para las ciudades y poblazones grandes y que tenían mucha comarca. Tenía cargo y oficio de proveer en las cosas de gobierno, y en la hacienda del rey. Oía de causas que se devolvían, y remitían a él por apelación; y éstas eran solas las criminales, porque, de las civiles, no se apelaba de sus justicias ordinarias. De este presidente no se apelaba para el rey ni para otro juez alguno, ni podía tener teniente ni sustituto, sino que, por su misma persona, había de determinar y decidir todos los negocios de su juzgado y audiencia. Este juez parece tener veces y autoridad de virrey, a los cuales comunica el rey autoridad absoluta para gobernar y despachar negocios, cometidos a su sola y absoluta determinación, sin tener dependencia de nadie; pero también parece aventajársele en algo, pues en cosas de su gobierno conoce la audiencia, que toda junta se hace persona de rey, y con su autoridad le pueden reprimir y reprimen. Y esto se entiende en casos graves, y por vía de agravio y violencia, lo cual no corría en este dicho juez Cihuacóhuatl, porque de su última determinación, no había recurso a otro.

Después de este juez supremo o virrey había otro juez, cuyo nombre, por el oficio, era Tlacatéccatl, cuyo oficio era conocer causas civiles y criminales. El cual tenía por asesores y acompañados otros dos, llamado el uno Quauhnuchtli y el otro Tlaylótlac. Estos jueces hacen alusión y son muy parecidos a las audiencias que, en algunos de los reinos de nuestra España se usan, en especial, en estas Indias, la de Jalisco o Nueva Galicia y la de Guatemala, que los oidores sirven oficio de alcaldes de corte, por cuya razón usan de varias justicias y, por ser oidores, juzgan lo civil, como en esta audiencia y cancillería real de México; y por tener autoridad de alcaldes de corte, conocen de lo criminal, como los que ejercen este oficio en la dicha cancillería, en la cual son los unos y los otros distintos y tienen sus particulares fiscales, que cada cual asiste en su audiencia.

Estos tres tenían sus tenientes, que oían juntamente con ellos, y libraban las causas que se trataban; pero en la pronunciación de las sentencias sólo se nombraba la justicia mayor, que era el Tlacatéccatl. De éste se apelaba para el tribunal y audiencia de Cihuacóhuatl, que era juez supremo, después del rey. No sé si en Egipto tuvo Joseph más autoridad comunicada del Faraón, que tenía este Cihuacóhuatl; porque allí se dice que sólo reserva para sí la autoridad de rey; y que, en lo demás, le hace su igual y propia persona. Aquí parece lo mismo que, reservando el rey mexicano para sí, la autoridad real, le hace su igual en la judicatura; y añade que, parte de sus determinaciones y sentencias no tengan recurso al rey, que es condición y calidad que engrandece más la persona de el Cihuacóhuatl.

Estos jueces oían de ordinario, en especial de causas criminales, todos los días a mañana y tarde. Los cuales, para haber de asistir en el lugar de su judicatura y audiencia, estaban aderezados de diferentes y mejores mantas, que eran sus vestidos, que en sus casas y otros actos usaban; a la manera que los cónsules romanos, para salir en público y asistir en cosas de la república, usaban de las túnicas o vestiduras que llamaban togas. Asistían en sus salas, que las había en la casa del rey, particulares, como en nuestra España las que usan los consejos, y en ellas había sus ministros y porteros, que no sólo daban aviso de los que venían a negociar, pero estorbaban que sin licencia y mandato expreso de los de la audiencia y senado, ninguno entrase. Oían estos jueces las causas, que ante ellos pasaban con grande autoridad y mesura, sin alboroto ni precipitación; condición muy necesaria para jueces, porque del arrebatamiento y cólera repentina en el juzgado, además de ser acto de poco aliento y liviandad, es agravio de la justicia que es partida e igual a las partes. Y aunque la culpa pide castigo, estorba la justicia, que no sea con pasión; y el que luego se alborota, impide la libertad del reo, y atemorizado de su súbito movimiento, no oía alegar en su defensa las causas, que pueden librarlo, de manera que estos nuestros indios guardaban puntualmente y sin violación esta tan loable y necesaria condición en las justicias y jueces. El lugar de su juzgado se llamaba Tlalzontecoyan, que quiere decir: lugar de sentencias, de Tlatzcontectli, que quiere decir cosa juzgada.

Tenían cárceles ásperas y crueles, señaladamente donde metían los delincuentes por causas criminales y los presos en guerra para haber de ser muertos. Esta cárcel era una casa obscura y de muy poca claridad. En ella hacían una jaula o jaulas de maderos gruesos; y a la puerta de la casa, que de ordinario era pequeña, a la manera de las puertas de los palomares, había maderos y tablones gruesos, con que las cerraban por de fuera, a los cuales arrimaban muchas piedras muy grandes; y juntamente había guardas o carceleros que cuidaban con grande vigilancia de su prisión, y de que no hicieran fuga. Y como las cárceles eran crueles, así los presos, que en ellas estaban, en poco tiempo se paraban flacos y amarillos, y ayudaba mucho a esto ser la comida que les daban poca y no muy sazonada;

por lo cual parecía que ya, desde la cárcel, comenzaban a padecer la muerte que después les daban. Tenían estas cárceles dos nombres, el uno era Teylpiloyan, que quiere decir: lugar de presos o atados; y Quauhcalco, lugar de enjaulados. En los cuales dos lugares había diferentes presos, porque los condenados a muerte estaban en las jaulas; y los que por cosas civiles, en el llamado Teylpiloyan. La justicia, que se hacía en los presos, la cual se pronunciaba por los señores del audiencia, le ejecutaban por la persona que se llamaba Quauhnochtli, que servía oficio de alguacil mayor, y la ejecutaba por sus propias manos; manifestábale y declarábale al pueblo por otro, que llamaban Tecpúyutl, que quiere decir: pregonero; y no era este oficio vil y bajo, como lo es en nuestra nación española, sino de honra y estimación, por cuanto declaraba la voluntad del rey, y pronunciaba sus palabras, y así servía este oficio un hombre noble y grave.

3) LA NOBLEZA ENTRE LOS ANTIGUOS MEXICANOS

Francisco Javier Clavijero [17]

Trata en este capítulo Clavijero de algunos de los principales atributos de los pipiltin aztecas. Hace referencia a las insignias y atavíos que les eran propios; igualmente se ocupa de algunas de las funciones que desempeñaban los miembros de la nobleza indígena. Como rasgo de interés puede destacarse lo que asienta acerca de la supervivencia de algunas familias descendientes de la nobleza azteca.

La nobleza de México y de todo el imperio estaba dividida en varias clases que los españoles confundieron bajo el nombre general de caciques.[18] Cada clase tenía sus fueros y usaba de particulares insignias de tal manera que, aun siendo tan sencillo su vestido, se conocía a primera vista el carácter de cada persona. Los nobles solamente podían usar ornamentos de oro y de piedras preciosas en el vestido y, desde los principios del reinado de Moteuczoma II, ejercieron privativamente todos los empleos de la real casa y corte, de la magistratura y de la milicia, a lo menos los más considerables.

El grado más prominente de la nobleza en Tlaxcallan, en Huexotzinco y en Cholula, era el de *teuctli*; para obtenerlo era necesario ser noble de nacimiento, haber dado suficientes pruebas de valor en algunas campañas, cierta edad y muchas facultades para soportar los gastos exhorbitantes que se hacían en la posesión de esa dignidad. Debía también el pretendiente hacer un año de rigurosa penitencia, que consistía en un perpetuo ayuno, en frecuente efusión de sangre y en la privación de todo comercio con mujer, y tolerar con paciencia los insultos, oprobios y malos tratamientos con que probaban su constancia. Horadábanle la nariz con una uña de águila o con un hueso

[17] Francisco Javier Clavijero, *Historia antigua de México*, 4 vols., Editorial Porrúa. México, 1945, vol. II, pp. 223-226.

[18] El nombre cacique, que significa señor o principal, se tomó de la lengua haitiana que se hablaba en la isla española. Los mexicanos llamaban al señor *Tlatoani* y al noble *Pilli* o *Teuctli*.

de tigre para colgarle de ella unos granos de oro que eran la principal insignia de la dignidad. El día de la posesión le desnudaban del vestido pobre y ordinario de que había estado cubierto en el tiempo de su penitencia y le vestían de las mejores galas; atábanle el cabello con una correa colorada de que pendían curiosos plumajes, y le colgaban de la nariz los granos de oro. Esta ceremonia se hacía por mano de un sacerdote en el atrio superior del templo mayor, el cual después de conferirle la dignidad le hacía una arenga gratulatoria. De allí bajaba el nuevo *teuctli* al atrio inferior en donde asistía con los demás señores a un gran baile que se hacía para celebrarlo; al baile seguía el magnífico banquete que a sus expensas daba a todos los señores del estado, en que, además de los muchos vestidos que les presentaba, era tan grande la abundancia de carnes que se les servía, que solían consumirse, según dicen algunos autores, 1,400 y aun 1,600 pavos, y muchos conejos, liebres, ciervos y otros animales; una gran cantidad de cacao en varias bebidas y las frutas más exquisitas y regaladas de la tierra. El dictado de *teuctli* se añadía al nombre propio de la persona, como Chichimecateuctli, Pilteuctli y otros. Precedían los *teuctlis* en el senado a todos los demás así en el asiento como en el sufragio y podían llevar por detrás un criado cargado con el *icpalli* o taburete, que era un privilegio de mucho honor.

La mayor parte de la nobleza mexicana era hereditaria; hasta la ruina del imperio se mantuvieron con esplendor varias familias descendientes de aquellos ilustres aztecas que fundaron a México, y aún hasta hoy subsisten algunas ramas de aquellas antiguas casas; pero abatidas en la mayor parte por la miseria y confundidas entre la ínfima plebe.[19] No hay duda de que hubiera sido más acertada la política de los españoles si en vez de llevar mujeres de Europa y esclavos de la Africa, se hubieran enlazado con las mismas casas americanas, hasta hacer de todas una sola e individua nación. Haría aquí una demostración de las incomparables ventajas que de semejante alianza hubieran resultado al reino de México y a toda la monarquía, y de los daños que de lo contrario se han originado, si el carácter de esta obra me lo permitiera.

[19] No se puede ver sin dolor el abatimiento y miseria a que se hallan reducidas muchas familias de las más ilustres de aquel reino. Pocos años hace que vivía en Pátzcuaro un herrero descendiente por línea recta de los antiguos reyes de Michoacán. En México conocí un pobre sastre de una casa nobilísima de Coyohuacan. De estos ejemplos podrían producirse muchos, aun de las casas reales de México, de Acolhuacan y de Tacuba, no habiendo bastado a preservarlas de la común desgracia las muchas cédulas que la clemencia y justicia de los reyes católicos ha expedido en su favor.

Sucedían en México y en casi todo el imperio, a excepción como ya dijimos, de la casa real, los hijos a los padres y a falta de los hijos los hermanos, y en falta de éstos los sobrinos, y así de los demás grados de parentesco.

4) ORGANIZACIÓN SOCIAL Y POLÍTICA DE LOS ANTIGUOS MEXICANOS.

Manuel Orozco y Berra [20]

Al tratar Orozco y Berra en el libro II de su Historia antigua de México *(Primera parte), acerca de las instituciones de los mexicanos prehispánicos, dedica el capítulo VII, al tema de la organización social y política. Aquí se transcriben las páginas en que, con su característica acuciosidad, estudia la evolución de estas instituciones con apoyo en las distintas fuentes que, en cada caso, cita puntualmente.*

La organización social de los pueblos del valle había pasado por varias modificaciones, antes de alcanzar la forma en que la encontró la conquista española; de las transformaciones sucesivas da cuenta la historia, y aquí sólo nos ocuparemos en diseñar el estado que tenían las principales monarquías. Los mexica, al principio de su peregrinación, eran conducidos por sus sacerdotes, quienes compartieron después el mando con jefes guerreros; metidos en la isla del lago y después de fundado México, cambiaron su gobierno oligárquico por el monárquico, eligiendo su primer rey. Durante este periodo fueron esclavos de los tepanecas de Azcapotzalco, y tiempo hubo en que tuvieron que contentar los caprichos más despóticos de su tirano. Hacia entonces, los aculhua, en cuya civilización habían venido a fundirse los bárbaros chichimeca, vieron asesinar a su rey, y usurpar la corona al mismo señor de Azcapotzalco. El cuarto rey de México, Itzcóatl, por sacudir el yugo, y el legítimo heredero de Acolhuacan, Nezahualcóyotl, por recobrar el trono de sus padres, se pusieron en armas, se confederaron, y sus esfuerzos fueron tan fructuosos, que lograron dejar libre a Tenochtitlan y reconstruir la monarquía de Texcoco. Los monarcas victoriosos destruyeron el reino de Azcapotzalco; mas para no dejar sin representación a la tribu tepaneca, erigieron una nueva monarquía, cuya capital, Tlacopan, le dio nombre. Los tres príncipes se confederaron, ligando

[20] Manuel Orozco y Berra, *Historia antigua y de la conquista de México*, edición preparada por Angel Mª Garibay K. y Miguel León-Portilla, 4 vols., Editorial Porrúa, México, 1960, t. I, pp. 299-307.

sus intereses así en la paz como en la guerra, quedando establecida la triple alianza de México, Texcoco y Tlacopan, todavía en pie en los últimos tiempos.

Al formarse la confederación, Tlacopan quedó subordinado a sus colegas, ya porque les debía la existencia, ya porque pesaba poco su poderío; y siempre permaneció relegada al último lugar. Sin duda alguna que Nezahualcóyotl pudo declararse el primero en la liga, por ser dueño de un extenso señorío, porque sin su socorro los mexica hubieran sido aniquilados, y porque éstos estaban entonces reducidos a sólo su ciudad; pero prefirió tratar como iguales a sus protegidos, quedando para en adelante establecido, que los despojos de las conquistas se repartirían, dando un quinto a Tlacopan, llevando el resto por partes iguales México y Texcoco.[21] Poco después se hizo aquel pacto de la guerra sagrada o florida o de los enemigos de casa, instituida para tener siempre víctimas frescas que ofrecer a los dioses; extraño y particular concierto al que debieron la existencia política la llamada república de Tlaxcalla, y los pequeños señoríos de Chololan y de Huexotzinco.

Itzcóatl fue un rey político y guerrero; Nezahualcóyotl filósofo y organizador. A cargo de aquél quedó la dirección de las cosas de la guerra; éste se dedicó al arreglo interior: uno representaba la conquista, el otro la paz. Tal vez por estas diversas condiciones, desde que los mexica se pusieron a guerrear en la tierra firme, todos los señoríos vencidos con los contingentes de la Triple Alianza, quedaron bajo el dominio de México; y sucedió esto mismo sin variación durante la serie de señores políticos y batalladores que reinaron en Tenochtitlan, mientras en Texcoco sólo gobernaron Nezahualcóyotl y su hijo Nezahualpilli, ambos filósofos y amigos de la civilización. Así fue que, mientras México creció y creció hasta tomar proporciones colosales, Texcoco quedó encerrado en sus antiguos límites, si no los vio menguados por las pretensiones de su colega; entonces se marcó claramente la preponderancia de los mexica en la parte guerrera, quedando a los acolhua la palma de la instrucción: por eso se ha dicho que México era la Roma, Texcoco la Atenas de Anáhuac.

A medida que los reyes mexica acrecían su poderío, perdían sus costumbres primitivas y sencillas, adoptando otras más refinadas, que por grados los iban conduciendo al despotismo. Al subir al trono Motecuhzoma II, todo cambió por completo; la monarquía estaba en el pináculo de su gloria; su fuerza no ha-

---

[21] Esta división por quintas partes parece ser la verdadera, no obstante las opiniones emitidas por algunos autores. Seguimos a Zorita, *Breve y sumaria relación;* mas consúltense Ixtlilxóchitl, *Hist. Chichim.* cap. 32, MS. Veytia, t. 3, p. 164; Torquemada, lib. II, cap. XL.

llaba resistencia seria en parte alguna, y el monarca, orgulloso y tirano por temperamento, se hizo no sólo respetar como señor, sino adorar como dios. En Texcoco se empañaba el antiguo lustre; Cacama carecía de los tamaños de sus antecesores; brotó la división en la familia real por motivo de la sucesión; el rey aculhua subió al trono por la ayuda que le prestó el mexica, notándose que la importancia de Texcoco se amenguaba, y que las pretensiones de Motecuhzoma se convertían en exigencias.

Para fijar el orden de sucesión en las monarquías de la Triple Alianza, no nos atengamos tanto a lo que los autores dicen, cuanto a lo que en realidad pasó. En México, Acamapictli fue elegido primer rey; le sucedió su hijo Huitzilíhuitl, y a éste sus hermanos. Chimalpopoca legítimo, e Itzcóatl bastardo por ser hijo de una esclava. Siguió Motecuhzoma Ilhuicamina, hijo de Huitzilíhuitl, quien murió sin sucesión masculina; mas teniendo una hija, los descendientes de ésta ocuparon el trono, y fueron Axayácatl, Tízoc y Ahuízotl. Motecuhzoma II fue hijo de Axayácatl, así como su hermano Cuitláhuac que le sucedió; por último, Cuauhtémoc fue hijo de Ahuízotl. Conforme a esto, la verdadera regla es la siguiente: "fue costumbre de estos mexicanos en las elecciones que hacían, que fuesen reinando sucesivamente los hermanos unos después de otros, y acabando de reinar el último, entraba en su lugar el hijo del hermano mayor que primero había reinado, que era sobrino de los otros reyes, que a su padre había sucedido".[22] En Texcoco y Tlacopan la sucesión tuvo lugar rigurosamente de padres a hijos; mas como los reyes tenían multitud de mujeres, el heredero al trono no era el primogénito de aquellas uniones, sino el hijo mayor legítimo, reputado por tal el habido en la esposa legítima o principal, que en Texcoco era siempre una señora de la casa de México.

Juan Bautista Pomar, en su relación manuscrita de Texcoco, pone cosa diversa de lo arriba asentado. Tenemos a Pomar como grande autoridad acerca de lo que de su patria escribe; mas en este punto no le creemos; así porque va contra la evidencia histórica, como porque acerca de ello desfiguró a sabiendas los hechos. En la época en que escribía, 1582, andaba pretendiendo la gobernación de Texcoco, como descendiente que era de la casa real, aunque en línea bastarda, y para apoyar sus pretensiones puso lo que le convenía.[23]

En México la elevación al trono tenía cierta forma electiva; aunque estaba determinada y admitida la orden precisa de sucesión, los electores tenían la facultad de escoger entre los candidatos, a quien les parecía más idóneo; por eso Axayácatl reinó

[22] Torquemada, lib. II, cap. XVIII. Clavijero, t. I, p. 308.
[23] Torquemada, lib. XI, cap. XXVII.

primero que su hermano mayor, y Motecuhzoma II fue preferido a su primogénito. Hecha la elección, la confirmaban los reyes de Tlacopan y de Texcoco en uso de su prerrogativa.[24]

Reuníanse a la elección los cuatro electores nombrados, dichos *tecutlatoque,* los ancianos llamados *achcacauhtli;* los soldados viejos *yahuiquihuaque,* y los principales *tlamacazque* o *papahuaque:* juntos conferenciaban hasta ponerse de acuerdo acerca de la persona. El electo debía ser valiente, ejercitado en las cosas de la guerra; prudente y sabio, criado en el *Calmécac;* que no bebiese *octli,* justo y amigo de los dioses: junto con él nombraban cuatro consejeros que le ayudasen a entender en los negocios graves del reino.[25] Conocido el resultado de la junta, ratificado el voto por los reyes aliados, éstos hacían al nombrado un rico presente, acudiendo a la capital con el mismo objeto, todos los señores de los pueblos amigos o sometidos.

Para la unción del nuevo rey, se escogía cuidadosamente un día fausto, según las reglas de su arte adivinatoria. Llegado el plazo, los señores vestidos con sus insignias, presidiendo los reyes de Texcoco y Tlacopan por delante, tomaban al electo, que iba desnudo cubierto sólo con el *máxtlatl,* y le conducían al templo de Huitzilopochtli; iban en silencio, y llegados a la escalera del *teocalli,* dos caballeros tomaban por los brazos al monarca, subiendo las gradas arriba, donde esperaba el sacerdote mayor, acompañado de los ministros principales. Todos hacían la reverencia al dios, tomando polvo de la tierra con el dedo mayor de la mano derecha, llevándolo a la boca. El pontífice teñía de negro el cuerpo del rey, quien se ponía en la postura humilde a su usanza, que era en cuclillas; con un hisopo de ramas de cedro, sauce, y hojas de caña, le rociaba cuatro veces con la agua consagrada,[26] dirigiéndole después un breve saludo. Vestíanle después el traje con que los sacerdotes ofrecían el incienso; el *xicolli* verde a manera de *huipilli* de mujer, pintado con cráneos y huesos, sobre la cara un lienzo verde con las mismas pinturas, y sobre la cabeza una igual negra; al

[24] Zorita, *Breve y sumaria relación,* MS.
[25] Sahagún, t. 2, p. 318 (edición de Carlos Mª de Bustamante).
[26] "Tuvieron también una manera como de agua bendita, y ésta bendecía el sumo sacerdote cuando consagraba la estatua del ídolo Huitzilopochtli en México, que era hecho de masa de todas semillas, amasadas con sangre de niños y niñas que le sacrificaban. Y aquella agua se guardaba en una vasija debajo del altar, y se usaba de ella para bendecir o consagrar al rey cuando se coronaba; y a los capitanes generales, cuando se habían de partir a hacer alguna guerra, les daban a beber con ciertas ceremonias." Mendieta, *Historia eclesiástica indiana,* edición de J. García Icazbalceta.

cuello unas correas coloradas con unas insignias a las puntas; a la espalda la calabaza con *picietl,* terminada en borlas verdes; en la mano izquierda la bolsa de lienzo verde, con la pintura de cráneos y canillas, llena de copal blanco, y en la mano derecha el brasero llamado *tlémaitl;* calzábanle con *cactli* también verdes. En aquel arreo iba a incensar al dios, lo cual se advertía al pueblo que desde abajo estaba mirando, con las cornetas y demás instrumentos que entonces tañían los ministros. Terminado este acto, el sumo sacerdote tomaba asiento, dirigiendo una exhortación al electo, en que recordaba la honra que le habían hecho, las obligaciones que contraía, los deberes que debía cumplir, y que sobre todo fuera cuidadoso en las cosas de la guerra y en el servicio de los dioses.

Respondía otorgando cuanto se le encargaba; le bajaban por la escalera, a cuyo pie los señores le esperaban para darle la obediencia, presentándole en señal de reconocimiento joyas, mantas y otros objetos. Acabado esto, los sacerdotes le conducían al *Tlacochcalco,* situado entre los edificios del patio inferior. Ahí pasaba cuatro días continuos, ayunando sin comer más de una vez a medio día; sacándose sangre en penitencia, incensando a Huitzilopochtli al medio día y a la media noche, bañándose a esta hora en una alberca: los sacerdotes le acompañaban a estas ceremonias. Pasados los cuatro días, la nobleza venía a sacarle, llevándole con gran regocijo a su palacio, así como a los cuatro consejeros que en la penitencia le habían acompañado.[27]

Consultado el libro adivinatorio y señalado el día de la proclamación, partían mensajeros en todas direcciones a convidar a los reyes y señores, amigos o enemigos, quienes concurrían en el plazo señalado por sí o por delegados. Tenían lugar grandes fiestas y regocijos, en que se prodigaban suculentos convites, continuados y grandes bailes, repitiéndose los dones y regalos que el rey hacía a los señores, en retorno de los que éstos le habían traído. Esta fiesta de la proclamación se llamaba *Matlatoapaca.* Cada una de estas ceremonias iba acompañada de aquellas largas arengas que los mexica tenían dispuestas, formando el código de sus intrincado ceremonial.[28]

Todavía no quedaba terminada aquí la tarea. Para coronarse y entrar en el ejercicio pleno de su autoridad, era indispensable que el rey saliera a campaña al frente de su ejército, a fin de traer los prisioneros que debían ser inmolados en la solemnidad. Escogíase al intento una provincia rebelada o por conquistar; se ponían los medios de salir victoriosos, y ejército y rey torna-

[27] Mendieta, lib. II, cap. XXXVII. Torquemada, lib. XI, cap. XXVIII. P. Sahagún, t. II, pp. 318-20, Clavijero, t. I, p. 309.

[28] Véanse estas arengas en Sahagún, t. II, pp. 76-113.

ban triunfantes, calculando su dicha por el mayor número de cautivos hechos al enemigo. Las fiestas tenían lugar como las de antes, sólo que ahora el rey se mostraba magnífico en recompensar a los guerreros que se habían distinguido en la campaña, dándoles dones, insignias o nuevos grados.[29] Al esplendor de los bailes y convites, se unía el cruento espectáculo de los sacrificios y las terribles peripecias de los combates gladiatorios; de manera que, al retirarse los convidados, se iban maravillados de la riqueza y del poder de los mexica, llevaban encogido el corazón por los espectáculos de su sangriento culto.

Seguían en categoría al rey los grandes dignatarios del imperio por su orden, los sacerdotes, jefes del ejército y magistrados, quedando en último término el común del pueblo no condecorado ni distinguido. Respecto de la ciudad primitiva de México, las clases sólo estaban divididas en el rey y casa real, los sacerdotes, los guerreros y la gente menuda; pero las conquistas sucesivas, la absorción de los pueblos de lenguas y usos diversos, introdujeron nuevos elementos en la organización social, dando principio a una nobleza, distinta en parte de las clases reconocidas, que venía representando por un lado el nacimiento y la familia, por otro lado la riqueza individual y la propiedad.

Las tribus establecidas en la tierra, de la misma o diferente filiación, se habían subdividido casi indefinidamente; cada pequeño territorio tenía propio señor, cada pueblo ofrecía un superior, ya subordinado a otro, ya independiente. La conquista mexicana sujetaba las tribus al pago del tributo y al contingente de armas, municiones y soldados para la guerra; pero dejaba a los señores naturales su señorío, al pueblo sus usos y costumbres. Tomábanse algunas tierras, ya para que labradas en común produjeran renta a la corona, ya para repartir a los guerreros que más se habían distinguido. Todos estos jefes se denominaban *tlatoani*, y fueron confundidos por los castellanos con el nombre de *caciques*, palabra tomada de la lengua de las islas. Los *tlatoani* ejercían en su provincia la jurisdicción civil y criminal; gobernaban según sus leyes y fueros, y muriendo dejaban el señorío a sus hijos o parientes, si bien se había menester la confirmación de los reyes de México, Texcoco o Tlacopan, según su caso.[30] Era la nobleza hereditaria.

En los tiempos de Motecuhzoma II se contaban treinta de estos señores de a cien mil vasallos, y tres mil de pueblos y lugares de menor importancia. Su condición había empeorado en el reinado de aquel déspota emperador, pues no sólo estaban obligados a tener casa en la corte para esplendor de ella, sino

[29] Sahagún, t. II, pp. 321-22.
[30] Zorita, breve y sumaria relación. MS.

que residían en México cierta parte del año, no podían retirarse sin licencia, y en este caso dejaban hijo o hermano en rehenes de que no se alzarían, faltando a la jurada obediencia.[31]

Las poblaciones fundadas por las tribus recibieron el nombre de *altépetl*, pueblo, *hueialtépetl*, ciudad. Al reunirse los primitivos pobladores tomaron para sí cierta extensión de terreno, que por lotes fue repartido a las familias. Cambiados los vecinos de unos a otros pueblos, en los tiempos de Techotlalla, cada parcialidad quedó con sus tierras propias, y los pueblos quedaron subdivididos en tantos *calpulli* o barrios, cuantas las parcialidades eran. Cada calpulli, dividido por calles o *tlaxilacalli*, defendía la propiedad de sus terrenos, y evitaba de una manera absoluta la mezcla con sus propios vecinos y aun más con los extraños. Las familias tenedoras de las tierras del calpulli eran usufructuarias: heredábanlas sin contradicción de padres a hijos, mas no podían enajenarlas bajo ninguna condición, ni disponer de ellas sino en herencia legítima. Si el vecino se pasaba a vivir a otro calpulli del mismo pueblo, perdía su lote, y con mayor razón si se trasladaba a otra vecindad; si dejaba de labrar dos años seguidos, y reconvenido hacía lo mismo al siguiente año, perdía igualmente la propiedad. En estos casos y en el de la extinción de la familia, las tierras volvían al calpulli, y el principal, con acuerdo de los ancianos, las daba a las nuevas familias formadas. Quien había recibido un mal lote podía pedir se le cambiara, caso que alguno estuviere vacante, y si había lotes de sobra, se daban en arrendamiento a los del calpulli vecino, mas nunca en donación o venta. Pagaban tributo al *tlatoani* del pueblo, en los frutos que la tierra producía, prestando además servicio de hombres y mujeres.[32] Este linaje de propietarios constituía una nobleza o clase privilegiada en las poblaciones, presentaba la ventaja de no dejar ir a menos al pueblo, arraigando los hombres al calpulli, aunque producía el aislamiento entre los mismos vecinos y era motivo de poco adelanto, conduciendo a una inmovilidad casi absoluta.

Las tierras de que el rey se apoderaba en las provincias conquistadas y dejaba para sí, *tecpantlalli*, las repartía a ciertos nobles llamados *tecpanpouhqui* o *tecpantlaca*, gente de palacio o recámara del rey: estaban obligados a aderezar los jardines y tener reparadas y limpias las casas reales; no pagaban tributo, ofreciendo únicamente al señor flores y pájaros en señal de reconocimiento. Poseían las tierras en usufructo, sin poder disponer de ellas, fuera de dejarlas en herencia a sus legítimos sucesores.

---

[31] Torquemada, lib. II, cap. LXXXIX.
[32] Zorita, sumaria relación. MS. Torquemada, lib. XIV, cap. VII.

Si la familia se extinguía, o el propietario incurría en pena o dejaba el servicio, la heredad volvía al rey, quien disponía de ella a voluntad. Esta nobleza era muy estimada por el común, por ser la más conjunta a la casa real, estar siempre cerca y en guarda del soberano, y acompañarle cuando salía de la ciudad.[33]

De las tierras repartidas por el rey se numeraban tres categorías. Las que habían cabido en suerte a las personas de la familia real, se conservaban indefinidamente por herencia, sin poderse enajenar, formando una especie de mayorazgos; pero las donaciones que el rey hacía sin esta condición, se podían enajenar libremente. Llamábanse estas propiedades *pillalli*, tierras de nobles, y los poseedores se nombraban *pipiltzin*. La segunda manera de *pillalli* la constituían las donaciones hechas a los guerreros en recompensa de sus hazañas: la merced era libre o con condición; en el primer caso podían vender las tierras a otros nobles, mas nunca a los plebeyos porque por sólo este hecho volvían las tierras a la corona; en el segundo caso se cumplía la condición, y la heredad se trasmitía de padres a hijos. Llamábanse estos nobles *tecquihua*, hidalgos o gente de guerra; no pagaban tributo, servían de guardia al soberano, estando listo siempre cierto número para servir de enviados, ministros y ejecutores de justicia: gozaban de muchas preeminencias, recibiendo del rey ración y acostamiento. El tercer género de *pillalli* lo formaban las tierras que, como a los jueces o a ciertos empleados públicos, se daban para sostener con lucimiento las cargas del empleo, duraba el usufructo el tiempo del cargo y nada más.[34]

Cerca de los calpulli y con obligación a los vecinos de labrarlas, había tierras destinadas al cultivo, cuyos productos estaban exclusivamente dedicados al mantenimiento del ejército en tiempo de guerra. Llamábanse *milchimalli*, tierras de guerra; *cacalomilpan* o *cacalomilli*, sembrados o heredades de los cuervos. De la división y aplicación de todas estas propiedades había mapas y libros; las tierras de los calpulli estaban pintadas de amarillo claro, las de los nobles de encarnado, las del rey de púrpura.[35]

Para sufragar los gastos del culto, los teocalli tenían señaladas tierras. Una región era conocida con el nombre de *teotlalpan*, tierra de los dioses, por estar destinada a objetos religiosos.

La propiedad de la tierra estaba, pues, muy subdividida. Con esta distribución se proveía a la subsistencia del mayor número de familias; pero los bienes así vinculados estaban como inertes, todos los desheredados quedaban fuera del poco movimiento que se operaba en aquella sociedad. La suerte de los privilegiados

---

[33] Torquemada, t. II, p. 546.
[34] Zorita, sumaria relación. MS. Torquemada, lib. XIV, cap. VII.
[35] Torquemada, t. II, p. 546.

estaba asegurada, mientras la condición de los *Macehualli* o plebeyos era dura y afanosa. Así pasa todavía, de absoluta necesidad, aun en las naciones mejor organizadas. Sin embargo, el *macehualli* era dueño de su fortuna; tenía delante la milicia y el sacerdocio, y con valor, talento y virtud, podía encumbrarse a los puestos superiores; quien no progresaba por ser incapaz de luchar contra el trabajo, de su ineptitud debía quejarse y no del hado. De los plebeyos, unos ejercitaban las artes mecánicas, sacando de sus industrias lo necesario para su sustento, los otros se hacían labradores; éstos eran los más desdichados, aunque su desdicha provenía del despotismo del gobierno. Los nobles, que no podían cultivar con sus manos las tierras, empleaban a los pecheros, ya asignándoles una ración por su trabajo, ya dándoles las heredades como en arrendamiento, cobrando en frutos determinada renta: esto daba ocupación a millares de brazos y aseguraba la vida a las familias pobres. También los *calpulli* daban los lotes vacos a los terrazgueros, con término de uno o dos años, por cierta cantidad de los frutos de la tierra. Aunque precaria, esta condición sería llevadera, a no sobrevenir el tributo pedido por el conquistador. Como plebeyos, de los granos que cogían, de tres medidas, daban una, uno de cada tres de lo que criaban; su trabajo era para el déspota de México; eran esclavos de la tierra; "y cuando comían huevos les parecía que el rey les hacía gran merced, y estaban tan oprimidos, que casi se les tasaba lo que habían de comer, y lo demás era para el rey".[36] El cáncer de aquella sociedad estaba en el orgullo de los reyes.

La agricultura entretenía gran número de brazos. Careciendo de instrumentos de hierro, del buey, caballo y mula que les aliviaran sus faenas, suplían aquellas faltas por medio de perseverancia y trabajo. Usaban de la *coa* para cavar la tierra, del *huictli* o pala para removerla, de hachas de piedra o de cobre para cortar los árboles y la maleza; las demás faenas quedaban encomendadas a la fuerza del hombre, ayudado por las mujeres y los niños. La población era mucha, y preciso era aprovechar todo el suelo útil, así en la llanura como en las laderas de los montes. Los campos llenos de matorrales, eran preparados para la siembra por medio del fuego, quedando libre, al mismo tiempo que recibía abono con las cenizas. Llegada la buena estación, el hombre, después de aflojar la tierra, hacía con la *coa* agujeros en línea recta de un linde al otro, repitiendo la operación por líneas paralelas hasta llenar la superficie; la mujer depositaba los granos de maíz en el agujero, tapándolo y apretando con el pie la tierra. Crecida un poco la planta, le amontonaban tierra

---

[36] Torquemada, lib. II, cap. LXXXIX.

al pie; cuidaban de arrancar la zizaña, y cogida la cosecha, en común se quitaban las hojas y desgranaban las mazorcas: depositaban los productos en trojes o graneros, ya de madera, ya redondos de piedra y lodo, con una abertura en la parte superior...

5) ORGANIZACIÓN SOCIAL Y FORMA DE GOBIERNO DE LOS ANTIGUOS MEXICANOS.

Adolph F. Bandelier [37]

Con base en las teorías acerca de la sociedad primitiva de Lewis H. Morgan, llevó a cabo Bandelier un análisis crítico de los datos de que pudo disponer para el conocimiento de la organización social y política en el México antiguo. La conclusión a que llegó fue la de que entre los indígenas prehispánicos prevaleció como elemento fundamental la estructura tribal o sea la de relaciones gentilicias. Aquí se transcriben varias de las páginas iniciales de su estudio "Sobre la organización social y formas de gobierno de los antiguos mexicanos", así como la parte final en la que se enumeran varias de las conclusiones alcanzadas.

En dos trabajos anteriores he estudiado algunos de los aspectos más importantes de la vida de los antiguos mexicanos, a saber: costumbres de la guerra y su forma de distribuir y ocupar el suelo, así como las reglas de la herencia que regían entre ellos. Las conclusiones de ambos trabajos son fundamentalmente negativas, puesto que tendían a establecer la inexistencia de una situación que, durante tres siglos, se ha considerado predominante. Así, en el primero de ambos trabajos hemos tratado de negar la existencia de un despotismo militar, y en el segundo la existencia del feudalismo entre los nativos de México. Resultados más positivos, sin embargo, quedaron prefigurados en ambos casos por la sugestión, si es que no por la demostración, de que la sociedad aborigen de México descansaba en una base democrática. El presente ensayo trata de demostrar —si la organización de los nativos de México no era como se la representa habitualmente—, cuál fue realmente su organización, de acuerdo con nuestro concepto de la misma, y qué *status* de progreso de las instituciones puede asignarse a la notable tribu que ha alcanzado una posición de tal modo prominente en la historia. En otras palabras, nuestro objeto es reconstruir la forma de gobierno de

[37] Adolph F. Bandelier, "Sobre la organización social y formas de gobierno de los antiguos mexicanos", traducción de Mauro Olmeda, incluida como apéndice en el libro *El desarrollo de la sociedad mexicana*, vol. I, México, 1966, pp. 259-262 y 307-312.

los antiguos mexicanos, el carácter de sus oficios y dignidades, y especialmente los principios y guías rectores de su aglomeración social.

El distinguido intelectual mexicano Manuel Orozco y Berra, explica y cualifica la situación de los aborígenes de México en los términos siguientes:

"Si, desde las líneas limítrofes del imperio (de México, según sus puntos de vista) volvemos hacia las razas que pueblan su territorio, advertimos como una verdad innegable que estas numerosas y diversas tribus no estaban relacionadas entre sí por ningún vínculo común y mutuo. Cada una era independiente y estaba regida por sus propios jefes."

Esta definición elimina de plano la idea de un Estado o imperio mexicano que abarcase en los pliegues de una sociedad política todos los grupos nativos establecidos dentro de la zona tributaria a las tribus del Valle. Como consecuencia no tenemos necesidad de buscar más allá de la tribu un grupo más amplio de organización social. La confederación de tribus, como ya hemos demostrado, no ejercía influencia alguna en la organización. Era solamente una asociación formada con la finalidad de llevar adelante los asuntos de la guerra y que estaba concebida no para la extensión de la propiedad territorial sino solamente para obtener un aumento de los medios de subsistencia.

Nuestras investigaciones, por lo tanto, se limitan a la unidad tribal y hemos seleccionado para este propósito a los mexicanos propiamente dichos, que habitaban, como establecimos en otra parte, en las islas, en parte artificiales, de la laguna del Valle de México. Además de la preeminencia adquirida por ellos en los anales de la historia, puede suponerse con seguridad que, en general, sus instituciones son típicas de las de otras tribus sedentarias.

Una sociedad *tribal,* basada según Lewis H. Morgan en el parentesco, y no una sociedad política que descansa, según el mismo autor, en el *territorio* y en la *propiedad,* debe, por lo tanto, buscarse entre los antiguos mexicanos. Nos falta establecer su grado de desarrollo, sus detalles, y sus formas operativas.

Para comprender el verdadero carácter de estas cuestiones, debemos proveernos de toda la información posible respecto al *pasado* de la tribu que tomamos en consideración. Las instituciones nunca se crean accidentalmente ni son producto exclusivo de la intención humana, sino resultado de un proceso evolutivo; en otras palabras, son el resultado del desarrollo del conocimiento y de la experiencia. La gran diferencia que existe entre una sociedad tribal y una sociedad política, sólo puede explicarse en función de un nivel distinto de progreso. Pero las instituciones son la resultante de las relaciones entre los sexos y del incremento de la población humana y de la difusión de la misma. Si hubiese existido en México una sociedad política, deberíamos tener derecho a encontrar en ella una concepción clara y definida de la familia. Si tal fuese el caso, una ojeada al sistema de consaguinidad de los antiguos mexicanos, en la medida que sea posible, demostrará el supuesto.

Entre los aborígenes americanos de bajo nivel cultural, en realidad en la mayor parte de la zona ocupada en otro tiempo por la raza "india", "el derecho materno" predominaba como norma suprema. El hecho tangible, expresado en forma rudimentaria, de que un niño estaba siempre seguro de quién era su *madre* en tanto que no podía tener la misma seguridad de quién fuera su *padre,* produjo en el curso del tiempo y como consecuencia del aumento de la población, una tendencia a concentrarse en núcleos cuya base era la seguridad de un antepasado común. Estos núcleos eran las *parentelas,* significativamente denominadas "linaje" por los cronistas españoles. Quienes remontan su ascendencia a una madre común, por lo tanto, formaban uno de estos linajes, independientemente de quienes fueran sus progenitores masculinos. La familia —compuesta de un grupo que comprende los hijos en cuanto descendientes de *ambos* padres— no se había todavía reconocido, y la parentela tomó su lugar para todos los efectos de la vida política. Ella formaba la *unidad de la organización social.* Con el desarrollo del conocimiento y de la experiencia, sin embargo, y como consecuencia del incremento correlativo de las necesidades, se elevó paralelamente la importancia del hombre. "El derecho materno" empezó a ceder; la descendencia femenina cedió el paso a la "descendencia en la línea masculina". Sin embargo, la parentela siguió siendo la unidad de la aglomeración social, con la única diferencia de que se computaba a través de los varones en lugar del cómputo por las mujeres. Ello requería la derrota definitiva de la parentela como institución pública para dar paso a la forma actual de ese grupo íntimo, la familia, entre las naciones de más elevado nivel de desarrollo.

Los dos extremos del proceso de desarrollo de la familia, tal como aparecen caracterizados por el principio de la parentela, y por la familia después de la desaparición de aquélla, se distinguen por la terminología del parentesco. En el caso de la parentela o linaje, los parientes son clasificados en un solo grupo; en el segundo caso, son simplemente descritos. Ahora bien, nuestras investigaciones respecto a las costumbres de la herencia entre los antiguos mexicanos nos han llevado a la conclusión de que habían alcanzado ya a progresar hasta la *descendencia en la línea masculina.* La familia *propiamente* dicha existía entre ellos, al menos en la forma incipiente de la misma.

Pero debemos examinar aquí un aspecto singular que encontramos al designar a los grupos de parientes. Ascendiendo a partir del "Ego" como punto de partida, encontramos los términos siguientes en el idioma mexicano (náhuatl):

Padre: "tatli"-"teta".

Hermano del padre o madre (tío paterno o materno): "tlatli"-"tetla".

Abuelo: "tecul". Tío abuelo: "tecol".

Bisabuelo: "acthtoutli".

Madre: "nantli"-"tenantzin"-"teciztli".

Tía: "auitl"-"teaui".

Abuela: "tía abuela": "citli".

Bisabuela: "piptontli".

Descendiendo del "Ego":

Hijo: "tepiltzin", "tetelpuch". Pero la mujer (madre, hermanas, etc.), le llama "noconeuh".

Hija: "teichpuch", "tepiltzin". Las mujeres la llaman "teconeuh".

Nieto o nieta: primo masculino o femenino, todos se denominan en la misma forma, a saber: "yxiuhtli"-"teixiuh".

Sobrino y sobrina se llaman: "machtli"-"temach" por los varones. Las mujeres, sin embargo, se dirigen a ellos denominándoles "nopilo".

Esto pone de manifiesto algunos hechos realmente curiosos:

En primer lugar, los grados siguientes de consaguinidad se denominan en la misma forma respectivamente: abuelo y tío-abuelo, abuela y tía-abuela, padre y tío, nieta, nieto y primo, sobrino y sobrina.

En segundo lugar, los grupos de parientes de la escala descendente se describen más rigurosamente que los de la escala ascendente.

En tercer lugar, en algunos casos las mujeres dan nombres diferentes de los que dan los hombres.

De todo ello resulta que el sistema clasificatorio, en gran parte, predominaba todavía en la antigua nomenclatura mexicana del parentesco, en tanto que el sistema descriptivo más moderno aparece solamente en una minoría de casos. Esto nos conduce a suponer que la familia mexicana como tal estaba todavía constituida en forma imperfecta. No se había establecido todavía como tal hasta el punto de formar un grupo definido y, por lo tanto, no puede suponerse que ejerciese influencia alguna en las cuestiones relacionadas con la vida pública de la sociedad. Por lo tanto, nuevamente encontramos justificado nuestro punto de vista de considerar la *parentela* como la unidad de organización social dentro de los límites de aquella unidad más amplia que representaba la tribu...

El hecho bien probado de que el "jefe de hombres" tenía que ser seleccionado de entre los cuatro jefes y funcionarios enumerados, se proyecta directamente en el carácter de la dignidad con que el "tlacatecuhtli" estaba investido. Esta circunstancia descarta totalmente el supuesto de que este funcionario fuese algo más que un jefe de guerra indio del rango más alto, o que el cargo fuese hereditario, aunque no prueba nada en contra de la sucesión del cargo limitada en una parentela. En tanto que ella explica muchos aspectos incidentales de la organización y del gobierno, nos conduce nuevamente al oficio del "jefe de hombres" y a través de él nos recuerda algunos de los atributos fundamentales de la tribu.

Ya hemos afirmado que la tribu era una asociación voluntaria de parentelas para la protección mutua. Aunque tal fue sin duda originalmente el propósito, se hizo patente que, con el paso del tiempo y como resultado de los éxitos obtenidos en la guerra, la tribu, como organización militar, se convirtió en una agrupación para procurar y asegurar su propia subsistencia. Esto se logró conquistando botín en incursiones afortunadas e imponiendo tributos a las tribus cuyo poder militar quedó derrotado en tales salidas y correrías.

Antes de la formación de la confederación pocas tribus habían sido dominadas por los mexicanos. En realidad lo que hizo posible el establecimiento de aquella confederación fue la fuerza casi equilibrada de los pueblos que ocupaban la cuenca del lago. La formación de ella se hacía necesaria para impedir que se destruyesen unos a otros en beneficio de los vecinos que estaban a la espectativa. Pero una vez formada la alianza, sus esfuerzos conjuntos se dirigieron a la conquista y a la adquisición de los medios de subsistencia por medio del tributo. Como la imposición del tributo era una medida militar, la recaudación del mismo era también una rama de la rama militar del gobierno tribal. Esto resulta evidente puesto que las parentelas habían delegado en la tribu toda autoridad sobre los asuntos del exterior. De aquí que el "jefe de hombres" se hubiese convertido en el funcionario principal de los recaudadores de tributos.

Siempre que alguna tribu, con o sin lucha, se rendía a la fuerza de los mexicanos y de los asociados de ellos, se determinaba en el acto entre las partes la cantidad y calidad de artículos que se habían de pagar en concepto de tributo. En función del cumplimiento fiel de ese contrato, la vida del vencido estaba en peligro constante, y para vigilarlo constantemente y para regular la entrega y transmisión del tributo los conquistadores destacaban funcionarios especiales entre las tribus vencidas. Estos funcionarios eran denominados "recaudadores de cosechas", "calpixqui". Cada uno de los tres confederados enviaba sus propios "calpixqui" a los pueblos que habían caído bajo su garra exclusiva y, donde, como a veces ocurría, un pueblo pagaba tributo a los tres confederados, tenía que admitir la residencia entre ellos de otros tantos recaudadores de tributos.

Es así como los mexicanos tenían dispersos entre los pueblos tributarios cierto número de tales funcionarios. El "jefe de hombres" tenía el control de sus actos, pero su poder no se extendía al "calpixca" de las tribus de Texcoco y de Tlacopan. No podía siquiera nombrar los mayordomos enviados a residir en los pueblos extranjeros tributarios, porque la designación correspondía exclusivamente al consejo. El cargo no era en modo alguno un puesto honorable, ventajoso. Por el contrario, ni dentro ni fuera de la tribu había una función de más responsabilidad ni más llena de peligros. Porque, por una parte, los "calpixqui" no tenían facultad alguna para interferirse en los asuntos de la tribu en cuyo territorio residían, tenían la misión de vigilar estrechamente las actitudes e intenciones de quienes le rodeaban e informar en el acto de cualquier movimiento o noticia sospechosa que llegara a su conocimiento. Así aparecía ante quienes tenía la misión de vigilar, como un espía cuyos informes podían provocar en cualquier momento las iras de sus dominadores. Además tenía la obligación de velar por la entrega del tributo convenido en las fechas establecidas. Por consiguiente era el odiado recaudador de tributos, el monumento vivo de su derrota con todas sus desventuradas consecuencias. Es notorio que para estos cargos se requerían hombres de capacidad y experiencia, y no puede extrañar, por lo mismo, si el "calpixca" al que Cortés encontró entre los totonacas de la costa, llevaba las señales distintivas de los jefes.

Las condiciones en que se pagaba el tributo eran varias: algunas tribus entregaban su tributo cada ochenta días, en tanto que otras lo pagaban anualmente. En la mayor parte de los casos tenía que ser llevado a México-Tenochtitlan por los tributarios, o al menos la entrega era de su cargo. Esto lo hacían generalmente por medio de los prisioneros de guerra hechos por el pueblo tributario y enviados como parte del tributo mismo. Los "calpixqui" supervisaban este intercambio; ellos comprobaban la idoneidad de los artículos recibidos y una vez recibidos los enviaban en forma adecuada a la "casa de los mexicanos". Todo esto requería ayudantes a su disposición —corredores— que no solamente acompañaban a los convoyes del tributo, sino que a través de ellos podía mantenerse una comunicación regular con la tribu mexicana. A base de esta realidad se ha supuesto no sólo que todo el territorio de la actual República Mexicana estaba cruzado por una red de carreteras parecidas a las de los romanos, sino que se había establecido y funcionaba con perfecta normalidad un sistema postal. Respecto al primer supuesto, nos permitimos referirnos a la carta del Lic. Salmerón, fechada en México el 13 de agosto de 1531 y dirigida al Consejo de Indias: "Creo que debían abrirse caminos a través de todo el país, que fuesen transitables para bestias de carga y carros. Ello aumentaría notablemente la seguridad de nuestras posesiones. Como quiera que los indios no tenían bestias de carga, sus sendas eran directas y angostas, tan directas que no se desviaban ni una pulgada para evitar tener que trepar las más abruptas montañas. A lo largo de todas estas veredas indias en las que eventualmente fuertes atarjeas llenaban brechas y salvaban estrechos barrancos, se llevaba el tributo hasta el pueblo de Tenochtitlan y los corredores necesarios se desplazaban rápidamente en ambas direcciones cuantas veces el servicio lo requería. Pero no había regularidad en este intercambio. No había postas, y los mensajeros indios descansaban, para atravesar el extenso cinturón de tierras yermas que separaban unas tribus de otras, en su propia resistencia y en el saco de provisiones que pudiesen llevar consigo."

En ocasiones solemnes los convoyes de tributos no eran simplemente escoltados por corredores y vigilantes destacados a tal efecto por los "calpixqui", sino que estos mismos funcionarios los acompañaban personalmente y entraban en Tenochtitlan a la cabeza. Los artículos eran llevados al "tecpan" y entonces terminaban las obligaciones del "jefe de hombres" respecto del tributo. Porque este tributo no le era debido a él, sino a la tribu, y se entregaba a la representación tribal que él tenía. Si la recaudación del tributo requería, por lo tanto, una serie de funcionarios colocados bajo las órdenes del jefe militar, se necesitaba otro conjunto de personas para su conservación y distribución adecuada. Aquellos eran mayordomos que vivían fuera del pueblo; éstos vivían en la tribu conquistadora. Cada convoy era, por lo tanto, consignado a un funcionario competente que tenía la misión de recibirlo y esperar las instrucciones de sus jefes para llevar a cabo la distribución.

Hemos citado al "cihuacóhuatl" como el funcionario responsable ante el consejo, de la administración de los artículos almacenados y de la adecuada distribución de los mismos, aunque tenía bajo sus órdenes otro funcionario al que realmente se asignaba la función. Torquemada y los que han seguido su escuela denominaban a este subordinado "gran recaudador de cosechas", "hueicalpixqui", mientras que Tezozómoc y Durán le asignan el título de "hombre de la casa de las arcas", "petlacálcatl". En ambos casos, sin embargo, es representado como "mayordomo jefe", al que todos los demás debían rendir cuentas. Supervisaba la distribución del tributo y a él acudían las parentelas para recoger su participación que era tal vez la mayor de todas. Desgraciadamente desconocemos las bases de acuerdo con las cuales se hacía la división. Todo lo que sabemos es que la tribu recibía una parte, y los "calpulli" o parentelas la otra, y que "el hombre de la casa de las arcas" bajo cuya inspección tenía lugar la distribución, se hacía cargo después de esta parte asignada a la tribu, es decir para las necesidades del gobierno tribal. Por consiguiente, el hombre de la "casa de las arcas" aparece bajo las órdenes directas del "jefe de hombres" que podía pedirle a él más directamente los artículos necesarios para el ejercicio de la hospitalidad tribal, incluso regalos, así como para la obtención de las galas que se exhibían en ocasiones especialmente solemnes. Es cierto que, como hemos visto en otra parte, determinadas extensiones de tierra "tecpantlalli", eran reservadas especialmente entre los tributarios para cubrir las obligaciones establecidas con las casas oficiales, e incluso en muchas ocasiones, ya fuesen de festividades o en casos de necesidad, las cosechas recogidas en aquellas tierras no eran suficientes y para cubrir este déficit eventual se disponía de otras reservas prudenciales. Estas reservas almacenadas estaban a cargo del "petlacálcatl". Con toda probabilidad este funcionario era designado por el consejo, y respondía en primer lugar ante el "cihuacóhuatl" que conservaba un registro o lista de artículos recibidos y de su distribución. Estas pinturas rudimentarias sobre tejidos o pieles preparadas han dado origen a la fábula de que entre los pueblos aborígenes de México, Texcoco y Tlacopan existían "archivos".

Los artículos necesarios para el culto y para el sostenimiento del hombre médico, en lo que se refería a la casa central de la tribu —casa de Dios— se tomaban también de este producto del tributo y se le asignaban al "hombre médico" en la medida de sus necesidades. Pero la mayor parte del producto del tributo iba probablemente a las parentelas, que lo dividían entre sus miembros después de reservar la cuota necesaria para su gobierno y para el culto. En tal forma los resultados de la organización tribal llegaban al individuo, no a través de la tribu, a menos que se tratara de un proscrito, sino de la parentela, y así esta última aparece como la unidad operante de la sociedad organizada, incluso en el problema vital de la subsistencia. La consecución de medios de subsistencia por medio de la guerra es el más amplio campo de la acción tribal conocido por los aborígenes mexicanos. Esta actividad representa el vínculo de la tribu y la parentela, que justifica la más elevada razón de existencia de la forma conocida de la sociedad tribal, es decir de la confederación.

Después de cuanto hemos dicho en éste y en los ensayos precedentes, resulta superfluo entrar de nuevo en detalle sobre la confederación formada por las tres tribus "nahuatl" de México, Texcoco y Tlacopan: los "artículos del convenio" han quedado presentados en otra parte, y conocemos la posición prominente desde un punto de vista militar, ocupada por la tribu mexicana en esta asociación creada como lo fue para la guerra y el saqueo. Sólo nos resta destacar que esta conexión intertribal en el Valle de México no fue más allá de esta asociación tripartita para los fines referidos. No hubo interferencia de parte de los conquistadores en los asuntos de las tribus vencidas en la guerra, ni se registra intento alguno de fundir gradualmente los elementos heterogéneos en un molde uniforme, porque no existía idea alguna de otra forma de sociedad distinta de la basada en el parentesco, y de ésta, la tribu, caracterizada por un territorio independiente, un dialecto propio y un nombre común, era la más elevada expresión gubernamental.

Así, casi involuntariamente, hemos retrocedido al punto de partida y justificado —así lo creemos nosotros— nuestros supuestos originales. Hemos tratado de demostrar que en el México aborigen no había Estado, nación ni sociedad política de ninguna especie. Encontramos una población separada en tribus que representan variaciones dialectales del lenguaje, que cada tribu era autónoma en materia de gobierno y, eventualmente, formaban confederaciones para fines de defensa y conquista. De aquella confederación, que en forma tan prominente se puso de relieve en ocasión de la conquista por los españoles, hemos seleccionado, en función de su prominencia militar, una tribu —la de los antiguos mexicanos— y hemos demostrado que ella formaba un cuerpo orgánico compuesto de veinte parentelas autónomas para fines de subsistencia y protección mutua. Una organización social que descansa sobre la base de tal formulación debe, necesariamente, haber sido una corporación democrática. Ciertamente que advertimos que cada parentela estaba gobernada por funcionarios rigurosamente elegidos que podían ser depuestos libremente por sus propios electores. Que sus veinte parentelas, para su beneficio mutuo, habían delegado sus facultades para arreglar sus asuntos con los extranjeros, en un consejo de la tribu en el que cada parentela estaba representada por un miembro y, consecuentemente, tenía lo mismo voz y voto que cada una de las demás. La ejecución de los decretos de este consejo quedaba a cargo de funcionarios elegidos cuyo poder estaba limitado al comando militar que ejercían y a los que la tribu podía deponer discrecionalmente. Salvo para algunos puestos muy inferiores, estos funcionarios no tenían facultades para designar a otros para cargo alguno, ni siquiera a sus ayudantes de alto rango. La dignidad del jefe, tan generalmente transformada en nobleza hereditaria, resultó de lo expuesto que era simplemente un premio concedido al mérito y que no llevaba consigo ninguna prerrogativa salvo la consideración personal y la autorización para usar eventualmente determinados atavíos. Tomado todo esto en consideración, y agregando los resultados de nuestra investigación relativa a la organización militar de los antiguos mexicanos, así como la forma comunal de tenencia y disfrute del suelo, nos creemos autorizados a establecer la conclusión de que *la organización y forma de gobierno entre los antiguos mexicanos era una democracia militar basada originalmente en la comunidad de vida.*

6) LAS CLASES FUNDAMENTALES DE LA SOCIEDAD MEXICA.

Manuel M. Moreno [38]

En 1931 apareció la obra de Manuel M. Moreno titulada La organización política y social de los aztecas. *Este trabajo vino a ser el principio de un nuevo movimiento crítico y revisionista sobre lo que generalmente se pensaba entonces a propósito de las instituciones políticas y sociales del México antiguo. Considerable vigencia habían alcanzado las ideas expuestas por Adolph F. Bandelier que sostenía, como ya se ha visto, que la sociedad prehispánica no había superado las formas de una organización exclusivamente tribal.*

De la obra de Manuel M. Moreno se transcribe aquí el capítulo en el que analiza distintas fuentes y concluye la existencia de clases sociales en la sociedad mexica. Igualmente se ofrece una parte de la sección dedicada a lo que, a su juicio, fue la organización del estado azteca.

Fundamentalmente, y hablando a *grosso modo,* la sociedad azteca puede considerarse como dividida en dos grandes clases sociales: la de los privilegiados y la de los desheredados, cada una de ellas con caracteres perfectamente bien definidos y delimitados.

Pero precisando más la cuestión, y entrando más al detalle en el estudio de la composición orgánica de la sociedad mexica, de acuerdo con Sahagún, cuatro clases fundamentales pueden distinguirse perfectamente bien dentro de la organización social de los aztecas: *la militar, la sacerdotal, la de los mercaderes* y *el común del pueblo,* que comprendía desde los agricultores hasta los esclavos. Más adelante veremos cómo de estas cuatro clases las tres primeras estaban colocadas en una situación privilegiada con respecto a la última, pues gozaban de ciertas preeminencias y derechos inaccesibles para los de la cuarta clase.[39]

Esta desigualdad de derechos que tanto repugna a Mr. Ban-

---

[38] Manuel M. Moreno, *La organización política y social de los aztecas*, 1ª edición, 1931; 2ª edición, México, Instituto Nacional de Antropología e Historia, 1962, pp. 66-72 y 121-123.

[39] Sahagún, fray Bernardino. *Historia General de las Cosas de Nueva España*, lib. X.

delier, es la que más contribuye a dar a la sociedad azteca su carácter político.

La existencia de la división y en cierta forma de la pugna de clases existente en la sociedad mexica queda evidenciada por múltiples pruebas, entre las que se cuenta, no sólo el valioso testimonio de Sahagún, sino el de todos los cronistas inmediatos a la conquista.[40]

Sahagún nos habla de la existencia de diversas agrupaciones de obreros y de artesanos, de los cuales unos se ocupaban de labrar el oro, otros la plata, otros más las piedras preciosas; había también los que labraban la piedra y los que trabajaban la pluma y otros más que se dedicaban a diferentes actividades.[41]

Cortés, en una de sus cartas dirigidas al emperador Carlos V, asienta: "Hay en todos los mercados y lugares públicos de la dicha ciudad —Tenochtitlan—, todos los días, muchas personas, trabajadores y maestros de todos oficios, esperando quien los alquile por su jornal.[42]

Zurita nos habla de los *mayeques,* que eran los desposeídos, pues a diferencia de los demás tributarios no tenían tierras propias, sino ajenas. No se podían ir de unas tierras a otras, estaban perpetuamente ligados a la tierra que labraban, ésta era, generalmente, propiedad privada de un *tecuhtli* o señor, quien al heredarla a sus hijos incluía en ella a los *mayeques,* los cuales pasaban al nuevo señor, conjuntamente con el pedazo de terreno, en calidad de bienes hereditarios, con la obligación de servir personalmente y de pagar tributo al nuevo propietario, de la misma manera que lo había hecho al antiguo, "sin haber en ello novedad ni mudanza", como dice Zurita. Su situación era verdaderamente miserable, guardaba mucha semejanza con la de los pecheros de la organización feudal.[43]

[40] Clavijero, *op. cit.,* lib. VII.
Bernal Díaz del Castillo. *Historia verdadera de la Conquista de la Nueva España,* cap. XCI.
Carta de Ramírez de Fuenleal. Publicada en Ternaux Compans. *op. cit.,* p. 97.
Herrera. *op. cit.* dec. III, lib. IV, cap. XVII, p. 188.
Carta de Ramírez de Fuenleal. Publicada en Ternaux Compans. *op. cit.,* p. 251.
Torquemada, *op. cit.,* lib. XVIII, cap. XXXIV.
Veytia, *op. cit.*
Pomar y Zurita. *Relaciones de Texcoco y de la Nueva España,* México, 1891, pp. 88 y sigs.
[41] Sahagún. *op. cit.,* lib. X. cap. VII, VIII, X y XVI.
[42] Cortés, Hernán. *Cartas de Relación de la Conquista de México,* p. 206.
[43] Pomar y Zurita. *op. cit.,* pp. 80, 157, 163, 167 y 168.

Como veremos más adelante, Zurita también hace alusión a los *tecallec* o gente de los *tecuhtin* y a los *calpullec* o gente de los calpullis.[44]

Por último, en las capas más bajas de la escala social, estaban los *tlamemes* y los esclavos. Los primeros eran verdaderas bestias de carga que sustituían la falta de animales domesticados para ese efecto. Su trabajo era de los más rudos, pues tenían que llevar sobre sus espaldas, a distancias enormes, fardos que serían verdaderamente abrumadores para hombres que no estuvieran familiarizados con el oficio. Estos *tlamemes* constituían una verdadera clase toda vez que correspondían a una necesidad social de carácter permanente.

En cuanto a la institución de la esclavitud, al establecer y consagrar la dominación de unos miembros de la sociedad mexica sobre otros, viene por sí sola a dar al traste con la pretendida organización tribal de los aztecas.

Por lo demás, su existencia es tan patente, que ni siquiera se atreve a objetarla Mr. Bandelier; pero ingeniosamente, pretende explicarla diciendo que se trataba, no de una institución proveniente del dominio ejercido por unos miembros de la sociedad mexica sobre los demás, sino simplemente de un movimiento de reacción, de una actitud de defensa adoptada por la colectividad en contra de quienes en alguna forma atentaban contra las fases fundamentales de la organización tribal.[45]

La sanción impuesta a los transgresores —*out casts*— era la expulsión del clan y la exclusión en todos los derechos otorgados por la sociedad tribal a sus miembros.

La esclavitud entre los aztecas era demasiado benigna, el esclavo podía tener familia y patrimonio y podía obtener su libertad dando un sustituto. Las principales fuentes de la esclavitud eran: 1º Las deudas; en este caso la entrega que el deudor hacía de su persona equivalía a una verdadera dación en pago; 2º La venta que de sí mismo o de sus hijos hacía un *macehual* para librarse de la miseria. 3º Otra variedad era la esclavitud por pena, y 4º y último, la esclavitud en que incurría el que era capturado en la guerra. Esta clase de esclavos eran destinados al sacrificio.[46]

Había varias maneras de sustraerse a la esclavitud: el esclavo por deudas podía rescatarse con el pago de ellas; el esclavo por causa de pena nunca tenía derecho al rescate; pero en cambio

---

[44] *Ibidem.* pp. 155, 156 y 157.

[45] Bandelier, Adolph, F., "On the Social Organization and Mode of Goverment of the Ancient Mexicans", *12th. Annual Report of the Peabody Museum of American Archaeology and Ethnology*, Cambridge Mass., 1879, pp. 610, 611, 613 y 614.

[46] Torquemada. *op. cit.*, lib. XIV, cap. XVI.

podía recuperar la libertad refugiándose en el Tecpan. En este caso el único que podía estorbarle la entrada era su amo, pues cualquiera otro que intentara hacerlo se volvía esclavo.[47]

Según la autorizada opinión de mi maestro el señor licenciado Alfonso Caso, una de las causas que más contribuyeron a dar un carácter especial a la institución de la esclavitud entre los aztecas, fue la circunstancia de que los prisioneros hechos en la guerra no pasaban, como en Roma, a ser propiedad particular del que los cautivaba, sino que eran destinados al sacrificio; esta práctica está íntimamente relacionada con ciertos mitos y creencias religiosas. Como consecuencia inmediata y directa de ella, acontecía que en el seno de la organización social de los aztecas, no existía una clase social de los esclavos perfectamente bien determinada, como acontecía en la mayor parte de los pueblos de la antigüedad, sino que cualquier mexica, fuese cual fuese la clase social a que originariamente pertenecía, y sin perder por ello su situación social primitiva, podía devenir esclavo, bien por contrato, bien por causa de pena, o por cualquiera otra de las causas que daban nacimiento a la esclavitud.

El carácter de esclavo no era, pues, privativo de los individuos pertenecientes a una determinada clase social, por la razón que apunta el señor licenciado Caso; la esclavitud entre los mexicas debe más bien ser considerada como una modalidad especial impuesta a la condición social o mejor dicho a la capacidad jurídica del que incurría en ella. En cierta manera podría ser considerada como una especie de *capitis diminutio*.

Dentro de cada una de las clases fundamentales, como ya habrá podido apreciarse, existían numerosas categorías y subdivisiones. "Aun entre los mismos *macehuales* o pueblo, dice Chavero, había distinciones en su trabajo que constituían algo semejante a los gremios." Los cronistas están de acuerdo en que el hijo tenía libertad para abrazar la profesión que quisiera; pero agregan que generalmente adoptaban la de los padres.[48]

La clase popular debió de haber afectado numerosas modalidades, tantas como actividades diversas tenían lugar en el seno de la sociedad azteca, las cuales debieron de ir en aumento progresivo a medida que el pueblo mexica alcanzaba un mayor grado de grandeza y poderío.

De acuerdo con Zurita, la gran masa campesina que constituía sin duda alguna la mayor parte de la población del Estado mexica, puede clasificarse en tres grupos:

[47] Clavijero, *op. cit.*, lib. VII, p. 212.
López de Gómara, Francisco. *op. cit.*, t. II, p. 313.
Torquemada. *op. cit.*, lib. XXI, cap. VII; lib. XIV, cap. XVII.
[48] Clavijero. *op. cit.*, lib. VII, cap. V.
Chavero. *op. cit.*
Pomar y Zurita, *op. cit.*, p. 120-121.

El primer grupo lo formarían los *teccallec*, "que quiere decir gente de unos principales, que es la gente que tenían los segundos señores que se decían *tetecuhtzin*, de quien se ha dicho que no iban por sucesión, sino que los —señores— Supremos lo daban a quien se había señalado en la guerra, o en el servicio de la República o del Señor, y a estos segundos señores pagaban el tributo que habían de pagar al Supremo".[49]

El segundo grupo lo formarían los *calpullec* o *chinancallec*, "que quiere decir barrios conocidos o parentesco antiguo y conocido que están por sí, y ésta era mucha gente, por ser los *calpullec* muchos y casi entraban en ella todos los que tributaban al Señor Supremo y a su principal o cabeza le labraban una sementera para su sustento y le daban servicio conforme a la gente que había en el barrio y era por el cuidado que de ellos tenía y por lo mucho que gastaba en las juntas que se hacían por año en su casa en pro del común..."[50]

El tercer grupo estaría constituido por los *tlalmactes* o *mayeques*, "que quiere decir labradores que están en tierras ajenas, porque las otras dos maneras de tributarios todos tienen tierras en particular o en común en su barrio o *calpulli*, como queda declarado; y éstos no las tienen sino ajenas; porque a los principios, cuando repartieron la tierra los que la ganaron, como se ha dicho, no les cupo a éstos parte... No se podían ir estos *mayeques* de unas tierras a otras ni se vio que se fuesen ni dejasen las que labraban, ni que tal intentasen, porque no había quien osase ir contra lo que les era obligado; y en estas tierras sucedían los hijos y herederos del Señor de ellas, y pasaban a ellos con los *mayeques* que en ellas había..." "En lugar del tributo que al Señor Supremo debían, daban —los *mayeques*— al Señor de las tierras que labraban lo que está dicho y las tenían y nombraban por suyas, porque tenían el dominio útil y los dueños el directo." "Cuando el Señor muere y deja hijos, está en su mano repartir sus tierras patrimoniales y dejar a cada uno de ellos los *mayeques* y tierras que les pareciere, porque no son de mayorazgo, y lo mismo los demás que tenían tierras y *mayeques*."[51]

Existe un pasaje histórico del pueblo mexica importantísimo, citado por Durán, que no deja lugar a duda acerca de la existencia de una clase privilegiada y otra desheredada, en el seno de la sociedad azteca. Cuenta Durán que habiendo decidido Itzcóatl hacer la guerra en contra de los de Azcapotzalco —"la gente común temerosa empezó a temer y a hacer lástimas y a pedir a los Señores y al rey los dejase salir de la ciudad. Los señores consolándolos y el rey en persona les dijo: —No temáis, hijos

---

[49] Pomar y Zurita. *op. cit.*, p. 155.
[50] *Ibidem.* p. 156.
[51] *Ibidem.* p. 157.

míos, que aquí os pondremos en libertad sin que se os haga mal ninguno. Ellos replicaron: —¿Y si no saliéredes con ello, qué será de nosotros? —Si no saliéremos con nuestro intento, nos pondremos en vuestras manos, dijeron ellos, para que nuestras carnes sean mantenimiento vuestro, y allí os venguéis de nosotros y nos comáis en tiestos quebrados y sucios, para que en todos nosotros y nuestras carnes sean infamemente tratadas. Ellos respondieron: Pues mirad que así lo hemos de hacer cumplir, pues vosotros mismos os dais la sentencia, y así, nosotros nos obligamos, si salís con vuestro intento, de os servir y tributar y ser vuestros terrazgueros y de edificar vuestras casas y de os servir como a verdaderos señores nuestros y de os dar nuestras hijas y hermanas y sobrinas para que os sirváis de ellas, y cuando fuéredes a las guerras de os llevar vuestras cargas y bastimentos y armas a cuestas y de os servir por todos los caminos por donde fuéredes, y finalmente vendemos y sujetamos nuestras personas y bienes a vuestro servicio para siempre. Los principales y señores viendo lo que la gente común se obligaba y ofrecía, admitieron el concierto, y tomándoles juramento de que así lo cumplirían, ellos lo juraron." [52]

El triunfo obtenido sobre los tepanecas y el despojo y distribución de sus tierras entre los vencedores, tuvieron múltiples y trascendentales consecuencias para el régimen de propiedad y para la organización social de los antiguos mexicanos, pues desde entonces arranca la forma definitiva de gobierno, el modo de tributación y el sistema de apropiación de las tierras.

Otro tanto puede decirse del triunfo obtenido por los mexicas sobre Coyoacán en tiempo de Itzcóatl, pues, de entonces data la institución de los principales funcionarios que integraban la organización política de los aztecas, de la cual trataremos más adelante con toda amplitud.

El estado azteca

Hemos pasado breve revista sobre el cuadro que ofrecía el sistema político y de gobierno entre los aztecas. De ella hemos recogido la impresión de que la organización social de este pueblo hubo de sufrir varias modificaciones antes de alcanzar el alto grado de desenvolvimiento que tenía a la llegada de los españoles.

La composición política y social de los aztecas en un principio, era demasiado simple, sin que por esto queramos decir que constituyesen un mero conglomerado tribal, como supone Mr. Bandelier, puesto que ya desde el tiempo de su peregrinación los mexicas presentan una diferenciación de clases y un nivel cultural muy superiores a los que corresponderían a una tribu. Ya desde entonces se puede advertir en ellos como lo hacíamos notar

[52] Durán. *op. cit.*, t. I, p. 75.

en su oportunidad una diferenciación perfectamente bien delimitada entre gobernantes y gobernados, llevada a efecto por medio de la coordinación y subordinación de todos los elementos que constituían la colectividad social, signo característico de toda organización estatal. Nos permitimos recordar a este respecto las doctrinas de Mr. Duguit acerca del Estado, remitiendo a nuestros lectores a los textos de este sabio jurista que hemos reproducido en páginas anteriores.

En consecuencia, podemos afirmar válidamente que desde el establecimiento definitivo de los mexicas en el lago de México, se encontraron en posesión de todos los elementos necesarios para constituirse en Estado.

En nuestro apoyo viene la opinión del señor Orozco y Berra, quien asienta que ya desde la época de la fundación de Tenochtitlan podían advertirse diferencias radicales entre las distintas clases que componían la sociedad azteca. Por este tiempo sólo había los sacerdotes, los guerreros y el común del pueblo; "pero, anota el citado historiador, las conquistas sucesivas, la absorción de los pueblos de lenguas y usos diversos, introdujeron nuevos elementos en la organización social, dando principio a una nobleza distinta en parte de las clases reconocidas, que venía representando por un lado el nacimiento y la familia; por otro, la riqueza individual y la propiedad".

Un lento proceso de centralización política se efectuó en la sociedad azteca, el cual tuvo su culminación con el despotismo de Motecuhzoma II; el resultado de este movimiento centralizador fue la afirmación del carácter estatal de la organización política de los mexica.[53]

La absorción absoluta de todas las actividades sociales y de todas las manifestaciones de la vida cultural de los aztecas por el órgano de gobierno; la cooperación cada vez más completa e integral de todos los miembros que constituían la sociedad mexica, para fines que rebasaban con mucho los límites de la sociedad familiar, la diferenciación y la desigualdad cada vez más absoluta producida entre las distintas clases de la nación azteca que venía a engendrar relaciones de dominación y dependencia política de unas con respecto a otras; la posesión de un territorio que daba un aspecto territorial y una base característicamente propietaria al régimen político; la posesión de un orden jurídico perfectamente bien reconocido y sancionado; la independencia y autonomía del pueblo mexica frente a los demás pueblos; la fundación y establecimiento de una ciudad, que es otro de los requisitos *sine qua non*, otro de los supuestos necesa-

---

[53] Orozco y Berra, *op. cit.*
Durán. *op. cit.*, t. I, cap. 53, pp. 180, 214 y sigs. y 416 y sigs.
Motolinía. *op. cit.* (edic. Icazbalceta), pp. 183 y sigs.

rios de toda organización plenamente política; todo esto nos autoriza para afirmar la existencia de un Estado mexica, imperfecto, rudimentario y semitotémico si se quiere; pero Estado al fin, caracterizado principalmente por su aspecto oligárquico, teocrático y militar.[54]

---

[54] Sobre el carácter político y estatal de la organización social de los aztecas, véase a Seler, Eduard. *Disertaciones*, t. II, 2ª parte, pp. 134 y sigs. Trad. española, en mecanuscrito, del Archivo Histórico del I.N.A.H.

Spencer, Herbert. *Los antiguos mexicanos*, y Kohler, *op. cit.*, coinciden en considerar a los aztecas como un Estado.

7) LA ORGANIZACIÓN SOCIAL DE LOS AZTECAS

Salvador Toscano [55]

El presente estudio de Toscano constituye una visión de conjunto acerca de las instituciones políticas y sociales de los antiguos mexicanos en estrecha relación con diversos aspectos de su economía. A su parecer, la imagen trasmitida por varios cronistas españoles, que concibieron al mundo mesoamericano como si en él existieran Estados de tipo feudal, puede ser válida a propósito de algunos periodos del pasado prehispánico. Mas para Toscano lo que verdaderamente importa es precisar lo que tuvo de característica la organización del México antiguo a lo largo de su evolución histórica.

Los antiguos mexicanos vivieron de la agricultura. Los aztecas, como todas las tribus nórdicas, nahoa-chichimeca, fueron originariamente hordas cazadoras, y, aunque por aquel tiempo cultivaban el maíz, como observó Cabeza de Vaca, esto no era la base de su vida. Pero aquel género de ocupación cambia totalmente cuando aquellos clanes guerreros fundan su soberanía sobre los restos vencidos y dispersos de los toltecas, quienes algunos siglos antes ya practicaban el cultivo intensivo del maíz, el frijol, la calabaza, el cacao, el algodón.

Pero el que la gran población del México antiguo practicara la agricultura, no nos permite situar al azteca como un pueblo agricultor. Cuando en 1325 fundan la ciudad de Tenochtitlan, dividen en cuatro cuarteles o barrios en que las parentelas, "calpullis", cultivan la tierra en común. Probablemente en aquellos tiempos apenas la choza y algunos bienes muebles reconocían la propiedad privada. Otro género de cultivo intensivo fue el practicado en las *chinampas,* verdaderas sementeras o huertos flotantes que, amarrados a la orilla de la isla, consistían en maderos unidos y cubiertos de tierra fértil, en la que sembraban principalmente plantas de hortaliza. Sin embargo, lo reducido de la isla y la incapacidad de desarrollar un cultivo de vastas propor-

[55] Salvador Toscano, "La organización social de los aztecas", artículo incluido en la obra *México Prehispánico,* prólogo de Alfonso Caso, México, Editorial E. Hurtado, 1946, pp. 777-790.

ciones en las chinampas, empujó al pueblo azteca a una vida más lucrativa, la guerra.

Los disturbios ocurridos en 1427 entre Texcoco y Azcapotzalco les brinda la primera oportunidad de desarrollar todas las virtudes militares que habían ido reprimiendo hacía algunos años. La severidad en su derecho penal, la aristocratización de sus leyes, la patria, son la expresión más justa de un pueblo que desde entonces vivió educando a la juventud en las escuelas militares *Tepuchcalli,* o endureciendo su cuerpo y espíritu en la educación que los padres daban a los hijos conforme a las páginas del Mendocino: entre el ritual del nacimiento descollaba al que al nacer un varón los padres ponían en sus manos un arco y un escudo, para significar que aquel niño había nacido para propiciar al dios de la guerra, Huitzilopochtli, y para luchar por la patria común (a la niña, por el contrario, se le ponían en las manos un simbólico malacate para tejer).

Los dos escasos siglos que dura la historia azteca, son la historia ininterrumpida de victorias militares sobre pueblos comarcanos: matlatzincas, mixtecos, zapotecos, totonacas, otomíes. Pero aquella isla erizada de lanzas, fogueada en las continuadas guerras, jalonea a aquellos pueblos a un orden de vida hasta entonces desconocido: el absolutismo y el centralismo político, y, consecuentemente, a un régimen jerarquizado y esclavista. Al finalizar el siglo XV, inclusive, había aparecido toda una específica burocracia: embajadores, magistrados, recolectores, mercaderes... Porque otra actividad económica hasta entonces desconocida y practicada intensamente fue el comercio: comerciantes aztecas, *pochteca,* cruzaron el territorio mexicano descendiendo hasta Yucatán, y la América Central preparando, además, como clase militar a la que se les asimilaba, o como embajadores de la voluntad del señor, la conquista de las tierras reconocidas y espiadas por ellos para surtir a México de frutos, especies, joyas y plumas no existentes en el Valle de México.

En líneas anteriores, ya hemos bosquejado el carácter jerárquico de la sociedad mexicana antigua: aquellos rangos de las diversas clases sociales, se traducían externamente en la indumentaria como el vehículo más usual para su reconocimiento (remitámonos a Seler a este respecto): los Señores Supremos estaban tocados por diademas; los guerreros por vistosos penachos de plumas, expresando en su vestido las órdenes militares de caballeros águilas, tigres, pumas, etc.; los comerciantes usan bordón y abanico; los embajadores, magistrados, *calpixques* o recaudadores, traen sus ricas mantas dibujadas con ornamentos distintivos. El pueblo común, *macehual,* viste ixtle, anda descalzo y su indumentaria casi siempre es un ceñidor; la nobleza, por el contrario, viste algodón, usa *cactlis* o sandalias sumamente hermosas, cubre su cuerpo con ricos mantos de algodón pintado, usan *chalchihuites,* piedras preciosas, penachos de plumas airosas.

Pero sigamos con el estudio de las clases sociales, conforme al oidor Zurita, quien escribía su Breve y Sumaria Relación hacia 1556 y quien fue testigo presencial del orden social superviviente en la época hispánica. Entre las clases altas, nobles, sitúa cuatro: *tlaloques,* señores (caciques, usando la voz antillana) "tenían jurisdicción civil y criminal, y toda gobernación" en provincias y pueblos; segundo: *Tectecutzin,* que eran "como encomenderos" por una vida, elevados a ese rango por hazañas de guerra, tenían labradores, pero su hijo no heredaba sino el título nobilicio; tercero: *Calpullec* "cabezas o parientes mayores que vienen de muy antiguo", es decir el labrador libre, el poseedor de la tierra a título precario que puede heredarla a sus hijos y de la que no puede ser despojado sino por dos razones jurídicas y mediante juicio; pero que no puede enajenar la tierra de la que aparece como usufructuario de carácter especial; cuarto, *pipiltzin,* estos últimos pertenecen a la nobleza aunque no son verdaderos poseedores, son hijos de señores y están libres de tributos, son meros hijosdalgo.

En realidad, las clases sociales están en razón directa de la propiedad que, en todo caso, la ha determinado la guerra. Marx, en este sentido, es justo al no reconocer razones de sangre: por lo mismo, analicemos brevemente, a reserva de volvernos a referir a este problema, la propiedad prehispánica en México: a) Propiedad privada, es la tierra de que son dueños los señores, *caciques,* así como el *tlaloque* supremo, rey (Hueytlatoani), con sus labradores aparceros o esclavos; b) Propiedad pública, las del sustento de la guerra, distribuidas en los calpullis y las "tecpantla" o de recámaras del rey, cultivadas por merced del señor a cambio de mantener los servicios de palacio —en este caso deben haber estado las tierras dadas en esa suerte de encomienda, que era la otorgada por hazañas de guerra y por sólo una vida al *tectecutzin*—; c) Propiedad comunal o corporativa llamada del "calpulli"; como hombres libres, están sujetos a tributo, y aunque no pueden enajenar la tierra, pueden transmitirla por herencia.

Formando una clase intermedia —que probablemente tomó un auge inusitado, algunos años antes de la conquista— se encuentra la burocracia en torno al Estado azteca. Los magistrados o empleados judiciales, los recaudadores o *calpixques* en las provincias lejanas, las clases militares intermedias, caballeros águilas, tigres, etc., alguna clase sacerdotal igualmente intermedia, los embajadores. Todos ellos eran escogidos de la nobleza no propietaria, es decir, de hijos de caciques que no heredaban o de hijos de *tectecutzin* o encomenderos por hazañas de guerra que sólo transmitían a sus hijos el título nobilicio.

Otra clase social sumamente importante, aunque ya no extraída de la nobleza, era la del comerciante, *pochteca*. Ellos constituían un linaje, una sangre "y estos eran linajes conocidos, y ninguno lo podía ser si no le venía de herencia, o con licencia de los señores", dice Torquemada. También, como hombres libres y propietarios, eran tributarios al señor.

Otra clase igualmente intermedia y no menos significativa, que formaba linajes y se perpetuaba por herencia, agrupados en una suerte de agremiación inconsciente, eran los artesanos. Había oficiales de pluma, mosaico, entalladores, plateros, orífices, pintores, cesteros, trabajadores textiles, y, de igual modo, los músicos, cantores, danzantes, jugadores, etc.

¿Dónde, pues, descubrimos el verdadero proletariado de la sociedad azteca? Una época feudal, jerarquizada, como fue nuestro siglo XVI, no pudo conceder importancia a esta clase ni hablarnos de ella.

Apenas los cronistas hablan de una clase plebeya, *macehual*. Esta fue la clase escarnecida, miserable, explotada, sobre la que vivía la aristocracia y con la que aquel mundo pudo levantar palacios, pirámides, calzadas, en todo el territorio mexicano.

El mayeque, siervo de la tierra, prosigue Zurita, tributaba al dueño de la tierra, pero no podía mudarse y sus hijos le sucedían en el oficio "Tlalmactes o mayeques", que quiere decir labradores que están en tierras ajenas". La diferencia con el agricultor *calpulleque* salta a la vista: en el *mayeque* nos encontramos frente a un verdadero esclavo de la tierra, un alma repartible y adherida al suelo; por esto en él descubrimos el verdadero proletariado azteca; la institución esclavista, aunque con la limitación de una vida, ya que esta condición no se transmitía por herencia, facilitaba a los caciques y a la alta nobleza una gran masa rural que cultivaba sus tierras.

Otro representante por excelencia de esta población sobre la que descansaba la aristocracia propietaria, fue el cargador, *tameme*, que en la sociedad prehispánica tuvo importancia fundamental ya que, no existiendo animales domésticos (caballos, asnos, bueyes), fue sobre estas espaldas humanas en las que se transportaban las mercancías, utensilios de guerra, material de construcción, etc.

La *aristocracia* es heredable por sangre y transmitida por mayorazgo, o bien, adquirida por hazañas en la guerra; la clase media está formada por linajes de sangre, judicatura, comercio, milicia, sacerdocio; sólo el *macehual* no tiene linaje, es una condición humana solamente: el desposeído, el esclavo o siervo del cultivo o *mayeque*, el *tameme* o cargador, la gleba de las milicias, en fin, el *macehual*.

El Calpulli (linaje antiguo o barrio de gente conocida)

Las tierras señoriales, las de propiedad privada, o eran rentadas o eran cultivadas por *mayeques*. Pero junto a este género de propiedad y consecuente forma de cultivo, existe otra gran masa rural que cultiva las tierras en común; el *calpulli*. Ya hemos anotado que la condición del habitante libre era esa en el *calpulli;* su condición media, su capacidad jurídica y guerrera, se resumirá en aquella asociación fijada por el sueldo y unida por la sangre. Porque el *calpulli* tiene una doble significación: barrio y linaje. Por un lado encierra la idea de lugar, de asentamiento, de área (calpulli significa congregación de *callis,* casas, de ahí que Eric Thompson llame al calpulli "clanes geográficos"); pero el calpulli es esto y algo más, la palabra también significa, cosa que crece, es algo viviente, por lo mismo Zurita le llama "barrio de gente conocida o linaje antiguo". El calpulli es, pues, un sitio de asentamiento y una corporación unida por la sangre, y cuyo origen está en "Las tierras que poseen; que fueron repartimientos de cuando vinieron a la tierra y tomó cada linaje o cuadrilla sus pedazos o suertes y términos señalados para ellos y sus descendientes".

Los *calpullis* son verdaderas democracias del linaje o gens; ellos nombran a un señor que los dirija, dice Zurita, él guarda las pinturas con los linderos y es el abogado del pueblo en sus litigios; él reparte tierras, amplía parcelas o las declara vacas. Además, el calpulli, nombra su comisariado interior *centecpanpixques,* dice Torquemada: "Y entre las comunidades había centuriones, que llaman *centecpanpixques,* que quiere decir cuidadores de cien vecinos; y éstos eran elegidos de los barrios..." Allí hay, cuenta Sahagún, *Tepuchcallis* o escuelas del común para aprendizaje de la guerra.

Pero estudiemos el género de cultivo y propiedad en los calpulli, a reserva de insistir en este punto en su derecho agrario; la propiedad es de una persona moral, el barrio (calpulli); por lo mismo no puede ser enajenada, y, sin embargo, cada pater familia, tiene derecho a usar y gozar durante sus vidas de la tierra dentro de sus límites del derecho (no abandonar el área o dejar incultivadas las tierras por dos años); además puede transmitir estos derechos, uso y goce de la cosa, a sus hijos.

Al hablar Zurita de que "Estas tierras no son en particular de cada uno de los barrios, sino en común del calpulli", ha originado alguna confusión en la crítica moderna que ha querido ver una prueba de la existencia de un comunismo indígena. Sin embargo, este género de propiedad podría igualmente haber sido llamado corporativo y, de igual modo, habría sido equívoco el término. Corporativo, de linaje, comunal, es todo esto y algo más: es una forma especial, no romana (ya que en este sentido la propiedad es absoluta), que daba a la gran población agrícola posibilidad de sentirse un propietario limitado, libre, y, lo que es más, asimilado a una clase respetada. La Colonia, con esa sabiduría de la época contrarreformadora, supo asimilar el espíritu indígena del *calpulli* en el ejido, que fue el supuesto inmediato de la lucha contra la encomienda y el feudalismo.

Esta organización social recuerda la organización germana de tiempos de Tácito: "cada *lugar* toma tantas tierras, dice, cuanto tienen hombres que la labren, y la reparten entre sí, conforme a la calidad de cada uno..." Por esto mismo Heinrich Brunner Von Achewrin, en su *Historia del Derecho Germánico*, apunta que: "por el tiempo de César no existía sobre los inmuebles ni propiedad privada ni disfrute separado. La tierra se asignaba anualmente para su utilización en común, a las asociaciones por razón de genealogía y las agrupaciones por el parentesco de sangre, existente en el distrito".

Morgan, que estudió en el siglo pasado la vida de los iroqueses, una ancestral familia nahuatlata, todavía alcanzó a observar este género de vida, propiedad y cultivo. De este libro de Morgan, "Las Sociedades Primitivas" se originó el libro de Engels: "Orígenes de la Propiedad y de Familia"; que redujo a una mera etapa cultural, en el orden materialista, este género de vida. Dice Morgan, en el ya citado libro: "La Villa de México se hallaba dividida geográficamente en cuatro cuarteles... Presuntivamente cada linaje era una *fratria*. A su vez cada cuartel estaba subdividido, y cada subdivisión local estaba ocupada por una comunidad de personas ligadas entre sí por algún vínculo común. Presuntivamente esta comunidad era una *gens*".

Organización Política.—La imagen que nos han transmitido los autores españoles, es la de una etapa feudal. Contra esta afirmación han protestado algunos escritores que ven en ello sólo la proyección de las instituciones occidentales en las indígenas. Sin embargo, no debemos pensar que haya justicia en este temor, pues por un método asociativo podemos referir unas a otras instituciones: llamar al jefe antiguo, Señor *Tlaltoani* o *Cacique,* es en todo caso exacto según la imagen que transmitiéramos del Estado azteca (recuérdense las corrrespondencias políticas en las culturas que Spengler descubre como elementos unitarios y afines en la evolución de los organismos culturales).

La primitiva organización política del México antiguo debió haber correspondido a una etapa feudal. Seguramente que el auge de esta época —siglos IV al X en nuestra Era— corresponde a la época maya del Antiguo Imperio y a la del tolteca en el Valle de México: entonces la ciudad no fue sino un centro de propiciación y práctica religiosa (Palenque, Teotihuacán). Pero al caer arrasada Tula, se inicia una nueva suerte de política que semeja a la de los Estados-Ciudades de la Edad Media: a esta etapa

—siglos X al XIV— corresponde la política de Alianza: México-Tacuba-Texcoco, Uxmal-Chichén-Mayapán, o Huejotzingo-Tlaxcalla-Cholula. Pero al declinar el siglo XIV e iniciarse el XV, correspondiendo a la época de conquistas de alto estilo por los aztecas, la política tiende a centralizarse, a crear un Señor Supremo (que los españoles llamaron Emperador); que corresponde a la última etapa, la del absolutismo, que fue el estadio en que sorprendieron los conquistadores a México. En el espíritu de las ciudades volvemos a descubrir la victoria de estas formas políticas; ya hemos dicho que en la época tolteca y maya del Viejo Imperio, la ciudad es una aldea religiosa, el pueblo vive disperso en sus clásicos jacales, a manera de rancherías, juntándose sólo para las festividades de sus dioses; más tarde, la aldea tórnase una ciudad en el sentido exacto de la palabra, con su poder político, con su área de soberanía, con sus vínculos de sangre, lengua y religión; es la época de florecimiento de Mitla, Chichén-Itzá, Uxmal, verdaderos Estados-Ciudades en la cultura antigua; pero al final sobreviene la gran urbe, Tenochtitlan, con su mercado internacional, con sus juegos de pelota, con sus enjambres de casas perfectamente alineadas: el centralismo y el absolutismo políticos habían triunfado sobre el alma antigua. Spengler, con visible exageración, ha afirmado que "La organización de los aztecas en 1500 es, para nosotros, todavía un futuro remoto".

Zurita alcanzó a ver en la zona matlatzinca, área de influencia y dominio azteca, y en Utatlan, zona maya, tres supremos señores "había otros señores inferiores, a quienes comúnmente llaman caciques, que es vocablo de la Española". Esta alta nobleza feudal, la única que conoció la propiedad privada, que labró sus tierras por medio de esclavos, *mayeques,* daba tono a la sociedad aristocrática que giraba en torno al llamado Emperador. Pero cuando en México éste consigue la hegemonía política; cuando el área de dominación azteca se extiende a confines hasta entonces nunca sospechados, empieza a aparecer toda una burocracia específica de las grande urbes, y la misma nobleza rural y terrateniente emigra al centro político. Cortés observó en su marcha sobre México este fenómeno: "Hay muchos señores y todos residen en esta ciudad, y los pueblos de la tierra son labrados y son vasallos de estos señores, y cada uno tiene su tierra por sí..."

Ahora bien, ¿cuál era la autoridad y gobierno de los aztecas? Los orígenes del poder político depositados en un Señor Supremo *Hueytlatoani,* son sumamente confusos. Parece que en la elección de Acamapichtli intervienen los jefes tribales, el sacerdocio, los ancianos, los jefes militares. Pero al realizarse el ordenamiento azteca posterior al triunfo sobre los tecpanecas, 1427, la Relación Ramírez habla de que se nombran por todo el consejo a cuatro electores (coincide con Tezozómoc y Durán); estos cuatro príncipes cumplen sus funciones durante el gobierno del señor, asesorándole: a su muerte, ellos eligen nuevo gobernante y desaparecen como electores, eligiéndose nuevamente otros cuatro electores (los reyes de Tacuba y Texcoco más tarde completan aquel electorado, elevándose a seis desde entonces, aunque otros afirman que estos dos señores realizaron sólo una función confirmatoria). En Sahagún, esta elección es todavía más complicada; reunidos en consejo los senadores, viejos, principales de la guerra, sacerdocio, elegían entre sí, hasta que por descarte quedaban los electores y consejeros. En realidad, como lo comprendió Morgan claramente, era un Consejo de Jefes, cada jefe representaba un electorado y cuya suma total era la tribu: una institución democrática de linaje, gentilicia; el señor era elegido por aquel consejo supremo dentro de su propio clan: "El cargo desempeñado por Moctezuma era hereditario en una *gens* (el águila era el blasón o tótem de la casa ocupada por Moctezuma), y entre cuyos miembros se hacía la elección". Esto nos explica la confusión reinante sobre la sucesión al poder; ya que no siendo hereditario este cargo, algunos quisieron que fuera entre hermanos, siendo en realidad una forma electiva, pero limitada a un linaje o *gens*.

Toda la vida política giraba en torno al señor Supremo *Hueytlatoani* (Monarca, Emperador o Rey, según los españoles). Inmediatamente de él aparece el jefe de las milicias, *Tlacatecuhtli*, a quien en cierto modo podemos creer el mismo monarca.

El *Tlacatecuhtli* tenía a sus órdenes los ejércitos de México, así como los de Tacuba y Texcoco, que lo obedecían en las cosas de la guerra; bajo sus órdenes había cuatro capitanes (Códice Mendocino), a cuyas órdenes quedaban adscritos otros trece funcionarios que comandaban directamente las milicias o escuadrones del *calpulli* (recordemos que los calpullis, con sus escuelas de guerra, *Telpuchcalli,* estaban obligados a prestar servicio militar). Las órdenes guerreras más altas eran las de los *Achcautin* o caballeros pumas; *los Cuauhtin* o caballeros águilas, y los *Océlotl* o caballeros tigres, cada uno con la insignia totémica animal (nahual).

En sus funciones administrativas el señor era ayudado por el *Cihuacóatl*. Este era, según Torquemada, una suerte o especie de Virrey, cumpliendo funciones de hacienda y justicia. Efectivamente, a él estaban encomendadas las funciones hacendarias, la vigilancia de la tributación y ciertas funciones jurídicas ya que a él iban, en grado de apelación, las sentencias; aunque, conforme a Chavero, el *cihuacóatl* en un principio era el jefe de los sacerdotes, resumiendo así poderes laicos y religiosos. Sin embargo, el poder del sacerdocio debió estar restringido en este último estadio de la época azteca y muy a pesar de tratarse de un pueblo fanático, porque, como dice Morgan, "cuando predomina el espíritu militar, como entre los aztecas, surge naturalmente una democracia militar bajo instituciones gentilicias".

8) EL CALPULLI

Arturo Monzón [56]

En el capítulo VI de la obra que aquí citamos de Arturo Monzón, estudia éste las características de la importante institución prehispánica del calpulli. *Tras de haber llegado a la conclusión de que, entre los aztecas y otros pueblos nahuas, existió una estratificación en clases sociales, se ocupa en describir las características más importantes del* calpulli *con base en distintas fuentes.*

Según Monzón, los calpulli *estaban fundados en el parentesco por ascendencia común de sus miembros y constituían, en consecuencia, determinadas formas de clanes. Por otra parte, nota Monzón que esos clanes eran ambilaterales, o sea que no eran exclusivamente ni patrilineales ni matrilineales. Aunque en ellos había, respecto de la celebración de matrimonios, una tendencia endogámica, no puede afirmarse tajantemente que ésta fuera una regla absoluta.*

La organización territorial de *Tenochtitlan,* la propiedad de la tierra, la división del trabajo y la estratificación social, y otros aspectos de la Organización Social de *Tenochtitlan* que no han sido tratados en la Primera Parte de este trabajo, como la educación [57] y la religión,[58] en los que la influencia del *calpulli* es de gran importancia, y tienen un papel determinante, nos plantean el problema fundamental de la Organización Social de los *Tenochca:* ¿los *calpullis* eran clanes, o barrios simplemente, o gremios, u otro tipo de organismos sociales? Tienen aparentemente características de todo lo anterior. ¿Cuál era su organización interna? La respuesta a estas cuestiones nos dará de seguro una idea correcta sobre las bases de la Organización Social de los *Tenochca* y de su estado evolutivo. Por esto vamos a tratar de contestarlas. El *calpulli* (nahuatl "casa grande") es

[56] Arturo Monzón, *El calpulli en la organización social de los tenochcas,* México, Instituto de Investigaciones Históricas, 1949, pp. 55-69.

[57] Véase *La Educación entre los Aztecas,* Monzón, 1946.

[58] En el capítulo referente a División del Trabajo trato ligeramente estas relaciones entre *calpullis* y religión que sugieren problemas que deberían estudiarse más a fondo.

un organismo que ha sido presentado como un clan por unos autores, o como resto de un clan por otros y de seguro era el *calpulli* el clan de los *tenochca* si los *tenochca* tenían clanes. Ahora bien, para saber si el *calpulli* presentaba características de clan tenemos que dilucidar si los individuos que pertenecían a un *calpulli* pertenecían a él porque desde su nacimiento tenían ligas de parentesco con los demás miembros del *calpulli,* o si, por el contrario, originaba sus ligas el hecho de vivir ciertas personas en un mismo lugar, es decir, si existían o no existían los lazos de parentesco por ascendencia común entre los miembros de un *calpulli*. De hecho, este proceso puede reducirse a discutir los datos encontrados en la revisión de las Fuentes de la Historia de México, hecha para dilucidar este punto, y que, en general, —puedo adelantar— pueden considerarse suficientes para demostrar que entre los *tenochca* había grupos de tipo clan ambilateral estratificado —los *calpullis*—, no habiendo en realidad razones para afirmar lo contrario.

Digamos de paso que también para apoyar la existencia de clanes entre los *tenochca* se han presentado argumentos sin valor. Uno de ellos es la afirmación de que un escritor del Siglo XVI —Pedro Martyr— habló de casas comunales; [59] pero leyendo atentamente, se encuentra que la mención, hecha en latín, se refiere al "común de las casas" o mejor "la generalidad" de las casas [60] y no a su carácter comunal. Igualmente, forzando el material disponible sobre estos asuntos, y negando simplemente el valor de las informaciones, Morgan [61] —seguido aparentemente por Bandelier— afirma que era la comunidad *tenochca* democrática y completamente gentil, que se acomodaba bien a la existencia de clanes exogámicos. Esto es erróneo: si los únicos documentos para conocer la Organización Social de los *tenochca,* son los cronistas, tenemos que buscar qué se obtiene de sus informaciones, y ver si son congruentes. Claro que tampoco podemos fiarnos de sus simples palabras, como atinadamente lo hace notar Watterman; pero tampoco podemos negarles simplemente validez como datos básicos.

Comencemos ahora con las pruebas sobre la existencia de clanes entre los *tenochca:* Cortés nos habla de la existencia de "co-

---

[59] T. T. Watterman, "Bandelier's Contribution to the Study of Ancient Mexican Social Organization", *University of California Publications in American Archaeology and Ethnologie,* Berkeley, 1917, vol. XII, N° 7, pp. 274-292.

[60] Pedro Mártir de Anglería, *Décadas del Nuevo Mundo,* Buenos Aires, 1944, p. 424.

[61] Lewis H. Morgan, *Ancient Society or Researches in the Line of Human Progress from Savagery through Barbarism to Civilization,* New York, 1867, p. 203, nota.

munidades" [62] y de "colaciones" [63] en *Mexico Tenochtitlan*, términos que realmente son muy vagos. Las más de las veces todos los autores que hablan de los *calpullis* con términos castellanos, lo hacen en la misma forma vaga; sin embargo, tenemos una muy clara definición del *calpulli* debida a Zurita, un escritor español que de seguro tuvo informes de primera mano y que, hasta donde podemos precisar, trató de transmitirlos fielmente por escrito. Nos presenta al *calpulli* indudablemente como un clan: "*calpulli* o *chinancalli* que es todo uno, quiere decir barrio de gente conocida, o linaje antiguo que tiene de muy antiguo sus tierras y términos conocidos, que son de aquella cepa, barrio o linaje".[64]

En esta definición entran sin duda alguna tanto elementos que marcan la intervención de fenómenos de parentesco por ascendencia (linaje, cepa) cuanto elementos de territorialidad (barrio, tierra, límites). Lo que necesitamos saber es cuáles de éstos eran los primordiales, los determinantes, si los de parentesco o los de territorio.

Se nos dice que el *calpulli* es un linaje. Linaje en general se define como descendencia o línea de cualquier familia,[65] y no tiene para nada un sentido fundamentalmente distinto. Según esto el *calpulli* tenía una base de descendencia, o —lo que es lo mismo— de ascendencia, una base de parentesco por ascendencia.

Cepa, otro de los términos que también usa Zurita para definir al *calpulli*, literalmente quiere decir "la parte del tronco de cualquier árbol o planta que está dentro de la tierra unida a las raíces", y metafóricamente da a entender "el tronco u origen de alguna familia o linaje".[66] ¿Por qué iba a poner nuestro cronista énfasis en algo que no existiera, si no sabía nada de la teoría de los principios formativos de los clanes? Aquí indudablemente se vuelve a hacer hincapié en el parentesco por ascendencia de los miembros del *calpulli*. No hay razón para negar que el origen de los miembros del *calpulli* era de importancia primordial para la existencia del *calpulli,* como lo era para todo clan.

En lo que hasta ahora hemos analizado se da a entender que

---

[62] Hernán Cortés, *Cartas de Relación de la Conquista de México,* Madrid, 1940, t. I, p. 102.

[63] Hernán Cortés, "Carta al Consejo de Indias...", *Colección de Documentos Inéditos relativos al descubrimiento, conquista y colonización de las posesiones españolas en América y Oceanía,* Madrid, 1865.

[64] Alonso de Zurita, *op. cit.,* pp. 86-87.

[65] Barcia, Roque, *Diccionario etimológico de la lengua española,* Madrid, 1879.

[66] Barcia, Roque, *Ibid.*

la ascendencia, el origen de los miembros del *calpulli* es uno mismo para todos, común, ya que este es el sentido de cepa y de linaje. Pero además nos dice Zurita "parentesco antiguo" aplicando estos términos al *calpulli*. Esto nos indica que el origen común de los miembros del *calpulli* es lejano, por ascendencia, precisamente como el que une a los miembros de un clan cualquiera (y no a una familia como podría argüirse). Francisco Hernández nos habla varias veces con términos que sugieren —corroborando los datos anteriores— la existencia de grupos de parentesco por ascendencia común: "los consanguíneos",[67] "los parientes por la sangre",[68] etc., que sólo pueden referirse a grupos de tipo clánico.

Pero como ya dijimos, en esta definición que comentamos intervienen además tres conceptos que no están conectados con los fenómenos de parentesco: barrio, tierra y términos. Esto nos hace sospechar la importancia del territorio como base formativa del *calpulli*. Pero es fácil ver que el uso que se hace de estos términos refuerza el concepto primordial de parentesco como base del *calpulli* en lugar de debilitarlo: se nos dice que las tierras y los términos son del *calpulli*, de la cepa o del linaje, y no se nos dice que ellos mismos sean el *calpulli*. Según esto en el *calpulli* es anterior la parte personal a la parte territorial: "desde hace largo tiempo se sabe que cada *calpulli* ha ocupado determinadas tierras, limitadas en su extensión" esto es lo que seguramente nos quería dar a conocer el autor en la frase que comentamos cuando hace intervenir en ellas palabras con un sentido territorial.

Pero hay otro término —barrio— que aparece en la definición que comentamos y que es muy comúnmente usado como sinónimo de *calpulli*, o de cepa y linaje. En uno de los casos en que Zurita lo usa, le agrega que es "de gente conocida", no un barrio cualquiera. Esto puede explicarse porque nuestro cronista mismo notó que el *calpulli* no era simplemente un barrio, y que usar el término sin calificativo que lo caracterizara crearía confusiones. Sólo por eso se explica que ponga énfasis en la parte personal, "gentil" —de gente— del término barrio usado en lugar de *calpulli*.

Pero es común —como lo hace también Zurita, en otras ocasiones— desde los primeros escritores sobre México,[69] que el término barrio sea usado como sinónimo de *calpulli*. Barrio, en español y sin calificativos, nada más tiene el sentido de "una

[67] Hernández, Francisco, *Antigüedades de la Nueva España*, México, 1945, pp. 18, 28, 29, 30, 31, etc.
[68] Hernández, Francisco, *op. cit.*, p. 30.
[69] Cortés, Hernán, *Carta al Consejo de Indias*.

división territorial de un poblado."[70] Pero precisamente algunos cronistas españoles de entre quienes usaron el término barrio como sinónimo de *calpulli,* para darnos una idea de lo que era el "barrio" en México, lo definen de un modo distinto, seguramente porque se dieron cuenta de que su acepción, aplicada al México antiguo, diferia de la usada cuando se refería a los barrios de su tierra: "el barrio —nos dicen— consta de familias y de pocas casas porque la gente doméstica y casera multiplicada en hijos y yernos y nietos y sobrinos, no era posible vivir sin mucha confusión, por lo cual se fueron dividiendo las familias en casas particulares, reconociendo cada cual la suya".[71] Esta definición de "barrio" tiene, como carácter de gran importancia para nuestro asunto, la relación entre personas unidas por un partentesco reconocido por sus miembros, y es la acepción que se aplicó al "barrio" *tenochca:* para nada interviene como una cosa fundamental el contenido territorial de la más general. Es una definición que se acerca más al concepto de grupo de personas de un clan que al concepto territorial de un verdadero barrio. Posiblemente la palabra barrio era usada por los cronistas —por ser españoles— simplemente como una de los equivalentes, en parte, al concepto del *calpulli,* porque no tenían uno completamente equivalente, el de clan, basado en relaciones personales de parentesco por ascendencia común.

Hay otras afirmaciones que nos aclaran completamente el valor relativo del parentesco por ascendencia y de la territorialidad en el *calpulli:* "no se permitía ni se permite (antes y mientras el cronista escribe, en 1585), que los de un *calpulli* labren las tierras de otro *calpulli* por no dar lugar a que se mezclen unos con otros ni salgan del linaje."[72] No tendría sentido la prohibición que aquí se asienta, para labrar miembros de un *calpulli* las tierras de otro *calpulli,* si el *calpulli* tomara la ubicación territorial como base de su organización, si el *calpulli* fuera simplemente una división territorial: aun en el caso de que hubiera cortapisas para labrar las tierras de otro propietario, no tendría por qué intervenir el "no dar lugar a que se mezclen, ni salgan del linaje" como razón principal para la prohibición de labrar los miembros de un *calpulli* las tierras de otro *calpulli,* que surge como un obstáculo infranqueable para hacer del *calpulli* una organización simplemente basada en la ubicación o en la propiedad territorial; puesto que de ser así, por un mecanismo de cambio de propiedad territorial un individuo podría cambiar de *calpulli.* De seguro tenemos algo anterior —en cada caso particular— a la ubicación y a la división territorial en el

[70] Barcia, Roque, *Diccionario*...
[71] Torquemada, *op. cit.*, II, p. 812.
[72] Zurita, *op. cit.*, pp. 87-88.

calpulli, que es la que las determina; como sucede con los clanes localizados.

Lo importante en las afirmaciones hasta aquí comentadas es que se refieren a la época en que los españoles ya estaban dominando el territorio mexicano. No era una situación sobrepasada desde antes de la conquista, como han pretendido algunos autores, sino que estaba viva aunque moribunda por la influencia europea. Y si estaba viva todavía en esa época, debe haberlo estado mucho más antes de la llegada de los conquistadores, cuando todavía no se había hecho sentir la nueva influencia modificadora, influencia que, por otra parte, no fue y no pudo haber sido, en un sentido que reforzara las instituciones indias, menos aún las basadas en el parentesco por ascendencia común.[73]

Es frecuente el uso del término *pueblo* como equivalente de *calpulli*. Era frecuente también el uso del término pueblo como equivalente de clan exogámico. Bien pudiera ser entonces que el término pueblo, usado como equivalente de *calpulli* simplemente tuviera el sentido de poblado en ciertas condiciones, digamos aislado, y constituido por un solo *calpulli;* lo que en otras condiciones sería un barrio: establecido en los terrenos de un poblado ocupado también por otros *calpullis* más. Se puede usar como argumento en favor de que el *calpulli* era un clan, que considerándolo como tal, desaparecen estas contradicciones de traducción del término, que de otro modo son infranqueables.

Podemos también usar como otro argumento las comparaciones hechas por los cronistas —que conocían el *calpulli*— entre él y otros organismos de las que tenían referencias escritas: las treinta y seis "tribus" romanas,[74] que con seguridad eran clanes.[75] Por medio de estas comparaciones pretendían estos escritores darnos una idea de lo que era el *calpulli*: era una "tribu" de éstas, un clan, sólo que se llamaba *calpulli*.

Se encuentran también en las fuentes otros dos términos que seguramente son equiparables a *calpulli*: parentela[76] y parcialidad.[77] En ambos casos el énfasis del concepto está en las relaciones personales: en el primero claramente sobre las relaciones de parentesco. Sin embargo, no podemos afirmar que siempre tuvieran estos términos el significado de clan. Lo mismo puede

[73] Legalmente la desaparición de la herencia del poder político se realizó hasta 1555.
[74] Agustín de Vetancourt, *Teatro Mexicano,* 4 vols., México, 1870, t. I, p. 223.
[75] Las pruebas de Morgan en el cap. XI de la 3ª Parte de la *Sociedad Antigua* son muy convincentes.
[76] Muñoz Camargo, *op. cit.,* pp. 148-149.
[77] Torquemada, *op. cit.,* t. II, p. 412.

decirse de los términos usados por Cortés "comunidades" y "colaciones".

Creo que todo lo anterior prueba con suficiente claridad que el *calpulli* era un clan, que tenía en su base misma las relaciones de parentesco por ascendencia de sus miembros. Ya vimos, por otra parte, que tenía una importancia fundamental y que moldeaba la mayor parte de las relaciones sociales de la vida de los *tenochca*. Por esto no puede negarse que era un clan, que estaba funcionando y que no era resto de clan u otra cosa. Esto comprueba la tesis fundamental de Morgan y de Bandelier (y hace cierta la suposición de Olson,[78] de que entre los *tenochca* hubiera organismos basados en el parentesco por ascendencia común. La base "gentil" del *calpulli,* contradiciendo la idea de que fuera simplemente territorial —un barrio—, se comprueba también con las investigaciones de Redfield en Tepoztlán, en 1920, donde se encuentran restos de los antiguos clanes que todavía llevan el nombre de *calpulli:* hay miembros de alguno de ellos que viven en otro, pero a los que se reconoce como perteneciendo al *calpulli* original, ubicado en diferente lugar.[79] Esto sólo puede explicarse como resultado de una antigua organización basada en el parentesco por ascendencia común, y de ninguna manera si pensamos que su base es la ubicación a la propiedad territorial.

[78] Ronald L. Olson, *Clan and Moiety in native America*, Berkeley, 1933, p. 369.
[79] Robert Redfield, "Calpolli-Barrio in A Present-Day Mexican Pueblo", *American Anthropologist,* 1928, vol. XXX, Nº 2, p. 288.

9. EVOLUCIÓN POLÍTICA Y SOCIAL DE LOS AZTECAS

Alfonso Caso [80]

A modo de síntesis presenta Alfonso Caso en un estudio sobre las instituciones indígenas, los cambios que ocurrieron en la organización política y social de los aztecas a través de la historia de este grupo. Para ello distingue cuatro momentos: el de la peregrinación de los aztecas hasta la fundación de Tenochtitlan; el de la elección de Acamapichtli; el de la reforma de Itzcóatl, y aquel en el que ocurrió el contacto con los europeos.

Según Alfonso Caso, precisamente en tiempos de Acamapichtli, el primer tlatoani de los aztecas, tuvieron lugar cambios fundamentales. Entonces la organización de quienes se habían establecido en Tenochtitlan dejó de tener carácter tribal y dio lugar al nacimiento de un Estado, con los atributos propios de tal institución y, entre otras cosas, con clases sociales diferenciadas.

Para entender claramente la transformación que sufrió el pueblo azteca desde que inicia su peregrinación en el norte de México, hasta que Tenochtitlan es conquistada en 1521, es conveniente hacer notar que, antes de que se establecieran en el centro del país, había existido ya una gran organización que podemos llamar imperial, y que tenía como sede la ciudad de Tula, en el Estado de Hidalgo, y todavía anteriormente, quizá otra organización que tenía por centro la ciudad de Teotihuacán, en el Valle de México.

Los aztecas, al llegar al Valle de México, se encontraron con las tradiciones culturales y los patrones sociales y económicos que habían elaborado estas dos grandes ciudades y procuraron imitar dichas organizaciones sociales en cuanto pudieran concentrar suficiente poder para dominar las rencillas de las ciudades del Valle.

Por eso, si queremos entender la organización social azteca, debemos considerar varios momentos en esta evolución; momentos que designaremos en esta forma:

[80] Alfonso Caso, "Instituciones indígenas precortesianas", *Memorias del Instituto Nacional Indigenista*, vol. VI, México, 1954, pp. 17-22.

1. Durante la peregrinación, el establecimiento en el Valle de México y la fundación de Tenochtitlán.
2. El nombramiento del primer rey, *Acamapichtli.*
3. La gran reforma *Itzcoatl.*
4. El momento del contacto con los europeos.

Pero antes de tratar el punto de la organización social, en cualquiera de estos momentos, tenemos que considerar que el pueblo azteca tenía un ideal religioso y político que era la razón fundamental de su vida. Se consideraba como un pueblo al que su dios, el *Sol-Huitzilopochtli,* había elegido para llenar una misión cósmica, la de mantener el orden del Universo proporcionando al Sol la substancia mágica que contiene el corazón y la sangre del hombre. Sólo así alimentado, podría el Sol seguir su camino diario y vencer a los poderes nocturnos y maléficos, representados por las innumerables estrellas del norte y el sur. Y con el Sol, los otros dioses necesitan ser también propiciados con el auto-sacrificio o la matanza de los prisioneros de guerra, que representan a las estrellas. Toda la organización social, económica y política, está teñida de este sentimiento religioso.[81]

La peregrinación azteca. No es nuestro propósito detenernos en el relato de las peripecias de este pequeño pueblo, que saliendo de Aztlán en el N.O. de México, llegara al Valle, probablemente empujado por otros pueblos bárbaros, y contribuyera a la caída del Imperio Tolteca.

Tampoco nos detendremos a estudiar las penalidades y vicisitudes de su establecimiento en el Valle, de su lucha con los pobladores ya establecidos, de su asiento definitivo en Tenochtitlan en 1324-1325 D.C., pues todo esto forma parte de la historia que tan afectos eran a relatar los *tlacuilos* aztecas, por medio de sus pinturas jeroglíficas.

Lo que nos interesa de esta etapa de la vida azteca, es su organización económica, social y política. Desde que se inicia el éxodo, los aztecas se nos presentan como un pueblo de agricultores que se establecían en un sitio, cultivaban la tierra, levantaban la cosecha de maíz y permanecían en el mismo lugar uno o más años, a veces hasta 28, surtiéndose de alimentos suficientes, que les permitieran continuar la peregrinación.

No eran en consecuencia pueblos cazadores-recolectores como aquellos otros que se designaban con el rubro genérico de *"chichimecas"* y que habitaban en el norte del país. Nada sabemos de sus industrias, cerámica, cestería, etc., pero en los manuscritos se les representa generalmente cubiertos con mantas tejidas, a diferencia del *chichimeca* que se representa cubierto de pieles.

Desde el punto de vista de la organización social, los aztecas,

[81] Caso, Alfonso, *El Pueblo del Sol,* México, 1953.

de acuerdo con todas las fuentes, caminaban divididos en cuatro parcialidades que se conservaron después, una vez establecidos en la ciudad de México, formando los cuatro barrios principales en los que se dividió la Metrópoli. Seguramente estas cuatro parcialidades eran algo más que clanes, y su unión formaba la tribu. Es casi seguro que cada una de estas parcialidades se dividía a su vez en un número mayor o menor de clanes. Al principio se enumeran 7 y más tarde 15 o 20, y estos clanes también persistieron después del establecimiento en Tenochtitlan, y formaron los llamados *calpullis,* que los españoles tradujeron por "barrios".[82]

La organización social y política de los aztecas en esta época es una organización tribal que parece fundada esencialmente en los lazos del parentesco.

Durante la peregrinación vienen dirigidos por cuatro sacerdotes (uno de ellos sacerdotisa, Chimalma) y la defensa y seguridad de la tribu, ésta encomendada a un jefe militar, un individuo de gran prestigio, en quien se depositaba el mando político.

Después de la caída de Tula, los jefes *chichimecas,* especialmente *Xolotl,* fundaron pequeños principados en los alrededores de los lagos de México, pero sin lograr darles a estos principados, la unidad política y económica que habían destruido al acabar con el Imperio tolteca.

En cambio sí fueron capaces de formar por sí mismos o por sus alianzas con antiguas casas reinantes toltecas, una clase dominante que quedó con el poder, dentro de una organización social en la que el tolteca había sido dominado, y ocupaba una posición inferior.

Sin embargo, una ciudad en el Valle de México había conservado los restos de la cultura tolteca, y un príncipe tolteca, había seguido reinando en esta ciudad llamada Culhuacán.

Cuando los aztecas se establecen en el Valle de México, no tardan en entrar en lucha con los pueblos vecinos, hasta que caen bajo la dominación de esta vieja ciudad tolteca.

El jefe militar azteca *Huitzilihuitl* y su hija *Chimalaxochitl,* fueron hechos prisioneros y llevados ante *Coxcoxtli* el rey de Culhuacán. Los aztecas intervienen como soldados mercenarios en las luchas de las ciudades del valle por alcanzar la hegemonía.

Sólo hasta 1324-1325 logran establecerse en la isla de Tenochtitlan, en la laguna de Texcoco, divididos todavía en los cuatro barrios y teniendo un jefe supremo *Tenoch,* que compartió el poder con otros nueve jefes. La organización, a pesar de que ya están establecidos definitivamente en su asiento, sigue siendo una organización tribal. Era indispensable para que pudieran tener,

[82] Tezozomoc, H. Alvarado, *Crónica Mexicana,* pp. 224, 228, Betancourt, *Teatro Mexicano,* III, p. 131.

no un jefe militar sino un rey, que un descendiente de la antigua realeza tolteca pudiera ser su príncipe. Por esta razón solamente hasta que un descendiente de una hija de *Coxcoxtli* y de un jefe mexicano es designado, puede existir la realeza en Tenochtitlán. Este príncipe se llamaba *Acamapichtli*.

Acamapichtli:

Según una versión era hijo de *Atotoztli* y de una hija del rey de Culhuacán; según otra versión, era hijo de un hijo de *Coxcoxtli*, llamado *Cuahutzin* y de la hija de un jefe mexicano llamado *Ixtlahuatzin*, pero ambas versiones concuerdan en declarar que tenía sangre tolteca por ser descendiente del rey de Culhuacán *Coxcoxtli*. Hay que hacer notar, que la realeza a diferencia de la jefatura militar, no se podía obtener si no se tenía sangre tolteca y se era descendiente de *Quetzalcoatl-Topiltzin,* el legendario rey tolteca que abandona Tula y se va hacia el oriente, más allá del mar, al mítico *Tlillan-Tlapallan,* ofreciendo que en un tiempo regresará a gobernar su reino.

Acamapichtli según parece, no llegó a México a ocupar desde luego la posición de rey sino una posición secundaria, como veremos después, y recibió el nombre de *cihuacoatl.*

Tomó posesión de este cargo en 1373 y duró en él siete años, hasta que en 1383 es elevado al cargo de rey como *tlacatecuhtli* o *tlatoani.* Las disenciones en Culhuacan lo favorecen hasta el punto de que se le considera el heredero legítimo del trono de esa ciudad tolteca y se le menciona en la nómina de reyes. Para afirmar el señorío azteca, se casa con una hija de uno de los jefes fundadores de Tenochtitlan, y tiene de ella un hijo, *Huitzilihuitl,* que será su sucesor en el reinado.

También tiene otro hijo, *Itzcoatl,* con una mujer plebeya de Azcapotzalco, y este príncipe, como veremos después tendrá gran importancia.

Huitzilihuitl tiene a su vez un hijo con una princesa, hija del rey de Azcapotzalco, *Tezozomoc,* que era entonces el gran poder en el valle, y este hijo llamado *Chimalpopoca,* sucede a *Huitzilihuitl* en el trono de Tenochtitlan, lo que parece que había sido muy conveniente, pues era como hemos dicho, nieto de *Tezozomoc* y en consecuencia, tenía también sangre tepaneca en las venas y era protegido por su abuelo.

Sin embargo, a la muerte de *Tezozomoc* el nuevo rey de Azcapotzalco, *Maxtlatl* decide convertirse en el Señor de todo el valle y ataca a los acolhuas de Texcoco y a los mexicanos de Tenochtitlan, por lo que mata a *Chimalpopoca,* y podemos decir que con él termina la transmisión del poder de padre a hijo, que es la regla general entre las monarquías mesoamericanas, y se inicia un nuevo sistema de gobierno.

Itzcoatl:

Los aztecas efectivamente eligen por rey a *Izcoatl*, hermano de *Huitzilihuitl*, tío del último rey muerto *Chimalpopoca*, e hijo también de *Acamapichtli*, el primer rey y de una mujer plebeya de Azcapotzalco. Izcoatl, un gran general y un gran político, logra confederar a varios pueblos del valle contra Azcapotzalco, derrota a *Maxtlatl* y termina con el poder tepaneca. Entonces tiene la idea de fundar una federación en la que estén representados los principales pueblos del valle, los acolhuas con Texcoco, los tepanecas con Tacuba y los mexicanos con Tenochtitlan y, oponiéndose a los dos grandes poderes que entonces existían, tepanecas y acolhuas, logra *Izcoatl* por medio de este equilibrio de poderes, que Tenochtitlan quede como fiel en la balanza política. Por esa razón para no quedar sometido totalmente al poder acolhua triunfante, mantiene a los tepanecas no de Azcapotzalco, la ciudad derrotada, sino de Tacuba, y se casa con una princesa tepaneca *Huitzilxochitzin* de Tacuba, y de ésta o de una princesa de Tlatelolco, tiene un hijo llamado *Tezozomoctzin* el joven.

Pero si desde el punto de vista político internacional logra *Izcoatl* quedar como el gran poder dominante en el valle, también por lo que se refiere a la organización política interior de la tribu logra obtener el poder económico para la nobleza, y fundar así una distinción de clases dentro de la sociedad tenochca.

En efecto, como ya hemos dicho, la nobleza probablemente desde los tiempos teotihuacanos, estaba fundada en la transmisión de la sangre que se consideraba noble, e indudablemente desde que existió Tula, sólo podía considerarse noble a aquel que tenía en sus venas sangre tolteca.

De acuerdo con la costumbre establecida en la mayor parte de los pueblos mesoamericanos, los reyes contraían matrimonio con múltiples mujeres, especialmente con mujeres nobles, princesas de otros pueblos. Así es que los reyes mexicanos tenían muy numerosa descendencia. Según las informaciones de los cronistas, todos los jefes de los *calpullis* o clanes aztecas le dieron una hija a *Acamapichtli* para que tuviera en ella descendencia. Esto originó que los hijos de *Acamapichtli* tuvieran al mismo tiempo sangre tolteca y sangre del clan o *calpulli*.

Los hijos de *Acamapichtli*, de *Huitzilihuitl*, de *Chimalpopoca* y de *Izcoatl* los nobles o *pipiltin* eran ya muy numerosos, y formaban una clase social distinta del hombre común de la tribu llamado *macehualli*.

Pero desde el punto de vista económico, príncipes y plebeyos no tenían para su sostenimiento sino el trabajo de las tierras de su clan o *calpulli*.

Izcoatl antes de lanzarse a la guerra contra Azcapotzalco, celebra un convenio con los hombres comunes de la tribu, los *ma-*

cehualtin, y de acuerdo con ese convenio los plebeyos aceptan una distinción económica y una servidumbre en relación con los nobles descendientes de toltecas.

El éxito de la guerra contra Azcapotzalco permite a *Izcoatl* disponer de tierras a costa de los vencidos, y de siervos para cultivar esas tierras que, como veremos después, reciben el nombre de mayeques.

Cuando *Izcoatl* logra el triunfo, reparte las tierras entre los nobles y les da títulos y empleos dentro de la nueva organización política de Tenochtitlán que él funda, copiándola de la organización tolteca.

Logra *Izcoatl* tener entonces una nobleza en la que no sólo hay una distinción del común del pueblo por la sangre, sino también por el régimen económico distinto, y por el rango que tienen estos nobles en la nueva burocracia que ha establecido.

La propiedad de las tierras entre los aztecas, desde entonces, es de dos naturalezas por una parte las tierras de los *macehualtin,* cuya propiedad era comunal dentro del clan, y las tierras de los príncipes o nobles, llamados *pilli,* en singular, y *pipiltin* en plural, que tenían dichas tierras en un tipo de propiedad o tenencia individual transmisible por medio de la herencia, lo que aseguraba la permanencia de una clase noble, distinta de la clase plebeya, no sólo por el origen, sino también por el poder económico.

A partir de *Izcoatl* en consecuencia, la sociedad mexicana queda dividida en dos grandes clases, la de los nobles descendientes de toltecas y aztecas, y la de los plebeyos sin sangre tolteca.

A la muerte de *Izcoatl,* el poder que había salido de la descendencia en línea recta de los príncipes, vuelve a un hijo de *Huitzilihuitl, Motecuzoma Ilhuicamina.* Este príncipe, electo rey de Tenochtitlan, es también el poder central, como lo había sido *Izcoatl,* de la Confederación o Triple Alianza entre acolhuas, tepanecas y mexicanos. En él se concentran poderes ejecutivos no sólo en la paz sino en la guerra, y es el jefe de los ejércitos de la Confederación. Pero otro funcionario llamado el *cihuacoatl* a quien ya nos hemos referido al hablar de *Acamapichtli,* ocupa el cargo inmediatamente inferior, quedando como el jefe del ejército tenochca, y con una gran cantidad de atribuciones políticas y administrativas. Este funcionario, hermano de *Motecuzoma,* llamado *Tlacaelel* tuvo el puesto de *cihuacoatl,* y a partir de él el puesto fue hereditario, como eran hereditarias las monarquías de Texcoco, Tacuba, etc.

Probablemente, con el objeto de que no pudiera haber una guerra dinástica entre los descendientes de *Izcoatl,* y los descendientes de *Motecuzoma,* los príncipes aztecas decidieron hacer una unión y casaron a *Tezozomoctzin* el Joven, hijo de *Izcoatl,* con una hija de *Motecuzoma Ilhuicamina* llamada *Atotoztli* o *Ma-*

tlalatzin, y son los hijos de esta pareja los que reinan después, siendo electos por un consejo formado por cuatro nobles mexicanos descendientes de reyes,[83] pero en el que también tenían participación el rey de Texcoco y el de Tacuba, ya que el *tlacatecuhtli* de Tenochtitlán tenía no sólo funciones políticas y militares dentro de su ciudad, sino que era como ya hemos dicho, el jefe de los ejércitos de la confederación. Ocupaba entonces una posición semejante a la de un emperador que tenía bajo su dominio dos reinos semiautónomos: el de Texcoco y el de Tacuba.

Los tres príncipes descendientes de la pareja *Tezozomoctli-Atotoztli*, fueron electos y reinaron uno después de otro, primero *Axayacatl*, después *Tizoc* y luego *Ahuitzotl*. A la muerte de *Ahuitzotl*, el último de los tres hermanos, fue electo un nuevo emperador, *Moctecuzoma II*, hijo de *Axayacatl*, a quien encontraron los españoles en el poder cuando llegaron a México en 1519. *Motecuzoma II* preso por los españoles, y queriendo contemporizar con ellos, fue depuesto y nombrado en su lugar otro hijo de *Axayacatl*, *Cuitlahuac*, que era príncipe de una pequeña ciudad del valle, Ixtapalapa. *Cuitlahuac*, sólo pudo reinar 80 días, pues murió atacado de viruela, la nueva enfermedad traída por los españoles al Continente, y entonces los aztecas eligieron al que era rey de Tlatelolco, hijo de *Ahuitzotl* y de una princesa tlatelolca. *Tiyacapatzin*, hija de *Moquihuix*, el héroe *Cuauhtémoc*, que fue quien dirigió la resistencia de Tenochtitlan hasta que el 13 de agosto de 1521 cayó la ciudad en poder de los españoles y *Cuauhtémoc* más tarde, fue sacrificado por Cortés durante su expedición a las Hibueras.

Un análisis de las relaciones familiares que existían entre los gobernantes mexicanos, nos hace ver claramente una diferencia, pues aunque algunas fuentes señalan a *Chimalpopoca* como hermano de *Huitzilihuitl*, parece más probable, de acuerdo con la cronología, que haya sido hijo de él.

Entonces la realeza en México, antes de *Izcoatl*, se transmitía en línea recta en sucesión de padres a hijos. El nombramiento de *Izcoatl* como rey rompe la regla y al venir una nueva situación en virtud de la Triple Alianza, el rey de México ya no es automáticamente el hijo del rey anterior, sino que es electo por un consejo de nobles, entre los miembros de la familia real, procurando que la elección recaiga, ya no en el hijo del rey, sino en el hermano, hasta que agotada la línea colateral, vuelve a elegirse un príncipe que es hijo del primer hermano que reinó.

Pero la monarquía electiva no era en México más democrática que lo era en ese tiempo la elección del emperador de Alemania en Europa. En efecto, en primer lugar no podía elegir-

---

[83] Durán, Diego, *Historia de las Indias*, vol. I, p. 102.

se sino un miembro de la casa reinante; en segundo lugar los electores eran también de la casa reinante, pues los reyes de Texcoco y de Tacuba eran parientes muy cercanos de los de México y formaban parte del consejo electoral en virtud de la posición del rey de México como emperador de la Triple Alianza.

Como vemos, la organización política de Tenochtitlan, estaba muy lejos de ser una organización tribal, era indudablemente una organización monárquica puesto que los plebeyos no tenían ninguna intervención en la designación de sus reyes y éstos derivaban su poder de la sangre tolteca que era considerada de origen divino y procedente del dios *Quetzalcóatl,* por ser los descendientes de los antiguos reyes de Tula y Culhuacán. Tan es así, que cuando Cortés desembarca en las playas de Veracruz, *Motecuzoma II* cree que se trata de *Quetzalcóatl,* el legendario rey de Tula que una vez abandonara su ciudad y se fuera hacia el oriente prometiendo regresar, y *Motecuzoma* se siente un usurpador en el trono tolteca si *Quetzalcóatl* ha regresado, por lo que le suplica que lo deje reinar mientras viva, a reserva de que *Quetzalcóatl-Cortés* recupere el trono cuando él muera. Esto nos demuestra hasta qué punto los reyes de México y los nobles eran conscientes de que tenían el poder por ser los descendientes de los reyes toltecas, y así dicen:

"Todos los principales y nobles y generosos hijos y descendientes de señores y reyes y senadores y hijos y criados de nuestro señor e hijo *Quetzalcóatl,* los cuales en los tiempos pasados rigieron y gobernaron el imperio y señoríos y por esto nacieron señalados y elegidos de nuestro señor e hijo *Quetzalcóatl.*"

Sin embargo el rey podía hacer caballeros a plebeyos que se hubieran distinguido en la guerra y los hijos que de éstos descendieran serían caballeros, tenidos por tales, comerían a cuenta del rey y serían "caballeros de casa y solar conocido".[84]

La organización política de los mexicanos es naturalmente un reflejo de la organización social, y a partir de *Acamapichtli,* dejó de tener el carácter tribal que había conservado durante la peregrinación y el primer poblamiento de la isla de Tenochtitlan.

ORGANIZACION SOCIAL

Pero no sólo en la organización política se ve el profundo cambio ocurrido; como ya lo hemos indicado, también se manifiesta en la organización social.

Podemos hablar de dos clases fundamentales en la sociedad azteca, los *macehualtin* o plebeyos, y los *pipiltin* o nobles, pero además, y esto es sumamente importante, aun cuando no ha sido hasta ahora suficientemente considerado, existían clases "intermedias" —si no las queremos llamar clases "medias"— que tenían

---

[84] Alvarado, Tezozomoc, *Crónica Mexicana.* México, 1878, p. 363.

un *status* diferente al *macehual,* y también diferente al *pilli.* Estas clases intermedias estaban formadas por los comerciantes llamados *pochteca,* y por ciertos artesanos de una categoría superiór, a quienes también se atribuía, con razón o sin ella, ascendencia tolteca; eran los *amantecas* o trabajadores de pluma que vivían en algunos barrios (San Miguel Amantla por ejemplo), los orfebres y lapidarios que probablemente habían recibido sus oficios al contacto con pueblos más civilizados que los aztecas, los mixtecos o *tlailotlacas,* "los regresados", y que quizá eran descendientes de los orfebres que alguna vez fueron llamados por los príncipes acolhuas y aztecas para fundar estos oficios en Texcoco y Tenochtitlan.[85]

La organización social de los plebeyos había sufrido poco en el transcurso de los cambios que ocurrieron desde la época de la peregrinación hasta el momento en que existen las descripciones en las que nos fundamos. Parece indudable que el *calpulli* era un clan que algunas veces, como lo dice Monzón, estaba subdividido en *tlaxilacallis.*[86] Dentro de este clan la organización parece haber sido patrilineal, patrilocal y endogámica, es decir, el hijo pertenecía a la familia del padre, vivía con su padre y se casaba con persona de su mismo clan. Sin embargo, la endogamia no parece haber sido muy estricta pues ya desde antes del establecimiento de Tenochtitlan, cuando los aztecas estaban en Tizapán, sabemos que se casaron con mujeres de Culhuacán.

El clan o *calpulli* era propietario de las tierras y no el individuo, pero el individuo tenía derecho a tener una parcela de la tierra comunal para trabajarla y sustentarse.

La organización del clan era importante no sólo desde el punto de vista familiar sino también desde el punto de vista militar y político. Los hombres del clan combatían juntos mandados por jefes del mismo clan, divididos en decenas y en centenas. Sus oficiales eran parientes suyos. La función de policía dentro del clan, la función judicial y la función política estaba reservada a individuos del clan, eligiéndose por supuesto, entre aquellos que habían adquirido la categoría de nobles por ser descendientes de familias con sangre tolteca. Pero también era muy importante dentro de la organización del *calpulli,* el consejo de ancianos representantes de las familias individuales. Podemos decir en consecuencia, que desde el punto de vista social, el *calpulli* había conservado la organización clánica que tenía dentro de la tribu aun cuando es indudable que los funcionarios del *calpulli* ya no eran electos dentro del común de los macehuales sino dentro de aquellas personas que por una parte pertenecían al clan, pero

[85] Ixtlilxóchitl, F. de Alva, *Relaciones,* p. 289.

[86] Monzón, Arturo, *El calpulli en la organización social de los tenochcas,* México, 1949, p. 31.

que por la otra tenían sangre noble, derivada de los matrimonios de sus padres con hijos o hijas de los nobles.

Muy importante dentro de esta organización clánica era naturalmente la religión. Cada barrio tenía su dios particular al que adoraba, su templo para rendirle culto y sus ceremonias especiales, y dentro de este extraordinario patrón cultural azteca, tenía también su escuela de entrenamiento para los jóvenes guerreros, que bajo el mando de un funcionario, el jefe *telpochtécatl* preparaba al joven azteca para la guerra, y le enseñaba las más importantes normas de conducta religiosa y pública, aun cuando la enseñanza de su oficio y de las prácticas agrícolas, la caza de las aves acuáticas o la pesca en el lago, estaban todavía reservadas al padre, que transmitía al hijo estos conocimientos esenciales para la vida; así como la madre enseñaba a la hija las labores del hogar y la preparaba, con interminables discursos, para realizar el ideal de la buena esposa y la buena madre que tenían los aztecas.

10) ESTADIOS EN LA EVOLUCIÓN DE LA SOCIEDAD AZTECA

Friedrich Katz [87]

Acudiendo a diversas fuentes indígenas y de cronistas españoles, Friedrich Katz ha investigado el tema de la situación social y económica de los aztecas antes de la conquista. Para acercarse a esta materia se vale el autor en ocasiones de criterios y enfoques derivados de la filosofía marxista. Aquí se transcribe la parte final de su trabajo, en la que, a modo de resumen, destaca los principales rasgos que configuraron el proceso de evolución política y social de los fundadores de México-Tenochtitlan.

Hemos tratado de proporcionar una detallada descripción de las condiciones económicas y sociales de los aztecas en los siglos XV y XVI. Lo que con ello quedó siempre al descubierto es que entre ellos el proceso de evolución social se llevó al cabo con enorme rapidez, dado que estaba íntimamente relacionado con sus conquistas, lo que hizo que los cambios sociales se realizaran en el curso de sólo dos siglos de evolución, que frecuentemente requirió en otros pueblos muchos siglos.

Este proceso confundió a diversos historiadores, que consideraron estas manifestaciones como rasgos de la sociedad azteca, pero que, aunque existieron entre los aztecas en cierta época, habían ya desaparecido a la llegada de los españoles.

Pueden fijarse tres estadios en la evolución de la sociedad azteca:

1. *La organización gentilicia.* A la llegada de los aztecas a Tenochtitlan, su organización social era semejante a la de los iroqueses (con algunas excepciones, como el matriarcado). Al principio parece, carecían de soberanos. La fuerza decisión la constituían los jefes de los cuatro grandes *calpullis* y la asamblea integrada con todos los miembros de las tribus. Más tarde, al establecerse en Tenochtitlan, eligieron un soberano. Los antecedentes de esta elección muestran el carácter gentilicio y democrá-

[87] Friedrich Katz, *Situación social y económica de los aztecas durante los siglos XV y XVI*, México, Instituto de Investigaciones Históricas, 1966, pp. 173-179.

351

tico de la sociedad azteca de aquella época. Durán [88] se refiere a la elección del segundo soberano de los aztecas, Huitzilíhuitl, y dice que se consultó primero a todos, y una vez que el pueblo había meditado y pedido un soberano digno, contestaron los representantes de los cuatro *calpullis*, Moyotla, Teopantlaca, Atzacualco y Cuepan y dijeron: mexicanos, aquí nos encontramos todos reunidos para un consejo, y aquí, sin querer perjudicar a nadie, decimos lo siguiente: nuestra voluntad es que el hijo de nuestro anterior gobernante Acamápich, llamado Huitzilíhuitl sea el soberano. Algo semejante cuenta Tezozómoc.

Sólo al referirse a esta época, Durán menciona a los jefes del *calpulli* como factores de poder; en las posteriores, no aparecen en las informaciones, ni en las de Durán ni en las de los cronistas.

Durán [89] dice también que en un principio la tierra estuvo repartida entre los *calpullis*.

En los otros pueblos del antiguo México, existió hasta la llegada de los españoles, una organización social similar. Zurita habla de la organización de los *matlazinca*, una tribu que habitaba el Valle de Toluca, no muy distante de Tenochtitlan. Tenían tres gobernantes; bajo las órdenes de cada uno de los cuales estaba un grupo de *calpullis*. En cada *calpulli* se apartó una parcela, cuyo cultivo se destinaba al gobernante; pero el fin principal del producto de estas tierras no fue el sostenimiento del señor y de su corte, sino el de formar la reserva para los años de miseria. "Ellos (los señores) siempre tenían cantidad de maíz recogido para los años faltos... cuando vieron cuatro años de hambre, y que los señores no pidieron cosa alguna a sus vasallos, antes mandaron que de las trojes del maíz y frijoles que habían recogido les diesen con que se sustentasen." [90]

Después de la muerte de un gobernante se elegía de entre su familia a aquel que más se hubiere destacado.

Al analizar las funciones y obligaciones de este "soberano" o "rey" se ve que era en realidad jefe de tribu, aunque el cronista Zurita [91] usa una terminología feudal al referirse de él: "Trataban tan bien a su gente y vasallos, que siempre los llaman padres, hermanos o hijos según su edad... y cada uno trabajaba de lo hacer mejor que su predecesor, porque el que se hacía tirano... era ley que le desposeían y elegían otro en su lugar; y los que dan esta relación dicen que vieron uno desposeído porque gobernaba mal y en daño de sus vasallos."

2. *La democracia militar.* La organización gentilicia prevaleciente en algunos pueblos del antiguo México al momento de

---

[88] Durán, Diego de, *Historia de las Indias de Nueva España*, t. I, p. 54.
[89] *Ibid.*, t. I, p. 92.
[90] Zurita. *op. cit.*, p. 199.
[91] *Ibid.*, p. 199.

la llegada de los españoles, había sido sustituida entre los aztecas en el curso del siglo XV. Hacia principios de este siglo, primero como mercenarios y luego por su cuenta, los aztecas tomaron parte en conquistas transformándose su organización social en una democracia militar.

Engels [92] ha estudiado este tipo de organización entre griegos, romanos y germanos y la explica de la siguiente manera:

> La creciente densidad de la población requirió lazos más estrechos en el interior y frente al exterior, la confederación de tribus consanguíneas llegó a ser en todas partes una necesidad, como lo fue muy pronto su fusión y la reunión de los territorios de las distintas tribus en el territorio común del pueblo. El jefe militar del pueblo —"rex, basileus, thiudans"— llegó a ser un funcionario indispensable y permanente. La asamblea del pueblo se creó allí donde aún no existía. El jefe militar, el consejo y la asamblea del pueblo constituían los órganos de la democracia militar salida de la sociedad gentilicia. Y esta democracia era militar porque la guerra y la organización para la guerra constituían ya funciones regulares de la vida del pueblo. Los bienes de los vecinos excitaban la codicia de los pueblos, para quienes la adquisición de riquezas era uno de los primeros fines de la vida. Eran bárbaros: el saqueo les parecía más fácil y hasta más honroso que el trabajo productivo. La guerra, hecha anteriormente sólo para vengar la agresión o con el fin de extender un territorio que había llegado a ser insuficiente, se libraba ahora sin más propósito que el saqueo y se convirtió en una industria permanente. Por algo se alzaban amenazadoras las murallas alrededor de las nuevas ciudades fortificadas: sus fosos eran la tumba de la gens y sus torres alcanzaban ya la civilización. En el interior ocurrió lo mismo. Las guerras de rapiña aumentaban el poder del jefe militar superior, como el de los jefes inferiores; la elección habitual de sus sucesores en las mismas familias, sobre todo desde que se hubo introducido el derecho paterno, pasó poco a poco a ser sucesión hereditaria, tolerada al principio, reclamada después y usurpada por último; con ello se echaron los cimientos de la monarquía y de la nobleza hereditaria. Así los organismos de la constitución gentilicia fueron rompiendo con las raíces que tenían en el pueblo, en la gens, en la fratría y en la tribu, con lo que todo el régimen gentilicio se transformó en su contrario: de una organización de tribus para la libre regulación de sus propios asuntos, se trocó en

---

[92] Engels, Friedrich. *Der Ursprung der Familie des Privateigentums und des Stants.* Berlín, 1953, pp. 291-292.

una organización para saquear y oprimir a los vecinos; con arreglo a esto, sus organismos dejaron de ser instrumento de la voluntad del pueblo y se convirtieron en organismos independientes para dominar y oprimir al propio pueblo.

Esta descripción corresponde casi con exactitud a la situación imperante entre los aztecas.

Durante el siglo XV se registró en el Valle de México un crecimiento de la población, conectado según Armillas, con la agricultura intensiva de las chinampas. El monto de este incremento se conoce a través de la extensión de Tenochtitlan. En la época de su fundación, en el siglo XIV, era un pequeño pueblo, en tanto que al inicio del siglo XVI se calcula su población formada entre 100,000 y 300,000 habitantes.

Tenochtitlan, Tetzcoco y Tlacopan se unieron en una Triple Alianza, en la que Tenochtitlan tuvo la supremacía. La guerra se había convertido, como se vio, en una actividad constante. La asamblea popular, así como el Consejo *Tlatocan,* tenía, hacia mediados del siglo XV gran importancia; mediante ellos se resolvió el problema de la guerra contra Azcapotzalco. También la asamblea popular tuvo a su cargo hasta la época de Moteczuma I, la designación de los gobernantes; pero para entonces ya se había formado la aristocracia: una aristocracia de privilegio compuesta por los guerreros más valientes, los *tequihuas,* guerreros que habían capturado un número considerable de prisioneros o habían dado muerte a muchos enemigos. "Para venir a ser *tequihua...* afeitándole y dándole ciertas borlas de plumas para insignia de su dignidad y caballería, y desde allí adelante gozaba de privilegios y exenciones... y sobre todo estaban en grado de alcanzar capitanías y oficios de guerra y otras dignidades de paz." [93]

Se les atribuían grandes honores, pero su dignidad no era transmisible por vía hereditaria. Desde principios del siglo XV y hasta la llegada de los españoles no se les otorgó a estos guerreros tierra propia; sólo el gobernante y algunos altos funcionarios la poseían, adquiriéndola en función de su elevado cargo: es la tierra de los *mayeques.*

El Consejo o *Tlatocan* ya no se integraba con los jefes de los *calpullis,* sino principalmente con los guerreros más destacados.

El gobernante, simultáneamente jefe supremo del ejército, siempre era elegido dentro de la misma familia; su poder se acrecentaba cada vez más, aún controlado, no obstante, por la asamblea popular, por el *Tlatocan* y por una especie de representante, el *cihuacóatl.*

[93] Pomar. *op. cit.,* p. 38.

Este es el estado en que se encontraban la mayor parte de las tribus del antiguo México a la llegada de los españoles; en Tenochtitlan empero, el desarrollo había avanzado más.

3. *La transición hacia el Estado.* Con el curso de las conquistas, los guerreros iban haciendo valer sus exigencias cada vez más: pidieron se repartiera el suelo, no como hasta entonces, entre la mayoría de los *calpullis*, sino entre los guerreros que más se hubieran destacado. Después de la conquista de Azcapotzalco lograron efectivamente que esto se llevara al cabo.

Pero ello no fue más que el principio. Originalmente las tierras y cargos obtenidos por los guerreros distinguidos caían nuevamente, después de su muerte, en poder del señor, quien volvía a repartirlos entre otros guerreros. La clase que detentaba el poder quería ahora que sus propiedades y dignidades fueran transmitidas a sus descendientes. Esto contradecía totalmente la antigua concepción de la tribu; de allí que en un principio no se diera una sucesión hereditaria directa, sino una indirecta: oficialmente la tierra del *tecuhtli* no era hereditaria, pero, como señala Zurita, sus hijos eran preferidos, "si eran dignos de ello", a cualquier otro. Esta es la primera forma de herencia.

La tierra de los *mayeques*, que correspondía originalmente a la clase en el poder a causa de sus funciones, la transforma en una propiedad privada plena.

Al mismo tiempo, la aristocracia guerrera logró deshacer la asamblea popular y tomó principalmente las decisiones relativas a las cuestiones de la guerra y la paz. En los textos acerca de Tenochtitlan se habla también de una abolición semejante hacia la época de la conquista de Azcapotzalco. Como ya se dijo, se reunió una asamblea popular en la que la mayoría del pueblo votó contra la guerra con Azcapotzalco; pero los guerreros estaban en favor de ella, y su voluntad se impuso. El pueblo les manifestó, que si lograban la victoria sobre Azcapotzalco "de os servir como a verdaderos señores nuestros".[94]

Es difícil asegurar si las cosas sucedieron así o no, pues la historia, como se sabe, se escribió por y para la clase en el poder; no obstante, la existencia de una tradición semejante acerca de la voluntad del pueblo es de importancia.

A partir de ese momento, la mención por los cronistas de una asamblea popular es menos frecuente. Cuenta Durán que a poco de la conquista de Azcapotzalco, se decidió marchar contra Xochimilco y, a diferencia de cuando se resolvió atacar al primero, en este caso ya no se tomó en cuenta al pueblo. Lo mismo sucedió en cuanto a la elección del gobernante; la totalidad del pueblo ya no participó en ella. Todavía intervino en la elección de Motecuzma I, pero no así en la de su sucesor.

[94] Durán. *op. cit.*, t. I, p. 75.

Las conquistas llevaron al creciente desarrollo de una burocracia; los cargos —altos jefes del ejército, jueces, recaudadores del impuesto, funcionarios de palacio, etcétera—, conque en un principio se premió a los guerreros, empezaron a volverse hereditarios. Por un lado, como en el caso de los *tectecuhtzin* el puesto no era hereditario, pero se prefería a sus hijos "si se habían hecho dignos"; por otra parte, para poder ocupar ciertos puestos, se requería haber asistido al *calmécac,* escuela sólo abierta a los descendientes de la clase poderosa.

En los primeros tiempos, es decir a mitad del siglo XV, la introducción del principio hereditario no significó la desaparición del orden establecido. Las grandes conquistas hicieron posible el otorgar cargos tanto a los descendientes de la clase gobernante, como a los guerreros destacados. Con el tiempo esto se hizo más difícil; las conquistas fueron disminuyendo, en tanto que el número de nobles fue creciendo; éstos se opusieron al acceso de nuevos miembros a su clase. Motecuzma II permitió que los puestos públicos fueran exclusivamente ocupados por nobles. De lo narrado por todos los cronistas se ve que estas medidas originaron un descontento general, probablemente hubo luchas que llevaron al asesinato de los antiguos funcionarios.

La magnitud de esta oposición puede conocerse a través de la reacción manifestada por Ixtlilxóchitl, que redactó su crónica algunos años después de la conquista. Absolutamente imbuido en las ideas feudales de los españoles.

¿Cuáles son las características que distinguen el Estado? Según Engels son, en primer lugar, una organización regional en vez de aquélla por familias.

Este no fue el caso de Tenochtitlan dado que los *calpullis,* dentro de los que se agrupaba la mayor parte de la población, conservaron los rasgos de la estirpe; pero, por otra parte, se había separado ya de este orden la nobleza que, por tanto, estaba ya bastante debilitada. Los *mayeques* constituyen también un cuerpo extraño dentro de los *calpullis.* Todas éstas son razones para que la sociedad de los aztecas no pueda considerarse como una organización por estirpes, pues presentaba ya muchas de las características de la organización por territorio. Además señala Engels [95] como segunda característica del Estado el establecimiento de un poder público que ya no recae directamente en la población organizada por sí misma como poder.

El germen de tal organización estatal se manifestaba ya en Tenochtitlan en los órdenes militares. Este tipo de sociedad se encuentra también en las tribus que aún viven en el estadio gentilicio, tales como los iroqueses. Sin embargo, las órdenes militares aztecas se distinguen fundamentalmente de las de sus

[95] *Op. cit.*, p. 170.

antecesores; las componían sólo miembros de la nobleza y los privilegiados, poseedores casi todos ellos de tierra propia e integrantes de la clase gobernante.

Un segundo embrión se encuentra en la guardia del palacio, la que según Torquemada [96] sólo comprendía a los nobles, pero acerca de ella se sabe poco, como ya se dijo antes.

La administración de justicia era independiente del *calpulli*. El jefe no tenía competencia para juzgar; sólo representaba al miembro del *calpulli* ante el tribunal. Los jueces eran nombrados por el gobernante y procedían del *calmécac,* es decir, pertenecían a la nobleza. Tenían bajo sus órdenes una especie de empleados de policía facultados para llevar al cabo las detenciones.[97]

Por último, según Engels, los impuestos son el tercer rasgo característico al Estado. Estos, dice, eran totalmente desconocidos en las organizaciones gentilicias.[98]

Ya se dijo que la población de Tenochtitlan estaba obligada al pago del impuesto en sus diversas formas: prestación de servicios, entrega de mercancías, etcétera.

En Tenochtitlan se manifiestan pues, en gran parte, los rasgos fundamentales de un Estado, por lo que puede, sin duda, ser considerado como un Estado en proceso de formación.

Se ha hecho referencia a Tenochtitlan como a un Estado en formación, pero ¿qué acontecía en las regiones sojuzgadas por los aztecas? ¿Puede considerárselas también como un Estado? ¿Puede hablarse de un Estado azteca que desborda las fronteras de Tenochtitlan?

Para contestar a estas preguntas es necesario dividir en dos las regiones sojuzgadas por los aztecas:

a) La zona situada en las inmediaciones de Tenochtitlan. En ella los aztecas ejercieron una verdadera dominación, según se puede constatar en los informes proporcionados por los cronistas; designaban a nobles para el gobierno de la región y a jueces competentes en ella. Todo ello corresponde indudablemente a un Estado.

b) El resto de las zonas dominadas por los aztecas. Esta categoría comprende la mayor parte de los territorios sometidos, en ellos el poder azteca se limitaba a recaudar impuestos, obtener contingentes para la guerra —humanos y en especie— y a la creación de privilegios para los comerciantes y viajeros aztecas. La administración interna de estas zonas la conservaban sus habitantes. Por eso la totalidad del territorio dominado por los aztecas no puede ser considerado como un "Estado" o un "imperio".

[96] *Op. cit.*, t. II, p. 544.
[97] Zurita. *op. cit.*, p. 103.
[98] *Op. cit.*, p. 170.

Se dijo ya que las condiciones sociales de los aztecas tienen gran similitud con las de los griegos, romanos y germanos al momento de su constitución en Estados; pero si comparamos la cultura material, las fuerzas de producción de los aztecas con las de estos tres pueblos, encontramos grandes diferencias; en éstos eran más primitivos, desconocían la ganadería; el transporte —debido a la carencia de carretas— era muy precario. Sólo en el altiplano de México la red de lagos facilitó una mejor comunicación; desconocían también el arado y el hierro, otros metales sólo eran empleados en artículos suntuarios.

CAPÍTULO IV

IV. LA ECONOMÍA DE LOS AZTECAS

En estrecha relación con el tema de las instituciones sociales y políticas se halla el de la organización económica de los aztecas. Basta con recordar, en prueba de ello, aspectos tan importantes como el de la distribución y propiedad de la tierra, tan obviamente ligados con la estratificación social en el México antiguo, o el de la situación de los comerciantes, grupo que llegó a adquirir cada vez más privilegios.

Para el estudio de la economía en el periodo azteca existen fuentes de procedencia indígena e igualmente testimonios de los cronistas españoles. Entre las primeras pueden citarse algunos documentos como la Matrícula de tributos, *el* Códice mendocino, *varios textos de los informantes de Sahagún y otras nóminas que llegaron a elaborarse en los años inmediatamente posteriores a la conquista. De las obras de los cronistas españoles que ofrecen materiales para investigar la realidad económica azteca pueden mencionarse la* Relación *del oidor Zurita, la* Historia general de las cosas de Nueva España *de fray Bernardino de Sahagún, la* Historia de las Indias *de fray Diego de Durán, los* Memoriales *de Motolinía, la descripción de los mercados y diversos capítulos de la obra de Bernal Díaz del Castillo y de otros contemporáneos suyos que habían participado asimismo en la conquista de México.*

Mas, aun cuando éstos y otros testimonios reflejan algo de lo que fue la vida económica del periodo azteca, también es cierto que subsisten no pocas oscuridades en materia tan compleja. Entre otras cosas resulta particularmente difícil cuantificar los recursos y las fuerzas de producción de que dispusieron los aztecas. También es problemático precisar puntos como el del precio de los varios productos o el de las proporciones que alcanzaron en distintos momentos la explotación de la tierra y determinadas maneras de industrias. Evidente parece, en cambio, un hecho que conviene ya destacar: desde mediados del siglo XV comenzó a ser extraordinaria la pujanza económica de México-Tenochtitlan. A la metrópoli azteca afluían toda clase de productos procedentes de regiones a veces muy apartadas y obtenidos gracias a las negociaciones de los mercaderes o como consecuencia de las cargas tributarias que se imponían a los pueblos sojuzgados. A su vez, en la capital azteca existían diversas formas de producción, entre las que sobresalían las artes y artesanías destinadas a fines religiosos o suntuarios, en provecho estos últimos de los grupos dominantes.

Como se verá, los autores que, con distintos criterios, se han ocupado de la economía azteca fijaron su atención en aspectos y elementos igualmente variados. Algunos se han interesado de modo genérico en las que cabe llamar relaciones de producción. Otros han atendido, en cambio, a la cuestión de los recursos naturales, así como a las técnicas que permitían su explotación. La riqueza pública, la privada y la de las comunidades, el comercio y la existencia de signos cambiarios, los métodos específicos de trabajar la tierra, los sistemas de tributación y de servicios personales, constituyen, por otra parte, materias cada una de ellas posible objeto de atención específica.

En el presente capítulo, además de transcribir los testimonios de varias fuentes, se ofrecen ejemplos que muestran la preocupación de los investigadores que se han interesado en algunos de estos puntos. Posiciones extremas parecen ser las de autores que, como Francisco Javier Clavijero, se ciñen principalmente a enumerar los más importantes elementos de la economía azteca, y las de aquellos otros que llegan a ver en lo económico la clave para la comprensión de la cultura prehispánica. Es obvio que también en esto juegan papel de suma importancia los esquemas de pensamiento y las posturas filosóficas adoptadas por los distintos historiadores. En función de ellas pueden explicarse muchas veces sus correspondientes interpretaciones de las fuentes o testimonios primarios.

FUENTES PRIMARIAS

1) ALGUNOS TEXTOS INDÍGENAS SOBRE LA *POCHTECÁYOTL* O ARTE DE TRAFICAR

Entre los textos nahuas que integran el contenido de los Códices matritenses *existe una amplia sección que precisamente se refiere al tema de la economía azteca. El doctor Ángel Mª Garibay K., ha publicado la paleografía y la versión castellana de una parte de estos testimonios en su libro* Vida económica de Tenochtitlan, Pochtecáyotl, arte de traficar, Fuentes indígenas de la cultura náhuatl, México, Instituto de Investigaciones Históricas, 1961.

De esta obra transcribimos aquí los textos que se refieren a los orígenes de la actividad de los pochtecas o mercaderes, así como aquellos que tratan del comercio, principalmente en tiempos de Ahuítzotl, tlatoani de México-Tenochtitlan.[1]

Aquí está cómo estuvo establecido en tiempos antiguos el arte de traficar, en qué modo comenzó

En tiempos de Cuacuauhpitzaua comenzaron el arte de traficar los jefes de los comerciantes: Itzcohuatzin, Tziuhtecatzin.

Lo que era materia de tráfico, lo que vendían era puramente plumas rojas y verdes de la cola (de ave), y plumas de ave roja. Solamente estas tres cosas era con que hacían mercadería.

Y en segundo lugar vino a regir Tlacatéotl, y en su tiempo se instalaron jefes del tráfico. Ellos: Cozmatzin, Tzompantzin. En tiempo de éstos se dio a conocer la pluma de quetzal, aun no la larga, y la de zacuan, y turquesas y jades y mantas suaves y pañetes suaves: lo que se vestía la gente hasta entonces todo era de fibra de maguey: mantas, camisas, faldellines de hombre, de fibra de maguey.

Y en tercer lugar se vino a poner como rey Cuauhtlatohua y también en su tiempo se pusieron jefes de los traficantes; ellos: Tulan, Mimichtzin, Miexochitzin, Yaotzin.

[1] Ángel Mª Garibay K., *Vida económica de Tenochtitlan, Pochtecáyotl arte de traficar*, paleografía, versión, introducción y apéndices, Instituto de Investigaciones Históricas, México, 1961, pp. 30-43 y 63-67.

En su tiempo se dio a conocer el bezote de oro y la orejera de oro y la pulsera: se llama "sujeta mano" (anillo), y collares de cuentas gordas de oro, turquesas y grandes jades y plumas de quetzal largas y pieles de tigre, y plumas largas de zacuan y de azulejo y de guacamaya.

Y en cuarto lugar se vino a poner como rey Moquíhuix. Y en su tiempo también se pusieron jefes de los traficantes; ellos: Popoyotzin, Tlacochintzin.

Y también en su tiempo se dieron a conocer las mantas finas, las muy hermosas, con el joyel del viento labrado de rojo, y las mantas de pluma de pato y mantas de cazoletas de pluma y hermosos pañetes finos, con bordados en la punta, y muy largas las puntas del pañete.

También faldellines bordados, camisas bordadas y lienzos de ocho brazas, mantas de grecas retorcidas, y cacao.

Y todo esto, todo lo mencionado: plumas de quetzal, oro, jades, toda clase de pluma fina entonces precisamente se multiplicó, abundó.

Pero el Señorío de Tlatelolco llegó a su fin en tiempo de Moquíhuix. Cuando él hubo muerto, ya no se instaló rey en Tlatilolco a nadie. Allí dio principio el regirse no más por jefes militares.

Y entonces comienza el puro gobierno de jefes militares en Tlatilolco. Aquí están los jefes militares que tomaron el cargo y se instalaron en el solio y estrado que dejó vacante Moquihuixtzin:

Los que tuvieron el mando fueron éstos: un *Tlacatécatl* de bajo orden, Tzihuacpopocatzin, y un *Tlacochcálcatl* de bajo orden, Itzcuauhtzin: ambos personas nobles.

Y después, como *Tlacochcálcatl,* Tezcatzin y como *Tlacatéccatl,* Totozacatzin: ambos caballeros águilas, nobles mexicanos.

Ahora bien, aquí están los que fueron sucesores de los jefes de los traficantes, los que fueron instalados en el régimen y mando: Cuauhpoyahualtzin, Nentlamatitzin, Huetzcatocatzin, Zanatzin, Ozomatzin el Grande.

Y en Tenochtitlan reina Ahuitzotzin: en su tiempo es cuando llegaron los traficantes hasta Ayotla, en la costa. Entonces sobre ellos vino impedimento: cuatro años estuvieron encarcelados en Cuauhtenanco.

Allá fueron sitiados en guerra. Los que les hacían la guerra: el habitante de Tecuantepec, el de Izuatlan, el de Xochtlan, el de Amaxtlan, el de Cuauhtzontlan, el de Atlan, el de Omitlan, el de Mapachtépec. Estos mencionados todos son grandes pueblos.

Pero no sólo éstos los combatían, hacían contra ellos lucha, sino que los cercaban en unión todos los de la costa, cuando luchaban contra ellos estando allá encerrados en Cuauhtenco.

Y se lograron cautivos también de parte de cada traficante: no hay cuenta de cuántos aprendieron de los que no tenían insignias militares; no los contaron: solamente se metieron los que tenían banderetas de pluma de quetzal.

Los que tenían puestos pieles de pájaro azul, o pieles de pluma de trogo, escudos con mosaico de turquesas, narigueras de oro en figura de mariposa, y arracadas anchas de oro pendientes de las orejas, muy anchas, que bien llegaban a los hombros, y banderolas de pluma de zacuan, o de quetzal, y braceletes que ceñían los molledos.

A éstos sí los pudieron contar: fueron sus cautivos de ellos: alguno aprehendió veinte, alguno aprehendió quince.

Y cuando se acabó el pueblo, cuando desapareció el costeño, luego en su lugar entró el mexicano.

Y fue entonces cuando discutieron, al haberse reunido en junta, dijeron:

"Mexicanos, traficantes, gente que anda por cuevas: hizo su oficio el portentoso Huitzilopochtli: a su lado, junto a él hemos de llegar hasta nuestra ciudad.

Nadie se enorgullezca, nadie haga por esto gala de hombría tocante a todos nuestros dominados, los que fueron hechos cautivos. No hemos hecho más que venir a requerir tierras para el señor portentoso, Huitzilopochtli.

Y aquí está nuestra adquisición, lo que hemos logrado, lo que fue el precio de nuestros pechos, de nuestras cabezas:

Con esto hacemos ver, con esto llegaremos a dar a México: bezotes de ámbar, y orejeras con plumas de quetzal encasquilladas, y bastones con labores de varios colores, y abanicos hechos de plumas de faisán.

Y aquí están nuestras capas, mantas de nudo torcido; y nuestros pañetes, pañetes de nudo torcido.

Todo esto será nuestra propiedad, nuestra adquisición, nuestra fama de hombres: nadie podrá tomarla, de cuantos en México viven traficantes, gente que anda en cuevas, que con nosotros no vinieron, con nosotros no se fatigaron, sino que será cosa exclusiva nuestra."

Y en el tiempo que pasaron cuatro años allá en Ayotla bien llegaba su pelo hasta el abdomen cuando acá vinieron.

Pues cuando oyó fama de ellos Ahuitzitzin, que ya vienen los traficantes, los que andan en cuevas que fueron de viaje hasta Ayotlan, luego dio orden para que los fueran a encontrar.

Todo el mundo enteramente fue a encontrarlos: a ésos los guiaban los incensadores, los sacerdotes, y en seguida los jefes, los capitanes.

Iban llevando los incensadores incensarios, incienso de la tierra, pericón, caracoles, los iban tañendo e iban cargando morrales: esos son los morrales del incienso.

Y los principales, los magnates llevaban puestas sus chaquetillas, y llevaban cargando sus calabazas para el tabaco.

Al ir, van en hileras, van en dos hileras y allá fueron a encontrarlos en Acachinanco.

Cuando hubieron llegado luego los inciensan los que fueron a su encuentro: así se hacía antaño.

Hecho así, los vienen acompañando, los vienen precediendo; todos los que fueron a encontrar a la gente, van en hileras. ¡Puede que no hubiera quien no quisiera verlos!

Cuando han llegado nadie va a su casa, sino que luego los llevaron derecho al palacio de Ahuitzotzin.

Cuando hubieron llegado al medio del patio, luego se quema incienso en el gran brasero. Los vino a encontrar el rey Ahuitzotl, les dijo:

"Tíos míos, traficantes, gente de las cuevas: os habéis fatigado; tomad descanso reposad."

Los vino a colocar entre los príncipes, los nobles. Allí estaban en hileras ordenadas los dignos de gloria, los jefes de la guerra, nadie se ha ausentado.

Y cuando se hubo sentado Ahuitzotzin, luego le fueron dando las ofrendas: todo cuanto cautivo fue hecho, penachos de pluma de quetzal, banderas de pluma de quetzal o de trogo, pieles de pájaros azules, pieles de tzinitzcan, braceletes para los molledos, escudos de mosaico de turquesa, narigueras de oro en figura de mariposa, arracadas de oro para las orejas: delante de él se lo pusieron como un tributo.

Luego le hacen una arenga, le dijeron: "Rey nuestro, que seas feliz: aquí está el precio de la cabeza y del pecho de tus tíos los traficantes, los viajeros, los que se recatan por las cuevas, los que espían a la gente como guerreros.

¡Si fue su aprobación, su angustia, su congoja, si fueron sus logros, dígnate recibirlo!"

Y en seguida les dijo: "Tíos míos, os habéis cansado, os habéis afanado: ¡lo quiso el señor portentoso Huitzilopochtli! Hicisteis bien vuestro oficio y ahora pongo los ojos en vuestro rostro y en vuestra cabeza.

Aquí está: vuestro caudal, precio de vuestro pecho y de vuestra cabeza. Nadie os lo quitará, que ciertamente es vuestra propiedad, vuestra adquisición: vosotros lo habéis merecido."

Y luego les dio mantas: entreveradas con papel, con (bordado de) mariposas en el borde, y mantas con cazoletas y con husos (bordados), y con flores color de tuna, y de ocho tiras, y pañetes color de tuna con largas puntas.

Con esto les dio a entender que habían llegado hasta Ayotla. Y les dio también a cada uno un ato de mantas de pelo de conejo.

Y a cada uno, una canoa de maíz desgranado, frijol y chia: con lo que fueron llevados cada uno a su casa.

Y cuando se hizo guerra allá en Ayotlan, por haber estado cerradas las entradas de los traficantes y comerciantes recatados, por cuatro años, fue precisamente cuando la ciudad se abrió paso con el frente de Águilas y con el frente de Tigres.

Y todas las mentadas divisas militares, los penachos de plumas de quetzal, todos se los pusieron a sí mismos los traficantes, como que vencieron y derrotaron a aquéllos.

Pues, cuando oyó el rey Ahuitzotl que se había cerrado el cerco contra los traficantes y los comerciantes disfrazados, luego envió gente allá: el que fue enviado fue Motecuzomatzin, que ejercía el oficio de Comandante del Arsenal: aún no había sido puesto como rey en aquel entonces.

Y cuando marchó y se fue a cumplir la palabra: Va a Ayotla porque han perecido los traficantes.

Y luego vinieron a cercarlo los traficantes viajeros, le dijeron a Motecuhzoma:

"Señor, te has fatigado, te has afanado: ya no debes llegar a donde te diriges, ya es la tierra del Señor portentoso Huitzilopochtli.

Han hecho su oficio tus tíos los traficantes mexicanos, los que andan comerciando recatadamente."

No hizo más que volverse, ya no hizo nada de guerra, su puro oficio fue ir a traerlos.

Y fue entonces cuando quedó totalmente abierta la tierra de la costa; ya nadie fue nuestro enemigo, de zapotecas y costeños.

En cuanto al penacho de plumas de quetzal, allá en Ayotla en donde quedó cautivo. No había tal cosa aquí en México, hasta entonces se dejó ver; los que lo cautivaron fueron de Tlatelolco, lo tomó como cosa de su uso personal Ahuitzotzin.

Y en cuanto a los jefes de los traficantes, a los que andan recatados por cuevas comerciando, los que acechan a la gente, los que entran en plan de guerra, principalmente los honraron: les pusieron en los labios bezotes de oro, con que se diera a conocer que ellos eran correos y espías reales.

Y les dio (el rey) mantas preciosas, las mencionadas, y los pañetes de precio se hicieron privilegio de ellos. Hasta entonces se los ponían cuando era la gran fiesta, que iba a salir en el día de Tlacaxipehualiztli.

Era en este tiempo cuando se ponía en movimiento general todo el contorno, mucho se concentraba en México en la fiesta que salía cada año: era cuando exhibían sus galardones y, en fin de cuentas, cuando se reunían aquí los señores que gobernaban las ciudades.

Entonces fue cuando tuvo principio el beber bebida embriagante al sacrificio de la rueda de piedra: delante de ella se hacía: estaban mirando cuantos cautivos iban a ser sacrificados.

Pero lo veían también aquellos que no tienen corazón fuerte; también lo veían algunos que por un poco de tiempo venían a admirar aquello, se mostraban varoniles, algunos aun a bailar venían.

Y los reyes los gratificaban con mantas regias, con bordados de cazoletas, o de pintura de águilas, y con abanicos de pluma de guacamaya: los gratificaban todos los que regían ciudades.

Y cuando se hacía la fiesta de rayar gente ellos estaban colocados bajo unas sombras.

Y cuando no era día de fiesta, en tiempo común y corriente, los mantos que se ponían los jefes de los traficantes, los que bañan esclavos para el sacrificio, los que andan recatados por las cuevas, los que venden gente para la ofrenda, no más mantas de fibra de palma, tejidas con finura; en todo tiempo era con lo que andaban vestidos.

Pero los nobles también en aquel entonces andaban vestidos con mantas preciosas, hermosas cuando iban pasando las fiestas grandes, con que vamos alcanzando cada año.

Y cuando era tiempo común y corriente, que no era día festivo, también se vestían con mantas de fibra de palma, finamente tejidas, no más que las acomodaban en el modo de ajustarlas.

Por esta razón, eran muy mirados los nobles, eran muy ostentosos.

Pues cuando daba orden el rey Ahuitzotzin de dónde tenían que entrar los jefes de los traficantes, los que andan recatados por las cuevas, los espías de guerra, los llamaba ante sí Ahuitzotzin. Ellos oían su orden para ir como exploradores reales a la costa.

Y cuando habían ido a la casa del rey Ahuítzotl, luego él les daba sus bienes: mil seiscientas mantas chicas: las daba para comerciar.

Y cuando habían ido a recogerlas, las traían aquí a Tlatelolco. Y ya que habían venido, luego se sentaban juntos los traficantes tlatelolcas y los traficantes tenochcas.

Unidos unos con otros se hacían sus arengas, expresaban su pensamiento y su palabra, sus intenciones y sus consejos.

Y hecho así, cuando ya hablaron entre sí, cuando unos con otros se reanimaron, luego se hacen unos a otros el reparto: ochocientas mantas chicas toman los tenochcas, y también ochocientas mantas chicas toman los tlatelolcas.

Y con aquellas mantas luego se compra: mantas para príncipes, con cazoletas adheridas, hechas de pluma, y mantas con pinturas de águilas, y con cenefas y orlas de pluma y pañetes propios de príncipes, con puntas largas y camisas y faldellines de mujer bordados.

Estos efectos son propiedad y pertenencia de Ahuítzotl; se los llevaban en comisión los traficantes de la costa.

Y aquí están los efectos comerciales, las pertenencias de los traficantes con que hacían su tráfico yendo en comisión real: oro real como corona de rey, y ataderos de oro en forma de cinta para la frente, y collares de cuentas gordas pendientes, hechos de oro, y orejeras de oro, y cierres de oro de que tienen necesidad las mujeres de la costa.

Las mujeres de nobleza de la costa con estas joyas cierran su cuerpo. Y argollas para las manos que se llaman cierres de mano. Y orejeras de oro, y orejeras de cristal de roca.

Los que no son más que gente vulgar necesitan esto: orejeras de obsidiana, orejeras de metal, y de estaño y sostenedores de obsidiana para rasurar, y puntas de obsidiana aguzadas, y pieles de conejo, y agujas y cascabeles.

Esto era en lo que consistía totalmente la hacienda y caudal propios de los traficantes, de los que andan a hurtadillas y de los que van en viaje por comisión real.

El comercio en las regiones de la costa

Y cuando habían llegado los traficantes de la costa, a los que tenían el régimen de las poblaciones, a los gobernantes de la costa luego daban todo de lo que llevaban en tráfico:

Mantas finas, faldellines finos, camisas mujeriles finas: eran propiedad de Ahuitzotzin con que daba a aquéllos el saludo.

Y cuando lo habían dado, luego les retornaban dádivas los gobernantes de la costa:

Eran ellas: largas plumas de quetzal, y toda la cola del quetzal, y las plumas rojas del quetzal y pájaros verdeazules, y el llamado *tzinitzcan*.

Pero se introducían a la costa no todos, no todo el mundo tenía entrada, porque era el lugar de tráfico de Ahuitzotzin.

Los únicos que iban allá, los que allá entraban eran los de Tlatelolco, los de Tenochtitlan, los de Huitzilopochco, los de Azcapotzalco, los habitantes de Cuahtitlan. Solamente en todo tiempo eran éstos sus comisionados.

Y cuando habían empezado el viaje los traficantes que van a la costa, se dividían allá en Tochtepec: la mitad iba hacia la costa de Ayotla ("de las tortugas"); la otra mitad entraba por allá por la costa de Xicalanco ("donde se cosechan jícaras").

Y después de repartidos, en dos se dividían los de Tlatelolco y también en dos los de Tenochtitlan, y sus agregados los de Uitzilopochco, de Azcapotzalco, de Cuauhtitlan.

Y esta era la forma en que hacían el camino: iban aderezados como para la guerra: iban llevando sus escudos, sus macanas, sus divisas, porque era ir de guerra: en algún lugar morían, en algún lugar eran cautivados.

Y los que entraban en Xicalanco iban portando lo que era de Ahuitzotzin —es decir, lo que ya se dijo—: mantas para reyes, bragueros para reyes, faldas finas, bordadas, o con flecos, o medias faldas y camisas bordadas.

Y estos son los efectos y propiedades de los traficantes: oro real, como cosa real se lo ponían los gobernantes de allá.

Y cintas de oro para la frente y collares de dijes de oro, hechos en forma de dientes, y collares de petatillo de oro y collares de oro con figuras de frutas, hechos a fundición, y collares delgados de oro.

Y esto es lo que necesitaban las mujeres nobles: escudillas de oro para hilar y orejeras de oro y orejeras de cristal de roca.

Y en cuanto a la gente vulgar, lo que necesitaban era: orejeras de obsidiana, orejeras de metal común, y rasuraderas de obsidiana y punzones, y agujas; grana, alumbre, piel de conejo con pelo, drogas, medicinas.

Y los jefes de los traficantes que iban guiando eran compradores de gente, los que bañaban para el sacrificio; su mercancía eran esclavos, ya sea mujeres, ya sea niños varones: allá los vendían.

Y los llevaban así: les ponían insignias de guerra, aun siendo mujeres, les ponían esas insignias porque iban en son de guerra y tenían recelo de nuestros enemigos, el de Tecuantepec, el Zapoteca, el de Chiapas; entre ellos pasaban.

Y cuando iban llegando a región de guerra en primer lugar mandaban mensajeros, enviados: eran los que van a requerir, gente que mandan.

Y cuando van, no van de día por su camino, sino de noche.

Y cuando han llegado los enviados, luego van a los señores de la costa para darles el saludo, y van de aderezo de guerra: van llevando sus escudos, sus macanas, sus insignias de guerra, de modo que allá los envían en forma de guerra, con que bien llegan a la costa de Xicalanco.

Y cuando ya llegaron los traficantes a la costa de Xicalanco, a los señores de allí, a los que rigen pueblos, luego les dan todo lo que llevan de tráfico: mantas finas, faldas finas, camisas de mujer finas: son propiedad de Ahuitzotzin con que los saluda.

Y con que retornaban los dones los señores de la costa, los de Xicalanco y de Zimatlan y de Coatzacualco eran grandes jades, redondos, muy verdes, de tamaño de tomates;

luego jades acanalados; luego, delgados, muy variados de colores, jades de quetzal —hoy día los llamamos esmeraldas;

y esmeraldas de aguas negras, y escudos de turquesas, y esmeraldas pulidas, labradas por dentro y coral rojo legítimo y conchas rojas y conchas multicolores;

y coral rosado, muy amarillo, y concha de tortuga muy amarilla, y concha de tortuga atigrada, y pieles de guacamaya y de pájaro negro marino y de gallina verde fina, y cueros de tigre: esos de tigre rojo.

Todo esto tomaban los traficantes, los que van disfrazados a comerciar allá en Xicalanco: le venían trayendo, era pertenencia de Ahuitzotzin.

Pues cuando habían llegado acá a México, luego lo presentaban ante Ahuitzotzin: todo lo que habían ido a traer los comerciantes.

De esta manera iban en función real con que aumentaban la ciudad, la nación mexicana, pues por todas partes estaba entonces cerrada la tierra de la costa;

y por esta razón los tenía en grande estima Ahuitzotzin: tanto como a sus nobles los hacía;

y aun los hacía iguales, como si fueran caballeros de guerra: los traficantes eran como tales tenidos y reputados.

2) EL CÓDICE MENDOCINO Y LA ECONOMÍA DE TENOCHTITLAN

Como se ha dicho, entre las fuentes de procedencia indígena para el estudio de la economía de los aztecas tienen lugar muy importante algunos códices en que se incluyen las descripciones y el monto de los tributos que se pagaban a México-Tenochtitlan. Se ofrece aquí una parte del análisis preparado por N. Molins Fábrega en relación con los datos que proporciona el Códice mendocino.[2]

Aunque este códice se elaboró pocos años después de la conquista, precisamente en tiempos del virrey don Antonio de Mendoza, en él se incluyen informaciones, tomadas por los escribanos indígenas, de fuentes más antiguas o sea de procedencia prehispánica. De este códice existen varias ediciones, entre ellas la publicada por Francisco del Paso y Troncoso, México, 1925 y la que sacó a luz James Cooper Clack, Londres, 1938.

El objeto primordial que ha presidido la redacción del estudio es el de dar de la forma más simple posible una idea de la expresión cuantitativa de lo que durante un año recibía Tenochtitlan de sus tributarios. La parte cualitativa ha interesado menos al autor, aparte que de ello se han ocupado otros comentaristas.

El conocimiento más o menos aproximado de las cantidades de artículos primordiales que recibía Tenochtitlan de sus tributarios puede ayudar en mucho a desentrañar el carácter de la sociedad mexica, tanto de la capital como del resto del Imperio. No es tampoco obra que se pretenda llevar a cabo aquí; se indica únicamente como una de las razones que impulsaron a este estudio...

A fin de cuentas, el conocimiento de la alimentación primordial de un pueblo, de su vestido, de la forma como éstos eran adquiridos y quiénes eran los que principalmente aportaban unos y otros ayuda al conocimiento de su carácter social más que muchos otros detalles.

En el trabajo no se hace una exposición de la historia de la expansión mexica ni tampoco del aumento progresivo de los

[2] N. Molins Fábrega, *"El Códice mendocino y la economía de Tenochtitlan"*, Revista Mexicana de Estudios Antropológicos, vol. XIV, 1ª Parte, México, 1954-1955, pp. 303-322.

tributos que recibía, de acuerdo con las conquistas de cada reinado. No era este su objeto ni tampoco sería de gran utilidad para el fin primordial del trabajo.

El carácter de Tenochtitlan y de su sociedad no habrá sufrido modificaciones fundamentales desde que, a la caída del imperio de Azcapotzalco, se libera y pasa, casi de golpe, a convertirse en la cabeza del Imperio que se crea bajo la Triple Alianza, en tiempos de Moctezuma Segundo. En todo caso la modificación habrá sido primordialmente cuantitativa.

Por esto, la investigación y el estudio se han limitado a la tributación recibida por la capital del Imperio en su culminación. Por esto, también, se ha podido usar el Códice Mendocino como fuente principal, a pesar de que sus datos no concuerdan siempre con los que nos proporcionan otras fuentes, ni tampoco creemos nosotros nos dé una exposición completa de toda la variedad de tributos que eran prestados por los pueblos sometidos, como veremos por algunos datos aportados. Lo importante es que nos sirve para formarnos una idea bastante justa sobre los lugares de donde estaban sus fuentes más importantes de aprovisionamiento en comida y en vestido y la cantidad importantísima que recibía de ellos. Esto nos es útil para sacar la conclusión primera de que probablemente Tenochtitlan, en la época de Moctezuma Segundo, por lo menos, no era autosuficiente ni quizás con la aportación de las regiones del valle. Para subsistir y para mantener su grandeza necesitaba la aportación de todo el Imperio. Por consiguiente, uno de los impulsos básicos de su expansionismo sería el económico, aunque no fuera este el confesado.

LOS TRIBUTOS

Empecemos con el establecimiento de los cuadros de los tributos.

GRANOS Y CEREALES

Nombre de la Provincia	Maíz	Frijol	Chían	Huauhtli
		TROJES POR AÑO		
Tepecuacuilco	1	1	1	1
Tlachco	1	—	1	—
Ocuilan	1	1	1	1
Tuluca	2	1	2	1
Malinalco	2	2	2	2
Quahuacan	1	1	1	1
Atotonilco de Pedraza	1	1	1	1
Cuauhtitlan	1	1	1	1

Nombre de la Provincia	Maíz	Frijol	Chían	Huauhtli
		TROJES POR AÑO		
Xilotepec	1	1	1	1
Axocopan	1	1	1	1
Hueypuchtla	1	1	1	1
Atotonilco el Grande	1	1	1	1
Acolhuacan	1	1	1	1
Chalco	6	2	1	1
Quauhnahuac	1	1	1	1
Huaxtepec	1	1	1	1
Tepeacac	2	2	—	—
Coyolapan	2	1	1	—
Petlatalco	1	1	1	1
Total trojes por año	28	21	20	17

Así, expresadas en trojes, las cantidades de granos y maíz, que leemos en el cuadro, no nos dicen gran cosa, pero basta darse cuenta de la frase escrita en la traducción en castellano que figura en el folio 21 del Códice Mendocino para comprender su importancia: *"En cada troxe cabían cuatro y cinco mil hanegas, lo cual tributaban una vez al año."*

Vamos pues a reducir a cifras actuales estos misteriosos trojes del Mendocino. El traductor del Códice al castellano del siglo XVI nos dice que contenían *"cuatro y cinco mil hanegas"*. El razonamiento nos obliga a interpretar de cuatro a cinco mil hanegas. Para este estudio se ha adoptado la cifra intermedia, o sea cuatro mil quinientas. Ante la duda del traductor parece lo más adecuado.

Otra dificultad para llegar a conclusiones aritméticas surge al tener que escoger la hanega. La medida procedía indudablemente de España.

En aquella época y hasta la adopción del sistema métrico decimal, las fanegas de cabida diferente eran muchas en la Península. Para el trabajo se ha escogido la de Castilla, por parecer la más lógica. México tuvo su fanega propia pero es de creer que en época tan temprana ésta no se había todavía formado, sino que se usaba la de los conquistadores y, de entre ellas, la que pertenecía al núcleo políticamente dominante. Además, ocurre la circunstancia de que la fanega castellana es de las de menor capacidad: 55.5 litros; la de Toledo 53.10; la de Cáceres 53.76; la de Santander 54.84; la de Madrid 55.34. Las del norte de la Península tenían todas una mayor capacidad, con excep-

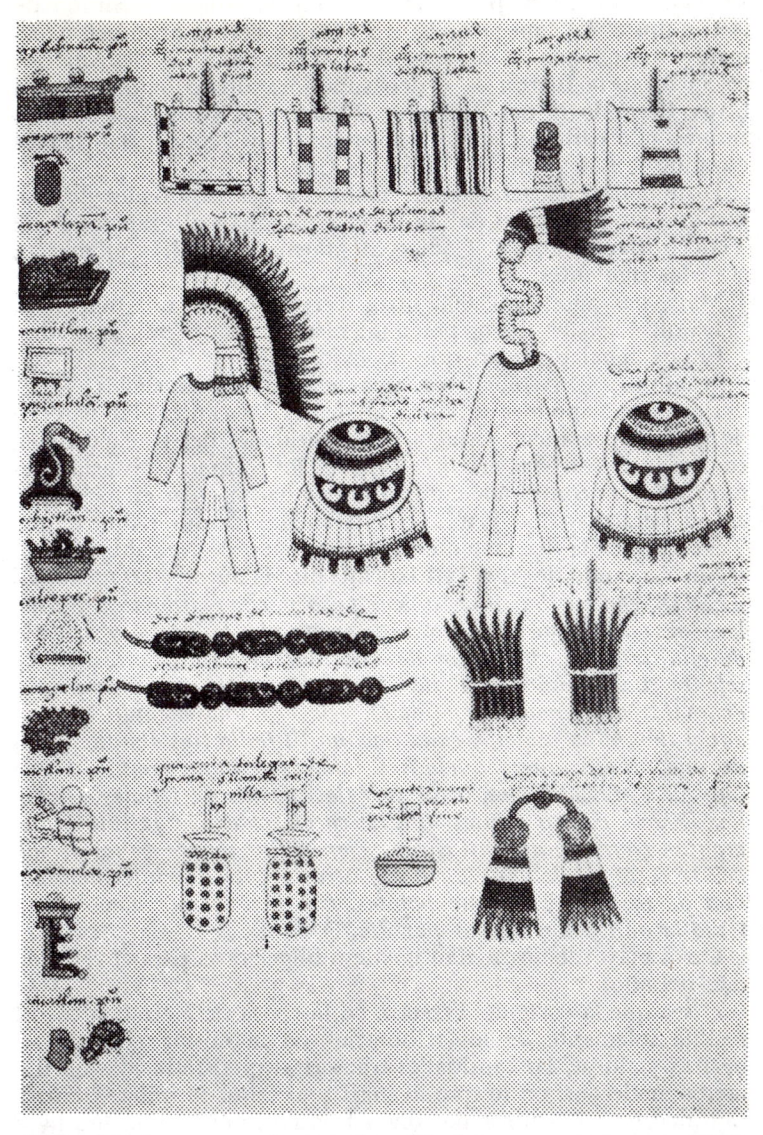

Códice Mendoza, manuscrito azteca posthispánico, conservado en la Biblioteca Bodleiana de la Universidad de Oxford, fol. 21. Se representan diversas formas de tributos pagados por los pueblos cuyos glifos y nombres aparecen en la columna del lado izquierdo.

ción de la de Teruel con 21.4 litros pero ésta debe ser excluida sino por otra razón, por estar el reino de Aragón excluido de la conquista. La fanega que tuvo México era desproporcionadamente mayor que la de Castilla: 90.8 litros. Las de América en su mayoría fueron de orden superior: alrededor de los cien litros, llegando la del Paraguay a tener 288 litros. Es por estas razones que para la cuenta de los tributos a Tenochtitlan hemos escogido la fanega de 55.5 litros de Castilla.

Formulada esta aclaración, vemos que las cantidades de granos que las provincias del Imperio tributaban al gran señor de Tenochtitlan, según el Códice Mendocino, en cifras modernas, eran las siguientes:

Maíz, por año: 6.993,000 litros, cerca de siete mil toneladas.
Frijol: 4.995,000 litros por año; más de cuatro mil toneladas.
Chían, igual cantidad que de frijol, y
Huauhtli: 4.245,750 litros; unas cuatro mil toneladas.

Del mismo modo que vistas en trojes las cantidades parecen de poca importancia, vistas así en cantidades del sistema métrico decimal son ya mayores. Entre los mismos historiadores mexicanos, encontramos datos que nos hacen creer en principio en su veracidad. Se trata principalmente de los tributos que Texcoco recibía diariamente bajo el reinado de Netzahualcóyotl, según Fernando de Alva Ixtlilxóchitl dice el autor: *"En la ciudad Tezcoco, con sus barrios y aldeas puso por mayordomo a Matlalaca, el cual, además de estar a su cargo todas las rentas y tributos de ella, tenía la obligación de sustentar la casa y corte del rey setenta días, dando cada día, en grano veinticinco tlacopustlis de maíz para tomados (¿atoles?), que era una medida que en aquel tiempo se usaba, y cada tlacopustli tenía tres almudes, más de una fanega, que reducidos a fanegas montan treinta y una fanegas y tres almudes, otros tres tlacopustlis de frijoles y tortillas hechas, cuatro cientas mil, de cacao, cuatro xiquilpiles, que montan treinta y dos mil cacaos, cien gallos, veinte panes de sal, veinte cestones de chile ancho, y otros veinte de chile menudo, diez de tomates y diez de pepitas. Era lo que este mayordomo tenía la obligación de dar por día."* [3]

Otros mayordomos tenían iguales obligaciones para el resto de días del año.

O sea que la corte de Tezcoco, en la época de Netzahualcóyotl recibía solamente de los tributarios de la misma ciudad, sus barrios y aldeas, las cantidades transcritas que traducidas en números modernos, en lo que al maíz y al frijol se refiere, dan la cantidad de 1,734 litros por día y fracción, lo que por año hace más de 633 mil litros. Y de frijol 208 litros y fracción por día y por año cerca de 76 mil litros.

[3] Fernando de Alva Ixtlilxóchitl, *Historia Chichimeca*, vol. II, p. 168.

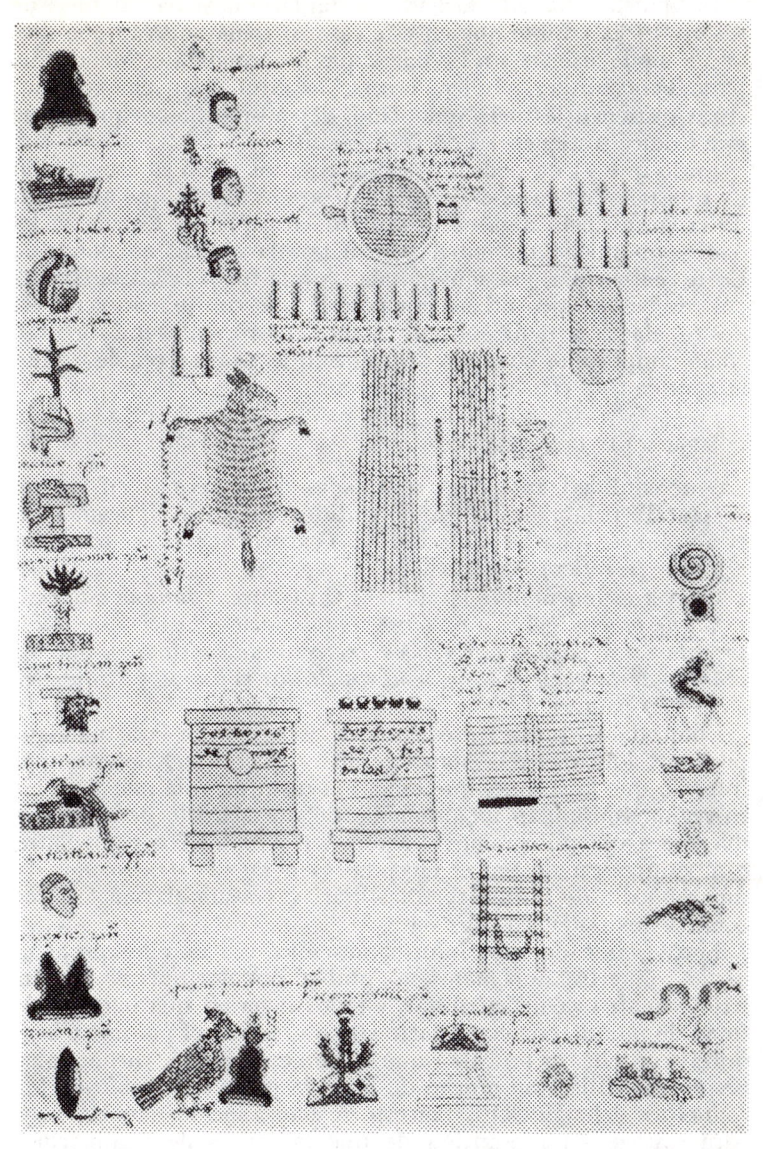

Códice Mendoza, manuscrito azteca posthispánico, conservado en la Biblioteca Bodleiana de la Universidad de Oxford, fol. 44. Entre los tributos que aquí se consignan aparecen rodelas y macanas, cueros de venado, varas de cañas, trojes de maíz, y otros diferentes objetos. En la columna al lado izquierdo, aparecen los glifos y nombres de los pueblos tributarios.

Ixtlilxóchitl ha sido tachado de fantasioso al dar algunas de sus cifras. Es posible que en este caso, si tomáramos lo que dice de un modo aislado, sin los datos que proporciona el Mendocino para Tenochtitlan, pudiera creerse lo mismo, sin embargo sus cifras sostienen las del Mendocino, del mismo modo que las de este Códice sostienen las de Ixtlilxóchitl.

En lo que ya no podemos seguir al autor es en su aseveración de que tales artículos eran para la corte, a menos que al hablar de la corte no lo diga en el sentido lato que en España se ha dado por mucho tiempo de Corte por la ciudad en donde la Corte real residía. Por muy numerosa que fuera la Corte estricta del rey Nezahualcóyotl no era posible que consumiera cerca de dos toneladas de maíz por día y menos cuatrocientas mil tortillas, como tampoco los cuarenta cestos de chile. Más aceptable resulta la cantidad de cien gallos (guajolotes).

COMPARACIÓN CON TEXCOCO

La incredulidad ante tales cantidades desaparece si en vez de aceptar la palabra corte en su sentido estricto lo aplicamos en el amplio de toda la población de Texcoco que es seguramente a lo que se refiere Ixtlilxóchitl.

Chavero, comentando las mismas cifras dice: *"aunque esta cantidad de víveres parezca inmensa, es necesario advertir que todos los salarios se pagaban en especie o efectos de consumo; y que los señores de la corte y los miembros de los consejos y tribunales vivían en palacio".*[4]

Como datos concordantes, aunque recogidos en la actualidad, podemos aducir el testimonio de un ranchero de Xilotepec que informa que los peones que tenían el nivel de vida más bajo en su región consumían un promedio de un cuartillo de maíz por día, o sea un quilógramo y medio. Otros datos recogidos entre campesinos tratados en el Hospital General de México, nos da un promedio de quince tortillas diarias, consumidas en las tres comidas realizadas en sus casas.

Entre veinte de estos informantes sólo uno de ellos probaba carne y huevos; uno manifestó probar cereales que no fueran frijol y maíz y comer verduras, y todos ingerían una buena cantidad de pulque por día. Aparte esta digresión del pulque, y aún quizás con ella, es probable que la alimentación de dichos campesinos no difiera en mucho de la de la gente de pueblo de los comienzos del siglo XVI. Por esto se han aducido tales datos, y para sostener la presunción de que las cifras de Ixtlilxóchitl para Texcoco, al igual que las del Mendocino para Tenochtitlan, no deben andar muy lejos de la verdad.

[4] Ixtlilxóchitl, *op. cit.*, t. II, pp. 168-169.

Aceptando como buena la cantidad de quince tortillas diarias por individuo, y aceptando igualmente que los tributos que recibía el rey de Texcoco, según Fernando de Alva Ixtlilxóchitl, no eran para la corte estricta sino para la "corte" en el sentido amplio, nos encontraríamos que tales tortillas asegurarían la base alimenticia de un número de habitantes, de alrededor de veintiseis mil personas, lo cual nos pondría ante la disyuntiva de creer que éste era el número de habitantes de Texcoco o que eran los que, dedicados a actividades no agrícolas, recibían alimentos en pago de su trabajo, y que tales alimentos eran extraídos del tributo que recibía el rey, con lo cual llegamos a la conclusión de que el tributo era utilizado para el pago de trabajos y servicios, cuando no eran objeto de comercio, como veremos en otra referencia aducida más adelante, al ocuparnos nuevamente de Tenochtitlan.

OTROS ALIMENTOS

Con las grandes cantidades de maíz, frijol, chíam y huauhtli contrastan las que, según el Mendocino, recibía Tenochtitlan en tributo en otros productos alimenticios.

CACAO

Nombre de la provincia	Cargas por año
Cihuatlan	160
Cuetlaxtlan	200
Quauhtochco	20
Tochtepec	200
Xoconochco	400
Total cargas por año	980

Para la reducción de las cargas a cifras modernas se ha adoptado el mismo sistema conservador que para los granos y cereales con los trojes. Se ha hecho a base de la arroba de 11.502 kg. En cuanto a la carga que llevaban los tamemes aceptamos lo que en unas instrucciones reales para Indias se dan en la Colección de Documentos Inéditos: "...*que no lleven en cada carga de dos arrobas arriba...*" [5] Es decir creer que en este caso, al igual que en todo lo que se refería a los indios, el interés del rey de España residía en no cambiar fundamentalmente las cargas que los indios antes pagaban y prestaban a sus señores. Por esto acepta-

[5] *Colección de Doc. Inéditos*, t. XLII, p. 149.

mos como buena la carga de dos arrobas como la más aproximada que debió existir antes de la conquista y la arroba de 11 kg. y ½. En este caso tenemos que el Cacao que las provincias mencionadas tributaban a Tenochtitlan en cifras actuales sería de 21,543 kg. por año.

AJI SECO

Nombre de la provincia	Cargas por año
Oxitipan	400
Ctzicoac	400
Tuchpa	800
Total cargas por año	1,600

Que, reducidas a kilogramos por el mismo procedimiento que en el caso anterior, nos da 36,806 kg.

MIEL DE ABEJAS

Nombre de la provincia	Cantarillos al año
Tepecuaquilco	900
Tlacocauhtitlan	200
Quiauhteopan	200
Yoaltepec	200
Total cantarillos por año	1,500

MIEL DE MAGUEY (Hidromiel)

Nombre de la provincia	Cántaros por año
Tlachco	912
Axocopan	800
Hueypuchtla	800
Total cántaros por año	2,512

El tributo en sal no aparece en el Mendocino más que en Ocuilan, núm. 4 que dice: tributaban *"dos mil panes de sal blanca cada seis meses, lo que da un total de 4,000 al año"*.[6]

[6] Para el ají, la miel de abejas, el hidromiel y la sal no se han encontrado datos para intentar la reducción a medidas modernas.

La desproporción entre las cantidades de alimentos fundamentales como el maíz y el frijol y los últimos que hemos mencionado resulta evidente. La explicación creemos poder hallarla en el hecho de que la miel y el cacao debieron ser cosas reservadas a los señores. En cuanto al ají seco, por ser un condimento, su uso en la alimentación es forzosamente más reducido. Probablemente que para el chile fresco los cultivos del Valle, en gran parte de riego, bastaban para el consumo local.

Más perplejos nos dejaría la sal, si no pensáramos que Tenochtitlan debió tener otras fuentes para proveerse de ella. En todo caso no viene mencionada en el Mendocino y no hemos extendido el estudio a otras fuentes que pudieran informarnos sobre el particular. Más adelante en el trabajo aduciremos pruebas de que el Mendocino adolece de otras omisiones que tienen su importancia.

VESTIDO

Pasemos ahora al capítulo importante que para un pueblo representa el vestido. Veremos que el tejido era uno de los productos que más interesaba a los señores de México obtener de sus tributarios.

MANTAS

NOMBRE DE LA PROVINCIA	Mantas grandes algodón	Mantas chicas algodón ropa	Mantillas ricas de algodón blancas señores	Mantas grandes henequén	Mantillas chicas henequén	Mantillas ricas henequén
			CARGAS POR AÑO			
Cihuatlan	8,000	——	——	——	——	——
Tepequacuilco	5,000	——	800	——	——	——
Tlachco	——	——	800	——	1,200	——
Ocuilan	——	——	800	——	——	1,600
Tuluca	——	——	800	——	2,400	800
Malinalco	——	——	——	2,400	——	800
Quahuacan	——	——	1,600	——	1,600	——
Atotonilco de Pedraza	1,600	800	800	——	——	——
Quauhtitlan	——	1,600	800	——	——	——
Xilotepec	3,200	800	——	——	——	——
Axocopan	——	1,600	1,600	——	——	——
Hueypuchtla	——	——	800	——	800	——
Oxitipan	5,600	——	——	——	——	——
Ctzicoac	1,600	——	——	——	——	——
Tuchpa	5,600	——	1,280	——	——	——
Atlan	2,400	——	1,600	——	——	——
Tlapacoyan	2,400	——	——	——	——	——
Atotonilco el Grande	——	——	1,600	——	3,200	——
Acolhuacan	4,000	——	2,400	——	——	——
Chalco	1,600	——	——	——	——	——
Cuauhnahuac	2,400	1,600	2,400	——	——	——
Huaxtepec	4,800	——	400	——	——	——
Tlacocauhtitlan	800	——	——	——	——	——
Quiauhteopan	800	——	——	——	——	——
Tlatlauhquitepec	3,200	——	——	——	——	——
Quauhtochco	800	——	——	——	——	——
Cuetlaxtlan	5,080	——	800	——	——	——
Tochtepec	1,600	——	3,200	——	——	——
Yoaltepec	800	——	——	——	——	——
Tlapan	1,600	——	400	——	——	——
Tlachquiauco	800	——	——	——	——	——
Coaixtlahuacan	1,600	——	——	——	——	——
Coyolapan	2,400	——	——	——	——	——
Petlatalco	4,800	——	1,600	——	——	——
Total cargas	73,080	6,400	24,480	2,400	9,200	3,200

Ateniéndose a la regla seguida en el estudio para la reducción de las cargas de mantas a unidades que hagan más claro su significado, aceptaremos que cada carga de mantas y demás fardos de ropa equivalía a veinte piezas. Para ello nos apoyamos en la afirmación que aparece en el "Epistolario de la Nueva España, vol. VII, p. 111" "...*que cada carga tenga veinte mantas*", lo cual está corroborado por Ixtlilxóchitl, vol. II, p. 319; "...tiene cada *quimil* veinte mantas..." La identidad del número nos demuestra que *quimil* y carga equivale a lo mismo.

De este modo podemos totalizar el número de mantas del modo siguiente:

MANTAS DE ALGODÓN

Mantas grandes de algodón:	73,080 cargas	=	1.461,600	unidades
Mantas chicas de algodón blancas:	6,400 ,,	=	128,000	,,
Mantillas ricas de algodón para señores:	24,480 ,,	=	489,600	,,
Total de mantas de algodón por año:	103,960 cargas		2.079,200	mantas

MANTAS DE HENEQUÉN

Mantas grandes de henequén:	2,400 cargas	=	48,000	unidades
Mantillas chicas de henequén:	9,200 ,,	=	184,000	,,
Mantillas ricas de henequén:	3,200 ,,	=	64,000	,,
Total mantas de henequén por año:	14,800 ,,	=	296,000	mantas

Dado que la sola pretensión de este trabajo es sacar conclusiones cuantitativas y no cualitativas, sólo hemos separado las distintas clases de mantas por algodón y henequén, porque indica los cultivos predominantes en una región, y también las grandes divisiones de las clases de manta, sin descender a describir los que relata el Mendocino con sus colores variados, si son o no colchadas y las distintas longitudes de las mantas, que van desde las cuatro a las ocho brazas. Para el presente trabajo lo importante es poder señalar hasta qué grado la ciudad de Tenochtitlan dependía de los tributos del imperio para alimentación y vestido.

Veamos ahora las cantidades de ropa confeccionada que llegaba como tributo a Tenochtitlan:

NAGUAS Y HUIPILES

Nombre de la provincia	Naguas y huipiles cargas al año	Maxtatl cargas al año
Tepequacuilco	800	----
Tlachco	800	----
Xilotepec	1,600	----
Axocopan	800	----
Ctzicoac	800	800
Tuchpa	800	800
Atlan	----	1,600
Acolhuacan	800	800
Cuauhnahuac	800	800
Huaxtepec	800	800
Cuetlaxtlan	800	----
Tochtepec	800	----
Tlapan	800	----
Coayxtlahuacan	800	800
Petlatalco	800	800
Total de cargas de naguas, huipiles y maxtatl por año:	12,000	7,200
Total unidades: naguas y huipiles	240,000 de cada cosa.	
maxtlatl:	144,000 de cada cosa.	

Llama la atención, en cambio, la relativa poca cantidad de algodón al natural que recibía Tenochtitlan.

Cihuatlan	800	fardos por año
Ctzicoac	800	,, ,, ,,
Atlan	1,200	,, ,, ,,
Quahtochco	1,600	,, ,, ,,
Total	4,400	fardos por año

Si para la reducción del algodón a medidas modernas aceptamos el mismo sistema adoptado para los demás productos, tendremos que cada fardo o carga no será de más de dos arrobas y al tener la arroba 11.502 kg. nos dará un total de 101,217.6 kg. de algodón por año.

Para la tesis que se pretende demostrar bastaría con la relación de las tributaciones en las cosas fundamentales de comida y vestido, pero para que el trabajo sea más completo se dan a continuación los cuadros de los demás tributos, que se reportan en el Códice Mendocino.

ARMAS Y RODELAS

Nombre de la provincia	Plumas armas	Valadis rodelas	Plumas armas	Ricas rodelas
Tepequacuilco	20	20	2	2
Tlachco	—	—	2	2
Ocuilan	20	20	1	1
Tuluca	20	20	2	2
Quahuacan	40	40	1	1
Atotonilco de Pedraza	60	60	2	2
Quauhtitlan	70	70	2	2
Xilotepec	—	—	2	2
Axocopan	40	40	6	6
Hueypuchtla	60	60	2	2
Ctzicoac	—	—	2	2
Tuchpa	—	—	2	2
Tlapacoyan	—	—	2	2
Atotonilco el Grande	—	—	4	4
Acolhuacan	100	100	3	3
Chalco	—	—	2	2
Quauhnahuac	—	—	8	8
Huaxtepec	40	40	6	6
Tlacocauhtitlan	—	—	1	1
Quiauhteopan	—	—	1	1
Tlatlauhquitepec	—	—	2	2
Cuetlaxtlan	—	—	2	2
Tochtepec	—	—	1	1
Yoaltepec	—	—	1	1
Tlapan	—	—	2	2
Tlachquiauco	—	—	1	1
Coayxtlahuacan	—	—	2	2
Petlatalco	60	60	5	5
Total por año	530	530	69	69

En cuanto a pieles, Xoconochco tributaba anualmente 80 de tigre y Tepeacac 3,650 de venado en el mismo tiempo. Xoconochco, tributaba además 320 pieles de pájaros de plumas ricas turquesadas.

De más importancia eran los tributos pagados en plumas. Tuchpa. Plumas blancas y menudas para guarnecer mantas.

	Por año
Talegas	20
Cuetlaxtlan. Manojos de plumas de Quetzal verdes	400
Tochtepec. Manojuelos de plumas ricas turquesadas	8,000
„ Manojuelos de plumas coloradas ricas	8,000
Soconochco. Manojos de plumas verdes, azules, turquesadas verdes y coloradas	2,800
„ Manojos de plumas ricas amarillas	1,600
„ Manojos de plumas verdes de quetzal largas	1,600
Tlachquiauco. Manojos de plumas de quetzal	400
Coayxtlahuaca. Manojos de plumas de quetzal	800

DIVISAS DE PLUMAS

	Por año
Cuetlaxtlan, "Quetzaltlalpinoli, de plumas ricas de quetzali que servían a los señores de insignia real"	1
Tochtepec. Divisas en forma de ala	1
„ Piezas de plumas verdes guarnecidas con plumas rojas	4
Coayxtlahuaca "...una pieza de tlalpinoli de plumas ricas, que servían de insignia real..."	1

Muchos otros productos de mayor o menor utilidad, según la concepción actual, eran todavía los que las provincias tributaban, según el Mendocino. Tratamos de ordenarlos según un criterio más o menos ajustado a la necesidad, sin caer en el prejuicio de los cronistas que conceptúan la mayor parte de tales objetos como cosas valadís, sin valor alguno, olvidando que el valor y la utilidad de los artículos que tributaban las provincias a Tenochtitlan no puede ser medido según la concepción de la época en que ellos hacían el comentario, ni tampoco de acuerdo con el criterio de nuestros tiempos, sino con el que debía imperar en el momento en que se exigían dichos tributos.

Un ejemplo podrían ser las 16,000 pelotas de hule que anualmente tributaba Tochtepec. Para los cronistas españoles y mestizos, tal tributo pudo parecer infantil. Sin embargo, basta recordar la importancia social y religiosa que el juego de pelota tuvo para los pueblos de Mesoamérica para comprender que tales pelotas eran de gran valor en aquellos tiempos.

Lo mismo podemos argumentar sobre los tintes para *"embijar el cuerpo"* de que nos habla el Mendocino.

OTROS TRIBUTOS

Como artículos de necesidad más perentoria nos hallamos con las 10,025 cargas de leña al año, que tributaba Quahuacan, única que nos menciona el Mendocino que diera tal tributo, junto con

6,287 tablones grandes y 5,475 vigas grandes. Se hace difícil creer que a Tenochtitlan le bastara con esta sola tributación de leña y madera de Quahuacan. Tenemos que suponer que los pueblos de alrededor del Valle debieron subvenir a las necesidades de la ciudad en proporciones probablemente mayores. Esta es una de las omisiones que nos parece poder señalar al Códice Mendocino, aunque ahora no podamos aducir prueba alguna, sino hablar por mera deducción.

La región de Morelos era la que surtía a Tenochtitlan en papel.

Quauhnahuac contribuía anualmente con 16,000 pliegos, lo mismo que Huaxtepec. Lo cual da una cantidad anual de 32,000 pliegos de papel. Hay que hacer notar que en la transcripción en la traducción castellana del Mendocino, la palabra primitiva no era la de pliegos, sino la de resmas. Nos inclinamos a aceptar la corrección en resumen por pliegos por parecernos lógica, aunque no podamos aducir ninguna prueba en pro ni en contra. Es ya de bastante importancia que el traductor, siguiendo la forma española de contar el papel en grandes cantidades por resmas corrigiera después pliegos, que hay que suponer eran hojas.

Jícaras era otro producto que recibía también Tenochtitlan como tributo.

Tlachco tributaba por año:	5,475
Quauhnahuac, también por año:	4,000
Huaxtepec	4,000 lo que da una cantidad anual de 13,475 jícaras.

Y tecomates, *"en que beben cacao los señores"*.

Tlapan:	1,600 por año
Xoconochco:	1,600, también por año, lo que da la cantidad anual de 3,200 tecomates.

Y así como Quahuacan era la provincia especializada en tributar madera trabajada y en leña, Tepeacac lo estaba en "cañas de hacer flechas"; tributaba 36,500 cargas por año: para atlatls 18,250 cargas. La misma provincia era la que surtía mayormente a la capital en cal. Mandaba 18,250 cargas anuales. La otra provincia que también tributaba cal, según el Mendocino, era Atotonilco de Pedraza, que contribuía únicamente con 800 cargas anuales.

Quauhtitlan era el proveedor de los productos tales como los petates y los respaldos de enea: 8,000 petates anuales y 8,000 respaldos. Tepeacac contribuía, entre otras cosas, con 925 Cacaxtles, *"aparejos para llevar carga"*, por año.

Entre los productos que podríamos considerar como menos necesarios, e incluso suntuarios, el Mendocino nos da la relación siguiente:

COCHINILLA

Tlachquiauco:	Talegas al año	5
Coayxtlahuacan:	,, ,, ,,	40
Coyolapan:	,, ,, ,,	20
Total		65 Talg. p. año

OCAYETL, perfume para la boca:

Tepeacac, 36,500 cargas por año, equivalentes a 839,646 kg. tomando como base para hacer la reducción la carga de dos arrobas que utilizamos para las demás operaciones.

LIQUIDAMBAR: Tlatlauhquitepec, ocho mil panes o pellas cada seis meses que hacen 16,000 anuales y Tuchtepec 100 ollas anuales.

TECOCAHUITL: barniz amarillo para pintar el cuerpo:

Tepequacuilco:	5,475 jícaras por año.
Tlacocauhtitlan:	40 cazuelas por año.

COPAL, para hacer sahumerios:

Tlachco: canastillas por año	1,825
,, pellas, por año	36,500
Tepequacuilco: canastillas por año	1,825
,, pellas, por año	36,500

AMBAR

Xoconochco dos piezas del tamaño de un ladrillo cada seis meses.

CONCHAS DE MAR

Cihuatlan.	800 cada seis meses:	1,600 por año.

OBJETOS DE COBRE

Cascabeles: Quiauhteopan: 40 cada seis meses.
Hachuelas: Tepequacuilco: cien cada ochenta días, 450 al año.
Quiauhteopan: Ochenta cada seis meses: 160 al año.

PIEDRAS RICAS

Tuchpa: una pieza de piedras ricas por año. 2 discos de mosaico de turquesa.

Quiauhteopan: una cazuela chica de chalchihuites por año.
Yoaltepec: 10 máscaras de mosaico de turquesas. Un envoltorio grande con piedras.

SARTA DE PIEDRAS RICAS

Tepequacuilco	Al año	5
Tuchpa	,, ,,	1
Cuetlaxtlan	,, ,,	1
Tochtepec	,, ,,	3
Xoconochco	,, ,,	4
Coayxtlahuan	,, ,,	2

BEZOTES

Cuetlaxtlan bezotes de barriles esmaltados de azul y engastados en oro, por año 20
,, bezotes de ambar claro, guarnecidos con oro, por año 20
Tochtepec bezotes de ambar claro, guarnecidos con oro, por año 20
,, bezotes para civiles, con esmalte azul, guarnecidos con oro, por año 20
Xoconochco bezotes de ambar claro, con oro, por año ... 2

ORO

Tochtepec 1 rodela de oro; 1 diadema; 1 apretador para la cabeza, ancho de una mano, grosor de pergamino; 1 sarta de cuentas de oro.
Tlapan 10 tabletas de cuatro dedos de ancho, tres cuartos de vara de largo y espesor de pergamino.
Tlachquiauco 20 jícaras llenas de oro en polvo fino.
Coaxytlahuacan 25 jícaras de oro en polvo.
Coyolapan 20 tejuelos de oro fino, del tamaño de un plato mediano, grosor de un dedo pulgar.

Y para el final de esta parte expositiva de los tributos que recibía Tenochtitlan hemos dejado la mención de una, dos o tres águilas vivas que entregaban Xilotepec y Oxitipan, *"según lo que hallaban"* o *"según lo que podían tomar"*.

Se dijo antes en este trabajo que cabía la duda de si en el Códice Mendocino se relataba con toda fidelidad las clases y cantidades de tributos que pagaban las provincias conquistadas.

Aunque el objeto del trabajo no sea el de aclarar este punto queremos aducir una prueba, entre otras, que nos hace pensar que el objeto del Mendocino era el de dar una relación de aquello que parecía más fundamental, como la comida y el vestido, en primer lugar.

Por ejemplo, en el Epistolario de la Nueva España [7] hallamos que se refiere a tierras de Chalco la cita siguiente: *"Don Pedro, Gobernador viejo y principal de Mamalhuacan, subjeto de esta cabecera de Chimalhuacán y Diego Sánchez, viejo y principal del pueblo de Tepetixpan, subjeto desta dicha cabecera Bernardo de Santo Domingo, viejos y principales de Chimalhuacan, y don Juan, viejo y señor de un pueblo que se dice Tetéoc, y Martín Pablo, principal de Tepetixpan, todos seis preguntados dijeron... Este Moteczuma (en tiempos del cual llegó el marqués del Valle) les impuso otros tributos que antes no habían hecho porque los mandó que dos o tres veces en el año fueran a hacer los bailes y fiestas que ellos hacían, a México: item dos veces o tres en el año fueren a conquistar provincias... item que llevasen dos o tres veces al año piedra u arena y madera para los edificios que en México hacían...:"*

Ni los pechos personales ni esta tributación en piedra y arena constan en el Mendocino y, no obstante, viejos caciques de la región de Chalco, con motivo de una protesta ante el Virrey, por el exceso de tributos, en visita celebrada en 1554, recuerdan tributos que no son mencionados en el Códice estudiado. Los ejemplos podrían multiplicarse pero este no es el objeto.

[7] *Epistolario de la Nueva España.* vol. VII. p. 258.

3) DESCRIPCIÓN DEL MERCADO DE TLATELOLCO

Bernal Díaz del Castillo.

En extremo interesante es la descripción, muchas veces citada, que hace en su Historia *Bernal Díaz del Castillo acerca de lo que vio en el gran tianguis o mercado de Tlatelolco. A través de lo que consigna el cronista español puede percibirse un reflejo de la pujanza económica de los aztecas que tan valiosos productos reunían en ese mercado, objeto de tan grande admiración por parte de los soldados que acompañaban a Hernán Cortés.*[8]

Dejemos a Montezuma, que ya había ido adelante, como dicho tengo, y volvamos a Cortés y a nuestros capitanes y soldados, que, como siempre teníamos por costumbre de noche y de día estar armados, y así nos veía estar Montezuma cuando le íbamos a ver, no lo tenía por cosa nueva. Digo esto porque a caballo nuestro capitán con todos los demás que tenían caballo, y la más parte de nuestros soldados muy apercibidos, fuimos al Tatelulco. Iban muchos caciques que Montezuma envió para que nos acompañasen; y desde que llegamos a la gran plaza, que se dice el Tatelulco, como no habíamos visto tal cosa, quedamos admirados de la multitud de gente y mercaderías que en ella había y del gran concierto y regimiento que en todo tenían. Y los principales que iban con nosotros nos lo iban mostrando; cada género de mercaderías estaban por sí, y tenían situados y señalados sus asientos. Comencemos por los mercaderes de oro y plata y piedras ricas y plumas y mantas y cosas labradas, y otras mercaderías de indios esclavos y esclavas; digo que traían tantos de ellos a vender [a] aquella gran plaza como traen los portugueses los negros de Guinea, y traíanlos atados en unas varas largas con colleras a los pescuezos, porque no se les huyesen, y otros dejaban sueltos. Luego estaban otros mercaderes que vendían ropa más basta y algodón y cosas de hilo torcido, y cacahuateros que vendían cacao, y de esta manera estaban cuantos géneros de mercaderías hay en toda la Nueva España, puesto por su concierto de la manera que hay en mi tierra, que es Medina del Campo,

[8] Bernal Díaz del Castillo, *Historia verdadera de la conquista de la Nueva España*, 2 vols., Editorial Porrúa, México, 1955, vol. I, cap. XCII, pp. 277-279.

donde se hacen las ferias, que en cada calle están sus mercaderías, por sí; así estaban en esta gran plaza, y los que vendían mantas de *henequén* y sogas y *cotaras*, que son los zapatos que calzan y hacen del mismo árbol, y raíces muy dulces cocidas, y otras *rebusterías*, que sacan del mismo árbol, todo estaba en una parte de la plaza en su lugar señalado; y cueros de tigres, de leones y de nutrias, y de adives y de venados y de otras alimañas, tejones y gatos monteses, de ellos adobados, y otros sin adobar, estaban en otra parte, y otros géneros de cosas y mercaderías.

Pasemos adelante y digamos de los que vendían frijoles y chía y otras legumbres y yerbas a otra parte. Vamos a los que vendían gallinas, gallos de papada, conejos, liebres, venados y anadones, perrillos y otras cosas de este arte, a su parte de la plaza. Digamos de las fruteras, de las que vendían cosas cocidas, *mazamorreras* y malcocinado, también a su parte. Pues todo género de loza, hecha de mil maneras, desde tinajas grandes y jarrillos chicos, que estaban por sí aparte; y también los que vendían miel y melcochas y otras golosinas que hacían como nuégados. Pues los que vendían madera, tablas, cunas y vigas y tajos y bancos, todo por sí. Vamos a los que vendían leña, ocote, y otras cosas de esta manera. Qué quieren más que diga que, hablando con acato, también vendían muchas canoas llenas de yenda de hombres, que tenían en los esteros cerca de la plaza, y esto era para hacer sal o para curtir cueros, que sin ella dicen que no se hacía buena. Bien tengo entendido que algunos señores se reirán de esto; pues digo que es así; y más digo que tenían por costumbres que en todos los caminos tenían hechos de cañas o pajas o yerba, porque no los viesen los que pasasen por ellos; allí se metían si tenían ganas de purgar los vientres, porque no se les perdiese aquella suciedad. Para qué gasto yo tantas palabras de lo que vendían en aquella gran plaza, porque es para no acabar tan presto de contar por menudo todas las cosas, sino que papel, que en esta tierra llaman *amal*, y unos cañutos de olores con liquidámbar, llenos de tabaco, y otros ungüentos amarillos y cosas de este arte vendían por sí; y vendían mucha grana debajo los portales que estaban en aquella gran plaza. Había muchos herbolarios y mercaderías de otra manera; y tenían allí sus casas, adonde juzgaban, tres jueces y otros como alguaciles ejecutores que miraban las mercaderías. Olvidado se me había la sal y los que hacían navajas de pedernal, y de cómo las sacaban de la misma piedra. Pues pescaderas y otros que vendían unos panecillos que hacen de una como lama que cogen de aquella gran laguna, que se cuaja y hacen panes de ello que tienen un sabor a manera de queso; y vendían hachas de latón y cobre y estaño, y jícaras, y unos jarros muy pintados, de madera hechos.

Ya querría haber acabado de decir todas las cosas que allí se vendían, porque eran tantas de diversas calidades, que para que lo acabáramos de ver e inquirir, que como la gran plaza estaba llena de tanta gente y toda cercada de portales, en dos días no se viera todo. Y fuimos al gran *cu,* y ya que íbamos cerca de sus grandes patios, y antes de salir de la misma plaza estaban otros muchos mercaderes, que, según dijeron, eran de los que traían a vender oro en granos como lo sacan de las minas, metido el oro en unos canutillos delgados de los de ansarones de la tierra, y así blancos porque se pareciese el oro por de fuera; y por el largor y gordor de los canutillos tenían entre ellos su cuenta qué tantas mantas o qué *xiquipiles* de cacao valía, o qué esclavos u otra cualesquiera cosas a que lo trocaban.

Y así dejamos la gran plaza sin más verla y llegamos a los grandes patios y cercas donde está el gran *cu,* tenía antes de llegar a él un gran circuito de patios, que me parece que eran más que la plaza que hay en Salamanca, y con dos cercas alrededor, de calicanto, y el mismo patio y sitio todo empedrado de piedras grandes, de losas blancas y muy lisas, y adonde no había de aquellas piedras estaba encalado y bruñido y todo muy limpio, que no hallaran una paja ni polvo en todo él.

4) OTRA DESCRIPCIÓN DEL MERCADO

Toribio de Benavente (Motolinía).

El franciscano fray Toribio de Benavente (Motolinía) ofrece en sus Memoriales *otra descripción más general de los mercados indígenas. En ella alude a lo que fueron éstos antes de la conquista y señala asimismo lo que pudo contemplar en los años inmediatamente posteriores a la caída de Tenochtitlan. Debe recordarse que Motolinía llegó a México en 1524 o sea sólo tres años después de la derrota final de los aztecas.*[9]

De la dispusicion del lugar á do estos naturales contratan: de los asientos de cada oficio y mercaduria, y de la moneda que usaban para comprar y vender

Habiendo dicho de las cosas venales, conviene agora decir algo de la moneda, órden y lugar donde contratan estos naturales. El lugar adonde venden y compran llámanle *tiantiztli*, que en nuestra lengua diremos "mercado", para lo cual tenian hermosas y grandes plazas, y en ellas señalaban á cada oficio su asiento y lugar, y cada mercaduria tenia su sitio. Los pueblos grandes, que acá llaman cabecera de provincia tenian entre sí repartido por barrios las mercadurias que habian de vender, y ansí los de un barrio vendian el pan cocido, otro barrio vendia el *chilli*, los de otro barrio vendian sal, otros malcocinado, otros fruta, otros hortaliza, otros loza, otros podian vender *centli*: en esta lengua, cuando el pan se coje y todo el tiempo que está en mazorca, que así se conserva mejor y más tiempo, llámanle *centli*: despues de desgranado llámanle *tlaulli*: cuando lo siembran, desde nacido hasta que está en una braza, llámase *tloctli*: una espiguilla que echa antes de la mazorca en alto, llámanla *miyáuatl*: esta comen los pobres, y en año falto, todos.

Cuando la mazorca está pequeñita en leche muy tierna, llámanla *xílotl*: cocidas las dan como fruta á los señores. Cuando ya está formada la mazorca con sus granos tiernos, y es de comer, ahora sea cruda, ahora asada, que es mejor, ahora cocida, llámase *clotl*. Cuando está dura bien madura, llámanla *centli*, y

[9] Toribio de Benavente Motolinía, *Memoriales*, París, 1903, cap. XXII, pp. 326-330.

este es el nombre más general del pan de esta tierra. Los españoles tomaron el nombre de las islas, y llámanle maiz.

A una parte se vende el pan en mazorca y en grano, y cerca las otras semillas, ansí como frisoles, *chiyan,* que es como zaragatona, y sacan della aceite como de linaza, y usan de ella molida para sus brevajes, y con esta mezclan la semilla de los *xenixos* y bledos. Las aves están á su parte, los gallos por sí, y luego las gallinas y los lavancos, palomas y tórtolas y codornices á su parte. Tienen su lugar á do se venden las liebres y conejos y los venados cuarteados, y allí cerca los perrillos y *tuzas,* que son como pequeños conejos y andan debajo de tierra como topas. Tampoco se pierden los lirones ni los ratones grandes, y otras cosas de estas raleas de *avibus et reptilibus.* A otra parte se vende el pescado, que barren la laguna y arroyos hasta sacar los lombricillos y cuantas cosillas se crían en el agua. Críanse sobre el agua de la laguna de México unos como limos muy molidos, y á cierto tiempo del año que están más cuajados, cójenlos los indios con unos redejoncillos de malla muy menuda, hasta que hinchen los acales ó barcas dellos, y á la ribera hacen sobre la tierra ó sobre arena unas eras muy llanas con su borde de dos ó tres brazas en largo y poco menos de ancho, y échanlos allí a secar: echan hasta que se hace una torta de gordor de dos dedos y en pocos días se seca hasta quedar en gordor de un ducado escaso; y cortada aquella torta como ladrillos anchos, cómenlo mucho los indios y tienense buenos. Anda esta mercaduría por todos los mercaderes de la tierra, como entre nosotros los que son de la salsa de los indios, es bien sabroso, tiene un saborcillo de sal, y creo especialmente que a este cebo vienen á esta laguna de México grandísima multitud de aves de agua, y son tantas, que por muchas partes parecen cuajar la agua: esto es en el invierno, en el cual tiempo los indios toman muchas aves destas, y tambien se venden muchas por los mercados y bien barato, que como son de agua, no son muy sabrosas.

Véndese en estos mercados mucha ropa, que es el trato principal: la más de ella es de algodon; tambien hay mucha de *metl* y de las hojas de un género de palmas hacen unas mantas gruesas, de que los españoles hacen mantas. De las medicinables [plantas] con las cuales curan muy naturalmente y en breve, ca tienen hechas sus experiencias, y de esta causa han puesto á las yerbas el nombre de su efecto y para que es apropiada. A la yerba que sana el dolor de la cabeza llámanla medicina de la cabeza; á la que sana del pecho llámanla del pecho; á la que hace dormir llámanla medecina del sueño, añadiendo siempre yerba, hasta la yerba que es buena para matar los piojos. Y cerca destas hay otras [cosas que venden como] seda de pelo de conejo en lana y en madejas tenían de todas colores, y lo mismo de hilo de algodon estos venden tambien las colores: otros venden rosarios de palo y de hueso y de piedra de diversas colores que son joyezuelas que se echan al cuello y á las muñecas, y véndese piedra alumbre, aunque no purificada; pero es tan buena la de esta tierra, que sin la beneficiar hace mucha operacion, é hay muchas tierras y montes de alumbres, unos buenos y otros mejores.

Véndese en estos mercados madera, las vigas por sí y cerca la tablazón y las latas, y a su parte leña. A otra parte venden plumajes y pluma de muchas colores, oro, plata, estaño, y herramientas de cobre, y *cacáuatl;* finalmente se vende en estas plazas cuantas cosas cría la tierra y el agua, que los indios pueden haber, y todas son moneda, é unas truecan por otras. Verdad es que en unas provincias y tierras se usa más una cosa por moneda que otra. La moneda que más generalmente corre por todas partes son unas como almendras que llaman *cacauatl.* En otras partes usan más unas mantas pequeñas que llaman *patol coachtli:* los españoles, corrompiendo el vocablo, dicen *patoles coacheles.* En otras partes usan mucho de unas monedas de cobre cuasi de hechura de *tau*, de anchor de tres ó cuatro dedos, delgadas, unas más y otras menos. Adonde hay mucho oro tambien traen unos cañutillos de oro, é ya andan entre los indios muchos tostones de á dos y tres y cuatro reales, y á todos los llaman *tomines;* pero muy bien saben cada toston de cuantos *tomines* es.

5) TRIBUTOS Y RIQUEZAS QUE ENTRABAN EN TENOCHTITLAN

Fray Diego de Durán

En su obra Historia de las Indias de Nueva España *dedica fray Diego de Durán un capítulo al tema "de los grandes tributos y riquezas que entraban en México de las provincias y ciudades que, por vía de guerra, habían sujetado".*[10]
Al igual que en otros lugares de esta obra, alude el autor a una "Historia mexicana" o sea a un texto indígena del que tomó las informaciones que ofrece. Aquí reúne diversas noticias de sumo interés para el estudio de la economía azteca. Se refieren éstas principalmente a los múltiples tributos que afluían a Tenochtitlan, provenientes de las distintas provincias dominadas.

De los grandes tributos y riquezas que entraban en México de las provincias y ciudades que, por vía de guerra, habían sujetado

La historia mexicana hace en este lugar una digresión y particular memoria de los grandes tributos y riquezas que entraban en la ciudad de México y con que servían a los que con su trabajo y sudor iban a las guerras y derramaban su sangre por el aumento de sus personas y por honra de su rey y defensa de su patria. Y hace particular memoria de los que, como principales causas del engrandecimiento de su república y de haber sujetado tantas ciudades y provincias y tantos géneros de gentes y naciones, como valerosos y valientes capitanes, eran (de) estos tributos reales participantes. Y nómbralos por sus nombres, por la grandeza de sus hechos, como en Francia los Doce Pares, o como en España, el Cid, Bernardo del Carpio, el Conde Fernán González, Diego García de Paredes, u otros valientes y valerosos varones, de cuya destreza y valentía están las escrituras llenas.

A la misma manera, la historia cuenta y dice los valerosos varones que por grandeza y valentía y por los grandes y excesivos trabajos que padecieron y sufrieron en ganar y sujetar a Azcaputzalco, a Cuyuacan, la provincia de Xuchimilco, a Cuitlahuac, a Colhuacan, a Chalco, y a la provincia de Tezcuco, y a Tepeaca y a Ahuilizapan, y a Cuetlaxtlan con toda su provincia, a Coaix-

[10] Diego de Durán, *Historia de las Indias de Nueva España e Islas de Tierra Firme*, 2 vols., México, 1867-1880, vol. I, cap. XXV.

tlahuacan y toda la provincia mixteca, la provincia de Poctla, Guaxaca, Tecuantepec, Xoconochco y Xolotla, Amaxtlay Xochtla, Izhuatlan, Cuextlan, Tziuhcoac, Tozapan, Tochpan, Matlatzinco, Toluca, Mazahuacan, Xocotitlan y Chiapan, Xiquipilco, Cuauhuacan, Cillan.

Todos estos pueblos y provincias y ciudades populosas vencieron y desbarataron los valerosos varones que aquí nombraré, que son el gran Tlacaelel, Cuatlehuatl, Tlacahuepan, Tlatolzaca, Epcoahuatl, Tzompantli, Huehue Motecuhzoma, Huehue Zaca, Citlalcoatl, Aztacoatl, Axicyo, Cuauhtzitzimitl, Xiconoc, por cuya causa fue México engrandecido y temido y reverenciado y el nombre mexicano servido y acatado.

Y éstos empezaron y dieron principio a las guerras para ser subidos, como lo fueron, y a quien daban grandes riquezas y tributos. Conviene a saber: gran cantidad de oro, así en polvo como en joyas; gran cantidad de piedras verdes de hijada y de piedras de cristal y cornerinas y de sangre, piedras de ámbar, y de mil géneros de piedras: que aquesta gente es aficionada en gran manera, y así su principal idolatría siempre se fundó en adorar estas piedras, juntamente con las plumas, a las cuales llamaban "sombra de los dioses".

Y de estas plumas tributaban gran cantidad, de todo género de plumas, de todas colores: verdes, azules, coloradas, amarillas, moradas, blancas y entreveradas. Cacao sin número: algodón, grandísima cantidad de fardos, así de lo blanco, como de lo amarillo.

Mantas, que era cosa de espanto. De ellas, de a veinte brazas; de ellas de a diez, de ellas de a cinco y a cuatro y a dos brazas, conforme a como cada provincia podía. Mantas de señores, riquísimas, de diferentes labores y hechuras, tan ricas y tan vistosas, que unas tenían grandes azanefas, labradas de colores y plumería; otras, grandes escudos; otras tenían cabezas de sierpes, otras de leones, otras, de figuras del sol. Otras tenían pintadas calaveras, cerbatanas, ídolos: todos labrados de hilo de diversas colores y matizados de plumas de patos y ansarones. de la pluma menudita y muelle, muy vistosas y curiosas.

Porque, aunque en esta tierra no tenían seda, en la ropa de algodón labrada y pintada hubo gran curiosidad y lindeza, pulideza y galanía. Juntamente las mantas de nequén que los chichimecas tributaban, delicadísimamente labradas y pintadas de colores, en ellas escudos con águilas doradas y con otras mil armas y divisas en ellas, y de éstas, muchas y gran cantidad.

Pájaros vivos tributaban estas naciones a los mexicanos, de los más preciados y de ricas plumas; unos, verdes; otros, colorados; otros, azules; papagayos, grandes y chicos, y de todo género de aves galanas y pintadas, águilas, buharros, gavilanes, cernícalos, cuervos, garzas, ánsares, ansarones grandes.

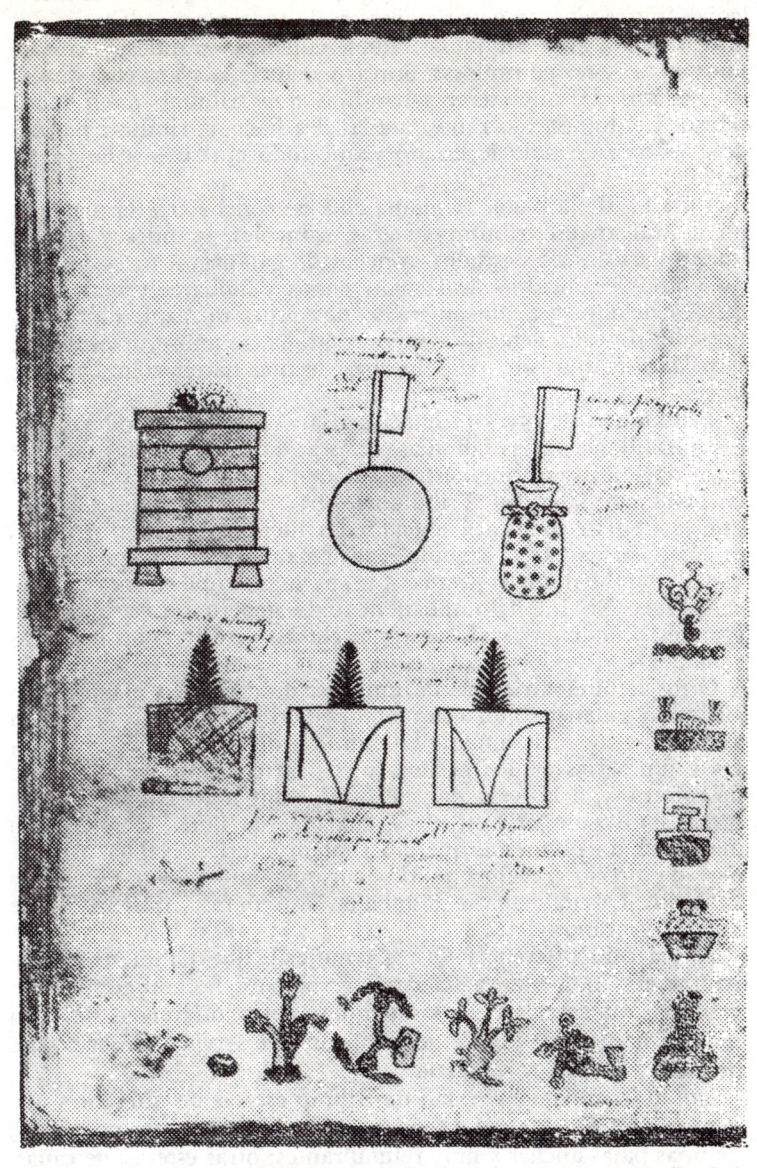

Matrícula de tributos, códice azteca conservado en el Museo Nacional de Antropología, México. Se representan aquí diversos tributos pagados por varios pueblos de la región central de México.

Animales campesinos de todo género: de ellos, les tributaban leones, tigres vivos, y gatos monteses; de todo género de animales bravos; los traían en jaulas. Pues, culebras, grandes y chicas; ponzoñosas y no ponzoñosas, bravas y mansas... ¡Era cosa de ver los géneros de culebras y sabandijas que tributaban en ollas! ¡Hasta cientopiés, alacranes, arañas, les hacían tributar, haciéndose señores de todo lo criado y que todo era suyo y les pertenecía!

¿Pues los de la costa? Ninguna cosa de concha cría la mar que no la traigan en tributo: veneras, caracoles, grandes y chicos; huesos curiosos de pescados, conchas de galápagos, tortugas, chicas y grandes; piedras de la mar, perlas y ámbares y berruecos; colores de almagra, de amarillo, de verde, de azul, morado y presado; de todo género de colores, grana, alumbre, *nacazcolotl*, *zacatlaxcalli*, que son unas hierbas de que hacen color, aceche, brasil.

Tributaban de otras provincias jícaras hondas, grandes y chicas, unas llanas, otras labradas, otras doradas y pintadas de ricas y curiosas pinturas, que hasta el día de hoy duran, y las hay muy curiosamente labradas. Tributaban otras jícaras grandes y llanas, que las tenían como acá tenemos las fuentes de plata, o platos grandes para sacar la comida a la mesa y para dar aguamanos. Daban también unas jícaras con sus asas, muy curiosas, como calderetas. En fin, tributaban de todo género de estas jícaras, grandes y medianas, y chicas y más chicas, de diferentes hechuras y maneras y modos y colores.

Otros tributaban ropas de mujeres, de camisas y naguas, tan curiosas y galanas como a su modo podían hacer, llenas de anchas azanefas, muy curiosamente labradas de diversas colores y pinturas y plumerías en los pechos, anchas armas pintadas, con hilo de colores, y, a las espaldas, en otras, ponían rosas labradas; en otras, águilas imperiales; otras, cuajadas de flores labradas, tan matizadas de plumería, que era contento verlas. Naguas riquísimas de precio y valor, tejidas curiosamente y con excelentes artificios. La cual ropa se gastaba en las señoras y mujeres de los señores y grandes.

Había otra diferencia de ropa mujeril, que también tributaban, y era toda blanca, la cual servía para las mujeres, mozas y viejas, que servían en los templos. Otra diferencia de ropa mujeril había, que era de nequén, con que servían las serviciales de casa y a éstas se repartía.

De otras provincias traían de tributo esteras de diferentes maneras y pinturas; de palma, unas; otras, de juncos marinos; otras, de unas pajas anchas y muy relumbrantes; otras esteras, de cañas; otras, de juncos de la laguna. Juntamente tributaban asentaderos de la misma materia que las esteras, y espaldares, muy pintados y muy galanamente obrados.

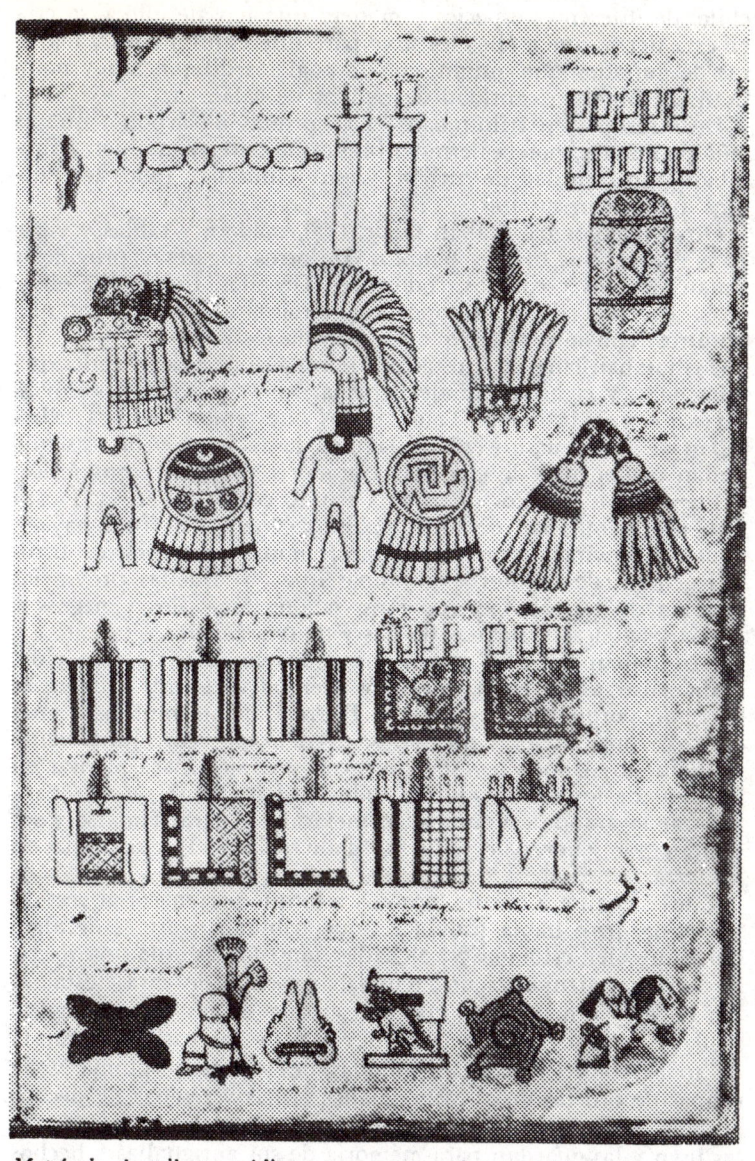

Matrícula de tributos, códice azteca conservado en el Museo Nacional de Antropología. Se representan aquí los tributos pagados por siete pueblos de la región de Tlapacoya.

De otras provincias tributaban maíz y frijoles, chía, *huauhtli*, chile, de diferentes especies y manera que hay de ello y se cría en esta tierra, que a ellos les sirve para diferentes modos y maneras de guisados que guisan, con lo cual los diferencian y nombran. Tributaban cantidad de pepitas de calabaza.

De otras partes, tributaban leña, cortezas de árboles, que es leña de señores, por la hermosa brasa que hace, y también tributaban gran cantidad de carbón, y esto tributaban todos los pueblos que tenían montes.

Otros pueblos tributaban piedra, cal, madera y tablas y vigas para edificar sus casas y templos. De otros lugares y provincias traían venados y conejos, codornices. De ellos, frescos; de ellos, en barbacoa. Tributaban topos, comadrejas, ratones grandes, que nosotros llamamos ratos, que se crían en los montes.

Tributaban langostas tostadas y hormigas, de éstas grandes que crían alas, y cigarras grandes, chicharras, y de todas las sabandijas que cría la tierra. También los que tenían lagunas tributaban de todo cuanto cría la laguna, hasta lama y moscas que andan por encima de ella, hasta aradores de agua y gusanillos.

Pues en los pueblos que había frutas, como era en la Tierra Caliente, tributaban de todos cuantos géneros de fruta hay en aquellas provincias: piñas, plátanos, anonas, mameyes, de otros mil géneros de zapotes, y golosinas que en aquellas provincias se crían de guayabas, peruétanos, zapotes amarillos y negros y blancos, aguacates, batatas de dos y de tres géneros.

Tributaban de estas provincias, todos los días de esta vida, grandes cargas de rosas, hechas y aderezadas de mil diferencias de rosas, porque las hay en esta Tierra Caliente muchas y muy olorosas, unas mejores que otras, de delicado olor. Juntamente traían de los árboles de estas rosas con sus raíces para plantar en las casas de los señores, y esto todo era tributo no más de para mostrar la grandeza y autoridad mexicana y para llamarse y ser tenidos por señores de todo lo criado, así en el agua como en la tierra.

Esto es cuanto a lo que tocaba y a lo que pertenecía al vestido y comida, pero había provincias que tributaban armas de algodón, muy bien estofadas y colchadas, tan tupidas, que una flecha ni una vara arrojadiza no las pasaba; rodelas de varas tostadas, tan recias y tan tupidas, que una espada no les hacía ninguna mella. Estas rodelas, por la haz, eran muy galanas de plumería de todas colores, en ellas pintadas de la misma pluma y de chapas de oro bruñido. Muy galanas armas y reseñas de hechos antiguos y de ídolos y de sus señores antiguos, que aun hoy día las usan y las guardan para memoria de sus antiguallas y hechos pasados y señores.

Tributaban arcos grandes y gruesos; flechas de diversos géneros y maneras. Tributaban piedras redondas, muy bien labradas para las hondas, y hondas de nequén sin número; navajas blancas y negras para espadas; pedernales para puntas de flechas y dardos.

En fin, imagínese todo lo que se puede imaginar que en esta tierra podrá haber que tanto se tributaba a México. Hasta panales de miel y las mismas abejas en sus colmenas; grandes cántaros de miel blanca y de esotra prieta; resina de los árboles, tea para alumbrar; tizne para tiznarse y embijarse. Y las provincias que carecían de bastimentos, ropa y de todo lo dicho, tributaban mozas, muchachas y muchachos, las cuales repartían entre sí los señores, y aquellos llamaban "esclavas" y, así, casi todas las tomaban por mancebas y éstas parían y son los hijos de esclavos que algunos dicen. En sus pleitos pretensiones, cuando más no pueden, salen y acotan con decir: "Era hijo de esclava." Y son los que parían estas mancebas que tributaban algunos pueblos antiguamente.

Todos estos tributos que aquí he contado y muchas cosas más que la historia pone así en confuso, debajo de una generalidad que incluye y cifra todas las cosas criadas, tributan las provincias, ciudades, villas y pueblos de la tierra al rey de México.

Y la causa que pone para que hubiese obligación de tributar, dice de esta manera: Tributaban las provincias todas de la tierra, pueblos, villas y lugares, después de ser vencidos y sujetados por la guerra y compelidos por ella, por causa de que los valerosos mexicanos tuviesen por bien de bajar las espadas y rodelas, y cesasen de los matar, a ellos y a los viejos y viejas y niños, por redimir sus vidas y por evitar la destrucción de sus pueblos y menoscabos de sus haciendas.

A esta causa se daban por siervos y vasallos de los mexicanos, y les tributaban de todas las cosas criadas debajo del cielo: de oro, plata, joyas, piedras, plumas, armas, mantas, cacao, algodón, maíz, frijoles, *huauhtli*, pepitas, chile de todo género, harina de todas semillas, petates, asentaderos, leña, carbón, loza de todo género, cotaras, piedras, madera, cal, caza de todo género, gallinas, volatería, águilas, leones, tigres, gatos monteses, de todo género de animales, bravos y domésticos; cueros de animales, curados y ricos; culebras grandes y chicas, bravas y mansas; pescados frescos y en barbacoa.

De todo tanta cantidad que no faltaba día de esta vida que no entrara en la ciudad de México gente forastera, con gran cantidad de todas estas cosas, así de provisión, como de riqueza, para el rey y para los grandes señores, lo cual ganaron con su sudor y trabajo y con la fuerza de su pecho y de su cabeza y brazo, sujetando todas las naciones y trayéndolas en perpetua esclavonía y servidumbre. El cual ejercicio y oficio les dejó el dios Huitzilopochtli, prometiéndoles su favor y ayuda.

INTERPRETACIONES DE DISTINTOS HISTORIADORES

1) EL COMERCIO EN EL MÉXICO ANTIGUO

Francisco Javier Clavijero [11]

En el mismo libro en que trata Clavijero acerca de las instituciones políticas y sociales de los aztecas, dedica varios capítulos al comercio y a los reglamentos de éste, a la práctica de los viajes de los pochtecas, *a los signos cambiarios y a otros asuntos relacionados con diversas transacciones que podían tener lugar. Las páginas que aquí se incluyen son muestra de la claridad y precisión con que Clavijero supo exponer los resultados de su investigación acerca de varios aspectos de la economía en el pasado indígena.*

Comercio

El comercio de los mexicanos en la tierra de Anáhuac comenzó desde su primer establecimiento en el lago en que fundaron después su ciudad. El pescado que cogían y las esteras que tejían de la enea que lleva el mismo lago, permutaban por maíz para su sustento, por algodón para su vestido y por piedras, cal y madera para sus edificios. A proporción del poder que adquirían con sus armas, se aumentaba y extendía su comercio; y limitándose al principio a los contornos del lago, se propagó después hasta las más remotas provincias. Eran infinitos los mercaderes mexicanos que giraban de mercado en mercado por todas las provincias del imperio, sacando efectos de cada lugar para permutarlas en otro con ventajas. Adquirían en otros lugares algodón en capullo, pieles crudas, piedras preciosas y otros materiales, y llevándolos a México les daban en sus manufacturas todo el beneficio y labor de que eran capaces para hacer con ellos nuevas y ventajosas permutas. En todos los lugares del imperio mexicano y de toda la tierra de Anáhuac había mercado todos los días; pero el mayor y general, era cada cinco días. Los lugares poco distantes entre sí tenían este célebre mercado o feria en distintos días para no perjudicarse el uno al otro. En la capital

[11] Francisco Javier Clavijero, *Historia Antigua de México*, Editorial Porrúa, 1945, vol. II, pp. 280-290.

se celebraba en los días 3, 8, 13 y 18 de cada mes que eran los que tenían los caracteres principales de la caza, del conejo, de la caña y del pedernal.

Para dar alguna idea de estos mercados tan celebrados por los historiadores de aquel reino, bastará decir lo que era el de la capital. Este hasta el tiempo del rey Axayácatl se había tenido a lo que parece en una plaza que había delante del palacio real; pero después que Tlatelulco entró en la corona de México, se pasó a aquella nueva parte de la gran capital. La plaza de Tlatelulco era, según testifica Cortés, dos veces mayor que la de Salamanca [12] cuadrada y rodeada toda de pórticos para la comodidad de los comerciantes. Cada renglón de comercio tenía su puesto señalado por los intendentes del mercado. En un puesto se vendían las cosas de oro, plata y piedras preciosas, en otro las obras de pluma, en otro los tejidos de algodón y así de lo demás y a nadie se le permitía mudar de lugar; y por si no cabían en aquella gran plaza todas las cosas venales sin embarazar a los comerciantes, había la providencia de que las cosas de mayor volumen como vigas, piedras y semejantes, se quedaran en las calles o acequias inmediatas. El número de los contratantes que diariamente concurrían a aquella plaza, era según depone el mismo Cortés, de más de 50,000.[13]

Las cosas que allí se vendían eran tantas y tan varias, que los historiadores que las vieron, después de hacer una larga y prolija enumeración, concluyen diciendo que es imposible expresarlas todas. Yo procuraré decirlas en pocas palabras para excusar la molestia de los lectores. Lo que se llevaba a vender y a permutar al mercado era de cuanto había en el imperio mexicano y en las provincias y reinos vecinos [14] que pudiese servir a las necesidades de la vida, a la comodidad y regalo, a la vanidad y a la curiosidad de los hombres; innumerables especies de animales así muertos como vivos; todo género de comestibles usados en aquella tierra, todos los metales y piedras preciosas allí conocidas, todos los simples medicinales y hierbas útiles, resinas, aceites y tierras minerales y todo género de obras y manufacturas de

---

[12] En las ediciones que he visto de las *Cartas de Cortés* se hace decir a este conquistador que la plaza de Tlatelulco era dos veces mayor que la ciudad de Salamanca, debiendo decir que la de la ciudad de tal nombre.

[13] Aunque Cortés dice que cotidianamente concurrían al mercado más de 50,000 parece que debe entenderse del mercado grande de cada cinco días, porque el Conquistador Anónimo que habla con más distinción, dice que diariamente concurrían de 20,000 a 25,000 y en los mercados grandes de 40,000 a 50,000.

[14] Quien leyere la descripción que hacen del mercado Cortés, Bernal Díaz y el Conquistador Anónimo, reconocerá que no hay exageración alguna en lo que digo.

pita, de algodón, de pluma, de pelo de animales, de madera, de oro, de plata, de cobre y de piedra. Vendíanse también esclavos y aun canoas enteras de excremento humano para curtir las pieles de animales. En una palabra, vendíase en aquella plaza cuanto podía venderse en toda la ciudad; porque a excepción de los comestibles que había venales en otros mercadillos de la ciudad, ninguna cosa se vendía fuera de la plaza del gran mercado. Allí concurrían los alfareros y los lapidarios de Cholula, los plateros de Azcapotzalco, los pintores de Tezcoco, los estereros de Quauhtitlan, los ramilleteros de Xochimilco, los pescadores de Cuitlahuac, los cazadores de Xilotepec y los canteros de Tenayuca.

Moneda

El comercio no se hacía solamente por vía de permuta como han publicado varios historiadores, sino también por rigurosa compra y venta. Tenían cinco especies de moneda que servía de precio a sus mercaderías. La primera era una especie de cacao distinto del que ordinariamente empleaban en sus bebidas, el cual circulaba incesantemente de mano en mano, como entre nosotros el dinero. Contaban el cacao por *xiquipiles* (cada *xiquipilli* eran, como ya dijimos, 8,000) para ahorrarse la molestia de contar cuando la mercadería era de mucho valor, contaban por cargas, regulando cada carga, que era por lo común del peso de dos arrobas por 3 *xiquipiles* o 24,000 almendras. La segunda especie de moneda eran ciertas pequeñas mantas de algodón que llamaban *patolquachtli*, casi únicamente destinadas para adquirir las mercaderías que habían menester. La tercera especie era el oro en grano o en polvo encerrado en cañones de ánsares que por transparencia dejaban ver el precioso metal que contenían y subían o bajaban su valor según su grandeza y amplitud. La cuarta que más se acercaba a la moneda acuñada, era de ciertas piezas de cobre en forma de T, que se empleaba en cosas de poco valor. La quinta finalmente de que hace mención el conquistador Cortés en su última carta al emperador Carlos V, era de ciertas piezas útiles de estaño. Esta moneda creo que era sellada por la razón que daré en mis *Disertaciones*. Vendíanse y permutábanse las mercaderías por número y medida; pero no sabemos que se sirviesen del peso, o fuese porque lo creyeron expuestos a fraudes, como dijeron algunos autores, o porque no les pareció necesario como escribieron otros, o por ventura lo usaron y los españoles no alcanzaron a saberlo.[15]

[15] Gomara dice que lo más cierto es que los mexicanos no usaron de peso por ignorancia; pero no es verosímil que una nación que tanto adelantó sus conocimientos ignorase el modo de discernir el peso de las cosas, habiéndolo alcanzado otras naciones de menos industria y cultura, como

407

Reglamentos sobre el comercio

Para evitar todo fraude en los contratos y todo desorden en los contratantes, había varios inspectores que giraban incesantemente por el mercado, observando cuanto pasaba, y un tribunal de comercio que residía en una de las casas de la plaza, compuesto de 12 jueces únicamente destinados a juzgar de las diferencias de los mercaderes y de los delitos que allí se cometían. De todo lo que se introducía en el mercado se pagaba un tanto de derechos al rey, el cual se obligaba de su parte a administrarles justicia y a indemnizar sus personas y bienes. Rara vez se veía un hurto en el mercado por la vigilancia de los ministros reales y el rigor con que inmediatamente se castigaba. Pero ¿qué mucho que el hurto se castigase, si aun otros desórdenes menores no se perdonaban? El laborioso y sinceísimo P. Motolinía depone como testigo ocular que habiendo dos mujeres una rencilla en el mercado de Tetzcoco y propasándose una de ellas hasta poner en la otra las manos y sacarle sangre, con asombro del pueblo que no estaba acostumbrado a ver semejante exceso en aquel lugar, fue inmediatamente condenada a muerte por el escándalo. Todos los españoles que asistieron a estos mercados los celebraron con los más encarecidos elogios y no hallaron palabras con que ponderar el orden admirable y bella disposición que había entre tanta muchedumbre de mercaderes y de mercaderías. Los mercados de Tetzcuco, Tlaxcala, Cholula, Huexotzinco y demás lugares grandes, eran en la misma forma que el de México. Del de Tlaxcala dice Cortés que concurrían todos los días más de 30,000 contratantes.[16] Del de Tepeyacac, que no era de las mayores ciudades, testifica el citado Motolinía haber averiguado, como ya insinuamos en otro lugar, que 24 años después de la conquista, cuando ya había descaecido el comercio de aquellos pueblos, no se vendían cada cinco días menos de 8,000 gallinas europeas en aquella plaza, y que otras tantas se vendían en el mercado de Acapetlayocan.

Práctica de los viajes de los mercaderes

Cuando los mercaderes tenían que hacer algún largo viaje hacían convites a los veteranos de su profesión que ya por su

confiesa el mismo autor, y habiéndose hallado en una de ellas una especie de romana para pesar el oro. Cuántas cosas de los antiguos americanos ignoramos, por no haberse hecho a su tiempo las convenientes averiguaciones.

[16] Los 30,000 contratantes que dice Cortés que concurrían todos los días en el mercado de Tlaxcallan, deben, a lo que me parece, entenderse de los que concurrían al gran mercado de cada cinco días, como dijimos del de México.

edad estaban imposibilitados de viajar, y a sus propios parientes, y les exponían su intento y el motivo de ir a tan remotos países, que era el de adelantar la hacienda que habían heredado de sus padres. Los convidados le alababan su resolución y lo alentaban a seguir con fortaleza las huellas de sus mayores, especialmente si era aquel el primer viaje que emprendían; representábanle los trabajos que le esperaban, excitábanlo a tolerarlos por el bien de su familia y aconsejábanlo que en el camino invocase frecuentemente a su dios, que no omitiese las penitencias que acostumbraban los mercaderes y que respetasen y obsequiasen a los veteranos. Hacían ordinariamente estos viajes en caravanas para su mayor seguridad; llevaban cada uno un báculo negro y liso, que según decían era la imagen de su dios Iyacateuctli, con la cual se creían seguros en los peligros del camino. Luego que llegaban a alguna posada juntaban y ataban los báculos y les tributaban culto, y a la noche por dos o tres veces se sacaban sangre en honor de su dios. Todo el tiempo que el mercader estaba ausente de su casa, su mujer e hijos no se lavaban la cabeza aunque se lavasen el cuerpo, sino de 80 en 80 días, así para mostrar la pena de su ausencia, como para alcanzar con ese género de penitencia la protección de sus dioses. Cuando alguno de los mercaderes moría en el viaje, enviaba la nueva derechamente a los mercaderes ancianos de su lugar, y estos la participaban a sus domésticos, los cuales hacían luego de pino una informe estatua del difunto y practicaban con ellas las ceremonias que harían con el cadáver.

Caminos, puentes, barcas, albergues

Para comodidad de los mercaderes y demás viajantes había caminos públicos que tenían cuidado de aderezar todos los años después de las aguas; había en los montes y despoblados casas destinadas para su alojamiento, y en los ríos barcos, balsas y puentes. Los barcos eran como los de la laguna de México, unas grandes artesas con remos pero sin quilla ni velas. Las balsas (que así las llaman en aquel reino) eran unos tabladillos cuadrados de otates o cañas sólidas bien atadas sobre unos calabozos. Sobre esta máquina se sentaban los pasajeros, y eran conducidos de la una a la otra parte del río de uno, dos, o más nadadores que asían con una mano de un ángulo de la máquina y con el otro brazo nadaban. Los puentes eran de piedra, de vigas o de redes. Los de piedra eran a lo que parece, muy pocos. Las redes que allí nombran hamacas eran unos tejidos de bejucos (ciertas cuerdas naturales muy fuertes que allí se crían) cuyas extremidades ataban a los árboles de una y otra ribera, quedando casi en la forma de un columpio. Así las hamacas como las balsas se usan hasta hoy en algunos ríos distantes de la capital. Los españoles se sirven de las balsas y yo pasé en ellas un gran río en la provincia de Xicayan; pero no se atreven, y con razón, a usar de las hamacas. Los indios pasan por ellas con tanta serenidad de ánimo como si fueran por un puente de piedra. Yo vi con asombro en el río de Tonalla de la Mixteca pasar un indio sin temor alguno ni de las oscilaciones que hacía la hamaca ni del ímpetu de la corriente que veía debajo de sus pies.[17] En la antigüedad poco necesitaban de semejantes puentes los mexicanos por ser todos tan diestros nadadores, si no era cuando la rapidez de la corriente o el peso de la carga que llevaban no les permitía pasar a nado.

No sabemos que los mexicanos tuviesen algún comercio marítimo; porque aunque tenían muchos barquillos así en el Seno Mexicano como en el Mar del Sur, eran todos, a lo que parece, de pescadores. Donde había mucho comercio por agua era en la laguna de México. La piedra y madera para los edificios la tenía en gran parte, el pescado y mucha parte de las semillas, legumbres, frutas y flores, se conducía por agua. El comercio con Tetzcuco, con Xochimilco, con Cuitlahuac, con Chalco y con otras ciudades situadas sobre la laguna, se hacían por agua, para lo cual había en dichos lagos, según deponen varios autores, más de 50,000 canoas de diferente magnitud.

Hombres de carga

Todo lo que no se transportaba por agua se llevaba a cuestas, para lo cual había infinita gente destinada a la carga que llamaban *tlamama* o *tlameme*. Acostumbrábanse desde niños a ese ejercicio en que debían emplearse toda su vida. La carga era solamente de unas dos arrobas y la jornada de cinco leguas; pero hacían con ella viajes de 80 y 100 leguas, frecuentemente por montes y quebradas asperísimas. Estaban necesitados a esta intolerable fatiga por faltarles las bestias de carga, y aun hoy que abundan tanto esos animales en aquella tierra se ve frecuentemente a los mexicanos hacer largos viajes con una buena carga a las espaldas. Transportaban el algodón, el maíz y otras cosas en un *petlacalli* que era una caja tejida de cierta especie de caña y cubierta de cuero, que siendo ligera defendía suficientemente la mercadería de las injurias del sol y del agua. Son muy usadas hasta hoy estas cajas a las cuales dan los españoles el nombre alterado de petacas, el cual ha sido adoptado por la Academia Española, como otros varios de la lengua mexicana.

---

[17] Algunas de estas hamacas tienen tan tirantes y fuertes los bejucos que poco o nada ondean y todas tienen sus pasamanos de la misma materia.

2) COMERCIO Y FORMAS DE PRODUCCIÓN

Manuel Orozco y Berra [18]

Apoyado sobre todo en los testimonios recogidos por los principales cronistas españoles, elaboró Orozco y Berra el cuadro que aquí se ofrece acerca de los mercados y el comercio prehispánicos en general. Particularmente interesantes son los datos que asimismo reunió en torno a las formas de producción y artesanías. Entre otras cosas se ocupó así del trabajo de los metales, principalmente oro, plata y cobre.

Había mercados particulares para ciertos objetos. En el de Cholollan se trataban joyas, piedras finas y plumas; en Texcoco ropas, jícaras y loza. El mercado de los perros estaba en Aculma, y subsistió algunos años después de la conquista. Reunían allí los mercaderes perros de todas clases, para gusto, para sacrificar a los dioses y para acompañar a los difuntos.[19] La carne de este cuadrúpedo, ya casi extinguido hoy, servía de alimento a los pueblos de Anáhuac.

Los puchteca, propiamente eran los mercaderes del comercio por mayor; el comercio al menudeo, destinado a la venta de los artefactos y al abasto de las poblaciones, tenía lugar en todos los pueblos de cierta importancia. Eran afamados los mercados de México, Texcoco, Tlaxcalla, Cholollan, Tepeyácac, Huexotzinco, Xochimilco y otros, rebajando en importancia en relación al número de habitantes y a su habilidad para las artes. El *tianquiztli* estaba colocado en los pueblos delante o a un lado del teocalli; cercado de tapia, con sus entradas correspondientes; en cada uno había un *momoztli* no muy alto, terminado por una piedra redonda del tamaño de una rodela, labrada con la figura del sol y algunos otros signos: encima se colocaba la efigie del dios de los mercados, a cuyo pie venían las trajinantes a dejar en ofrenda algo de lo que traían, recogido y aprovechado después por los sacerdotes. La feria o mercado tenía

---

[18] Manuel Orozco y Berra, *Historia antigua y de la conquista de México*, edición preparada por Angel Mª Garibay K., y Miguel León-Portilla, 4 vols., Editorial Porrúa, México, 1960, t. I, pp. 234-240.
[19] Durán, *Historia de las Indias*, segunda parte, cap. XX. MS.

lugar en cada población en periodo de cinco en cinco días, llamándoles por eso *macuiltianquiztli;* cada lugar tenía señalada la comarca que a él debía acudir, compuesta de todos los pueblos menores en distancia de cuatro leguas. El *macuiltianquiztli,* un día aquí, el siguiente allá, y sucesivamente hasta volver el turno, era un día de verdadera fiesta, no sólo porque los traficantes tenían ocasión de vender sus productos y adquirir lo que les faltaba, sino porque la gente acudía regocijada a gozar del solaz de la concurrencia. Dos causas determinantes había además; prevenía la ley que nada pudiera ser vendido por los caminos, aun cuando fuera con gran provecho, y de no concurrir a la feria se seguía el enojo del dios del *tianquiztli.* Ambas determinaciones aparecen interesadas; los sacerdotes por sus ofrendas, el señor y la comunidad del pueblo, porque cada trajinante pagaba un impuesto, cuyo monto se repartía entre aquellos.[20]

El mercado principal de México subsistió delante del palacio del rey; hecha la conquista de Tlatelolco por Axayácatl, quedó trasladado a la plaza conocida ahora por de Santiago, ya del todo abandonada. Según los conquistadores que le vieron,[21] estaba rodeado por todos cuatro lados de portales, y era tan grande como dos veces la ciudad de Salamanca, concurriendo diariamente a comprar y vender de veinte a veinticinco mil personas, y el doble en los días de tianquiztli. Las mercaderías estaban ordenadas por calles; vendíase por cuenta y medida, aunque no vieron pesas. Había una buena casa, el *tecpan,* donde estaban siempre sentados doce jueces, entendiendo en las causas que se ofrecían y mandando castigar a los criminales; varios empleados públicos iban vigilando por la plaza, inspeccionando las mercancías y quebrando las medidas falsas. Sobraban cargadores, que por módico precio, transportaban las mercaderías a la casa del comprador.

Vamos a seguir la enumeración de los objetos, que en la plaza registraron los caracterizados testigos, a fin de dar idea de las artes, industria y mantenimiento de los mexica: el orden en la narración no será el que nosotros quisiéramos, por haber determinado tomar por guía la carta de Cortés.

Vendiéndose joyas de oro y plata, de plomo, de latón, de cobre y de estaño. He aquí la lista de los metales conocidos por los aztecas. "Mucho tiempo antes de la llegada de los españoles, dice Humboldt,[22] los indígenas de México, así como los del

[20] P. Durán, segunda parte, cap. XX. MS.

[21] *Cartas de Cortés* en Lorenzana, pp. 102-105. Conquistador anónimo, Docum. de García Icazbalceta, t. I, p. 392.

[22] *Essai politique sur le royaume de la Nouvelle Espagne,* París, 1811, t. II, p. 482.

Perú conocieron el uso de varios metales. No se contentaron con los que en estado nativo se encuentran en la superficie del suelo, principalmente en el lecho de los ríos y en las barrancas cavadas por los torrentes, sino que se daban a trabajos subterráneos para explotar las vetas, sabiendo cavar galerías, formar pozos de comunicación y ventilación, teniendo instrumentos propios para atacar la roca. Cortés nos dice en la relación histórica de su expedición, que en el gran mercado de Tenochtitlan se vendían oro, plata, cobre, plomo y estaño. Los habitantes de la Tzapoteca y del Mixtecapan,[23] provincias que hoy forman parte de la intendencia de Oaxaca, separaban el oro de los terrenos de aluvión por medio del lavado. Aquellos pueblos pagaban el tributo de dos maneras; las pepitas o granos de oro nativo, en sacos de cuero o en pequeños cestos tejidos de juncos delgados, o fundido el metal en barras. Semejantes éstas a las que se encuentran hoy en el comercio, están figuradas en las pinturas mexicanas. En los tiempos de Montezuma ya trabajaban los naturales las vetas argentíferas de Tlachco (Tasco), en la provincia de Cohuixco, y las que atraviesan las montañas de Tzompanco."

"En todas las grandes ciudades de Anáhuac se fabricaban vasos de oro y de plata, aunque ésta fuese mucho menos estimada por los americanos que por los pueblos del antiguo continente. Al penetrar los españoles por primera vez a Tenochtitlan, no podían cansarse de admirar la habilidad de los joyeros mexicanos, entre los cuales se reputaban por más célebres los de Azcapotzalco y Cholula cuando seducido Montezuma por su extremada credulidad, reconoció en la llegada de los hombres blancos y barbados el cumplimiento de las profecías de Quetzalcoatl, y obligó a la nobleza azteca a prestar homenaje al rey de España, la cantidad de metales preciosos ofrecida a Cortés se valuó en cantidad de 162,000 pesos de oro. «Sin todas las joyas de oro, dice el Conquistador en su primera carta a Cárlos V, y plata, y plumajes, y piedras y otras muchas cosas de valor, que para V.S.M. yo asigné, y aparté, que podrían valer cien mil ducados, y más suma; las cuales demas de su valor, eran tales y tan maravillosas, que consideradas por su novedad y extrañeza no tenían precio, ni es de creer que alguno de todos los príncipes del mundo, de quien se tiene noticia, las pudiese tener tales y de tal calidad. Y no le parezca a V. A. fabuloso lo que digo, pues es verdad que todas las cosas criadas, así en la tierra como en la mar, de que el dicho Muteczuma pudiese tener conocimiento, tenía contrahechas muy al natural, así de oro y plata, como de pedrería y de plumas, en tanta perfección que casi

---

[23] Principalmente los habitantes de los antiguos pueblos de Huaxyacac (Oaxaca), Coyolapan y Atlacuechahuayan.

ellas mismas parecían: de las cuales todas me dio para V. A. mucha parte, sin otras que yo le dí figuradas y él las mandó hacer de oro, así como imágenes, crucifijos, medallas, joyeles y collares, y otras muchas cosas de las nuestras que les hice contrafacer. Cupieron asimismo a V. A. del quinto de la plata que se hubo, ciento tantos marcos, los cuales hice labrar a los naturales de platos grandes y pequeños, y escudillas, y tazas, y cucharas; y lo labraron tan perfecto, como se lo podíamos dar a entender.»[24] Leyendo este pasaje se cree escuchar la relación de un embajador europeo, enviado a la China o al Japón. Y no sería posible acusar de exagerado al general español, considerando que el emperador Cárlos V. podría juzgar con sus propios ojos acerca de la perfección de los objetos que le fueron mandados. La fundición había hecho progresos considerables entre los muyscas, en el reino de Nueva Granada, entre los peruanos y los habitantes de Quito. En este último, por muchos siglos se conservaron en *Caxas Reales* obras preciosas de platería americana. Hace pocos años, que por un sistema de economía, que pudiera llamarse bárbara, fueron fundidas esas obras que probaban, que muchos pueblos del Nuevo continente habían alcanzado un grado de civilización, muy superior al que generalmente se les atribuye."

Los mexica sacaban, pues, el oro de las vetas, para cuyo descubrimiento tenían ciertas reglas eficaces en tiempo de aguas; recogíanlo igualmente en los ríos y arroyos, lavando las arenas en jícaras.[25] La matrícula de tributos, que hace parte del Códice Mendocino,[26] refiere las provincias que pagaban oro al imperio de México. Tlapa y su comarca (Lám. 41), "diez tabletas de oro, dice el intérprete, de cuatro dedos de ancho y de tres cuartas de medir de largo", y, "veinte jícaras de oro en polvo, cada una jícara cabía en ella dos *almozadas*". Para darnos cuenta de la cantidad de oro, sería preciso conocer la medida de capacidad llamada *almozada;* confesamos nuestra ineptitud, al no encontrar la palabra en los libros que consultamos. No puede ser error por *almudada,* que es una superficie; ni por *almozala,* cobertor de lana; si se nos permitiera, corregiríamos *almuerza,* "porción de cosa suelta y no líquida que cabe en las manos juntas y puestas en forma cóncava".[27] Yoaltépec daba cuarenta tejuelos de oro, "del tamaño de una hostia y del grosor de un dedo", Coaixtlahuacan, veinte jícaras de polvo o pepitas de oro. Coyolapan "veinte tejuelos de oro fino del tamaño de un plato mediano, y de grosor del dedo pulgar". Tlachquiauhco veinte vasijas

[24] Cartas en Lorenzana, p. 99.
[25] P. Sahagún, t. III, p. 303.
[26] Véase Lord. Kingsborough, *Antiquities of Mexico,* t. I.
[27] *Dic. de la lengua castellana.*

con polvo de oro fino, Tochtepec, una rodela de oro, con adornos de los mismo, una pieza de oro a manera de ala, para adorno del yelmo, "una diadema de oro de esta hechura", "un apretador de oro para la cabeza, de ancho de una mano y grueso de un pergamino", dos sartales de cuentas de oro, la una con cascabeles. Así los tributos de oro se exigían en grano, en barras fundidas y en piezas labradas. No se hace mención de la plata, ni de los demás metales, fuera del cobre.

Los secretos del arte del joyero, platero y fundidor entre los mexica, nos son ahora desconocidos; perdiéronse después de la conquista, por desprecio a la habilidad de los vencidos, o más bien por las circunstancias precisas de aquella época de transición. El testimonio de Cortés, de Gómara y de otros que vieron los objetos labrados, no dejan duda acerca de su belleza y perfección; las piezas remitidas a España llenaron de admiración a los curiosos, juzgándolas inimitables los plateros de Sevilla. "Para las cosas que dicen de fundición y vaciado, eran muy hábiles, y hacían una joya de oro o plata con grandes primores, haciendo mucha ventaja a nuestros plateros españoles, porque fundían un pájaro que se le andaba la cabeza, lengua y las alas, y hacían un mono u otro animal que se le andaban cabeza, lengua, pies y manos, y en las manos les ponían unas trevejuelos que parecía bailar con ellos. Y lo que más es, que sacaban de la fundición una pieza, la mitad de oro y la mitad de plata, y vaciaban un pece la mitad de las escamas de oro y la mitad de plata, y otros variados, conviene a saber, una escama de oro y otra de plata de que se maravillaron mucho los plateros de España." [28] Cosas son estas que hoy no se fabrican en ninguna parte del mundo.

Pocos de estos primores quedan entre nosotros, exhumados en sepulcros y escavaciones. Hemos visto anillos de filigrana de fino trabajo, resaltando entre los huecos figuras de dioses, símbolos o adornos. Cuentas labradas esféricas o esferoidales; cascabeles, y aun pequeños idolillos. Muy notable nos pareció un busto de Huitzilopochtli, con el morrión remedando la cabeza de una águila y la cimera de un gusto inimitable.

Los tolteca practicaban este arte, anterior sin duda a ellos, atribuyendo el perfeccionamiento a Quetzalcóatl. Los instrumentos de labranza no sabemos fueran otro que el martillo, formado de piedras duras; conocían los crisoles para fundir el metal, los moldes para dar forma al artefacto. Los núms. 24 y 25, lám. 71 del Códice Mendoza, representan al platero y su discípulo. Sobre un banco se advierte un brasero con fuego, en el cual se distingue el símbolo del oro labrado; en una mano tiene el artesano una varilla para remover el metal, con la otra empu-

[28] Torquemada, lib. XIII, cap. XXXIV. Clavijero, t. I, p. 373.

ña y lleva a la boca una especie de soplete o tubo para avivar la combustión. Humboldt dice: "Según las tradiciones que recogí cerca de Riobamba, entre los indios del pueblo de Lican, los antiguos habitantes de Quito fundían los minerales de plata, estratificándolos con carbones y soplando el fuego con cañas largas de bambú. Muchos indios se colocaban en círculo alrededor del agujero que encerraba el mineral, de manera que las corrientes de aire salían de muchas cañas a la vez." [29] Procedimiento semejante al de los peruanos aparece practicado por los mexica.

Según nos informa el P. Sahagún, [30] los oficiales que labraban oro eran de dos maneras; los unos martilladores; "otros se llaman *tlatlaliani*, que quiere decir que asientan el oro o alguna cosa en él, o en la plata, éstos son verdaderos oficiales o por otro nombre se llaman *tulteca*; pero están divididos en dos partes, porque labran el oro cada uno de su manera." El diccionario de la lengua mexicana,[31] ofrece diversos nombres para los que labran plata, oro, anillos, vasos y joyas, lo cual parece indicar, que el arte de la platería estaba dividida en diversos ramos, practicado cada uno por particulares artesanos.

Los azteca recogían plomo y estaño en la provincia de Tlachco y en Itzmiquilpan. El primero era poco apreciado, y del segundo hemos visto que servía de moneda. Chilapan y otros puntos producían cinabrio, usado en las pinturas o escritura, y en embijarse el cuerpo.

Sin duda que el cobre es el metal empleado primitivamente por el hombre. En México se usó desde muy antiguo. En las ruinas de Casas Grandes (Chihuahua) fueron encontradas dos piezas de cobre; "una tortuga de diez centímetros de largo, y una lagartija con la cabeza levantada y abierta como para recibir un objeto." [32] Perdiéronse después de encontrados, y no podemos hacer juicio de ellos. Coincidencia casual o verdadero punto de relación, es común encontrar tortugas de cobre en los antiguos sepulcros de la Huaxteca. Tenemos a la vista la de la colección de nuestro amigo el Sr. Chavero; hueca, y con un cuerpo suelto interior, sirve como de cascabel; en un extremo ofrece una pequeña argolla para llevarla suspendida; la forman láminas sobre las cuales, siguiendo el contorno de la figura, se afirma un alambre siguiendo las vueltas de una espiral o formando curvas de mayor a menor; los labios del cascabel y el medio del carapacho ofrecen sobrepuesto un torzal de dos alambres, mientras otro forma la boca del animal y los adornos del

---

[29] *Essai politique,* t. II, p. 484, nota 2.
[30] *Hist. de las cosas de Nueva España,* t. II, p. 387.
[31] Diccionario de Molina.
[32] *Exploration minéralogique des régions mexicaines,* por M. E. Guillemin Tarayse. París, MDCCCLXIX, p. 176. Archives, t. III, p. 348.

frente: ojos y nariz son pequeños trozos esferoidales. Si el dibujo no es correcto, la manufactura es artificiosa, llamando la atención el cómo fueron soldadas entre sí las diversas partes.

Hacíanse de cobre objetos semejantes a los de oro, sin duda para adorno de los pobres. Tenemos a la vista anillos macizos y de filigrana que, aunque muy atacados por el orín, dejan ver sus formas curiosas. Pero el empleo principal de este metal era en las hachas, cuyo uso parece estar esparcido hasta muy lejos.

Durante la expedición del año 1518 mandada por Juan de Grijalva, los barcos arribaron al río Tonalla, apellidado entonces San Antonio; los navegantes se dieron a cambiar cuentas de vidrio y bujerías por el oro de los naturales. —"Y después lo supieron los de Guanacualco (Coatzacoalco) e otros pueblos comarcanos que rescatábamos, también vinieron ellos con sus piecezuelas, y llevaron cuentas verdes, que aquellos tenían en mucho. Pero demás de aqueste rescate; traían comunmente todos los indios de aquella provincia unas hachas de cobre muy lucidas, como por gentileza e a manera de armas, con unos cabos de palo muy pintados, y nosotros creímos que eran de oro bajo, e comenzamos a rescatar dellas: digo que en tres días se hubieron más de seiscientas dellas, y estábamos muy contentos con ellas creyendo que eran de oro bajo, e los indios mucho más con las cuentas; mas todo salió vano, que las hachas eran de cobre e las cuentas un poco de nada."[33]

Las hachas antiguas de bronce son idénticas por la forma a las exhumadas en Dinamarca, conocidas bajo el nombre de *paalstav*; por la liga son iguales a las del Norte y Sud América. En los tiempos históricos, ninguna de las naciones de Anáhuac usó el hacha como arma de guerra; los de Coatzacoalco, mencionados por Bernal Díaz, las llevaban, como dice el escritor, más por gentileza que por otra causa. Empleaban el hacha en la tala de los bosques, en el arte de la carpintería y cosas análogas. En las pinturas jeroglíficas el hacha es el símbolo del cobre, y del arte del carpintero y del tallador: en las costumbres, servía de rescate a los alumnos de los seminarios. De cobre hicieron puntas de flechas y de lanzas, mas no parece les ocurriera nunca formar armas semejantes a la espada.

Abunda el cobre en los Estados de Chihuahua, Durango, Zacatecas, San Luis, Jalisco y Michoacán; pero aquellos lugares caían fuera de la demarcación del imperio. Los azteca se proveían del metal en las provincias de Zacatollan y de Cohuixco, Estados actuales de Guerrero y de Oaxaca. Tepecuacuilco daba den parte de tributo cien hachas de cobre. Quiauhteopan y su comarca cuarenta cascabeles, *coyolli*, grandes de cobre y ochenta hachas...

---

[33] Bernal Díaz, *Historia verdadera de la conquista*, cap. XVI.

3) EL RÉGIMEN DE PROPIEDAD DE LOS ANTIGUOS MEXICANOS

Manuel M. Moreno [34]

En la obra ya citada de Manuel M. Moreno, La organización política y social de los aztecas, *el capítulo IV está dedicado al tema del régimen de propiedad de los antiguos mexicanos. Obviamente, la exposición que hace el autor sobre aspecto tan importante de la economía prehispánica, está en estrecha relación con las ideas que antes ha expuesto acerca de las instituciones sociales y políticas.*

Tres formas de propiedad de la tierra distingue y analiza Manuel M. Moreno: las de carácter comunal, entre ellas las tierras que pertenecían a los calpulli; *las individuales de los nobles o* pipiltin *y, finalmente, las que se designan como "públicas", destinadas al sostenimiento de los templos, a proveer de rentas al estado y a otros fines semejantes.*

De acuerdo con los más autorizados cronistas, cuyos nombres iremos citando en el desarrollo de este capítulo, tres principales categorías se pueden distinguir en el régimen de propiedad de los antiguos mexicanos:

1º Propiedades de las comunidades *Calpullallis, altepetlallis,* etc. De carácter comunal.

2º Propiedades de los nobles, *pilles* o *pipiltin* y *tetecuhtzin,* tales como las *pillalli* y las *tecpillalli*. Estas eran de carácter individual, se podían enajenar, pero sólo entre nobles y transmitir por herencia.

3º Propiedades que pudiéramos llamar públicas, dedicadas al sostenimiento de los templos —*teopantlalli*—, gastos de la guerra —*milchimalli*—, y a proveer de rentas para los gastos del gobierno —*tlatocatlalli* o *tlatocamilli*—, y por último las *tecpantlalli,* que se destinaban a los gastos del palacio o casa del gobierno —*tecpan*—, donde residían los poderes. Tales gastos consistían principalmente en la manutención de los funcionarios públicos.

[34] Manuel M. Moreno, *La organización política y social de los aztecas,* 1ª edición, Instituto Nacional de Antropología e Historia, México, 1931, [2ª ed. 1968] pp. 48-59.

Las propiedades de esta tercera categoría eran de carácter colectivo.

Procederemos ahora a estudiar cada una de las diferentes clases de propiedades existentes en el Estado mexica.

Hablando de los calpullis, dice Zurita: "...calpulli o chinancalli, que es todo uno, quiere decir barrio de gente conocida o linaje antiguo, que tiene de muy antiguo sus tierras y términos conocidos, que son de aquella cepa, barrio o linaje, y las tales tierras llaman calpullalli, que quiere decir tierras de aquel barrio o linaje..." "Las tierras que poseen fueron repartimientos de cuando vinieron a la tierra y tomó cada linaje o cuadrilla sus pedazos o suertes y términos señalados para ellos y para sus descendientes, e ansí hasta hoy los han poseído, e tienen nombre de calpullec, y estas tierras no son en particular de cada uno del barrio, sino en común del calpulli, y el que las posee no las puede enajenar, sino que goza de ellas por su vida y *las puede dejar a sus hijos y herederos. Calpulli* es singular e *Calpullec* plural. De estos calpullis o barrios o linajes, unos son mayores que otros, según los antiguos conquistadores y pobladores las repartieron entre sí a cada linaje, y son para sí y para sus descendientes, y si alguna casa se acaba, o acaba muriendo todos, quedan las tierras al común del calpulli, y aquel señor o pariente mayor —el *chinancallec*— las da a quien las ha menester del mismo barrio, como se dirá adelante." "Por manera que nunca jamás se daban ni dan las tierras a quien o sea natural del *calpulli* o barrio" —agrega Zurita—, y dice a continuación: "...podíanse dar estas tierras —las del *calpulli*— a los de otro barrio o *calpulli* a renta, y era para las necesidades públicas y comunes del *calpulli*." "Si alguno había o hay sin tierras, el pariente mayor, con parecer de otros viejos, les daba y da las que han de menester conforme a su *calidad* y *posibilidad* para las labrar, y pasaban y pasan a sus *herederos* en la forma que se ha dicho..." "Si uno tenía tierras y las labraba —agrega Zurita—, *no se le podía entrar en ellas, otro, ni el principal se las podía quitar ni dar a otro*, y si no eran buenas las podía dejar y buscar otras mejores y pedirlas a su principal, y si estaban vacas y sin perjuicio, se las daban en la forma que se ha dicho." "Cada *calpulli* tenía sus tierras propias, y así ningún *calpulli* tenía que ver en las tierras que pertenecían a los demás ni los otros podían inmiscuirse en lo relativo a sus terrenos." [35]

Explica luego el Lic. Zurita cómo el que tenía algunas tierras de su *calpulli*, si las dejaba de cultivar durante dos años por su culpa y negligencia era desposeído de ellas y las perdía en favor de la comunidad. Hasta aquí Zurita.

Los *altepetlalli*, según Ixtlixóchitl, eran tierras comunales per-

---

[35] Pomar y Zurita, *op. cit.*, pp. 93 y sigs.

419

tenecientes a los pueblos —*altepetl,* pueblo o población, y *tlalli,* tierra— cuyos productos se destinaban a los gastos locales y al pago de los tributos.

Como se ve, y volviendo a las *calpullis,* éstas eran tierras comunales que se distribuían entre las diversas familias del *calpulli* en atención a las necesidades de cada una de ellas; eran inalienables, pero en cambio eran hereditarias dentro de cada familia particular. Esto ya indica un cierto grado de individualización en el régimen de propiedad, que bastaría por sí solo para desechar toda hipótesis relacionada con la supuesta organización tribal de los aztecas, cuando menos por lo que hace al periodo histórico de este pueblo, comprendido entre las conquistas de *Itzcoatl* y la toma de Tenochtitlan por los españoles.

Los bienes raíces de los *calpullis,* pueden, pues, caracterizarse como bienes comunales con derecho hereditario de familia, pero limitado este derecho exclusivamente a las familias pertenecientes al *calpulli* desde tiempo inmemorial.

El derecho hereditario de sucesión en las tierras del *calpulli,* estaba correlativamente vinculado con la obligación de cultivar dichas tierras. Quien faltaba a esta obligación por dos años consecutivos según lo hemos ya visto, era desposeído de su parcela.

Precisa advertir, por último, que el titular del derecho a estas tierras comunales, no eran los individuos particulares, ni los jefes de familia como representantes de sus hijos y demás parientes, sino el *calpulli* mismo, la agrupación comunal, que en cierto modo puede ser considerada como una persona moral, revestida de capacidad jurídica, toda vez que podía válidamente, según nos lo afirma Zurita, contratar y obligarse, pues podía, representado por sus legítimas autoridades —el *chinancallec*— arrendar una parte de los bienes comunales y accionar en derecho.

Deben distinguirse los *calpullis,* circunscripciones territoriales a que nos venimos refiriendo, de los *calpullis,* secciones o barrios en que estaban divididas las ciudades.

Hasta ahora sólo nos hemos ocupado del *calpulli* considerado como circunscripción territorial, cuyo nacimiento se remonta, al momento de la fijación definitiva de la tribu primitiva. Este carácter territorial del *calpulli* es consecuencia de la evolución que se operó en los antiguos clanes totémicos con motivo de dicha fijación.

Precisa, sin embargo, no descuidar los otros múltiples y variados aspectos, jurídico, político, religioso, económico, etc., que esta institución, verdadera celdilla social, ofrece a través del desarrollo histórico-cultural del pueblo azteca.

Los múltiples aspectos del *calpulli,* en mi concepto, no son sino otras tantas fases del proceso evolutivo operado en su constitución, concomitantemente con el complejo proceso evolutivo de carácter integral, que, por causas a que ya antes hemos hecho referencia se operó en el seno de la sociedad mexica.

Si es cierto que muy posiblemente los clanes totémicos primitivos fueron el origen de los *calpullis,* también lo es que llega un momento evolutivo de la sociedad azteca en que ya no es posible identificar a unos con otros, como pretende hacerlo Mr. Bandelier. En efecto, los clanes sólo hacen referencia al parentesco. Mr. Durkheim, en su *Memoria acerca de la prohibición del incesto,* define el clan como: "Un grupo de individuos que se consideran como parientes entre sí; pero que reconocen este parentesco exclusivamente por el hecho muy particular de que son poseedores del mismo *Totem."* [36]

Los *calpullis,* en cambio, denotan además de una organización familiar un sistema territorial como base de las relaciones sociales.

El aspecto territorial a su vez, según lo hacíamos notar, no es sino una fase del proceso evolutivo del *calpulli,* pues andando el tiempo, éste, por el aumento funcional que se produjo en su interior, correlativo al aumento de nuevas necesidades, que presidió el desarrollo integral de la sociedad azteca, devino de naturaleza multiforme y compleja.

Los lazos de la sangre, que son los que prevalecen en el clan primitivo, y los territoriales que privan en la formación del *calpulli,* fueron posteriormente sustituidos por vínculos plenamente políticos, religiosos, jurídicos, etc. Más adelante insistiremos sobre el aspecto político del *calpulli.*

Si algún mérito hubiera de reconocerse a los estimables trabajos del señor Bandelier, éste sería precisamente el de haber puesto de relieve, aunque con miras particulares, la función capital desempeñada por el *calpulli* dentro de la organización social de los aztecas. Para este efecto nos remitimos a las obras de Mr. Bandelier tantas veces citadas.

Pasemos ahora a estudiar la segunda clase de propiedades existentes dentro del régimen territorial de los aztecas, o sea aquellas propiedades pertenecientes a los nobles —*tecuhtzin, pipiltzin,* etc.—, tales como las *pillalli* y las *tecpillalli.*

Hablando de ellas dice Ixtlilxóchitl en su *Historia chichimeca:* "Otras suertes había que se decían *pillalli;* que eran y pertenecían a los caballeros y descendientes de los reyes y señores referidos. Otras se llamaban *tecpillalli,* que eran casi como las que se decían *pillalli;* éstas eran de unos caballeros que se decían de los señores antiguos, y así mismo eran las que poseían los beneméritos." [37]

---

[36] Durkheim, Emile. *La prohibition de l'inceste et ses origines.*

[37] Ixtlilxóchitl, Fernando Alva. *Historia de la Nación Chichimeca,* cap. XXXV.

Por lo que toca a la naturaleza del dominio y al carácter del derecho ejercido sobre dichas tierras por los *tecuhtzin* y *pipiltin*, Fuenleal, se expresa como sigue: "Se encuentra en los pueblos pocas gentes que posean en propiedad, a menos que sean señores o descendientes de señores, ningún *macehual* o contribuyente las posee, o por lo menos, si hay algunos no deben de ser sino en muy pequeño número." "...en ciertos lugares, añade, el señor tiene tierras que forman parte de su dominio, los *macehuales* las cultivan; *pertenecen —las tierras— a los señores a título de señorío y pasan a sus herederos.* Sucede lo mismo con otros nobles y jefes; tienen tierras patrimoniales que hacen cultivar; pero pocos *macehuales* las poseen..." "Mutizuma poseía en la mayor parte de los pueblos de esta provincia, y sobre todo en aquellos que había conquistado, feudos —léase tierras— que distribuía a aquellos que se llamaban los valientes hombres de México; eran éstas, personas que se habían señalado en la guerra; retiraban de sus tierras rentas de las cuales vivían." [38]

Como se ve, de acuerdo con Fuenleal, las tierras de que nos venimos ocupando pertenecían a los *tetecuhtzin* a título de señorío y podían trasmitirlas libremente a sus herederos. Esto basta para convencernos del carácter individual de esta clase de propiedades.

Además, de acuerdo con Torquemada, eran susceptibles de enajenación, lo que viene a afirmarnos aún más en nuestro aserto. "Estas tierras se llaman *pillalli*, dice Torquemada, que quiere decir tierra de hidalgos y caballeros. Los dueños de estas tierras podían en alguna manera venderlas o disponer de ellas; pero háse de entender de aquellas que no estaban asidas a ningún género de vínculo; porque había entre ellos muchos que tenían tierras habidas por sujeción o por merced hecha del Señor, *las cuales habían de pasar a sus descendientes* (de los dueños de la tierra)... y si éstos morían sin heredero el rey o señor lo era; y volvían a entrar en su poder por bienes reales." "Otro género de tierras llamaban también *pillalli*, como decir tierras de hidalgos o nobles. Estos eran de dos maneras: *unos que con la nobleza heredaban las tierras,* y otros que por valor y hechos hazañosos en la guerra el señor los hacía nobles, como 'caballeros pardos' y les hacía mercedes de tierras de donde se sustentasen; pero estos no tenían terrazgueros, y podían vender a otros principales, como no fuese cosa que el señor hubiese hecho la merced condicionalmente y a ningún *macehual*, que es villano, los unos ni los otros no podían vendérselas, porque por el mismo caso quedaban perdidas y entraba el señor poseyéndolas." [39]

[38] *Carta de Ramírez de Fuenleal.* Publicada en Ternaux Compans. *op. cit,.* p. 253.
[39] Torquemada, *op. cit.*, lib. XIX, cap. VII.

Así pues, esta segunda clase de propiedades, cuyos titulares eran sujetos particulares, pueden ser consideradas como de carácter individual, aunque condicionado por múltiples limitaciones dictadas indudablemente, por el interés de la colectividad.

Por último, analizaremos la tercera clase de propiedades territoriales, o sean aquellas que hemos definido como de carácter público; entre las cuales se contaban las *tlatocatlalli* o tierras del gobierno; las *teopantlalli* o tierras destinadas al sostenimiento de los templos y del culto religioso; las *milchimalli* o tierras dedicadas a sufragar los gastos de la guerra, y las *tecpantlalli* o tierras pertenecientes al *tecpan* —palacio—.[40]

Hablando de las tierras de los *tlatoque* —gobernantes— o *tlatocatlalli*, dice Ixtlilxóchitl: "Había unas suertes grandes en lo mejor de las tales ciudades y pueblos, que contenían cuatrocientas medidas de largo y ancho, ni más ni menos, que se llamaban por una parte *Tlatocatlalli* o *Tlatocamilli*, que quiere decir tierras o sementeras del señor, y por otra *Itonal intlacatl*, que significa las tierras que acuden conforme a la dicha o ventura de los reyes o señores."

En el "Orden de Sucesión" también se hace referencia a estas tierras: "On saura qu'il y avait trois especes de terres dans les Indes —dice: les unes se nommaient *Yococlalli (Yaotlalli)* qui veut dire terres de la guerre; d'autres *Tlatocacalli (Tlatocatlalli)* ou terre de la seigneurie; et les dernières *Calpullalli* ou terres particulières aux villages ou à l'arrondissement (barrio). Quant a celles de la seigneurie, il ne s'élève aucune difficulté, car le seigneur les *donnait et les retirait comme bon lui semblait, et il les partageait entre ses fils et ses parents.*" [41]

Kohler, considera las *tlatocatlalli* como pertenecientes al Estado mexica; otro tanto opina de las *tecpantlalli*, de las *teopantlalli* y de las *milchimalli*. "Parte considerable de las tierras eran del Estado —dice—, sus productos correspondían al Palacio —*Tecpan*— del Rey —*Hueytlatoani*—. Estas tierras se llamaban *Tlatocamilli*." "Cosa análoga eran las tierras de los templos —añade— cuyos productos se destinaban al servicio religioso; cada templo mayor tenía sus bienes propios. También había en los *calpulli* campos de guerra —*Milchimalli*—, eran cultivados para el Estado y en particular para las necesidades militares." [42]

Conviene no confundir las *tlatocatlalli*, que eran de carácter colectivo y público, con las propiedades particulares de los *tlatoques* o supremos señores a que se refiere Zurita.[43]

[40] Ixtlilxóchitl, *op. cit.*, cap. XXXV.
[41] *Orden de Sucesión.* Publicada en Ternaux Compans, *op. cit.*
[42] Kohler, J. *El Derecho de los aztecas*, pp. 49-50.
[43] Pomar y Zurita, *op. cit.*, p. 162.

Las tierras destinadas al servicio religioso hemos dicho que se llamaban *teopantlalli*. De ellas escribe Zurita en la misma obra: "Demás de los pueblos tenían muchas y muy buenas tierras aplicadas a ello —al servicio de los templos—". Sobre este mismo particular véase también a Torquemada.[44]

Por lo que toca a las *tecpantlalli*, Ixtlilxóchitl, asienta: "Había otras suertes de tierras que llamaban *Tecpantlalli*, que significa tierras pertenecientes a los palacios y recámaras de los reyes o señores, y a los naturales que en éllas estaban poblados llamaban *Tecpanpouhque,* que quiere decir: gente que pertenece a la recámara y palacio de los tales reyes y señores." [45]

Torquemada confirma lo dicho por Ixtlilxóchitl, pues apunta lo que sigue: "Había otra suerte de tierras que eran de la recámara del señor, que se llamaban los que vivían en éllas y las cultivaban *Tecpanpouhque* o *Tecpantlaca,* que quiere decir gente del palacio... Las tierras de éstos sucedían de padres a hijos; *pero no podían venderlas ni disponer de éllas de ninguna manera."* [46]

Por último, dentro de la tercera clase de propiedades estaban las *yaotlalli:* "En las —tierras— de los señores conquistados —dice Ixtlilxóchitl— había otras suertes de tierras que llamaban *Yaotlalli,* las cuales eran ganadas por las guerras; y de éstas lo más principal pertenecía a las tres cabezas del Imperio, y lo demás que restaba se daba y repartía a los señores y naturales que habían ayudado con sus personas y vasallos en la conquista de los tales pueblos ganados por guerra, y este las más veces venía a ser el tercio de los pueblos o provincias conquistados." [47]

Como se ve, esta clase de tierras, las *yaotlalli,* en cierta forma, por razón de su ubicación, vienen a quedar fuera del territorio propio y anexo a Tenochtitlan, que es del que con especialidad nos estamos ocupando; pero según acaba de verse, los órganos de Gobierno del Estado azteca ejercían sobre ellas un dominio directo y control absoluto.

En grado inferior a todos los que hemos venido enumerando, estaban las tierras que Kohler llama de servicio, cuyos frutos estaban asignados a un empleo. El derecho a estas tierras era un beneficio, no *intuitu personae* sino en atención al puesto y cesaba con éste, no se trasmitía a los herederos, sino que recaía en el sucesor del empleo.

[44] *Ibidem.,* p. 218. Ver además:
Torquemada, *op. cit.,* lib. VII, cap. XX.
[45] Ixtlilxóchitl, *op. cit.,* cap. XXXV.
[46] Torquemada, *op. cit.,* lib. XIV, cap. VII.
[47] Ixtlilxóchitl, *op. cit.,* cap. XXXV. Ver además:
Pomar y Zurita, *op. cit.,* p. 29.

Este era el caso de las tierras asignadas a los jueces, de las que se expresa Zurita en los siguientes términos: "A los jueces, el señor les tenía señaladas sus tierras donde sembraban y cogían mantenimientos que bastaban para sustentar a su familia, y en éllas había casas de indios que las sembraban y beneficiaban." [48]

Las tierras pertenecientes al tercer grupo de nuestra clasificación, las hemos definido como de carácter público y de aspecto colectivo, porque, como se ha visto, todas ellas estaban destinadas al sostenimiento de las funciones públicas, eran inalienables y no pertenecían a ninguna persona privada en particular, bien fuese ésta física o moral, sino al conglomerado social mismo, a la colectividad, que ejercía sus derechos mediante los órganos superiores de gobierno.

Por lo que toca a la proporción en que se encontraban las propiedades de carácter público con respecto a las propiedades de las otras categorías, fray Toribio Motolinía, en su *Carta* dice: "Con pocas excepciones todo el país pertenecía a los Señores y a los Jefes." Y en el "Orden de Sucesión", se lee: "Les Indiens n'étaient, donc, proprement, dit, ni propietaires ni maitres de ces villages; ils n'étaient que les laboureurs ou les amodiataires des seigneurs terriers (solariegos); de tel façon l'on peut dire que tout le territoire, soit des plains, soit des montagnes, dépendait du caprice des seigneurs, et qu'ils leur appartenaint puisqu'il y excercaient un pouvoir tyranique et que les Indiens vivaient au jour le jour; les seigneurs partageaient entre eux toux leur produits." [49]

Numerosas consecuencias se desprenden de la exposición que acabamos de hacer de la organización territorial y régimen de propiedad practicados por los antiguos mexicanos. Desde luego, resulta que el concepto de propiedad no sólo había ya aparecido en la sociedad azteca, sino que presentaba un grado superior de evolución. El derecho de propiedad individual, que Mr. Bandelier no pasa a concebir en los pueblos cultos de Anáhuac, estaba perfectamente reconocido, practicado y sancionado entre los mexicas, como se demuestra ampliamente por los textos de Ixtlilxóchitl y Torquemada que hemos citado referentes a las tierras de los nobles. Por lo que hace a las penas impuestas a los que atentaban en contra del derecho de propiedad, véase la obra citada de Kohler.

Por otra parte, lo completo y acabado del régimen territorial incompatible con el régimen familiar y meramente consanguíneo

[48] Pomar y Zurita, *op. cit.*, p. 109.
[49] *Carta de fray Toribio de Motolinía*. Publicada en Ternaux Compans, *op. cit.*, t. I, p. 405. Ver además:
Orden de Sucesión. Publicada en Ternaux Compans, *op. cit.*, t. I, pp. 224 y sigs.

que supone Mr. Bandelier a los mexicas, no deja lugar a dudas que la propiedad era el fundamento de la organización social de los aztecas, y que la sociedad mexica descansaba primordialmente sobre bases territoriales, lo cual constituye el argumento más fuerte, e irrefutable, la prueba más convincente, en favor del carácter político de la sociedad azteca, y por tanto el más sólido alegato en favor de la existencia del Estado mexica.

4) LA ECONOMÍA DE LOS AZTECAS

George C. Vaillant [50]

Influido por las ideas de Bandelier acerca de la organización social prehispánica, el arqueólogo George C. Vaillant subraya, en el subtítulo de este capítulo, que su intención es ofrecer un cuadro acerca de "la economía doméstica y tribal del pueblo azteca". En su exposición trata acerca de la agricultura, haciendo especial referencia a las chinampas o "sementeras flotantes", a las diversas manufacturas, los sistemas de tributos y el comercio. Enumera asimismo los que, a su juicio, fueron los productos más estimados entre los aztecas. En este contexto, destaca Vaillant que "los aztecas no tenían nuestro concepto del valor y de la riqueza". Igualmente señala sus principales limitaciones y, de modo especial, su notoria escasez de animales domesticables.

La economía doméstica y tribal del pueblo azteca

El sistema social azteca proporcionaba medios para que la gente pudiera vivir reunida armoniosamente en número considerable. La economía doméstica y tribal de los aztecas ofrecía alimento, habitación, útiles de trabajo y vestido, cosas a las que el hombre debe en gran parte su posición dominante sobre la tierra. La medida de una sociedad humana puede estimarse por las relaciones entre la organización del pueblo mismo y el uso de los materiales para construcción de casas y para equiparlas. La economía de los aztecas tenía la misma sencillez básica de su organización social, así como la misma flexibilidad expansiva a fin de satisfacer las necesidades de una población en aumento.

La agricultura era la base de la vida azteca y el maíz, *zea mays*, era la planta alimenticia por excelencia. El cultivo de las plantas aseguraba un abastecimiento social de alimentos cerca de la mano, que no estaba sujeto a las vicisitudes de la caza y, por lo tanto, daba al hombre la oportunidad de pensar en el mañana. El sistema del clan, como hemos visto, reconocía que los frutos de la tierra eran para el sostenimiento de la tribu, siendo,

[50] George C. Vaillant, *La civilización azteca* (1ª edición en inglés), 1941, 2ª edición en español, México, Fondo de Cultura Económica, 1955, pp. 112-121.

427

por lo tanto, sencillamente natural que la tribu poseyera y administrara la tierra que sostenía a sus miembros.[51]

El consejo tribal dividía la tierra entre los clanes, y los caciques de cada uno de ellos distribuían las raciones, a su vez, entre los jefes de familia, justa y equitativamente. También se reservaban zonas para el sostenimiento del jefe y el personal del templo, para los abastecimientos de guerra y para el pago de tributos, todas ellas trabajadas en comunidad, aunque, sin duda, también con esclavos. A la muerte de un usufructuario, la tierra pasaba a sus hijos, y si moría sin descendencia la propiedad volvía al clan para que se volviera a distribuir, como sucedía también si el propietario no cultivaba su parcela durante un periodo de dos años. Este sistema podía funcionar equitativa y provechosamente para todos los interesados, mientras una sociedad se mantuviera relativamente estática y tuviera tierra laborable disponible. Sin embargo, en el Valle de México este sistema dio lugar a desigualdades.

La creciente población de las tribus del valle agotó toda la tierra disponible, y las familias y los clanes no tenían manera de incrementar sus propiedades agrícolas. Una parcela que producía abundantes productos para una familia pequeña ofrecía subsistencia insuficiente para una grande. Las variaciones normales en las riquezas del suelo tenían que dar lugar a injusticias semejantes. Bajo estas condiciones los jefes y sacerdotes que vivían de las tierras públicas estaban en mucho mejores condiciones que el ciudadano ordinario, cuyas pertenencias tendían a disminuir de generación en generación. Así es que tenían que surgir fricciones que conducían a la guerra con el exterior y a las revoluciones internas, siempre que la tribu no podía extender sus límites territoriales para satisfacer las necesidades de su población. Las inmigraciones importantes, como la de los culhuas a Texcoco y Tenochtitlan, o la de los mixtecas a Texcoco años antes, se debían a una apremiante necesidad económica.[52]

Los tenochcas, que llegaron más tarde al valle, en una época en que la tierra había aumentado de valor, tuvieron dificultades, ya lo hemos visto, al hacer resistencia a sus hambrientos vecinos. Forzados a retirarse a las islas del lago, resolvieron el problema de la tierra de la misma ingeniosa manera en que lo hicieron los chalcas, los xochimilcas y las tribus noroccidentales, en el lago de Zumpango.

Este método consistió en crear *chinampas*, los llamados "jardines flotantes". La *chinampa* era, en realidad, una pequeña isla artificial hecha acumulando lodo de los bordes pantanosos del lago, sosteniéndolo primero por un revestimiento de juncos y

[51] Bandelier, *Tenure of Land*, 1878.
[52] *Mapa Tlotzin*.

después por árboles cuyas raíces unían fuertemente la tierra. El agua corría entre los estrechos fosos, convirtiéndolos en canales. Siempre se agregaba lodo fresco antes de las siembras, de tal manera que la fertilidad de la tierra se renovaba constantemente. Los tenochcas y sus vecinos convertían de esta manera grandes secciones pantanosas, de otra manera improductivos, que se anegaban en la estación de las lluvias, en una red de canales y de campos cuya fertilidad sólo es igualada por las tierras del delta del Nilo inundadas por el río. La agricultura en chinampas se practica en la actualidad en los distritos de Xochimilco y de Chalco, donde se cultiva la mayor parte de las legumbres para la moderna metrópoli de México. Los habitantes hablan aún la lengua azteca y ocupan la misma tierra de sus antecesores, renovándola cada año por los mismos métodos empleados en la época de los aztecas. Los contornos de las antiguas parcelas pueden verse desde una gran distancia a la redonda, pues el drenado moderno del lago de Texcoco ha secado una gran parte del área lacustre del Valle de México.[53]

Cuando los tenochcas se trasladaron al lago obtuvieron espacio vital. A medida que la ciudad crecía podía incorporar los plantíos adyacentes para destinarlos a los asientos de sus casas, en tanto que el aumento de población podía alimentarse construyendo nuevas chinampas en los límites del área de cultivo; en consecuencia, su éxito puede atribuirse en gran medida a la eliminación de luchas internas, lograda por las posibilidades relativamente ilimitadas que ofrecía la agricultura de chinampa.

Los tenochcas completaban su escasez de tierra por otros medios. En los territorios conquistados, los guerreros vencedores recibían concesiones de tierras que trabajaban los miembros de la tribu vencida. A veces pequeñas colonias vivían de estas tierras, en guardia contra las rebeliones de las zonas sojuzgadas. Tales propiedades pasaban de padres a hijos; pero en caso de que no hubiera descendencia volvían a la autoridad tribal, no a la del clan de la que era miembro el beneficiario. Otras tierras de esta clase deben haberse dedicado al sostenimiento de las organizaciones religiosas. De esta manera las autoridades centrales de Tenochtitlan y quizá también las de Texcoco, tenían grandes propiedades para sostener la complicada pompa de la iglesia y del estado, sin gravar los recursos de los miembros de la tribu. La flexibilidad relativa de semejante propiedad territorial daba a la autoridad de la tribu manera de ajustar desigualdades y agravios entre los miembros más ambiciosos de ella. Naturalmente, como los aztecas estaban menos adelantados socialmente que nosotros, no alcanzaron nuestro sistema complicado de recom-

[53] Nuttall, *Mexican Gardens*, 1925.

pensas y ajustes por medio de nombramientos federales, estatales o municipales.[54]

Una tribu azteca poderosa tenía otra fuente de sostenimiento: los tributos. Estos con frecuencia consistían en artículos alimenticios y materias primas, tanto domésticas como producidas fuera del valle, y también incluían vestiduras de guerreros y de sacerdotes, mantas, cerámica y otros artículos de artes menores. Distribuidos en toda la comunidad estos artículos enriquecían tanto la empresa comunal como la conveniencia privada.[55]

La manufactura y el comercio comenzaban a desempeñar un papel importante en la economía azteca, aunque no en la medida observable en las sociedades que han creado medios de cambio, como la moneda, y que, por lo tanto, dan más importancia a la riqueza personal cuando está constituida por la posesión de esa ventaja. La manufactura estaba en la etapa de la producción manual, realizada como un complemento a la tarea fundamental de obtener alimentos. Los hogares se bastaban a sí mismos en su mayoría, produciendo todo lo que necesitaban en lo que se refiere a instrumentos, utensilios y vestido. Sin embargo, algunas poblaciones tenían acceso a recursos naturales que otras no disfrutaban y lograban una habilidad especial en su explotación. Una aldea podía tener una buena capa de arcilla, por ejemplo, y su cerámica habría de ser muy superior a la de las comunidades vecinas. Otra podía gozar de gran prosperidad por el cultivo del chile, en tanto que una tercera por' ι tener en su territorio obsidiana de buena calidad o pedernal para hacer instrumentos de piedra. Así, una aldea cambiaría estos productos por los de otra y aun los podría volver a distribuir por el mismo proceso. Las conchas del Caribe pasaban de mano en mano hasta lugares tan distantes como el centro de Estados Unidos; la loza de El Salvador era llevada al lejano Tepic, en México; los ornamentos de oro de Panamá aparecen como ofrendas votivas en el Cenote Sagrado de Chichén Itzá, en Yucatán.[56]

Estas especializaciones regionales iban acompañadas por la tendencia muy natural del individuo a explotar lo que hace y produce con mayor facilidad. A medida que aumentaron los conocimientos técnicos, se desarrolló la especialización y el mercado llegó a ser una institución importante. Cada pueblo tenía uno a intervalos señalados, al cual llegaba gente desde grandes distancias. En Tlaltelolco el mercado diario era una maravilla del mundo occidental, que excitaba la admiración envidiosa de los españoles por su profusa variedad. La importancia del mer-

[54] Bandelier, *Tenure of Land*, 1878.
[55] *Matrícula de Tributos, Códice Mendoza.*
[56] Artículos acerca de la concha y el comercio pueden verse mencionados en Lomholtz, *Unknown Mexico*, 1902.

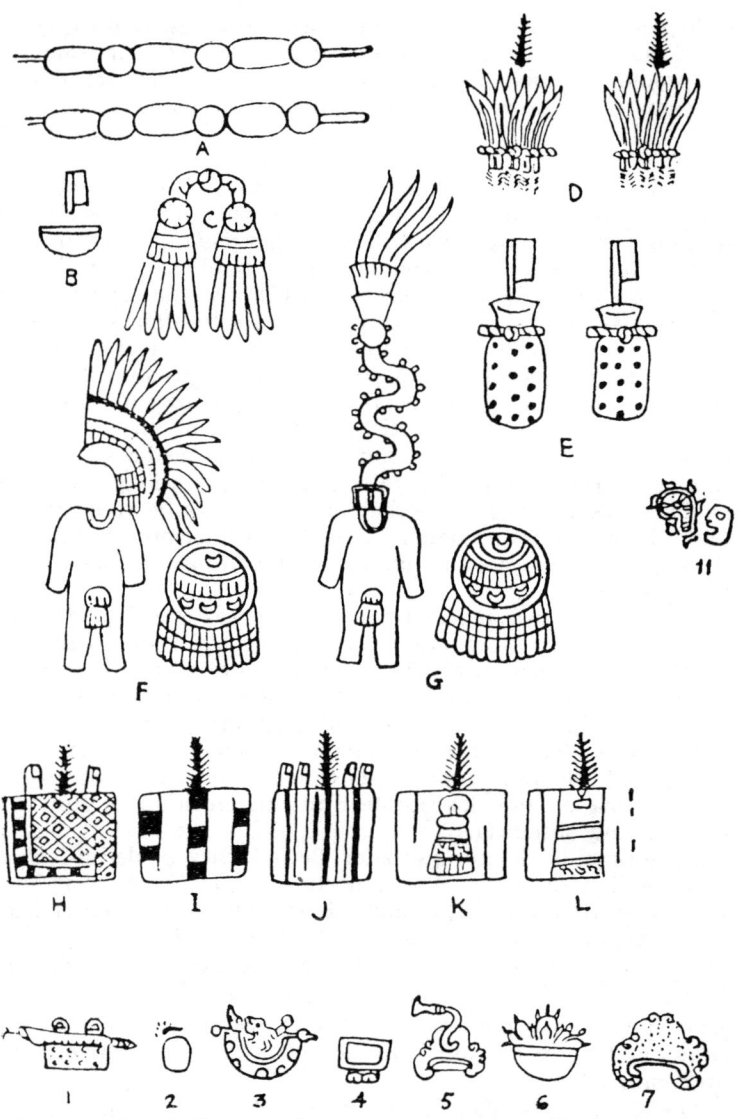

Página de la relación de tributos (según Spinden, 1928). Las ciudades tributarias figuran en la línea inferior y a la derecha, designadas por números. Los objetos comprendían: *A*, sartas de cuentas de jade; *B*, 20 calabazas de polvo de oro; *C*, un penacho real; *D*, 800 manojos de plumas; *E*, 40 bolsas de cochinilla para tinte; *F, G*, dos trajes de guerrero; *H*, 402 mantas de algodón como la muestra; *I*, 400 mantas; *J*, 404 mantas; *K*, 400 mantas; *L*, 400 mantas. Obsérvese el uso de los dedos para significar unidades, banderas para veintenas y una especie de árbol para cada 400.

431

cado persiste aún en las comunidades indígenas, tanto que en Guatemala la gente hace viajes de varios kilómetros para cambiar sus productos, y tiene tanta importancia como función social, que un comerciante no venderá sus productos sino en ese lugar, aunque se le ofrezca un pago muy superior al que logra en el mercado.[57]

El trueque era el único medio de cambio, y el valor se establecía por la deseabilidad y la rareza. La moneda, medio de cambio de valor fijo, no existía. Sin embargo, algo tenía que encontrarse que compensara una desigualdad en el cambio, que no fuera demasiado valioso para emplearse en el ajuste de las pequeñas operaciones y que al mismo tiempo fuera universalmente deseado. Los granos de cacao respondían a esta necesidad y eran, asimismo, fáciles de transportar. A los aztecas les gustaba mucho el chocolate (la palabra misma es de etimología azteca), así es que los granos de cacao se convirtieron gustosamente en la deliciosa bebida nacional. A veces se empleaban como medio de cambio cañones de pluma de ave llenos de polvo de oro, así como navajas en forma de media luna hechas de hojas finas de cobre martillado. Estas últimas no tenían la general aceptación o la utilidad de los granos de cacao, aunque representaban un valor fácilmente transportable.[58]

La sustancia más preciosa entre los aztecas era el jade, o las piedras parecidas a él por su consistencia y color. Tanto la jadeíta como la nefrita existen en el Nuevo Mundo y la variedad americana se diferencia de la piedra asiática. Raras veces se ven en la actualidad piedras sin cortar, pues no hay mercado para ellas en la moderna América Media o en Estados Unidos, en tanto que el jade se trabaja aún extensamente en China, así es que vale la pena explorar los ríos de Birmania en busca de guijarros de esta rara sustancia.

El testimonio del conquistador Bernal Díaz es definitivo en esta cuestión del valor. En la noche en que Cortés abandonó México, el conquistador, después de separar su parte en el tesoro, dio el sobrante a sus tropas. Muchos, cargados de oro, se ahogaron ignominiosamente en los canales. Bernal Díaz, sin embargo, observó las costumbres indias y se conformó con cuatro jades que después pudo cambiar y que, según sus palabras. "me sirvieron bien para curar mis heridas y para proporcionarme alimentos".[59]

Los aztecas no tenían nuestra estimación moderna por el oro, así es que los españoles tuvieron grandes dificultades en un principio para obtenerlo. Los indígenas mexicanos respondieron

[57] Díaz del Castillo, *Historia Verdadera de la Conquista*, cap. XCII.
[58] Blom, Franz, *Commerce of the Maya*, 1932.
[59] Díaz del Castillo, *op. cit.*, cap. CXXVIII.

a las peticiones de objetos de valor de los invasores, ofreciéndoles jade y turquesas, las sustancias más preciadas por ellos. Semejante condescendencia desorientadora resultó altamente irritante para Cortés y sus hombres, quienes no tenían educación etnológica, ni hay que reconocer, la habrían necesitado, aunque la hubieran tenido a su alcance. El oro era valioso para los aztecas solamente por los adornos que se podían hacer con él, y la plata puede haber tenido un valor aún mayor porque los nódulos eran raros y los indios desconocían la técnica de fundir el mineral.[60]

Así, pues, los aztecas no tenían nuestro concepto del valor y de la riqueza. Sin embargo, contribuyeron mucho a nuestra prosperidad y a nuestro bienestar, en parte por haber sido forzados como esclavos a trabajar las minas de oro y plata, cuya moderna significación económica entendieron tan poco, y más aún por el enriquecimiento del acervo mundial de alimentos. Además de maíz de diversas variedades, los aztecas cultivaron muchas clases de frijol, un complemento muy nutritivo de la alimentación humana en razón de su gran contenido de proteína. La calabaza, el melón, la *chía*, los *camotes*, los chiles verdes y rojos, los aguacates y los tomates, eran productos del inteligente campesino de la América Media, que enriquecieron la alimentación azteca y la del mundo moderno. El comercio con el sur de Veracruz trajo el chocolate, la vainilla y la piña a la mesa azteca.[61]

La planta del maguey o agave era importante para la economía doméstica por su savia, que se fermentaba para hacer una especie de cerveza. El pulque se usaba no solamente como licor y como intoxicante ritual, sino que tenía también un efecto nutritivo importante al compensar la falta de verduras en la alimentación mexicana. La planta misma tenía otros muchos usos. Sus fibras podían torcerse para hacer cuerdas y tejerse para hacer bolsas y aun telas. Las espinas eran excelentes agujas y tenían un empleo sumamente lúgubre como instrumento para mortificar la carne en las penitencias religiosas. Las hojas a veces se usaban en la construcción de albergues y en el techado de las chozas. No es de extrañar que el maguey y la planta del maíz fueran simbolizados como diosas y veneradas como tales.

Los aztecas cultivaban muchas variedades de algodón. Fumaban tabaco, las más veces en junquillos huecos, a manera de cigarrillos. En épocas posteriores de su historia también usaron pipas en forma de codo, probablemente para fines rituales, así como nuestros indios *pueblo* modernos limitan el uso de la pipa a los ritos para atraer la lluvia. En las ceremonias religiosas empleaban grandes cantidades de copal como incienso y obtenían

---
[60] Saville, *Goldsmith's art*, 1920.
[61] Emmart, *Badianus Manuscript*, 1940.

hule de Veracruz y del sur, así como del guayule que crece en el norte de México. Como nosotros, los aztecas consideraban esta materia indispensable para su cultura, para las pelotas de su juego ritual, *tlachtli*, y como goma para adherir plumas y otros adornos a los vestidos. El chapopote, que venía de los escapes de petróleo de Veracruz, tenía su función como pegamento y como pintura para el cuerpo. En el occidente de México los indígenas preparaban una laca útil para revestir calabazas y bandejas de madera. Esta lista incompleta de plantas y sustancias cultivadas y explotadas por los aztecas y sus vecinos, da una idea de nuestra gran deuda para con estas civilizaciones del pasado. Los inventores e innovadores originales se pierden en la negra obscuridad de la historia americana; pero el fruto de su inventiva desempeña un importante papel en nuestra economía moderna.

En contraste con esta riqueza de plantas, los aztecas eran pobres en animales domésticos. Tenían algunas variedades de perros, una de las cuales se criaba como alimento, pero nunca usaron este animal para el transporte, como lo hicieron los indígenas de las llanuras septentrionales de Norteamérica. El pavo era su principal ave doméstica, aunque hay algunas pruebas de que criaban gansos, patos y también codornices. En las plantaciones de cactus de nopal cuidaban esmeradamente la cochinilla por el rico tinte carmesí que produce cuando se tritura. Otro insecto, el gusano del maguey, aún conserva su lugar en las mesas mexicanas, como un manjar que se sirve con otro platillo azteca típico, el *guacamole*, pasta de tomate, aguacate y chile.

La caza, cuando era posible, producía alimentos, pero el venado quedó casi agotado desde la época de la Cultura Media Superior. La emigración estacional de aves, que aún visita los lagos de México, proporcionaba gran abundancia de gansos, patos y otras aves silvestres. A veces se consumían pequeños peces, cogidos con redes o arponeados, y larvas de una mosca depositadas en las aguas del lago, que se convertían en una pasta que aún se consume en los pueblos mexicanos. Los altos funcionarios, como eran sostenidos por la comunidad, tenían una mesa mucho mejor que el pobre, que vivía miserablemente de los productos de sus propias tierras. El refrigerio cotidiano de Moctezuma fue descrito por los conquistadores españoles como digno del más exigente Lúculo.

Los instrumentos muestran pocas variaciones con relación a los de la Cultura Media Azteca. La *coa*, o estaca para perforar la tierra, era el principal instrumento agrícola, y el *metate* y la *mano* convierten, aún en la actualidad, los granos de maíz en harina. Todavía se empleaban instrumentos de piedra para cortar y moler, y el cobre martillado en frío comenzaba a ser preferido como material para agujas, hachas y adornos. El vidrio volcánico u obsidiana daba tan buenos resultados como la mayo ría de sus instrumentos cortantes de metal, en razón de sus aristas agudas y de su abundancia. Los tejedores no tenían más instrumentos que el telar primitivo y el malacate, y la cerámica tenía una gran variedad de usos para guardar y preparar la comida. El arco, la tiradera *(átlatl)*, la lanza y la macana eran las armas principales. En general no se destacaba la inventiva mecánica en la cultura azteca, aunque los oficios se desarrollaron a un alto grado, gracias al excelente empleo de instrumentos sencillos.

5) LOS COMERCIANTES EN LA ORGANIZACIÓN DE LOS TENOCHCAS

Miguel Acosta Saignes [62]

El propósito del capítulo que aquí se transcribe de la obra de Miguel Acosta Saignes es precisar cuál fue el status *de los mercaderes o* pochtecas *dentro de la sociedad azteca. Para ello se examinan diversas fuentes con testimonios sobre las prerrogativas que paulatinamente habían alcanzado los grupos de mercaderes que realizaban transacciones comerciales en lugares muchas veces considerablemente alejados de Tenochtitlan.*

La conclusión a que llega Acosta Saignes es la de que, desde el punto de vista de su posición respecto de los medios de producción, los pochtecas *constituían un grupo de suma importancia. De hecho, en no pocos aspectos, su* status *llegó a asemejarse al de los* pipiltin.

Los comerciantes en la organización social de los tenochca

Hemos tratado hasta ahora, en términos generales, de los comerciantes mexicanos a quienes se daba el nombre genérico de *Pochteca*. Y vimos cómo existían además personas dedicadas al comercio en los mercados, en virtud de algún oficio que desempeñasen, quienes acudían al *tiánguiz* a vender los productos por ellos elaborados o cultivados. Distinción para estos dos grupos de gentes que comerciaban existía idiomáticamente: a los comerciantes organizados, dedicados especialmente al comercio exterior y de esclavos, se denominaba con el término *Pochteca,* con el cual se emparentaban numerosas denominaciones. A los vendedores en los mercados de materias por ellos mismos obtenidas y no especializados en la tarea comercial, se les denominaba *Tlanamacac,* es decir, vendedor, según Rémi Simeon. También para este vocablo encontramos, como para el de *Pochteca,* un grupo de palabras con significado afín.[63]

[62] Miguel Acosta Saignes, "Los pochteca", *Acta Antropológica*, México, 1945, vol. I, N° 1, pp. 12-24.
[63] En su *Diccionario de la Lengua Náhuatl,* Rémi Simeon da las listas que a continuación incluimos de palabras relacionadas con Pochteca y Tlanamacac:

Otro nombre aplicado a los comerciantes especializados fue el de *Oztomeca*.[64] Decíaseles en ocasiones *Teucnenenque Oztomeca* o simplemente *Teucnenenque*.[65]

Póchotl.—Grande y hermoso árbol, del cual la savia de sus raíces se empleaba como febrífugo. Proporciona una excelente madera de construcción (Pochote). Metafóricamente *Póchotl* significa: padre, madre, jefe, gobernante, protector... En un *huehuetlatolli* se dice: coloquémonos al lado de nuestra reina, es un pochote, protección, pongámonos a su sombra...

Póchotl.—Hijo del rey de Tula, Tecpancaltzin.

Pochteca.—Plural de Pochtécatl.

Pochcatequiti o *Puchtecatequiti*.— ...percibir un derecho de mercado...

Pochcatequitini o *Pochtecatequitqui*.—Aquel que arrienda o percibe los impuestos.

Pochtecatéquitl o *Puchtecatéquitl*.—Derecho que se percibe sobre todo aquello que se vende...

Pochtecati o *Puchtecati*.—(Pretérito *opochtecátic*). Ser mercader, negociante, traficar, ocuparse del comercio.

Pochtecatini o *Puchtecatini*.—Tratante, traficante, negociante.

Pochtecatlailótlac.—Jefe, principal, señor, el primero entre los mercaderes.

Pochtecauía o *Puchtecauía*.— ...traficar, ejercitar el oficio de comerciante.

Pochtlan.—Edificio o monasterio en el cual residían los ministros del dios Yacatecutli, llamados *Pochtlan teohua Yacatecuhtli*. Localidad al sur de Xochimilco.

Respecto de *Tlanamácac*, se cuentan los términos siguientes:

Tlanamácac o *Tlanamacani*.—Mercader, vendedor.

Tlanamacoyan.—Mercado, plaza, recinto.

Tlanamaquilizcalli.--Tienda de mercader, casa de negocios.

Tlanamaquiliztli.—Venta, objeto de venta, mercancía...

Tlanamaquizcalli.—Establecimiento, tienda de mercancía.

Namaca-nino.—Venderse, ponerse de un partido. Como verbo activo: vender una cosa. *Namacani*.—Vendible, todo lo que puede ser vendido.

Namaquiltía.—Vender una cosa a alquien.

[64] Fr. Andrés de Olmos trae en su *Arte para aprender la lengua mexicana*, las siguientes palabras:

Oztomecatl.—Mercader.

Puchtecatl.—Mercader.

Tultecatl.—Oficial, mercader.

Ver también Seler, en el tomo V, 137 y 148 de *Historia de las Cosas de Nueva España,* y Bandelier, *On the social organization*... 604. Opina allí que los comerciantes llevaban el nombre de "tiamicqui".

[65] Sobre los diversos nombres que se aplicaban a los comerciantes, se-

Sabemos la importancia que las empresas comerciales tuvieron como precedentes de las conquistas y cómo los propios comerciantes en ocasiones organizaban "la guerra que tocaba a los mercaderes". Así conquistaron por sí mismos los *Pochteca* de Tlatelolco el pueblo de Quauhtenanco y los de México el de Ayotlan. Solían también fundar localidades: la de Querétaro fue establecida por un *Pochtecatl* de nombre Conin, natural de Nopala, quien llevaba objetos comerciables desde México y Tlatelolco hasta la región chichimeca [66] De igual modo Tecpatepec parece haber sido fundado por un mercader pues en su relación [67] se dice: "...el pueblo de Tecpatepec, antes de haberse poblado aquella tierra, era de la Teutlapa, que quiere decir en lengua castellana 'tierra de los dioses'... el primero indio fiel que descubrió y pobló este pueblo, era de nación chichimeco, llamábase Tlalnenenqui que en la castellana quiere decir 'descubridor de tierra'. Salió del pueblo de Escapuzalco el año de trescientos y setenta y vino a este pueblo solo sin mujer ni otra personas..."
Habría sido éste un Teucnenenque Oztomeca y es curioso que posteriormente el pueblo se haya sometido a Tlatelolco, lugar de residencia de los más conspicuos mercaderes: "...al cabo de cincuenta años —continúa la Relación de Tecpatepec— que se pobló este dicho pueblo, por temor de que no se le hiciese guerra, tratando desto los naturales, acordaron de ir a la ciudad de Tlatelulco, que es la comarca de México y sujetarse al señor de esta ciudad, que se llamaba Quaquahpitzatzi..."

A papel tan distinguido y múltiple en las relaciones exteriores de Tenochtitlan y Tlatelolco, correspondía en la organización

gún los trae Sahagún, consultamos al profesor Adrián León, quien tuvo la gentileza de suministrarnos los siguientes significados:

Pochteca-tlatoque.—"Reyes de los Pochteca", o gentes de Pochtlan. Pochtlan, el lugar de la ceiba.
Pochteca Tlailotlac.—"El regresado" de entre los pochteca.
Nahualoztomeca.—"Las gentes de la caverna del brujo", o nawali.
Teyavalovani.—El rodeador de gente.
Tecoanime.—Los antropófagos, o quizá los compradores de gentes.
Tealtianime.—Los bañadores de gente.
Teucnenenque oztomeca.—Los andariegos y señores de Oztoc, tal vez Nahualoztoc.

Encuéntrase además el vocablo Yiaque, en Sahagún, aplicado a cierto grupo de mercaderes. El profesor León prefirió no expresar opinión para tal palabra.

[66] Sahagún II, 341; II, 344. La fundación de Querétaro se relata en su Relación, publicada en la *Colección de Documentos Inéditos para la Historia de S. Luis Potosí.*
[67] *Papeles de la Nueva España*, t. VI, p. 34.

social de los Aztecas un rango correlativo a los Pochteca. Para Sahagún "...estos mercaderes eran ya como caballeros..." y hasta poseían fuero judicial; [68] Pomar los señala entre las gentes principales;[69] Durán al comentar las posibilidades de obtener distinción, entre los pueblos del centro de México, declara: "...había tres modos señalados en las Repúblicas, muy honrosos: la primera y principal manera... era la milicia, señalando sus personas en la guerra... Poníanles un nuevo nombre que era Tequiquaque... la segunda manera de levantarse los hombres era por la iglesia, allegándose al sacerdocio, de donde después de haber servido en los templos, con gran ejemplo y penitencia y recogimiento, ya viejos ancianos, los sacaban a dignidades y cargos honrosos... el tercero modo y menos honroso, era el de la mercancía y trato de comprar y vender... así eran estos indios mercaderes, que adquiriendo hacienda y alcanzando esclavos que poder sacrificar a este su dios, luego era reputado entre los magnates de la tierra..." [70] También Tezozómoc habla de la preeminencia de los mercaderes.[71] Transcribe palabras atribuídas a Cihuacóatl, quien habría dicho a Ahuítzotl: "señor, ya sabéis y entendéis que los que adornan y resplandecen *(sic)* esta gran ciudad son los oficiales de obras mecánicas, como son plateros, canteros, albañiles, pescadores, petateros, loceros y lapidarios, cortadores de las piedras finas, en especial los tratantes... y mercaderes; a estos estimó muy mucho mi buen hermano Moctezuma Ilhuicamina".

Como personas principales, usaban los mercaderes vestiduras especiales y "tenían divisas particulares por sus hazañas".[72] Los jefes mexicanos los recompensaban generosamente cuando volvían de empresas arriesgadas y les concedían la merced de ostentar determinadas señales de su importancia: "El señor —escribe Sahagún —en remuneración de sus trabajos, para que fuese honrado en el pueblo y tenido por valiente (el mercader), poníale un barbote de ámbar, que es una piedra larga, amarilla, transparente, que cuelga del bezo bajo agujereado, en señal que era valiente y noble y esto, se tenía en mucho..."[73]

[68] Sahagún II, 345; II, 348.
[69] Pomar, 17.
[70] Durán II, 124.
[71] Tezozómoc, 461 y 521.
[72] Sahagún II, 345.
[73] Sahagún I, 43. Es de notar que Muñoz Camargo, en su *Historia de Tlaxcala* describe largamente una ceremonia usada entre sus coterráneos para armar caballeros a los mercaderes ricos. Ignoramos si el procedimiento sería igual en México. Remitimos al lector a las páginas 45-46 del autor tlaxcalteca.

Aparte las divisas e indumentaria propias y los elogios y estímulos oratorios que se les dedicaban,[74] gozaban los mercaderes de otras prerrogativas mucho más básicas en la organización social azteca. Se contaban entre los poseedores de tierras particulares, obtenidas seguramente como premio de hazañas bélicas o por compra: "Sólo los señores —escribe Oviedo— y algunos sus parientes y algunos principales y mercaderes, tienen heredades y tierras propias y las venden y juegan, cuando les parece; y éstos las siembran y cogen, y no tributan ellos, ni ningunos otros oficiales..."

Zorita nos relata, sobre la ubicación social de los tratantes: "Otra manera y tercera había de tributarios, que eran los mercaderes, y éstos eran linajes conocidos, y ninguno lo podía ser si no le venía de herencia, o con licencia de los señores, y tenían algunas libertades, porque decían que eran necesarios a la República; y también tributaban los oficiales de lo que era su oficio, y los mercaderes de lo que trataban. Y todos éstos no eran obligados al servicio personal, ni a las obras públicas, si no era en tiempos de necesidad, ni eran obligados a ayudar en las milpas o sementeras que se hacían para los señores, porque cumplían con pagar su tributo y siempre había entre ellos un principal para lo que se les ofrecía que tratar por todo con los señores o con los Gobernadores..." Refiérese posteriormente el mismo autor al deber tributario así: "...los mercaderes y oficiales pagaban tributo, pero no personal, si no era en tiempos de guerra... los oficiales tributaban de lo que era de su oficio: los mercaderes de sus mercancías, ropas, plumas, joyas, piedras, cada uno de lo que trataba, y los tributos de éstos eran de más valor, por ser gente rica y próspera..." [75]

La exención del tributo personal y especialmente la posesión de tierras particulares, no comunales, colocaban sin duda a los mercaderes en lugar no sólo eminente, sino esencial, en el desarrollo de la sociedad azteca. Diversos autores han considerado de manera bien distinta y, a nuestro juicio, por lo general errónea, la colocación de los Pochteca en aquella comunidad. Para Bandelier, quien la concibió como una organización tribal, democrática, fueron inciertas las interpretaciones sobre posesión per-

---

[74] Sahagún II, 343.

[75] Zorita 142, 144, 146, 150. Ver también Cervantes de Salazar, 296; Veytia, 227, 230; Herrera II, lib. 3º, 137; "Relación de Fray Domingo de la Anunciación acerca del tributo de los indios", en *Colección de Documentos Inéditos*, publicados por el Padre Cuevas, p. 235. Pomar, p. 19, dice de Tezcoco: "...Lo que le daban de tributo era de los frutos naturales de cada tierra, dando cada indio la parte que le cabía conforme a la hacienda que poseía, si era mercader u oficial; y si labrador, al respecto de las tierras que labraba..."

sonal de la tierra y por consiguiente los mercaderes tampoco la habrían poseído. Respecto de las riquezas que los tratantes aportaban, pensó que carecían de importancia como elemento diferenciador, pues "la costumbre establecía —según escribe— que los más valiosos artículos fuesen ofrecidos en culto, a los almacenes de la tribu y los clanes. Poco del material gastado quedaba por consiguiente a los valerosos viajeros..." [76] Sin embargo, declara que, de acuerdo con Sahagún, los comerciantes tenían cierta "peculiar organización, como de casta..." [77] Incurre así en contradicción presente del mismo modo en otros autores, al referirse a la precisa ubicación de los comerciantes en la sociedad azteca. Vaillant, por ejemplo, quien sigue cercanamente el concepto de Bandelier, expone: "...La organización social de las tribus aztecas era, en teoría, completamente democrática..." [78] Y al tratar de los comerciantes, a pesar de la afirmación precedente, escribe: "...la iniciación del contacto intertribal a través de la colonización y la guerra y el aumento de las necesidades materiales y religiosas, llevó a la formación de una clase, la pochteca, cuyos miembros viajaban por todo México..." [79]

Opina Cunow que los Pochteca habían sido al principio individuos pertenecientes a diversos calpullis, quienes, por la semejanza del oficio y los peligros que corrían en sus expediciones, se habían unido en gremios, bajo la dirección de funcionarios denominados Pochteca Tlatoque [80] Kohler creyó algo semejante.[81] Eric Thompson, en cambio, escribe: "The merchants, who directly or indirectly were the cause of many wars, formed an important and privileged caste in the aztec social organization..." [82]

Manuel M. Moreno, quien impugnó la teoría de Bandelier, demostrando certeramente que en la sociedad azteca existían numerosos elementos que conducían a la formación de clases, como el concepto de propiedad privada de la tierra, no acertó sin embargo, opinamos, al ubicar a los Pochteca. Notaremos que, a pesar de la atingencia conque condujo su estudio, al tratar sobre los comerciantes se nota error tal como el de invocar el testimonio de Sahagún para demostrar que sí constituían una clase; olvidando que mal podría el gran cronista pensar que una "clase" era lo que modernamente se entiende con tal término

[76] Bandelier. *On the social Organization...*, 605.
[77] Bandelier. *On the social Organization...*, 606.
[78] Vaillant, 138.
[79] Vaillant, 152.
[80] Cunow, 275-278.
[81] Kohler, 29.
[82] Thompson, 126.

y que Moreno bien conoce, pues su trabajo se basa en conceptos recientes sobre la formación del Estado, es decir, de las clases.[83]

Moreno concibe la sociedad mexicana así: "Fundamentalmente y hablando grosso modo, la sociedad azteca puede considerarse dividida en dos grandes clases sociales: la de los privilegiados y la de los desheredados, cada una de ellas con caracteres perfectamente bien definidos y delimitados..." Sin embargo, inmediatamente y tratando de precisar el concepto de la división clasista, declara que, en su opinión, "...cuatro clases fundamentales pueden distinguirse perfectamente bien dentro de la organización social de los Aztecas: la militar, la sacerdotal, la de los mercaderes y el común del pueblo".[84]

Aun a la primera división en dos grandes clases, habría que hacer la salvedad de que los individuos colocados en posición inferior en realidad no eran totalmente desposeídos, pues como ha demostrado Arturo Monzón en su trabajo "La propiedad y el parentesco en la organización social de los Tenochca", subsistía la propiedad comunal de la tierra en los calpullis, donde cedíase por lotes familiares para el cultivo. Es posible que existiesen individuos totalmente desposeídos, quizá de extracción étnica diferente a los tenochca y tlatelolca, incorporados de algún modo a su comunidad, pero éstos constituían seguramente minoría y no es posible por tanto hablar escuetamente de poseedores y desposeídos olvidando a quienes, si no tenían la tierra en forma privada, sí podían adquirir su usufructo por vía de concesión comunal.[85]

Lo que caracteriza a las clases sociales es su posición respecto de los medios de producción. Y el gran medio de producción entre los Azteca era la tierra. La poseían los señores, los guerreros, los mercaderes. Ellos, por consiguiente, no constituían

---

[83] Moreno, 43.

[84] Moreno, 33; Toscano expresa sobre las clases sociales entre los Azteca, la siguiente interesante opinión: "Formando una clase intermedia —que probablemente tomó un auge inusitado, algunos años antes de la conquista— se encuentra la burocracia en torno del Estado azteca..." Y es sin duda certera su observación en referencia al proceso de la formación de clases entre los Azteca, cuando escribe: "En realidad las clases sociales están en razón directa de la propiedad que, en todo caso, la ha determinado la guerra..."

[85] Alfonso Caso, en una nota sobre el libro de Vaillant *The Aztecs of Mexico*, se inclina por la interpretación de sólo dos grandes clases, entre los Azteca, al escribir: "...Desde entonces, la sociedad azteca queda estratificada en dos grandes clases: los macehuales, abajo, con la propiedad comunal de la tierra y los piles, arriba, con la propiedad individual, muy precaria, si se le compara con la propiedad romana, pero sin embargo, claramente distinguida ya de la tierra comunal del clan o calpulli."

clases separadas, sino una misma clase poseedora, cualesquiera fuesen las distinciones que entre los grupos nombrados existiesen desde puntos de vista diferentes al de la propiedad territorial. Es usual expresar que las clases sociales caracterízanse por ser grupos de individuos con intereses comunes. Tal definición es por lo menos incompleta, ya que diversos grupos o sectores en las sociedades pueden tener intereses comunes, permanentes o transitorios, sin ser constituyentes de una misma clase. Desde el punto de vista de los medios de producción, y no de otros intereses, parciales, que poseerían los señores, guerreros, comerciantes, entre los Azteca, encontramos a esos grupos con la característica común de poseer la tierra en forma privada. Ello sin duda iniciaba el camino de una concentración que aún no era muy grande. En posición distinta se hallaban los macehuales, quienes no disfrutaban de la posesión territorial privada, pero sí por vía de concesión del calpulli. Es posible pensar que tarde o temprano iban a ser desposeídos, pero aún no lo habían sido en el momento de la conquista española. Eran los llamados mayeques y algunos otros grupos, quizá étnicamente diferentes de los mexicanos, quienes carecían de la tierra en cualquier forma. Los mayeques desempeñaban función de verdaderos siervos, obligados a cultivar para los señores propietarios.

Más justa, pues, que la idea de cuatro clases, absolutamente insostenible si partimos de una recta definición de lo que es una clase social, nos parece la de dos grandes sectores, con la necesaria salvedad del carácter de los miembros del calpulli respecto de la tierra. Estos dos sectores presentan caracteres de clases en formación. Una, la superior, se originaba en la guerra, que permitía desposeer a los vencidos y adjudicar tierras a los vencedores.[86] La otra, inferior, estaba constituida por individuos a veces de procedencia extraña, como los tlamimes, por los mayeques, verdaderos siervos sembrados en la tierra de sus señores, con la cual se trasmitían en herencia, y los macehuales, quienes, si desprovistos de honores y derechos adquiridos por los guerre-

---

[86] En Durán I, 94, se lee, a propósito de la conquista de Coyoacán por Itzcoatl: "...aquí teneis esclavos y perpetuos tributarios —le dijeron los vencidos— para cuando hubiéredes menester; piedra, madera, cal, tierras, terrasgueros, obreros para vuestras casas, ropa, bastimento de todo género, como lo quisiéredes y demandáredes..." y en la página 100 añade: "...los de Cuyuacan hicieron dejación de todas las tierras comunes para que fuesen repartidas a los mexicanos, en las cuales ellos se entregaron y tomaron posesión... al primero que señalaron tierras fue a la corona real de su Rey... luego a su propósito Tlacaelel, al cual le señalaron once suertes de tierra: luego tras él dieron a todos los principales, a cada uno a dos y tres suertes, conforme al merecimiento de sus hechos y dinidades y a otros una..."

ros, sacerdotes, mercaderes y piles, tenían el derecho de cultivar las tierras comunales del calpulli.

El hecho de que, según la obra citada de Monzón, a pesar de encontrarse clases en formación, subsistiesen regulaciones de la propiedad territorial y de otra índole por el calpulli, organización clánica, nos induce a averiguar con el mayor detalle posible, la organización de los comerciantes, para tratar de comprender su papel dúplice: como componentes de clanes que estaban sin duda en proceso de disgregación y como integrantes de una clase incipiente, cuyo basamento principal surgía con la propiedad privada de la tierra y para la cual eran importantes las riquezas, asequibles no sólo por obligación tributaria impuesta a los vencidos, sino por medio del activo comercio que conducían los Pochteca. Como hemos señalado al nombrar los artículos que se empleaban como intermediarios en el comercio, aún no se había logrado el establecimiento de una moneda única, lo cual habría constituido un elemento revolucionario de la economía mexicana y hubiese consolidado la estructura no sólo de los grupos comerciantes, sino de las clases en formación, permitiendo, con todas sus profundas consecuencias en la organización social, una acumulación considerable de riquezas, imposible mientras no existe una moneda única.

En Tenochtitlan y Tlatelolco agrupábanse los comerciantes en barrios cuyos nombres nos da Sahagún: Pochtlan, Auachtlan, Acxotlan, Atlauhco, Tzonmolco, Tepetitlan, Itztolco.[87] Seler supuso que todos pertenecían a Tlatelolco, pero si tomamos en cuenta que el de Tepetitlan estaba situado en Tenochtitlan, es posible pensar que la lista incluye nombres dependientes de ambas localidades. Seler tendía, además, a identificar toda la localidad de Tlatelolco con los grupos de mercaderes. Así, expresa en una ocasión: "El sostenimiento del templo de Huitznahuac incumbía, según el Códice Mendocino, hoja 19, a los vecinos de Tlatelolco, esto es, al rico gremio de los mercaderes."[88] En realidad hay que tener en cuenta, no sólo que había mercaderes organizados en Tenochtitlan, seguramente en barrios especiales, sino que muchas de estas localidades estaban a veces situadas fuera del perímetro de la ciudad. Ramírez de Fuenleal dice al respecto: "La capitale possé de Faubourgs ou des fermes plus ou moins eloignés; ils sont disseminés et plus réunis dans certain endroits que dans d'autres. Neamoins ils font partie de son territoire..."[89]

Antes de enumerar los datos que conocemos acerca de las locali-

---

[87] Sahagún II, 350, 380; V, 185.
[88] Sahagún V, 29.
[89] Carta del Obispo Ramírez de Fuenleal, publicada en el *Epistolario de Nueva España*.

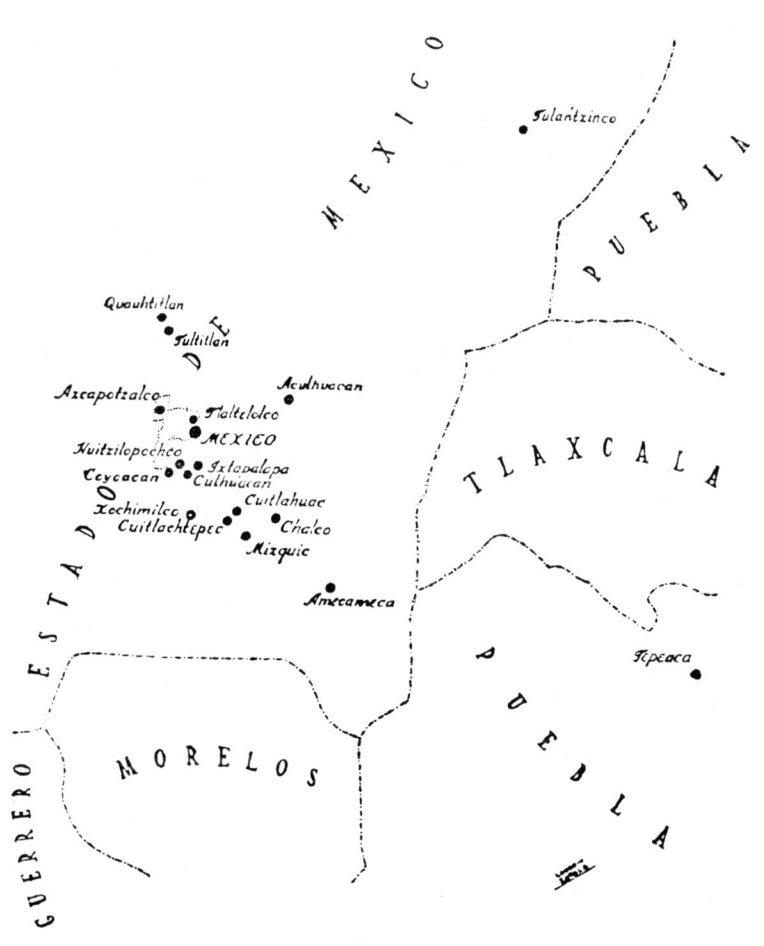

MAPA 1. Lugares de Mercaderes que viajaban juntos.

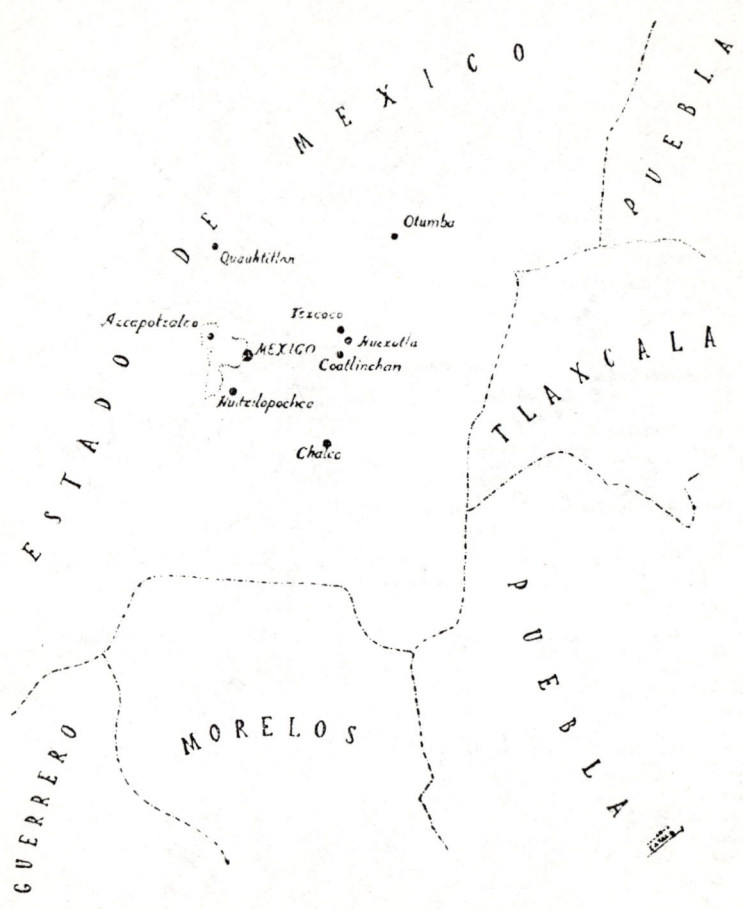

MAPA 2. Lugares de Comerciantes que se juntaban para "la guerra que tocaba a los mercaderes".

dades de mercaderes, veamos la organización de éstos, la cual abarcaba a todos sus barrios. Recordemos en primer término que los mercaderes de cierto número de localidades viajaban juntos y que otros se unían eventualmente "para la guerra que tocaba a los mercaderes". Según tal organización, a la cual nos hemos ya referido, se consideraban de alguna manera unidos, relacionados, los tratantes, no sólo de México y Tlatelolco, sino de otros pueblos. Pero ignoramos si los rangos que Sahagún menciona dentro de los propios mercadres existían fuera de Tenochtitlan y Tlatelolco, aunque es de suponer los hubiese, por la estrecha relación que todos parecían considerar entre sí. Los comerciantes de Tenochtitlan y Tlatelolco, independientemente de su colocación en barrios distintos, se consideraban divididos en dos grupos: los Pochteca Tlatoque y los Naualoztomeca. Los primeros no viajaban. Constituían una capa principal de mercaderes viejos, quienes no sólo eran considerados por los otros como eminentes, sino que se beneficiaban de los viajes ajenos, dando mercancías a quienes iban a partir para que comerciasen con ellas y trajesen lo producido por el canje, obteniendo así una especie de plusvalía.[90] La capa superior de los Pochteca Tlatoque incluía también mujeres, quienes, a semejanza de los hombres, encomendaban negociación de ciertos artículos a los viajeros. Estos, a su vez, se diferenciaban en dos grupos: los novatos y mercaderes sin fortuna, por un lado, y los tratantes ricos, por el otro, dedicados al comercio de esclavos y denominados Tealtinime, Tecoanime, Teyaualouani, Yiaque.[91]

Para tiempos de guerra, se nombraba un jefe común, Quauhpoyoualtzin, para encabezar a todos los comerciantes de México, Tlatelolco, Tezcoco, Huexotla, Coatlinchan, Chalco, Huitzilopochco, Azcapotzalco, Quauhtitlan y Otumba, quienes partían juntos en expediciones bélicas. Ver *mapas 1 y 2*

En épocas de paz eran dos los principales entre todos los mercaderes.[92] Los jefes usuales denominábanse Pochteca-Tlaylotlac

[90] Sahagún II, 350, 351, 353, 364, 372, 376.

[91] Sahagún II, 349, 353, 372, 376.

[92] Sahagún da en II, 339, los nombres de los dos jefes de mercaderes que correspondieron a cada uno de los gobernantes de Tlatelolco. Sin embargo, en II, 376, dice: "Habiendo reposado el que había de hacer el banquete, comenzaba a aparejar todo lo necesario para los principales mercaderes y para los que llamaba Naualoztomeca; hacíalo saber primeramente a tres principales, que eran los principales mercaderes y que regían a los otros mercaderes..." Esta mención de tres jefes es incongruente con la anterior, ilustrada por los nombres del par de directores de los comerciantes que correspondieron a cada uno de los gobernantes tlatelolca. Es posible que, al nombrarse en el segundo caso tres individuos, se incluya al jefe de guerra, a cuya designación ya nos hemos referido.

447

o Acxotecatl, "...que es tanto como si dijésemos que es gobernador de los mercaderes..."[93] Esto parece significar que de los siete barrios de mercaderes serían principales los de Pochtlan y Acxotlan, cuyos gentilicios servían para nombrar a los jefes de todos los comerciantes. El término Pochteca Tlaylotlac conectaría además a los tratantes con el grupo de los Tlaylotlaca, habitantes de la región de Chalco, a quienes posteriormente nos referiremos. Examinemos ahora lo que conocemos acerca de las localidades de mercaderes.

En primer término conviene advertir que la designación "barrios" aplicóse lo mismo a pueblos pequeños, dependientes de otros mayores, como a calpullis separados territorialmente de alguna ciudad, como a tlaxilacallis. Arturo Monzón hizo una necesaria distinción entre calpullis y sus subdivisiones —tlaxilacallis— basado en diversos informes como Vetancourt, la "Descripción del Arzobispado de México" y Torquemada, quienes señalan claramente los tlaxilacallis, sin que sus comentadores anteriores a Monzón hubiesen reparado en la importancia del término. En el famoso "Plano en Papel de Maguey" distínguense claramente las divisiones correspondientes a los tlaxilacallis, de acuerdo con las descripciones que de éstos nos dan los autores antes nombrados.[94] Poseían estas pequeñas divisiones territoriales nombres propios lo mismo que los calpullis y hallábanse como éstos, separados a veces del pueblo al cual pertenecían. Desconocemos la diferencia que existiría en cuanto a la cantidad demográfica entre las secciones comentadas. Ignoramos también si los nombres de los "barrios" de mercaderes referiríanse a calpullis o tlaxilacallis, pero de la organización general de la capital azteca infiérese que existían calpullis de mercaderes, especializados en su actividad y tal vez con subdivisiones en tlaxilacallis. Quizá hayan llegado hasta nosotros sin distinguirse, los nombres de unos y otros. Calpullis o tlaxilacallis, son siete los nombres que conocemos de "barrios" de mercaderes: Acxotlan, Atlauhco, Amachtlan, Itztolco, Pochtlan, Tepetitlan y Tzonmolco.

[93] Sahagún III, 50.

[94] Monzón, Arturo. "La propiedad y el Parentesco en la Organización Social de los Tenochca." Parte de este trabajo fue presentado en el Congreso Mexicano de Historia, celebrado en la ciudad de Xalapa, en 1944.

6) RIQUEZA Y POBREZA: LOS NIVELES DE VIDA

Jacques Soustelle [95]

Con una forma de acercamiento distinta a las de otros autores, Jacques Soustelle trata en estas páginas acerca de lo que puede describirse como riqueza y pobreza en el ambiente de la sociedad azteca. A su juicio, la base principal de la riqueza en el México antiguo la constituía la tierra, el suelo cultivable. Esto lleva al autor a ocuparse primeramente del tema de la propiedad de la tierra. Admite, como algo obvio, que existía considerable desigualdad de fortunas y de niveles de vida. Los sistemas de tributación y el desarrollo del comercio y de las artesanías tuvieron, a su parecer, un papel de suma importancia en la configuración que paulatinamente fue adquiriendo la realidad social del México prehispánico.

La riqueza está simbolizada en el *Códice Telleriano-Remensis* por un cofre de petate, *petlacalli*, lleno de piedras verdes. En efecto, los bienes materiales tendían cada vez más a representarse por medio de la forma manejable de los trozos de jade, el oro, de los tejidos: la fortuna mueble, como diríamos hoy, substituía a la fortuna en bienes raíces. No es menos cierto que todavía en el siglo XVI, ante los ojos de la clase dirigente, la base de toda riqueza seguía siendo la tierra, el suelo cultivable. A medida que un dignatario ocupaba un lugar más alto en la jerarquía social, adquiría derechos sobre grandes extensiones de bienes raíces.

En principio, nadie era "propietario" de un trozo de tierra. Las tierras pertenecían colectivamente, ya al *calpulli*, ya a las instituciones públicas como los templos, ya, finalmente, a la ciudad misma. No existía la propiedad privada del suelo, sino una propiedad colectiva con derechos individuales de uso. "Estas tierras, dice Zurita [96] refiriéndose a las de cada barrio, no son en particular de cada uno del barrio, sino en común del *calpulli*, y el que las posee no las puede enajenar, sino que goce de ellas por su vida, y las puede dejar a sus hijos y herederos." Se trata, pues, de un usufructo transmisible.

[95] Jacques Soustelle, *La Vida Cotidiana de los aztecas*, México, Fondo de Cultura Económica, 1956, pp. 87-93.
[96] Zurita, *Relación*, edición de Icazbalceta, p. 93.

El jefe del *calpulli* se encarga de tener al día el registro de las tierras y su reparto. Con los ancianos, vigila que cada familia sea dotada de la parcela que necesita. Si un hombre deja de cultivar su tierra durante dos años seguidos, se le dirige una severa advertencia; si no la tiene en cuenta y pasa un año más, se le priva de su derecho: la tierra que le había sido asignada regresa entonces al fondo común. Lo mismo sucede cuando una familia abandona el barrio o se extingue sin dejar descendencia. La propiedad del *calpulli* se extiende a todas las tierras, aun las no cultivadas, que se encuentran dentro de sus límites: no existen tierras "vacantes", no hay suelo sin dueño. El jefe y su concejo pueden dar tierras en alquiler a campesinos que no sean miembros del barrio, pero la renta va a parar al fondo común y no a manos de particulares.

La propiedad es colectiva, pero el usufructo es individual. Todo adulto casado tiene derecho —un derecho imprescriptible— a recibir una parcela y cultivarla. Desde el momento de su matrimonio, queda inscrito en los registros y, si no ha heredado de su padre el derecho a trabajar un trozo de tierra, el *calpulli* tiene la obligación de darle uno. Nadie puede quitárselo mientras lo cultive; si no está satisfecho con su parcela, puede pedir otra. Finalmente, a su muerte, no transmite la tierra, sino el uso de de ella, a sus hijos.

Tal era el derecho primitivo de la ciudad mexicana, de la tribu igualitaria: todo hombre libre estaba dotado de un trozo de tierra y tenía el deber de trabajarla. Con el transcurso del tiempo, y a medida que se acentuaba la diferenciación de las funciones sociales, esta regla había sufrido numerosas excepciones: los dignatarios, los funcionarios y los sacerdotes no cultivaban el campo a que tenían derecho; los comerciantes y los artesanos estaban exentos del trabajo agrícola. Además, el suelo cultivable era infinitamente raro en México sobre los islotes de la laguna; por ello los *macehualtin* sólo podían hacerse prestar parcelas situadas en la tierra firme. Muchos mexicanos llevaban una vida exclusivamente urbana.

Debían ser relativamente raros los casos en que una familia se veía desposeída de su parcela. De generación en generación, seguían en poder de la misma familia el mismo campo de maíz o la misma huerta. Sin duda el *calpulli* conservaba la propiedad, pero en la práctica el ciudadano que sucedía en el cultivo de la tierra a su padre y a su abuelo se sentía "en su casa". En la época inmediatamente anterior a la invasión española, parece que las leyes previeron los casos de venta de tierras. Estaba en vías de creación, pues, una propiedad privada a partir de la propiedad colectiva tradicional.

Esta evolución es todavía más visible cuando se consideran no ya los dominios de los barrios, sino los de las demás colectividades y de las ciudades. Los hechos esenciales, en este aspecto y en otros conexos, son la extensión del poder de los soberanos y las conquistas de los mexica y de sus aliados; de ahí la gran variedad de propiedades inmuebles regidas por estatutos diversos: *altepetlalli* pertenecientes a una ciudad, *tecpantlalli* o tierras asignadas al palacio, *tlatocamilli* o campos "del señorío", *yaoyotlalli* o tierras "de guerra".

En todos los casos, se trata de dominios cultivados ya sea por esclavos, ya por plebeyos de una ciudad sometida, y cuyo producto está destinado "a las necesidades de la república".[97] Así por ejemplo los indios del valle de Toluca cultivaban por cuenta del soberano mexicano un campo de 800 brazas de largo por 400 de ancho. El emperador y los reyes asociados a él disponían, pues, de una cantidad considerable de propiedades cuyo producto era asignado a los funcionarios, a los jueces, a los jefes militares, a título de "honorarios", o a los templos. En una sociedad que carecía de moneda, las remuneraciones consistían esencialmente en el producto de la tierra. Abundan los ejemplos de distribución de tierras a guerreros como recompensa por sus hazañas.[98]

En la época que estudiamos se manifiesta una evolución significativa. Aunque teóricamente la propiedad sigue siendo colectiva, de hecho las tierras asignadas en usufructo a un *tecuhtli* son transmitidas por él a sus descendientes. Entonces pasan a ser *pillalli*, "tierras de *pilli*"; es decir que los hijos de los dignatarios, que ya por su nacimiento tienen derecho preferente a los altos puestos, se benefician además con los productos heredados. Un dominio privado se constituye a expensas del dominio público. Forzaríamos las palabras si dijéramos que el emperador y los dignatarios eran grandes propietarios de bienes inmuebles: en efecto, subsiste la idea de que la colectividad tiene el derecho principal. Pero nos equivocaríamos igualmente si afirmáramos que ese derecho era el único reconocido en la práctica.

La sociedad mexicana estaba en plena transición y la apropiación privada de la tierra afloraba, por decirlo así, a cada instante; las costumbres y los hábitos vigentes se alejaban cada vez más de la tradición. En tanto que ésta establecía un nivel común a todos en el reparto de las tierras colectivas, la desigualdad de las fortunas inmuebles se había convertido en regla. En tanto que el *macehualli* se contentaba con su parcela, los altos funcionarios disfrutaban de bienes considerables en muchas provincias, a imitación del emperador que poseía en diversos lugares casas de campo y jardines de recreo.

Esta desigualdad de fortunas no era menos notable en lo referente a los bienes "muebles". Como no existía moneda, ciertos

---

[97] Zurita, *op. cit.*, p. 221.
[98] Véase Ixtlilxóchitl, *Historia Chichimeca*, p. 170.

productos, mercancías u objetos servían como criterio de valor y medios de cambio: el *quachtli*, pieza de tela, con su múltiplo la "carga" (20 piezas), la almendra del cacao, verdadera "moneda fraccionaria", con su múltiplo el *xiquipilli*, saco que contenía o que se consideraba que contenía 8,000 granos, pequeñas hachas de cobre en forma de T,[99] cañones de plumas llenos de polvo de oro. Aparte de esas mercancías con valor de cambio, el "tesoro" del emperador o de un particular se componía de una inmensa variedad de productos agrícolas, tales como maíz, frijol, granos oleaginosos, plumas multicolores, piedras preciosas o semipreciosas, joyas, vestidos, adornos, etc. Esas riquezas provenían de dos fuentes: el tributo o impuesto y el comercio. Es aquí donde los comerciantes entran en escena.

Todos los habitantes de la ciudad y del imperio pagaban el impuesto, con excepción de los dignatarios, los sacerdotes, los *pilli*, los niños, los huérfanos y los indigentes, y por supuesto, los esclavos. Los *macehualtin* mexicanos daban su trabajo; los comerciantes y los artesanos pagaban con productos u objetos propios del oficio de cada uno, y pagaban cada veinte o cada ochenta días. El tributo impuesto a cada ciudad o aldea variaba considerablemente según las circunstancias en las cuales hubiesen sido incorporadas al imperio, o según las posibilidades locales.

Originalmente, según la mentalidad indígena, la institución del tributo se basaba sobre un verdadero contrato de rescate: el derecho del vencedor sobre el vencido era total, pero la ciudad victoriosa aceptaba renunciar en parte a él, a cambio de un compromiso solemne. Cuando terminaban los combates, se iniciaba un regateo bastante áspero: los vencidos pretendían salir mejor parados, y los mexicanos amenazaban con reanudar las hostilidades. Finalmente se llegaba a un acuerdo, y los vencedores no dejaban de levantar un acta de la aceptación que habían arrancado a la parte contraria. "No os llaméis en algún tiempo a engaño en este concierto, pues con justa guerra hemos ganado, y conquistado a fuerza de armas a todo el pueblo", tal es el sentido de las fórmulas registradas en las historias indígenas.

Cada provincia, y en el interior de la provincia cada ciudad o población, debía suministrar una o dos veces por año una cierta cantidad de productos o artículos. Las listas que proporciona el Códice Mendoza permiten comprobar cuán variadas eran esas contribuciones. Una provincia de "tierra fría", la de Xilotepec, tenía fijada una cuota anual de 800 cargas de vestidos para mujer (16,000 piezas), 816 cargas de taparrabos para hombre, 800 cargas de faldas bordadas, 3,216 cargas de *quachtli*, 2 trajes

---

[99] Véase Bernal Díaz del Castillo, *Historia Verdadera de la Conquista*, México, 1950, 3 vols., t. I, p. 49.

de guerrero con sus adornos y escudos, 4 silos de maíz y de otros granos y finalmente de 1 a 4 águilas vivas.

La de Tochpan, situada en la costa del Golfo, debía entregar 6,948 cargas de mantas de diversos estilos, 800 cargas de taparrabos y otras tantas de faldas, 800 cargas de chile, 20 sacos de plumas, 2 collares de jade, 1 collar de turquesas, 2 discos de mosaicos de turquesas, 2 trajes de lujo para los jefes militares. Tochtepec, cuartel general de los comerciantes situado al final de los países del sureste contribuía, además de con numerosos vestidos, con 16,000 balas de caucho, 24,000 ramilletes de plumas de papagayo, 80 paquetes de pluma de quetzal, 1 escudo, 1 diadema, 1 banda para la cabeza y 2 collares de oro, joyas de ámbar y de cristal y cacao.

Las listas de tributos enumeran telas de algodón y de fibra de maguey, vestidos de todas clases, maíz, granos, cacao, miel, sal, chile, tabaco; materiales de construcción, muebles, vasijas, oro de las provincias mixtecas, turquesas y jade de la costa oriental, cochinilla, incienso, caucho, papel de Quauhnahuac y de Huaxtepec, caracoles de Cihuatlan, pájaros vivos de Xilotepec y de Oxitipan. Sólo de *quachtli* el impuesto rendía cada año más de 100,000 cargas: como hemos visto, se admitía que una carga de *quachtli* correspondía a los gastos anuales del sostenimiento de una persona. Así pues, entraban a México el equivalente de 100,000 "rentas anuales", únicamente en *quachtli*, para no hablar de los demás productos enumerados antes. Por ejemplo, el tributo producía a la capital 32,000 hojas grandes de papel, 152,320 taparrabos, 30,884 manojos de plumas preciosas, etc.

No hay duda de que parte de esas riquezas se redistribuían en los barrios de la capital, la cual no percibía, al menos en principio, más que dos quintas partes del impuesto, otras dos quintas partes estaban reservadas a Texcoco y una quinta parte a Tlacopan. Pero lo cierto es que el soberano y los principales dignatarios se atribuían la parte del león: después de la caída de Cuetlaxtlan, Moctezuma I, su adjunto Tlacaeleltzin y el jefe de la expedición se adjudicaron las tres cuartas partes del tributo cobrado a esta provincia; solamente una cuarta parte tomó el camino de los barrios, y quién sabe qué ínfima parte iría a parar a manos de los plebeyos.

Dado lo elevado de esas cifras, el impuesto debía ser muy oneroso. Tal es la impresión que recibieron los españoles a su llegada, cuando pudieron escuchar las quejas y recriminaciones de los totonacas.[100] Pero el testimonio de esta tribu, sometida muy recientemente al dominio del imperio y que odiaba a los mexicanos, no debe, tal vez, tomarse al pie de la letra. Hay que tener en cuenta también que algunas provincias estaban densa-

---

[100] Díaz del Castillo, *op. cit.*, t. I, p. 184.

mente pobladas. Alonso de Zurita, excelente funcionario español y observador de primer orden, escribe por ejemplo: "En todo esto había gran concierto para que no fuesen unos más agraviados que otros y era poco lo que cada uno pagaba, y como la gente era mucha, venía a ser mucho lo que se juntaba; y en fin todo lo que tributaban era de poca costa, y con poco trabajo y sin vejación alguna." [101]

Las ciudades y aldeas del Valle de México estaban sujetas a un modo particular de contribución: debían asegurar, por turno, el sostenimiento de los palacios de los tres soberanos asociados, suministrar el servicio doméstico y los productos alimenticios. Netzahualcóyotl, rey de Texcoco, había dividido los alrededores de su capital en ocho distritos; cada uno de los cuales estaba sujeto a esta obligación durante un periodo determinado del año, bajo la vigilancia de un *calpixqui*.

Si hemos de creer a Ixtlilxóchitl,[102] los abastecimientos cotidianos a cargo de esos distritos eran muy considerables: en las casas reales no se consumían menos de cien pavos por día.

Todos los recursos producto de los tributos afluían a México, y a las dos ciudades aliadas, lo cual se prestaba a que los soberanos y sus parientes acumularan una cantidad enorme de bienes. Claro que también es verdad que sus gastos eran colosales. Netzahualpilli, en Texcoco, con su inmenso harem que contenía cuarenta favoritas y una sola de las cuales, la hija del emperador mexicano Axayácatl, tenía más de dos mil personas a su servicio; Moctezuma II, en México, rodeado constantemente de tres mil personas en su palacio, sin contar las águilas, serpientes y jaguares que mantenía en habitaciones especiales y que consumían diariamente quinientos pavos, vivían ambos como potentados en medio de una abundancia de la que disfrutaba un séquito cada día más numeroso. Como, por otra parte, no había distinción entre el tesoro público y los bienes privados del soberano, era él quien distribuía alimentos y bebidas a toda la población durante el mes *Huey tecuilhuitl* —periodo de "escasez" en que se agotan los recursos de las familias—, quien vaciaba sus graneros durante las épocas de hambre y de calamidad[103] y quien asumía las cargas de la guerra, la dotación y alimentación de los soldados. Cada dignatario, según su rango, también gastaba no sólo en sí mismo, sino en sostener a su séquito, en recibir a los viajeros, en dar de comer a los pobres.[104] La riqueza de los poderosos se consumía en el lujo, pero en gran

[101] Zurita, *op. cit.*, p. 161.
[102] Ixtlilxóchitl, *op. cit.*, p. 168.
[103] Ixtlilxóchitl, *op. cit.*, p. 168.
[104] Zurita, *op. cit.*, p. 158.

parte se redistribuía a causa de las obligaciones que les imponían sus cargos.

Ese no era el caso de los comerciantes. Como hemos visto, los *pochteca* no hacían ostentación de sus bienes, salvo en las raras ocasiones en que la costumbre y el decoro les obligaban a mostrarse anfitriones generosos. No tenían que hacer frente a ninguna carga aneja a su oficio, no redistribuían su fortuna. Esta no provenía ni de las tierras ni del impuesto, sino del comercio cuyo monopolio tenían; se acumulaba en sus almacenes, disimulada con todo cuidado, en paquetes de plumas preciosas, en cofres repletos de piedras verdes y de ámbar, en calabazas llenas de polvo de oro.

Mientras la clase dirigente hacía fuertes gastos, los *pochteca*, que llevaban una vida confortable pero sin ostentación, no hacían frente a más necesidades que las suyas propias, no tenían que acudir en ayuda de los plebeyos ni de los pobres, y así podían formar un "capital", como diríamos hoy. Los dignatarios no eran, en suma, más que altos funcionarios que disponían de sueldos oficiales o de honorarios considerables, pero que estaban obligados a gastar una parte muy grande de ellos en razón de su misma dignidad; en cambio los comerciantes formaban el primer núcleo de una clase rica cuya fortuna era estrictamente privada.

En esta sociedad azteca de principios del siglo XVI coexistían niveles de vida muy diferentes: el lujo deslumbrador del soberano y, en diversas escalas, el de los dignatarios; la comodidad "burguesa" de los comerciantes; la existencia frugal del plebeyo. Demasiado a menudo se trata de los "pobres" en la literatura, para que se menosprecie su importancia: la dichosa mediocridad que había sido la dote de todos los mexicanos doscientos años antes, desaparecía poco a poco, a medida que la aldea tribal se convertía en capital de un imperio y en centro de convergencia de las riquezas de un inmenso país. La vida urbana, la complejidad cada vez mayor de las funciones, las tareas administrativas que imponía la extensión de los territorios sometidos, y la aparición del comercio, modificaban de manera irresistible y definitiva las antiguas condiciones. Sin duda el *calpulli* con su organización igualitaria debía desempeñar el papel de un poderoso estabilizador; pero también es probable que el pequeño trozo de tierra que había bastado al ciudadano simple del siglo XIV pareciera bien mezquino al del siglo XVI. Ahí hay todavía una evolución en cierne cuyos alcances no podemos imaginar, porque la irrupción de los europeos la interrumpió bruscamente.

7) LAS *PILLALLI* O TIERRAS DE LOS NOBLES

Alfredo López Austin [105]

Uno de los problemas más debatidos en el estudio de la organización social y económica en el México antiguo es el de la existencia de alguna forma de propiedad individual de la tierra, en particular la llamada pillalli, *o "tierra de nobles". En el libro* La constitución real de México-Tenochtitlan, *López Austin aborda este tema desde un punto de vista puramente jurídico y se inclina por una respuesta negativa. En ella explica la existencia del* pillalli *con base en la institución de los* mayeque, *es decir, de los agricultores que, habiendo perdido por distintas causas la posesión de sus tierras comunales, como miembros de algún antiguo* calpulli *trabajaban en beneficio de otros, especialmente de nobles o* pipiltin.

Los *mayeque*. El común de los *macehualtin*, debido al reparto de tierras que se hizo al dividirse la ciudad de Tenochtitlan, tenían derecho a la explotación de las parcelas de su *calpulli*, y se dedicaban a la agricultura, haciendo suyos los productos. La situación de aquellos labradores que habían visto repartir sus propiedades, después de la conquista de su pueblo, entre el estado y los distinguidos mexicanos, era muy diferente. El arraigo a la tierra, tan común en nuestro pueblo, hacía que volviesen a sus antiguas posesiones sin importarles la nueva situación de dominio que encontrarían. Ya no eran los labradores libres; ahora recibían el nombre de *mayeque*.

Es preciso dilucidar un poco los derechos que se concedían a los *pipiltin* militares —únicos, con excepción de los *pochtecas*, que podían tener *mayeque* en sus tierras—, porque de ello depende la situación de éstos. Tenemos los siguientes datos: 1º, los *mayeque* estaban ligados a la tierra, con la obligación de servir y tributar a quien fuese el propietario; [106] 2º, estaban obliga-

---

[105] Alfredo López Austin, *La constitución real de México-Tenochtitlan*, México, Instituto de Investigaciones Históricas, 1961, pp. 73-74 y pp. 141-142.

[106] Alonso de Zurita, *Breve y sumaria relación de los señores y maneras y diferencias que había de ellos en la Nueva España, y en otras provincias sus comarcanas, y de sus leyes, usos y costumbres, y de la forma que tenían*

dos a contribuir con agua y leña para el servicio de la casa de su señor, y a entregarle una parte de los productos recogidos; [107]
3º, no tributaban al *tlatoani*, sino que éste se consideraba pagado con los servicios que prestaban al *pilli;* pero tenían obligación de acudir cuando fuesen llamados a la guerra, y de sujetarse a la jurisdicción central.[108]

El derecho del *pilli* parece no ser sobre la tierra, sino sobre el tributo que se recogía en un territorio determinado. Esto puede explicarse por la necesidad de no trasmitir los derechos sino a *pipiltin*, únicos que podían ser tributados. El *pilli*, por otro lado, no era un funcionario estatal como otros casos que se verán más adelante, ya que sus *mayeque* quedaban bajo la jurisdicción del *tlatoani*.

Si fuese un derecho de propiedad, ¿qué necesidad habría de distinguir entre los *mayeque* y los simples arrendatarios?, o ¿por qué quedaban los primeros sujetos a continuar en sus antiguas tierras? El vérdadero arrendatario, aparte de pagar al dueño de la tierra, contribuía normalmente con sus prestaciones al estado. La diferencia entre *mayeque* y propietarios de *calpullalli* también era notoria; ya las tierras de los primeros no eran comunales, sino que habían pasado a la propiedad estatal por medio de la conquista, y sus productos posiblemente eran cedidos por el estado, en unión a los impuestos, al *pilli* que se había distinguido, quien podía cederlos a su vez a otro que fuese de su condición o a un *pochteca*.

Podemos aventurarnos con lo anteriormente dicho, a afirmar que los *mayeque* eran todos aquellos individuos sin tierras propias, obligados a labrar determinado predio y a entregar su tributo a un *pilli* que el *tlatoani* había considerado como beneficiario en atención a los servicios prestados al estado, o a quien adquiría los derechos del *pilli* beneficiario.

Tierras consideradas tradicionalmente de propiedad individual. Entre las tierras consideradas tradicionalmente como propiedad individual están, según la división de los cronistas, los mayorazgos, las tierras de *mayeque* y las tierras otorgadas a los jueces, conocidas todas con el nombre de *pillalli*, o tierras de los *pipiltin*.

en les tributar sus vasallos en tiempo de su gentilidad, y la que después de conquistados se ha tenido y tiene en los tributos que pagan a S.M., y a otros en su real nombre, y en el imponerlos y repartirlos, y de la orden que se podría tener para cumplir con el precepto de los diezmos, sin que lo tengan por nueva imposición y carga los naturales de aquellas partes, en Juan Bautista Pomar y Alonso de Zurita, *Relación de México y Tezcoco*, México, Editorial Salvador Chávez Hayhoe, 1941, 292 p., p. 75.

[107] *Ibid*, p. 143.
[108] *Ibid*.

Las primeras no creemos que sean en verdad propiedad individual, ya que se confundió con mayorazgo el gobierno de los *tlatoque* inferiores, a los que es muy frecuente ver considerados como señores feudales. Su cargo, debemos recordarlo, era sucesible según la constitución del estado a que pertenecían, siguiendo el sistema de elección dentro de la familia gobernante cuando se trataba de México-Tenochtitlan, o por primogenitura, cuando se cubriesen los requisitos necesarios, en los demás estados. Cada *tlatoani*, tanto supremo como inferior, tenía tierras de *mayeque* destinadas a la manutención propia; [109] pero algunas eran obtenidas como derechos del individuo, independientemente de su carácter de gobernante, mientras que otras eran "mayorazgos", esto es, estaban dedicadas al sustento del *tlatoani* como funcionario público, y adquiría sus derechos el que le sucedía en el gobierno. Estas últimas, como es de comprenderse, eran inalienables, mientras que los derechos concedidos por las primeras podían transmitirse libremente.

A las segundas, tierras de *mayeque*, ya nos hemos referido con anterioridad, y creemos ver el derecho sobre impuestos y productos de los que eran causantes los individuos que vivían en un determinado territorio, y que el estado cedía a los *pipiltin* distinguidos en combate como premio a sus hazañas, pero con la condición de no enajenarlo a *macehualtin* —con excepción de *pochtecas*, que ya habían adquirido el derecho de recibir los beneficios de los *mayeque*—.[110] Al tratar este punto llegamos a la conclusión de que no era en realidad un derecho sobre la tierra, ya que ésta pertenecía al estado.

Las tierras, tierras destinadas a los jueces, entre ellos los *tetecuhtin* de la clase inferior, aparte de que no podían tener *mayeque*,[111] no eran sucesibles [112] ni alineables de otros medios, que estaban ligadas al desempeño de un cargo, como pago que el estado hacía a sus funcionarios.

[109] Fernando de Alva Ixtlilxóchitl, *Sumaria Relación de todas las cosas que han sucedido en la Nueva España, y de muchas cosas que los Tultecas alcanzaron y supieron, desde la creación del Mundo hasta su destrucción, y venida de los terceros pobladores Chichimecas hasta la venida de los Españoles, sacada de la original historia de esta Nueva España*, México, Editorial Nacional, S. A., 1952, p. 235.

[110] Friedrich Katz, *Relaciones Socieconómicas de los aztecas en los siglos XV y XVI*, traducción de Mª Luisa Rodríguez Salas, copia inédita facilitada por el Instituto Indigenista Interamericano, p. 105.

[111] Fray Juan de Torquemada, *Monarquía Indiana*, 3 v., México, Editorial Chávez Hayhoe, 1943-1944, v. II, p. 546.

[112] Zurita, *op. cit.*, p. 86.

8) BASES ECONÓMICAS

Friedrich Katz [113]

Considera Katz como algo de suma importancia precisar, en cualquier estudio sobre la economía prehispánica, cuáles fueron los principales elementos en que ésta se apoyó. En el capítulo III, que aquí se transcribe de su libro sobre la Situación social y económica de los aztecas, *señala entre las "bases" o elementos principales a la agricultura, los animales domésticos, los utensilios, la metalurgia, el transporte, las construcciones y, finalmente, al elemento primordial de la población. En el breve análisis que ofrece, respecto de cada uno de estos puntos, toma en consideración, además del testimonio de los cronistas, las obras de otros investigadores.*

La agricultura

Mesoamérica tiene dos regiones climáticas completamente diferentes: el altiplano y la costa.

El altiplano, que comprende la parte alta del centro de México, tiene un clima templado, en tanto que el de la costa es tropical. Esta diferencia determina naturalmente la agricultura de cada una de estas regiones.

1. *Plantas de cultivo.* La base de la alimentación y principal planta de cultivo fue el maíz; se producía tanto en el altiplano como en la costa. El modo en que en el antiguo México se llevó al cabo su siembra, ha sido descrito acertadamente por Clavijero:

> ...Hace el sembrador un pequeño agujero en la tierra con la punta de un bastón endurecida al fuego, y echa en él uno o dos granos de maíz de una espuerta que le cuelga al hombro y lo cubre con un poco de tierra, sirviéndose de sus pies para esta operación. Pasa adelante y a cierta distancia, que varía según el terreno, abre otro agujero, y así continúa en línea recta hasta el término del campo, y de allí vuelve formando otra línea paralela a la primera. Estas líneas son tan

[113] Friedrich Katz, *Situación Social y Económica de los Aztecas durante los siglos XV y XVI*, México, Instituto de Investigaciones Históricas, 1966, pp. 21-26.

derechas como si se hubieran hecho a cuerda y la distancia de una a otra planta tan igual, como si se hubiera empleado un compás o medida. Este modo de sembrar, apenas usado en el día por algunos indios, aunque lento, es muy ventajoso, porque proporciona con exactitud la cantidad de grano a las fuerzas del terreno, y no ocasiona además el menor desperdicio de semilla. En efecto, los campos cultivados de aquel modo dan cosechas abundantes. Cuando la planta llega a cierta elevación, le cubren el pie con un montón de tierra, para que tenga más jugos y pueda resistir al viento.[114]

El maíz se aderezaba en las más variadas formas. La principal fue la elaboración de una especie de panes que los españoles llamaron *tortillas* y que aún hoy reciben este nombre. Steffen [115] explica cómo los preparaban: "Para el fin pelaban primero los granos, hirviéndolos en agua con cal hasta que ablandaran y entonces los frotaban entre los dedos. A continuación eran molidos con dos piedras y la harina resultante se convertía con agua, en una masa con la que se preparaban los panes que cocían al horno y comían calientes, ya que así eran de mejor sabor. En ocasiones se agregó a esta masa algún otro ingrediente. Las *tortillas* de los nobles se confeccionaron con maíz rojo al que se agregó alguna raíz medicinal como el *coatzontecoxóchitl*, con el presunto fin de calentar el estómago. Las *tortillas* que los nobles consumían diariamente se llamaron *totanquitlaxcallitlaquelpacholli*, es decir, *tortillas* calientes y dobles, o también *hueitlaxcalli*, esto es, *tortillas* grandes; éstas eran muy suaves, blancas y delgadas. Las llamadas *tlaxcalmimilli* eran algo más grandes, redondas y gruesas. De pasta hojaldrada eran las deliciosas *tlacepoallitlaxcalli*. Para la gente común existía una numerosa variedad. La preparación de este alimento, así como de los otros, era labor propia de las mujeres. Existían otras maneras de aderezar el maíz; así, la masa cocida con agua proporcionaba un preparado llamado *atolli*."

También se cultivaba una especie de pimienta llamada chile, frijoles y tomates. Muy importante fue también el cultivo del maguey; de él se obtenía la bebida alcohólica llamada pulque, que aún hoy se consume en México. De sus fibras se fabricaron telas con las que se vestían las clases más pobres, y sus hojas servían para techar casas. La producción de esta planta fue considerable; Humboldt [116] calculó que un maguey da en pro-

---

[114] Clavijero, Francisco Javier. *Historia Antigua de México*. México, 1917, t. I. pp. 380-81.

[115] Steffen, Max. *Die Landwirschaft bei den Altmexikanischen Kulturvölker*, Leipzig, 1883. pp. 27-28.

[116] Humboldt, Alexander von. *Essai Politique sur le Nouvelle Espagne*. París, 1811, t. III, p. 157.

medio cuatro litros diarios de pulque durante cuatro a cinco meses.

El algodón sólo se obtuvo en las regiones bajas. Con telas de esta fibra se vestían las clases superiores de la meseta y casi toda la población del valle.

La bebida preferida de los mexicanos era el cacao, planta que se desarrollaba sólo en zonas bajas. Su importancia fue tan considerable que sus granos se utilizaron como moneda.

Junto a estas principales plantas de cultivo del antiguo México, también se sembraban otras, tales como la chía, el camote y frutos tropicales.

2. *La siembra.* En México existen tierras muy fértiles, pero el clima resulta a veces poco favorable para la agricultura; hay una temporada de lluvia que dura aproximadamente cuatro meses, de junio a septiembre; los ocho meses restantes son de total sequía. Si la lluvia se retarda, la cosecha peligra; por ello se hizo necesario entonces, y también ahora, el riego artificial para asegurar el cultivo.

En el antiguo México existían diversos sistemas de cultivo de la tierra. El más primitivo fue el sistema de *milpa (milpa* significa en *náhuatl,* campo de maíz). El campo se roturaba, los arbustos y árboles caídos se dejaban secar, después se quemaban y la ceniza se empleaba como fertilizante; no existía riego artificial y, por tanto, estaba sujeto por entero a la lluvia. La tierra era cultivada en forma consecutiva durante tres a cuatro años; se le dejaba descansar de cinco a diez años y entre tanto se cultivaba una nueva tierra. Es claro que con tal sistema, se limitó el crecimiento de la población; sin embargo, la producción fue relativamente elevada. Morley [117] dedujo que entre los mayas, quienes tenían un sistema bastante similar, una familia constituida por cinco personas que cultivara un campo de cuatro a cinco hectáreas, producía, en 190 días, más del doble de lo necesario para su sostenimiento, y sólo requería de 48 días de trabajo para producir su propia alimentación básica.

En la meseta de México y en parte de la tierra baja hacia el Océano Pacífico, ha señalado Armillas [118] se aplicaba un cultivo más intensivo de la tierra, elevando en mucho la producción, de tal manera que hacía posible dos a tres cosechas por año.

Hay que distinguir aquí tres sistemas diversos:

a) La agricultura en las márgenes de los ríos, en tierras inundadas periódicamente. La existencia de este sistema ha podido

---

[117] Morley, Sylvanus. *The Ancient Maya.* Imprenta de la Universidad de Stanford, 1946, p. 78.

[118] Armillas, Pedro. "Notas relativas a sistemas de cultivo en Meso América" en *Anales del Instituto Nacional de Antropología e Historia.* México, 1949.

ser comprobada por Armillas, principalmente en las márgenes del río Balsas. El rendimiento de los campos inundados de continuo y cubiertos con una capa de tierra muy fértil era, desde luego, elevado.

b) El riego artificial. A lo largo de las orillas del Balsas y de los grandes lagos del Valle de México se había creado un sistema de riego artificial acerca del cual informan con amplitud los españoles. Armillas [119] comprobó que estos procedimientos de riego, a excepción de los del valle, tenían un mero carácter local y nunca llegaron a alcanzar —como en Egipto— extensión que ameritara una centralización.

c) El sistema de *chinampas*. Esta forma de cultivo se localiza principalmente en los lagos del Valle de México. En sus tranquilas aguas se construían balsas con ramas, raíces y hojarasca cubiertas con una capa de tierra extraída del fondo. Esta tierra superpuesta era rica en sal, eliminada por el riego constante de los campos con agua del mismo lago. El riego se hacía con largas cucharas de madera, en tanto la tierra era removida con una especie de pala llamada *tzoquimáitl*. Como fertilizante se utilizaron plantas acuáticas en descomposición, limo del lago, excremento de murciélago y, posiblemente, también de seres humanos.[120]

Aplicaban métodos de cultivo muy avanzados, tales como hacer almácigos y trasplantar los retoños. El beneficio de estos campos era muy alto; Gómara [121] explica que rendían de un trescientos a un quinientos por ciento. Esta crecida producción puede explicar la elevada densidad de población en el altiplano y su predominio sobre el resto del país.

Parece que la ciudad de Tenochtitlan tenía más de 300,000 habitantes y que en el altiplano se localizaban entre tres y cuatro millones de personas.[122]

Armillas [123] supone que, posiblemente, este cultivo intensivo del suelo se practicó desde el principio de nuestra era y ve en el desarrollado rendimiento la explicación a la existencia de las grandes construcciones de Teotihuacan.

---

[119] *Op. cit.*

[120] Armillas, Pedro. "Las chinampas de México". En *Cuadernos Americanos*. Núm. 2, México, 1950.

[121] Gómara, Francisco López de. *Historia general de las Indias.* México, 1870. Cap. 215.

[122] Cook Sherburne F. y Byrd Simpson, Lesley. "The Population of Central Mexico in the Sixteenth Century" *Ibero-Americana*, 3. Los Angeles, 1948. pp. 26-31.

[123] Armillas, Pedro. "A Sequence of Cultural Development in Meso-America". En *Memoirs of the Society for American Archaelogy*, Núm. 4. Menosha, Wisconsin, 1948.

Animales domésticos

El único mamífero criado por los mexicanos fue un pequeño perro al que Sahagún designa con cuatro nombres diferentes: *chichi, itzcuintli, xochiocóiotl* y *tetlamin*, y que les servía de alimento. El animal doméstico más importante fue el pavo, que se producía en grandes cantidades y se consideraba como alimento delicado y exquisito.

También se dedicaban a la apicultura. Hay que mencionar, asimismo, la cría de cochinilla, de la que obtenían un colorante.

En México, pues, no existían animales de carga ni de tiro, factor negativo en el desarrollo del transporte y del comercio.

Utensilios

Casi la totalidad de los utensilios eran de madera o de piedra: en la agricultura empleaban una especie de palo para escarbar llamado *huictli* o *coa*, cuya punta era endurecida con fuego (según el testimonio de Armillas, en el occidente de México se empleaban estos palos con puntas de cobre); el instrumento para moler maíz, denominado *métlatl* era de piedra. Los útiles que usaban los artesanos para cincelar constituían la excepción, pues eran de cobre.

Metalurgia

Mediante el martillo y la fundición se fabricaron objetos de oro, plata y cobre. No se ha determinado si los aztecas conocían la soldadura; empero parece que en la época inmediata anterior al arribo de los españoles también elaboraron artículos de bronce. De un análisis practicado en 102 objetos de metal del antiguo México, Arsandaux [124] comprobó que en 35 de ellos había aleaciones de cobre y zinc. También Arsandaux y River han determinado el grado de evolución de la metalurgia: *Los mexicanos empleaban el oro y la plata nativos, el cobre, el estaño y el plomo, y trabajaban los tres primeros de estos metales por batido y por fundición; conocían los procedimientos del repujado y de la cera perdida, el chapeado de oro sobre plata y sobre cobre, el trefilado y verosímilmente la soldadura (ordinaria y autógena); sabían hacer aleaciones, con fines bien determinados, cobre con estaño, con plomo y con oro nativo, constituyendo, en el último caso, una aleación susceptible de ser coloreada.*

La mayoría de los objetos de metal eran piezas suntuarias; sólo en las coas (en el occidente de México) y en los instrumentos de los artesanos se empleaba el cobre y, en ocasiones, el

---

[124] Arsandaux, H. et River P. *Contribution a l'Étude de la Métallurgie Mexicaine*. París, 1921, p. 70.

bronce. En general la metalurgia aún no había logrado tener importancia en la economía azteca.

Transporte

Dada la falta de animales de carga y tiro, el transporte era muy primitivo, de allí que todos los artículos tuvieran que ser transportados por seres humanos. Sólo a lo largo de los ríos y, en particular en el Valle de México, donde existía una red de lagos, las condiciones del transporte eran mejores. Millares de canoas hacían posible una verdadera comunicación entre las ciudades del valle, facilitando el desarrollo del comercio y de la economía.

No había caminos; parece, empero, que el principio de la rueda no les era enteramente desconocido, pues se han encontrado pequeños juguetes que las tienen.

Construcciones

Las casas de los campesinos y, en general, las del pueblo, eran construidas con ladrillos de barro. En las ciudades se erguían suntuosos palacios y casas edificadas en piedra. La construcción de esos palacios resultaba especialmente difícil, sobre todo si se toma en cuenta que las piedras tenían que ser acarreadas por seres humanos.

La población del antiguo México

Se han realizado muchos y diversos cálculos relativos a la densidad de la población en el antiguo México. Los más dignos de crédito son los hechos por Simpson y Cook [125] basados en datos científicos y en todas las fuentes disponibles. Conforme a estos cálculos la población del centro de México en el año de 1519 es de, aproximadamente, once millones de habitantes, de los cuales más de dos millones vivían en el Valle de México y cerca de 300,000 en la ciudad de México-Tenochtitlan.

---

[125] Cook, Sherburne F., y Byrd Simpson, Lesley. *Op cit.*, p. 38.

CAPÍTULO V

V. RELIGIÓN Y PENSAMIENTO

Para los aztecas cuanto existía se hallaba integrado esencialmente en un universo sagrado. De aquí la importancia suma que tuvo para ellos lo que hoy llamamos su religión. Esta, lejos de ser una institución aislada, era el sustrato último en el cual todo tenía su fundamento y a la vez se podía volver comprensible. Los cómputos del tiempo, las edades cósmicas y cada una de las fechas, eran portadores de símbolos y realidades divinas. A través de los ciclos de fiestas se vivía de nuevo el misterio de los orígenes y de la actuación de los dioses. Los edificios sagrados evocaban, ellos mismos, la antigua concepción religiosa del universo. Desde la infancia, y de múltiples modos, quedaba inserto el hombre indígena en ese mundo de símbolos. La educación en el hogar y en las escuelas, el trabajo, el juego, la guerra, el acontecer entero, desde el nacimiento a la muerte, encontraban en lo religioso un sentido unitario. Tal manera de existir y pensar nos resulta hoy difícil de entender, precisamente porque vivimos en una época de secularización, en la que adjudicar un carácter sagrado a todo lo que existe se antoja hipótesis arcaica. Y, sin embargo, así integró la realidad de su cultura el hombre prehispánico y así realizó, con sentido unitario, creaciones tan extraordinarias como las que conocemos del mundo de su arte.

El estudio de los ritos y las creencias religiosas del pueblo azteca, y del pensamiento de sus sacerdotes y sabios, ha permitido alcanzar al menos una primera forma de probable conclusión. Esta, por otra parte, ha tenido como consecuencia el planteamiento de nuevos problemas. La probable conclusión se refiere al hecho de que, en esta última etapa del México antiguo, el fenómeno religioso fue resultado de una fusión de elementos de orígenes distintos entre sí. En él subsistían, al parecer, tradiciones de muy antiguo arraigo, comunes a casi todos los pueblos de alta cultura en Mesoamérica. Como un ejemplo, puede recordarse el culto a la deidad del fuego, el dios viejo, que en náhuatl se llamó Huehuetéotl. Conjuntamente, había en la religión azteca creencias y ritos que se presentan como más característicos de este grupo desde los tiempos de su peregrinación. Puede mencionarse, como muestra, la adoración que daban a sus antiguas divinidades tutelares, a **Huitzilopochtli** y a la madre de éste, **Coatlicue**. Pero además, entre los fundadores de México-Tenochtitlan, era obvia la influencia de tradiciones de origen tolteca. No ya sólo las formas de culto a dioses como Tláloc y Quetzalcóatl sino incluso la aceptación de doctrinas sumamente elaboradas como las referentes al supremo dios dual, Ometéotl, corroboran la asimilación de elementos religiosos atribuidos originalmente a los toltecas.

Conviene notar asimismo que en el mundo azteca coexistieron, influyéndose mutuamente en ocasiones, diversas formas de creencias populares y verdaderos sistemas de pensamiento religioso debidos a los sacerdotes y los sabios. Preocupó a éstos reelaborar conceptualmente los antiguos mitos y doctrinas en función de lo que ellos llamaron la teotlamatiliztli o sabiduría acerca de las cosas divinas. Numerosos textos permiten afirmar, por ejemplo, que la multitud de los dioses de la religión popular vino a tener un sentido muy diferente en la concepción religiosa de los sabios. Algunos de ellos, ahondando en la herencia tolteca, llegaron de hecho a plantearse problemas en torno a la suprema divinidad, Tloque Nahuaque, el Dueño del cerca y el junto, nombrado también con los títulos de Moyocoyani, el que se inventa a sí mismo, Ometéotl, el Señor de la dualidad. Su discurrir los llevó además a la formulación de otras cuestiones como la del sentido y propósito de la existencia en la tierra y la del destino humano más allá de la muerte. Así se manifestó entre ellos ese interés por inquirir que, en otras culturas, ha sido calificado de pensamiento filosófico.

En resumen puede afirmarse que, dentro de la religión y el pensamiento de los aztecas, llegó a haber manifiestos contrastes. En sus fiestas, a lo largo del calendario, perduraron ritos como los de los sacrificios humanos e igualmente florecieron otras expresiones de culto con un carácter que hoy nos parece distinto. De esto último dan testimonio, entre otras cosas, algunos de sus himnos, expresión de un sentido que podemos llamar teológico, en honor del Dador de la vida, el Dueño del cerca y del junto. De cualquier modo que se mire, el elemento religioso permeó enteramente la vida de este pueblo. No sólo en sus ceremonias de culto sino en cada momento de la existencia, su reconocimiento y su actitud ante un universo esencialmente sagrado se volvían siempre presentes.

Para el estudio de la religión y el pensamiento aztecas se dispone de considerable número de testimonios. Los hallazgos arqueológicos permiten conocer cómo eran sus recintos sagrados, pirámides, templos y monumentos. Los símbolos religiosos pueden estudiarse a través de sus esculturas, pinturas y representaciones en barro y en otros materiales. Suma importancia tienen *también para esto, y para asomarse a lo que fue la organización del sacerdocio y lo referente al culto de los dioses, los códices que se conservan y los textos que, en lengua náhuatl, se recogieron y transcribieron con el alfabeto latino pocos años después de la conquista. Y mencionaremos además, como fuentes secundarias, algunos de los testimonios de cronistas españoles en los que se reflejan, sobre todo, las ideas que éstos tuvieron de un fenómeno religioso al que casi siempre consideraron como resultado de la inspiración del demonio.*

En las obras de los investigadores de tiempos más recientes encontramos, por otra parte, las distintas interpretaciones a que han llegado con base en las fuentes primarias. Algunos parecen haberse limitado a una mera descripción de las varias divinidades y de las distintas formas de culto. El tema de los sacrificios humanos ha sido también objeto de múltiples formas de consideración. Son de particular interés las que constituyen un esfuerzo de comprender esos ritos en función del contexto integral de la cultura prehispánica. No han faltado tampoco ensayos de presentar al fenómeno religioso de los aztecas en términos de teorías como la que relaciona universalmente con los astros a las diferentes deidades. El tema del pensamiento cosmológico y las especulaciones de carácter filosófico han comenzado asimismo a ser valoradas. Y si para esto se ha acudido fundamentalmente a los textos indígenas, también hay estudiosos que han analizado el simbolismo de determinadas representaciones plásticas en busca de elementos de la visión indígena del mundo.

Aun cuando son relativamente abundantes los trabajos sobre la religión y el pensamiento de los aztecas, como lo muestran las páginas que en este capítulo se transcriben, es indudable que mucho queda aún por esclarecer en campo tan rico y a la vez tan complejo. Afortunadamente existe, como se ha dicho, buen número de fuentes cuyo análisis y valoración críticas podrán llevar a un conocimiento, cada vez más profundo, de lo que creyeron y lucubraron los antiguos mexicanos.

FUENTES PRIMARIAS

1) TEXTOS MÍTICOS

En varias de las fuentes escritas que se conservan de la cultura náhuatl se encuentran textos de contenido mítico. Aunque algunos de ellos provienen de periodos considerablemente antiguos puede afirmarse que, manteniendo su vigencia, formaron parte del conjunto de creencias y tradiciones del pueblo azteca.

Rica es la temática de estos mitos. Por una parte están los poemas de orígenes cósmicos o de la creación de las varias edades y soles que han existido. Por otra, cabe recordar los mitos acerca de determinadas deidades y de los que podrían designarse como héroes culturales. Entre otros pueden citarse los relatos acerca de Quetzalcóatl, de Tezcatlipoca y de Huitzilopochtli. Finalmente se sitúan también en el campo del mito aquellos textos en los que se refieren acciones portentosas de los dioses y los seres humanos.

A modo de muestra se ofrece aquí la versión de algunos de estos mitos, que cuentan entre las formas más antiguas del pensamiento, en estrecha relación con la visión del mundo y las doctrinas religiosas.

a) *Edades o soles que han existido*

Se refería, se decía
que así hubo ya antes cuatro vidas,
y que ésta es la quinta edad.

Como lo sabían los viejos,
en el año 1-Conejo
se cimentó la tierra y el cielo.
Y así lo sabían,
que cuando se cimentó la tierra y el cielo,
habían existido ya cuatro clases de hombres,
cuatro clases de vidas.
Sabían igualmente que cada una de ellas
había existido en un Sol (una edad).

Y decían que a los primeros hombres
su dios los hizo, los forjó de ceniza.

Esto lo atribuían a Quetzalcóatl,
cuyo signo es 7-Viento,
él los hizo, él los inventó.
El primer Sol (edad) que fue cimentado,
su signo fue 4-Agua,
se llamó Sol de Agua.
En él sucedió
que todo se lo llevó el agua.
Las gentes se convirtieron en peces.

Se cimentó luego el segundo Sol (edad).
Su signo era 4-Tigre.
Se llamaba Sol de Tigre.
En él sucedió
que se oprimió el cielo,
el Sol no seguía su camino.
Al llegar el Sol a mediodía,
luego se hacía de noche
y cuando ya se oscurecía,
los tigres se comían a las gentes.
Y en este Sol vivían los gigantes.
Decían los viejos
que los gigantes así se saludaban:
—"No se caiga usted", porque quien se caía,
se caía para siempre.

Se cimentó luego el tercer Sol.
Su signo era 4-Lluvia.
Se decía Sol de Lluvia (de fuego).
Sucedió que durante él llovió fuego,
los que en él vivían se quemaron.
Y durante él llovió también arena.
Y decían que en él
llovieron las piedrezuelas que vemos,
que hirvió la piedra tezontle
y que entonces se enrojecieron los peñascos.

Su signo era 4-Viento,
se cimentó luego el cuarto Sol.
Se decía Sol de Viento.
Durante él todo fue llevado por el viento.
Todos se volvieron monos.
Por los montes se esparcieron,
se fueron a vivir los hombres-monos.

El quinto Sol:
4-Movimiento su signo.

Se llama Sol de Movimiento,
porque se mueve, sigue su camino.

Y como andan diciendo los viejos,
en él habrá movimientos de tierra,
habrá hambre
y así pereceremos.
En el año 13-Caña,
se dice que vino a existir,
nació el Sol que ahora existe.
Entonces fue cuando iluminó,
cuando amaneció,
el Sol de movimiento que ahora existe.
4-Movimiento es su signo.
Es éste el quinto Sol que se cimentó,
en él habrá movimientos de tierra,
en él habrá hambres.[1]

Este Sol, su nombre 4-Movimiento,
éste es nuestro Sol,
en el que vivimos ahora,
y aquí está su señal,
cómo cayó en el fuego el Sol,
en el fogón divino,
allá en Teotihuacán.
Igualmente fue éste el Sol
de nuestro príncipe en Tula,
o sea de Quetzalcóatl.[2]

b) *Restauración de los seres humanos*

Y en seguida se convocaron los dioses,
dijeron: —"¿Quién vivirá en la tierra?
porque ha sido ya cimentado el cielo,
y ha sido cimentada la tierra.
¿Quién habitará en la tierra, oh dioses?"
Estaban afligidos
Citlalinicue, Citlaltónac,
Apantecuhtli, Tepanquizqui,
Quetzalcóatl y Tezcatlipoca.
Y luego fue Quetzalcóatl al Mictlan,
se acercó a Mictlantecuhtli y a Mictlancíhuatl

[1] *Anales de Cuauhtitlán*, fol. 2.
[2] *Manuscrito de 1558*, fol. 77.

y en seguida les dijo:
—"Vengo en busca de los huesos preciosos
que tú guardas,
vengo a tomarlos
Y le dijo Mictlantecuhtli:
—"¿Qué harás con ellos, Quetzalcóatl?"
Y una vez más dijo (Quetzalcóatl):
—"Los dioses se preocupan porque alguien viva en la tierra
Y respondió Mictlantecuhtli:
—"Está bien, has sonar mi caracol
y da vueltas cuatro veces
alrededor de mi círculo precioso".

Pero su caracol no tiene agujeros;
llama entonces (Quetzalcóatl) a los gusanos;
éstos le hicieron los agujeros
y luego entran allí los abejones y las abejas
y lo hacen sonar.
Al oírlo Mictlantecuhtli, dice de nuevo:
—"Está bien, toma los huesos".
Pero dice Mictlantecuhtli a sus servidores:
—"¡Gente del Mictlan!
Dioses, decid a Quetzalcóatl
que los tiene que dejar".
Quetzalcóatl repuso:
—"Pues no, de una vez me apodero de ellos".
Y dijo a su *nahual:*
—"Ve a decirles que vendré a dejarlos".
Y éste dijo a voces:
—"Vendré a dejarlos".

Pero, luego subió
cogió los huesos preciosos.
Estaban juntos de un lado los huesos de hombre
y juntos de otro lado los de mujer
y los tomó
e hizo con ellos un ato Quetzalcóatl.
Y una vez más Mictlantecuhtli dijo a sus servidores:
—"Dioses, ¿de veras se lleva Quetzalcóatl
los huesos preciosos?
Dioses, id a hacer un hoyo".
Luego fueron a hacerlo
Y Quetzalcóatl se cayó en el hoyo,
se tropezó y lo espantaron las codornices.
Cayó muerto.
y se esparcieron allí los huesos preciosos,
que mordieron y royeron las codornices.

Resucita después Quetzalcóatl,
se aflige y dice a su *nahual:*
—"¿Qué haré, *nahual* mío?"
Y éste le respondió:
—"Puesto que la cosa salió mal,
que resulte como sea".
Los recoge, los junta,
hace un lío con ellos,
que luego llevó a Tamoanchan.

Y tan pronto llegó,
la que se llama Quilaztli,
que es Cihuacóatl,
los molió
y los puso después en un barreño precioso.
Quetzalcóatl sobre él se sangró su miembro.
Y en seguida, hicieron penitencia los dioses
que se han nombrado:
Apantecuhtli, Huictolinqui, Tepanquizqui,
Tlallamánac, Tzontémoc
y el sexto de ellos Quetzalcóatl.
Y dijeron:
—"Han nacido, oh dioses,
los *macehuales* (los merecidos por la penitencia).
Porque, por nosotros
hicieron penitencia (los dioses)".[3]

c) *El descubrimiento del maíz*

Así pues de nuevo dijeron los dioses:
—"¿Qué comerán los hombres, oh dioses?
¡que descienda el maíz, nuestro sustento!"

Pero entonces la hormiga va a coger
el maíz desgranado, dentro del Monte de nuestro sustento.
Quetzalcóatl se encuentra a la hormiga,
le dice:
—"¿Dónde fuiste a tomar el maíz?
Dímelo".
Mas la hormiga no quiere decírselo.
Quetzalcóatl con insistencia le hace preguntas.
Al cabo dice la hormiga:
—"En verdad allí".

[3] *Manuscrito de 1558,* fols. 75-76.

Entonces guía a Quetzalcóatl,
éste se transforma en seguida en hormiga negra.
La hormiga roja lo guía,
lo introduce luego en el Monte de nuestro sustento.
Entonces ambos sacan y sacan maíz.
Dizque la hormiga roja
guió a Quetzalcóatl
hasta la orilla del monte,
donde estuvieron colocando el maíz desgranado.

Luego Quetzalcóatl lo llevó a cuestas a Tamoanchan.
Allí abundantemente comieron los dioses;
después en nuestros labios puso maíz Quetzalcóatl,
para que nos hiciéramos fuertes.
Y luego dijeron los dioses:
—"¿Qué haremos con el Monte de nuestro sustento?"
Mas el monte allí quiere quedarse,
Quetzalcóatl lo ata,
pero no puede jalarlo.

Entre tanto, echaba suertes Oxomoco,
y también echaba suertes Cipactónal,
la mujer de Oxomoco,
porque era mujer Cipactónal.
Luego dijeron Oxomoco y Cipactónal:
—"Tan sólo si lanza un rayo Nanáhuatl,
quedará abierto el Monte de nuestro sustento".
Entonces bajaron los *tlaloques* (dioses de la lluvia).
los tlaloques azules,
los tlaloques blancos,
los tlaloques amarillos,
los tlaloques rojos.

Nanáhuatl lanzó en seguida un rayo,
entonces tuvo lugar el robo
del maíz, nuestro sustento,
por parte de los tlaloques.
El maíz blanco, el obscuro, el amarillo,
el maíz rojo, los frijoles,
la chía, los bledos,
los bledos de pez,
nuestro sustento
fueron robados para nosotros.[4]

 * *Manuscrito de 1558*, fol. 77.

d) *Quetzalcóatl y los toltecas*

Los toltecas, el pueblo de Quetzalcóatl,
eran muy experimentados.

Nada les era difícil de hacer.
Cortaban las piedras preciosas,
trabajaban el oro,
y hacían toda clase de obras de arte
y maravillosos trabajos de pluma.

En verdad eran experimentados.
El conjunto de las artes de los toltecas,
su sabiduría, todo procedía de Quetzalcóatl...

Los toltecas eran muy ricos,
no tenían precio los víveres, nuestro sustento.
Dicen que las calabazas
eran grandes y gruesas.
Que las mazorcas de maíz
eran tan grandes y gruesas como la mano de un metate.
Y las matas de bledos,
semejantes a las palmas,
a las cuales se podía subir,
se podía trepar en ellas.

También se producía el algodón
de muchos colores:
rojo, amarillo, rosado,
morado, verde, verde azulado,
azul, verde claro,
amarillo rojizo, moreno y aleonado.
Todos estos colores los tenía ya de por sí,
así nacía de la tierra,
nadie lo pintaba.

Y también se criaban allí
aves de ricos plumajes:
pájaros color de turquesa,
de plumas verdes,
amarillas y de pecho color de llama.
Toda clase de aves
que cantaban bellamente,
de las que trinan en las montañas...

Y estos toltecas eran muy ricos
eran muy felices;
nunca tenían pobreza o tristeza.
Nada faltaba en sus casas,
nunca había hambre entre ellos...

Se dice que cuando vivió allí Quetzalcóatl,
muchas veces los hechiceros quisieron engañarlo,
para que hiciera sacrificios humanos,
para que sacrificara hombres.
Pero él nunca quiso, porque quería mucho a su pueblo,
que eran los toltecas...
Y se dice, se refiere,
que esto enojó a los magos,
así éstos empezaron a escarnecerlo,
a burlarse de él.
Decían los magos y hechiceros
que querían afligir a Quetzalcóatl,
para que éste al fin se fuera,
como en verdad sucedió.

En el año 1-Caña murió Quetzalcóatl
se dice en verdad
que se fue a morir allá,
a la Tierra del Color Negro y Rojo.

Se dice que en el año 1-Caña
él mismo se prendió fuego y se quemó,
se llama quemadero el lugar
donde Quetzalcóatl ardió.
Se dice que cuando ardió,
en seguida se elevaron sus cenizas,
vinieron a verlas todas las aves preciosas
que vuelan y van al cielo,
la guacamaya, el pájaro azul,
el ave tornasol, el ave roja y azul,
la de color amarillo dorado y otras aves de fino plumaje.
Cuando la hoguera dejó de arder,
se alzó el corazón de Quetzalcóatl
y llegó hasta el cielo, en él entró.

Dicen los viejos
que entonces se convirtió en la estrella de la mañana.[5]

[5] *Códice Matritense del Real Palacio*, fols. 132 v.-134 v. *Anales de Cuauhtitlán*, fol. 7.

La serpiente emplumada con el glifo de Quetzalcóatl: 1-Caña. Museo Nacional de Antropología.—*Foto INAH.*

e) *Nacimiento de Huitzilopochtli*

Mucho honraban los mexicas a Huitzilopochtli
sabían ellos que su origen, su principio,
fue de esta manera:

En Coatepec, por el rumbo de Tula,
había estado viviendo,
allí habitaba una mujer
de nombre Coatlicue.
Era madre de los Cuatrocientos Surianos
y de una hermana de éstos
de nombre Coyolxauhqui.

Y esta Coatlicue allí hacía penitencia,
barría, tenía a su cargo el barrer,
así hacía penitencia,
en Coatepec, la Montaña de la Serpiente.
Y una vez,
cuando barría Coatlicue,
sobre ella bajó un plumaje,
como una bola de plumas finas.
En seguida lo recogió Coatlicue,
lo colocó en su seno.
Cuando terminó de barrer,
buscó la pluma, que había colocado en su seno,
pero nada vio allí.
En ese momento Coatlicue quedó encinta.
Al ver los Cuatrocientos Surianos
que su madre estaba encinta,
mucho se enojaron, dijeron:
—"¿Quién le ha hecho esto?
¿quién la dejó encinta?
Nos afrenta, nos deshonra".

Y su hermana Coyolxauhqui
les dijo:
—"Hermanos, ella nos ha deshonrado,
hemos de matar a nuestra madre,
la perversa que se encuentra ya encinta
¿Quién le hizo lo que lleva en el seno?"

Cuando supo esto Coatlicue,
mucho se espantó,
mucho se entristeció.
Pero su hijo Huitzilopochtli, que estaba en su seno,
la confortaba, la decía:

—"No temas,
yo sé lo que tengo que hacer".
Habiendo oído Coatlicue
las palabras de su hijo,
mucho se consoló,
se calmó su corazón,
se sintió tranquila.

Y entre tanto, los Cuatrocientos Surianos
se juntaron para tomar acuerdo,
y determinaron a una
dar muerte a su madre,
porque ella los había infamado.
Estaban muy enojados,
estaban muy irritados,
como si su corazón se les fuera a salir.
Coyolxauhqui mucho los incitaba,
avivaba la ira de sus hermanos,
para que mataran a su madre.
Y los Cuatrocientos Surianos
se aprestaron,
se ataviaron para la guerra.

Y estos Cuatrocientos Surianos,
eran como capitanes,
torcían y enredaban sus cabellos,
como guerreros arreglaban su cabellera.
Pero uno llamado Cuahuitlícac
era falso en sus palabras.
Lo que decían los Cuatrocientos Surianos,
en seguida iba a decírselo,
iba a comunicárselo a Huitzilopochtli.
Y Huitzilopochtli le respondía:
—"Ten cuidado, está vigilante,
tío mío, bien sé lo que tengo que hacer".

Y cuando finalmente estuvieron de acuerdo,
estuvieron resueltos los Cuatrocientos Surianos
a matar, a acabar con su madre,
luego se pusieron en movimiento,
los guiaba Coyolxauhqui.
Iban bien robustecidos, ataviados,
guarnecidos para la guerra,
se distribuyeron entre sí sus vestidos de papel,
su *anecúyotl,* sus ortigas,
sus colgajos de papel pintado,
se ataron campanillas en sus pantorrillas,

las campanillas llamadas *oyohualli*.
Sus flechas tenían puntas barbadas.

Luego se pusieron en movimiento,
iban en orden, en fila,
en ordenado escuadrón,
los guiaba Coyolxauhqui.
Pero Cuahuitlícac subió en seguida la montaña,
para hablar desde allí a Huitzilopochtli,
le dijo:
—"Ya vienen".
Huitzilopochtli le respondió:
—"Mira bien por dónde vienen".
Dijo entonces Cuahuitlícac:
—"Vienen ya por Tzompantitlan".
Y una vez más le dijo Huitzilopochtli:
—"¿Por dónde vienen ya?"
Cuahuitlícac le respondió:
—"Vienen ya por Coaxalpan".
Y de nuevo Huitzilopochtli preguntó a Cuahuitlícac:
—"Mira bien por dónde vienen".
En seguida le contestó Cuahuitlícac.
—"Vienen ya por la cuesta de la montaña".
Y todavía una vez más le dijo Huitzilopochtli:
—"Mira bien por dónde vienen".
Entonces le dijo Cuahuitlícac:
—"Ya están en la cumbre, ya llegan,
los viene guiando Coyolxauhqui

En ese momento nació Huitzilopochtli,
se vistió sus atavíos,
su escudo de plumas de águila,
sus dardos, su lanza-dardos azul,
el llamado lanza-dardos de turquesa.
Se pintó su rostro
con franjas diagonales,
con el color llamado "pintura de niño".
Sobre su cabeza colocó plumas finas,
se puso sus orejeras.
Y uno de sus pies, el izquierdo, era enjuto,
llevaba una sandalia cubierta de plumas,
y sus dos piernas y sus dos brazos
los llevaba pintados de azul.

Y el llamado Tochancalqui
puso fuego a la serpiente hecha de teas llamada Xiuhcóatl,

que obedecía a Huitzilopochtli.
Luego con ella hirió a Coyolxauhqui,
le cortó la cabeza,
la cual vino a quedar abandonada
en la ladera de Coatépetl,
El cuerpo de Coyolxauhqui
fue rodando hacia abajo,
cayó hecho pedazos,
por diversas partes cayeron sus manos,
sus piernas, su cuerpo.

Entonces Huitzilopochtli se irguió,
persiguió a los Cuatrocientos Surianos,
los fue acosando, los hizo dispersarse
desde la cumbre del Coatépetl, la montaña de la culebra.
Y cuando los había seguido
hasta el pie de la montaña,
los persiguió, los acosó cual conejos,
en torno de la montaña.
Cuatro veces los hizo dar vueltas.
En vano trataban de hacer algo en contra de él,
en vano se revolvían contra él
al son de los cascabeles
y hacían golpear sus escudos.
Nada pudieron hacer,
nada pudieron lograr,
con nada pudieron defenderse
Huitzilopochtli los acosó, los ahuyentó,
los destrozó, los aniquiló, los anonadó.
Y ni entonces los dejó.
continuaba persiguiéndolos.
Pero, ellos mucho le rogaban, le decían:
—"¡Basta ya!"

Pero Huitzilopochtli no se contentó con esto,
con fuerza se ensañaba contra ellos,
los perseguía.
Sólo unos cuantos pudieron escapar de su presencia,
pudieron librarse de sus manos.
Se dirigieron hacia el sur,
porque se dirigieron hacia el sur,
se llaman Surianos,
los pocos que escaparon
de las manos de Huitzilopochtli.
Y cuando Huitzilopochtli les hubo dado muerte,
cuando hubo dado salida a su ira,

les quitó sus atavíos, sus adornos, su *anecúyotl*,
se los puso, se los apropió,
los incorporó a su destino,
hizo de ellos sus propias insignias.

Y este Huitzilopochtli, según se decía,
era un portento,
porque con sólo una pluma fina,
que cayó en el vientre de su madre, Coatlicue,
fue concebido.
Nadie apareció jamás como su padre.
A él lo veneraban los mexicas,
le hacían sacrificios,
lo honraban y servían.
Y Huitzilopochtli recompensaba
a quien así obraba.
Y su culto fue tomado de allí,
de Coatepec, la Montaña de la Serpiente,
como se practicaba desde los tiempos más antiguos.[6]

[6] *Códice Florentino*, libro III, capítulo I.

2) EL PENSAMIENTO RELIGIOSO
(TEXTOS INDÍGENAS)

Los textos míticos que se han citado pueden considerarse obviamente como muestras del pensamiento religioso prehispánico. Pero hay además otros muchos testimonios a través de los cuales es posible percibir algunas de las doctrinas y creencias que mantuvieron su vigencia durante el período azteca. Particularmente en estos textos cabe reconocer formas de fusión o sincretismo religioso. Mientras algunas de las creencias parecen reflejar la antigua tradición de los toltecas, otras se muestran como doctrinas más propias y exclusivas del pueblo azteca.

Entre las principales fuentes para el estudio del pensamiento religioso del México antiguo pueden mencionarse algunas secciones de los Códices matritense y florentino, *las* Colecciones de cantares mexicanos, *los varios documentos en los que se conservan los* huehuetlatolli *o discursos de los ancianos, así como algunos de los códices o libros de pinturas a los que se ha hecho ya referencia en la introducción general del presente libro. Con las inevitables limitaciones inherentes a una antología, ofrecemos aquí algunos ejemplos de estos textos de contenido religioso.*

a) La antigua doctrina acerca de la suprema divinidad dual.
   Ometecuhtli-Omecíhuatl

Y sabían los toltecas
que muchos son los cielos,
decían que son doce divisiones superpuestas.
Allá vive el verdadero dios y su comparte.
El Dios celestial se llama Señor de la dualidad, Ometecuhtli,
y su comparte se llama Señora de la dualidad, Omecíhuatl, Señora celeste;
quiere decir:
sobre los doce cielos es rey, es señor.[7]

---

[7] *Textos de los Informantes Indígenas,* vol. VIII, fol. 175 v.

b) *Omnipresencia del dios dual*

Madre de los dioses, padre de los dioses, el dios viejo,
tendido en el ombligo de la tierra,
metido en un encierro de turquesas.
El que está en las aguas color de pájaro azul,
el que se halla en un encierro de nubes,
el dios viejo, el que habita en las sombras
de la región de los muertos,
el señor del fuego y del año.[8]

c) *Himno a Tláloc para implorar la lluvia*

Ay, en México se está pidiendo un préstamo al dios.
En donde están las banderas de papel
y por los cuatro rumbos
están en pie los hombres.

¡Al fin es el tiempo de su lloro!
Ay, yo fui creado
y de mi dios,
festivos manojos de ensangrentadas espigas,
ya llevo
al patio divino.
Ay, eres mi caudillo, Príncipe Mago,
y aunque en verdad,
tú eres el que produce nuestro sustento,
aunque eres el primero,
sólo te causan vergüenza.

—Ay, pero si alguno
ya me causa vergüenza,
es que no me conocía bien:
vosotros sois mis padres, mi sacerdocio,
Serpientes y Tigres.

Ay, en Tlalocan, en nave de turquesas,
suele salir y no es visto
Acatonal.
Ay, ve a todas partes,
Ay, extiéndete
en Poyauhtlan.
Con sonajas de niebla

[8] *Códice Florentino*, libro VI, fol. 71 v.

Fragmento de las pinturas murales del Tlalocan, paraíso del dios de la lluvia. Tepantitlan, Teotihuacán, México.—*Foto INAH.*

es llevado al Tlalocan.
Ay, mi hermano Tozcuecuexi...

Yo me iré para siempre,
es tiempo de su lloro.
Ay, envíame al Lugar del Misterio,
bajo su mandato.
Y yo ya le dije
al Príncipe de funestos presagios:
Yo me iré para siempre,
es tiempo de su lloro.
Ay, a los cuatro años
entre nosotros es el levantamiento:
sin que se sepa,
gente sin número
en el lugar de los descarnados:
casa de plumas de quetzal,
se hace la transformación.
Es cosa propia del Acrecentador de hombres.

Ay, ve a todas partes,
Ay, extiéndete
en Poyauhtlan.
Con sonajas de niebla
es llevado al Tlalocan.[9]

d) *Himno a Huitzilopochtli*

—Huitzilopochtli, el joven guerrero,
el que obra arriba, va andando su camino

—"No en vano tomé el ropaje de plumas amarillas
porque yo soy el que ha hecho salir al sol".

—El Portentoso, el que habita en región de nubes:
¡Uno es tu pie!
El habitador de fría región de alas:
¡se abrió tu mano!

—Junto al muro de la región de ardores,
se dieron plumas.

[9] Informantes de Sahagún, *Veinte himnos sacros de los nahuas*, edición de Angel Mª Garibay K., Seminario de Cultura Náhuatl, Universidad Nacional de México, 1958, pp. 51-52.

El sol se difunde,
se dio grito de guerra... ¡Ea, ea, oh, oh!
Mi dios se llama Defensor de hombres.
Oh, ya prosigue, va muy vestido de papel,
el que habita en región de ardores, en el polvo,
en el polvo se revuelve en giros.

—Los de Amantla son nuestros enemigos:
¡ven a unirte a mí!
Con combate se hace la guerra:
¡ven a unirte a mí!
Los de Pipiltlan son nuestros enemigos:
¡ven a unirte a mí!
Con combate se hace la guerra:
¡ven a unirte a mí! [10]

e) *Himno a Ixcozauhqui (el dios del fuego)*

En Tzonimolco, padres míos,
que yo no os avergüence.
En Tetemocan, padres míos,
que yo no os avergüence.
—Oh, en Macatlan, señores míos,
la palma de Chicueyocan está retumbando:
Casa de magos, el Mago bajó.
En Tzonimolco hay canto: nosotros hemos comenzado.
En Tzonimolco hay canto: nosotros hemos comenzado.
—He aquí porque es tiempo de salir con disfraces,
—He aquí porque es tiempo de salir con disfraces,
En Tzonimolco... ¡un hombre
que ya sea ofrecido!
¡Oh, salió el sol; oh, salió el sol!:
¡que un hombre le sea ofrecido!
En Tzonimolco canto de pajes
repercutiendo alterna:
"Con trabajos logran enriquecerse los príncipes,
hacerse dignos de gloria".
Oh Mujercita, convoca a la gente:
tú la que habitas Casa de neblinas, Casa de lluvias:
convoca a la gente".[11]

[10] Garibay K., Angel Mª, *Veinte himnos sacros de los nahuas*, Seminario de Cultura Náhuatl, Universidad Nacional de México, 1958, p. 31.
[11] *Ibid*, p. 85.

3) TEXTOS SOBRE EL RITUAL DURANTE EL PERIODO AZTECA

Para el estudio de la religión prehispánica, además de aquellos textos que se refieren a los mitos y doctrinas, son de grande interés las descripciones que se conservan acerca de los ritos y ceremonias sagradas. Fray Bernardino de Sahagún recogió de sus informantes indígenas múltiples testimonios sobre esta materia. Él mismo incluyó luego en el libro II de su Historia general de las cosas de Nueva España *una pormenorizada descripción de las fiestas que se celebraban a lo largo del año en cada una de las dieciocho veintenas en que se dividía éste.*

El investigador contemporáneo de la religión indígena deberá acudir a tan importante fuente e igualmente tendrá que comparar la información que allí se ofrece con la que se incluye en códices como el Borbónico *o el* Borgia.

Aquí damos la transcripción de varios textos traducidos del náhuatl y que forman parte de los más antiguos testimonios que obtuvo el mismo Sahagún. Éstos se conservan en la primera parte del Códice matritense del real palacio, *aquella que se conoce con el nombre de* Memoriales.

a) *Ofrendas*

Con qué se hacían ofrendas: con alimentos y con mantas. Se hacían ofrendas también con cualquier animalillo, bien sean guajolotes o pájaros; bien sea con mantas o cualquier cosa que se producía de nuevo; bien sea con mazorcas de maíz, o con chía, con flores, o con cualquier otra cosa. Y en esta forma hacían la ofrenda: a las mujercitas de madrugada las despertaban sus madres y padres para que fueran a hacer las ofrendas, llevando los dones en sus manos, tortillitas muy pequeñas. Iban a hacer su ofrenda temprano, delante del dios, llevaban las ofrendas en cazuelas, en eso las ofrecían. Sólo en sus casas se hacían las tortillas con que las jovencitas hacían sus ofrendas.

b) *Ofrecimiento de fuego*

Ofrenda de fuego. Y cómo se hacía la ofrenda de fuego: con un sahumador hecho de barro, con sonajas. Allí colocaban brasas,

Xiuhtecuhtli, dios del fuego, escultura procedente de Cozcatlán, Pue. Museo Nacional de Antropología.—*Foto INAH*.

en el sahumador apoyaban las brasas, cuando ya las apoyaron, en seguida colocan copal, y vienen a salir ante la figura del dios, o en medio del patio donde están los braseros hechos de barro. Y cuando venían a estar ante la figura del dios, entonces hacia los cuatro rumbos (del universo) ofrecían el sahumador, con lo cual va éste humeando. Y cuando hacia los cuatro rumbos hicieron su ofrenda, entonces colocan (las brasas) en los braseros. Allí queda humeando el copal.

Y en esta forma se hacía: de madrugadita despertaban a los hijos, varones, o mujeres; los despertaban sus madres y padres. Para que ofrecieran fuego, de prisa los despertaban, con esto no se harán perezosos. Esto se hacía en la casa de toda la gente.

c) *Muerte sacrificial*

Muerte sacrificial. Así se hacía la muerte sacrificial: con ella muere el cautivo y el esclavo, se llama (éste) "muerto divino". Así lo subían delante del dios, lo van cogiendo de sus manos y el que se llamaba colocador de la gente, lo acostaba sobre la piedra del sacrificio.

Y habiendo sido echado en ella, cuatro hombres lo estiraban de sus manos y pies. Y luego, estando tendido, se ponía allí el sacerdote que ofrecía el fuego, con el cuchillo con el que abrirá el pecho al sacrificado. Después de haberle abierto el pecho, le quitaba primero su corazón, cuando aún estaba vivo, al que le había abierto el pecho. Y tomando su corazón, se lo presentaba al Sol.

d) *Atravesamiento de varas*

Atravesamiento de varas. Así se hacía el atravesamiento de varas: sólo en determinados días se llevaba a cabo; en todas las partes del cuerpo se hacía, por ejemplo en sus orejas, o donde uno quisiera, bien sea en la lengua o en las piernas. Y aquello con que perforaban su carne era un objeto espinoso, un punzón de obsidiana; luego por allí pasaban la vara o un tallo de gramas, o restiraban su cuerpo con cuerdas. Así pasaban la vara con que hacían merecimiento, y cuando se habían estado pasando las varas, al día siguiente barrían, barrían las varas y la grama muy ensangrentadas. Y esto se hacía en la casa del dios o en los caminos donde están los dioses.

e) *Ofrecimiento de lechos de grama*

Ofrecimiento de lechos de grama. El ofrecimiento de lechos de grama se hacía de la siguiente manera: también se hacía por la misma razón que el comer tierra (hacer juramento). Cuando la gente salía hacia algún lugar, donde quiera que había una figura del dios, al pasar frente a él, se llevaba grama y se echaba delante de él.

Aún otros cuando van por su camino y cuando están en guerra, como si con esto se hicieran votos, cuando alguien va a la guerra, si con algo está afligido decía: "¿no moriré en la guerra? ¿voy a morir?".

Cuando habrá de hacerse la guerra, primero toman la grama, la arrojan hacia el Sol, y dicen "¡allá he de acabar!" Si es que muere o hace un cautivo, como con esto había hecho su voto hacia el Sol.

f) *El ritual del Sol*

Cada día, al salir el Sol, era hecho sacrificio de codornices y ofrecimiento de incienso. Y así se sacrificaba a las codornices: les cortaban el cuello, las levantaban en ofrenda al Sol, lo saludaban, le decían:

—"Ha salido el Sol, el que hace el calor, el niño precioso, águila que asciende, ¿cómo seguirá su camino? ¿cómo hará el día? ¿acaso algo sucederá en nosotros, su cola, su ala?

Le decían:

—"Dígnate hacer tu oficio y cumplir con tu misión, señor nuestro".

Y esto se decía cada día cuando salía el Sol.

Y cómo se ofrecía el incienso: cuatro veces en el día y cinco veces en la noche. Primera vez, cuando el Sol está ya fuera. Segunda, cuando es la hora de la comida. La tercera, cuando está el Sol a la mitad. Y la cuarta cuando está ya a punto de meterse.

Y durante la noche en esta forma hacían el ofrecimiento de incienso: primera vez, al anochecer; segunda, a la hora de acostarse; tercera, al toque de flauta; cuarta, a la media noche y quinta, cerca del alba.

Y cuando anochecía, ofrecían incienso, saludaban a la noche, le decían:

—"Ha venido a extenderse el Señor de la noche, el de nariz puntiaguda, y, ¿cómo resultaría su oficio?"

Y su fiesta se hacía en el signo 4-Movimiento, el día 203 de la cuenta. Y cuando ya se acercaba el día, la gente hacía penitencia: 4 días ayunaba la gente.

Y en el mismo día del signo dicho, cuando llegaba ya su fiesta, cuando está el Sol en el medio, tomaban las flautas, se atravesaban con jarillas. Y a los niñitos que yacen en sus cunas les hacían cortaduras en las orejas y toda la gente se sangraba. Y no se hacía ningún saludo al Sol; todos únicamente se sangraban, se atravesaban con jarillas, ofrecían incienso. Toda la gente, nadie se quedaba sin hacer esto.

Y en dónde estaba la imagen de él (el Sol): en lo que se llama Quauhxicalli, allí estaba puesta su imagen. De este modo estaba pintada: como teniendo una cara de hombre, de allí salía su resplandor. Su aderezo solar: redondo, grande, como mosaico de plumas de guacamaya. Allí delante de él se hacía el sangramiento ritual, atravesamiento de jarillas, ofrendas, sacrificio de codornices.

Y en su fiesta también había sacrificios de muchos cautivos. Y también se decía que el que murió en la guerra va a la Casa del Sol y vive allí junto a él.[12]

---

[12] Todos estos textos están tomados de *Ritos, sacerdotes y atavíos de los dioses*, introducción, versión y notas de Miguel León-Portilla, Fuentes Indígenas de la Cultura Náhuatl, México, Instituto de Investigaciones Históricas, 1958, pp. 46-75.

4) EL SACERDOCIO ENTRE LOS AZTECAS

Entre los aztecas existió una compleja organización sacerdotal. De ella hablan los testimonios indígenas y asimismo las crónicas e historias escritas en castellano. Así, por ejemplo, el **Códice florentino** *describe los atributos de los dos supremos sacerdotes, los que ostentaban los títulos de* Tótec Tlamacazqui Quetzalcóatl, *"El señor nuestro, sacerdote Quetzalcóatl" y* Tláloc Tlamacazqui Quetzalcóatl, *"El sacerdote Quetzalcóatl de Tláloc". Igualmente encontramos en los* Memoriales *del* Códice matritense del real palacio *los nombres y los atributos de otros treinta y ocho sacerdotes, muchos de ellos de distinto rango.*

De esta última fuente procede la transcripción de algunos textos que dejan ver la multiplicidad de funciones propias de quienes tenían por oficio principal el culto a los dioses.

a) *Mexícatl Teohuatzin, sacerdote mexicano*

Así se ataviaba el sacerdote mexicano: con su chalequillo, su sahumador y su talega, con esto veneraba al dios y guardaba su oficio.

Era constituído como padre de los del *Calmécac*. Era como el rey de los sacerdotes de todas partes.

También le iban a entregar los hijos para que los educara, los formara con discursos, para que vivieran bien, si acaso llegaban a ser gobernantes, o personas de importancia, o guías o encargados de algo.

Todo esto era oficio del sacerdote mexicano. Y también daba órdenes en los templos por todas partes, indicaba lo que debían de hacer los sacerdotes. Y si tal vez alguno cometía una transgresión, entendía también en esto el sacerdote de México.

b) *Tepanteohuatzin, sacerdote que presidía a otros*

El sacerdote que vigilaba a los otros: su oficio era también como el del sacerdote de México, porque a todos indicaba cómo guardar las normas del *Calmécac*, cómo educar y formar a la gente. Colaboraban también en esto los sacerdotes de todas las otras regiones.

c) *Tlapixcatzin, conservador*

El conservador tenía cuidado de los cantos de los dioses, de todos los cantares divinos. Para que nadie errara, cuidaba con esmero de enseñar él a la gente los cantos divinos en todos los barrios. Daba pregón para que se reuniera la gente del pueblo y aprendiera bien los cantos.

d) *El sacerdote de Epcohua, Tláloc, la Serpiente de nácar*

El oficio del sacerdote rapado de Epcohua Tepictoton era el siguiente: disponía lo referente a los cantos. Cuando alguien componía cantos, se lo decía a él para que presentara, diera órdenes a los cantores, de modo que fueran a cantar a su casa. Cuando alguien componía cantos, él daba su fallo acerca de ellos.

e) *El sacerdote de Xochipilli*

El sacerdote de Atícpac tenía a su cargo el templo de la diosa que habita en Atícpac. Reunía papel, copal, hule y codornices, lo que necesitaba la que representaba a Calquicíhoatl cuando moría. Y desollaba a ésta y el mismo sacerdote del dios del fuego se ponía su pellejo, e iba mordiendo con los dientes una codorniz, de su boca iba colgando, la iba mordiendo con los dientes.

f) *El sacerdote de la diosa de Tzapotlan*

El sacerdote de la diosa de Tzapotlan tenía a su cargo aquello con que se ataviaba cuando moría la que representaba a la diosa: el papel, incienso, un sahumador y todo lo que necesitaba la de Tzapotlan cuando moría en la fiesta de Tepeílhuitl. [13]

[13] Todos estos textos están tomados de *Ritos, sacerdotes y atavíos de los dioses*, introducción, versión y notas de Miguel León-Portilla, Fuentes Indígenas de la Cultura Nahuatl, México, Instituto de Investigaciones Históricas, 1958, pp. 87 y ss.

Xochipilli, dios de las artes. Escultura azteca. Museo Nacional de Antropología.—*Foto INAH*.

5) EL PENSAMIENTO DE LOS SABIOS

Además de los textos de contenido mítico y acerca de las creencias y doctrinas religiosas, hay en las fuentes indígenas otras formas de expresión en que los tlamatinime o sabios se plantean problemas acerca del origen y destino del hombre, la fugacidad de todo cuanto existe, la posibilidad de decir palabras verdaderas en la tierra y de llegar a conocer en verdad al supremo Dador de la vida. Estas dudas e inquietudes del hombre náhuatl se formularon muchas veces a través de la poesía. Así, en las antiguas colecciones de cantares en náhuatl, que se conservan en la Biblioteca Nacional de México y en la colección Latinoamericana de la Universidad de Texas, encontramos no pocos de estos poemas en los que surgen preguntas muy semejantes a las que llegaron a concebir los filósofos de otros tiempos y latitudes. No parece, en consecuencia, mera hipótesis afirmar que, también entre los nahuas del periodo azteca, existió una peculiar manera de pensamiento filosófico.

A continuación se ofrecen varios de estos textos. El primero es precisamente la descripción de la figura ideal del tlamatini, "el que sabe algo", aquel que conoce los libros de pinturas y es a la vez maestro que pone un espejo ante los rostros humanos, en su afán de ayudar a otros a conocerse a sí mismos, para que puedan atinar con el sentido de su propia existencia.

a) El Tlamatini

"El sabio: una luz, una tea, una gruesa tea que no ahuma.
Un espejo horadado, un espejo agujereado por ambos lados.
Suya es la tinta negra y roja, de él son los códices, de él son los códices.
El mismo es escritura y sabiduría.
Es camino, guía veraz para otros.
Conduce a las personas y a las cosas, es guía en los negocios humanos.
El sabio verdadero es cuidadoso (como un médico) y guarda la tradición.
Suya es la sabiduría transmitida, él es quien la enseña, sigue la verdad.
Maestro de la verdad, no deja de amonestar.
Hace sabios los rostros ajenos, ayuda a los otros tomar una cara

(una personalidad), los hace desarrollarla.
Les abre los oídos, los ilumina.
Es maestro de guías, les da su camino,
de él uno depende.
Pone un espejo delante de los otros, los hace cuerdos, cuidadosos;
hace que en ellos aparezca una cara (una personalidad).
Se fija en las cosas, regula su camino, dispone y ordena.
Aplica su luz sobre el mundo.
Conoce lo que está sobre nosotros y la región de los muertos.
Es hombre serio.
Cualquiera es confortado por él, es corregido, es enseñado.
Gracias a él la gente humaniza su querer y recibe una estricta enseñanza.
Conforta el corazón, conforta a la gente, ayuda, remedia, a todos cura.[14]

b) *Dar un rumbo al corazón*

¿Qué era lo que acaso tu mente hallaba?
¿Dónde andaba tu corazón?
Por esto das tu corazón a cada cosa,
sin rumbo lo llevas: vas destruyendo tu corazón.
Sobre la tierra, ¿acaso puedes ir en pos de algo? [15]

c) *Fugacidad de lo que existe*

¿Acaso de verdad se vive en la tierra?
No para siempre en la tierra: sólo un poco aquí.
Aunque sea jade se quiebra,
aunque sea oro se rompe,
aunque sea plumaje de quetzal se desgarra,
no para siempre en la tierra: sólo un poco aquí.[16]

---

[14] *Códice Matritense de la Real Academia*, vol. VIII, fol. 118 r. y v.
[15] *Colección de Cantares Mexicanos*, Biblioteca Nacional de México, fol. 2 v.
[16] *Cantares Mexicanos*, fol. 7.

d) *El tema de la muerte (Nezahualcóyotl)*

¿A dónde iremos
donde la muerte no existe?
Mas, ¿por esto viviré llorando?
Que tu corazón se enderece:
aquí nadie vivirá para siempre.
Aun los príncipes a morir vinieron,
hay cremación de gente.
Que tu corazón se enderece:
aquí nadie vivirá para siempre.[17]

e) *La vida como un sueño*

Así lo dejó dicho Tochihuitzin,
Así lo dejó dicho Coyolchauhqui:
De pronto salimos del sueño,
sólo vinimos a soñar,
no es cierto, no es cierto,
que vinimos a vivir sobre la tierra.
Como yerba en primavera
es nuestro ser.
Nuestro corazón hace nacer, germinan
flores de nuestra carne.
Algunas abren sus corolas,
luego se secan.
Así lo dejó dicho Tochihuitzin.[18]

f) *El misterio de la divinidad (Nezahualcóyotl)*

¿Eres tú verdadero? (¿tienes raíz?)
Sólo quien todas las cosas domina,
el Dador de la vida.
¿Es esto verdad?
¿Acaso no lo es, como dicen?
¡Que nuestros corazones
no tengan tormento!
Todo lo que es verdadero,
 (lo que tiene raíz),

[17] *Cantares Mexicanos*, fol. 70 r.
[18] *Cantares Mexicanos*, Biblioteca Nacional, fol. 14 v.

dicen que no es verdadero
(que no tiene raíz).
El Dador de la vida
sólo se muestra arbitrario.[19]

g) *La divinidad y el hombre (Nezahualcóyotl)*

Sólo allá en el interior del cielo
Tú inventas tu palabra
¡Dador de la vida!
¿Qué determinarás?
¿Tendrás fastidio aquí?
¿Ocultarás tu fama y tu gloria en la tierra?
¿Qué determinarás?
Nadie puede ser amigo
del Dador de la vida...
¿A dónde pues iremos...?
Enderezáos, que todos
tendremos que ir al lugar del misterio...[20]

---

[19] Manuscrito de la Colección Latinoamericana de la Universidad de Texas, fol. 19 v. y 20 r.
[20] *Cantares Mexicanos*, Biblioteca Nacional de México, fol. 13 v.

6) EL CULTO A QUETZALCÓATL

Fray Diego de Durán

Como una muestra de la forma en que uno de los principales cronistas del siglo XVI, fray Diego de Durán, presentó los materiales que pudo recoger sobre temas religiosos, se ofrece aquí el capítulo LXXXIII de su obra Historia de las Indias de Nueva España, *en que trata "del ídolo llamado Quetzalcóatl, dios de los cholultecas de ellos muy reverenciado y temido. Fue padre de los toltecas y de los españoles, porque anunció su venida".*[21]

Este ídolo Quetzalcóatl estaba en un templo alto, muy autorizado en todos los lugares de la tierra, especialmente en Cholula, en cuyo patio mandó el Marqués del Valle, don Hernando Cortés, matar quinientos indios, porque pidiéndoles de comer, en lugar de comida traían leña. Lo cual hicieron tres días arreo, y al tercer día, los mataron a todos, y luego trujeron de comer, no sólo a los hombres, pero a los caballos. De suerte que, trayendo una gallina para el hombre, traían otra para el caballo, y así de lo demás. Lo cual, si al principio lo hicieran, como en los demás pueblos, estorbaban aquella crueldad y matanza.

Estaba este ídolo en una ancha y larga pieza, puesto sobre un altar, aderezado todo lo posible, pues todo el aderezo era de oro y plata, joyas, plumas, mantas muy bien labradas y galanas. Era este ídolo de palo, y tenía la figura que en la pintura vimos, conviene a saber: todo el cuerpo de hombre y la cara, de pájaro, con un pico colorado, nacida en el mismo pico una cresta con unas berrugas en él, a manera de anadón del Perú. Tenía en el mismo pico unas ringleras de dientes y la lengua de fuera, y desde el pico hasta la media cara, tenía amarilla y luego una cinta negra que le venía junto al ojo ciñendo por debajo del pico.

El ornato de este ídolo era que en la cabeza tenía una mitra de papel, puntiaguda, pintada de negro y blanco y colorado. De esta mitra colgaban atrás unas tiras largas pintadas, con unos rapacejos al cabo, que se tendían a las espaldas. Tenía en las

[21] Fray Diego de Durán, *Historia de las Indias de Nueva España y Islas de Tierra Firme*, 2 vols., y Atlas, México, 1867-1880, t. II, pp. 118-123.

orejas unos zarcillos de oro a la mesma hechura de unas orejas. Tenía al cuello un joyel de oro grande, a la hechura de una ala de mariposa, colgado de una cinta de cuero colorado.

Tenía una manta toda de pluma, muy labrada, de negro y colorado y blanco, a la mesma hechura que el joyel, como una ala de mariposa. Tenía un suntuoso braguero, con las mesmas colores y hechura, que le daba abajo de las rodillas. En las piernas tenía unas calcetas de oro, y en los pies, unas sandalias calzadas. Tenía en la mano derecha una segur, a hechura de hoz, la cual era de palo, pintada de negro, blanco y colorado, y junto a la empuñadura tenía una borla de cuero blanco y negro. En la mano izquierda tenía una rodela de plumas blancas y negras, todas de aves marinas, conviene a saber, de garzas y cuervos marinos, con cantidad de rapacejos de las mesmas plumas muy espesas.

El continuo ornato de este ídolo y su manera era el que he referido. Algunos me han dicho que a tiempos se le diferenciaban: por evitar prolijidad no curé de referirlo, supuesto que todo se concluye y encierra en mudarle una manta y poner otra y diferenciarle hoy una mitra, otra vez, otra. Empero, la principal relación es la referida.

La fiesta de este ídolo celebraban los naturales a tres de febrero, un día después de nuestra Señora de la Purificación, según nuestro ordinario. La cual solemnidad se solemnizaba de esta manera:

Cuarenta días antes de este día los mercaderes compraban un indio, sano de pies y manos, sin mácula ni señal ninguna, que ni fuese tuerto, ni con nube en los ojos; no cojo, ni manco, ni contrahecho; no lagañoso, ni baboso, ni desdentado; no había de tener señal ninguna de que hubiese sido descalabrado, ni señal de diviso, ni de bubas, ni de lamparones. En fin, que fuese limpio de toda mácula.

A este esclavo compraban para que, vestido como el ídolo, le representase aquellos cuarenta días. Y antes que le vistiesen, le purificaban, lavándole dos veces en el agua de los dioses. Después de lavado y purificado, le vestían a la mesma manera que el ídolo estaba vestido, según y como queda referido de él, poniéndole la corona, el pico de pájaro, la manta, el joyel, las calcetas y zarcillos de oro, el braguero, la rodela, la hoz. Este hombre representaba vivo a este ídolo aquellos cuarenta días. El cual era servido y reverenciado como a tal; traía su guardia y otra mucha gente que le acompañaba todos aquellos días.

También lo enjaulaban de noche porque no se les huyese, como queda dicho del que representa a Tezcatlipoca. Luego, de mañana, le sacaban de la jaula y, puesto en un lugar preeminente, le servían muy buena comida. Después de haber comido, dábanle rosas en las manos y cadenas de rosas al cuello y salían con él a la ciudad. El cual iba cantando y bailando por toda ella para ser conocido por la semejanza del dios, y esto era en lugar de la flautilla que el otro tañía para el mesmo efecto de ser conocido. Y en oyéndole venir cantando, salían de las casas las mujeres y niños a le saludar y ofrecer muchas cosas, como a dios.

Nueve días antes que se llegase el día de la fiesta, venían ante él dos viejos muy venerables de las dignidades del templo, y humillándose ante él le decían con una voz humilde y baja, acompañada de mucha reverencia: —"Señor, sepa vuestra majestad cómo de aquí a nueve días se le acaba este trabajo de bailar y cantar, y sepa que ha de morir." Y él había de responder que fuese muy en hora buena. A la cual cerimonia llamaban *neyolmaxiltiliztli* que quiere decir "apercibimiento o satisfacción".

A este apercibido tenían atención y si le veían que se entristecía y que ya no bailaba con aquel contento que solía y con aquella alegría que deseaban, hacían una hechicería y superstición de mucho asco, y era que luego iban y tomaban las navajas de sacrificar y lavábanles aquella sangre humana que estaba en ella pegada de los sacrificios pasados, y con aquellas navajas hacíanle una jícara de cacao y dábansela a beber. La cual bebida dicen que hacía tal operación en él que quedaba sin ninguna memoria de lo que le habían dicho y casi insensible, y que luego volvía al ordinario contento y baile, olvidando del apercibimiento que le habían hecho. Y es opinión que él mismo con mucha alegría y contento se ofrecía a la muerte enhechizado con aquel brebaje, al cual brebaje llamaban *itzpacálatl*, que quiere decir "lavazas del cuchillo". La causa porque le daban este brebaje era porque el entristecerse este indio de tal apercibimiento que le hacían, teníanlo por muy mal agüero y pronóstico de algún mal futuro.

Llegado el mesmo día de la fiesta, que como hemos dicho era a tres de febrero, a media noche, después de haberle hecho mucha honra de incienso y música, tomábanlo y sacrificábanlo al modo dicho, a aquella mesma hora, haciendo ofrenda de su corazón a la luna y después arrojado al ídolo, en cuya presencia lo mataban, dejando caer el cuerpo por las gradas abajo, de donde lo alzaban los que lo habían ofrecido, allí que eran los mercaderes, como he dicho, cuya fiesta era la presente, y alzándolo de allí, llevábanlo a la casa del más principal y allí lo hacían guisar en diferentes manjares, para, en amaneciendo, estando ya guisado, para celebrar la comida y banquete, dando primero los buenos días al ídolo, con un pequeño baile, que mientras amanecía y se guisaba el indio que había sido semejanza del dios se hacía. El cual bailecillo junto a una candela hacen hoy en día las mañanas de las fiestas principales.

Al banquete solemne de este esclavo se juntaban los mercaderes todos que trataban en todo género de mercaderías, especialmente en comprar y vender esclavos, ofreciendo cada año este esclavo para semejanza de este dios suyo, comprándole de comunidad en el tianguis de Azcapotzalco, o en el de Itzucan, que era el tianguis reputado para los esclavos y en ninguno otro se podían vender. Y hacíase aquella cerimonia de lavarlos y purificarlos los sacerdotes a causa de que eran comprados y con aquello quedaban limpios de aquella mácula del cautiverio.

Este ídolo era de los principales dioses de los indios, y así el templo en que estaba era de mucha autoridad, especialmente el de Cholula. En la ciudad de México, como no era la advocación de la ciudad, tenían no tanta cuenta de hacerle fiesta, como en Cholula.

Tenía (el templo) sesenta gradas para subir a él, no más, y su edificio era que, después de aquellas gradas, se hacía un patio muy encalado, de mediana anchura, donde tenía una pieza toda redonda, que aunque era grande, era a hechura de horno, y la entrada era como boca de horno, ancha y baja, que para entrar era menester inclinarse mucho. Tenía por hecho una copa redonda, pajiza, que ellos llaman *xacalli*.

En este templo había sus aposentos, como en los demás, donde había ayuntamiento de muchos que servían a este ídolo y dependían las cerimonias de su culto, para después conseguir y suceder a los sacerdotes de él. Donde había solo un sacerdote a la continua que residía allí y tenía a cargo de imponer y enseñar a aquellos muchachos y de hacer todas las cerimonias al ídolo, y era como semanero, porque, dado que había tres o cuatro "curas" o dignidades de aquel templo, servía una semana uno y otra, otro, sin salir de allí en toda la semana del oficio.

El cual era que todos los días tañía a la hora que se pone el sol un gran atambor que había en solo aquel templo, haciendo señal, con él, como agora usamos tañer al Ave María. El cual tambor era tan grande que su sonido ronco se oía por toda la ciudad. El cual oído, se ponía la ciudad en tanto silencio que parecía que no había hombre en ella, desbaratándose los mercados, recogiéndose la gente, quedando todo en tanta quietud y sosiego que era extraña cosa, siendo aquella señal de recoger, como agora se usa tañer a la queda en las ciudades para que los hombres se recojan. Y así, en oyendo el sonido del atambor, decían: "Recojámonos, pues ha tocado Yecatl", que era el segundo nombre del ídolo.

Al alba, cuando ya amanecía, tornaba aquel sacerdote a tañer su atambor, a la mesma hora que agora se toca al alba. Con el cual sonido daba señal que amanecía, y así los caminantes y forasteros se aprestaban con aquella señal para sus viajes, estando hasta entonces como impedidos sin poder salir de la ciudad. También se aprestaban los labradores, mercaderes y tratantes con aquella señal, los unos para ir a sus mercados y los otros, a sus labranzas. También se levantaban las mujeres a barrer sus pertenencias, lo cual era fundado en alguna superstición, y hasta agora les dura este cuidado idólatra de levantarse en amaneciendo a barrer la pertenencia suya y muchas veces la ajena.

Este templo tenía un patio mediano, donde el día de su fiesta se hacían grandes bailes y regocijos y muy graciosos entremeses. Para lo cual había en medio de este patio un pequeño teatro de treinta pies en cuadro, muy encalado, el cual enramaban y aderezaban para aquel día, con todo la pulicía posible, cercándolo de arcos hechos de toda diversidad de rosas y rica plumería, colgando a trechos muchos y diferentes pájaros y conejos, y otras cosas festivales y a la vista apacibles. Donde, después de haber comido, todos los mercaderes y señores bailando alrededor de aquel teatro con todas sus riquezas y ricos atavíos; cesaba el baile y salían los representantes.

Donde el primero que salía era un entremés de un buboso, fingiéndose estar muy lastimado de ellas, quejándose de los dolores que sentía, mezclando muchas graciosas palabras y dichos, con que hacía mover la gente a risa. Acabado este entremés, salía otro de dos ciegos y de otros dos muy lagañosos. Entre estos cuatro pasaba una graciosa contienda y muy donosos dichos, motejándose los ciegos con los lagañosos.

Acabado este entremés, entraba otro, representando un arromadizado y lleno de tos, fingiéndose muy acatarrado, haciendo grandes ademanes y graciosos. Luego representaban un moscón y un escarabajo, saliendo vestidos al natural de estos animales; el uno, haciendo zumbido como mosca, llegándose a la carne y otro ojeándola y diciéndole mil gracias, y el otro, hecho escarabajo, metiéndose a la basura. Todos los cuales entremeses entre ellos eran de mucha risa y contento.

Lo cual no se representaba sin misterio, porque iba fundado en que a este ídolo Quetzalcóatl tenían por abogado de las bubas y del mal de ojo y del romadizo y tos, donde en los mesmos entremeses mezclaban palabras deprecativas a este ídolo, pidiéndole salud, y así todos los apasionados de estos males y enfermedades acudían con sus ofrendas y oraciones a este ídolo y templo.

La ofrenda que la gente común ofrecía este día en el templo a este fingido dios era pan y aves, de ellas vivas y de ellas guisadas. Las que se ofrecían guisadas era de esta manera: que,

Tlaltecuhtli, deidad de la tierra, bajorrelieve en piedra. Museo Nacional de Antropología.—*Foto INAH*.

haciendo unos platos de cañas secas de maíz, atadas unas con otras —lo cual no carecía de misterio, pues denotaba la sequedad del tiempo que entonces era— encima de aquellos platos o cascos pequeños ponían unos tamales grandes, del tamaño de gruesos melones —los cuales tamales es el pan que ellos comen— sobre esos tamales ponían grandes pedazos de gallinas, o gallos cocidos, de lo cual hacían mucha cantidad de ofrenda delante del altar del ídolo. Otros ofrecían las ordinarias ofrendas, conviene a saber: copal, hule, plumas, tea, codornices, papel, pan cenceño, tortillas pequeñitas, en figura de pies y manos, lo cual todo tenía su particular fin y objeto.

INTERPRETACIONES DE DISTINTOS HISTORIADORES

1) LOS SACRIFICIOS Y FIESTAS RELIGIOSAS

Fray Bartolomé de las Casas [22]

Dedicó fray Bartolomé varios capítulos de su Apologética historia sumaria *al tema de la religiosidad prehispánica y de modo especial al de los sacrificios y formas de culto. En el capítulo CLXIX ofrece, en una especie de visión de conjunto, el elenco de todo aquello que, en honra de sus dioses, sacrificaban los antiguos mexicanos. A juicio del padre Las Casas, no hubo nunca en el mundo gente más religiosa que éstos. Así, aun cuando en ocasiones practicaron ritos que a algunos pueden parecer cosa de espanto, en ello mismo demostraron el sumo aprecio que tenían respecto de la divinidad. Por eso, la predicación del cristianismo entre estos indígenas —así lo pensó fray Bartolomé—, pudo ser siembra en tierra buena, ya que estaban preparados a su modo para recibirla con su antiguo y profundo sentido religioso.*

El culto en las provincias de la Nueva España

Fue tanta y tal la religión y el celo della y devoción a sus dioses, y con tanta observancia y tan rigorosa, celebrada y conservada con ritos y sacrificios tales y tan costosos y ásperos, aunque con summa alegría y promptísima voluntad ejecutados y complidos, sin que hobiese, por mínima que fuese, alguna falta, la que hobo en la Nueva España, que considerada es cosa para espantar, y también para poner temor a los que somos cristianos cuando no agradeciéremos a Dios habernos benignamente dado religión y ley tan suave y sacrificio tan sin costa, tan fácil, tan digno, sancto, puro, limpio y deleitable, con cuya cuotidiana y ligera oblación cada hora se nos aplaca, y por los méritos del cordero sin mácula que le sacrificamos, nos concede remisión de nuestros grandes pecados. Nunca gente hobo en el mundo de cuantas

[22] Fray Bartolomé de Las Casas, *Apologética Historia Sumaria*, edición preparada por Edmundo O'Gorman, 2 vols., México, Instituto de Investigaciones Históricas, 1967, t. II, pp. 184-186.

habemos nombrado, ni parece haber podido ser otra, si alguna, por no tener noticia della, se ha dejado, al menos no se ha hallado, que tan religiosa y devota fuese, ni de tanto cuidado, y que tanto cerca del culto de sus dioses haya trabajado y arregado como la de la Nueva España. Esto parecerá en el proceso de lo que de sus sacrificios se contará, bien claro, y no deja de parecer en lo que ya se ha dicho de los dioses y templos que tuvieron, harto.

Las cosas que sacrificaban eran todas las animadas y que tenían vida, y de las insensibles que carecían della, y de todas cuantas podían haber, sin sacar alguna. Sacrificaban animales, conviene a saber, leones, tigres, onzas, que son como gatos grandes, raposos y otros que llamaban *coiotles,* que son como entre lobo y raposo; venados, liebres, conejos y perrillos de los naturales de aquella tierra, que gruñen y no ladran; aves de cuantas podían tomar, en especial codornices; culebras y lagartos y lagartijas; langostas y mariposas; rosas y flores; sahumerios de inciencio y cosas aromáticas; pero el más noble y alto sacrificio que estimaban y más dellos usado y ejercitado y continuado era el sacrificar hombres, y bañallo todo con sangre humana suya propria de cada uno y de otros, y la que de sí mismos derramaban y con cuánto dolor, era cosa espantable. Ofrecían de sus proprios sudores y trabajos y de la hacienda que tenían y ganaban, hasta empeñarse y algunas veces venderse para pagar lo que sacrificaban. Votos y ayunos terribles y aspérrimos que hacían y complían, y penitencias durísimas y extrañas. Tenían fuego perpetuo en los templos que nunca se apagaba si no era en cierta fiesta que lo encendían de nuevo, como nosotros hacemos en el Sábado de Pascua.

Comencemos a referir las fiestas, y en ellas los sacrificios. Ya se dijo arriba en el capítulo [121], hablando de los dioses que aquestas gentes tenían, cómo el año de que usaban era de diez y ocho meses, y el mes, de veinte días, con cinco días más, los cuales decían que andaban en vano y de balde, porque no tenían año, como irregulares y sin regla y sin señor que los gobernase. Cuando los españoles entraron en la Nueva España, que fue año de 1518 por hebrero, comenzaron el año las gentes della en primero del mes de marzo, porque por no alcanzar bisiesto no podía comenzar de allí otro año, y así había de ir cada año variando. Acabados los diez y ocho meses, los dichos cinco días irregulares eran de muy gran solenidad cada uno dellos, donde se celebraban muy regocijadas fiestas con grandes sacrificios y cerimonias hasta que entraba el año siguiente. El postrero día de cada mes era fiesta general en toda la tierra, y de gran solenidad en cierto día que era el postrero de cierta hedómada y semana de años que tenían, y este día era el postrero día de cincuenta y dos años, que era la hedómada.

En la ciudad de México y en todas sus provincias hacían esta cerimonia, conviene a saber, que por mandamiento de los pontífices y sacerdotes mataban todos los fuegos de los templos y de todas las casas, y para esto salían ciertos ministros del gran templo de México e iban dos leguas de allí por la calzada, a una villa o ciudad llamada Iztapalápan, y subíanse en un collado y mogote o serrejón que llamaban *vixachtla,* donde había un templo con quien tenía el gran rey Motenzuma muy arraigada devoción. Allí subidos, en la media noche, que era el principio del año cincuenta y dos siguiente y nueva hedómada de año, según la cuenta dellos, sacaban nueva lumbre de ciertos palos que son morales o moredas (de que arriba hecimos mención) y ellos llaman *tlecaquatl,* que quiere decir palo de fuego, y a gran priesa llevábanla luego, antes que nadie della encendiese, al dicho templo mayor de México distando de Iztapalápan dos leguas, y ofrecíanla delante los ídolos. Estaba luego aparejado un captivo de los habidos presos en guerra, y delante aquel fuego y lumbre sacrificándolo, le sacaban el corazón, y con la sangre dél, el pontífice mayor rociaba el fuego a manera de bendición. Hecho esto daba licencia el summo sacerdote que todos tomasen del fuego. Cada uno de los que habían venido de cinco y diez y quince y veinte leguas, por su devoción, a la fiesta, tomaban del fuego bendito y llevábanlo a sus pueblos. En las provincias y lugares y ciudades que estaban lejos, celebraban los mismos oficios y bendición del fuego, y hacían lo mismo que en México, con gran solenidad, regocijo y alegría. En la ciudad de México, como era de día, hacíase gran fiesta, y según dicen, sacrificaban gran número de hombres, que llegaban a cuatrocientos, y lo mismo se hacía por toda la tierra sacrificando los hombres captivos que tenían.

Cómo se disponían para celebrar esta fiesta es cosa digna de ser oída. En el templo de México entraban de nuevo cada año, sobre los que ordinariamente había, penitentes que ayunaban todo el año entero, y éstos pasaban de sesenta y ocho hombres. Ofrecíanse también voluntariamente munchas mugeres al dicho ayuno, por su devoción, y guisaban de comer a aquellos devotos penitentes. Todo el otro número de ministros ayunaban ochenta días antes de la fiesta, dentro del cual tiempo se sacrificaban munchas veces de día y de noche. Ofrecían oraciones e inciencio a los dos principales ídolos que se adoraban en México, por cuya reverencia y servicio ayunaban toda la otra multitud de los mexicanos, y señaladamente los señores y principales ayunaban ocho días precedentes a la fiesta. Llegado el día festival, antes que amaneciese, ayuntados los sacerdotes y ministros del templo, los señores y caballeros y ciudadanos y la multitud del pueblo y gente innumerable de munchas partes que para este día concurría, el summo pontífice con sus colaterales cardenales tenían aparejada y ataviada la imagen o ídolo del dios *Vicilopuhtli,* o quizá era el que llamamos nosotros *Uchilobos.* Y el summo pontífice, vestido de pontifical ciertas vestiduras proprias según la dignidad y la fiesta lo requerían (no dicen de qué materia, hechura ni color eran), tomaba la imagen, y otros que iban delante con inciencio y perfumes odoríferos en sus incienciarios perfumando, salían en procesión e iban al Tlatelulco, que es el barrio y plaza segunda de la ciudad, porque la primera y principal de todas es el barrio y plaza que señaladamente se nombra México. De allí salían de la ciudad e iban a un pueblo llamado Azcapuzalco, que está una legua. Estaba un oratorio, antes de entrar en él, llamado Culmán, o el lugar donde había el oratorio se llamaba Culmán; allí, finalmente, hechas ciertas cerimonias sacrificaban hombres de los presos en la guerra. Este sacrificio consumado, pasaban por el pueblo de Azcapuzalco a otro muy principal, cuyo nombre era Tlacoban, que corrupto el vocablo nosotros llamamos Tacuban, que está de México dos leguas; de allí procediendo adelante iban por Chapultepec, que es la fuente del agua que entra y anda por la ciudad de México. No paraban allí sino iban adelante al pueblo llamado *Vicilopuchco,* y un poco fuera del pueblo, donde había un otro templo, sacrificaban otros cuatro hombres. De allí volvían camino derecho de la ciudad, donde llegaban al medio día, no habiendo andado menos, y quizá más, de cinco leguas. Esta festividad celebraban los de la ciudad de Tezcuco con los mismos ayunos, trabajos, procesión, cerimonias y penitencias.

2) DE LA FIESTA DEL JUBILEO QUE USARON LOS MEXICANOS

Joseph de Acosta [23]

Varios son los capítulos que dedica Acosta en su Historia natural y moral de las Indias, *al tema de la religión entre los mexicanos prehispánicos. Transcribimos aquí el capítulo 29 del libro V de esa obra suya, donde habla acerca de la fiesta de Tóxcatl, descrita por él como una especie de gran jubileo. En lo que consigna Acosta se trasluce la información recibida del jesuita mexicano Juan de Tovar, en estrecha relación, por cierto, con lo que había escrito fray Diego de Durán en su* Historia de las Indias de Nueva España. *No obstante esto, la clara exposición de Acosta cumple su cometido de presentar un aspecto más de lo que él llamó la historia moral del México antiguo.*

De la fiesta del jubileo que usaron los mexicanos

Los mexicanos no fueron menos curiosos en sus solemnidades y fiestas, las cuales de hacienda eran más baratas, pero de sangre humana sin comparación más costosas. De la fiesta principal de Vitzilipuztli ya queda arriba referido. Tras ella la fiesta del ídolo Tezcatlipuca, era muy solemnizada. Venía esta fiesta por mayo, y en su calendario tenía nombre *toxcatl,* pero la misma cada cuatro años concurría con la fiesta de la penitencia, en que había indulgencia plenaria y perdón de pecados. Sacrificaban este día un cautivo, que tenía la semejanza del ídolo Tezcatlipuca, que era a los diez y nueve de mayo. En la víspera de esta fiesta venían los señores al templo, y traían un vestido nuevo, conforme al del ídolo, el cual le ponían los sacerdotes, quitándole las otras ropas y guardándolas con tanta reverencia como nosotros tratamos los ornamentos, y aún más. Había en las arcas del ídolo muchos aderezos y atavíos, joyas y otras preseas y brazaletes de plumas ricas, que no servían de nada sino de estarse allí, todo lo cual adoraban como al mismo dios. Demás del vestido con que le adoraban este día, le ponían particulares insignias

---

[23] Joseph de Acosta, *Historia Natural y Moral de las Indias*, edición preparada por Edmundo O'Gorman, México, Fondo de Cultura Económica, 1962, pp. 271-275.

de plumas, brazaletes, quitasoles y otras cosas. Compuesto de esta suerte, quitaban la cortina de la puerta, para que fuese visto de todos, y en abriendo, salía una dignidad de las de aquel templo, vestido de la misma manera que el ídolo, con unas flores en la mano y una flauta pequeña de barro de un sonido muy agudo, y vuelto a la parte de Oriente la tocaba, y volviendo al Occidente, y al Norte y Sur, hacía lo mismo. Y habiendo tañido hacia las cuatro partes del mundo, denotando que los presentes y ausentes le oían, ponía el dedo en el suelo, y cogiendo tierra con él, la metía en la boca y la comía en señal de adoración; y lo mismo hacían todos los presentes, y llorando, postrábanse invocando a la escuridad de la noche y al viento, y rogándoles que no los desamparasen ni los olvidasen, o que les acabasen la vida y diesen fin a tantos trabajos como en ella se padecían. En tocando esta flautilla, los ladrones, fornicarios, homicidas o cualquier género de delincuentes, sentían grandísimo temor y tristeza, y algunos se cortaban de tal manera, que no podían disimular haber delinquido. Y así todos aquellos no pedían otra cosa a su Dios, sino que no fuesen sus delitos, manifiestos, derramando muchas lágrimas con grande compunción y arrepentimiento, ofreciendo cantidad de incienso para aplacar a dios. Los valientes y valerosos hombres y todos los soldados viejos que seguían la milicia, en oyendo la flautilla, con muy grande agonía y devoción pedían al Dios de lo criado y al Señor por quien vivimos, y al sol, con otros principales suyos, que les diesen victoria contra sus enemigos y fuerzas para prender muchos cautivos, para honrar sus sacrificios. Hacíase la ceremonia sobredicha diez días antes de la fiesta, en los cuales tañía aquel sacerdote la flautilla, para que todos hiciesen aquella adoración de comer tierra y pedir a los ídolos lo que querían, haciendo cada día oración alzados los ojos al cielo con suspiros y gemidos, como gente que se dolía de sus culpas y pecados. Aunque este dolor de ellos no era sino por temor de la pena corporal que les daban, y no por la eterna, porque certifican que no sabían que en la otra vida hubiese pena tan estrecha, y así se ofrecían a la muerte tan sin pena, entendiendo que todos descansaban en ella. Llegado el proprio día de la fiesta de este ídolo Tezcatlipuca, juntábase toda la ciudad en el patio para celebrar asimismo la fiesta del calendario, que ya dijimos se llamada *toxcatl*, que quiere decir cosa seca, la cual fiesta toda se endereza a pedir agua del cielo al modo que nosotros hacemos las rogaciones, y así tenían aquesta fiesta siempre por mayo, que es el tiempo en que en aquella tierra hay más necesidad de agua. Comenzábase su celebración a nueve de mayo, y acabábase a diez y nueve. En la mañana del último día, sacaban sus sacerdotes unas andas muy aderezadas, con cortinas y cendales, de diversas maneras. Tenían estas andas tantos asideros cuantos eran los ministros que las habían de llevar, todos los cuales salían embijados de negro con unas cabelleras largas trenzadas por la mitad de ellas con unas cintas blancas, y con unas vestiduras de librea del ídolo. Encima de aquellas andas ponían el personaje del ídolo señalado para este oficio, que ellos llamaban semejanza del dios Tezcatlipuca, y tomándolo en los hombros, lo sacaban en público, al pie de las gradas. Salían luego los mozos y mozas recogidas de aquel templo con una soga gruesa torcida de sartales de maíz tostado, y rodeando todas las andas con ella, ponían luego una sarta de lo mismo al cuello del ídolo, y en la cabeza una guirnalda. Llámase la soga *toxcatl,* denotando la sequedad y esterilidad del tiempo. Salían los mozos rodeados con unas cortinas de red, y con guirnaldas y sartales de maíz tostado; las mozas salían vestidas de nuevos atavíos y aderezos, con sartales de lo mismo a los cuellos, en las cabezas llevaban unas tiaras hechas de varillas, todas cubiertas de aquel maíz, emplumados los pies y los brazos, y las mejillas llenas de color. Sacaban asimismo, muchos sartales de este maíz tostado, y poníanselos los principales en las cabezas y cuellos, y en las manos unas flores. Después de puesto el ídolo en sus andas, tenían por todo aquel lugar gran cantidad de pencas de maguey, cuyas hojas son anchas y espinosas. Puestas las andas en los hombros de los sobredichos, llevábanlas en procesión por dentro del circuito del patio, llevando delante de sí dos sacerdotes con dos braseros o incensarios, incensando muy a menudo el ídolo, y cada vez que echaban el incienso, alzaban el brazo cuán alto podían hacia el ídolo y hacia el sol, diciéndoles subiesen sus oraciones al cielo como subía aquel humo a lo alto. Toda la demás gente que estaba en el patio, volviéndose en rueda hacia la parte donde iba el ídolo, llevaban todos en las manos unas sogas de hilo de maguey, nuevas, de una braza con un ñudo al cabo, y con aquéllas se disciplinaban, dándose grandes golpes en las espaldas de la manera que acá se disciplinan el Jueves Santo. Toda la cerca del patio y las almenas estaban llenas de ramos y flores, también adornadas y con tanta frescura, que causaban gran contento. Acabada esta procesión, tornaban a subir el ídolo a su lugar adonde lo ponían; salía luego gran cuantidad de gente, con flores aderezadas de diversas maneras, y henchían el altar y la pieza, y todo el patio, de ellas, que parecía aderezo de monumento. Estas rosas ponían por sus manos los sacerdotes, administrándoselas los mancebos del templo desde acá fuera, y quedábase aquel día descubierto, y el aposento sin echar el velo. Esto hecho, salían todos a ofrecer cortinas, cendales, joyas y piedras ricas, encienso, maderos resinosos, mazorcas de maíz y codornices, y finalmente, todo lo que en semejantes solemnidades acostumbraban ofrecer. En la ofrenda de las codornices, que era de los pobres, usaban esta ceremonia, que las daban al sacerdote, y tomándolas, les arrancaba las cabezas, y echábalas luego al pie del altar, donde se desangrasen, y así hacían de todas las que ofrecían. Otras comidas y frutas ofrecía cada uno según su posibilidad, las cuales eran el pie de altar de los ministros del templo, y así ellos eran los que los alzaban y llevaban a los aposentos que allí tenían. Hecha esta solemne ofrenda, íbase la gente a comer a sus lugares y casas, quedando la fiesta así suspensa, hasta haber comido. Y a este tiempo, los mozos y mozas del templo, con los atavíos referidos se ocupaban en servir al ídolo de todo lo que estaba dedicado a él para su comida, la cual guisaban otras mujeres, que habían hecho voto de ocuparse aquel día en hacer la comida del ídolo, sirviendo allí todo el día. Y así se venían todas las que habían hecho voto, en amaneciendo, y ofrecíanse a los prepósitos del templo, para que les mandasen lo que habían de hacer, y hacíanlo con mucha diligencia y cuidado. Sacaban después tantas diferencias e invenciones de manjares, que era cosa de admiración. Hecha esta comida y llegada la hora de comer, salían todas aquellas doncellas del templo en procesión, cada una con una cestica de pan en la mano, y en la otra una escudilla de aquellos guisados; traían delante de sí un viejo que servía de maestresala, con un hábito harto donoso. Venía vestido con una sobrepelliz blanca, que le llegaba a las pantorrillas sobre un jubón sin mangas a manera de sambenito de cuero, colorado; traía en lugar de mangas, unas alas, y de ellas salían unas cintas anchas, de las cuales pendía en medio de las espaldas una calabaza mediana, que por unos agujerillos que tenía estaba toda llena de flores, y dentro de ella diversas cosas de superstición. Iba este viejo así ataviado delante de todo el aparato, muy humilde, triste y cabizbajo, y en llegando al puesto, que era al pie de las gradas, hacía una grande humillación, y haciéndose a un lado, llegaban las mozas con la comida e íbanla poniendo en hilera, llegando una a una con mucha reverencia. En habiéndola puesto, tornaba el viejo a guiarlas, y volvíanse a sus recogimientos. Acabadas ellas de entrar, salían los mozos y ministros de aquel templo, y alzaban de allí aquella comida, y metíanla en los aposentos de las dignidades y de los sacerdotes, los cuales habían ayunado cinco días arreo, comiendo sóla una vez al día, apartados de sus mujeres, y no salían del templo aquellos cinco días, azotándose reciamente con sogas, y comían de aquella comida divina (que así la llamaban) todo cuanto podían, de la cual a ninguno era lícito comer sino a ellos. En acabando todo el pueblo de comer, tornaba a recogerse en el patio, a celebrar y ver el fin de la fiesta, donde sacaban un esclavo que había representado el ídolo un año, vestido y aderezado, y honrado como el mismo ídolo, y haciéndole todos reverencia, le entregaban a los sacrificadores, que al mismo tiempo salían, y tomándole de pies y manos, el papa le cortaba el pecho y le sacaba el corazón, alzándolo en la mano todo lo que podía, y mostrándolo al sol y al ídolo, como ya queda referido. Muerto éste, que representaba al ídolo, llegábanse a un lugar consagrado y diputado para el efecto, y salían los mozos y mozas con el aderezo sobredicho, donde tañéndoles las dignidades del templo, bailaban y cantaban puestos en orden junto al atambor, y todos los señores, ataviados con las insignias que los mozos traían, bailaban en cerco alrededor de ellos. En este día no moría ordinariamente más que este sacrificado, porque solamente de cuatro a cuatro años morían otros con él, y cuando éstos morían, era el año del jubileo e indulgencia plenaria. Hartos ya de tañer, comer y beber, a puesta del sol íbanse aquellas mozas a sus retraimientos, y tomaban unos grandes platos de barro, y llenos de pan amasado con miel, cubiertos con unos fruteros labrados de calaveras y huesos de muertos cruzados, llevaban colación al ídolo, y subían hasta el patio, que estaba antes de la puerta del oratorio; y poniéndolo allí, yendo su maestresala delante, se bajaban por el mismo orden que lo habían llevado. Salían luego todos los mancebos puestos en orden, y con unas cañas en las manos, arremetían a las gradas del templo, procurando llegar más presto unos que otros a los platos de la colación. Y las dignidades del templo tenían cuenta de mirar al primero, segundo y tercero y cuarto, que llegaban, no haciendo caso de los demás hasta que todos arrebataban aquella colación, la cual llevaban como grandes reliquias. Hecho esto, los cuatro que primero llegaron tomaban en medio las dignidades y ancianos del templo y con mucha honra los metían en los aposentos, premiándoles y dándoles muy buenos aderezos, y de allí adelante los respetaban y honraban como a hombres señalados. Acabada la presa de la colación y celebrada con mucho regocijo y gritería, a todas aquellas mozas que habían servido al ídolo, y a los mozos, les daban licencia para que se fuesen, y así se iba unas tras de otras. Al tiempo que ellas salían, estaban los muchachos de los colegios y escuelas a la puerta del patio, todos con pelotas de juncia y de yerbas, en las manos, y con ellas, las apedreaban, burlando y escarneciendo de ellas, como a gente que se iba del servicio del ídolo. Iban con libertad de disponer de sí a su voluntad, y con esto se daba fin a esta solemnidad.

3) DONDE SE TRATA DEL DIOS HUITZILUPUCHTLI

Fray Juan de Torquemada [24]

Las interpretaciones históricas que hace fray Juan de Torquemada en su Monarquía Indiana, *de las fuentes que tuvo, son claro reflejo de sus propias creencias, en buena parte de raíz medieval, y de su inescapable circunstancia de franciscano español en el Nuevo Mundo. Lo que él escribió, a comienzos del siglo XVII, estuvo lejos de cualquier eclectisismo ideológico por la simple razón de que tenía firmes sus principios en la metafísica escolástica y en la teología cristiana de su tiempo. Esto, más que nada, se percibe en sus apreciaciones personales a propósito de la religión indígena.*

En este punto tipifica Torquemada, de manera extrema, la postura de otros muchos de su tiempo que creyeron ver la acción del demonio en las doctrinas y ritos del hombre prehispánico. Torquemada no pierde ocasión para insistir en la necesidad de tomar en cuenta lo demoníaco, y no ya sólo al hablar de la religión indígena, sino también a propósito de otros elementos de la antigua cultura.

Aquí se incluye el capítulo XXI del libro VI de la Monarquía Indiana, *donde no se ocultan los criterios que normaron el pensamiento de Torquemada, al interpretar el sentido de los materiales históricos que había reunido. En este caso trata de los que llama "embustes del demonio" en relación con el origen y nacimiento de Huitzilopochtli, numen tutelar de los aztecas.*

Huitzilupuchtli, dios antiguo y guiador de los mexicanos, es nombre compuesto de varios significados. Unos dicen que se compone de este nombre huitzilin, que es un pajarito muy pequeño, verde, y hermoso, que chupa flores y se mantiene de aquel sudor y humedad que despiden o engendran en sus hojas, y de otro nombre que es tlahuipuchtli que quiere decir nigromántico o hechicero, que hecha fuego por la boca. Y de estos dos nombres cortados se compone Huitzilupuchtli y con él se nombra este diabólico Marte indiano. Otros dicen que de huitzilin, que es

[24] Fray Juan de Torquemada, *Monarquía Indiana*, reproducción de la 2ª edición, Madrid, 1723, introducción de Miguel León-Portilla, 3 vols., México, Editorial Porrúa, 1969, t. II, pp. 41-42.

aquel pajarito, y opuchtli, que es mano izquierda, y así dirá todo el compuesto mano izquierda o siniestra, de pluma relumbrante, porque este ídolo traía de estas plumas ricas y resplandecientes en el molledo del brazo izquierdo. Yo tengo para mí que ambos significados le cuadran y son propios por lo que de este infernal dios diremos. Este dios, así nombrado, fue el que trajeron los mexicanos, el cual dicen que los sacó de su tierra y trajo a esta de Anáhuac donde se hicieron tan señores absolutos y poderosos y con tanto nombre como en otro tiempo los romanos lo tuvieron en el mundo, cuyo origen y principio es muy vario entre los mismos que le adoraban contando de él fábulas y mentiras como en las naciones antiguas se dijeron de Marte, dios de las batallas.

Este dios unos creían ser puro espíritu y, otros, nacido de mujer; y éstos cuentan su historia de esta manera: junto a la ciudad de Tula (que aunque ahora es pueblo pequeño, era muy grande en su paganismo y gentilidad), hay una sierra que se llama Coatépec, que quiere decir en el cerro de la culebra. En éste hacía su morada una mujer llamada Coatlicue, que quiere decir faldellín de la culebra, la cual fue madre de muchas gentes, en especial de unos indios llamados centzunhuitznahua y una mujer cuyo nombre era Coyolxauhqui. Esta mujer, según mentira de los antiguos, era muy devota y cuidadosa en el servicio de sus dioses y, con esta devoción, se ocupaba ordinariamente en barrer y limpiar los lugares sagrados de aquella sierra. Aconteció pues, un día, que estando barriendo como acostumbraba, vio bajar por el aire una pelota pequeña hecha de plumas a manera de ovillo hecho de hilado que se le vino a las manos, la cual tomó y metió entre las nahuas o faldellín y la carne, debajo de la faja que le ceñía el cuerpo (porque siempre traen fajado este género de vestido), no imaginando ningún misterio ni fin de aquel caso. Acabó de barrer y buscó la pelota de pluma para ver de qué podría aprovecharla en servicio de sus dioses y no la halló. Quedó de esto admirada y mucho más de conocer en sí que, desde aquel punto, se había hecho preñada. Fuése a su casa con este cuidado, la barriga comenzó a crecer y ella a no poder disimular ni encubrir su preñado. Los hijos, que fiaban mucho de la virtud de su madre y creían ser muy honesta, viendo acto contrario a su opinión y previniendo la afrenta que de semejante caso podía venirles de los que la conocían, determinaron de matarla, porque con su muerte se atajase el parto y pagase la madre que creían ser adúltera. Este consejo fue de todos, en el cual la que más clamaba e incitaba era Coyolxauhqui, porque es muy propio de mujeres acriminar en otras la culpa de que ellas son notadas y quieren repentina y acelerada venganza en lo que con amor propio apetecen para sí misericordia.

Aunque es verdad que estos centzunhuitznahuas determinaron

de matar a la madre, no luego se resolvieron en darle muerte, o porque temían el caso o porque se condolían de poner las manos y ofender las entrañas en que anduvieron, y así dilataron su ejecución y, como en todos los consejos que constan de muchos, nunca falta o quien haga traición y declare el secreto o que sea aficionado de la parte contra quien se trata, así en ésta, hubo un hijo que se lo avisó y certificó la determinación de matarla. La mujer, que no se hallaba culpada, sentía el daño y lloraba su poca defensa porque le parecía cosa grave hacerles creer que, sin acto ni ayuntamiento de varón, pudiese haber acaecido su preñado. En medio de estas cuitas y aflicciones, dicen los que lo cuentan que oyó una voz que parecía salir de su mismo vientre y entrañas que le dijo: madre mía, no te acongojes ni recibas pena, que yo lo remediaré y te libraré con mucha gloria tuya y estimación mía.

Y a esta sazón venían todos los conjurados, vencidos de su pasión y olvidados del honor materno, a ejecutar su intento y muy armados para si hallasen alguna resistencia, oponerse a ella. Venía adelante Coyolxauhqui, su hija, como capitán y caudillo de este matricidio. Y puestos a vista de la madre, parió repentinamente, de cuyo partó nació Huitzilupuchtli, el cual traía en la mano izquierda una rodela, que llaman tehuehueli y en la derecha un dardo o vara larga de color azul y su rostro todo rayado del mismo color, en la frente un gran penacho de plumas verdes, la pierna izquierda delgada y emplumada, y pintados y rayados ambos muslos de azul, y los brazos. Esta fue la forma con que apareció en este parto y nacimiento el demonio. Hizo aparecer allí luego una forma de culebra hecha de teas (que llamaron xiuhcóatl) y mandó a un soldado, llamado Tochancalqui, que la encendiese y, con este apercibimiento, aguardaron a los enemigos que ya venían con grandes voces a dar la muerte a su madre y a todos los que se la defendiesen. Salióles al encuentro Huitzilupuchtli y, sin aguardarles razones, mandó a Tochancalqui que, con la culebra encendida, abrazase a Coyolxauhqui, como a la más culpada en el consejo y traición, lo cual hecho (de que luego murió), fue Huitzilupuchtli contra los demás y, a pocos golpes, conocieron la ventaja que les hacía y la fuerza y peso de su brazo, con lo cual le cobraron muchísimo temor y comenzaron a retirarse, sólo con intento más de defenderse que de ofender, pero no les valió ni muchos ruegos que le hicieron, pidiéndole de merced la vida, porque no hallaban remedio para salvarla. Finalmente los mató y entró en sus casas y las saqueó y hizo a su madre señora de los despojos. De este caso tan prodigioso tomaron asombro los que lo supieron y llamáronle Tetzáhuitl, que quiere decir espanto o asombro, y de aquí tomaron ocasión de recibirle por dios, por conocer que había nacido de madre y no de padre.

4) CREENCIAS DE LOS PUEBLOS NAHUAS DURANTE LA PRIMERA DE LAS TRES EDADES

Lorenzo Boturini [25]

Las ideas que había formulado el iniciador de la filosofía de la historia en la época moderna, el napolitano Juan Bautista Vico, sirvieron de base al milanés Lorenzo Boturini para elaborar su interpretación de la historia antigua de México. En su obra Idea de una nueva historia general de la América Septentrional *Boturini distribuyó el acontecer y las creencias del mundo indígena en tres grandes edades o periodos: el de los dioses, el de los héroes y el de los hombres.*

Transcribimos aquí algunas de las páginas en que el autor, haciendo aplicación del sistema que ha adoptado, ofrece sus puntos de vista sobre algunas de las doctrinas y prácticas religiosas de los antiguos mexicanos. Las frecuentes comparaciones que Boturini establece entre elementos indígenas y de otras culturas del Viejo Mundo las dirige a mostrar que el sistema que sigue en su trabajo pretende tener validez universal. Su estilo, un tanto recargado, y las hipótesis que formula, explican que, en ocasiones, su obra haya sido calificada de fantasiosa. Quienes así han juzgado este trabajo de Boturini, reconocen al menos los grandes méritos del estudioso milanés como compilador de una rica colección de documentos de suma importancia para la historia antigua de México.

Orden de escribir esta historia

Siguiendo la idea de la célebre división de los tiempos que enseñaron los egipcios, he repartido la Historia Indiana en tres edades. La primera, la de los Dioses; la segunda, la de los Héroes; la tercera, la de los Hombres, para bajar por grados sucesivos hasta cuando nuestros indios se hallaron constituidos en sus gobiernos humanos, y dilataron en la América sus imperios, reinos y señoríos, y por fin, conquistados por las armas españolas, se apartaron de sus antiguas idolatrías, abrazando la fe católica,

[25] Lorenzo Boturini Benaduci, *Idea de una Nueva Historia General de la América Septentrional* (reproducción de la edición original de Madrid, 1746), México, Imprenta de I. Escalante, 1871, pp. 55-62.

en la que viven constantes bajo el justo y suave dominio de vuestra majestad, y desta suerte determiné tratar de sus cosas en dichos tres tiempos, Divino, Heróico y Humano, que es lo mismo que el doctísimo Varrón explica en otros tres: Oscuro, Fabuloso e Histórico.

Edad primera

La Divina Providencia, arquitecta del mundo y autora de las naciones, viendo que muchísimos de los descendientes de Noé, olvidados de la verdadera religión de sus antepasados, vagaban después de la confusión de las lenguas, derramados, perdidos y esparcidos por la gran selva de la tierra, y queriendo sacarlos de aquel brutal descarrío y reducirlos a las dulzuras de la vida civil, dispuso en tiempos diversos que unos, asustados y estremecidos de los truenos y rayos del cielo; otros, admirados de su magnitud y hermosísimo cuerpo, observando en él tan varios pero regulados movimientos que (como dijo el real Profeta, manifiestan la gloria de su Criador), equivocasen la causa primera con las segundas, a quienes erradamente atribuyeron divinidad y culto, no atreviéndose en presencia de tan luminoso portento a ejercitar la Venus deshonesta y asentasen el pie, buscando en cuevas su primera morada, en las que por la innata y superior fuerza del sexo varonil, arrebataron mujeres ciertas y propias, criando hijos ciertos y conocidos que fuesen después los seminarios de las demás familias, gentes y naciones.

Y aun andando el tiempo, nuestros indios, que de ellos descienden, imaginaron diferentes naturalezas de dioses compuestas de unos cuerpos superiores a las fuerzas humanas, las que reverenciaban con sumisiones y sacrificios, en cuya ejecución atentos exploraban con señales sensibles su beneplácito, habiendo desta suerte nacido entre ellos al mismo tiempo la idolatría y adivinación, y con igual idea los latinos derivaron la palabra *divinitas a divinando*,[26] que es indagar, por unas señales exteriores, las cosas futuras conocidas sólo de los dioses, y pensaron fuese un hablar mudo de la misma divinidad.

Mas creyeron en esta primera edad, que todas las cosas necesarias y útiles al sustento de la vida humana eran verdaderas deidades, y por esto las demostraron con jeroglíficos divinos mentales, que son unos géneros fingidos divinos, que les enseñó el entendimiento humano por aquella natural propensión de deleitarse de lo uniforme, y porque lo que no podían hacer con la abstracción de las formas por universales, lo hacían con los retratos y semejanzas, las que iré explicando con una interpretación natural, clara y evidente, hasta el día de hoy no sabida

---

[26] *Divinitas a divinando*: Divinidad de adivinar.

y aun negada a los entendimientos indianos, huyendo no obstante del error de aquellos que sublimaron el sentido de los jeroglíficos de los gentiles hasta lo más encumbrado de las ciencias, como hicieron los griegos que ostentan a Orfeo por su fundador, rico de sabiduría, adquirida por haber sido, según ellos dicen, discípulo de Atlante, y éste de Trimegisto y Zoroaste, a los cuales se atribuyen obras de fondo metafísico, no habiendo algunos de ellos florecido sino en la sabiduría vulgar, al mismo modo que florecieron nuestros indios en las cosas particulares de la religión, matrimonios y educación de los hijos, entrando la mujer en la religión del marido, y guardando los hijos la misma de sus padres, y por fin con dar sepultura a los cadáveres la acreditaban de verdadera sabiduría de la humanidad. Por esto se dijo bellamente: *Humanitas ab humando*,[27] y de este acto tan piadoso y del sitio donde se hallaban colocados los sepulcros, nació el origen del dominio y de la división de los campos, asimismo la certidumbre de las familias nobles, numerando las genealogías por los sepulcros.

Y porque no quedasen las primeras cosas con descuido olvidadas, componían los indios y referían al pueblo la historia antigua con unas fábulas divinas, que separaré de las demás de otros tiempos, llamándolas a su lugar adecuado y explicándolas en el proprio sentido de sus autores, que fueron poetas teólogos, y bajo del simulacro de varias deidades pretendieron historiar las cosas de la religión y costumbres de sus tiempos.

Fúndanse dichas fábulas en las mismas conveniencias de las comunes necesidades, por cuya inteligencia estos primeros gentiles imaginaron con bultos de espantosas religiones, unos dioses antes y otros después, casi como una natural generación de ellos; sirviendo, no obstante, semejante *Teogonía*, de principios y pequeñas épocas, para poder llanamente coordinar la interpretación de las cosas de este tiempo oscuro.

Vemos en la historia griega, que fue la que nos conservó lo que hay de precioso en la antigüedad, que sus gentes mayores contaron doce principales deidades; pero a mi entender, confundidas e interpoladas entre los dos tiempos, oscuro y fabuloso. Los indios al contrario, distinguen las suyas propias y particulares de esta primera Edad en número de trece, correspondiente a las *Triadecatérides*,[28] con que se tejen, así los caracteres de los años como los símbolos de los días, y las *neomenías*[29] lunares, y son las siguientes:

Tezcatlipoca, jeroglífico de la Divina Providencia, primera deidad indiana, da a entender, cómo nuestros gentiles confesaron

---

[27] *Humanitas ab humando*: Humanidad de inhumar o sepultar.
[28] *Triadecatérides*: grupos de trece.
[29] *Neomenías*: primer día de la luna.

se gobernaba el mundo por una Sabiduría Divina, que tenía su asiento en el cielo y a su cuidado todas las cosas humanas. *Vis illum providentiam dicere? rectè dices,*[30] concuerda Séneca *Natur, quaest. lib. 2, cap. 45. Est etenim cujus concilio huic mundo providetur ut inconcussus eat, et actus suos explicet.*[31] Por esto agradecidos le acompañaron con *Teotlamacazqui,* jeroglífico de los sacerdotes y sabios dedicados al servicio divino, para que supiesen que habían de procurar, no sólo con la Arte divinatoria explorar siempre su agrado, sino también con las incesantes ofrendas y sacrificios tenerle propicio. Llamáronle asimismo *Ti itlacahuan,* que quiere decir *nosotros somos tus esclavos,* como que de tu Providencia vivimos. Sentido verdadero de estos tiempos divinos y severos, aunque después los mitólogos le corrompieron aplicándole la calidad de *dios Cupido,* por cuya razón los amantes en la tercera impúdica Edad con esta invocación de *Ti itlacahuan,* hacían desatinadas fiestas y sacrificios a *Tezcatlipoca* para que favoreciese sus desvariados amores, de la misma suerte que los poetas corruptos europeos tuvieron al *Cíngulo,* que encubre lo más indecente de *Venus Pronuba,* por torpe incentivo de lujuria. Corresponde a esta primera deidad indiana la de los griegos, que fue el *Cielo,* de quien su historia fabulosa nos dice que fue padre de los demás dioses, y que reinó en la tierra, habiendo dejado en ella grandes y muy señalados beneficios.

Tláloc, cuya efigie tengo en mi archivo, y de quien trae la copia en su historia del *Giro del mundo* el doctor Francisco Gemelli Carreri, tomo 6, p. 83, es jeroglífico de la segunda deidad, y casi ministro de la Divina Providencia, pues ejecutando las órdenes de *Tezcatlipoca,* enjuta ya la tierra de la inundación general y despidiendo sus naturales exhalaciones, que son la materia de los relámpagos, centellas y rayos, empezó el cielo a publicar sus enojos, de cuyo estruendo, como de una lengua divina advertidos los hombres, más dóciles se refugiaron a vivir de asiento en cuevas, no atreviéndose a usar la Venus deshonesta en presencia del cielo (estuviese sereno o airado), y saliendo a buscar algunas mujeres, las trajeron a sus albergues, en donde se fijaron los principios de la humana sociedad. Por cuya razón, en dicha estampa, se ve a *Tláloc* coronado con diadema de plumas, que deben ser blancas y verdes, teniendo en la mano derecha una centella y en la siniestra una rodela, hermoseada de otras muchas plumas de color celeste: en cuyos tres colores simbolizaban, en el blanco, aquellos primeros hijos que cándidos habían de nacer en la hermosura de los matrimonios; en el

[30] ¿Quieres llamar a esto providencia? Rectamente hablas.

[31] Es de cuyo consejo para este mundo se provea y así incólume vaya y sus actos explique.

verde, la propagación de sus linajes; y en el celeste, el cuidado que se les encargaba de mantener pura la religión y constantes los sacrificios para con los dioses. Y en esto aludían a la Fábula de Daphne, pues viendo Apolo que esta descarriada doncella se iba prófuga de la vida social, rehusando sujetarse al imperio de un casto matrimonio, la fue siguiendo, la alcanzó y convirtió en laurel genealógico, perpetuamente verde en su cierta y conocida generación; y a la de Cyparisso, quien, divertido en la variedad de la caza, habiendo inadvertidamente muerto al ciervo que tanto amaba, fue del mismo Apolo transformado en ciprés, símbolo que acompaña el permanente verdor de las casas ilustres. Y aunque los indios de la segunda y tercera edad tuvieron a este ídolo por dios de la lluvia, no obstante, los de la primera le reverenciaron como pregonero de la Providencia, pensando que ella escribía las leyes con los rayos...

Macuilxochiquetzalli, tercera deidad, que tanto suena como la diosa Venus, y en lengua indiana *la del abanico de cinco flores y plumas*, es jeroglífico que da a entender que es noble y casta, por cuya razón se halla acompañada del dios *Tláloc*, quien, con los truenos y relámpagos, la sujetó a la vida nupcial, y fue causa de que los primeros gentiles, repudiando el brutal descarrío, usasen de una Venus hermosa, con ejercicio más humano y recatado; y finalmente, bajo el vínculo de aquella deidad fulminante, tuviesen entre los honestos lazos de un consorcio inseparable ciertos hijos que (según la frase indiana) fuesen las flores olorosas y las plumas finas de sus linajes...

5) DE LA RELIGIÓN DE LOS MEXICANOS

Francisco Javier Clavijero [32]

Dedicó íntegramente Clavijero el libro VI de su Historia *al tema de la religión en el México prehispánico. Con su claridad y hondura características expone allí lo referente a las principales creencias, formas de culto y sacrificio, así como a la serie de fiestas que, a lo largo del año, tenían lugar.*

De particular interés son las secciones en que se ocupa de los dogmas de la religión prehispánica y de las figuras y atributos de algunos de sus dioses. Aquí incluimos lo que se refiere a la deidad suprema, a la vida más allá de la muerte, a las deidades de la providencia y del cielo y a Ehécatl-Quetzalcóatl.

Dogmas de su religión

Tenían los mexicanos idea aunque imperfecta de un Ser Supremo, absoluto e independiente, a quien confesaban deberle adoración, respeto y temor. No le representaban en figura alguna porque lo creían invisible, ni le llamaban con otro nombre que con el común de Dios, que en su lengua es *teotl*, más semejante aun en su significación que en su articulación al *theos* de los griegos; pero le daban varios epítetos sumamente expresivos, de la grandeza y poder que de él concebían. Llamábanle *Ipalnemoani, aquel por quien se vive;* y *Tloque Nahuaque, aquel que tiene todo en sí;* pero la noticia y el culto de este Sumo Ser se obscureció entre ellos con la muchedumbre de númenes que inventó su superstición. Creían que había un mal espíritu enemigo de los hombres a quien daban el nombre de *tlacatecolotl* (buho racional) y decían que frecuentemente se les aparecía para hacerles daños o aterrarlos.

Por lo que mira al alma, los bárbaros otomites estaban persuadidos a que fenecía con el cuerpo; pero los mexicanos y demás naciones cultas de Anáhuac, la creían inmortal. Esta prerrogativa de la inmortalidad no la juzgaron tan propia de la alma racio-

---

[32] Francisco Javier Clavijero, *Historia Antigua de México*, 4 vols., México Editorial Porrúa, 1945, t. II, pp. 62-69 y 71-74.

nal, que no la concediesen también a la de los brutos.[33] Tres diferentes lugares y destinos señalaban a las almas. Creían que las de los soldados que muriesen en la guerra o prisioneros en poder de sus enemigos, y las mujeres que morían de parto, iban a la casa del sol, que imaginaban Señor de la Gloria, en donde pasaban una vida deliciosa; que diariamente al salir el sol festejaban su nacimiento y le acompañaban con himnos, baile y música de instrumentos desde el oriente hasta el zenit; que allí salían a recibirle las mujeres y con los mismos regocijos lo conducían hasta el occidente. Si la religión no tuviera otro destino que el de servir a la política, como neciamente pretenden muchos incrédulos de nuestro siglo, no podían aquellas naciones inventar dogma de mayor utilidad para alentar el esfuerzo de sus soldados que el que les aseguraba tan relevante premio en la muerte. Pero añadían que pasados cuatro años de aquella vida gloriosa, pasaban las almas a animar nubes y aves de hermosa pluma y de canto dulce, quedando ágiles y libres para remontarse sobre el cielo o bajar a la tierra a cantar y chupar flores.

Los tlaxcaltecas pensaban que todas las almas de los nobles, animaban después de la muerte aves bellas y canoras y cuadrúpedos generosos, y las de los plebeyos comadrejas, escarabajos y otras sabandijas y animales viles. En lo cual se ve que el destino pitagórico de la metempsicosis, que tanto se ha radicado y extendido en el oriente, tuvo también su lugar en la América.[34] Las almas de los que morían ahogados o heridos de rayo, o de hidropesía, de tumores, de abcesos o de llagas, y las de los niños, o a lo menos las de aquellos que morían sacrificados en honor de Tlaloc, dios del agua, iban según decían, a un lugar fresco y ameno de la tierra que llamaban Tlalocan, residencia de dicho dios, en donde abundaban de todos los mantenimientos y regalos de la vida. En el templo tenían cierto lugar en donde creían que asistían invisibles en cierto día del año los niños sacrificados a Tlaloc. Los mixtecas estaban persuadidos a que una gran cueva que estaba en un altísimo monte de su provincia era la puerta del paraíso. Y por lo tanto los señores y principales se mandaban enterrar allí para estar más cerca de aquel lugar de placeres. Finalmente, el tercer lugar destinado para las almas de los que morían de cualquiera otra

---

[33] Lo que decimos sobre la creencia que tenían los mexicanos de la inmortalidad del alma de los brutos, se evidencia por lo que diremos exponiendo los ritos de sus funerales.

[34] ¿Quién creería que un filósofo cristiano en el siglo de las luces, y en el centro del cristianismo, había de tener osadía de imponer seriamente el rancio e improbable sistema de la metempsicosis, confinado años hace en la India Oriental? Véase la obra de impiedad intitulada *L'an deux mille sixcents quarante*. A estos excesos conduce la libertad de opinar.

enfermedad natural, era el Mictlan o Infierno que era según creían un lugar obscurísimo en que reinaban el dios Mictlanteuctli y la diosa Mictlancihuatl. Creían según conjeturo, situado este lugar en el centro de la tierra; [35] pero no imaginaban que aquellas almas padeciesen alguna pena, sino la que acaso les ocasionaría la obscuridad de la habitación.

Tenían los mexicanos noticia, aunque alterada con fábulas, de la creación del mundo, del diluvio universal, de la confusión de las lenguas y de la dispersión de las gentes. Decían que acabados los hombres con el diluvio, no sólo se salvaron en una canoa un hombre llamado Cóxcox (a quien otros dan el nombre de Teocipactli) y una mujer nombrada Xochiquetzal, los cuales habiendo tomado tierra al pie de un monte que se decía Colhuacan, tuvieron muchos hijos, pero todos nacieron mudos hasta que una paloma desde lo alto de un árbol les infundió las lenguas tan diferentes entre sí que ninguno entendía al otro.[36] Los tlaxcaltecas decían que los hombres que se salvaron del Diluvio quedaron convertidos en monos; pero poco a poco fueron recobrando el habla y la razón.[37] Entre los dioses particulares que adoraban los mexicanos, que eran muchos aunque no tantos ni con muchos como los de los romanos, 13 eran los principales o dioses mayores en cuyo honor consagraban, como veremos, el número 13. Expondré sobre éstos y los demás dioses de los mexicanos lo que tengo averiguado, deshechando las conjeturas y fantástico sistema del caballero Boturini y de otros autores.

Dioses de la providencia y del cielo

Tezcatiploca. Este era el mayor dios que se adoraba en aquella tierra después del dios invisible o Supremo Ser de que ya hablamos. Su nombre significa espejo resplandeciente, por el que tenía su imagen. Era el Dios de la providencia, el alma del mundo, el criador del cielo y de la tierra, y el señor de todas las cosas. Creían que premiaba con muchos bienes a los justos y castigaba con enfermedades y otros males a los viciosos.

[35] El Dr. Sigüenza creyó que los mexicanos situaban el infierno en la parte septentrional de la tierra; porque para decir al norte, decían Mictlampa, como si dijeran hacia el infierno; pero me inclino a creer que lo situaban en el centro de la tierra; si no es que había entre los mexicanos variedad de opiniones sobre su situación.

[36] Esta noticia alterada del Diluvio Universal es la que se representa en nuestra lámina.

[37] El que quisiere saber lo que los mixtecas y otros pueblos de América decían de la creación del mundo, lea la obra de Fr. Gregorio García, dominicano, intitulada *Origen de los indios*, que omito por no importarme.

Representábanlo siempre joven para significar que jamás se envejecía ni descaecía con los años. En las esquinas y encrucijadas de las calles le tenían siempre puesto un asiento de piedra para que descansase cuando quisiera y a ninguno era lícito sentarse en él. Decían algunos que descendió del cielo por una soga hecha de telas de araña y que persiguió y echó de la tierra a Quetzalcoatl, gran sacerdote de Tollan, que después fue consagrado dios. Su principal estatua era de una piedra negra y relumbrante, semejante al azabache, y estaba vestida de ricas galas. Tenía zarcillos de oro y plata y pendíale del labio inferior un canutillo de cristal, dentro del cual estaba una pluma verde o azul que a la primera vista parecía una piedra preciosa. Tenía atado el cabello con una cinta de oro, y por remate una oreja del mismo metal, con unos humos pintados en ella, que representaban los ruegos de los afligidos. Cerca de esta oreja le salía un gran número de garzotas; del cuello le colgaba un joyel de oro tan grande, que le cubría todo el pecho. En ambos brazos tenía brazaletes de oro, en el ombligo una esmeralda, y en la mano izquierda un mosqueador de plumas preciosas que tenían su origen en una chapa de oro tan bien bruñida que servía de espejo. A este espejo llamaban *itlachiaya* (su mirador), para dar a entender que veía cuanto pasaba en el mundo. Otras veces para significar su justicia, lo representaban sentado, con una cortina colorada en que se veían labradas calaveras y canillas de muertos; en la mano izquierda una rodela con cinco piñas de algodón y cuatro saetas y en la derecha un dardo levantado en ademán de arrojarlo; el cuerpo teñido de negro y la cabeza coronada de plumas de codornices.

Ometeuctli y por otro nombre Citlaltónac, era un dios, y Omecíhuatl o Citlalicue era una diosa que fingían habitar sobre el cielo, en una ciudad gloriosa y llena de placeres y que desde allí velaban sobre el mundo; el dios infundía a los hombres las inclinaciones que tienen y la diosa a las mujeres. Decían que esta diosa después de haber tenido varios hijos en el cielo, dio en un parto a luz un cuchillo de pedernal; de lo cual ofendidos sus hijos, arrojaron el cuchillo sobre la tierra, y al caer nacieron de él 1,600 héroes, los cuales noticiosos de su noble origen y viéndose caídos en la tierra y sin tener quien les sirviese por haber perecido los hombres en una calamidad universal, acordaron enviar una embajada a su madre suplicándole, que pues se hallaban desterrados del cielo, les diese poder para criar hombres que les sirviesen. La madre respondió por medio del gavilán, que fue el embajador que le despacharon, que si tuvieran más nobles y elevados pensamientos se harían dignos de vivir con ella eternamente en el cielo; pero puesto que querían vivir en la tierra, acudiesen a Mictlanteuctli dios del infierno y le pidiesen un hueso o cenizas de los hombres pasados, que las rociasen con su propia sangre, y así saldrían de ellos un hombre y una mujer que después se multiplicarían; pero que se guardasen mucho de Mictlanteuctli; porque podría ser que dado el hueso se arrepintiese. En consecuencia de estas instrucciones, fue Xólotl uno de los héroes con su embajada al infierno, y habido el hueso que se deseaba, corrió inmediatamente para la superficie de la tierra. Mictlanteuctli ofendido de su conducta corrió tras él, pero no pudo alcanzarle. Tropezó Xólotl en su precipitada fuga, y cayendo se le quebró y dividió el hueso en partes desiguales; recogiólas y siguió con ellas hasta el lugar donde le esperaban sus hermanos, los cuales echaron aquellos fragmentos en un lebrillo, y en cumplimiento de la orden de su madre los bañaron con la sangre que se sacaron de varias partes del cuerpo. Al cuarto día nació un niño, y continuando por otros tres días la misma diligencia nació una niña, los cuales entregaron al mismo Xólotl para que los criase y éste los crió con leche de cardo. De este modo se hizo, según su creencia, la reparación del género humano. Decían que desde este suceso tuvo origen la práctica de todas aquellas naciones de sacarse sangre de varias partes del cuerpo, y la desigualdad de los fragmentos del hueso creían haber sido la causa de la diversidad de estatura en los hombres. Cihuacóatl (mujer culebra) o por otro nombre Quilaztli, decían haber sido la primera mujer que parió en el mundo, y que siempre paría mellizos. Teníanle por una gran diosa y creían que se aparecía muchas veces con un niño a cuestas en un cunilla.

Quetzalcoatl

Quetzalcoatl (sierpe armada de plumas). Este era entre los mexicanos y demás naciones de Anáhuac el dios del aire. Decían de él que había sido sumo sacerdote de Tollan; que era blanco, alto y corpulento, de frente ancha, ojos grandes, de cabello negro y largo, y de barba cerrada; que por su honestidad usaba de vestido talar; que era muy rico, y tanto, que poseía palacios de plata y piedras preciosas; que era muy hábil y que a él se debía el arte de fundir los metales y de labrar las piedras preciosas; que era muy prudente como lo mostró en las leyes y reglamentos que dejó a los hombres, y sobre todo que era un hombre de vida muy austera y ejemplar; que cuando quería publicar una ley u ordenanza en el reino, hacía subir al pregonero a un monte nombrado Tzatzitepec (monte de clamores) cercano a la ciudad de Tollan, y su voz era oída a distancia de más de cien leguas; que en su tiempo se criaba el maíz tan grande y tan abundante, que cada mazorca era la carga correspondiente a las fuerzas de un hombre; que las calabazas eran de la longitud de un cuerpo humano; que no era necesario teñir el algodón, porque naturalmente se daba de todos colores; que a esa proporción era la abundancia y grandeza de los demás frutos y semillas; que había entonces una multitud increíble de aves canoras y de hermosa pluma; que todos sus súbditos eran ricos.

En una palabra, fingían los mexicanos tan feliz el sumo pontificado de Quetzalcoatl, como los griegos y romanos el reinado de Saturno, al cual se pareció también en la desgracia del destierro; porque hallándose en esta prosperidad en Tollan, Tlatlacahua o Tezcatlipoca (que son dos nombres de un mismo dios), queriendo echarle por no sé qué motivo de aquella tierra, se le apareció en figura de un hombre viejo y le dijo que era voluntad de los dioses que se fuese al reino de Tlapallan, y juntamente le dio una bebida que tomó Quetzalcoatl con mucho gusto creyendo conseguir con ella la inmortalidad a que aspiraba; pero apenas la tomó, cuando se sintió tan movido al viaje de Tlapallan, que inmediatamente se puso en camino acompañado de muchos hombres afectos a su persona, que por todas partes le iban festejando con música. Decían que cerca de la ciudad de Quauhtitlan apedreó un árbol y cuantas piedras tiró las clavó en su tronco, y que dos leguas de allí, cerca de Tlalnepantla estampó su mano en una piedra, la cual mostraban los mexicanos a los españoles después de la conquista. Llegado a Chololian le detuvieron los de aquella ciudad y le encomendaron el gobierno de ella. Además de su honestidad y de la suavidad de su trato, contribuyó a la aceptación que allí tuvo, la aversión que mostraba a todo género de crueldad y de guerra en tanto grado, que cuando oía hablar de esa materia volvía la cara a otra parte para manifestar su disgusto. A él según decían, debieron los chololtecas el arte de la platería en que tanto sobresalieron después, las leyes con que en adelante se gobernaron y los ritos y ceremonias de su religión, y según algunos creyeron, la ordenación de los tiempos y el calendario. Después de haber estado 20 años en aquella ciudad, resolvió continuar su viaje al imaginario reino de Tlapallan, llevando consigo cuatro jóvenes principales y virtuosos. Desde la provincia marítima de Coatzacoalco los despidió encargándoles que dijesen a los chololtecas que tuviesen por cierto que volvería algún día a consolarlos y gobernarlos. A estos jóvenes encargaron luego los chololtecas el gobierno de aquella ciudad por respeto a su venerado Quetzalcoatl, del cual unos dicen que se desapareció y otros que murió en la misma costa.

Quetzalcoatl fue consagrado dios por los chololtecas y constituído principal protector de su ciudad. Erigiéronle en el monte artificial que aun subsiste, un magnífico templo, y otro monte y templo se le erigió después en Tollan. Extendióse su culto por todas aquellas naciones, que lo veneraban como a dios del

531

aire. Tenía templos en México y en otros muchos lugares; varias naciones aun de las enemigas de los chololtecas mantenían templo y sacerdotes consagrados a su culto en la misma ciudad de Cholollan, y de todas partes iban en romerías a aquella ciudad a cumplir sus votos. Los chololtecas conservaban con mucha veneración ciertas piedras verdes bien labradas que decían haber sido suyas. Los de Yucatán se gloriaban de que sus señores descendían de Quetzalcoatl. Las mujeres estériles se encomendaban a él para obtener fecundidad. Decían que barría el camino al dios del agua; porque frecuentemente precede el viento a la lluvia. Eran grandes las fiestas que se le hacían, especialmente en Cholollan en el *teoxihuitl* o año divino, a las cuales precedía un riguroso ayuno y penitencia de 80 días, que practicaban los sacerdotes consagrados a su culto.

6) INTERPRETACIÓN MATERIALISTA DEL PENSAMIENTO NÁHUATL

Alfredo Chavero [38]

Un nuevo intento de acercarse al pensamiento de los mexicanos prehispánicos lo encontramos en la Historia Antigua y de la Conquista *de Alfredo Chavero (1887). La tesis que aquí sostiene Chavero es que en el pensamiento náhuatl prevaleció una especie de concepción materialista basada en la eternidad de la materia. Como no es nuestro propósito emitir juicios de valor en esta antología, transcribimos únicamente las páginas en que Chavero expone su punto de vista.*

La filosofía de los pueblos primitivos se encierra en su religión: al tratar de la una hay que hablar de la otra, pues son dos materias tan íntimamente ligadas, que puede decirse que son una sola. Comprenderlas es conocer el espíritu de la raza, lo que explica entonces lógicamente su desenvolvimiento histórico.

Bastante nos indica la teogonía nahoa a este respecto; y sin embargo, escritores de mucha nota se han extraviado por querer atribuir a la raza *náhuatl* todas las posibles perfecciones. Así no dudan en afirmar que las primeras tribus, los mismos tolteca, fueron deistas. Pero su cosmogonía nos dice lo contrario. Comprendieron un ser creador, el *Ometecuhtli;* pero ese creador era el elemento material fuego, y la creación se producía por el hecho material del *omeycualiztli*. El ser creador era el eterno, el *Ayamictlán;* pero lo imperecedero continuaba siendo la materia fuego. Los dioses son los cuatro seres materiales: los cuatro astros, *Tonacatecuhtli, Tonacacihuatl, Quetzalcoatl* y *Tezcatlipoca*. Deificaron las lluvias en *Tlaloc* y los mares en *Chalchiuhtlicue;* pero esas deidades eran también dos seres materiales. Para explicarse la aparición del hombre, recurrieron a la acción material del fuego sobre la tierra, al matrimonio simbólico de *Tonacatecuhtli* y *Tonacacihuatl*. Jamás se percibe siquiera la idea de un ser espiritual. Los nahoas no fueron deistas, ni puede decirse que su filosofía fue el panteismo asiático; fue tan sólo el materialismo basado en la eternidad de la materia. Su religión

---

[38] Alfredo Chavero *Historia Antigua y de la Conquista* (Vol. I, *México a Través de los Siglos*), México y Barcelona s.f. (1887), pp. 105-107.

fue el sabeismo de cuatro astros; y, como su filosofía, era también materialista.

Pero debemos penetrar más en la cuestión y estudiar sus ideas respecto de la unidad hombre. En esto igualmente encontramos extraviados a los escritores, como en todo lo que a nuestras antigüedades se relaciona: los unos niegan todo estado de progreso, a pesar de los datos fehacientes que lo testifican; los otros suponen que los nahoas alcanzaron un adelanto incompatible con el medio social en que vivieron.

Es fortuna que tengamos un dato precioso é indiscutible para resolver la cuestión: las mansiones de los muertos. Estas mansiones eran cuatro: el *Chichihuacuauhco,* el *Mictlan,* el *Tlalócan* y el *Ilhuicatl-Tonatiuh.*

La primera mansión era el *Chichihuacuauhco.* Allí iban los niños muertos, y en ese lugar, como lo significa su nombre, había un árbol de cuyas ramas goteaba leche con que los niños se alimentaban. Decían que esos niños volverían al mundo para poblarlo cuando se destruyese la raza que habitaba la tierra. La idea es poética y más que poética tierna; pero no es espiritualista. En el espiritismo moderno las almas son las que vuelven; mas en las creencias nahoas los niños estaban materialmente en el *Chichihuacuauhco,* vivían y se alimentaban materialmente, y materialmente tenían que tornar á la tierra para repoblarla.

Para llegar á la segunda mansión llamada *Mictlan,* en que reinaban *Mictlantecuhtli* y *Mictlancihuatl;* tenían que hacer los muertos un largo viaje. Lo explicaremos siguiendo el orden de la pintura jeroglífica. El muerto había de pasar primeramente el río llamado *Apanohuaya.* Necesitaba, para atravesarlo, del auxilio de un perrillo, *techichi.* Para esto hacían llevar al difunto un perrito de pelo bermejo al que ponían al pescuezo un hilo flojo de algodón. Contaban que cuando el difunto llegaba a la orilla del *Apanohuaya,* si el perro lo conocía por su amo lo pasaba a cuestas nadando, y que por eso los naturales criaban a este efecto dichos perrillos; lo que hacían con los de color bermejo, pues los de pelo blanco ó negro no pasaban el río, porque el de pelo blanco decía: *yo me lavé,* y el de pelo negro: *estoy manchado.* Esta leyenda popular acredita su origen nahoa, pues en México había sólo el perro *itzcuintli,* y el *techichi* es el precioso perrillo con pelo, de nuestra frontera, conocido por de Chihuahua. Después del *Apanohuaya,* el difunto, despojado ya de toda vestidura, cruzaba por entre dos montañas que constantemente estaban chocando la una con la otra, y que se llamaban *Tépetl Monamictia.* De ahí seguía por un cerro erizado de pedernales, *Itztépetl.* A continuación atravesaba los ocho collados en que siempre está cayendo nieve, *Cehuecáyan,* y los ocho páramos en que los vientos cortan como navajas, *Itzehe-*

cáyan. Tomaba luego un sendero en que lo asaeteaban, por lo que se nombraba *Temiminalóyan*. Encontrábase después con un tigre que le comía el corazón, *Teocoyleualóyan*, y ya sin él, caía en el *Apanohuaya*, en cuya agua negra estaba la lagartija *Xochitónal*. Entonces había terminado su viaje el muerto, y se presentaba a *Mictlantecuhtli* en el lugar llamado *Izmictlanapochcalocca*, ó según dice Sahagún, *Chicunahuimictla*, en donde se acababan y fenecían los difuntos. En algunas tradiciones, para llegar a este último lugar, había que atravesar aún los nueve ríos llamados *Chicunahuápan*.

Basta poner atención en el relato de este viaje para percibir que no se trata del alma sino de una ficción en que el mismo cuerpo difunto hacía el camino misterioso, para lo cual se salía de su sepulcro a los cuatro años de estar enterrado. Nótese que la última estación del viaje es el *Izmictlanapochcalocca* en que estaba la lagartija *Xochitónal*. La lagartija es símbolo de la tierra, y *Xochitonal* el último día del año, lo que unido al significado del nombre de la mansión, manifiesta expresivamente que el cadáver, al cabo de tal plazo, llegaba al último día de esa vida ficticia y se convertía en polvo de la tierra. Por esto dice Sahagún que en el *Mictlan* se acababan y fenecían los difuntos, pereciendo para siempre en la casa de las tinieblas y oscuridad.

Por más que queramos idealizar a la raza nahoa, tenemos que convenir en que el camino de los muertos y su fenecimiento en el *Mictlan* revelan un claro materialismo.

Al *Mictlan* iban los que morían de enfermedad natural, fueran señores ó maceguales, sin distinción de rangos ni riquezas. Los nahoas no reservaban premio ni castigo a las almas; y esto, y tomar en cuenta para lugar de destino en la otra vida la clase de muerte, provenía de que para ellos no era libre el albedrío, pues tantas influencias y agüeros ejercían su poder sobre el hombre, que verdaderamente quedaba irresponsable. Por eso el sacerdote, disculpando al pecador, dice en una de las oraciones que hasta nosotros han llegado: *no pecó con libertad entera del libre albedrío, porque fué ayudado é inclinado de la condición natural del signo en que nació*.

No habiendo, pues, otro origen para el destino después de la vida que la clase de muerte, escogieron otro lugar distinto del *Mictlan* para los que morían de rayos, ahogados en agua, los leprosos y bubosos, sarnosos, gotosos é hidrópicos: este lugar era el *Tlalócan*, la mansión de la luna. A los que de tales enfermedades morían no los quemaban, sino los enterraban. Figurábanse los nahoas el *Tlalócan* un lugar de regalo y de contento, fresco y ameno, en el que siempre reverdecían las ramas ostentando copiosos frutos; idea muy propia del lugar en que residía el dios de las aguas: y como los muertos de las enfermedades ó accidentes citados eran víctimas propicias a *Tlaloc*, por eso iban a residir al *Tlalócan*. Si el *Mictlan* aparece como un lugar de aniquilamiento y destrucción, en esta nueva mansión se percibe una segunda vida, aunque material, sin que se asegure que era eterna.

La tercera mansión adonde iban los difuntos era el cielo donde vive el sol. Allí no se tenía cuenta con noche ni con día, ni con años, ni con tiempos; el gozo no tenía fin y las flores nunca se marchitaban. A este lugar iban los que morían en la guerra y los cautivos que morían en poder de sus enemigos. Decían que estaban en una hermosa llanura, y que todas las veces que salía el sol daban muchas voces golpeando en sus escudos; y el que tenía el escudo pasado de saetas, veía el sol por los agujeros de él. Ya parece que se vislumbra la inmortalidad en esta mansión; pero agrega la leyenda que a los cuatro años se convertían las almas en diversos géneros de aves de pluma rica y de color, y andaban chupando todas las flores, así en el cielo como en este mundo. Vuelve el materialismo y desaparece la inmortalidad.

Por más que quisiéramos sostener que los nahoas habían alcanzado una gran filosofía, que eran deistas y que profesaban la inmortalidad del alma, lo que también creíamos antes, tenemos sin embargo que confesar que su civilización, consecuente con el medio social en que se desarrollaba, no alcanzó a tales alturas. Sus dioses eran materiales; el fuego eterno era la materia eterna; los hombres eran hijos y habían sido creados por su padre el sol y por su madre la tierra; el fatalismo era la filosofía de la vida; y sin premios ni penas para una segunda existencia, reducíase ésta a un periodo de cuatro años, que no podía ser la inmortalidad del alma.

7) QUETZALCÓATL

Eduard Seler [39]

De los muchos trabajos que, acerca de las culturas prehispánicas de México, publicó el investigador alemán Eduard Seler, citamos aquí algunas páginas de su Comentario al Códice Borgia. *Precisamente en el capítulo II de ese trabajo describe Seler los veinte signos de los días del calendario y sus correspondientes deidades.*

Al tratar del segundo de estos signos, aquel que lleva el nombre de Ehécatl, Viento, *establece la relación que guarda esta deidad con Quetzalcóatl. A continuación presenta, en forma de síntesis, un conjunto de datos provenientes de distintas fuentes con miras a reconstruir el mito y la historia en torno de la deidad y héroe cultural Quetzalcóatl.*

El nombre de Quetzalcóatl se compone de *quetzalli,* vocablo que designa las preciosas plumas de cola, de un color verde brillante, del ave quetzal, perteneciente a las aves trepadoras *(trogonidae),* y de *cóatl,* "serpiente". Con toda probabilidad ambas voces fueron originalmente, como el ser mítico llamado *quetzalcóatl,* símbolos del agua o de la humedad producida por la lluvia que vuelve a despertar la vegetación después de la larga estación de sequía. Los sabios-sacerdotes chiapanecos explicaban el nombre Cuchul chan como "la serpiente emplumada que anda en el agua"[40] y decían que era el patrono del séptimo signo. Esto significa que identificaban la serpiente emplumada con el dios de la lluvia, Tláloc, según veremos en seguida. También el K'ucumatz del mito guatemalteco tiene sin duda el significado del principio vivo del agua. *U c'ux cho u c'ux palo,* "corazón del lago, corazón del agua" lo llama el *Popol Vuh. Xa pa ya xu col vi ri,* "en el agua es su ámbito de acción" dicen de él los *Anales de los cakchiqueles.* Sahagún[41] refiere que las ceremonias de sacrificios celebradas por los mexicanos al principio del año

---

[39] Eduard Seler, *Comentarios al Códice Borgia,* 2 vols., México, Fondo de Cultura Económica, 1963, vol. I, pp. 68-72.

[40] Fray Francisco Núñez de la Vega: *Constitvciones diocesanas del Obispado de Chiappa.* Roma, 1702, t. II, p. 132.

[41] Sahagún, Libro 2, Cap. 1.

estaban consagradas, según diversos informantes, a los Tlaloques, los dioses de la lluvia, a Chalchiuhtlicue, diosa del agua o bien al sumo sacerdote y dios del viento Quetzalcóatl. En el Códice Borbónico la sexta fiesta del año, Etzalcualiztli, gran fiesta en honor de los dioses de la lluvia, está representada por la imagen de Quetzalcóatl y su gemelo Xólotl. Todo ello parece expresar una misma concepción fundamental de este numen. Sin embargo, no deja de sorprendernos que en la tradición mexicana —mexicana en el sentido estricto de la palabra— el dios se designe en todas partes como Ehécatl, dios del viento.

Creo que estamos ante el resultado de una especulación sacerdotal, hasta cierto punto parecida a la doctrina filosófica atribuida a Tales de Mileto. En vista de la fuerza fecundante del agua, manifiesta en su influencia sobre la vegetación, se creía que la deidad que representaba este elemento era el Señor de la vida en general, el dios creador. Y parece que a consecuencia de la equiparación de "vida, soplo, aliento" y de "aliento, soplo" y "viento", el viento llegó a considerarse como la acción específica del numen. Se suponía en realidad que Quetzalcóatl tenía, como Tonacatecuhtli, función de dios creador: lo podemos inferir de las palabras, citadas por mí en pasaje anterior, que los deudos pronunciaban después del feliz nacimiento de un niño. "...habéis sido formado en el lugar más alto, donde habitan los dos supremos dioses, que es sobre los nueve Cielos. Os han hecho de vaciadizo, como una cuenta de oro, os han agujereado como una piedra preciosa muy rica y muy labrada vuestra madre y vuestro padre, el gran Señor y la gran Señora (es decir, Omecíhuatl y Ometecuhtli) y juntamente con ellos Topiltzin Quetzalcóatl."

Un pasaje de Sahagún, del Códice Matritense, de la Real Academia de la Historia, dice exactamente lo mismo:

oca yvini in quitoaia in totavan in toculhuan
auh ínic quitoaya tech (ch) iuh, techyocux, tech (ch) ihua,
titlayocuyalvan in topiltzin in quetzalcóatl.
auh quiyócux in ilhuícatl in tonatiuh in tlaltecuhtli.

> así decían nuestros padres, nuestros abuelos,
> decían que así nos creó, nos formó,
> aquel de quien somos sus criaturas, Topiltzin Quetzalcóatl,
> y creó el Cielo, el Sol y el Señor de la Tierra.

Según los *Anales de Cuauhtitlán*, Quetzalcóatl creó a los hombres en el día *Chicome ehécatl*, 7-Viento. También en la historia de la creación referida en el *Popol Vuh*, el libro de leyendas de los quichés, el agente activo es en primer lugar Tepeu K'ucumatz, "el señor Quetzalcóatl". Es natural, pues, que en una imagen del *Códice Vaticano* Tonacatecuhtli, dios creador, regente del primer signo de los días, aparezca con el aderezo de Quetzalcóatl, con el gorro bicolor de forma cónica, propio de él, y con su tocado de plumas en forma de abanico en la nuca.

    Sin embargo, es posible que la constante designación de Quetzalcóatl como dios del viento admita otra explicación, o, para expresarnos más exacta y cautamente, se base en otra concepción. Si bien es muy seguro que Quetzalcóatl compite como dios creador con la pareja de dioses primordiales, no es menos seguro que no es sino su hijo, que jamás aparece él mismo como dios primordial. No cabe duda de que hay que interpretar aquella pareja como Cielo y Tierra. El dios primordial es el Cielo que cubre la tierra y que la fecunda con sus rayos y con la lluvia; la Tierra, extendida abajo, recibe de él los gérmenes. El hijo de ambos es naturalmente lo que se encuentra entre ambos: el aire y todos los seres que pueblan las diversas esferas —también existentes en el mito mexicano— entre Cielo y Tierra. De uno de los mitos, por lo menos, se infiere con toda claridad que Quetzalcóatl se concebía como dios del aire: es el mito de la erección del Cielo por Quetzalcóatl y Tezcatlipoca, referido en la *Historia de los mexicanos por sus pinturas*. También en los mitos de otros pueblos, el dios del aire es quien levanta el Cielo y lo separa de la Tierra. Entre los egipcios, por ejemplo, es Schu el que separa el Cielo, imaginado como ser femenino, o sea como la diosa Nut, de Keb, su esposo, el dios verde de la tierra, y la sostiene por encima de él. El papel de portador del Cielo que desempeña Quetzalcóatl en uno de los siguientes pasajes de nuestro Códice, está seguramente relacionado con esta concepción.

    Según el mito, Quetzalcóatl nace partenogenéticamente de la doncella Chimalman, que quedó encinta al tragarse una piedra preciosa verde *(chalchihuitl)*. Así, el dios pertenece al grupo de Huitzilopochtli y otros númenes emparentados con él, dados a luz por la joven diosa —es decir, nacidos en la región del Este, región del Sol joven— que, saliendo armados del seno de su madre y ahuyentando al ejército de sus hermanos enemigos, simbolizan el Sol joven que sale en el cielo oriental y, que apenas salido, brilla ya con todo su esplendor. La madre de Huitzilopochtli quedó encinta al tragarse un ovillo de plumas, *ihuitelolotli*. Esto significa que en la figura de este dios se funde una deidad del Cielo y de la muerte del guerrero, un antepasado deificado —uno de aquellos que después de grandes hazañas cayeron en manos de sus enemigos y dejaron su vida en la piedra de los sacrificios—, con el numen del Sol que sale. A Quetzalcóatl lo concibió su madre al tragarse un *chalchihuitl*. Esto se entiende, sin más, cuando tenemos presente que el *chalchihuitl* es símbolo del corazón y de la vida; en mi opinión, sin embargo, hace ver, al mismo tiempo, que en la figura de Quetzalcóatl se amalgama el dios del Sol naciente con una deidad de la lluvia y del agua, cuyo símbolo era precisamente el *chalchihuitl* en primer lugar.

Otra particularidad de Quetzalcóatl es su condición de sacerdote y el hecho de que se le atribuyó el invento y la concienzuda ejecución de los ejercicios de penitencia y de autosacrificio, de las extracciones de sangre y del sacrificio de la propia sangre, un tipo de ceremonias rituales celebradas entre las tribus de México y Centroamérica con mayor frecuencia y regularidad. Esto está en relación con su papel como Señor y rey de los toltecas, puesto que se suponía que los toltecas fueron los inventores de todo lo que era civilización y cultura y, por lo tanto, también del culto y el sacerdocio. Podríase conjeturar, asimismo —y es lo que yo creía antes–, que, siendo Quetzalcóatl el dios del aire y el hijo primogénito de la pareja de deidades primordiales, era por este hecho el natural mediador entre dioses y hombres. Sin embargo, es probablemente lo más sencillo y verosímil suponer que en la extraña figura de este numen el dios de la lluvia se fundía con el "mago de la lluvia", que mediante sus oraciones y ejercicios devotos aseguraba a su pueblo la lluvia necesaria para el desarrollo de las siembras. Es posible que haya sido posterior la interpretación que estableció un nexo entre estas concepciones y el aspecto de Quetzalcóatl como dios del viento: se consideraba al dios del viento precursor y "barrendero de caminos" del dios de la lluvia *(ynteyacancauh, yntlachpancauh yn tlaloque, yn avaque, yn quiquiyauhti).* Escribe Sahagún [42] que a la estación de las lluvias le precedían fuertes vientos y tolvaneras y que por esto se decía que Quetzalcóatl, dios del viento, "barría los caminos a los dioses de las lluvias, para que viniesen a llover".

No es sino consecuencia de su condición sacerdotal el que Quetzalcóatl se considerara también como adivino, mago, sabio y, sobre todo, como inventor de esa calendario que es el Tonalámatl, y que se le identificara con el lucero del alba, el astro observado preferentemente por los sabios-sacerdotes mexicanos y centroamericanos, cuyos periodos, según ya lo dijimos, influyeron con toda probabilidad en la estructuración del Tonalámatl.

Para terminar, cabe afirmar lo siguiente: en ningún otro dios se nota con tanta claridad como en Quetzalcóatl que las religiones mexicanas y centroamericanas, aparentemente basadas en un caótico y salvaje politeísmo, descansan en una concepción más pura y más parecida a la nuestra, manifiesta sin duda

---

[42] Sahagún, Libro I, Cap. 5.

alguna en los pasajes citados, según los cuales Quetzalcóatl, identificado con Tonacatecuhtli, era venerado como dios creador.

Pero tenemos, además, otras pruebas más palpables. Sabemos que Quetzalcóatl, cuando se había derrumbado su reino, cuando a él mismo los ardides de los magos lo habían hundido en la culpa y el pecado, abandonó con su pueblo la ciudad de Tollan, donde había habitado hasta entonces, y caminó *tonatiuh iixco*, "hacia delante del rostro del Sol", lo que quiere decir, hacia el Este. Luego, llegado al Tlillan Tlapallan, "la tierra de la pintura negra y la pintura roja" (es decir, al país de la escritura), al Tlatlayan, "lugar de la quema" —paraje que se supone idéntico a la región de Coatzacoalcos, colindante con Tabasco—, subió a la pira y se quemó o, según otras tradiciones, desapareció en el mar del Este. Pero se decía que antes de su muerte o su desaparición vaticinó que volvería y asumiría de nuevo el gobierno de su reino. Ahora bien, cuando Cortés surgió del mar del Este con sus compañeros de rostros de color de cal, de pelo amarillo, *ixtetenextique, tzoncoztique,* y con el rayo y el trueno en las manos, los mexicanos estaban convencidos de que su dios Quetzalcóatl había regresado, y Motecuhzoma le mandó como obsequio "el traje que le correspondía".[43] Pero ese "traje que le correspondía" no sólo era el típico aderezo de Quetzalcóatl, tal como lo conocemos en los manuscritos pictográficos y en las esculturas en piedra, y como lo vamos a describir a continuación: le mandó cuatro trajes distintos, los aderezos de las deidades regentes de los cuatro puntos cardinales fundidas en la persona de Quetzalcóatl. Primero el atavío de este numen —la máscara de serpiente hecha de turquesas, *xiuhcouaxayácatl,* el penacho verde de plumas de quetzal, *quetzalapanecáyotl,* el lanzadardos de turquesa en forma de serpiente, *xiuhátlatl*—, un atavío que es en realidad del dios del fuego; como segundo obsequio el traje de Tezcatlipoca, como tercero el de Tláloc, dios de la lluvia y como cuarto el de Quetzalcóatl, dios del viento. Se creía, pues, que una sola deidad, Quetzalcóatl, comprendía a cuatro diferentes dioses: Xiuhtecuhtli, numen del fuego, Tezcatlipoca, Tláloc y Quetzalcóatl, numen del viento.

Estos cuatro trajes, o más bien, estos cuatro dioses, que representaban para los mexicanos los cuatro aspectos de una sola deidad, Quetzalcóatl, figuran en la lámina 89 del Códice Magliabechi XIII, 3, ese interesante manuscrito pictográfico de la Biblioteca Nacional de Florencia, editado recientemente, en reproducción fotocromográfica, por el Duque de Loubat. De por sí y como ilustración del mencionado texto histórico, es una lámina de extraordinaria importancia.

[43] Sahagún, Libro 12, Cap. 4.

También es interesante que el Quetzalcóatl de las leyendas de Tollan aparezca en las representaciones posteriores, por ejemplo en el Códice Vaticano 3738, exactamente como el dios del viento de los códices y con los atributos que describiré a continuación, pero que según el texto antiguo de los *Anales de Cuauhtitlán* lleve la máscara de serpiente hecha de turquesas, *xiuhcouaxayácatl,* y el penacho de plumas de quetzal, *quetzalapanecáyotl,* es decir, el atavío del dios del fuego.

Ye ypan yn xíhuitl ce ácatl,	En el año 1-Caña,
motenehua mitoa	se refiere, se dice
yn ycuac oazito	que cuando hubo llegado
teoapan ylhuicaatenco	a la orilla del agua inmensa, del agua [celeste
niman móquetz chócac,	entonces se puso a llorar.
cóncuic yn itlatqui mochichiuh,	Tomó sus vestiduras para ataviarse,
yn yapanecayouh,	su penacho de plumas de quetzal,
yn ixiuhxáyac.	su máscara de turquesa.
Auh yn ícuac omocencauh,	Estando ya dispuesto,
niman yc ynomatca,	entonces, voluntariamente,
motlati motlecahui.	se quemó, se puso fuego a sí mismo.
Yc motocayotia yn Tlatlayan,	Por esto se llamó el quemadero,
yn ompa motlatito yn Quetzalcóatl.	el lugar donde se quemó Quetzalcóatl.

Sus cenizas se dispersan y se convierten en varias aves de plumaje brillante, pero su corazón se transforma en el lucero del alba.

En los códices y los monumentos Quetzalcóatl se representa ya con rasgos humanos, ya con la extraña parte bucal prominente, a manera de pico o trompa, que probablemente simboliza el soplar del viento. Esta última forma de representar el numen me parece un desarrollo tardío, como todo su aspecto de dios del viento. Por otra parte, si podemos creer a Durán, el célebre ídolo de Cholula estaba provisto de esa como máscara de pico de ave, y es seguro que la gran mayoría de las pequeñas efigies figulinas de Quetzalcóatl, lo representen en esta forma.

El cuerpo del numen es negro. Su rostro, sea el de facciones humanas o el de aquella máscara, está pintado de dos colores: la mitad anterior, es decir, la parte central, es amarilla; la mitad posterior, o sea la zona de las sienes y la parte posterior de las mejillas, es negra. El límite entre ambos colores lo forma una raya negra, que baja desde el borde superior de la frente, pasa sobre el ojo y llega hasta la barbilla. La parte alrededor de la boca, los labios y el mentón, así como el gran pico, que lo caracteriza como dios del viento, son rojos. Por regla general, el nacimiento del pico rojo está rodeado de una barba de mechas separadas, que tiene el aspecto del plumaje en torno al nacimiento de un pico de ave. Pero también en los casos en que el dios aparece con facciones humanas, es frecuente que muestre una barba larga en torno a la boca y mentón.

En el aderezo del dios se destacan en primer lugar el gorro cónico *copilli,* que ostenta el dibujo de la piel de jaguar *ocelocopilli,* o que está dividido verticalmente en una parte oscura (negra o azul) y otra clara (roja) con un ojo en medio. Cuando falta el gorro cónico, lo sustituye por lo general un ojo grande en torno al cual hay una superficie oscura guarnecida de ojos más pequeños, probablemente un símbolo de la noche o del cielo oscuro. Lo encontraremos en forma parecida en Tláloc, dios de la lluvia, en Xólotl y en Xochipilli. A menudo ciñe la cabellera por debajo del gorro una correa roja, adornada de discos de piedra preciosa, que lleva en la delantera una estilizada cabeza de pájaro. En el Códice Borgia la correa está decorada, de manera muy especial, con grecas escalonadas o rayas negras sobre un fondo blanco. Este tipo de correa alrededor de la cabeza lo encontramos exclusivamente en Quetzalcóatl. Es obvio que sirve, como otros elementos de su aderezo, para caracterizar el movimiento remolineante del viento. En otras imágenes se ve, en lugar de la correa, un lazo de extremos redondeados, anudado con artificio y ornado por regla general con uno o dos grandes discos de piedra preciosa o con el jeroglífico *chalchíhuitl.* En la lámina 62 de nuestro Códice dos serpientes entrelazadas se enroscan en torno de la cabellera.

Sin excepción alguna, los códices dibujan en la nuca del dios, unido con el gorro cónico, un penacho en forma de abanico, compuesto de plumas negras, entre las cuales se destacan unas cuantas plumas rojas, distribuidas radialmente. En el capítulo del manuscrito de Sahagún dedicado a los atavíos de los dioses este penacho figura bajo el nombre de *cuezaluitóncatl,* "ala de pluma de arará". En la descripción del traje del dios del viento obsequiado a Cortés por Motecuhzoma,[44] en cambio, es designado como *coxoliyo huei itépol,* "su gran capa hecha de plumas de gallo silvestre", y el texto español lo describe como "una capilla grande hecha de plumas de cuervo".

Los pendientes, torcidos a manera de gancho y de color blanco, dibujados generalmente con mucha claridad, son otro de los elementos típicos del atavío de Quetzalcóatl. En el capítulo de Sahagún sobre los trajes de los dioses se designan como *tzicoliuhqui teocuitlatl in inacoch,* "sus orejeras de oro, torcidas en espiral", en la descripción del traje obsequiado a Cortés por Motecuhzoma como *teocuitla-epcololli,* "la joya de oro en forma de espiral, labrada de concha". El texto español lo describe con las palabras "un garabato de oro que llamaban *ecacózcatl".* No menos típico es el collar de caracoles *teocuitla-acuech-cózcatl,* y

---

[44] Sahagún, Libro 12, Cap. 4.

el adorno labrado de un caracol grande que el dios lleva sobre el pecho y que se denomina en el capítulo de Sahagún, ya varias veces mencionado, sobre los atavíos de los dioses, *hecaillacatzcózcatl*, "joya de espiral del viento".

Falta hablar de algunos otros detalles del atavío de Quetzalcóatl: de los extremos redondeados del taparrabo, pintado por regla general de dos colores: castaño (del color de la piel de jaguar) y blanco o, con menor frecuencia, rojo y blanco; del báculo en la mano de la deidad (¿no será en realidad un lanzadardos?), enroscado en uno de sus extremos y pintado con "pintura de estrellas", *cicitlallo*, es decir, con círculos blancos sobre fondo negro, báculo llamado *ecahuictli* o *chicoacolli;* de los instrumentos de autosacrificio, el punzón de hueso, *ómitl*, y la espina de maguey, *huitztli*, que suelen estar clavados en la venda en torno a la cabeza del dios, pero que a veces aparecen en su mano, y que en una flor o un sartal de plumas y flores simbolizan la sangre que gotea de ellos.

Estos detalles del atavío de Quetzalcóatl se explican en parte teniendo presente el hecho de que como dios del viento le correspondía lo redondo, lo torcido o lo enrollado a manera de espiral, y como sacerdote debía estar provisto de los instrumentos sacerdotales. Es sabido que también los templos consagrados a este numen eran redondos. Y se le llevaban como ofrenda frutas redondas, melones, según indica el intérprete del Códice de la Biblioteca Nacional de Florencia (Códice Magliabechi XIII, 3). Pero principalmente se explican los diversos detalles de su aderezo por su procedencia de cierta región. El gorro cónico, *ocelocopilli*, el penacho en forma de abanico que lleva en la nuca, *coxoliyo huei itépol*, y la orejera torcida labrada en concha, *epcololli*, son sin duda alguna adornos huastecos. En realidad, el concepto de Quetzalcóatl nació en la Huasteca, y de allá su culto pasaba a las otras tribus —aunque tal vez sería más correcto decir que nació en las cuestas colindantes con la Huasteca y habitadas por tribus nahuas, región donde se rendía un amplio culto a los númenes del pulque, como veremos más adelante. Pero es posible que el carácter huasteco de las prendas de Quetzalcóatl tenga otra razón. Quetzalcóatl era considerado como Señor y príncipe de los más antiguos moradores del país, es decir, según la concepción mexicana, como Señor y príncipe de los primeros inmigrantes. Y se creía, según determinada tradición reproducida en el Libro 10 de Sahagún, que esta primera inmigración pasó por la Huasteca.

Atlan acaltica in vallaque miec tlamantli,
auh oncan atenco quizaco yn mictlampa atenco
auh yn oncan cacanaco yn inácal,
motocayoti. panutla. q. n. panuvaya. axcan mitoa pantla.

Niman ic atentli quito catiaque,
quiztivi in tépetl occen yehoan in iztac tetepe yoan in popocatetepe,
hacito yn cuauhtemallan. catentocativi.
...Niman yc vallaque oncan hacico,
yn itocayocan tamovanchan. q. n. temova tochan
auh oncan vecavaque

    Por el agua en sus barcas llegaron muchos grupos,
    muchos llegaron a la orilla del agua, en la costa del Norte
    y allí donde desembarcaron de sus barcas,
      se llamó Panutla, es decir, "por donde se pasa por encima del agua"
    Hoy se llama Pantla.
    Después siguieron por la orilla del agua,
      iban viendo las montañas, los montes blancos y los que humean,
    (Popocatépetl)
    vinieron a acercarse a Guatemala siguiendo siempre la orilla.
    Después llegaron,
      vinieron a acercarse, adonde se llama Tamoanchan, que quiere decir
    "buscamos nuestra casa"
    y allí se quedaron largo tiempo.

Allí, en Tamoanchan, se efectúa luego la primera separación. Los *tlamatinene amoxvoque*, "los sabios, los conocedores de los libros", se separan de ellos y caminan hacia el Este, llevando consigo la pintura negra y la pintura roja, *tlilli tlapalli*, es decir, la escritura, los libros, *amoxtli*, los códices, *tlacuilolli*, la ciencia, *tlamatiliztli*, los cantos, *cuicaámatl*, y las flautas, *tlapitzalli*. Todo esto se refiere a los que van hacia el Este, hacia el Tlillan Tlapallan, el "país de la escritura", es decir, a los toltecas, a los "emigrados", *yaque*, a los *yaqui vinak* de las leyendas quichés. El lugar Panutla o Pantla del pasaje citado es la Huasteca, el Pánuco de nuestros días. El que esta región se mencione como lugar de desembarco de las tribus, tiene su razón especial. Panutla o Pantla significa lo mismo que *panouaya*, "donde se pasa sobre el agua". Y puesto que los sabios antiguos designaban como lugar de la primera inmigración un sitio de la Huasteca, es lógico que Quetzalcóatl, el dios considerado como guía de los primeros inmigrantes, se represente vestido de huasteca o con ciertas prendas huastecas.

8) UNIDAD O PLURALIDAD DE DIOSES

Hermann Beyer [45]

En un intento por penetrar en lo más característico de las creencias de los antiguos mexicanos, Hermann Beyer se plantea aquí el problema de si hubo o no entre ellos alguna especie de concepción unitaria de la divinidad. Para esto analiza, como principales fuentes de información, los testimonios de algunos códices. La conclusión a que llega es la de que puede afirmarse la existencia de una cierta forma de monoteísmo prehispánico. La suprema deidad ostenta un carácter dual pero a la vez unitario. Los que, en el pensamiento popular, se consideran como otros muchos dioses, pueden entenderse como títulos o atributos de la deidad dual. De esto ofrece Hermann Beyer algunos ejemplos.

Los misioneros cristianos mostraron, con algunas loables excepciones, poca comprensión hacia las religiones paganas autóctonas. A pesar de esto podemos reconocer, por indicaciones aisladas de los primeros historiadores, por medio de la importante obra de Sahagún y por los códices originales, algo sobre la esencia de la mitología mexicana. Si profundizamos más en el idioma ideográfico de los mitos y en las representaciones pictográficas-simbólicas de los manuscritos, entonces vemos que el exagerado politeísmo, que encontramos en el México antiguo se refiere únicamente a los fenómenos naturales y que los pensadores sacerdotales habían ya desarrollado ideas filosóficas religiosas sobre la esencia y la interrelación de las cosas. Los dos mil dioses de las grandes masas, de que habla Gómara, eran para los sabios sacerdotes, para los iniciados, únicamente tantas otras manifestaciones del Uno.

En la figura del dios *Tonacatecutli* encontramos el principio al monoteísmo. Es el viejo dios creador, que reside en el treceavo cielo y de ahí manda sus influencias y su calor, por medio de los cuales se engendran los niños en el vientre de las madres.[46] Para

[45] Hermann Beyer, "El ídolo azteca de Alejandro de Humboldt", *Mito y simbología del México antiguo*, Primer tomo de Obras Completas de Hermann Beyer, traducidas por Carmen Cook de Leonard, *El México Antiguo*, t. X, 1965, pp. 398-401.

[46] Sahagún, libro X, capítulo XXIX.

expresar el pensamiento, de que los poderes cósmicos eran emanaciones del dios primitivo, se identificaban los dioses de la naturaleza como hijos de *Tonacatecutli*. Es, además, el dios de la abundancia y la prosperidad. Como vive en el cielo más alto es también el dios de mayor categoría, igualmente en sentido espiritual. Pedro de los Ríos dice que nunca se le llevan ofrendas, porque no las quería. El Códice Telleriano-Remensis (folio 8) nos da una lista de los atributos de *Tonacatecutli:* dios, señor, creador, gobernador de todo.

El hecho de que este viejo dios tenga esposa, contradice al principio monoteísta tanto o tan poco como la Trinidad Cristiana. Encontramos en el panteón mexicano frecuentemente a una pareja de dioses para un mismo concepto natural.

El dios del fuego *Xiuhtecutli* había evolucionado hacia una deidad que interpenetraba todo el panteísmo, al que se llamaba también *Huehueteotl,* "dios viejo", *Tota,* "nuestro padre" y *Teteu innante teuinta* "madre y padre de los dioses". Originalmente fue el dios del cielo diurno o sea un dios solar, como lo indica su nombre. "Señor azul". En vista de que para los mexicanos el sol era también el origen de toda la vida terrestre,[47] desempeña las mismas funciones que el viejo dios creador, con el que se identifica por esa razón.[48] El fuego, el calor, es para el filósofo primitivo la fuerza vital que acciona en todos lados, puesto que el muerto se enfría, y en verano, en tiempo de calor, se desarrolla la vida. Calor = Vida y Frío = Muerte, estos son los contrastes polares del concepto cósmico de los hombres que conviven con la naturaleza.

El hecho de que los antiguos sabios sacerdotes consideraran un principio único como base, lo hemos visto en algunos ejemplos mencionados arriba. Vamos a discutir algunos otros.

La razón por la cual en el Códice Borbónico, en la fiesta de *Xilonen* no se representa a ésta, sino al dios rojo del maíz, me parece indica que ambas deidades representan la misma idea.

El dios del maíz puede considerarse como personificación del verano. Por esta razón *Tonacatecutli* era llamado también *Chicomexochitl* y *Tonacacihuatl* se identificaba con *Xochiquetzal. Xochiquetzal,* "el adorno de flor y pluma" que en su tocado simbólico lleva una cabeza de pájaro de quetzal es la diosa de las flores y de la vegetación. El quetzal *(pharomacrus mocinno)*

[47] *Códice Telleriano-Remensis,* folio 12, verso.
[48] *Huehuecoyotl,* otra forma del dios viejo, lleva los emblemas del dios del fuego (Códice Borgia 10). El Códice Bolonia representa a *Xiuhtecutli* como viejo con la boca hundida. Como nombre de *Tonacatecutli* se menciona Tlalticpaque, "sobre la tierra", y se le invocaba con el nombre *Xiuhtecutli Tlalxictenticue,* "tú que vives en el ombligo de la tierra".

aparece en el Tonalamatl de Aubin en la "serie de los 13 pájaros" como *nahualli,* como disfraz de la deidad del maíz y así también podrá identificarse como quetzal la cabeza de pájaro verde que lleva el *Cinteotl masculino,* sobre la espalda, en el Códice Borbónico. *Huitzilopochtli* lleva, sin embargo, en este mismo manuscrito igualmente la cabeza de un pájaro verde como emblema, pero que difiere del pájaro quetzal por su pico largo y se identifica con el colibrí.

En el canto a *Xochipilli* se dice: "Ya canta nuestro amigo, canta el *quetzalcoxcoxtli,* en el atardecer, el dios rojo del maíz".[49] El *quetzalcoxcoxtli* del que habla el himno, es un pájaro con copete, dedicado a *Xochipilli,* y así participando de la esencia del dios del maíz.

El verano es el tiempo del año que pertenece al sol, de días largos. Por esta razón el Tonalamatl de la colección Aubin representa al dios solar como el séptimo de los 13 dioses, que además debe quizás caracterizarse como *Xochipilli,* por la cabeza de ave que se agrega. El dios del maíz también se llama "1. *flor",*[50] esencialmente un jeroglífico del sol. En esta relación encontramos también la explicación para la pintura y el vestido rojo de los dioses del maíz. Rojo es el color del dios solar, y casi siempre aparece pintado con ese color. Si encontramos en el Códice Borbónico a *Chalchiutlicue,* la diosa del agua, pintada igualmente de rojo, podría ser que se le identificara como diosa del verano, ya que en México el verano y el tiempo de aguas coinciden poco más o menos. Así como *Huitzilopochtli,* el dios solar y estival de los aztecas, lleva el nombre "Colibrí Meridional", vemos en forma paralela a *Cintéotl* en la página 27 del Borbónico asignado al *Sur.*

Un rasgo interesante lo encontramos en la figura de *Cintéotl,* que desafortunadamente ya está algo borrada en el original; la diosa del maíz aparece aquí con la piel de un hombre desollado. Otro dios de la vegetación, *Xipe Totec,* "Nuestro señor el desollado" lleva el mismo vestido horripilante que en los dibujos esmerados del Códice Borgia puede reconocerse con claridad. Los brazos del desollado cuelgan hacia abajo y el ojo está marcado por una hendidura. La piel que se pone el dios en estos casos significa, sin duda, la capa vegetal de la tierra. En su mano lleva el dios *Xipe* el bastón de sonaja *(Chicauaztli),* que ya observamos anteriormente asociado con *Xilonen.* También este dios se pintaba de rojo, lo que de hecho se reconoce únicamente en la parte inferior de los brazos, en los pies y en sus emblemas. Por ser *Xipe Totec* un dios rojo, puede sustituirlo otro dios

[49] Seler, *Ges. Abh.* t. II, p. 1025.
[50] Seler, *Erläuterungen zum Kodex Borgia,* t. I, p. 157.

pintado de rojo, *Tlatlauhqui Tezcatlipoca*, el "*Tezcatlipoca* rojo".[51]

Un rasgo aparentemente secundario con frecuencia adquiere importancia en relación a una totalidad y la solución de un problema específico algunas veces nos lleva al esclarecimiento de problemas difíciles. Así, poco a poco, se va aclarando la imagen cósmica peculiar de los antiguos mexicanos y podemos decir que no está lejano el día en que cuando menos a grandes rasgos podamos comprender el sistema mitológico de los pensadores del Anáhuac.

[51] *Códice Vaticano Núm. 3773*, fol. 30; *Códice Borgia*, II.

9) EL MUNDO ACTUAL Y LOS CUATRO SOLES O EDADES

Jacques Soustelle [52]

En su libro sobre El pensamiento cosmológico de los antiguos mexicanos, *el historiador y etnólogo francés Jacques Soustelle logra una visión de conjunto acerca de las doctrinas y lucubraciones del hombre prehispánico en relación con el universo. Para la elaboración de su trabajo atendió el autor principalmente al testimonio de los cronistas y de varias fuentes indígenas. En los dos primeros capítulos de su libro, que aquí se incluyen, "El nacimiento del mundo actual", y, "Los cuatro soles", desarrolla el tema de los orígenes cósmicos en los que se manifestaron, de múltiples formas, las distintas actuaciones de los dioses.*

El nacimiento del mundo actual

Es común a todos los pueblos indígenas de México y de otros países, la noción de inestabilidad del mundo. Tal como lo vemos hoy, el Universo está destinado a desaparecer, y ha surgido después de varios ensayos infructuosos que han terminado en cataclismos; el número cuatro domina toda la cosmogonía. Según los Zuñi, una de las tribus Pueblo, los hombres han buscado desde el principio de los tiempos, el centro del mundo, único punto estable en el Universo. Cuatro veces creyeron encontrarlo y otras tantas los temblores de tierra lo destruyeron, y fue solamente en el quinto ensayo cuando encontraron el centro y la estabilidad en el Valle Zuñi. Creencias análogas, en donde el número cuatro juega el mismo papel, se encuentran después en el Norte de México, entre los Tarahumaras, y en el Sur entre los Mayas-Quiché cuyo libro sagrado el *Popol Vuh,* contiene la descripción de los cuatro mundos desaparecidos.

Las relaciones antiguas de la Meseta Central de México, principian tanto por el relato de las cuatro edades que precedieron a la nuestra, los cuatro Soles, como por la descripción de un

---

[52] Jacques Soustelle, *La pensée cosmologique des anciens mexicains,* París, Hermann et Cie. 1940. Existe versión en castellano de este libro: *El pensamiento cosmológico de los antiguos mexicanos,* Puebla, México, 1959, pp. 19-26.

periodo de pura creación presidida por una pareja divina. Esta pareja se compone del dios *Ometecutli*, "el señor de la dualidad", y de la diosa *Omeciuatl*, "la señora de la dualidad". Se les conocía así mismo con el nombre de *Tonacatecutli* "el señor que nos alimenta", y de *Tonacaciuatl;* de *Citlalatonac,* "la estrella brillante", y de *Citlalicue,* "la que tiene una falda de estrellas". Estos son los dioses viejos que habitan el décimo tercer cielo: *Omeyocan,* "el lugar de la dualidad".

Ometecutli es el patrón o dios protector del primer signo del calendario, *cipactli,* el monstruo mítico que lleva la tierra sobre su espalda. *Omeciuatl* es la patrona del último signo, *Xochil,* la flor, y parece su doble, *Xochiquetzal,* la diosa de las flores, que habita también los cielos superiores. Así pues, la pareja divina es el principio y fin del tiempo, el alpha y omega del calendario; si ella habita el décimo tercer cielo, es porque el número trece es el último de los números empleados en el cómputo del tiempo. El simbolo del último término.

Omeyocan, es el sitio donde habitan estos dioses, es el lugar del nacimiento. Se le llama también *tlacapillachiualoya,* "el lugar donde se crean los hijos de los hombres. Cuando un niño nace se pronuncia constantemente, en las invocaciones el nombre de estas divinidades. Esto es, el nacimiento es un descenso; nacer *(tlacati),* descender *(temo)* del cielo. En la gran fiesta de *Xocouetzi,* el nacimiento del fuego, se simboliza por la caída desde lo alto de un mástil, de una imagen del dios del fuego. Por otra parte, *Omeyocan* se identifica con el paraíso del Oeste, *Tamoanchan,* el país de los dioses viejos y de las generaciones pasadas, del maíz maduro, de la bruma, del misterio, la región de donde los pueblos antiguos salieron de un agujero abierto en la tierra.

En resumen los dos dioses *Ometecutli* y *Omeciuatl,* son antiguas divinidades que presiden la generación y el nacimiento. En el Panteón Mexicano, de la época más conocida, poco antes de la invasión española, tenían un lugar más restringido; por el contrario, entre los Nahuatl de Nicaragua que habían abandonado México en el siglo XIII, estas dos divinidades bajo los nombres de *Omeyateite* y *Omeyatecigoat,* están aún en la cúspide del edificio religioso. Es necesario admitir que la religión de los Nahuatl de la meseta central, se estaba modificando entre los siglos XIII y el XVI, el papel de la primera pareja divina había perdido progresivamente su importancia. Los dioses nuevos como *Huitzilopochtli* o *Tezcatlipoca* los habían relegado a segundo término en el mundo, quedando como reyes muy respetables que intervienen raramente en los acontecimientos. Además el culto a la pareja primera había permanecido muy vivo hasta el siglo XVI entre los otros pueblos de México como los Otomí que daban todavía un lugar de primera importancia en su panteón, al Viejo Padre *Tatacoada* (sol y fuego), y a la Vieja Madre (tierra y luna). El nacimiento de los dioses era atribuido por los Nahuatl del siglo XVI a la pareja primera. Según el cronista Torquemada, *Omeciuatl* había creado un *tecpatl*, cuchillo de sílice destinado a los sacrificios humanos; este cuchillo había caído sobre tierra en la región del Norte y mil seiscientos dioses nacieron a su alrededor; el número mil seiscientos (4×400), quiere decir simplemente "muchos", la base de la numeración azteca era vigesimal. *Según la Historia de los mexicanos por sus pinturas,* la pareja celeste dio nacimiento a cuatro dioses de donde salieron todos los otros, por creación o por casamiento. Estos fueron:

1º El *Tezcatlipoca* rojo, conocido además por el nombre de *Xipe-Totec,* dios del Este y del sol de levante.

2º *Tezcatlipoca,* dios negro del Norte, de la noche, del frío, del cielo nocturno.

3º *Quetzalcoatl,* la "serpiente emplumada", dios blanco del Oeste y del sol tramontante.

4º *Huitzilopochtli,* el dios guerrero pintado de azul, sol triunfante del medio día, dios epónimo de la capital azteca.[53]

Siempre según la *Historia,* este *Tezcatlipoca* era el que reinaba en esa época sobre los otros dioses. Este hecho no debe asombrar, puesto que es el dios de la noche, y en esta época no había aún sol.

Se llamaba también *Yoalli eccatl,* "el viento de la noche". Es asimismo dios del Norte, que corresponde al lado nocturno del Universo. El cuchillo de sílice de *Omeciuatl* cayó sobre la tierra en las planicies del Norte, y este sílice *(Tecpatl)* es el símbolo del dios del Norte, Mixcoatl, "la serpiente de las brumas" y de los Centzon Mimixcoa, "las cuatrocientas (innumerables) serpientes de las brumas", astros y nebulosas de formas vagas que aparecen en el cielo durante la noche.

Quetzalcoatl es a la vez el sol del atardecer y el planeta Venus. Como dios del Oeste, tiene el color blanco (color del Oeste) y es viejo porque el Oeste es la región de la vejez. Porque sólo los viejos se dejaban crecer su barba. Por otra parte representa también al Planeta Venus y es además (el dios del Este bajo el nombre de *Tlauizcalpantecutli,* cuyo doble es *Xolotl,* divinidad que protege a los gemelos, a las mazorcas dobles del maíz, y significa muerte (Oeste) y renacimiento (Este). Cuando los

---

[53] La capital azteca llevaba el doble nombre de Tenochtitlán-México, "lugar de cactus y poblado de mexitl". *Mexitl* es uno de los nombres de *Huitzilopochtli.* Es el que se apareció bajo la forma de un águila (el sol) teniendo entre su pico una serpiente (la serpiente de estrellas de la noche) y sobre un cactus, *Tenochtli;* el símbolo azteca del poblado, se convirtió en escudo de la República Mexicana.

españoles, blancos y barbados llegaron por el Este, el emperador *Moctecuzoma* y sus consejeros creyeron que había llegado el tiempo del retorno de *Quetzalcoatl* a la tierra; en efecto una leyenda decía que regresaría en un año: *ce acatl* "uno caña" y 1519 año de la conquista era un año *ce acatl*.

La *Historia* dice que los cuatro dioses permanecieron inactivos durante un largo periodo (600 años), después crearon sucesivamente el fuego, el calendario, el infierno del Norte, *Mictlan* y sus dioses, los trece cielos, las aguas y sus dioses, el monstruo *cipactli* y la tierra. Es claro que toda esta tradición constituye una especie de ensayo de racionalización bastante tardía; autores anónimos han buscado ordenar los relatos míticos contradictorios y jerarquizar las divinidades. El papel ocupado en este mito por *Huitzilopochtli* es significativo, pues este dios fue el último en entrar al panteón mexicano: es un dios puramente azteca, y que no tuvo importancia sino con el crecimiento de la influencia de su tribu. Según todas las apariencias se trata por lo tanto de una postura reciente y hecha en México, de tradiciones más antiguas.

Según Torquemada, los dioses queriendo tener hombres a su servicio enviaron a un dios, *Xolotl* (encarnación de *Quetzalcoatl*, como dios de la vida y la muerte) a robar al infierno del Norte los huesos de los muertos en otras épocas. En seguida ellos se hicieron diferentes incisiones, regando su sangre sobre estos huesos para dar vida a nuevos hombres. Pero todas las otras tradiciones hacen intervenir desde luego la sucesión de las edades del mundo, los Cuatro Soles.

Los cuatro soles

Tanto en las tradiciones como en las crónicas recogidas inmediatamente después de la conquista, como en los manuscritos precolombianos y en bastantes relieves de ciertos monumentos, se encuentra la idea que nuestro mundo había sido precedido por cuatro mundos o "Soles" que terminaron en cataclismos. A cada uno de estos mundos desaparecidos se les nombra: "Sol Tigre" *(Ocelotonatiuh)*, "Sol del Viento" *(Eecatonatiuh)*, "Sol de la Lluvia" *(Quiauhtonatiuh)* y "Sol del Agua" *(Atonatiuh)*. Al Sol de la Lluvia se le nombra algunas veces Sol de Fuego *(Tlaetonatiuh)*, porque es una lluvia de fuego que ha destruido al mundo al final de ese periodo.

El orden de sucesión de estas cuatro edades no se describe siempre de la misma manera. Según los *Anales de Quauhtitlan*, el primero de los Soles ha sido el Sol del Agua, seguido de los Soles Tigre, Lluvia y Viento. La *Historia de los mexicanos por sus pinturas*, tiene el orden: Sol Tigre —Sol Viento—, Sol de la Lluvia y Sol del Agua, que se corrobora con el magnífico monumento conocido con el nombre de "Calendario Azteca". Este

553

célebre bajo relieve que es la "Piedra de los Soles", enumera las cuatro edades dentro del mismo orden que la Historia, cada una de las edades fue representada por una fecha, la del cataclismo que la termina. Estas fechas son:

4 *ocelotl*	(4 Tigre), fin del Sol Tigre.
4 *eecatl*	(4 Viento), fin del Sol Viento.
4 *quiauitl*	(4 Lluvia), fin del Sol de la Lluvia.
4 *atl*	(4 Agua), fin del Sol del Agua.

En fin, nuestro mundo actual está señalado en el "Calendario Azteca" por la fecha 4 *ollin* (4 Movimiento, Temblor de tierra). Esta fecha, como se verá, es el día en que nuestro sol fue puesto en movimiento, cuatro días después de su nacimiento. Este es, dentro del calendario ritual, el día de la fiesta del sol y de sus patronos. Pero es también, probablemente, la fecha en que nuestro mundo terminará con un temblor de tierra, el signo *ollin*, que simboliza a la vez movimiento del sol y las sacudidas sísmicas.

En el *Tonalamatl* o calendario adivinatorio, todos los días que llevan la cifra 4 están considerados como nefastos. El día 4 *ocelotl*, fin del Sol Tigre, es un día nefasto, dominado por *Tezcatlipoca*, dios del Norte, del frío y de la noche, se transforma en tigre, según la *Historia de los mexicanos,* para derribar al sol. La primera edad, según los *Anales de Cuauhtitlan,* termina en tinieblas y frío; después de un eclipse.

La fecha 4 *eecatl*, fin del Sol Viento, está considerada como un día de encantamientos y sortilegios. El día 1 *eecatl* es el día por excelencia de los brujos. En efecto, debido a un complicado proceso mágico que en la segunda época termina; todos los hombres han sido transformados en monos. Al mismo tiempo sopla un fuerte viento, manifestación de *Eecatl*, dios del viento, que es una de las formas de *Quetzalcoatl*. La idea de que los hombres de este mundo desaparecido se han metamorfoseado en monos se encuentra en la gran crónica Maya-Quiché, el *Popol-Vuh*. Entre los mexicanos del centro, esta idea está unida a la acción del dios *Quetzalcoatl* bajo la forma de divinidad del viento, protectora de los magos.

La fecha 4 *quiauitl*, fin del Sol de la Lluvia, está colocada bajo la protección del Tlaloc, dios de la lluvia, su máscara se reconoce por sus largos dientes y sus enormes ojos, que se emplean como símbolo de la lluvia. El tercer mundo termina por una lluvia de fuego, *Tlaloc* no es solamente el dios del agua, bien que es su función más usual, sino también dios del fuego que cae del cielo, en forma de relámpagos, rayos y quizá erupciones volcánicas; es la lluvia de fuego *(Tlequiauitl).*

La fecha 4 *atl*, fin del Sol Agua, está representada sobre los monumentos señalados más arriba, por la cifra 4 acompañada de la cara de la diosa *Chalchiuhtlicue*, "la que lleva una falda de piedras preciosas", compañera de *Tlaloc* y divinidad del agua; parece salir de un recipiente de agua en movimiento porque el cuarto mundo concluyó por inundaciones, especie de diluvio.

De este modo en cuatro intentos el mundo nace y se destruye por gigantescas catástrofes. El mundo de ahora tendrá la misma suerte. Los antiguos mexicanos concebían esta historia del universo como la de victorias y derrotas de principios alternantes, que gobernaban las cosas, unos después de otros, para luego ser desplazados y privados de influencia sobre la realidad. El primero de los soles es el de *Tezcatlipoca;* la edad del frío, de la noche, del norte. El segundo está bajo la influencia de *Quetzalcoatl,* dios del Occidente; es la época de los magos y del Oeste. La tercera está dominada por *Tlaloc* que como dios del fuego, es una divinidad del Sur. La cuarta por el sol del Agua y de *Chalchiuhtlicue,* es un periodo del Este, pues el agua y su diosa vienen del Este. En cuanto al sol actual el quinto, es el del Centro, pues cinco es el número del Centro; su divinidad es *Xiuhtecutli,* dios del fuego; así nuestro sol es un sol de fuego, representado muchas veces [54] por el mismo símbolo del fuego, una mariposa.

Se verá más adelante cual es la importancia que atribuían los antiguos mexicanos a los cuatro puntos cardinales, a menudo complementados por un quinto punto, el centro. La tradición relativa a los cuatro soles, no es sino un caso particular de una actitud mental que se encuentra a cada paso: la interpretación de todos los fenómenos del mundo por la sucesión alternativa de aspectos fundamentales de la realidad, acontecen y se reemplazan, triunfan y desaparecen, y están unidos a las direcciones del espacio.

Los mitos cosmogónicos contienen pocas indicaciones sobre la manera de representar a los habitantes del mundo de las épocas desaparecidas. Se pensaba generalmente que aquellos que habitaban eran gigantes, después hombres que se nutrían de hierbas silvestres. Los antiguos mexicanos tenían la convicción muy clara de la superioridad de su civilización agrícola sobre la de tribus nómadas, los chichimecas, que andaban errantes en las regiones casi desérticas del Norte. Ellos mismos, antes de llegar a la meseta central, habían llevado en las estepas de cactus esta vida precaria. Eran depositarios de la civilización del maíz y describían a sus ancestros de los soles desaparecidos, como bárbaros ignorantes de la agricultura, a cuya civilización habían dejado de pertenecer unos siglos antes.

---

[54] El sol, en la "casa de las águilas" o templo de los guerreros, estaba representado por la imagen de una mariposa.

Hacia el fin del Cuarto Sol, y el principio del nuestro, hubo un periodo de transición que duró dos veces 13 años. El conjunto de años en el cómputo del tiempo, está dividido en series de trece, cada una de estas series referidas a uno de los puntos cardinales; cuatro "trecenas" forman un "siglo" indígena, ciclo de 52 años.

La "caída del cielo" sin duda el diluvio que dio fin al Sol del Agua, tuvo lugar en un año 1 *tochtli* (1 conejo), año del Sur. Los dioses *Quetzalcoatl* y *Tezcatlipoca* tratan de reedificar el cielo; y cuando esta tarea concluyó, *Tezcatlipoca* cambió de nombre, convirtiéndose en *Mixcoatl*, dios del Norte, en un año 2 *acatl* (2 caña); en el calendario adivinatorio, el día *2 acatl* está consagrado a *Tezcatlipoca*. En el curso del octavo año, fueron creados los *macehualtin*,[55] hombres del pueblo, es decir, los hombres que serían necesarios para el futuro sol, hombres destinados al sacrificio y a nutrir con su sangre al astro.

Con la segunda trecena de años que principia por 1 *acatl* se entra en el dominio del Este, *Ce acatl* (1 *acatl*-caña) es el nombre cíclico de *Quetzalcoatl*, como dios del Este y de la estrella de la mañana, de la resurrección. Todo el quinto sol estará dominado por este gran tema de la muerte y resurrección, del sacrificio necesario a la vida de los astros y del Universo. En el año 1 *acatl* los dioses deciden crear al sol. Pero fue necesario para ello derramar sangre, liberar las fuerzas de la vida, y no se puede liberar, sino matando, por el sacrificio y la guerra. Los dioses desencadenan la guerra y preparan ellos mismos la ocasión. El último año de la segunda serie, es un 13 *acatl*, es el del nacimiento del sol.

[55] Plural de macehualli.

10) EL PUEBLO DEL SOL

Alfonso Caso [56]

El tema de la religión de los antiguos mexicanos ha sido estudiado por Alfonso Caso en diversas ocasiones. En 1936 publicó un pequeño trabajo titulado La religión de los aztecas. *Más tarde el propio autor reelaboró ese opúsculo y sacó a luz, en 1953, una obra titulada* El pueblo del Sol. *En ella atiende a cuestiones como las de la magia y la religión y el carácter propio de las creencias y ritos de los aztecas. Se ocupa asimismo de las antiguas doctrinas acerca del origen de los dioses y los hombres. También ofrece una descripción de los atributos de las más importantes deidades dentro del panteón azteca.*

En esta antología se transcribe el capítulo final de ese libro, que lleva precisamente el mismo título de toda la obra, El pueblo del Sol. *En él Alfonso Caso presenta lo que, a su juicio, fue el meollo de la religiosidad de los aztecas, aquello que ayuda a entender cómo, en relativamente poco tiempo, llegaron a alcanzar la hegemonía en el ámbito de Mesoamérica.*

Por la breve descripción que hemos hecho, se comprenderá la enorme importancia que tenía la religión para el pueblo azteca. Era tan grande, que podemos decir, sin exagerar, que su existencia giraba totalmente alrededor de la religión, y no había un solo acto de la vida pública y privada que no estuviera teñido por el sentimiento religioso.

La religión era el factor preponderante, e intervenía como causa hasta en aquellas actividades que nos parecen a nosotros más ajenas al sentimiento religioso, como los deportes, los juegos y la guerra. Regulaba el comercio, la política, la conquista, e intervenía en todos los actos del individuo, desde que nacía hasta que los sacerdotes quemaban su cadáver y enterraban sus cenizas. Era la suprema razón de las acciones individuales y la razón de Estado fundamental.

Podemos definir la organización política azteca diciendo que era una teocracia militar, pero en la que el fin guerrero estaba

[56] Alfonso Caso, *El pueblo del Sol*, México, Fondo de Cultura Económica, 1953, pp. 117-125.

subordinado al fin religioso y en la que el mismo emperador, o más propiamente *Tlacatecuhtli*, era un sacerdote, y él y todos los altos funcionarios del Estado habían sido educados en una escuela sacerdotal, como era el *Calmécac*.

Pero si la religión influía de un modo preponderante en la organización política, era también preponderante en la organización social, y los clanes o *calpullis*, que los españoles tradujeron por *barrios*, no sólo eran divisiones territoriales, puesto que estaban bajo la advocación de un dios particular y eran la continuación de las antiguas familias, unidas no por el lazo de parentesco biológico, sino por el del parentesco religioso que derivaba de la comunidad de culto al dios tutelar.

Por eso vemos que los ancianos de cada barrio tenían una ingerencia muy directa en la vida privada de las familias individuales y que se les consultaba para celebrar los matrimonios, para el ingreso de los jóvenes en las escuelas o en el ejército, y para cualquier asunto que revestía cierta solemnidad o importancia.

¿Cuál es la explicación de esta omnipresencia de la religión? No podríamos entenderlo si no comprendemos que el azteca se sentía ser un pueblo con una misión; un pueblo elegido por el dios tribal para que se cumpla el destino del mundo y se realice el ideal humano tal como ellos lo entendían.

El azteca es el pueblo del Sol; su ciudad, Tenochtitlán, se ha fundado en el sitio en que el águila, representante de Huitzilopochtli, se posa sobre el nopal de piedra, en el centro de la isla que estaba en el lago de la Luna, el *Meztliapan,* como se llamaba esotéricamente al lago de Texcoco. Allí, donde fue arrojado el corazón del primer sacrificado, allí debía brotar el árbol espinoso, el árbol del sacrificio, que representa el lugar de las espinas, *Huitztlampa,* la tierra del Sol, hacia donde saliera en peregrinación la tribu, partiendo de la tierra blanca, Aztlán.

Y sus sacerdotes, los conductores de la peregrinación, les habían dicho que sólo cuando el Sol, representado por el águila, se posara sobre el nopal espinoso, cuyas tunas rojas son como corazones humanos; sólo en ese lugar habían de descansar y de fundar la ciudad, porque eso representaba que el pueblo del Sol, el pueblo elegido por Huitzilopochtli, habría llegado al sitio desde donde debía engrandecerse y transformarse en el señor del mundo, y en el instrumento con el cual el dios iba a realizar grandes proezas. Por eso les dice:

> De verdad os iré conduciendo adonde habréis de ir; apareceré como águila blanca; por donde hayáis de ir, os iré voceando; id viéndome nomás; y cuando llegue allí, adonde me parezca bien que vosotros vayáis a asentaros, allí posaré, allí me veréis; de modo que luego allí haced mi adoratorio, mi

casa, mi cama de hierba, donde yo estuve levantado para volar; y allí la gente hará casa, os asentaréis.

La primera cosa que os adornará será la cualidad de águila, la cualidad de tigre, la Guerra Sagrada, flecha y escudo; esto es lo que comeréis, lo que iréis necesitando; de modo que andaréis atemorizando: en pago de vuestro valor andaréis venciendo, andaréis destruyendo a todos los plebeyos y pobladores que ya están asentados allí, en cuanto sitio iréis viendo.

Y ofrece, para los conquistadores y hombres valientes, las mantas labradas, los *maxtles*, las plumas colgantes de quetzal; para que sean sus divisas y sus escudos, y recibirán "las cosas en general: lo bueno, lo plácido, lo fragante, la flor, el tabaco, el cantar: toda cosa cualquiera que sea".

Asimismo también fuí yo mandado de esta venida, y se me dio por cargo traer armas, arco, flechas y rodela; mi principal venida y mi oficio es la guerra, y yo asimismo con mi pecho, cabeza y brazos, en todas partes tengo de ver y hacer mi oficio, en muchos pueblos y gentes que hoy hay...

Primero he de conquistar en guerras para tener y nombrar mi casa de preciada esmeralda y oro y adornada de plumería; adornada la casa de preciada esmeralda transparente como un cristal, y asimismo tener y poseer géneros de preciadas mazorcas, cacao, de muchos colores algodón e hilados: todo lo tengo de ver y tener, pues me es mandado, y mi oficio, y a eso vine.

Y en Coatepec les había dicho:

Ea, mexicanos, que aquí ha de ser vuestro cargo y oficio, aquí habéis de guardar y esperar, y de cuatro partes cuadrantes del mundo, habéis de conquistar, ganar y avasallar para vosotros; tened cuerpo, pecho, cabeza, brazos y fortaleza, pues os ha de costar asimismo sudor, trabajo y pura sangre, para que vosotros alcancéis y gocéis las finas esmeraldas, piedras de gran valor, oro, plata, fina plumería, preciadas plumas de colores, fino cacao de lejos venido, algodón de diversos tintes, diversas flores olorosas, diferentes maneras de frutas muy suaves y sabrosas, y otras muchas cosas de mucho placer y contento.

El pueblo del Sol, conducido por los sacerdotes del dios, se establece en medio del lago de la Luna, y de allí va a emprender su misión, que no es otra sino colaborar por medio del sacrificio humano en la fundación cósmica, que representa la ayuda que debe proporcionar el hombre al Sol, para que pueda luchar contra la Luna y las estrellas, y vencerlas todos los días.

Cada prisionero que toma el azteca es una estrella que debe ser sacrificada al Sol, para alimentarlo con la sustancia mágica que representa la vida, y para fortalecerlo en el divino combate; y el hombre-estrella que es sacrificado, pintado de blanco el cuerpo y con un antifaz negro, que significa la noche estrellada, irá a reforzar con su vida la vida del Sol.

De allí el orgullo del tenochca que se siente un colaborador de los dioses; que sabe que su vida está dedicada a mantener el orden del mundo y, asimismo, a luchar contra los poderes tenebrosos.

En cierto modo, de él depende que el universo siga existiendo; de él depende que los dioses reciban su alimento, que derramen sobre la humanidad el beneficio de sus dádivas; la luz del sol, la lluvia, que se forma en los montes y riega el maíz; el viento que corre por las cañadas y que puede traer las nubes o convertirse en huracán.

Pero siendo el azteca un soldado del Sol, teniendo como tiene esta misión divina, debe también tener el premio. A él deben corresponder "las cosas en general, lo bueno, lo plácido, lo fragante, la flor, el tabaco, el cantar".

Es claro que el azteca, como todo pueblo que se cree con una misión, está mejor dispuesto a cumplirla, si de su cumplimiento se deriva el dominio sobre los otros pueblos. Ya desde el siglo XVI la vocación apostólica y civilizadora de los pueblos europeos se encuentra particularmente inflamada, cuando aquellos que van a salvar de la barbarie son poseedores de riquezas que no pueden obtenerse en los países civilizados: oro, especias y perlas en el siglo XVI; petróleo, hule, carbón, henequén y quina en el siglo XX.

El pueblo azteca, como todo pueblo imperialista, tuvo siempre una excusa para justificar sus conquistas, para extender el dominio de la ciudad-estado Tenochtitlán, y convertir al rey de México en el rey del mundo, *Cem-Anáhuac tlatoani*, y a México-Tenochtitlán en la capital del Imperio, que titulaban *Cem-Anáhuac tenochca tlalpan*, es decir "el mundo, tierra tenochca". La idea de que era un colaborador de los dioses; la concepción de que cumplía con un deber trascendental y que en su acción radicaba la posibilidad de que el mundo continuara viviendo permitieron al pueblo azteca sufrir las penalidades de su peregrinación, radicarse en un sitio que los pueblos más ricos y más cultos no habían aceptado, e imponerse a sus vecinos, ensanchando constantemente su dominio, hasta que las huestes aztecas llevaron el poder de Tenochtitlán a las costas del Atlántico y del Pacífico, y sometieron a pueblos más adelantados culturalmente y más antiguos en la posesión de las tierras de la Altiplanicie y de las costas.

Pero, además de este ideal cosmológico, el azteca creía que tenía también un ideal ético que realizar.

La lucha del Sol contra los poderes de la noche no es sólo una lucha de los dioses, es también y sobre todo una lucha del bien contra el mal.

La misión del tenochca es estar al lado del Sol, que representa el bien, en contra de los dioses espantables de la noche, símbolos del mal.

En consecuencia, el azteca debe emprender esta lucha ética hasta lograr que su caudillo divino triunfe de los dioses malvados que planean la destrucción del hombre, y hasta lograr que el hombre triunfe, asimismo, de los malévolos poderes que representan el pecado. Esta concepción del pecado significa principalmente la embriaguez y la incontinencia sexual, según ya hemos dicho; pero el pecado más grave es la falta en la colaboración con el plan divino; es decir, la falta de cumplimiento a los deberes para con los dioses, o el temor en el combate.

Y claro está que la virtud fundamental en este pueblo religioso y guerrero era el valor, demostrado en el combate, y el estoicismo ante el dolor y la muerte. Por eso aun el *macegual*, el plebeyo, adquiría rango por el mérito, y el rey podía ennoblecerlo haciéndolo caballero.

Pero frente a este ideal imperialista y religioso siempre hay un sentimiento de pesimismo en el fondo del alma azteca; sabe que, a la postre, será vencido su caudillo el Sol; tendrá que sucumbir en medio de terremotos espantosos y entonces triunfarán los poderes del mal. Las estrellas y los planetas, capitaneados por la Luna, bajarán a la tierra, ya no por el tenue hilo de araña por el que de vez en cuando, en los días de mala fortuna, bajan las *tzitzimime*, sino que en innumerables escuadrones de fieras espantosas descenderán del cielo, y las estrellas acabarán con la humanidad.

Por eso para el azteca esta vida no es sino un tránsito; y ese sentimiento de pesimismo y de angustia se manifiesta en su escultura vigorosa y terrible, y también teñido de una profunda tristeza, en su poesía, y así dice:

Sólo venimos a dormir,
sólo venimos a soñar,
no es verdad, no es verdad
que venimos a vivir en la tierra.

En hierba de primavera nos convertimos;
llegan a reverdecer,
llegan a abrir sus corolas nuestros corazones;
pero nuestro cuerpo es como un rosal;
da algunas flores y se seca.

Este profundo sentimiento melancólico contrasta con el enérgico concepto de ser el pueblo elegido; de ahí la contradicción fundamental de la cultura azteca.

Pero si la religión fue para el azteca la fuerza y la causa de su vida; si lo llevó de una a otra costa de los mares e hizo de Tenochtitlán la reina del Anáhuac, también constituyó la limitación fatal de su cultura, como en menor escala lo fue de todas las culturas indígenas de México y Centroamérica.

La fuerza creadora de un pueblo joven tuvo que derivar necesariamente a la creación de obras religiosas, y lo mismo en el arte que en la ciencia, en la organización política y social, y en la filosofía de la vida, la religión que fue impulso se convirtió después en freno, y la creación de obras con fines religiosos ahogó necesariamente la personalidad creadora de los individuos y absorbió todas las posibilidades de desarrollo cultural.

Cuando los sorprendió la Conquista, los aztecas eran un pueblo rudo que no había alcanzado todavía el refinamiento cultural de los mayas, los toltecas, los totonacas o los mixtecas; estaban en plena época de florecimiento, pero las viejas culturas indígenas que habían desaparecido son una muestra elocuente de la esterilidad que alcanzaba al fin a esas grandes civilizaciones, por la falta de un ideal constantemente progresivo, que las hiciera concebir la vida como algo diferente a la repetición, invariable y minuciosa, de las ceremonias para honrar a los dioses.

Para las grandes culturas de Mesoamérica, la invención técnica fue sustituida, en gran parte, por el culto. La idea fundamental es que el hombre no tiene que resolver sus propios problemas, sino rogar a los dioses que los resuelvan y se apiaden de los hombres. Para el indígena mesoamericano, el sacrificio es el medio técnico para hacer que llueva, que el maíz grane, que la enfermedad se acabe, que el padre o el esposo o el hijo regresen salvos de la expedición de guerra o de comercio, que la esposa dé a luz un niño fuerte y vigoroso. El hombre por sí mismo nada puede; su técnica es ineficaz; sólo el sacrificio a los dioses los inclina benévolos para resolver las necesidades humanas.

Esta profunda religiosidad del indio mexicano, que se conserva hasta nuestros días, es el hilo rojo en la trama de su historia; nos permite entender su modo de obrar, indolente unas veces, activo y enérgico otras, pero siempre estoico, porque la vida del hombre, según piensa, depende de la voluntad impenetrable de los dioses.

11) POESÍA RELIGIOSA

Angel Mª Garibay K.[57]

Después de destacar la omnipresencia del elemento religioso en la vida de los antiguos mexicanos, pasa a ocuparse Angel Mª Garibay en el capítulo II de su Historia de la literatura náhuatl *de la abundante producción poética directamente relacionada con el culto a los dioses. A su parecer, en las composiciones que se conservan es posible percibir elementos de origen distinto que explican la existencia de un sincretismo religioso vigente durante el período azteca.*

Los textos que analiza el autor, al principio del capítulo que dedica a la poesía religiosa, se refieren a la diosa madre, invocada de múltiples formas. Las investigaciones de Garibay en este punto abrieron de hecho un nuevo campo de estudio que, por su misma naturaleza, está esencialmente ligado a las informaciones que pueden derivarse de otras fuentes para ahondar en el conocimiento de la religión prehispánica, particularmente los hallazgos de la arqueología y los códices o libros de pinturas.

Con lapidaria precisión resume un conocedor eximio de la cultura antigua de México el significado y trascendencia de la religión en todos los aspectos humanos de la vida, tanto personal como social.

Pláceme trasladar aquí sus palabras, que me tomo la licencia de destacar así en principio:

I. "Tan grande era la importancia que tenía la religión para el pueblo azteca, que podemos decir sin exageración, que su existencia giraba totalmente alrededor de la religión."

II. "No había un solo acto, de la vida pública y privada, que no estuviera teñido por el sentimiento religioso."

III. "La religión era el factor preponderante e intervenía como *causa* hasta en aquellas actividades que nos parecen a nosotros más ajenas al sentimiento religioso, como los deportes, los juegos y la guerra."

[57] Angel Mª Garibay K., *Historia de la literatura náhuatl*, 2 vols., México, Editorial Porrúa, 1953-1954, t. I, pp. 107-111 y 115-118.

IV. "Regulaba el comercio, la política, la conquista."

V. "Intervenía en todos los actos del individuo, desde que nacía hasta que los sacerdotes quemaban su cadáver y enterraban sus cenizas."

VI. "Era la suprema razón de las acciones individuales y la razón de estado fundamental."[58]

Cada uno de estos apotegmas, deducidos de un estudio hondo y sereno de la realidad antigua, pueden ser puntos de un programa de plena exposición de la vida íntima del nahuatlaco. No es mi oficio aquí intentarlo.

Lo que grita la arqueología y la historia lo clama con mayor razón la poesía. Flor de toda cultura en todas partes, en México va teñida con la sangre de los sacrificios y lleva en torno un eco de la estrepitosa música con que el atabal acallaba el gemir de las víctimas humanas. Si la vida del México antiguo es una obsesión religiosa, es también un vaho de sangre que horripila a los neuróticos de la cultura, que no cierran los ojos ante los nefastos crímenes internacionales de la vida moderna.

Sangre había, y mucha, que descendiendo de las aras, impregnaba mentes y corazones; pero había también aspectos de belleza sin igual, nacidos de una ingenua concepción del mundo, que tampoco dejaba de ser sabiamente compleja y no fácil de captar por cualquiera. Cual flores que brotan en las ruinas de una casa derrumbada y cubierta de horruras, así en los documentos, lo mismo que en las maravillas arqueológicas, hallamos las flores de la belleza religiosa antigua. Lo más sublime en el arte nos lo dan monumentos incontrastables, como la Coatlicue de Tenochtitlán,[59] o las frías pirámides milenarias. Lo mismo hay que decir en lo tocante a las manifestaciones religiosas, recogidas en la poesía.

Emprendo en este capítulo un examen, somero como tienen que ser todos por la enorme abundancia de materiales y complejidad de problemas que hacen nacer éstos, de la poesía religiosa que conozco. El estudio podría alargarse a ser acaso un libro y no de escaso volumen.[60] Ceñiré mis observaciones a lo indispensable para dar una idea de conjunto.

[58] A. Caso, *La Religión de los Aztecas*, Méx., 1936, pp. 55 ss. La división del texto es mía.

[59] En el Museo de Antropología de México. Procede de la misma ciudad. Esta estatua, que es una de las más perfectas obras de arte de la vieja cultura, es estudiada en un profundo y novedoso estudio por Justino Fernández, el más cuidadoso crítico de arte de México.

[60] Si me es posible, pienso dar a la luz pública una edición con todos los poemas religiosos que he podido estudiar, y en ella hacer un minucioso estudio de todos los temas que se tratan aquí a la ligera.

1.

La religión antigua en sus prácticas y textos rituales poco difiere de la magia. La línea que las separa es tan tenue y tan débil que fácilmente se borra o se traspasa. Por esto en los textos religiosos muchos hallan más bien fórmulas mágicas. Y es así en verdad. La técnica del ruego con sus insistencias y repeticiones imita la atareada recitación verbal del mago para lograr, apurando a las fuerzas de la naturaleza, la obtención de sus intentos. Pues bien, el mismo tono crepuscular de misterio tiene el ambiente de la poesía. Por ello está ligada íntimamente con la religión: de ella nace y la nutre interminablemente. Si en la religión ha de ir todo el hombre, va lo que es más humano, que no es por cierto la inteligencia pura, ya angélica, sino la emoción, la pasión, el anhelo, el dolor y la entusiasta exaltación..., es decir, la poesía. Por esto en todos los rumbos hallamos la poesía en la cuna de las religiones y en su pleno desarrollo, hallamos la fuente de muchos otros géneros de la literatura. Esto es particularmente verdadero en el viejo Anáhuac por las razones propuestas arriba por el Dr. Caso.

Los restos de poesía religiosa, cuyas fuentes vamos a precisar en seguida, atestiguan una complejidad de concepciones del mundo que los demás monumentos confirman en plenitud. Innegable es el hecho de que hay una doble corriente religiosa en la vieja cultura. Se cruza y se entrecruza sin cesar y muy difícil, si no acaso imposible, será deslindar los ámbitos de cada una. Para no invadir terrenos vedados cifraré en estas afirmaciones, a cuya prueba no desciendo, lo sustancial tocante a este sincretismo de ideas y sentimientos religiosos.

1) La forma de culto religioso más antigua, según los testimonios arqueológicos, está ligada con la agricultura. Los númenes de la lluvia se llevan la primacía en la adoración de los más antiguos hombres de este territorio. La forma en que se han concretado ellos ha sido su identidad o simbolismo en los dos grandes seres que el hombre primitivo percibe inmediatamente: el sol y la tierra. Naturalmente, el hombre los hace a su imagen y semejanza luego. Por esto el antropomorfismo se impone. Dos deidades: la celeste, unida o identificada con el sol, es masculina; la terrestre, unida o identificada con la tierra, femenina. Ya está dada la doble pareja que pronto se convierte en el Gran Padre y la Gran Madre. Esta primaria concepción religiosa pervive a través de muchas complicaciones y la alcanzamos, al cabo del progreso religioso que interrumpe la conquista española, idéntica a sí misma, aunque sumamente adornada. Con demasiado simplismo quizá podía llamarse esta religión la de los *dioses terrenales:* o como la llamaron los mexicanos, *Tlaloque,* que viene a significar lo mismo.

2) Posteriormente, y de rumbos aún no totalmente definidos por los estudiosos, viene a la Mesa de Anáhuac un culto nuevo. Muy similar al anterior en el fondo, corre el doble peligro de identificarse con él, y de desvanecerse ante la fuerza de su preponderancia. Hay un concepto nuevo atrevidísimo: los hombres son cooperadores de los dioses. El mundo no puede vivir sin los númenes que lo sostienen. Si ellos desmayan, o se emperezan *(ciahui, tlatzihui)*, el mundo sucumbe. Hay que alimentar a los dioses. Su alimento es la sangre humana, *teoatl, xochiatl*, y hay que ofrecerla constantemente y cuanto más abundante, mejor. El numen fundamental es el sol, al cual se llamará a secas *teotl*, el dios,[61] o *ipalnemoani, ipal nemoa, tloque nahuaque*. En él se hallan impersonadas todas las fuerzas universales y su manifestación exterior es el universo material con su complicada concepción de rumbos, colores, direcciones, etc., que marea a los incautos.[62] Como el sol es causante de las lluvias y ellas base de la próspera agricultura, hallamos un punto de contacto entre las dos concepciones. Con lo cual venimos a la duda de si en efecto es esta segunda concepción una nueva forma de ideación religiosa, o el natural resultado de la milenaria evolución de la faz primeramente descrita. Quede a un lado el debate y su solución, si es que puede darse. A los dioses así concebidos podemos llamarlos *dioses celestes* o en náhuatl *ilhuicaque*, como en efecto se les llamó a veces.

Por vía de método prolongo estas dos fórmulas, para hacer inteligible de mis lectores mucho que en los poemas que se van a estudiar exige suma y cuidadosa exégesis.

Nuestro examen tiene que limitarse a los poemas y no alcanza a los discursos. Muchos que hallamos en el Libro VI de Sahagún, por ejemplo, aunque con un contenido religioso y aun poético, están libres de metro y de las demás características de la poesía náhuatl que he hecho esfuerzo en precisar en el anterior capítulo. Cabe hacer consideraciones sobre este orden de discursos, pero no en este lugar.

También excluyo aquí los poemas de calidad épica o dramática, para dar atención a ellos en su correspondiente capítulo. Los de pura formalidad lírica serán los únicos que en este capítulo tendremos como objeto de estudio.

―――

Adusta majestad envuelve la estatua de Coatlicue de nuestro Museo de Antropología. Es "la obra maestra de la escultura ame-

[61] Clara es la aplicación al sol, y también la hallamos dada a la tierra y al agua. El glifo es un sol para decir *teotl*.

[61] Vid, el precioso estudio de J. Soustelle, *La Pensée Cosmologique des anciens mexicains*.

ricana", pero es también la cifra de cuanto puede darnos en sincretismo excelso la concepción de la mentalidad nativa. "La diosa representa al monstruo terrestre dispensador de la vida, pero al cual retornamos para ser descarnado, la deidad que oculta al sol y rezuma las lluvias".[63] Su mole imponente, de dos metros y medio de altura, es un símbolo material de su peso en el alma del mexicano. "Es la escultura más alucinante que concibiera la mentalidad indígena y una obra de arte que no puede juzgarse con los cánones serenos del arte griego o con los elementos piadosos del arte cristiano: la diosa expresa la brutalidad dramática de la religión azteca, su solemnidad y su magnificencia."

Es todo eso, pero más aún la última palabra, dicha en piedra, de la evolución del México milenario sobre el concepto de la Diosa Madre. Un sentido de maternidad mana de este monstruoso monolito, pero hay un dejo de guerra y de muerte, a través de aquellos corazones y de aquellas serpientes. Hay allí mismo, sacada de las honduras que circuyen la Catedral, otra Coatlicue: aquí las serpientes se han vuelto corazones, y se la ha llamado Yollotlicue, y todavía otra, también de Tenochtitlan o su vecina en que los corazones son mazorcas.

Todos estos aspectos abarcaba la diosa. Nadie ha resumido mejor su múltiple simbolismo que un documento que conservó Torquemada, abreviando y traduciendo, acaso, como él suele.[64] Hace hablar a la deidad, que dice: "Si vosotros me conocéis por Quilaztli, yo tengo otros cuatro nombres, con que me conozco. El uno es *Cuacihuatl*, que quiere decir "Mujer Culebra"; el otro, *Cuahuicihuatl*, que quiere decir "Mujer Aguila", el otro *Yaocihuatl*, "Mujer Guerrera", el cuarto *Tzitzimicihuatl*, que quiere decir "Mujer Infernal". Y según las propiedades que se incluyen en estos cuatro nombres, veréis quién soy y el poder que tengo y el mal que puedo haceros."

La Mujer, en sus aspectos de madre, de guerrera, de verdugo. Autora de la vida y de la muerte, que acumula en su seno la ternura y el dolor. Esto mismo nos dirán los poemas. México ha sido un pueblo maternalista. Tiene la sed del amor materno. Se traduce en las imágenes de barro de mujeres grávidas que hallamos en los ínfimos sustratos arqueológicos, pero se halla atestiguada también en estos cantos.

La simetría de la estatua de la Coatlicue monumental está perfectamente, casi en forma geométrica, en el poema que vierto con la mayor fidelidad: en él hallamos la voz de mando de

---

[63] S. Toscano, *Arte Precolombino*, pp. 274 ss.
[64] *Monarquía Indiana*, T. I. pp. 80 ss.

una reina, pero la cuidadosa ternura de una madre que impera
en el mundo y divide al mundo:

Id a la región de los magueyes salvajes,
para que erijáis una casa de cactus y de magueyes,
y para que coloquéis esteras de cactus y magueyes.

Iréis hacia el rumbo de donde la luz procede (= Oriente):
y allí lanzaréis los dardos:
amarilla águila, amarillo tigre, amarilla serpiente,
amarillo conejo y amarillo ciervo.

Iréis hacia el rumbo de donde la muerte viene (= Norte),
también en tierra de estepa habréis de lanzar los dardos:
azul águila, azul tigre, azul serpiente,
azul conejo y azul ciervo.

Y luego iréis hacia la región de sementeras regadas
(=Poniente) :
también en tierra de flores habréis de lanzar los dardos:
blanca águila, blanco tigre, blanca serpiente,
blanco conejo y blanco ciervo.

Y luego iréis hacia la región de espinas (= Sur),
también en tierra de espinas habréis de lanzar dardos:
roja águila, rojo tigre, roja serpiente,
rojo conejo y rojo ciervo.

Y así que arrojéis los dardos y alcancéis a los dioses,
al amarillo, al azul; al blanco, al rojo:
águila, tigre, serpiente, conejo, ciervo,
luego en la mano poned del dios del tiempo,
del dios antiguo, a tres que habrán de cuidarlo:
    Mixcoatl, Tozpan, Ihuitl.[65]

Estas palabras son de Itzpapálotl, numen de los chichimecas,
o mejor, nombre que los chichimecas daban al numen materno.
Dejada a un lado la comprensión esotérica, no de este lugar,
basta a nuestro intento ver el equilibrio de las estrofas y el bello
rejuego de los colores simbólicos. La "Mariposa de obsidiana"
es la tierra en su personificada maternidad, que en su regazo
abarca a vivos y a muertos: para nutrir a los primeros, para
transformar a los segundos: En lugar de decir: "Traedme víctimas y sacrificádmelas, arrojándolas al fuego", que es la suma
de lo que el poema expresa, vemos como hace la distribución

---

[65] *Anales de Cuauhtitlan*, fol. 1.

por los rumbos del mundo y va mencionando los diferentes géneros de víctimas que aquellas tribus ofrendaban a sus aras, antes de mancillarlas con la sangre humana. Verdad es que un complejo simbolismo se encierra en todo el canto, pero a nosotros aquí nos interesa solamente la belleza literaria. No habrá quien la niegue, así como el artificio para arreglar el poema.

Paralelo casi de este poema es el cuarto de los que recogió Sahagún en Tepepulco.[66] Es uno de los poemas de la celebración de la Madre de los Dioses, *Teteo innan*, ya sea en la vientena Ochpaniztli, ya en alguna otra solemnidad. Es un nuevo ejemplo de la monótona insistencia en el mismo concepto, apenas variado. Pesado por su repetición viene a resultar el canto, como la representación de la diosa que con su mole aplasta los corazones. Hay una similitud de sentimiento al admirar la Coatlicue o al repetir el poema:

Amarillas flores abrieron la corola.
¡Es Nuestra Madre, la del rostro con máscara!
Tu punto de partida es Tamoanchan.

Amarillas flores son tus flores;
¡Es Nuestra Madre, la del rostro con máscara!
Tu punto de partida es Tamoanchan.

Blancas flores abrieron la corola.
¡Es Nuestra Madre, la del rostro con máscara!
Tu punto de partida es Tamoanchan.

Blancas flores son tus flores:
¡Es Nuestra Madre, la del rostro con máscara!
Tu punto de partida es Tamoanchan.

Probablemente seguía el proceso mencionando las flores con los colores que hemos visto arriba: nos faltarían las flores azules y las rojas. O sea, tendríamos la mención de sólo dos puntos de orientación: Oriente y Poniente.

Las "flores" de que se habla aquí son uno de los casos del doble sentido de los poemas que en el anterior capítulo he mencionado. Significan primeramente las flores de los campos, con que la primavera se descubre a los hombres, con la tierra engalanada por los cuatro rumbos con las galas del renacer de la vida. Significan también la "flor de nuestra carne", es decir, el maíz que va a dar la vida al hombre, como justamente entiende Seler. Pero significan también las "divinas flores de los sacrificados", que mucho veremos en los poemas guerreros. La diosa da el sustento, pero exige el tributo.

[66] *Códice Matritense del Palacio*, f. 275 r.

12) COATLICUE

Justino Fernández [67]

El análisis y la interpretación que lleva a cabo Justino Fernández del enjambre de símbolos que integran la impresionante escultura de Coatlicue, permiten apreciar la relación esencial de ésta con el pensamiento religioso y cosmológico de los aztecas. Como lo muestra el autor en su trabajo, en la representación plástica de la diosa madre, Coatlicue, se vuelven patentes los atributos del principio cósmico que genera y concibe cuanto existe en el universo. Allí son visibles la orientación cruciforme de los rumbos del universo y el dinamismo de un tiempo en que, a través de la lucha, todo se crea y también se destruye.

El estudio, del que aquí se transcriben algunas páginas, tomadas de su conclusión o parte final, corrobora la importancia de un acercamiento estético a creaciones como ésta de Coatlicue para ahondar en la comprensión de la simbología del pensamiento religioso prehispánico. Con este fin precisamente, el autor tomó en cuenta, a lo largo de todo su trabajo, diversos testimonios de las fuentes indígenas, los textos y códices.

La mitogonía y la mitología eran las formas del origen y del funcionamiento del cosmos azteca y no al revés; eran su ser mismo. Por eso fue aquella naturaleza divina la que tenían que expresar en la obra concreta, en el arte, en la cual los símbolos se refieren también al movimiento, todo ello por medio de un lenguaje de signos suficientemente precisos, cuya ambigüedad proviene más bien de la variedad de significaciones de los mitos —lo que explica la estrecha relación de unos con otros, puesto que se trata de un sistema— y de la variedad de significaciones de lo que para nosotros es un solo objeto, lo que explica la objetivación de diversos momentos del movimiento. Es el movimiento mismo lo que más radicalmente interesaba a los aztecas.

La relación entre el lenguaje náhuatl y las formas de las obras de arte también es estrecha; Soustelle, refiriéndose a aquél,

[67] Justino Fernández, *Coatlicue. Estética del arte indígena antiguo*, México, Instituto de Investigaciones Estéticas, 1959, pp. 244-253.

dice [68] que puede caracterizarse como un instrumento de transmisión de asociaciones tradicionales, y habla de *enjambres de imágenes*. Y ¿qué otro sentido tiene *Coatlicue* sino ése?

Ahora bien, lo que llamamos "obra de arte" era para el azteca, seguramente, el dios o los dioses mismos, en donde encontramos el sentido mágico de la expresión de los mitos objetivados en la obra concreta, visible y palpable, sensible, comprensible e imaginable; todo lo cual lo es también para nosotros, mas para el azteca era fundamentalmente objeto de creencia y de adoración. Como nosotros no somos creyentes de esos mitos, su objetivación se nos convierte en obra de arte, por eso se encuentra *Coatlicue* en el museo como objeto de admiración y de interés teórico e histórico, y no en el templo, como objeto sagrado y adorable.

Tener allí en el objeto de la creencia y de la adoración a los dioses de bulto, visibles y palpables, era tanto como *tener* el cosmos mismo, era tanto como *tener* la mitología en un puño, el *ser* de los dioses; era tanto como *estar en relación* directa y real con ellos.

Y estar en relación con los dioses era estar ligados o religados a ellos, era ser religioso, era vivir la religión religiosamente, por eso los ritos y las prácticas esenciales al mantenimiento de los dioses, del cosmos, permeaban la vida, la existencia humana por entero, en una relación o religación estrechísima, en una participación esencial. Por eso en *Coatlicue* las serpientes de su falda rodean a la deidad pendientes o dependientes del principio dual divino; así los hombres estaban pendientes de los dioses, verdadera y religiosamente dependientes de ellos.

Que *Coatlicue* es toda una cosmovisión mitificada, de acuerdo con la interpretación que hemos dado a sus formas, lo muestra la mitografía que encontramos en ella y si, haciéndola de mitólogos, formáramos el inventario escueto de sus significaciones, equivaldría a una letanía, en la cual se encuentran mezclados caracteres femeninos y masculinos de los dioses, lugares sagrados y sentidos vitales que pudieran parecer disparatados a primera vista, pero que sin embargo, componen en conjunto un sistema cósmico-mitológico.[69] Mas, en resumidas cuentas y una vez que lo anterior se nos ha revelado, lo que interesa es la concepción mitológica, es decir la visión humana, sentida, pensada e imaginada del cosmos, que incluye a los dioses, al hombre y a todos los seres creados; por eso en adelante hablaremos más propiamente y en sentido humano auténtico, es decir, no material ni

[68] Soustelle, *La pensée cosmologique des anciens mexicains*, p. 9.
[69] Caso, A., *La religión de los aztecas*, México, 1936.

naturalista, del *mundo* y de la *mundivisión* aztecas. Fue esto lo que vivieron como verdad.

Cuanto se ha dicho hasta aquí en relación con *Coatlicue* ha tenido por objeto investigar en su mitografía para comprender el sentido de sus formas. Ahora bien, por lo expuesto ha quedado patente que expresa simbólicamente, en abstracta síntesis, la visión del mundo que alcanzó a formarse la cultura, la conciencia azteca; hemos llegado, pues, al sentido que tiene *Coatlicue* como obra de arte. Mas no es suficiente eso para nuestro propósito, y así lo importante ahora es encontrar el *ser* histórico de la *mundivisión* azteca, es decir: el *ser* de los dioses y el *ser* de la existencia humana, ambos en relación esencial, para llegar a comprender el *ser* histórico de la belleza de *Coatlicue*, que es nuestro objetivo final.

Los aztecas vivieron el principio del movimiento en los dioses, en la vida, en el hombre y en todo ser generado por ellos, por eso su cultura y su arte tienen un sentido dinámico, tras de un aparente estatismo. El ser de su mundivisión es dinámico. Mas hay que aprehender el sentido profundo de ese dinamismo, hay que comprender cómo lo sintieron, pensaron e imaginaron, y para eso hay que volver a *Coatlicue*, para no apartarnos de nuestro punto de partida y de llegada.

La estructura "piramidal" de *Coatlicue*, cuya diagonal trasera (o hipotenusa del triángulo rectángulo, como más arriba ha sido explicado) da un sentido dinámico a una de las formas estructurales de la escultura, ha quedado interpretada como la estructura de los "trece cielos" sobrepuestos y escalonados del espacio mítico azteca. Hay que recordar que el gran colgaje de *trece* trenzas de cuero se encuentra precisamente en esa parte trasera.

De abajo a arriba, de la tierra plana y central hacia el zenit, los trece cielos [70] corresponden a: las estrellas; los *Tzitzimine*, monstruos esqueléticos que se desencadenarán sobre el mundo cuando nuestro sol perezca, convirtiéndose en vivientes; los "cuatrocientos", o innumerables seres creados por *Tezcatlipoca* y encargados de cuidar a los dioses; los pájaros preciosos o almas de guerreros sacrificados y transformados en ellos; las "serpientes de fuego", o sean los meteoros y cometas, que se tenían por presagios; los vientos; el polvo; los dioses. Los últimos cinco cielos superiores estaban reservados al principio dual o pareja divina.

El 13 era el número supremo del calendario y tenía el sentido de embarazo y, diríase que, de alumbramiento, pues había cumplido la secuencia de los días, la cuenta, para comenzar de nuevo por el 1, si bien eran 20 los signos de los días que se repetían

---

[70] Soustelle, *op. cit.*, pp. 30-31.

Coatlicue, la diosa madre, escultura azteca. Museo Nacional de Antropología.—*Foto INAH*.

13 veces hasta completar los 260 días, o sea el año divinatorio o *tonalámatl*. Soustelle dice [71] que la superposición de dioses está calcada de la sucesión de los días y que el 13 expresa tanto el conjunto de espacios como el conjunto de tiempos. Pues bien, si así es, la dinamicidad de la estructura "piramidal" de *Coatlicue* expresa adecuadamente "el conjunto de espacios" y "el conjunto de tiempos", es decir, el movimiento, la dinamicidad cronológica.

En cuanto a la estructura cruciforme de *Coatlicue*, vista de frente o por detrás, ha quedado interpretada como la imagen o referencia de las cuatro direcciones cardinales. *El mundo está construido sobre una cruz, sobre el cruce de caminos que conducen del Este al Oeste y del Norte al Sur. La cruz era el símbolo del mundo en su totalidad*... dice Soustelle,[72] y por eso el número 4 tiene gran importancia en la mitología y el ritual aztecas. Cada una de las cuatro direcciones se identificaba con una región geográfica y con la historia mitificada, con los vientos, los dioses y sus actividades; cada región tenía sus características y propiedades, que son también las de los tiempos correspondientes. Todas las representaciones cobraban sentido en la práctica divinatoria por el *tonalámatl*, el calendario sacerdotal; a cada uno de los 4 puntos cardinales se liga un grupo de 5 signos de días, un grupo de 5 "semanas" de 13 días, un grupo de años.[73] Así pues, esta identificación de los espacios cardinales y de los tiempos les da a aquéllos también un sentido dinámico, por la cronología. Por otra parte, es natural que no conociendo los límites extremos de las regiones o espacios cardinales tuvieran éstos un sentido de dinamismo hacia lo desconocido: el misterio. Porque el centro, "el cruce de caminos", también significaba el cruzamiento de lo alto y lo bajo, que era la quinta dirección, con lo cual quedaba completa la concepción dinámica del espacio en total. Y en el centro se encontraba *Xiuhtecuhtli*, "el señor viejo", el fuego, al cual el dinamismo le es consubstancial.

Que las cuatro direcciones cardinales tengan caracteres y deidades antitéticos, sin que obste para que tengan otros análogos entre sí, conviene a la concepción azteca fundamental de elementos contrarios. Y como contrarios se veía: a *Quetzalcóatl*, dios de la vegetación tierna, asociado a las nociones de resurrección, fertilidad, juventud y luz, el sol del levante y la estrella matutina; a *Tezcatlipoca*, dios de la noche, de la obscuridad, del frío, de la sequía, de la guerra y de la muerte; a *Huitzilopochtli*, dios solar guerrero, el sol de mediodía, de la luz y el calor, del fuego

[71] *Ibid.*, p. 80.
[72] Soustelle, *op. cit.*, p. 76.
[73] *Ibid.*, p. 58.

y del clima tropical; a *Coatlicue,* diosa de la tierra, del nacimiento y de la vejez, misterio del origen y del fin, antigüedad y feminidad.

Soustelle concluye así:

> ...el pensamiento cosmológico mexicano no distingue radicalmente el espacio y los tiempos; sobre todo, se rehusa a concebir el espacio como un medio neutro y homogéneo independiente del desarrollo y de la duración... No hay para él un espacio y un tiempo, sino espacios-tiempos donde están sumergidos los fenómenos naturales y los actos humanos... La ley del mundo es la alternación de distintas cualidades, netamente separadas, que dominan, se desvanecen y reaparecen eternamente.[74]

Por lo tanto no importa que los cielos y las regiones cardinales fuesen concebidos como sitios caracterizados; lo importante es que al formar unidad indistinta con los tiempos, todo venía a tener una dinamicidad radical.

Y dinámica era la existencia humana en servicio de los dioses, en la guerra necesaria para su mantenimiento, por medio del sacrificio, del líquido precioso, de la sangre. Por eso la tercera estructura "humana" de *Coatlicue* incorpora, por decirlo así, al hombre, al sistema mitológico de la mundivisión azteca.

En la primera zona, la más baja, de *Coatlicue* ya encontramos a ésta como parturienta, mas también como varón y revestida con las plumas del Aguila, del Sol, de *Huitzilopochtli,* lo que le da carácter de guerrera. Y *Huitzilopochtli,* el Aguila, el Sol, es el guerrero por excelencia que cae, muere y es recogido por la tierra para ir a alumbrar el mundo de los muertos, convertido en *Mictlantecuhtli;* mas tiene que pelear en la noche con los dos escuadrones: los *Centzon-Mimixco,* y los *Centzon-Huitznahua,* las estrellas, para vencer por la mañana. Era la lucha de contrarios, la guerra, el motor del movimiento. Ya Westheim había observado, recordando a Heráclito, que la *guerra es origen de todas las cosas.*

Así, alcanzamos la segunda zona de *Coatlicue,* y en ella el género humano, pendiente del principio dual o pareja divina, la circunda cual falda; allí también los *Centzon-Mimixco* y los *Centzon-Huitznahua* escalan el cielo nocturno guerreando con *Huitzilopochtli,* por eso está ahí el escudo de éste. Por último, los "cráneos", anterior y posterior, significan ese estado entre la vida y la muerte; asimismo el colgaje, los guerreros nocturnos, se encuentra desde el cráneo hasta el símbolo del alumbramiento.

[74] *Ibid.,* p. 85.

Todos, pues, elementos contrarios y en lucha, movimiento generador de la vida y la muerte, heroica y religiosa.

En la tercera zona de *Coatlicue* dos estrellas lucen por manos, *Quetzalcóatl*, como astro matutino, y *Xólotl*, como vespertino. Y el recuerdo del monstruo de la tierra en las garras o colmillos de las articulaciones de hombros y codos, vueltos sobre sí, como dos contrarios. *Xipe*, la renovación, la primavera, tomando el lugar de la caducidad, su contraria, forma el "tórax" femenino, que se adereza con los que combaten valientes en la guerra —el collar de manos y corazones— y con el "cráneo" frontal en el centro, con el signo de la vida y la muerte, sobre el lugar que ocupa *Xiuhtecuhtli*, "el señor viejo", el fuego. Así, este otro grupo de contrarios combatientes se pone en juego y los hombres valientes en la guerra alcanzan el último sentido de su destino.

Por último, en la cuarta y última zona de *Coatlicue*, que corresponde a los últimos cinco cielos, a *Omeyocan*, encontramos la referencia a la Luna, por medio del símbolo de la decapitación, y en la cumbre, supremos, arrogantes y dominantes, vueltos sobre sí, contrarios y complementarios, *Ometecuhtli* y *Omecihuatl*, la pareja divina, el principio dual, origen de la generación. Todo nace así de la lucha de los contrarios, de la guerra.

Según la anterior interpretación, la mundivisión azteca y su mitificación tienen un dinamismo radical y fue el sentido del movimiento astral y vital lo que constituyó su mitología. La explicación, si cabe, que pudieron darse del principio de todo lo creado fue la lucha, la guerra de contrarios. El movimiento generador como lucha, la contrariedad como guerra, eso es el ser, el existir. El ser de la existencia de los dioses es: *ser guerrero*. Y el hombre no podía menos de ser semejante a los dioses, por eso su actividad fundamental es la guerra, que lleva el sacrificio de la vida, como vía de divinización, y como fin el mantenimiento de los dioses. Así, el ser de la existencia de los hombres es también *ser guerrero*. Pudiera decirse que el ser divino y humano tiene por signo el *Atl-tlachinolli*, el signo de la guerra sagrada. Por eso la *Xochiyaoyotl*, la "guerra florida", fue fundamental, necesaria para la cultura azteca. El lugar del origen mítico del hombre era *Tamoanchan*, o *Xochitliacocan*, "donde están las flores"; la diosa de las flores y del amor era *Xochiquetzal*[75] y el dios de las flores *Xochipilli*.[76] Las flores eran, pues, objetos preciosos, como las plumas, y están en relación con los dioses y con la guerra sagrada, que por eso es florida, pues la flor de ella por excelencia es el corazón humano ofrendado a las divinidades, podríamos decir, a las preciosidades,

---

[75] Sahagún, edición de 1938, t. V, pp. 98 y ss.
[76] *Ibid.*, t. V, pp. 90 y ss.

mantenidas y revestidas por lo más precioso: la substancia mágica de la vida misma, la sangre, el "líquido precioso", el *chalchíhuatl*.

> El Aguila, el Aguila Quilaztli, la pintada con sangre de serpientes
> ...Nuestra madre la guerra... ¡sean arrastrados hombres cautivos; perezca el país entero! ...oh, el que combate valiente en la guerra, ése es vuestro aderezo.[77]

Coatlicue, pues, se nos ha revelado; ha quedado patente su realidad de verdad, su: *ser guerrero*, salido de la ocultación en que se encontraba desde que el escultor azteca lo puso en forma estable de manifestarse en la obra sagrada. Mas, por no creer ya en esos mitos, hemos tenido que ir desvelando a *Coatlicue* para que nos manifestase su ser en lo que para nosotros es una obra de arte.

Razón tuvo El Conquistador Anónimo cuando dijo:

> Es una de las cosas más bellas del mundo verlos en la guerra por sus escuadrones, porque van con maravilloso orden y muy galanes, y parecen tan bien, que no hay más que ver... tienen capitanes generales, y además otros capitanes particulares de *cuatrocientos* y de *doscientos* hombres... Acostumbraban por lo regular gratificar y pagar muy bien a los que sirven con valor en la guerra... A este que así se ha distinguido le hacen una señal en el cabello, para que sea conocido por su hazaña...[78]

En la guerra, sin duda, se encontraba la perfección del ser guerrero; era guerra sagrada, florida, por eso debía tener un "maravilloso orden" y galanura y valentía. El Anónimo, que fue el único conquistador con verdadero sentido estético, supo descubrir la belleza del azteca en la guerra; y es de advertir que los escuadrones se componían de *cuatrocientos* y de *doscientos* hombres, cifras simbólicas y sagradas. Los guerreros se organizaban religiosa y bellamente. La belleza, la religión y la guerra formaban unidad indivisible.

¿Cuál o cómo es, pues, el ser de la belleza de *Coatlicue*? Ahora podemos contestar a tal cuestión de manera que ya no será sorpresa: el ser de la belleza de *Coatlicue* es el *ser guerrero*.

No era, ciertamente, una belleza que divirtiera de lo que más

---

[77] Tomado del "Himno a Cihuacóatl".
[78] Conquistador Anónimo, *Relación de algunas cosas de la Nueva España y de la gran Temistitan*, México, Edición Alcancía, 1938.

importaba, del interés radical, de la vida. Era la belleza central en la cultura azteca y era belleza dinámica en su ser. Era una belleza que daba sentido y justificación a la vida y a la muerte, puesto que se vivía para morir y se moría para vivir, para mantener un orden dinámico al fin y al cabo provisional, ya que, como otras veces, el "quinto sol", o el mundo presente, sería también aniquilado a la postre. Era la belleza guerrera la que iluminaba un mundo espiritual angustiado en la vida, mas asegurado por la muerte heroica del guerrero y de la madre encinta, quienes renacían en formas nuevas. Por eso el estado peculiar de la belleza de *Coatlicue* es: entre la vida y la muerte, y por ello nos emociona su fuerza dramática, trágica, solemne, dinámica e inflexible como el sentido último de la vida, de la muerte: la moribundez, que lo era y lo es tanto de los hombres como de los astros y de los dioses. Y como en el clásico español de tiempos posteriores, el azteca dudó de la realidad de verdad de la existencia en este mundo y sintió, pensó e imaginó que la vida era sueño... y los sueños, sueños son:

> Sólo venimos a dormir, sólo venimos a soñar:
> no es verdad, no es verdad que venimos a vivir en la tierra
> En yerba de primavera venimos a convertirnos:
> llegan a reverdecer, llegan a abrir sus corolas nuestros corazones,
> es una flor nuestro cuerpo: da algunas flores y se seca.[79]

Los aztecas vivieron sus mitos como la última y verdadera realidad y eso le da a su cultura un profundo sentido espiritual. El ser de la cultura, de la belleza azteca no era semilla de su autodestrucción, por el contrario fue el que llevó a ese pueblo a un rápido engrandecimiento; ser lo que eran bellamente era su fortaleza espiritual y lo que fueron hasta el último instante. Su destrucción vino de afuera, cuando en su última guerra, con otros hombres bajo un signo diverso, quedaron vencidos. Entonces fue, en realidad, cuando dejaron de soñar, cuando la flor de su cuerpo quedó seca.

Con la aparición de *La Filosofía Náhuatl*, estudiada en sus fuentes, de Miguel León Portilla (primera edición, México, 1956. Ediciones especiales del Instituto Indigenista Interamericano. Segunda edición, México, 1959. Instituto de Historia: Seminario de Cultura Náhuatl. Universidad Nacional Autónoma de México. Traducción al inglés, *Náhuatl Philosophy*, studied at its sources. Norman, 1959. University of Oklahoma Press), se

[79] Garibay K., Angel Mª, *Poesía indígena de la altiplanicie*, México, 1940, p. 165.

ha venido a poner de manifiesto una nueva dirección del pensamiento náhuatl, que León Portilla ha llamado propiamente la filosofía de "flor y canto", de la cual no se tenía conocimiento.

León Portilla nos ha descubierto la existencia de filósofos o *tlamatinime*, hombres preocupados por el misterio del "más allá" y del "más acá", a quienes no satisfacían las soluciones dadas por la concepción mítico-religioso-guerrera establecida. Así, se preguntaban: *Sobre la tierra ¿acaso puedes ir en pos de algo? ¿A dónde iremos? ¿Aquí he venido sólo a obrar en vano? ¿Se llevan las flores a la región de la muerte? ¿Estamos allá muertos o vivos aún? ¿Dónde está el lugar de la luz, pues se oculta el que da la vida?* Preguntas que ponen en cuestión el sentido o razón de la existencia en esta tierra y que expresan la desconfianza respecto de los mitos sobre el "más allá", como apunta León Portilla; así, la pregunta final se imponía: *¿Qué está por ventura en pie?* La contestación que se dieron nació del escepticismo, pues lo único que encontramos que "está en pie" fueron "los cantos y las flores" (entendidos como signos metafóricos del quehacer y del imaginar, imaginar uno o varios dioses y ofrecerles cantos y flores), esto es, a decir de León Portilla: *lo único verdadero en la tierra*. Solución, si puede llamarse, que proviene de la certeza de la imposibilidad de explicar racionalmente el "más allá" y el "más acá", resignándose a un esteticismo curativo de la sin razón de la existencia, consolador en algún grado.

Tal es, según la entiendo, la novedosa aportación de León Portilla, quien ha venido a descubrirnos que frente a la concepción cosmológica mítico-religioso-guerrera, que se había impuesto con evidente buen éxito popular desde la reforma llevada a cabo en tiempos de Itzcóatl —o de Tlacaélel, personalidad que se ha revelado como de gran importancia y desde cuya intervención "dio principio la gloria del *Mexica-Tenóchcatl*" [80] —existió otra más, de tipo filosófico, escéptico y estético, y aun otras, puesto que aquellos hombres pensaban sus problemas con profundidad.

---

[80] León-Portilla. *Siete ensayos sobre cultura náhuatl*, México, 1958, p. 117.

13) INTERPRETACIÓN DEL PENSAMIENTO DE NEZAHUALCÓYOTL

Miguel León-Portilla [81]

El autor del presente trabajo se ha ocupado en estudiar distintos textos indígenas en los que puede percibirse la existencia de un pensamiento que se planteó problemas acerca de la divinidad, el universo y el destino del hombre en la tierra. En su libro, La filosofía náhuatl estudiada en sus fuentes *(tercera edición, México, Instituto de Investigaciones Históricas, 1966), investigó los aspectos más sobresalientes en la problemática del pensamiento de los antiguos mexicanos. Las páginas que aquí se transcriben proceden de otra obra suya,* Trece poetas del mundo azteca. *En ella, sobre la base del análisis de las composiciones que con fundamento pueden atribuirse a Nezahualcóyotl, intenta una reconstrucción de lo que parecen haber sido la trayectoria y el sentido del pensamiento del sabio señor tetzcocano.*

Punto de partida en el pensamiento de Nezahualcóyotl parece haber sido su profunda experiencia del cambio y del tiempo, en lengua náhuatl, *cáhuitl,* "lo que nos va dejando". Todo en *tlaltícpac,* "sobre la tierra", es transitorio, aparece un poco aquí, para luego desgarrarse y desvanecerse para siempre. Oigamos la expresión misma de Nezahualcóyotl:

Yo Nezahualcóyotl lo pregunto:
¿Acaso deveras se vive con raíz en la tierra?
No para siempre en la tierra:
sólo un poco aquí.
Aunque sea de jade se quiebra,
aunque sea oro se rompe,
aunque sea plumaje de quetzal se desgarra.
No para siempre en la tierra:
sólo un poco aquí.[82]

---
[81] Miguel León-Portilla, *Trece poetas del mundo azteca,* México, Instituto de Investigaciones Históricas, 1967, pp. 49-56.
[82] Ms. *Cantares mexicanos,* fol. 17 r.

Si el jade y el oro se quiebran y rompen, los rostros y corazones, más frágiles aún, por muy nobles que hayan sido, como flores habrán de secarse y cual si fueran pinturas quedarán borrados:

Percibo lo secreto, lo oculto:
¡Oh vosotros señores!
Así somos,
somos mortales,
de cuatro en cuatro nosotros los hombres,
todos habremos de irnos,
todos habremos de morir en la tierra...
Como una pintura
nos iremos borrando.
Como una flor,
nos iremos secando
aquí sobre la tierra.
Como vestidura de plumaje de ave zacuán,
de la preciosa ave de cuello de hule,
nos iremos acabando...
Meditadlo, señores,
águilas y tigres,
aunque fuérais de jade,
aunque fuérais de oro
también allá iréis,
al lugar de los descarnados...
Tendremos que desaparecer,
nadie habrá de quedar.[83]

La persuasión de que en la tierra sólo por breve tiempo dura la reunión de los rostros y corazones es raíz de la tristeza, pero también principio de nuevas formas de pensamiento es el ánimo de Nezahualcóyotl:

Estoy embriagado, lloro, me aflijo,
pienso, digo,
en mi interior lo encuentro:
si yo nunca muriera,
si nunca desapareciera.
Allá donde no hay muerte,
allá donde ella es conquistada,
que allá vaya yo.
Si yo nunca muriera,
si yo nunca desapareciera.[84]

[83] Ms. *Romances de los señores de Nueva España*, fol. 36 r.
[84] Ms. *Cantares mexicanos*, fol. 17 v.

Las doctrinas religiosas, aceptadas por el estado y por el pueblo, acerca de la supervivencia de los guerreros como compañeros del sol, o de una vida feliz en los jardines de Tláloc, o teniendo que hacer frente a peligros y pruebas en las moradas inferiores del *Mictlan,* la región de los muertos, eran ya objeto de duda en el pensamiento de no pocos *tlamatinime.* Nezahualcóyotl, recordando conceptos antiguos, tal vez de origen tolteca, expresa su duda preguntándose a dónde hay que ir, o qué sabiduría hay que encontrar para llegar a *Quenonamican,* "donde de algún modo se vive", a *can on ayac micohua* a "donde la muerte no existe":

¿A dónde iremos
donde la muerte no existe?
Mas, ¿por esto viviré llorando?
Que tu corazón se enderece:
aquí nadie vivirá para siempre.
Aun los príncipes a morir vinieron,
hay incineramiento de gente.
Que tu corazón se enderece:
aquí nadie vivirá para siempre.[85]

Nezahualcóyotl mismo enderezó su corazón, lo que equivale a decir, entendiendo la connotación náhuatl de *yóllotl* (corazón), que dio un sentido a *su movilidad,* a su núcleo dinámico. Fortalecido el corazón, Nezahualcóyotl afirma haber descubierto el significado profundo de "flor y canto", expresión náhuatl del arte y el símbolo, para poder acercarse gracias a él, desde *tlalticpac* (desde la tierra), a la realidad de "lo que está sobre nosotros y la región de los dioses y de los muertos". Cuatro líneas magistrales dan testimonio de su descubrimiento:

Por fin lo comprende mi corazón:
escucho un canto,
contemplo una flor...
¡Ojalá no se marchiten![86]

El corazón que ha comprendido al fin cuál ha de ser su camino, desea entonces hallar los cantos y flores que nunca perecen. Nezahualcóyotl no caerá de nuevo en la duda. Su corazón habrá de encontrar flores y cantos con vida y raíz. Probablemente, por esto, dejó dicho:

[85] *Ibid.*, fol. 70 r.
[86] Ms. *Romances de los señores de la Nueva España*, fol. 19 v.

No acabarán mis flores,
no cesarán mis cantos.
Yo cantor los elevo,
se reparten, se esparcen.
Aun cuando las flores
se marchitan y amarillecen,
serán llevadas allá,
al interior de la casa
del ave de plumas de oro.[87]

Y es que, como él mismo lo apunta, el corazón de quien ha descubierto flores y cantos ha nacido para cantar, tiene su casa en la primavera que nunca termina, puede en fin acercarse al misterio de los dioses y los muertos. El sabio señor de Tezcoco, conocedor de las doctrinas toltecas, hizo objeto de su meditación el tema de *Tloque Nahuaque,* el Dueño de la cercanía y la proximidad, que es también *Moyocoyatzin,* el que se está inventando a sí mismo. Por los senderos de flor y canto expresó su pensamiento acerca de "quien es como la noche y el viento", el Dador de la vida, que en su libro de pinturas ha hecho el boceto de nuestros rostros y corazones, el arbitrario inventor que también escribe y dibuja con flores y cantos:

Con flores escribes, Dador de la vida,
con cantos das color,
con cantos sombreas
a los que han de vivir en la tierra.
Después destruirás a águilas y tigres,
sólo en tu libro de pinturas vivimos,
aquí sobre la tierra.
Con tinta negra borrarás
lo que fue la hermandad,
la comunidad, la nobleza.
Tú sombreas a los que han de vivir en la tierra.[88]

El rostro y el corazón del hombre en la tierra está cerca y lejos de *Moyocoyatzin,* el inventor de sí mismo. Es cierto que águilas y tigres, hermandad y nobleza existen en el libro de pinturas del Dueño del cerca y del junto. Mas, a pesar de esto, el supremo Dador de la vida, como noche y viento que es para el hombre, permanece oculto e inalcanzable. El pensamiento de Nezahualcóyotl ahondando en el misterio, se dirige a *Tloque Nahuaque,* expresando precisamente esta imposibilidad de acercarse a él:

[87] Ms. *Colección de cantares mexicanos,* fol. 16 v.
[88] Ms. *Romances de los señores de Nueva España,* fol. 35 r.

Sólo allá en el interior del cielo
Tú inventas tu palabra,
¡Dador de la vida!
¿Qué determinarás?
¿Tendrás fastidio aquí?
¿Ocultarás tu fama y tu gloria en la tierra?
¿Qué determinarás?
Nadie puede ser amigo
del Dador de la vida...
¿A dónde pues iremos...?
Enderezáos, que todos
tendremos que ir al lugar del misterio...[89]

No obstante haber afirmado que "nadie puede decirse o ser amigo del Dador de la vida", Nezahualcóyotl continuó tenazmente su búsqueda. Muchas son las flores y los cantos de sus textos acerca de la divinidad que podríamos aducir aquí. Ofrecemos sólo dos testimonios más. El primero es expresión de preguntas, casi diríamos dudas, sobre la realidad y raíz de quien en sí mismo inventa su palabra y da ser en su misterioso libro de pinturas:

¿Eres tú verdadero (tienes raíz)?
Sólo quien todas las cosas domina.
el Dador de la vida.
¿Es esto verdad?
¿Acaso no lo es, como dicen?
¡Que nuestros corazones
no tengan tormento!
Todo lo que es verdadero,
(lo que tiene raíz),
dicen que no es verdadero
(que no tiene raíz).
El Dador de la vida
sólo se muestra arbitrario.

¡Que nuestros corazones
no tengan tormento!
Porque él es el Dador de la vida.[90]

Por encima de las dudas y del misterio que circundan al Dador de la vida, es menester aceptar su realidad. Esto es lo único que da tranquilidad y raíz al corazón. Tal parece ser la conclusión a que llegó Nezahualcóyotl en su esfuerzo por acercarse al misterio de lo divino. Si *Tloque Nahuaque* es arbi-

---

[89] Ms. *Cantares mexicanos*, fol. 13 v.
[90] Ms. *Romances de los señores de la Nueva España*, fols. 19 v. y 20 r.

trario e incomprensible, es también el Dador de la vida en cuyo libro de pinturas existimos. Los rostros humanos deben aceptar el misterio; deben invocar y alabar a *Tloque Nahuaque*. Así se puede vivir en la tierra.

Las flores y los cantos, el arte, creación la más humana del hombre, son el camino para acercarse. Al parecer, el mismo Dador de la vida con sus propias flores y cantos, quiso embriagarnos aquí. El siguiente texto de Nezahualcóyotl aparece, desde este punto de vista, como la síntesis final de su pensamiento:

No en parte alguna puede estar la casa del inventor de sí mismo,
Dios, el señor nuestro, por todas partes es invocado,
por todas partes es también venerado.
Se busca su gloria, su fama en la tierra.
Él es quien inventa las cosas,
él es quien se inventa a sí mismo: Dios.
Por todas partes es invocado,
por todas partes es también venerado.
Se busca su gloria, su fama en la tierra.

Nadie puede aquí,
nadie puede ser amigo
del Dador de la vida;
sólo es invocado,
a su lado,
junto a él,
se puede vivir en la tierra.

El que lo encuentra,
tan sólo sabe bien esto: él es invocado,
a su lado, junto a él,
se puede vivir en la tierra.

Nadie en verdad
es tu amigo,
¡oh Dador de la vida!
Sólo como si entre las flores
buscáramos a alguien,
así te buscamos,
nosotros que vivimos en la tierra,
mientras estamos a tu lado.
Se hastiará tu corazón,
sólo por poco tiempo
estaremos junto a tí y a tu lado.

Nos enloquece el Dador de la vida,
nos embriaga aquí.

Nadie puede estar acaso a su lado,
tener éxito, reinar en la tierra.

Sólo tú alteras las cosas,
como lo sabe nuestro corazón:
nadie puede estar acaso a su lado,
tener éxito, reinar en la tierra.[91]

Quien tenga por pesimista la conclusión a que llegó Nezahualcóyotl, debe tener presente la que podría describirse como dialéctica interna de su pensamiento: afirma que nadie puede ser amigo del Dador de la vida, que nadie puede estar acaso a su lado en la tierra, pero al mismo tiempo sostiene que es destino humano buscarlo, como quien entre las flores va en pos de alguien. El que lo invoca, el que lo busca, podrá vivir en la tierra. Podrá incluso decir que se encuentra a su lado, junto a él, precisamente porque él es Dueño de la cercanía y la proximidad. El pensamiento puro lleva probablemente a la duda: "¿eres tú verdadero, tienes raíz?" Porque, "todo lo que es verdadero, dicen que no es verdadero..."

Mas, esta idea, la imposibilidad de comprender la raíz del que sólo se muestra arbitrario, hace sufrir al corazón. Invocar, en cambio, a *Tloque Nahuaque,* parece ya haberlo encontrado, da descanso y hace posible existir en la tierra. Persuadido Nezahualcóyotl de que no acabarán sus flores y cantos, confía y reposa en esta postrer conclusión: el Dador de la vida tal vez nos embriaga; nosotros lo seguimos buscando "como si entre las flores buscáramos a alguien".

Las ideas expuestas, con base en estos poemas atribuidos fundadamente al príncipe sabio Nezahualcóyotl, constituyen un primer intento de comprensión de su pensamiento. Amerita éste un estudio mucho más amplio, literario y filosófico a la vez, en el que se incluyan todas aquellas composiciones y discursos que, después de cuidadosa crítica documental, puedan tenerse por suyos. Acabará de verse así que, si en su obra hay elementos, ideas y metáforas, que fueron patrimonio en común de quienes cultivaron la poesía en los tiempos prehispánicos, hay también enfoques y sobre todo una trayectoria de pensamiento que son reflejo inconfundible de su propia persona...

[91] *Ibid.,* fols. 4 v. y 5 v.

14) SENTIDO MÁGICO O RELIGIOSO
DE LOS SACRIFICIOS EN EL MÉXICO ANTIGUO

Alfredo López Austin [92]

Tomando como base de su investigación los textos nahuas de los informantes de Sahagún, Alfredo López Austin se propone el problema de la naturaleza mágica o religiosa de los sacrificios y ceremonias a lo largo de las dieciocho veintenas del calendario prehispánico. Sin llegar a una respuesta definitiva, admite el autor la posibilidad de interpretaciones distintas, mágicas o religiosas, en determinados casos.

Obró intensamente este hombre [el hombre náhuatl], como pocos, vinculado a su mundo sobrenatural. El problema es determinar su actitud, cuál fue su relación racional y emotiva con el mundo de lo superior. Algunos puntos son muy oscuros. Un ejemplo... es el de la interpretación del significado de los que hemos llamado tradicionalmente sacrificios humanos. Decimos, por un lado, que se creía dar con la sangre el sustento a los dioses para sostener así la vida de todo el universo, y por otra parte afirmamos que los hombres inmolados en la piedra del sacrificio no fueron considerados ya verdaderamente humanos, sino divinos. Las dos afirmaciones son contradictorias: o se mataban hombres para alimentar a los dioses o se mataban dioses. ¿Cuál de las dos afirmaciones es la apegada al pensamiento del antiguo mexicano? ¿Podían coexistir ambos conceptos?...

Si se llegara a comprobar que el sistema del calendario mesoamericano era bisextil o, para decirlo en palabras más apropiadas, si tenía posibilidades de ajustar en lapsos breves sus años con los años solares naturales, podríamos tener la seguridad de que se usaba como instrumento básico en la agricultura. Si aparte de ser agrícola tenía un profundo contenido religioso —como así era en realidad— que se manifestaba en el establecimiento de ciclos festivos, podemos tener una fuerte suposición de que sobre un original sentido puramente religioso... fue a incrustarse un sentido más práctico, también agrícola, un sentido mágico. Así,

[92] Alfredo López Austin, "Religión y magia en el ciclo de las fiestas aztecas", *Religión, mitología y magia*, vol. II, México, Museo Nacional de Antropología, 1970, pp. 3-29.

los ritos religiosos iniciales servirían *para* algo, tendrían sentido *para* algo, y en lugar, por ejemplo, de que los dioses del agua fuesen únicamente honrados, se les pediría el agua, serían después conducidos por determinados medios de petición, para acabar por ser compelidos a responder en una forma determinada. Sería el paso también de la plegaria a la fórmula...

Uno de los rasgos que ha sido considerado tradicionalmente como de mayor importancia para la determinación de la naturaleza mágica o religiosa de un acto ritual, es la posición en que se coloca el individuo al pretender algo de lo sobrenatural. La compulsión indica que es mago; la propiciación, que es religioso. Ahora bien, ¿qué naturaleza tenían las occisiones rituales? Hay, cuando menos, dos contestaciones: se mata a los dioses o se alimenta a los dioses. Jensen, al referirse a las occisiones rituales, les niega el carácter primario de sacrificios. Según él los dioses fallecieron en un tiempo originario para, con su muerte, dar origen a plantas o animales útiles al hombre. La muerte del dios, la homología del mito y el rito, hace que el tiempo originario vuelva a la tierra en una dramatización en la que el numen perece durante la fiesta.[93] En esta forma explica no sólo la muerte ritual, sino la ingestión de la carne del occiso, que ya no es su cuerpo, sino el vegetal o el animal que su cuerpo ha producido.

El acto es profundamente religioso. Ni siquiera hay petición. Se hace presente el tiempo originario y el drama es al mismo tiempo representación y realidad.

La occisión ritual, según Jensen, puede practicarse sin que importe si la muerte es de seres humanos o de determinados animales "idénticos" a la deidad en cuestión, ya que lo que importa es el acto de matar, porque no es sacrificio de hombres, sino repetición, celebración del viaje de la deidad al mundo de los muertos.[94]

Esta muerte que hace equivalentes a hombres y bestias aparece en el México prehispánico con una fiesta en la que se sustituyen venados por hombres. En la veintena de Quecholli los hombres son tratados como ciervos en el momento de su muerte...

La segunda interpretación de la occisión ritual es la del sacrificio, la alimentación del Sol, que el hombre hace para conservar la estabilidad del universo. Si el Quinto Sol no es alimentado, se perderá el equilibrio y vendrá el caos. El hombre, al convertirse en sustentador de los dioses, no sólo salva a la

---

[93] Ad. E. Jensen, *Mito y culto entre pueblos primitivos*, trad. de Carlos Gerhart, México, Fondo de Cultura Económica, 1966, 408 pp. (Sección de obras de Antropología), *passim*.

[94] *Ibid.*, pp. 193-194.

humanidad, sino a los dioses mismos. Ejercita un poder mágico que le es propio y exclusivo. El alimentar a los dioses es tan humano que ni siquiera ellos, fuera ya del tiempo originario, pueden hacerlo por sí. Su incapacidad es curada por el auxilio humano, por una intervención que en realidad está dirigida a una fuerza sobrenatural —un destino de dependencia— superior a los dioses, y con esta acción el hombre, sin petición, actuando en una forma que anula la fuerza, obtiene un resultado que, por muy alto que sea, es específico.

Puede considerarse que de la primera interpretación, la de un sentido profundamente religioso, hay una derivación. El mito puede partir de la contradicción vida-muerte. El dios ha de morir para renacer —así como la planta— y el nacimiento puede provocarse, por tanto, con la muerte. Deja de ser la occisión ritual el tremendo drama de la presencia del tiempo originario, la celebración, para convertirse en un acto-medio, en un proceso de causa-efecto por el que el hombre se convierte en auxiliar del curso de los fenómenos vitales terrenos, así como lo es de los celestes.

En igual forma, es también posible otra derivación por la que el originario dios de las plantas o de la lluvia tenga que ser alimentado como el Sol. La propiciación se hace entregándole el alimento grato.

Es muy posible que estas dos hipotéticas formas de derivación se hayan visto fuertemente influidas por hechos de carácter político. Su incremento puede deberse a la creación de una mística religiosa que el poder gubernamental usara para justificar la conquista continua. Pero a pesar de sobreponerse a la idea original, no logran destruir un conjunto de elementos constitutivos de los ritos que ninguna explicación pueden tener bajo el enfoque simplista de dar alimentos al Sol, a los dioses de la vegetación y a los de la lluvia, o a la simple motivación del proceso muerte-vida.

En efecto, las occisiones no tienen la sencillez que estos motivos pudieran provocar. Tras el complicadísimo ritual puede descubrirse, en el caso de la diosa de los jilotes, para citar un ejemplo, el corte de la espiga hinchada representada por la cabeza de la imagen viviente de la diosa...

Imágenes humanas occisas como ésta constituyen uno de los factores que hacen suponer la representación de la muerte de los dioses como un acto profundamente religioso, drama con sentido y fin en sí mismo. Los ejemplos de representantes o imágenes vivientes son muchos.

En el culto de los Tlaloque, los dioses pluviales, la persistencia de doble interpretación es evidente. Pese a que se ha dicho que los niños sacrificados son "objetos de pago" y que los dioses los reciben con gusto, sus nombres indican que son las imágenes de los montes, deidades de la lluvia. Es la contradicción de ofrecimiento de la divinidad a la divinidad misma, provocada por la coexistencia de interpretaciones.

El culto a los muertos parece haber sido también influido por las ideas de los sacrificios de sangre, cuando menos en los casos en que los muertos reciben no el trato simple de hombres que han pasado a la otra vida, sino de deidades, en el caso específico, pluviales...

Actitud compleja; herencia de pueblos y de siglos. Las viejas formas se llenan de nuevos contenidos que no desalojan por completo a los anteriores. Formas tan flexibles que se comban ante el interés de conquista; tan rígidas que atan a los hombres con la muerte. Está en pie el problema, aunque sólo se haya planteado bajo el ángulo tan restringido que se anunció al principio... ¿Cómo es posible que actitudes tan contradictorias se hayan ido superponiendo para descansar, coexistiendo, en un mismo ritual? O, dando una vuelta completa al planteamiento, ¿hemos creado la apariencia de contradicción?

APÉNDICE

GUÍA AUXILIAR PARA LA INVESTIGACIÓN Y ESTUDIO DE LA HISTORIA ANTIGUA DE MÉXICO

(Área del altiplano central)

Como complemento, para quienes se interesen por un estudio más amplio de las culturas prehispánicas de la región central de México, se ofrece a continuación esta guía auxiliar que incluye los siguientes puntos: 1. Principales archivos y bibliotecas donde se conserva documentación relacionada con el pasado prehispánico de México. 2. Algunas series de documentos publicados sobre culturas del altiplano. 3. Bibliografías de bibliografías. 4. Bibliografía particular sobre los temas a que se refieren los capítulos de esta antología.

1. *Principales archivos y bibliotecas donde se conserva documentación relacionada con el pasado prehispánico de México.*

Archivo General de la Nación, (Palacio Nacional, ciudad de México). Entre las secciones o ramos, en los que pueden encontrarse documentos de importancia para la historia prehispánica, y del primer siglo que siguió a la Conquista, están los siguientes:

Ramo de Indios (97 volúmenes). Véase: *Índice del ramo de indios del Archivo General de la Nación,* preparado por Luis Chávez Orozco, 2 vols., México, Instituto Indigenista Interamericano, 1951.

Ramo de Tierras. Es esta una sección sumamente rica. En ella se encuentran numerosos planos y mapas confeccionados, al menos en parte, con técnicas indígenas prehispánicas. Véase: *Boletín del Archivo General de la Nación* (a partir de 1931), donde se han publicado índices de los primeros mil volúmenes de este ramo.

Ramo de Vínculos y Mayorazgos (288 volúmenes). Véase: Guillermo Fernández de Recas, *Cacicazgos y mayorazgos indígenas de la Nueva España,* México, Biblioteca Nacional, 1961.

Ramo de Inquisición (1,702 volúmenes). En esta sección se incluyen, entre otras cosas, autos de averiguación y procesos en relación con indígenas acusados de prácticas idolátricas y supersticiones.

Ramo de Historia (576 volúmenes). En los primeros 33 volúmenes se incluyen las "Memorias de Nueva España" con copias de obras de sumo interés como las *Relaciones* e *Historia* de don Fernando de Alva Ixtlilxóchitl.

Antiguo Archivo del Hospital de Jesús. (Actualmente en el Archivo General de la Nación). En él se conservan, entre otras cosas, mapas y códices indígenas de la región del Marquesado de Oaxaca. Véase: *Códices indígenas de algunos pueblos del Marquesado del Valle de Oaxaca,* publicados por el Archivo General de la Nación para el 1er. Congreso Mexicano de Historia, celebrado en la ciudad de Oaxaca, México, Talleres Gráficos de la Nación, 1933.

Biblioteca Nacional de México

En la Sección de manuscritos de la Biblioteca Nacional se conserva una colección de textos en lenguas indígenas, especialmente en náhuatl. Entre otras cosas, forma parte de esta colección el célebre manuscrito de *Cantares Mexicanos*. Véase: Angel Mª Garibay, "Manuscritos en lengua náhuatl de la Biblioteca Nacional de México", *Boletín de la Biblioteca Nacional,* enero-junio de 1966, t. XVII, núms. 1-2, pp. 5-19.

Biblioteca del Museo Nacional de Antropología

En la llamada "Colección Ramírez", se conservan originales y copias de documentos de sumo interés para la historia prehispánica de México. Pueden mencionarse los "Anales antiguos de México y sus contornos", los "Inventarios de papeles de Lorenzo Boturini", la "Explicación de las figuras del Códice Borgia" por Lino Fabregat. Es igualmente importante la colección "Gómez de Orozco" de la que forman parte, entre otras muchas cosas, varios sermonarios en lengua mexicana, diversos escritos de eclesiásticos del siglo XVI, etcétera. De máximo interés son asimismo los papeles, reproducciones fotográficas y copias de los documentos reunidos por don Francisco del Paso y Troncoso durante su misión en distintos archivos europeos. Véase: Silvio Zavala, *Francisco del Paso y Troncoso, su misión en Europa, 1892-1916,* México, Publicaciones del Museo Nacional, 1938.

Colección de Códices del Museo Nacional de Antropología

Se incluyen en ella aproximadamente 140 códices indígenas, entre ellos la célebre *Tira de la peregrinación,* la *Matrícula de tributos* y otros que son asimismo fuentes para la historia antigua de México. Varios de estos materiales permanecen hasta ahora inéditos. Véase: John B. Glass, *Catálogo de la colección de códices*, México, Museo Nacional de Antropología, 1964.

Archivo General de Indias de Sevilla, España.

Entre los ramos de más directo interés para el estudio del pasado indígena de México están:

Patronato: especialmente legajos 15-17, 20-22, 180-183, 203-226.

Audiencia de México: especialmente legajos 1-67, 242-269, 336-339, 729-800, 2770-2790; así como otros muchos que no han sido inventariados.

Indiferente General: legajos 417-432.

Papeles de Justicia: legajos 107-279, 1004-1029.

Véase: *Índice de documentos de Nueva España existentes en el Archivo de Indias de Sevilla,* 4 vols., México, Monografías bibliográficas mexicanas, 1928-1933.

Biblioteca de la Real Academia de la Historia (Madrid, España).

Es de particular interés en esta biblioteca el fondo de manuscritos relacionados con América. Puede mencionarse el original del *Códice Matritense de la Real Academia* que contiene una parte de los textos de los informantes de Sahagún. Asimismo: la llamada "Colección Muñoz" y las "Memorias de Nueva España". Véase: *Catálogo de la colección de Juan Bautista Muñoz,* 3 vols., Madrid, Real Academia de la Historia, 1954-1956.

Otros sitios de la capital de España, en los que hay asimismo documentación relacionada con la historia antigua de México son: Biblioteca del Palacio Real, Biblioteca Nacional y Archivo Histórico Nacional.

Biblioteca Nacional de París.

Particularmente: "Colección de manuscritos mexicanos". En ella se incluyen varios códices y muchos textos, principalmente en dioma náhuatl, que formaron parte de la colección Aubin-Goupil. Integran este conjunto cerca de 450 documentos.

Véase: Eugene Boban, *Documents pour servir a l'Histoire du Mexique. Catalogue raisonné de la collection de M. E. Goupil* (anciene collection J. M. A. Aubin), 2 vols., y Atlas, París, 1891.

Biblioteca del Palacio Bourbon, París. (Original del *Códice Borbónico*.)

Otras bibliotecas y archivos europeos.

Se ofrece a continuación la lista de aquellos lugares en los que se preservan asimismo códices indígenas y otros documentos referentes a la historia prehispánica de México.

Italia:

Biblioteca Vaticana *(Códice Borgia, Códice Vaticano A, Códice Vaticano B, Códice Badiano, Libro de los Coloquios,* etc.) Biblioteca Laurenziana de Florencia *(Códice Florentino:* texto en náhuatl de los informantes de Sahagún y texto en castellano de la *Historia general de las cosas de Nueva España* del mismo fray Bernardino de Sahagún).

Biblioteca Universitaria de Bolonia *(Códice Cospi;* algunos escritos inéditos de Francisco Xavier Clavijero, etc.). Véase: Eulalia Guzmán, *Manuscritos sobre México en archivos de Italia,* México, Sociedad Mexicana de Geografía y Estadística, 1964.

Inglaterra:

Biblioteca Bodleiana de la Universidad de Oxford. *(Códice Mendocino, Códice Bodley, Códice Laud, Códices Selden I y II)* Biblioteca Pública de Liverpool *(Códice Fejervary-Mayer).*

Biblioteca del Museo Británico, Londres, (Manuscritos del *Códice Mendieta,* copia de la *Historia de las cosas naturales* de Francisco Hernández, que recogió copiosa información sobre la farmacología indígena).

Austria:

Biblioteca Nacional de Viena *(Códice Vindobonensis, Cartas de Hernán Cortés).* Museo de Historia Natural de Viena: *(Códices Becker I y II).*

Alemania:

Biblioteca Pública de Berlín (varios fragmentos del *Códice Humboldt).* Biblioteca Pública de Dresden (Códice Maya de Dresden).

Bibliotecas y archivos de los Estados Unidos.

Se da a continuación una lista de los lugares en que se conservan materiales de especial importancia para la historia antigua de México:

Biblioteca del Congreso de Washington. (Entre otras cosas se conserva una colección de *Huehuetlatolli* o discursos de los ancianos; papeles del historiador Mariano Fernández de Echeverría y Veytia; transcripciones y originales de otros muchos documentos en lengua mexicana.)

Colección Latinoamericana de la Biblioteca de la Universidad de Texas (Austin, Texas). Entre los manuscritos en lenguas indígenas se conserva el titulado "Romances de los señores de la Nueva España", colección de antiguos cantares en lengua náhuatl.

Biblioteca del Instituto de Investigaciones Mesoamericanas, Universidad de Tulane, Nueva Orleans, Louisiana. *(Códice Tulane;* manuscrito de fray Pedro de Oroz acerca de los religiosos misioneros de la provincia del Santo Evangelio en la Nueva España, año de 1585; *Vocabulario mexicano y arte o gramática de esta lengua* de fray Andrés de Olmos; diversos manuscritos en náhuatl, maya y otras lenguas indígenas.)

Otras bibliotecas norteamericanas en las que se conservan asimismo fuentes documentales para la historia antigua de México:

Biblioteca Pública de Nueva York, Biblioteca del Harvard College, Biblioteca Bancroft de la Universidad de California en Berkeley, Biblioteca Newberry, Colección Ayer, Chicago, Biblioteca Sutro de San Francisco, California, Biblioteca Huntington, San Marino, California.

2. *Algunas series de documentos publicados sobre cultura náhuatl.* Publicaciones del Instituto de Investigaciones Históricas de la Universidad Nacional de México:

Códice Chimalpopoca, (Anales de Cuauhtitlán, leyenda de los soles), edición facsimilar y traducción del texto náhuatl de Primo Feliciano Velázquez, México, Instituto de Investigaciones Históricas, 1945.

Alvarado Tezozómoc, Fernando, *Crónica mexicáyotl,* paleografía del texto náhuatl y versión castellana de Adrián León, México, Instituto de Investigaciones Históricas, 1949.

Serie: *Fuentes indígenas de la cultura náhuatl; textos de los informantes indígenas de Sahagún:*

Vol. I. *Ritos, sacerdotes y ataviós de los dioses,* paleografía, versión y notas de Miguel León-Portilla. México, Instituto de Investigaciones Históricas, 1958.

Vol. II. *Veinte himnos sacros de los nahuas,* paleografía, versión y notas de Ángel Ma. Garibay, México, Instituto de Investigaciones Históricas, 1958.

Vol. III. *Vida económica de Tenochtitlan,* paleografía, versión y notas de Ángel Ma. Garibay, México, Instituto de Investigaciones Históricas, 1961.

Vol. IV. *Augurios y abusiones,* paleografía, versión y notas de Alfredo López Austin, México, Instituto de Investigaciones Históricas, 1969.

Serie: Fuentes indígenas de la cultura náhuatl: Textos de poesía indígena:

Vol. I. *Poesía Náhuatl,* manuscrito de los Romances de los señores de la Nueva España, de la Colección Latinoamericana de la Biblioteca de la Universidad de Texas, paleografía, versión y notas de Ángel Ma. Garibay, México, Instituto de Investigaciones Históricas, 1964.

Poesía Náhuatl II, primera parte del manuscrito de la Biblioteca Nacional de México, paleografía, versión y notas de Ángel Ma. Garibay, México, Instituto de Investigaciones Históricas, 1965.

Poesía Náhuatl III, segunda parte del manuscrito de la Biblioteca Nacional de México, paleografía, versión y notas de Ángel Ma. Garibay, México, Instituto de Investigaciones Históricas, 1968.

Serie de estudios de cultura náhuatl, vols. I-IX, México, Instituto de Investigaciones Históricas, 1959-1971. [En esta Serie se incluyen diversas monografías y asimismo reproducción de textos indígenas con paleografía, versión y notas.]

Publicaciones del Instituto Nacional de Antropología e Historia y del antiguo Museo Nacional de Arqueología, Historia y Etnología:

a) Reproducción de códices y textos indígenas en los *Anales del Museo Nacional de Arqueología, Historia y Etnología.*

b) *Algunas publicaciones resultado de los trabajos de investigación de don Francisco del Paso y Troncoso en Europa:*

Códices Matritenses del Real Palacio y de la *Biblioteca de la Real Academia de la Historia* (textos de los Informantes Indígenas de Sahagún), reproducción facsimilar, 3 vols., [aparecieron como vols. VI, segunda parte, VII y VIII], Madrid, fototipia de Hauser y Menet, 1906-1907.

Códice Florentino (ilustraciones), reproducción facsimilar Madrid, fototipia de Hauser y Menet, 1905.

Códice Mendoza, México, Museo Nacional, 1925.

Leyenda de los soles [incluye el texto náhuatl y versión castellana de la parte correspondiente del manuscrito conocido también como "Códice Chimalpopoca"] Florencia, 1903.

Paso y Troncoso, Francisco del, *Papeles de la Nueva España,* 2a. Serie, Geografía y Estadística. [Contienen las "Relaciones Geográficas de la Nueva España" con abundante información etnohistórica sobre las culturas indígenas], 6 vols., Madrid, 1905-1906.

c) En los *Anales del Museo Nacional de México,* así como en las publicaciones especiales del mismo Instituto Nacional de Antropología e Historia, se incluyen reproducciones de diversos textos y de algunos códices de la cultura náhuatl.

Publicaciones de la Escuela de Investigación Americanística, Santa Fe, Nuevo México:

Florentine Codex [*Códice Florentino*, textos de los informantes indígenas de Sahagún], paleografía, versión y notas de Arthur O. J. Anderson y Charles E. Dibble, 12 vols., Santa Fe, Nuevo México, 1950-1970.

Publicaciones de la Biblioteca Iberoamericana de Berlín, Serie de fuentes para la historia antigua de América. Incluye la paleografía con traducción al alemán y notas de los siguientes manuscritos nahuas:

Anales de Cuauhtitlán y *leyenda de los soles, Libro de los coloquios de los doce,* varias porciones de los textos de los Informantes de Sahagún, una parte considerable del manuscrito de los *Cantares Mexicanos* de la Biblioteca Nacional de México, el *Memorial Breve* de la fundación de Culhuacán por Chimalpahin Cuauhtlehuanitzin. El título en alemán de esta serie es Quellenwerke zur alten Geschichte Amerikas. Consta de siete volúmenes publicados en Stuttgart entre los años de 1938 y 1960.

Fuentes para la historia indígena de México:

Historia tolteca-chichimeca, Anales de Cuauhtinchan, versión preparada y anotada por Henrique Berlin en colaboración con Silvia Rendón, México, Librería de Robredo, 1947.

Anales de Tlatelolco y *Códice de Tlatelolco,* versión preparada por Henrique Berlin, México, Librería Robredo, 1948.

Hay asimismo materiales relacionados con la historia antigua de México en las series documentales siguientes:

Colección de documentos inéditos relativos al descubrimiento, conquista y organización de las antiguas posesiones de América y Oceanía, sacados en su mayor parte del Real Archivo de Indias, 42 vols., Madrid, 1864-1884.

Colección de documentos inéditos para la historia de México, publicados por Joaquín García Icazbalceta, 1ª serie, 2 vols., México, 1858-1866.

Nueva Colección de documentos para la historia de México, publicados por Joaquín García Icazbalceta, 2ª serie, 5 vols., México, 1886-1892.

Epistolario de Nueva España (1505-1818), preparado por Francisco del Paso y Troncoso, México, Antigua Librería de Robredo, 16 vols., 1939-1942.

3. *Bibliografía de bibliografías.*

Se incluyen los títulos de obras en las que se hace referencia a las principales series de trabajos sobre fuentes indígenas, estudios arqueológicos y monográficos en relación con las culturas de la región central de México:

ALCINA FRANCH, José, "Fuentes indígenas de México. Ensayo de sistematización bibliográfica", *Revista de Indias,* Madrid, 1955, vol. VI, núms. 61 y 62, pp. 421-521.

BASILIO, Concepción, "Bibliografía sobre cultura náhuatl, 1950-1958", *Estudios de cultura náhuatl,* México, Instituto de Investigaciones Históricas, 1959, vol. I, pp. 125-166.

BASILIO, Concepción, "Bibliografía sobre cultura náhuatl, 1959", *Estudios de cultura náhuatl,* México, Instituto de Investigaciones Históricas, 1960, vol. II, pp. 209-217.

BERNAL, Ignacio, *Bibliografía de arqueología y etnografía, Mesoamérica y norte de México, 1514-1960,* México, Instituto Nacional de Antropología e Historia, 1962.

BOLETÍN *Bibliográfico de Antropología Americana,* México, Instituto Panamericano de Geografía e Historia, XXXI vols., 1937-1968.

CARRERA STAMPA, Manuel, "Fuentes para el estudio de la historia indígena", *Esplendor del México antiguo*, 2 vols., México, Centro de Investigaciones Antropológicas, 1959, t. II, pp. 1109-1196.

CASTILLO FARRERAS, Víctor Manuel, "Bibliografía náhuatl: 1960-1965", *Estudios de cultura náhuatl*, México, Instituto de Investigaciones Históricas, 1966, vol. VI, pp. 227-261.

COMAS, Juan, *Bibliografía selectiva de las culturas indígenas de América*, México, Instituto Panamericano de Geografía e Historia, 1953.

GALINDO Y VILLA, Jesús, "Las pinturas y los jeroglíficos manuscritos mexicanos, nota bibliográfica sobre los más conocidos e importantes", *Anales del Museo Nacional*, Época 2ª, México, 1905, vol. II, pp. 25-56.

GARCÍA ICAZBALCETA, Joaquín, *Bibliografía mexicana del siglo XVI*, 2ª edición, México, Fondo de Cultura Económica, 1956.

GARCÍA QUINTANA, Josefina, "Bibliografía náhuatl, 1966-1970", *Estudios de cultura náhuatl*, vol. IX, México, Instituto de Investigaciones Históricas, 1971.

LEÓN-PORTILLA, Miguel y Mateos Higueras, Salvador, *Catálogo de los códices indígenas del México antiguo*, Suplemento del Boletín Bibliográfico de la Secretaría de Hacienda, México, 1957.

NOGUERA, Eduardo, "Bibliografía de los códices precolombinos y documentos indígenas posteriores a la conquista", *Anales del Museo Nacional*, Época 4ª, México, vol. VIII, pp. 583-603.

PARRA, Manuel Germán y Jiménez Moreno, Wigberto, *Bibliografía Indigenista de México y Centroamérica*, México, Memorias del Instituto Nacional Indigenista, vol. IV, 1954.

POMPA y POMPA, Antonio, *El Instituto Nacional de Antropología e Historia, su contribución editorial, científica y de cultura*, México, 1954.

ROMERO, José A., "Contribución a la bibliografía azteca", *Investigaciones lingüísticas*, México, 1934, vol. I, pp. 312-319.

UGARTE, Salvador, *Catálogo de obras escritas en lenguas indígenas de México o que tratan de ellas*, México, 1954.

VIÑAZA, Conde de la, *Bibliografía española de las lenguas indígenas de América*, Madrid, 1892.

4. *Bibliografía sobre los temas a que se refieren los capítulos de esta antología.*

ACOSTA, Jorge R., "Interpretación de algunos de los datos obtenidos en Tula relativos a la época tolteca", *Revista Mexicana de Estudios Antropológicos*, t. XIV, 2ª parte, México, 1956-57, pp. 75-110.

ACOSTA, Joseph de, *Historia natural y moral de las Indias*, Edición preparada por Edmundo O'Gorman, México, Fondo de Cultura Económica, 1962.

ACOSTA SAIGNES, Miguel, "Los pochteca", *Acta antropológica*, t. I, núm. 1, México, 1945.

AGUILAR, Fray Francisco de, *Historia de la Nueva España*, edición preparada por Alfonso Teja Zabre, México, Ediciones Botas, 1938.

ALVA IXTLILXÓCHITL, Fernando de, *Obras históricas*, 2 vols., México, 1892.

ALVARADO TEZOZÓMOC, Hernando, *Crónica mexicana* 2ª edición, México, Editorial Leyenda, 1944.

ALVARADO TEZOZÓMOC, Hernando, *Crónica mexicáyotl*, traducción de Adrián León, México, Instituto de Investigaciones Históricas, 1949.

ANALES DE CUAUHTITLÁN, en *Códice Chimalpopoca*, ed. fototípica y traducción del Lic. Primo Feliciano Velázquez, México, Imprenta Universitaria, 1945.

ANALES DE QUAHTINCHAN, o Historia tolteca-chichimeca, versión preparada y anotada por H. Berlin, en colaboración con Silvia Rendón. Prólogo de P. Kirchhoff; en Colección de fuentes para la Historia de México, Robredo, México, 1947.

ARMILLAS, Pedro, "Exploraciones recientes en Teotihuacán", *Cuadernos americanos*, año III, vol. 16, núm. 4, julio-agosto, México, 1944, pp. 121-136.

BANDELIER, Adolph F., "On the Social Organization and Mode of Government of the Ancient Mexicans", *12th*

Annual Report of the Peabody Museum of American Archaeology and Ethnology, Cambridge, Mass., 1879.

BANDELIER, Adolph F., "Sobre la organización social y forma de gobierno de los antiguos mexicanos", traducción de Mauro Olmeda, incluida como apéndice en el libro *El desarrollo de la sociedad mexicana,* vol. I, México, 1966.

BARLOW, Robert H., *The extent of the Empire of the Culhua Mexica,* Iberoamericana, 28, Univ. of California Press Berkeley and Los Angeles, 1949.

BERNAL, Ignacio, *Tenochtitlan en una isla,* México, Instituto Nacional de Antropología e Historia, 1959.

BERNAL, Ignacio, *Teotihuacán: descubrimientos, reconstrucciones.* México, Instituto Nacional de Antropología e Historia, 1963.

BERNAL, Ignacio, "Notas preliminares sobre un posible imperio teotihuacano", *Estudios de cultura náhuatl,* México, Instituto de Investigaciones Históricas, 1965, vol. V, pp. 31-38.

BEYER, H., "Relaciones entre la cultura teotihuacana y la azteca", en *La población del Valle de Teotihuacán,* vol. I, México, 1922, pp. 272 y siguientes.

BEYER, H., "La mariposa en el simbolismo azteca", *El México antiguo,* vol. X, México, 1922, p. 465.

BEYER, Hermann, "El ídolo azteca de Alejandro de Humboldt", *Mito y simbología del México antiguo,* Primer tomo de Obras Completas de Hermann Beyer, traducidas por Carmen Cook de Leonard, *El México antiguo,* t. X, 1965.

BOTURINI BENADUCI, Lorenzo, *Idea de una nueva historia general de la América Septentrional* (reproducción de la edición original de Madrid, 1746), México, Imprenta de I. Escalante, 1871.

CASO, Alfonso, *La religión de los aztecas,* Enciclopedia Ilustrada Mexicana, México, 1936.

CASO, Alfonso, "¿Tenían los teotihuacanos conocimiento del tonalpohualli?", *El México antiguo,* vol. IV, núms. 3 y 4, México, 1937.

CASO, Alfonso, "El paraíso terrenal en Teotihuacán", *Cuadernos Americanos,* vol. I, núm. 6, México, 1942, pp. 127-136.

CASO, Alfonso, "El águila y el nopal", *Memorias de la Academia Mexicana de la Historia*, México, 1946, t. V., pp. 93-104

CASO, Alfonso, *El pueblo del sol*, México, Fondo de Cultura Económica, 1953.

CASO, Alfonso, "Instituciones indígenas precortesianas", *Memorias del Instituto Nacional Indigenista*, México, 1954.

CASO, Alfonso y Bernal, Ignacio, "Glifos teotihuacanos", *Revista Mexicana de Estudios Antropológicos*, vol. XV, México, 1960.

CLAVIJERO, Francisco Javier, *Historia antigua de México*, texto original en castellano, 4 vols., México, Editorial Porrúa, 1945.

CODEX BORBONICUS, Le manuscrit mexicain de la Bibliotheque du Palais Bourbon. Publié en facsimile avec un commentaire explicatif par E. T. Hamy, Paris, 1899.

CODEX BORGIA, Il manoscritto messicano borgiano del Museo Etnografico della Sacra Congregazione Propaganda Fide. Riprodotto in fotocromografía a spese di S. E. il duca di Loubat a cura della Bibl. Vaticana, Roma, 1898.

CODEX FEJÉRVÁRY-MAYER, Ms. mexicain precolombien du Free Public Museum de Liverpool (M 12014), Publ. en cromophotographie par le duc de Loubat, Paris, 1901.

CODEX MENDOZA, The Mexican manuscript known as the Collection Mendoza preserved in the Bodleian Library, Oxford, Edited and translated by James Cooper Clark, London, 1938.

CODEX TELLERIANO REMENSIS. Manuscrit Mexicain du cabinet de Ar. M. le Tellier, archeveque de Reims, aujourd-hui a la Bibl. Nat. (ms. Mex. 385). Ed. E. T. Hamy, Paris, 1899.

CODEX VATICANUS, R (Ríos). Il manoscritto messicano Vaticano 3738, detto il codice Ríos. Riprodotto in fotocromografía a spece di S. E. il duca di Loubat a cura della Bibl. Vaticana, Roma, 1900.

CODEX VATICANUS 3773 (B). Il manoscritto messicano 3773, Riprodotto in fotocromografía a spece di S. E. il duca di Loubat a cura della Bibl. Vaticana, Roma, 1896.

CÓDICE BORGIA, Edición facsimilar y comentarios de Eduard Seler, 3 vols., Fondo de Cultura Económica, México, 1963.

CÓDICE FLORENTINO *(Ilustraciones)*, ed. facs. de Paso y Troncoso, vol. V, Madrid, 1905.

CÓDICE FLORENTINO (textos nahuas de Sahagún), libros I-XII, publicados por Dibble y Anderson: *Florentine Codex*, 12 vols., Santa Fe, New Mexico, 1950-1970.

CÓDICE MATRITENSE DEL REAL PALACIO (textos en náhuatl de los indígenas informantes de Sahagún), ed. facs. de Paso y Troncoso, vols. VI (2ª parte) y VII, Madrid, fototipia de Hauser y Menet, 1906.

CÓDICE MATRITENSE DE LA REAL ACADEMIA DE LA HISTORIA (textos en náhuatl de los indígenas informantes de Sahagún), ed. facs. de Paso y Troncoso, vol. VIII, Madrid, fototipia de Hauser y Menet, 1907.

CÓDICE RAMÍREZ, *Relación del origen de los indios que habitan esta Nueva España, según sus historias*, Editorial Leyenda, México, 1944.

CONQUISTADOR ANÓNIMO, *Relación de las cosas de la Nueva España y de la gran ciudad de Temestitán*, México, escrita por un compañero de Hernán Cortés, México, Editorial América, 1941.

CORTÉS, Hernán, *Cartas y documentos*, Introducción de Mario Hernández Sánchez-Barba, México, Editorial Porrúa, 1963.

CHAVERO, Alfredo, *Historia antigua y de la conquista*, (vol. I de *México a través de los siglos*), México y Barcelona, 1887.

CHIMALPAIN CUAUHTLEHUANITZIN, Domingo, *Diferentes historias originales de los reynos de Culhuacan y México, y de otras provincias*, Ubersetz und erlautert von Ernst Mengin, Hamburg, 1950.

CHIMALPAIN CUAUHTLEHUANITZIN, Domingo, *Sixiéme et Septiéme Relations* (1358-1612), Publiés et traduites par Remi Simeon, Paris, 1889.

CHIMALPAIN CUAUHTLEHUANITZIN, Domingo, *Die Relationen Chimalpahin's zur Geschichte Mexico's*, Ed. Günter Zimmermann, Universität Hamburg, 2 vols., Abhandlungen aus dem Gebiet der Auslandskund, vols. 38 y 39. Hamburg, 1963 y 1965.

CHIMALPAHIN CUAUHTLEHUANITZIN, Francisco de San Antón Muñon, *Relaciones originales de Chalco Amaquemecan*, versión de Silvia Rendón, México, Fondo de Cultura Económica, 1965.

DÍAZ DEL CASTILLO, Bernal, *Historia verdadera de la conquista de la Nueva España*, Introducción y notas de Joaquín Ramírez Cabañas, 2 vols., México, Editorial Porrúa, 1955.

DURÁN, fray Diego. *Historia de las Indias de Nueva España e islas de tierra firme*, edición de Angel Mª Garibay, 2 vols., México, Editorial Porrúa, 1967.

FERNÁNDEZ, Justino, *Coatlicue. Estética del arte indígena antiguo*, 2ª edición, México, Instituto de Investigaciones Estéticas, 1959.

FERNÁNDEZ, Justino, *Arte mexicano, de sus orígenes a nuestros días*, Editorial Porrúa, México, 1958. Segunda edición, 1961.

GAMIO, Manuel y otros, *La población del Valle de Teotihuacán*, 3 vols., México, Talleres Gráficos de la Nación, 1922.

GARIBAY K., Angel Mª, *Poesía indígena de la altiplanicie*, Bibl. del Estudiante Universitario, Núm. 11, México, 1940. Segunda edición, 1952.

GARIBAY K., Angel Mª, *Épica náhuatl*, Bibl. del Estudiante Universitario, Núm. 51, México, 1945.

GARIBAY K., Angel Mª, *Historia de la literatura náhuatl*, Editorial Porrúa, 2 vols., México, 1953-1954.

GARIBAY K., Angel Mª, *Veinte himnos sacros de los nahuas*, Informantes de Sahagún 2, Seminario de Cultura Náhuatl, Instituto de Historia, Universidad Nacional de México, 1958.

GARIBAY K., Angel Mª, *Vida económica de Tenochtitlan*, Fuentes Indígenas de la Cultura Náhuatl, 3, Introducción, Paleografía y Versión de Angel Mª Garibay K., Seminario de Cultura Náhuatl, Instituto de Historia, UNAM, 1961.

GARIBAY K., Angel Mª, *Poesía náhuatl I* (Romances de los señores de la Nueva España), Fuentes Indígenas de la Cultura Náhuatl, Instituto de Investigaciones Históricas, UNAM, México, 1963.

HUMBOLDT, Alejandro de, *Ensayo político sobre el reino de la Nueva España,* estudio preliminar notas y apéndices de Juan A. Ortega y Medina, México, Editorial Porrúa, 1966.

JIMÉNEZ MORENO, Wigberto, "Fr. Bernardino de Sahagún y su obra" en la edición de la *Historia general de las cosas de Nueva España,* vol. I, pp. XIII-LXXXI (ed. Robredo), 1938. Hay edición aparte del mencionado estudio, México, 1938.

JIMÉNEZ MORENO, Wigberto, "El enigma de los Olmecas", *Cuadernos Americanos* núm. 1, vol. 5, México, 1942.

JIMÉNEZ MORENO, Wigberto, "Tula y los toltecas según las fuentes históricas", *Revista Mexicana de Estudios Antropológicos,* México, 1941, t. V, pp. 79-83.

JIMÉNEZ MORENO, Wigberto, "Síntesis de la historia pretolteca de Mesoamérica", en *Esplendor del México Antiguo,* 2 vols., México, Centro de Investigaciones Antropológicas, 1959, t. II, pp. 1,019-1,108.

KATZ, Friedrich, *Situación social y económica de los aztecas durante los siglos XV y XVI,* México, Instituto de Investigaciones Históricas, 1966.

KOHLER, J., *El derecho de los aztecas* (Ed. de Revista Jurídica), México, 1924.

KRICKEBERG, Walter, *Las antiguas culturas mexicanas,* México, Fondo de Cultura Económica, 1961.

LAS CASAS, Fray Bartolomé de, *Apologética historia sumaria,* edición preparada por Edmundo O'Gorman, 2 vols., México, Instituto de Investigaciones Históricas, 1967.

LEÓN-PORTILLA, Miguel, *Siete ensayos sobre cultura náhuatl,* México, 1958.

LEÓN-PORTILLA, Miguel, *Los antiguos mexicanos a través de sus crónicas y cantares,* 1ª edición, México, Fondo de Cultura Económica, 1961.

LEÓN-PORTILLA, Miguel, *La filosofía náhuatl estudiada en sus fuentes,* 3ª edición, México, Instituto de Investigaciones Históricas, Universidad Nacional, 1966.

LEÓN-PORTILLA, Miguel, *Las literaturas precolombinas de México*, Editorial Pormaca, México, 1964.

LEÓN-PORTILLA, Miguel, *Trece poetas del mundo azteca*, México, Instituto de Investigaciones Históricas, 1967.

LEÓN Y GAMA, Antonio, *Descripción de dos misteriosas piedras que el año de 1790 se desenterraron en la plaza mayor de México*, 2ª edición, México, 1832.

LINNE, S., "Teotihuacan Symbols", *Ethnos*, VI-174, Stockholm, 1941.

LIZARDI RAMOS, César, "¿Conocían el Xíhuitl los teotihuacanos?", *El México antiguo*, México, 1955, vol. VIII, pp. 220-223.

LÓPEZ AUSTIN, Alfredo, *La constitución real de México-Tenochtitlan*, México, Instituto de Investigaciones Históricas, 1961.

LÓPEZ AUSTIN, Alfredo, *Augurios y abusiones: Textos de los informantes de Sahagún*, vol. IV, México, Instituto de Investigaciones Históricas, 1969.

LÓPEZ AUSTIN, Alfredo, "Religión y magia en el ciclo de las fiestas aztecas", *Religión, mitología y magia*, vol. II, México, Museo Nacional de Antropología, 1970.

MARQUINA, Ignacio, *Arquitectura prehispánica*, Instituto Nacional de Antropología e Historia, México, 1951.

MARQUINA, Ignacio, *El templo mayor de México*, Instituto Nacional de Antropología e Historia, 1960.

MARTÍNEZ MARÍN, Carlos, "La cultura de los mexicas durante su migración. Nuevas ideas", *Actas y memorias del XXXV Congreso Internacional de Americanistas*, 3 vols., México, 1964, t. II, pp. 113-120.

MENDIZÁBAL, Miguel Othón de, "Ética indígena", *Obras Completas*, 6 vols., México, 1946.

MENGIN, Ernst, *Historia tolteca-chichimeca*, vol. I del *Corpus Codicum Americanorum Medii Aevi*, Sumptibus Einar Munksgaard, Copenhagen, 1942.

MILLÓN, René, "The Beginning of Teotihuacan", *American Antiquity*, vol. 26, núm. 1, Salt Lake City, 1960, pp. 1-10.

MILLÓN, René, "Extensión y población de la ciudad de Teotihuacán en sus diferentes periodos: un cálculo provisional", *XI Mesa Redonda, Teotihuacán*, México, Sociedad Mexicana de Antropología, 1966, p. 57 y siguientes.

MOLINA, fray Alonso de, *Vocabulario en lengua castellana y mexicana*, ed. facs. de Col. de Incunables Americanos, vol. IV, Madrid, 1944.

MOLINS FABREGA, N., "El Códice Mendocino y la economía de Tenochtitlán", *Revista Mexicana de Estudios Antropológicos*, México, 1954-1955, t. XVI, 1ª parte.

MONZÓN, Arturo, *El calpulli en la organización social de los tenochca*, México, Instituto de Investigaciones Históricas, 1949.

MORENO, Manuel M., *La organización política y social de los aztecas*, 1ª edición, 1931; 2ª edición, México, Instituto Nacional de Antropología e Historia, 1962.

MORGAN, Lewis H., *Ancient Society or Researches in the Line of Human Progress from Savagery through Barbarism to Civilization*, New York, 1867.

MOTOLINÍA, fray Toribio de Benavente, *Memoriales*, París, 1903.

MOTOLINÍA, fray Toribio de Benavente, *Historia de los indios de la Nueva España*, ed. Chávez Hayhoe, México, 1941.

MUÑOZ CAMARGO, Diego, *Historia de Tlaxcala*, Ed. Chavero, México, 1892.

NOGUERA, Eduardo, *La historia, la arqueología y los métodos para computar el tiempo*, México, Instituto de Investigaciones Históricas, Universidad Nacional, 1963, pp. 13-15.

OROZCO Y BERRA, Manuel, *Historia antigua y de la conquista de México*, edición preparada por Angel Mª Garibay K. y Miguel León-Portilla, 4 vols., México, Editorial Porrúa, 1960.

PIÑA CHAN, Román, *Una visión del México prehispánico*, México, Instituto de Investigaciones Históricas, Universidad Nacional, 1967.

POMAR, Juan Bautista, *Relación de Texcoco*, en Nueva Colección de Documentos para la Historia de México. J. García Icazbalceta, México, 1891.

RELACIÓN DE ANDRÉS DE TAPIA, *Crónicas de la conquista de México,* Introducción, selección y notas de Agustín Yáñez, México, Biblioteca del Estudiante Universitario, Universidad Nacional, 1950.

SAHAGÚN, fray Bernardino de, *Historia general de las cosas de Nueva España,* Edición de Bustamante, 3 vols., México, 1829. Edición de Robredo, 5 vols., 1938. Edición de Acosta Saignes, 3 vols., México, 1946. Edición Porrúa, preparada por el Dr. Garibay, 4 vols., México, 1956.

SANDERS, William T., *The Cultural Ecology of The Teotihuacán Valley: A Preliminary Report of the Results of the Teotihuacan Valley Project,* Dept. of Sociology and Anthropology, Pennsylvania State University, State College, 1965.

SÉJOURNÉ, Laurette, "Tula, la supuesta capital de los toltecas", *Cuadernos Americanos,* México, 1954, año XII, núm. 1.

SÉJOURNÉ, Laurette, *Pensamiento y religión en el México antiguo,* México, Breviarios del Fondo de Cultura Económica, 1957.

SÉJOURNÉ, Laurette, *Un palacio en la ciudad de los dioses,* México, 1959.

SÉJOURNÉ, Laurette, *Arqueología de Teotihuacán,* México, 1966.

SÉJOURNÉ, Laurette, *El lenguaje de las formas en Teotihuacán,* México, 1966.

SELER, Eduard, *Gesammelte Abhandlungen zur Amerikanischen Sprach und Altertumskunde,* 5 vols., Ascher und Co. (y) Behrend und Co., Berlín, 1902-1923.

SELER, Eduard, *Einige Kapitel aus dem Geschichteswerk des P. Sahagún,* aus dem Aztekischen übersetzt von Eduard Seler. Herausgebeben von C. Seler-Sachs in Gemeinschaft mit Prof. Dr. Walter Lehmann, Stuttgart, 1927.

SELER, Eduard, "Comentario al Códice Borgia", en edición facsimilar del *Códice Borgia,* 3 vols., México, Fondo de Cultura Económica, 1963.

SIMEON, Remi, *Dictionaire de la Langue Nahuatl,* Paris, 1885.

SODI, Demetrio, "Consideraciones sobre el origen de la Toltecáyotl", *Estudios de cultura náhuatl*, vol. III, Instituto de Investigaciones Históricas, UNAM, 1962, pp. 71-72.

SOUSTELLE, Jacques, *La vida cotidiana de los aztecas*, México, Fondo de Cultura Económica, 1956.

SOUSTELLE, Jacques, *El pensamiento cosmológico de los antiguos mexicanos*, Puebla, México, 1960.

TORQUEMADA, fray Juan de, *Monarquía Indiana*, reproducción de la edición de Madrid, 1723, Introducción por Miguel León-Portilla, 3 vols., México, Editorial Porrúa, 1969.

TOSCANO, Salvador, "La organización social de los aztecas", artículo incluido en la obra *México prehispánico*, prólogo de Alfonso Caso, México, Editorial E. Hurtado, 1946.

TOSCANO, Salvador, *Arte precolombino de México y de la América Central*, 3ª edición, prólogo de Miguel León-Portilla, notas de Beatriz de la Fuente, México, Instituto de Investigaciones Estéticas, Universidad Nacional, 1970.

TULA Y LOS TOLTECAS, *Primera mesa redonda*, México, Sociedad Mexicana de Antropología, 1941.

VAILLANT, George C., *La civilización azteca*, México, Fondo de Cultura Económica, 1955.

VEYTIA, Mariano, *Historia antigua de México*, 2ª edición, 2 vols., México, Editorial Leyenda, 1944.

VILLAGRA, A., "Las pinturas de Atetelco en Teotihuacán", *Cuadernos Americanos*, t. X, núm. 1, México, 1951.

VILLAGRA, A., "Teotihuacán, sus pinturas murales", *Anales del Instituto Nacional de Antropología e Historia*, V, México, 1953, pp. 67 y ss.

WATTERMAN, T. T., "Bandelier's Contribution to the Study of Ancient Mexican Social Organization", *University of California Publications in American Archaeology and Ethnology*, Berkeley, 1917, vol. XII, núm. 7.

ZURITA, Alonso de, *Breve relación de los señores de la Nueva España. Varias relaciones antiguas*, Editorial Chávez Hayhoe, s. f.